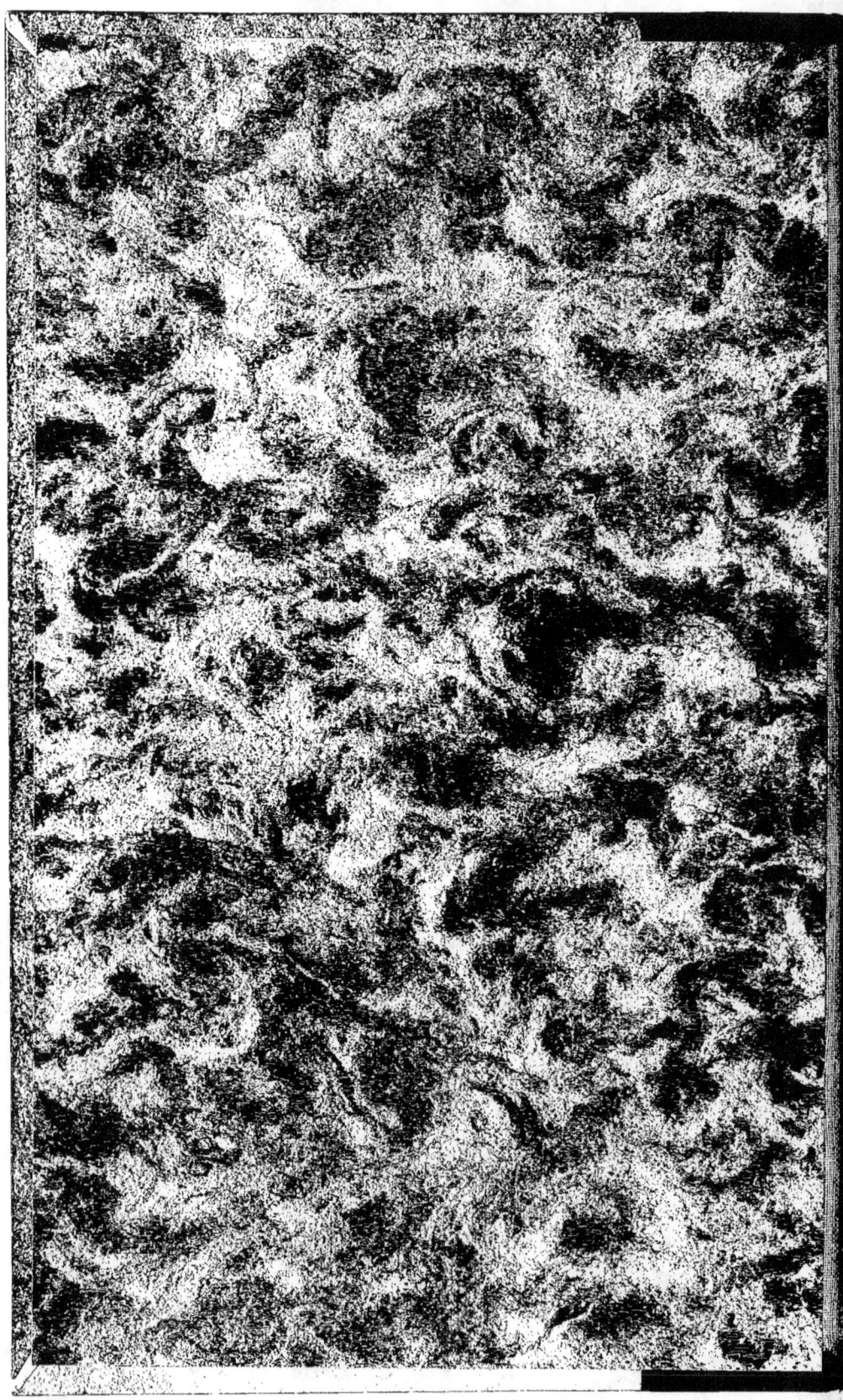

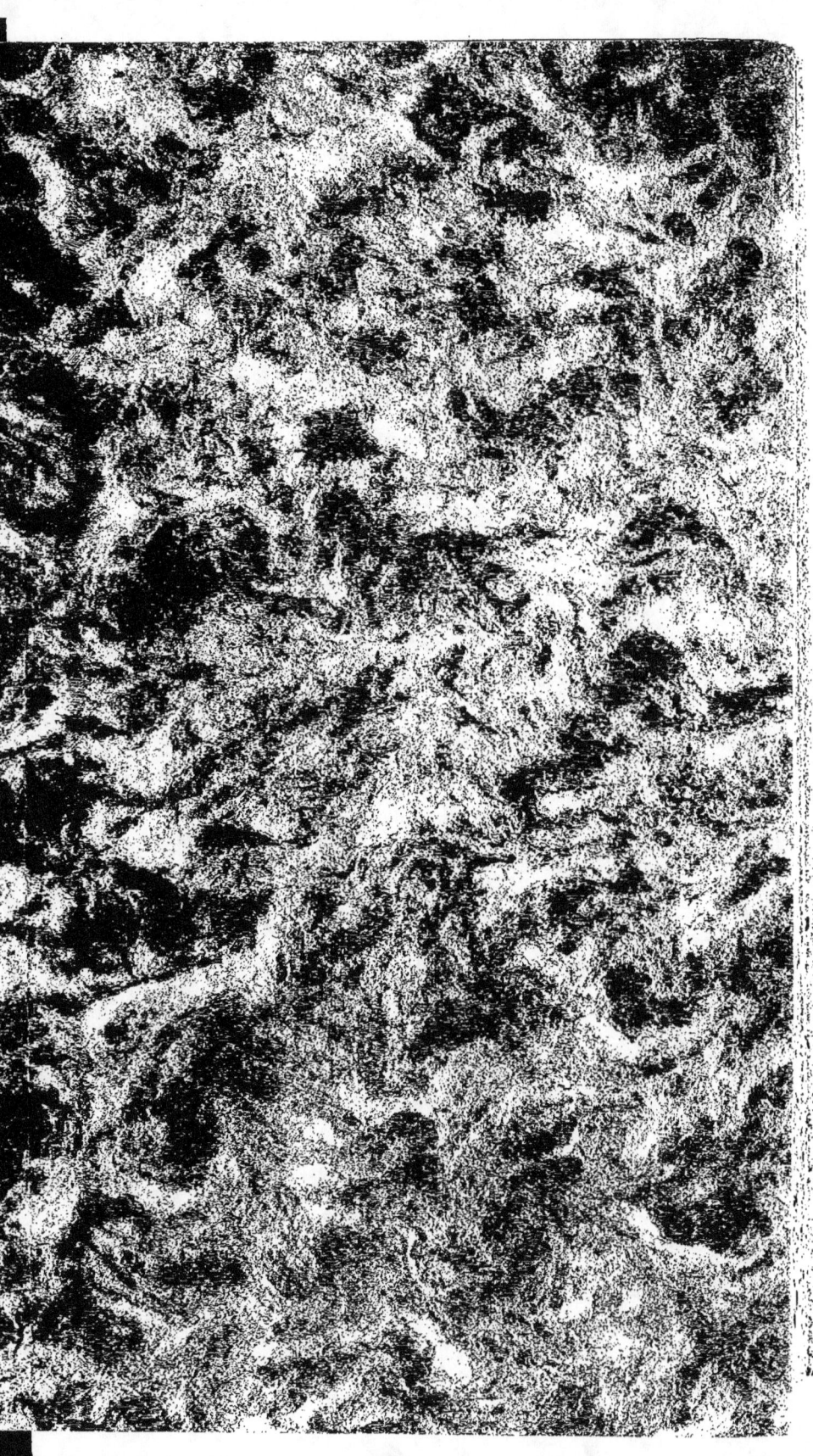

# HISTOIRE ET THÉORIE

## DU

# SYMBOLISME RELIGIEUX 3586

POITIERS. — TYPOGRAPHIE DE A. DUPRÉ.

# HISTOIRE ET THÉORIE

DU

# SYMBOLISME RELIGIEUX

## AVANT ET DEPUIS LE CHRISTIANISME

Contenant :

L'EXPLICATION DE TOUS LES MOYENS SYMBOLIQUES EMPLOYÉS DANS L'ART PLASTIQUE, MONUMENTAL OU DÉCORATIF CHEZ LES ANCIENS ET LES MODERNES, AVEC LES PRINCIPES DE LEUR APPLICATION A TOUTES LES PARTIES DE L'ART CHRÉTIEN, D'APRÈS LA BIBLE, LES ARTISTES PAÏENS, LES PÈRES DE L'ÉGLISE, LES LÉGENDES, ET LA PRATIQUE DU MOYEN AGE ET DE LA RENAISSANCE

### OUVRAGE

Nécessaire aux architectes, aux théologiens, aux peintres-verriers, aux décorateurs, aux archéologues et à tous ceux qui sont appelés à diriger la Construction ou la Restauration des édifices religieux,

PAR

## M. L'ABBÉ AUBER

Chanoine de l'Église de Poitiers, Historiographe du diocèse, Membre des Académies des Quirites de Rome, des Sciences du Hainaut et de l'Institut des provinces de France ; ancien Président annuel de la Société des Antiquaires de l'Ouest, Correspondant de la Société des Antiquaires de France, etc., etc.

*Et dicebant: Quis revolvet nobis lapidem monumenti ? — et respicientes viderunt revolutum lapidem.* (Marc, XVI, 4.)

## TOME QUATRIÈME

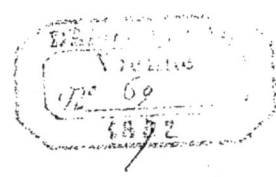

| PARIS | POITIERS |
|---|---|
| LIBRAIRIE A. FRANCK | A. DUPRÉ, imprimeur-éditeur |
| 67, RUE RICHELIEU, 67. | RUE NATIONALE. |

**1871.**

# HISTOIRE
## ET THÉORIE
# DU SYMBOLISME RELIGIEUX

SUITE DE LA TROISIÈME PARTIE.

DU SYMBOLISME ARCHITECTURAL ET DÉCORATIF.

## CHAPITRE XIV.

**PEINTURE CHRÉTIENNE : VITRAUX, MANUSCRITS, TAPISSERIES ET MOSAIQUES.**

Le sens chrétien, que nous avons vu jusqu'ici vivant de toutes les ressources de l'art, comme de la plus complète expression de ses aspirations et de sa pensée intime, ne pouvait se passer du plus éloquent et du plus gracieux de ses compléments. L'homme aime tant la nature, l'histoire, et les allégories qui les lui reproduisent à défaut des faits réels, qu'il les cherche partout, et toujours il les rencontre avec bonheur; elles semblent mettre en lui une surabondance de vie. Elles font plus : elles le transportent en des sphères supérieures, élèvent sa pensée, surnaturalisent son

*La peinture, une des plus intimes affections de l'intelligence;*

imagination, et l'intelligence même la plus grossière s'identifie sans peine avec les éléments des régions nouvelles où l'âme savoure un avant-goût de son existence à venir. L'Église, qui fut toujours le grand docteur du genre humain, est toujours partie aussi de cette observation pour attacher au culte de Dieu par les chastes voluptés de l'esprit, avec ses constructions grandioses, sa statuaire noble et pathétique, ses sculptures sans nombre, étonnant le regard et réveillant les curiosités du cœur. Elle pouvait beaucoup pour enseigner et toucher; mais encore fallait-il plaire, saisir, attacher, et ce dernier terme de sa mission doctrinale était dans le charme irrésistible de la peinture. Ces vives couleurs, ces mille nuances qu'elles font naître, l'illusion qu'elles enfantent, captivent l'homme; et, qu'il puisse ou non analyser ses sensations en présence de ces objets qui lui parlent, il n'en est pas moins vaincu par un plaisir aussi pur que solide, aussi doux que profondément senti.

*ses effets sur les âmes chrétiennes.*

C'est là toute la raison de la peinture chrétienne, que le pape S. Grégoire III développait, vers le milieu du huitième siècle, dans une remarquable lettre à Léon l'Isaurien : « Nous-même, disait-il, si nous entrons dans l'église, que nous y puissions contempler les peintures où se reproduisent les miracles du Seigneur Jésus-Christ; si nous voyons sa sainte Mère l'allaitant sur son sein, et les Anges qui l'entourent en chantant l'hymne trois fois saint de sa naissance, nous nous en retournons tout pénétré de componction. Et qui ne serait pas touché jusqu'aux larmes en voyant soit le baptistère, soit l'assemblée des prêtres debout autour de l'autel, et la Cène mystique, et les aveugles recouvrant la vue, et la Résurrection de Lazare, et la Guérison du lépreux ou du paralytique, et la foule assise sur l'herbe près de corbeilles encore pleines du Pain qui vient de la rassasier? Puis c'est la Transfiguration du Thabor, le Crucifiement du Christ, sa Sépulture et sa Résurrection, son

Ascension glorieuse, et la Descente de l'Esprit-Saint. Comment ne pas pleurer devant les tableaux qui nous représentent le Sacrifice d'Abraham et son glaive suspendu sur une tête innocente, et surtout les amères et innombrables douleurs du Fils de Dieu (1) ? »

Ces paroles s'adressaient à un empereur iconoclaste dont la persécution est célèbre dans l'histoire ecclésiastique. Un peu plus loin, le saint Pape ajoutait que ces parures des églises étaient faites aux frais des fidèles, qui y employaient leurs biens. « Les pères et mères, tenant entre leurs bras leurs petits enfants nouveau-baptisés, leur montrent du doigt les histoires, ou aux jeunes gens, ou aux gentils convertis ; ainsi ils les édifient et élèvent leur esprit et leur cœur à Dieu (2). »

Quand le Saint-Siége s'exprimait ainsi, il y avait huit siècles que l'Église mettait en pratique ce genre de propagande. Nous savons ce qu'il en était dans les catacombes, et nos plus anciens monuments littéraires, suivis d'âge en âge, nous montrent ce même soin admis et continué dans l'intérêt de l'enseignement public. Tertullien, au troisième siècle; S. Épiphane au quatrième, avec S. Jérôme ; S. Grégoire de Nysse, S. Augustin, S. Paulin, Prudence, Évodius, mentionnent ce même genre d'ornementation. En se rapprochant du moyen âge, on en trouve des preuves sans nombre, et la seule *Histoire des Francs* de Grégoire de Tours, et les poésies de notre S. Fortunat, son contemporain, maintiennent cette habitude, qui ne pouvait se perdre en effet, puisqu'elle était sortie des entrailles de l'Église, et que ces grandes scènes tenaient lieu de livre pour le plus grand nombre, qui, ne sachant lire en aucun autre (3),

<small>Elle n'a jamais interrompu son action sur l'embellissement de nos églises.</small>

<small>Sa raison d'être est toujours sentie jusqu'à notre époque.</small>

---

(1) Cf. Labbe, *Concilior.*, t. VII, col. 7, 25 et 27 ; — et Fleury, *Hist. ecclés.*, VI, 330 et suiv.

(2) Voir Fleury, *ibid.*, p. 332.

(3) Voir Cabassut, *Notitia concilior.*, in-12, p. 36 ; — S. Jérôme, *Epist.* LX ; — S. August., opp. t. VII, *De Mirac. S. Stephani*, lib. IX, cap. IV.

y trouvaient les souvenirs et la confirmation attrayante de ce qu'ils avaient appris oralement. Nous ne remonterions pas bien loin pour trouver les dernières traces de cette sollicitude maternelle. On peut lire encore dans le catéchisme des diocèses de Liége, de Cambrai et de Namur, imprimé en 1682 :

« — A quoi pensez-vous en disant votre chapelet durant la messe ?

» — A quelque chose que Notre-Seigneur ou Notre-Dame ont fait étant au monde, ou bien à quelque image que je vois devant moi à l'autel, aux parois, aux verrières, en mon livre ou en mes mains (1). »

Tant d'exemples étaient confirmés, dès le neuvième siècle, par Walafride Strabon : il assurait rencontrer tous les jours des hommes simples et ignorants qui pouvaient à peine comprendre les éléments de la foi aux explications qui leur en étaient données, et qui fondaient en larmes à la vue de ces images qui passaient si facilement dans leur cœur (2).

*Division de ce nouvel objet de notre travail : les vitraux, les manuscrits, les tapisseries, les mosaïques et les peintures murales.*

Tels sont les effets de la peinture chrétienne ; tels ils doivent être toujours, contrairement à ce qu'on lui demande trop aujourd'hui, d'être une sorte d'embellissement matériel, privé d'esthétique et réduit, comme des tapisseries ordinaires, à ce seul caractère d'un ameublement plus ou moins riche, selon qu'on y peut mettre plus ou moins d'argent. Il nous faut donc traiter, dans ce chapitre, du symbolisme qui fait la vie spirituelle de la peinture

---

(1) P. 146, t. I. — Fénelon et Dubois, dit le P. Cahier, avaient conservé ce texte, si touchant par sa simplicité naïve, qui fut modifié sans beaucoup d'intelligence dans l'édition de 1726. — Voir *Monographie de la cathédrale de Bourges*, préface, p. II.

(2) « Et videmus aliquando simplices, qui verbis vix ad fidem gestorum possunt perduci, ex pictura Passionis Dominicæ vel aliorum mirabilium ita compungi, ut lacrymis testentur figuras cordi suo quasi litteris impressas..... » (Wal. Strab., *De Rebus ecclesiasticis*, cap. VIII, cité par Mme d'Ayzac, *Ann. archéolog.*, V, 217.)

religieuse, comme le catholicisme en veut, comme il l'inspire et comme il doit l'imprimer fortement aux verrières de ses temples et aux parois de leurs contours intérieurs. Nous parlerons d'abord de cette fenestration, comme étant le complément nécessaire de la construction architecturale, déjà suivie pas à pas dans ce volume à travers tous ses détails jusqu'au terme où nous voici arrivés. A cette occasion, nous devrons nous arrêter aux manuscrits, dont les miniatures ont leurs rapports si directs avec les vitraux ; puis nous entrerons en quelques détails sur les tapisseries à sujets et les mosaïques, et enfin nous en viendrons à la peinture murale, qui doit achever la parure de l'édifice sacré.

Ce n'est pas des premiers temps chrétiens que date l'ingénieuse idée qui fit servir le jour à l'embellissement des sanctuaires. Nous savons quel soin on prenait d'abord, et nous l'avons vu attesté par S. Grégoire de Tours, à jeter dans le lieu saint une sorte de terreur religieuse, très-conforme au respect de la présence divine et à la majesté de Celui qui avait dit aux anciens : « Soyez saisis de crainte à l'entrée de mon sanctuaire (1). » Ce principe se traduisit depuis le quatrième siècle, où l'Église enfin respira à ciel ouvert, jusqu'au onzième, où son architecture est encore remarquable par l'étroitesse des baies supérieures versant un jour parcimonieux dans les nefs, prêtant une pieuse obscurité aux besoins de la méditation et de la prière, et représentant par cela même d'autant mieux les ténèbres relatives de ce monde que l'homme ne doit quitter un jour que pour entrer dans les splendides clartés de la Lumière éternelle. Déjà alors on se servait depuis longtemps dans les églises des Gaules, qui les avaient empruntées à l'Italie et à la Grèce, de fermetures en vitres dont nos auteurs ecclésiastiques parlent dès le temps de S. Jérôme

*Ancienneté des vitraux peints, et leur symbolisme général.*

*Premiers essais de ce moyen,*

---

(1) « Pavete ad sanctuarium meum. » (*Levit.*, XXVI, 2.)

et de Prudence, et qu'on retrouve dans les poèmes de S. Fortunat. Ces vitres étaient colorées, elles formaient des compartiments de figures régulières de toutes couleurs, qui ne contribuaient pas peu à relever par des teintes agréables l'or des lambris, les peintures des murs, surtout lorsque, tamisant leurs nuances douces en deçà de la fenêtre orientale, elles jetaient à l'intérieur, avec les premiers rayons de l'aurore, mille traits « qui semblaient des fleurs et des diamants (1). » Mais ce n'était encore qu'une parure bien secondaire, et comme autant de grandes mosaïques remarquables seulement par les diversités de leurs teintes divisées en échiquiers, et que le plomb ne réunissait pas en compartiments inégaux (2). Ce ne fut guère que sous Charles le Chauve, selon l'opinion très-acceptable d'Émeric David, qu'on vit briller pour la première fois la peinture sur verre proprement dite, et encore ne se produisit-elle probablement que par des grisailles, que ne tardèrent pas à suivre les petites résilles, dont chaque maille renferma un des mille détails d'un grand ensemble, vint contribuer à former de véritables tableaux coloriés où s'étalèrent des Saints, des légendes et peu à peu toute la théologie artistique du douzième siècle.

On s'est étonné maintes fois de n'avoir pu retrouver aucune preuve que la peinture sur verre fût usitée en France avant cette grande époque ; on en a conclu trop vite qu'elle ne lui était pas antérieure ; c'est qu'on oubliait que, par suite sans doute des malheurs du dixième siècle, les arts s'étaient effacés du sol de la France, et que ce pays du génie et de l'activité artistique, dont l'Angleterre et les nations voisines avaient emprunté les ouvriers durant la belle période carlovingienne, s'était vu obligé à son tour d'employer des artistes étrangers, quand se produisit la renaissance du

*et ses phases diverses et successives.*

(1) Cf. Bâtissier, *Histoire de l'art monumental*, p. 647, où cet auteur a très-bien établi sur ce sujet les traditions des premiers siècles.
(2) Voir l'abbé Texier, dans les *Annales archéologiques*, X, 81.

siècle suivant, qui devint ensuite si remarquable par les belles verrières dont Suger embellit son abbatiale de Saint-Denis. Il faut bien reconnaître aussi, pour expliquer cette absence complète de vieux spécimens, qu'après tant de vicissitudes subies par nos monuments, il n'était guère possible qu'ils eussent gardé une seule de ces pages brillantes qui, dans les invasions de la guerre, dans les incendies alors si fréquents et les reconstructions si nombreuses de la période de Hugues Capet à Philippe-Auguste, ont dû disparaître d'autant plus entièrement qu'on prétendit bientôt remplacer par quelque chose de plus beau les rares débris qui en restaient.

Mais tout reparut avec une magnifique splendeur sous le règne de Louis le Gros. Alors cette belle et luxueuse vitrification seconde avec une parfaite harmonie les sculptures imprimées à la pierre et au bois, la dorure et les émaux des autels. Les baies, qui se sont élargies, avaient besoin de ce tempérament contre l'invasion d'un trop grand jour, toujours peu favorable au sentiment religieux. C'est dans ce but que, sur toutes ces surfaces translucides, les plombs se multiplient, les grandes barres de fer se croisent, non moins propres à modérer la lumière et à fortifier les teintes qu'à consolider ces belles pages contre leur propre poids et les atteintes de la tempête. Ce n'est pas à dire que la peinture elle-même n'eût point sa solidité propre, due à une double cuisson soit des verres coloriés dans la pâte, soit de ceux dont on avait peint les sujets avec des couleurs minérales incorporées au verre par l'action du feu. Ces procédés, expliqués au long dans les cahiers du moine Théophile, déjà connu de nous, produisaient de merveilleux effets, et les verrières devinrent la plus éclatante expression de l'art catholique dans les basiliques majestueuses que cette grande époque vit créer à Paris, à Chartres, à Poitiers, à Bourges, à Auxerre, et en tant d'autres lieux dont nous avons encore les riches *illustrations*.

*Ses progrès au douzième siècle,*

*moins calculés pour l'effet que pour l'expression symbolique.*

**Sujets convenables aux grandes roses.**

Après ces grandioses effets, produits par la fenestration symbolique des nefs ou des absides, rien ne ravit plus le regard que ces rosaces des extrémités et des croisillons d'une basilique, où les couleurs scintillent magnifiquement dans un mélange de tons graves et de teintes brillantes et diamantées. Nous serions d'avis que dans ces vastes espaces destinés à recevoir des baies de proportions colossales, on abandonnât la suite du plan général d'iconographie pour récréer l'œil et la pensée sous le charme de symboles moins sérieux. Les compartiments de ces roses scintillantes se prêtent d'ailleurs beaucoup mieux, par leurs inégalités calculées, à des personnages ou à des attributs séparés, dont il n'est pas difficile de composer une scène d'ensemble. Qui empêche, par exemple, d'utiliser la rose de la croisée septentrionale par la chute des mauvais anges, dont chacun roulera éperdu dans chaque jour évidé autour de l'ouverture centrale, où apparaîtrait leur chef, le plus grand et le plus hideux de tous, ou mieux encore l'Archange qui les précipita aux feux éternels? — Par opposition, la baie du sud représenterait, d'après une distribution parallèle, la Trinité adorée par les bons Anges chantant et jouant des instruments, soigneusement copiés, s'il est possible, sur nos monuments des douzième et treizième siècles; ou bien ce seraient quelque scène choisie de la légende du Saint honoré dans la chapelle de l'absidiole, quelques-unes des fleurs qui lui conviennent mieux, les instruments de son martyre ou de sa pénitence volontaire. Mais avant tout, nous en conjurons, qu'on médite bien ces compositions d'une si haute valeur, d'autant plus importantes qu'elles feront éviter des banalités fâcheuses, et ajouteront un mérite de plus, pour les yeux et pour l'esprit, à celui de toutes les autres parties du monument.

**Choix scientifique des couleurs.**

On pense bien que les couleurs, dont nous avons établi les règles symboliques, ne furent point engagées au hasard dans ces vastes tableaux composés de si charmantes miniatures. La preuve s'en trouve dans la connaissance, aujourd'hui très-bien raisonnée, des grandes pièces à légende où l'on voit les mêmes personnages toujours revêtus des mêmes costumes dans toute la suite des panneaux où ils figurent. Dans un vitrail de la cathédrale de Rouen, le Christ, en toutes les scènes de sa Passion, a la robe verte parce qu'il nous régénère, et le manteau violet parce qu'il souffre. Mais à la Cène, à son triomphe dans le Ciel, cette robe verte, qui ne cesse pas d'y avoir la même signification, est couverte du manteau rouge, signe de ce martyre *qui l'a fait entrer dans sa gloire* (1), et qui devient commun à tous ceux qui, à sa suite, ont subi la mort pour la vérité : il le porte aussi au couronnement d'épines et à la flagellation. S'il est crucifié, on lui donne pour *linteum* (linge ou robe qui entoure son corps) une étoffe violette. A Bourges, il porte un manteau de cette même couleur, avec la robe verte, quand il bénit S. Étienne, lapidé avec des pierres *vertes*, parce que les bourreaux font là une œuvre terrestre et mauvaise s'il en fût. On voit de nouveau ici l'opposition de cette couleur, servant à exprimer le bien d'un côté et le mal de l'autre. A Bourges encore, est une légende de S. Pierre. Néron, dont le caractère est une formelle opposition à celui du Sauveur, y est toujours vêtu de vert et de pourpre; Simon le Magicien y porte, par la même raison que le diable, un manteau vert sur une robe jaune, qui serait un insigne de sagesse pour un Saint, mais qui, pour lui, devient un symbole de sa folie; et ce qui est décisif comme preuve de cette théorie, c'est qu'au moment où S. Pierre, sortant de Rome pour éviter la mort, rencontre Jésus-Christ qui lui reproche sa faiblesse, l'Apôtre, qui porte toujours ailleurs du vert et du rouge comme son Maître, apparaît alors avec le jaune et le vert de Simon le Magicien. Ces mêmes obser-

---

(1) « Oportuit pati Christum, et ita intrare in gloriam suam. » (*Luc.*, XXIV, 26.)

vations se renouvelleraient à l'infini dans ces magnifiques pages où le symbolisme s'affirme aussi pur qu'évident, où Notre-Seigneur, pour en citer un dernier exemple, se montre jusqu'à sept fois sous le même costume que nous lui voyons ici dans les vingt-quatre médaillons qui développent la légende de S^te Madeleine. Bâtissier semble donc avoir ignoré ces principes lorsqu'il accuse de fantaisie, et attribue à un parti pris de faire de l'effet au profit de l'harmonie des tons, les couleurs, à son avis singulières, données dans les vitraux de Saint-Denis à des édifices multicolores, à des chevaux qui sont pourpres ou verts, etc. (1). Ce n'est pas qu'on n'ait mis une grande habileté à juxtaposer des couleurs dont le rapprochement était fort souvent tout le secret des artistes : c'est une loi universelle, par exemple, de rapprocher le bleu du rouge, et le jaune du vert. Mais cet expédient ne se rattache qu'à l'ornementation générale, à des objets d'ameublement ou de parure, à des accessoires, en un mot ; on se garde bien de l'appliquer sans discernement soit aux personnages, dont le caractère est symbolisé par les vêtements, soit même aux objets principaux, qui ont toujours une couleur conforme à leur rôle ou à leur signification. Admettant donc qu'on ne se rende pas toujours un compte exact de certaines couleurs peu usitées à l'égard de tels ou tels sujets, il n'en est pas moins vrai qu'il faut en reconnaître la convenance. Donc, si le peintre a pu vouloir fort souvent, dans l'agencement de ses teintes, s'accommoder aux exigences locales et aux convenances de son art, il est également incontestable que très-souvent aussi il a voulu étendre le sens de son dessin et ajouter le mysticisme à l'histoire, au profit d'un sens plus élevé et plus profond. Nous avons vu plus d'une fois déjà une foule de raisons scientifiques autoriser ces anomalies apparentes. Nous devons y revenir quelque peu ici pour en déterminer plus nettement la théorie, qui se trouve d'ail-

---

(1) *Hist. de l'art monum.*, p. 652.

leurs d'autant plus irrécusable qu'elle n'est dans aucun enseignement doctrinal, et se prouve de reste par son existence même, sans qu'il soit nécessaire, nous le redisons, de recourir, pour interpréter cette variété raisonnée de nos couleurs du moyen âge, aux Zends et aux Védas de l'Inde, ou même aux temples égyptiens, comme le voulait M. Portal, dans un temps où le moyen âge n'était pas mieux compris sur ce point que sur tant d'autres (1).

Il est aujourd'hui reconnu de tous, soit d'après M. Portal lui-même, qui, tout en mêlant beaucoup d'incertitude ou d'erreurs à ses intéressantes données, a rouvert la voie à cette partie importante de nos études, soit par l'observation scientifique des grandes pages de nos basiliques, il est reconnu, disons-nous, que le symbolisme des couleurs s'est attaché, comme une immense ressource d'exposition morale, à tous les travaux de nos peintres verriers de tous les siècles ; il n'y a que le nôtre, encore si peu expérimenté de ces principes, qui les néglige trop, faute d'intelligentes recherches qui devraient éclairer nos fabricants ou ceux qui les guident. Ce devrait être un de leurs premiers soins de régler les parties de leur travail d'après ces données, inséparables du spiritualisme qu'ils y doivent mettre. Malheur à ceux qui hasarderont, au seul gré d'une prétendue connaissance de leur art, un mélange tout matériel de couleurs empruntées aux seules convenances de leur imagination ! Les grandes et véritables écoles, qui se sont toujours soumises, et avant tout, à un choix judicieux de ces moyens de composition, protesteront contre un tel oubli, que rend plus inexcusable le très-petit nombre de règles à étudier sur ce point. Il est bon en effet, et même très-important, de ne pas abuser du verre blanc, comme on a fait au quinzième siècle. Alors on accouplait aussi, fort abusivement, le vert au rouge, par exemple, et le jaune au violet, ce qui produit une lumière

*Principe absolu et nécessaire dont les peintres ne devraient jamais s'écarter.*

---

(1) Voir Portal, *Des Couleurs symboliques*, etc., p. 1 et suiv.

grise et peu franche. Il faut reconnaître, au contraire, que les verriers du treizième se sont admirablement entendus non-seulement à une harmonieuse symétrie de leurs couleurs, mais aussi à l'emploi calculé de celles qui parlaient à l'esprit sans froisser les susceptibilités du regard. Ils surent ainsi former un séduisant ensemble à des fenestrations complètes, créées pour d'immenses édifices, comme les cathédrales de Bourges, de Chartres et de Poitiers. Le blanc, le rouge, le bleu, le jaune, le noir et le brun, avec leurs dérivés, sont à peu près les seules teintes qu'ils aient appliquées, et toutes se rattachent toujours, partout où elles reluisent, à fortifier la donnée principale du sujet par une allusion mystérieuse qui en rehausse l'emploi et en augmente l'expression.

*Exemples donnés par les meilleurs modèles. — Le cheval en plusieurs endroits des Écritures.*

Ainsi nous avons vu les chevaux des vi$^e$ et viii$^e$ chapitres de l'Apocalypse revêtus de couleurs conformes au rôle donné à chacun de leurs cavaliers : à Bourges, le cheval blanc du Samaritain, répété partout ailleurs avec une remarquable unanimité, est le symbole du Verbe divin, comme S. Jean l'affirme au xix$^e$ chapitre de sa révélation : c'est l'Humanité divine du Sauveur se faisant l'humble servante du pauvre blessé qu'elle panse, qu'elle soulage et dont elle daigne acquitter les dettes. C'est la pensée développée par Origène, par S. Jérôme, S. Augustin, S. Grégoire et l'abbé Rupert (1). D'autre part, comme l'Écriture compare souvent au cheval l'homme entraîné par ses passions brutales, le quadrupède devient alors le symbole de l'*animalis homo*, ce qui a créé les centaures, et il faut bien dire que ses attributions mauvaises sont les plus nombreuses. On en voit une assez remarquable dans l'*Enfant prodigue* de Bourges, dont le cheval est blanc et représente les tendances coupables de ce fils ingrat. Nous aurons bientôt occasion d'indiquer

(1) Voir Origène, *In Cantic.*, lib. II; — t. III, opp. 60; — S. Jérôme, *In Isaiam*, LXVI, 20; — S. Ambr. : De Benediction. Patriarch., *In Genesi*, XLIX, 17; — S. August., *De Civit. Dei*, XVIII, 32; — S. Gregor. Magn., *Moral.*, XXXI, 24; — Rupert, *In Apoc.*, lib. IV.

l'usage de cette couleur quant aux personnages des légendes.

Le rouge est la couleur des martyrs, dont le sang s'est tout versé pour Jésus-Christ ; et comme il représente le feu et toute ardeur vraie ou allégorique, on le donne aussi à la charité, qui d'ailleurs fut toujours le principe de l'abnégation jusqu'à la mort. Quand donc nous voyons, à un vitrail de Bourges, la tête de S. Jean-Baptiste toute rouge dans le plat qu'on apporte à Hérodiade, ce n'est pas parce que cette tête est censée rougie par le sang, mais parce que c'est celle d'un martyr. Mais c'est encore l'insigne de la royauté, comme la pourpre, et pour cela on en revêtira la Religion personnifiée et le Sauveur, le martyr par excellence, et Marie, dont le cœur martyrisé fut si ressemblant au sien. Le démon, singe de Dieu, apparaîtra en rouge fort souvent, comme pour tromper les âmes à ces apparences, s'il lui est possible. Le rouge, par cela même qu'il représente le feu, colorie les livres qu'on met toujours aux mains des Apôtres : c'est la doctrine de l'amour divin, principe de toutes les autres vertus ; c'est aussi l'*empyrée*, l'air le plus pur, et c'est pourquoi dans les édifices ajourés les portes et les fenêtres ouvertes sont toujours figurées en rouge, ce qu'il serait impossible d'expliquer si ce n'était une convention prise dans la physique du temps.

<small>Le rouge et ses significations.</small>

L'apparence bleue que revêt l'atmosphère à nos regards est aussi l'une des causes pour lesquelles on a donné la couleur bleue pour symbole aux choses du ciel : c'est pourquoi elle est devenue l'une de celles qui servent exclusivement au Sauveur, ordinairement revêtu d'une robe bleue et d'un manteau rouge, ou à la Sainte Vierge, ou à d'autres Saints du premier ordre. Le reflet de la voûte céleste dans les lacs, les rivières et la mer, avait fait considérer ce bleu par les anciens comme le symbole des divinités marines : de là le bleu éthéré devenait aisément celui de la Vérité éternelle, le ciel et la mer bleus ayant leurs divinités particulières résumées toutes dans Neptune, le dieu bleu, *cæruleus*, et

<small>Le bleu.</small>

Jupiter, le dieu de l'air, comme son nom l'indique. Il faut se reporter ici, pour bien se rappeler ces principes et leurs conséquences dans l'iconographie chrétienne, à ce que nous avons exposé au douzième chapitre de notre première partie.

<small>Le jaune, le noir et le brun.</small>

C'est encore à ce même chapitre et au suivant que nous renverrons pour ce qui regarde le jaune, le noir et le brun : le premier d'entre eux étant fort employé à cause de son affinité avec l'or, si convenable à un grand nombre de cas ; le noir l'étant fort peu, parce qu'il n'exprime que peu d'idées absolues, lesquelles sont encore modifiées par toutes les nuances qui naissent de lui au moyen du blanc, du bleu et du rouge ; le brun enfin, qui s'applique, par sa teinte foncée mêlée de rouge et de noir, à une foule d'objets naturels, comme les troncs d'arbres, les animaux en grand nombre et beaucoup de costumes dont les personnages sont, à l'exception de certains ordres religieux, toujours pris en mauvaise part.

On entrerait en d'interminables détails si l'on voulait exposer complétement et faire comprendre par des exemples l'usage si varié des couleurs tant dans la peinture sur verre que dans la décoration des murs, et aujourd'hui dans les tableaux sur toile. Mais nous reviendrons sur ce sujet, quant à sa pratique, lorsque bientôt nous traiterons de la peinture des Personnes divines et des Saints. Cet exposé complétera ce que nous omettons ici à dessein, et nous permettra d'établir les notions nécessaires au peintre pour ne rien faire en ce genre que de digne et de bien motivé.

<small>L'opposition des couleurs observée comme chez les anciens.</small>

Mais nous n'oublierons pas, dès à présent, ce principe d'opposition dont nous donnions encore tout à l'heure de nouveaux exemples, et d'après lequel les couleurs ont toujours leurs significations opposées qui les font appliquer, selon le besoin, aux choses ou aux personnes les plus contraires à celles qu'elles symbolisent naturellement. Ainsi, pour ne citer ici qu'un exemple, le jaune, dont l'expression est tout d'abord celle des plus hautes dignités, de la noblesse civile et de celle du cœur, devenait quelquefois une marque de folie et du mépris qui l'accompagnait; on en revêtait S. Joseph comme d'une marque d'honneur; on la donnait aussi aux bouffons et aux fous en titre d'office; enfin, il était imposé en signe d'abjection dans certaines formalités judiciaires; et quand le Connétable de Bourbon, tué en 1527 sous les murs de Rome, eut été condamné par la cour des pairs pour sa défection déloyale, la porte de sa demeure fut peinte en jaune : c'était une marque déshonorante de félonie et de trahison (1).

Ce que nous avons dit des pierres précieuses et du symbolisme de leurs couleurs, en analysant le vingt et unième chapitre de l'Apocalypse (2), se rattache parfaitement à ce que nous disons dans celui-ci. Il en est de même des émaux, qui, en recouvrant les reliquaires et les autels, les vases sacrés, et aussi reproduisant en des tableaux précieux les images des Saints ou les légendes de leur vie, parlaient en des couleurs convenues le langage symbolique le plus convenable à ces divers sujets; les gemmes qui en rehaussaient l'éclat se mariaient, dans ce même but, ou au caractère des Saints honorés par ces petits meubles, ou à l'usage auquel on les destinait. Là donc encore le symbolisme était vivant, et l'on s'en pourra pleinement convaincre en lisant le savant et judicieux *Dictionnaire d'orfévrerie chrétienne*, où le docte et regrettable abbé Texier a réuni, avec une sérieuse et vaste érudition, tout ce qui regarde ces beaux produits de la vie artistique.  Ces mêmes règles appliquées aux gemmes et aux émaux.

Cependant, quelle que soit l'importance à donner au choix des couleurs, et combien que les peintres du moyen âge se soient obligés à le pratiquer, il y avait une pensée bien plus élevée, et partant bien plus nécessaire qui présida toujours à la composition des grands sujets d'ensemble.  Haute théologie des verrières aux douzième et treizième siècles.

(1) Cf. Brantôme, *Vies des grands capitaines estrangers*, discours xx.
(2) Voir ci-dessus, t. II, ch. XIII, p. 376.

Qu'on examine attentivement ces amples pages ouvertes dans nos vastes enceintes que virent créer les douzième et treizième siècles : on y verra d'abord quelques sujets de détail dont le rapport avec le tout n'apparaît pas toujours clairement : il y a le parallélisme des deux Testaments, assez facile à reconnaître avec de médiocres études ; mais, avec une plus forte dose de science, on découvrira bientôt l'intention arrêtée, la règle faite de produire le plus haut enseignement théologique sous le voile transparent du sujet adopté.

<small>La *Nouvelle Alliance* à Bourges, et son caractère hiératique.</small>

N'en prenons qu'un exemple : à Bourges, la verrière reproduite par la première planche des PP. Cahier et Martin est chargée de montrer aux fidèles les diverses scènes de la Passion. Eh bien ! ne croyez pas que ce soit une série de ces scènes habituellement consacrées à la méditation de ce fait si merveilleux et si touchant : c'est la réunion de tous les faits du vieux Testament, qui figuraient d'avance la Rédemption et ses heureuses conséquences sur l'âme et sur le monde. Aussi ne comprendra-t-on cette suite de scènes si diverses et, en apparence, si peu liées entre elles, qu'en se reportant à toutes les idées que la tradition chrétienne avait groupées autour de la Croix. Là se voient, comme action principale, les épisodes nombreux de la mort et de la glorification du Sauveur, le portement de croix, la crucifixion, la résurrection. Aujourd'hui personne ne méconnaît le sens, au moins extérieur, de ces images.

<small>Le treizième siècle plus pur et plus élevé dans son esthétique.</small>

Mais qui dira ce que font au-dessus de la résurrection, qui par sa nature semblerait devoir occuper le point culminant de l'œuvre, ce Jacob bénissant deux fils de Joseph ; puis, distribués dans toute la hauteur du cadre, cette résurrection du jeune homme de Sarepta, par Élie, ce Jonas rejeté par le poisson sur le rivage de Ninive, ce David en présence du pélican, ces lions aux poses si diverses, ce sacrifice d'Abraham, ce sang de l'Agneau immolé, inscrivant *Tau* sur les maisons des Israélites ? N'y aurait-il donc aucun rapport entre le sujet dominant et tant d'accessoires ?

Est-ce l'imagination déréglée du peintre qui aurait multiplié au hasard des images privées de tout lien de parenté, jeté là des extravagances inintelligibles, et les rêves artistiques d'une tête malade? — C'est là, au contraire, une preuve irrécusable du sens profond que le treizième siècle et toute la tradition avant lui attachaient à l'historique de la Bible ; car c'est bien ce treizième siècle qui se montre dans ce vitrail par tout ce qui caractérise son faire : pureté vivace des couleurs, réduction d'un fait en un petit nombre de personnages principaux, d'un arbre en un tronc et deux autres branches ; enfin gracieux agencement des bordures, opaque translucidité des verres. C'est aussi la tradition dans les innombrables autorités rassemblées par l'artiste et apportées là comme autant de témoignages des Pères, admirablement développés dans un exposé des doctes jésuites plein d'érudition et de charme. Ainsi, nous voyons dans cette belle composition tout le cycle de la *Nouvelle Alliance*, le sens des motifs si divers réunis autour du fait dogmatique de la Rédemption, et toute la science de théologie mystique appelée à leur service par les verriers de cette remarquable époque. Quiconque se sera arrêté sur tant de choses mises en une seule, et aura senti les affinités qui les réunissent, ne pourra plus nier que des théologiens aient préalablement donné le plan de ces travaux et versé l'inspiration de leur verve à ceux qui les confectionnaient.

Le douzième siècle n'avait été ni moins hiératique ni moins habile d'exécution. Nous avons parlé de Suger, abbé de Saint-Denis et l'une des plus nobles figures de ce temps, et de son histoire, fort attachante, de l'œuvre de restauration qu'il avait entreprise pour son abbatiale. Cette œuvre ne fut terminée qu'après un travail assidu et une persévérante surveillance de douze années (1). Ses vitraux n'en furent pas

Belles entreprises, au douzième, de Suger pour son abbaye de Saint-Denis.

(1) Voir l'abbé Texier, *Dict. d'orfévrerie, de gravure et de ciselure chrétiennes*, in-4º, Paris, Migne, 1857, aux mots ÉMAIL, col. 658 et suiv., SUGER, col. 1355, et SYMBOLISME, col. 1366.

la moins curieuse partie. Le bleu y dominait comme fond et rappelait ces saphirs dont parle l'Exode, et qui étaient sous les pieds du Seigneur quand il apparut à Moïse et à Aaron (1). Suger donna lui-même les plans et les *cartons* non moins pleins de théologie que ne le furent, au siècle suivant, les admirables verrières de Saint-Étienne de Bourges. Le temps n'a épargné, hélas! qu'un seul de ces chefs-d'œuvre, celui qui, au fond de l'abside, étale les rameaux bénis de l'arbre de Jessé. Nous avons vu qu'un autre représentait, « pour élever l'âme des choses matérielles aux choses spirituelles, » l'apôtre S. Paul réduisant en farine, à l'aide d'une meule à bras, le blé que lui apportent les Prophètes : idée empruntée à S. Eucher, qui, dès le cinquième siècle, s'en était servi pour montrer l'affinité des deux Testaments dans les prophéties relatives au Sauveur et accomplies par l'Apostolat : cette farine, dans la pensée de Suger et de ses devanciers, et d'après un quatrain composé par lui, exprimait évidemment le Pain de vie. Mais un fait à ne pas négliger, c'est que ce même sujet était sculpté, à la même époque, sur un chapiteau de Vézelay, et reproduit dans une verrière de Cantorbéry (2). Plus loin on voyait le voile qui couvrait la face de Moïse, en preuve de l'insuffisance de l'ancienne Loi, tomber devant Jésus-Christ, dont la doctrine apportait la vérité avec la Loi nouvelle; puis l'Arche d'alliance surmontée de la croix; ce qui revenait au symbolisme précédent; et, sur la même vitre, un livre, celui des secrets apocalyptiques sans doute, ouvert par un lion et un agneau représentant l'union des deux natures en Notre-Seigneur. Ainsi se suivaient, dans le pourtour d'une des plus belles églises de la chrétienté, beaucoup d'autres allégories, toutes très-capables de prouver la théorie très-

---

(1) « Et viderunt Deum Israël, et sub pedibus Ejus quasi opus lapidis sapphirini, et quasi cœlum cum serenum est. » (*Exod.*, XXIV, 10.)
(2) Voir *Mélanges d'archéologie*, t. I, p. 150 et suiv., — puis, ci-dessus, notre tome II, p. 573.

élevée qui présidait à ces grands travaux de la pensée, et qui agrandissait, en le fortifiant, le champ si vaste déjà du symbolisme et de ses immenses ressources.

On le voit, ce sont là des modèles irréprochables, ouvrant dans les meilleurs siècles de l'art une route sûre à ceux qui devaient les suivre. Cette voie, en effet, fut respectée et suivie fidèlement jusqu'à ce siècle de décadence où l'esprit humain, sous l'influence des révoltes hérétiques et de la littérature païenne, abandonna les traditions vénérées et, par ses innovations audacieuses, inaugura la ruine de l'art chrétien. Les peintres-verriers, qui conformaient leur travail aux règles précises et aux justes exigences de l'architecture religieuse, nous avaient laissé dans leurs pages transparentes de fidèles spécimens des monuments, des costumes et même de la physionomie humaine de leur époque. Ils continuèrent cette marche au quatorzième et au quinzième siècle, avec la même fidélité peut-être, mais cependant avec une moindre utilité pour nous; car, en se soumettant aux variations du style architectural qui déclinait sensiblement, ils déclinèrent eux-mêmes et s'éloignèrent des méthodes qui avaient fait la gloire de l'art. Ce ne furent plus ces médaillons qui racontaient les diverses phases des légendes hagiographiques avec la naïveté de la foi chrétienne et le zèle d'un pieux et fécond enseignement; ce n'étaient plus ces épisodes où des personnages groupés composaient en des panneaux orbiculaires, ovales ou polygones, une vie complète, divisée en compartiments reliés par des chaînes de fleurs ou des rubans perlés, et dont le premier, commençant au bas de la verrière, se rattachait aux suivantes qui montaient toujours, pour se terminer au point culminant, comme la vie terrestre de l'homme, inaugurée ici-bas, l'élève jusqu'aux confins de son éternité.

*Décadence de l'art aux quatorzième et quinzième siècles.*

Avec le quatorzième siècle, on vit disparaître cette ordonnance charmante du plan général; les scènes légendaires furent abandonnées, et de grandes images de Saints, affectant

*Caractère inférieur de cette époque,*

une statuaire colossale, presque toujours sans aucune liaison entre eux, ayant leurs noms invariablement inscrits à leurs pieds, se posèrent exclusivement à la place donnée na-guère aux sujets symboliques et parallèles des deux Testa-ments, aux actes des Martyrs et des Confesseurs, aux grandes conceptions théologiques. Ce froid état-major de la milice céleste, appelé là sans autres beautés que celles d'un uni-forme à peu près partout le même, s'enferme infaillible-ment dans les hautes fenêtres ogivales, dont le cadre en pierre élégamment taillée fut toute la bordure, et n'occupa guère que le premier tiers de la hauteur pour laisser à deux autres, dans toute la partie supérieure, étaler une suite de pinacles, de tours, de dais et de choux plus ou moins fri-sés, qui, sous prétexte de représenter les caprices de l'archi-tecture contemporaine, surchargèrent ces grandes figures de grandes et froides puérilités. Le quinzième siècle enchérit sur ces beautés prétendues par la profusion des broderies peintes imitées des sculptures architectoniques, devenues de plus en plus maniérées ; et le seizième, joignant à l'imitation sou-vent équivoque de l'art grec et romain le ridicule de ses recherches modernes, encadra ses tableaux de genre dans une architecture bizarre, qui, en France et en Angleterre, varia sous chaque règne, de Louis XII à Henri III, de Henri VIII à Charles I<sup>er</sup>, pour s'éteindre, avec ses anges qui ressemblaient à des génies, avec ses chimères sans nom et ses fioritures sans caractère, dans les pauvretés de Louis XIII et de Louis XIV, où le verrier travailla bien plus pour les châteaux que pour les églises, perdit les souvenirs tradi-tionnels de l'art sacré, et finit par s'éteindre lui-même dans l'affaissement de l'architecture ogivale.

Remarquons bien, au reste, que le symbolisme des couleurs avait été abdiqué, ou à peu près, dès le quinzième siècle. On n'y cherchait plus que par de rares réminiscences l'ap-plication, pourtant fondamentale, des théories chronolo-giques, dont jusqu'alors personne n'eût voulu se passer. Il n'était pas plus question de blanc pour les vierges que de rouge pour les martyrs; on se contentait d'un effet d'ensemble, sans aucun égard aux lois hiératiques, ni à l'expression des personnes et des choses. On tendait par là à n'avoir plus de verrières dotées de toutes les conditions de leur vie et de leur influence, mais des tableaux dont les teintes se ternissaient de plus en plus, en même temps que les sujets devenaient une lointaine parodie des belles et religieuses compositions de Suger et de ses imitateurs.

L'art du verrier, quoi qu'on en ait dit souvent, n'a jamais été perdu; il s'est effacé devant les malheurs des temps, quand la foi s'est affaiblie, quand les églises, ruinées par les huguenots, n'avaient qu'à peine de quoi se relever et songeaient à leurs pauvres murailles avant de penser au luxe d'un nouvel ameublement. La renaissance de l'architecture chrétienne a fait renaître de nos jours ce mode de décoration, dont elle ne pouvait plus se passer; mais il s'en faut, disons-le encore, que l'on découvre ce feu sacré dans tous ceux qui y touchent, et l'on n'a que fort peu d'artistes au milieu de tant d'ouvriers. C'est que le principe de tout bien en ce genre manque trop à ceux qui s'y exercent. Pour faire de la peinture chrétienne, il faut être chrétien, aimer sa foi, travailler pour Dieu avec cet amour qui le fait comprendre, qui rend jaloux de tout savoir pour tout rendre et tout exprimer; il faut des études sérieuses des vieux procédés, une érudition acquise dans les recherches réfléchies sur l'hagiographie, sur l'histoire ecclésiastique, la théologie mystique, l'Écriture sainte : telles seront les bases de la composition proprement dite. Quant au côté matériel, il faut certainement abandonner les procédés mesquins auxquels s'obstinent des commerçants dépourvus de vocation artistique. Faire des tableaux transparents, ne prendre souci aucun de l'épaisseur des verres, de leur cuisson; jeter, au hasard du pinceau, des couleurs fades sur des fonds équivoques; tailler de grands sujets des plus vastes dimensions

*Réapparition de cet art à notre époque;*

*ses défauts actuels et leurs causes.*

possibles où le plomb s'épargne, sous prétexte qu'il nuirait à la belle polychromie qu'on veut étaler avant tout ; rejeter les panneaux légendaires, comme plus longs à composer, plus difficiles à distribuer avec intelligence et moins propres à frapper les yeux du vulgaire : voilà à quoi se réduit maintenant, à très-peu d'exceptions près, le talent de nos ateliers modernes, d'où s'échappent cependant chaque jour, à grands renforts de prospectus et au plus bas prix possible, de quoi séduire tous les curés de nos paroisses et motiver par les fabriques de fortes dépenses, au grand regret des connaisseurs et à la grande honte de l'art. De là, dans les plus riches comme dans les plus pauvres églises, tant de verrières sans esprit de suite, dont tous les sujets, réciproquement isolés, ne se rattachent entre eux par aucun lien moral, et dont le style n'est jamais celui du monument qu'ils ont la prétention de décorer ; car ce principe d'unité qui exige dans un tableau sur verre, comme dans la restauration architecturale, une étroite conformité de style entre l'édifice et son ornementation, est le plus méconnu de tous, et par ceux qui veulent de la sculpture, de la statuaire ou des vitraux, et par ceux qui confectionnent tout cela à la journée et à prix fait.

*L'unité y manque surtout, aussi bien que le style.*

Et, disons-le encore, nos architectes actuels sont presque toujours les fauteurs de pareils méfaits. Tirés à la hâte d'une école où ils n'apprennent qu'en partie ce qu'il faudrait savoir très-bien, ils ne craignent pas de se charger, pour la construction ou la restauration d'une église, de tout ce qui en constituera l'ensemble. Ils n'ignorent pas moins des vitraux que des autres objets auxquels s'attaque leur zèle, et c'est ainsi qu'en s'appropriant à Angers la restauration d'une verrière de *S. Maurille*, certains l'ont complétée d'épisodes tirés de la légende de *S. Maurice;* et qu'à Saint-Denis ils placèrent, en 1843, un Origène avec la tête nimbée : si bien que l'archevêque de Paris eut besoin de toute son autorité pour faire tirer de là un hérétique illustre que l'habile architecte

*Ignorance des architectes sur ce point.*

avait canonisé ni plus ni moins que S. Ambroise et S. Augustin!.. Que dire de tels échantillons? Ce sont, hélas! des plaies trop souvent ouvertes sur toute l'étendue de nos basiliques. Depuis trente ans que la vitrerie s'en est emparée, combien y a-t-elle posé de ridicules essais! que d'insignifiantes images, au milieu desquelles se montrent à peine quelques travaux bien sentis et bien exécutés! Et si parfois il en est ainsi, c'est que, par hasard, un véritable archéologue a passé par là; ses inspirations s'y sont empreintes; elles y protestent contre un entourage malheureux qu'un peu de bon sens et de science aurait sauvé de ses banalités ou de ses laideurs (1).

Une complète analogie rapproche les vitraux des manuscrits, quant aux miniatures qui enrichissent ces derniers. Nous serions peu étonné que le travail de ceux-ci eût inspiré les autres, car ils leur sont certainement antérieurs de beaucoup. Les uns et les autres ont progressé d'époque en époque, et, pour peu qu'on les observe et qu'on les compare, on reconnaît que les commencements et les développements successifs de chaque genre de peinture établissent entre elles des rapports qu'il est impossible de nier. Ce que nous savons des manuscrits antérieurs à l'ère chrétienne nous prouve que les lettres ornées ou *vignettes* furent d'abord fort rares, et tracées seulement au trait, en de très-fins linéaments, d'où leur vint le nom qu'elles portent encore. Pour ceux qui remontent au delà du neuvième siècle, nous en avons si peu qu'on ne peut guère déterminer leurs caractères que par ces précieuses exceptions. Nous pourrions citer de ce nombre quelques rares débris d'évangé-

<small>Analogie entre les vitraux et les vignettes des manuscrits.</small>

<small>Rareté des manuscrits antérieurs au neuvième siècle.</small>

---

(1) Comparer, pour preuve de ces observations, les deux verrières de *Saint-Hilaire* et de *Saint-Bernard* posées dans le pourtour absidal de la belle abbatiale de Fontgombaud, lesquelles sont dues aux ateliers de M. Honoré Hivonnait, de Poitiers, avec toutes les autres placées autour d'elles et qu'on s'est repenti, nous le savons, d'avoir prises ailleurs... On s'évitera de telles erreurs et de pareils repentirs quand *l'art chrétien* sera devenu l'objet obligé des études ecclésiastiques.

liaires, comme celui de Charlemagne à la bibliothèque du Louvre, ou le sacramentaire de l'abbaye de Gellone, qui date du huitième siècle et qui se conserve à la bibliothèque nationale (1). Là se manifeste le symbolisme usité, dès les premiers temps du Christianisme, dans la reproduction du chrisme, du tétramorphe, des lettres ornées de poissons, de fleurs et de scènes de l'Apocalypse. Enfin, et au niveau, pour la beauté d'exécution, d'un charmant évangéliaire du neuvième siècle à la bibliothèque de Bruxelles, nous mentionnons un beau manuscrit en parchemin de celle de Poitiers, où les vignettes à pleines pages sont d'une exécution remarquable et appartiennent à une copie des *Vie de S$^{te}$ Radégonde* par S. Fortunat et Baudonivie. Dans tous ces livres, on eût retrouvé le genre des verrières contemporaines, si tant est qu'il en eût existé alors, comme nous serions porté à le croire d'après ce spécimen, en considérant surtout que celles du onzième, dont on connaît encore quelques rares débris, ont une grande analogie avec ces curieuses miniatures; car c'est aux règnes de Robert et d'Henri I$^{er}$ que l'art du verrier se perfectionne et suit régulièrement dans sa marche celle des écrivains et des enlumineurs. Toutefois ce ne sont pas encore ces couleurs vives et éclatantes, ces dorures brillantes et épaisses qu'on admire dans les œuvres des trois siècles suivants. Les tons en général y sont ternes et de peu d'effet, mais le symbolisme y vit autant que dans toutes les œuvres artistiques par les couleurs et par les accessoires, qui se rangent le plus souvent autour du sujet principal. Là nous voyons aussi les modifications apportées par les divers âges à l'architecture monumentale, jusque-là même qu'on y peut remarquer des traits inaperçus de la plupart des archéologues, par exemple des arcades ogivales adaptées à des ornements architecto-

(1) Voir la *Description de l'évangéliaire de S. Goslin*, du neuvième siècle, par M. Digot (*Bullet. monum.*, XII, 515).

niques dans un ménologe grec, illustré, entre 867 et 886, par ordre de l'empereur Basile le Macédonien.

Ce qui n'est pas moins curieux, et ce qui pourrait passer à quelques égards pour un véritable caractère symbolique, c'est le rapport très-direct qu'on peut reconnaître entre l'écriture des manuscrits du moyen âge et le style plus ou moins pur ou plus ou moins maniéré des architectes dans leurs œuvres monumentales. Quelle frappante conformité, en effet, entre ces durs et incultes Mérovingiens, dont tout le luxe est dans une framée, toute la vie sociale dans la guerre et les conquêtes, et ces caractères graphiques jetés lourdement, mais par une plume nette et ferme, sur un parchemin épais, dur et presque raboteux, caractères qui eux-mêmes larges et trapus, réguliers et uniformes, représentent très-bien l'arcade lourde et sévère, les murailles épaisses, les baies sans ornements, les portes étroites, les contreforts hauts et massifs des donjons et des églises lombardes ou anglo-saxonnes ! Ainsi, comme l'écriture calme, posée et très-lisible du douzième au quinzième siècle, les constructions architecturales de l'époque romane, de la Transition et des deux premières périodes gothiques sont d'un style simple, grandiose, d'un effet d'autant plus élevé qu'il ne le cherche pas, et dédaigneux de toute parure qui n'ajoute rien à l'expression indispensable à son objet. Au temps de S. Louis, les deux choses commencent à rechercher une certaine élégance, encore timide : de graves qu'elles étaient auparavant, elles tendent au gracieux, et commencent à s'emparer, pour y arriver bientôt, d'un genre d'ornementation qui s'appellera le gothique fleuri. Pour l'architecture, ce seront des difficultés vaincues en des moulures et en des motifs sculptés qui, au lieu d'accuser un dessin pur et correct, se contourneront dans les prétentieux caprices d'une de ces nombreuses innovations qui pour les arts sont toujours, sous un spécieux prétexte de progrès qui séduit la foule, les avant-coureurs d'une prochaine décadence.

<small>Rapports sensibles entre l'écriture des divers siècles du moyen âge et les styles de leur architecture.</small>

Ainsi, la Renaissance nous fait, au quinzième siècle et au seizième, des édifices religieux ou civils dont l'ornementation n'est plus qu'un tour de force continuel; l'écriture, par analogie, élargit ses lettres, les mêle et les enchevêtre de façon que ses caractères ne sont reconnaissables qu'à la manière des énigmes; et, avec leur profusion de traits futiles, évidemment empruntés des végétations fouillées dans les gorges et les voussures des grandes portes des églises, ils vont nous produire, jusqu'au dix-septième siècle, des écritures illisibles que nous gardent encore les chartes et les parchemins de Louis XII à Louis XIII. Aussi les livres manuscrits cessent à partir de la fin du quinzième, et, quoique l'apparition contemporaine de l'imprimerie soit une cause très-nette de cette disparition des *écrivains*, elle se fût manifestée fatalement en dehors de cette cause, uniquement par la seule difficulté d'avoir des lecteurs assez résignés pour accepter des livres dont toutes les lignes seraient devenues indéchiffrables. Enfin, si nous considérons l'écriture cursive pendant les deux siècles qui précèdent le dix-neuvième, nous la voyons revenir et n'avoir plus de physionomie générale : chacun se fait la sienne, plus ou moins lisible, mais sans autre règle que sa propre personnalité; dès lors elle devient de nouveau le type de l'architecture métamorphosée, qui se vit alors, elle aussi, subordonnée au hasard de la pensée, sans trait ni originalité; par cela même elle est comme un symbole de la société européenne, qui, secouée par les tempêtes morales, dont la prétendue Réforme est la principale cause, s'achemine à n'avoir plus d'unité ni dans sa foi religieuse, ni dans son respect de l'autorité, ni dans les dogmes mêmes de la vie publique : toutes choses dont on avait commencé à douter, et qui s'anéantissent aujourd'hui dans ce monstrueux phénomène qu'on appelle la Révolution, c'est-à-dire le dernier degré de la démoralisation humaine.

La même obser- Si, après ces considérations générales, nous entrons dans l'examen des vignettes en particulier, nous y trouvons mille preuves de plus que chaque objet, outre son caractère historique, y tient toujours un langage qu'il n'est pas donné à tous de comprendre, mais qu'il est important d'éclaircir pour tous. Là encore, il faut distinguer les époques avant tout : c'est une première condition d'une interprétation fondée ; car autant les siècles de la véritable science théologique nous offrent d'images sérieuses au sens profond et élevé, autant les folies de la Renaissance et toutes les excentricités du temps qui s'écoule de Charles VII à Louis XIII émaillent, par une étonnante prodigalité, les textes et les marges des dernières œuvres de la calligraphie. Les unes, toujours graves comme les écrivains et les peintres qui nous les laissèrent, se font toujours l'organe d'un haut enseignement ; les autres, ayant au fond le même but, y tendent par des moyens beaucoup moins dignes, et sous l'influence d'une pensée empreinte de toutes les hardiesses de l'esprit. Celles-ci semblent s'évertuer à inventer de nouvelles formes ; la simplicité d'autrefois, les symboles reçus par les âges modèles, ne leur suffisent plus ; l'imagination se donne avec elles toute carrière et la parcourt sans réserve, ne s'arrêtant devant aucune des formes de l'audace. Il n'en faut pas moins deviner les prétentions de leur style et de leur pinceau. Cherchons à les analyser.

*vation quant aux vignettes, qui s'imprégnent de l'esprit de la Renaissance.*

Dans le premier genre donc qui mérite à tous égards nos premiers soins, nous rencontrons ces belles peintures faites avec tout le soin que comporte l'époque artistique d'où elles descendent, reproduisant avec leurs couleurs convenues les traits, consignés dans le texte, de leur côté purement biblique ou mystique, et accompagnés de certains détails qui seuls en feraient reconnaître l'auteur ou le fond même : c'est la crucifixion avec un pélican qui surmonte la croix, ou l'Église recevant le sang divin dans un calice qu'elle tient sous les plaies du Sauveur ; c'est David méditant à genoux devant un prie-Dieu les psaumes de la pénitence, dont le texte est ou-

*Beauté artistique de ces charmantes peintures, et leurs détails symboliques.*

vert sous ses regards. Sa harpe savante, qui bientôt redira les accents d'un cœur contrit et humilié, repose silencieuse à ses pieds, et tout près du prince perche, triste et préoccupé comme lui, le passereau, dont il a fait le symbole de sa solitude.—Quand ce sont des scènes évangéliques, le peintre les entoure volontiers de quelque accessoire qui en fait comprendre le sens allégorique, ne fût-ce que sur les marges du manuscrit, embelli de charmantes fleurs imaginaires qui vont de siècle en siècle, et de plus en plus délicates et vives de couleurs et d'or, jusqu'à celui où le sérieux devient plus rare, où la plaisanterie se glisse jusque dans les *Livres d'heures*, à côté des psaumes et des oraisons. Il est facile de voir à ces singularités inconvenantes que la main du moine écrivain n'est plus là. Les miniaturistes apportent leur laïcisme sur ces pages si joliment écrites, si habilement coloriées, mais où le sens de la piété se fourvoie, où la théologie est absente, où les idées mêmes de la magie telle que nous l'avons pu étudier ci-dessus (1) s'introduisent pour traduire en grotesques libertés les doctrines de la cabale et les scènes drôlatiques du sabbat. C'est le quinzième siècle surtout qui s'est évertué à ces gentillesses déplacées.

Et comment expliquer autrement que par quelque rêverie diabolique cette laie aux mamelles pendantes, debout, à cheval sur un bâton qu'elle tient d'une *main*, et de l'autre soutenant l'équilibre d'une barre transversale appuyée sur son épaule droite, et d'où pendent, devant et derrière, deux seaux de bois qu'elle va remplir?— et ce gros garçon armé d'une formidable massue, monté sur une chimère bipède à corps de scorpion?—Ici j'aperçois un diable à tête de dragon, dont le poitrail est garni d'une de ces têtes difformes que nous avons vues se multiplier sur le corps de Satan en signe de sa multiple activité dans le mal; il marche sur deux pattes velues et onglées; une énorme queue indiquerait

---

(1) Voir t. III, ch. x, p. 392 et suiv.

toute seule son origine suspecte.—Là, par un contraste aisé à comprendre, des magots à deux pattes s'accroupissent sur la tige d'une jolie plante ou sur le calice d'une fleur fantastique, de même que le génie du mal assiége et subjugue trop souvent la beauté innocente qui ne l'a pas assez redouté. — Ici un singe à l'air espiègle et dégagé s'exerce sur la cornemuse, digne pendant d'un rival de même nature qui, sur une autre page, charme ses loisirs en jouant de la flûte. Ne sont-ce pas là des variantes de la truie qui file, de l'âne jouant de la harpe ou se pavanant sous la chape? — Et cet autre singe aussi qui fouette un chat, dont on remarque l'impassibilité étonnante, n'est-ce pas le diable se faisant un jouet de l'âme perfide, habituée de la gourmandise et de la ruse? aussi bien que ce loup traînant dans une brouette une oie qui ne paraît pas trop se déplaire à ce voyage n'est certainement, dans la pensée du peintre, qu'un stupide pécheur se laissant emporter, par sa fatale docilité à l'ennemi, vers le but que sa bêtise lui cache, et où bientôt il va devenir la proie de ce maître plus avisé que lui.

Il n'y a donc pas à douter que tant de singularités ne soient toujours du symbolisme créé par la *folle de la maison*, sans contredit, mais ayant un sens très-reconnaissable. C'était le genre du temps avec la pensée respectable des temps passés. Alors encore, on se souvenait, en dépit de telles apparences, des traditions sacrées ; on faisait de charmantes copies du Saint-Graal ornées de magnifiques pages, enluminées de vastes sujets à scènes variées, où la démonologie du moyen âge rappelle, autour du règne de Satan trônant au milieu de ses horribles satellites, tout ce que la foi nous enseigne du dernier jugement, du purgatoire et de l'enfer. Ce tableau est plein d'animation ; revêtues de leurs couleurs propres, les courtisans du roi des ténèbres y ont tous une figure dont le fond est de l'humanité aussi bien que le corps ; mais tous ont une tête verte ou bleue comme leur chef, qui s'adjuge ces deux couleurs empruntées aux idées divines, qu'il prétend usurper. Leurs costumes aussi, qui consistent tantôt dans une cuirasse et des brassards quand ils remplissent les fonctions de gardes, tantôt dans un simple haut-de-chausse qui laisse à nu tout le reste du corps, sont par là très-conformes aux règles symbolistiques des bonnes époques. Ces belles pages, et d'autres tirées en grand nombre des beaux manuscrits du quinzième siècle, annoncent, dès ce temps, de remarquables progrès dans la peinture ; elles sont les contemporaines de nos grands peintres chrétiens, de Giotto à Ange de Fiézole, et de celui-ci à Raphaël.

Mais entrons plus avant dans cette époque par des observations plus intimes, et reconnaissons, jusque dans les témérités que nous blâmons, l'esprit symbolique, resté tout d'abord trop inaperçu.

*Manuscrit du roi René d'Anjou.* — Dans un des beaux manuscrits de la bibliothèque de Poitiers, attribué à René d'Anjou et rempli de délicieuses majuscules ornées de fleurs et d'oiseaux ravissants d'exécution, une miniature représente Job sur le fumier, conversant avec ses amis. Ce sujet occupe toute la page, si ce n'est qu'au bas on a ménagé assez d'espace pour jeter encore, au milieu de guirlandes fleuries et de festons de fort bon goût, deux monstres, dont l'un est un quadrupède, espèce de chien imaginaire, l'autre un magot assis sur ses deux pattes, et dont la tête humaine est surmontée d'un cou et d'une tête de dragon. Il est, ce semble, assez facile de distinguer sous ces traits le mauvais Ange, qui joue un rôle si important dans cette histoire si philosophique, puis, dans le chien bizarrement accoutré de sa nature équivoque, ces amis du saint Patriarche, dont les raisonnements et la doctrine valaient bien à peu près les aboiements importuns de l'intéressant quadrupède.

*Missel de l'abbaye de Sainte-Croix de Poitiers :* — Mais ouvrons un missel des dernières années du même siècle, à la bibliothèque du séminaire de Poitiers, et de l'ancien monastère de Sainte-Croix : nous allons y voir, sous les formes les plus diverses et les plus singulières, des allégories très-patentes aux offices dont elles accompagnent le texte. Au premier dimanche de l'Avent, se voit sur une page enluminée une charmante sirène, dont nous savons le rôle perfide et attrayant. Que fait-elle donc là, quand l'Église nous parle du dernier jugement, sinon un contraste évident entre les plaisirs mondains qui perdent les hommes, et les graves pensées qui ouvrent un temps de pénitence et de préparation aux dernières fins ? *(Les dimanches de l'Avent et du Carême symbolisés; La sirène;)*

Au quatrième dimanche, un loup, fort bien caractérisé par la tête, les pattes et la queue, à demi vêtu d'un habit monastique d'homme, est à cheval sur un coq lancé de toute sa vitesse contre un oiseau qui a quelque rapport à une grue. On sait l'innocuité proverbiale de celle-ci, comme la méchanceté hardie de celui-là. La pauvre volatile, tout en fuyant, se retourne pour se défendre ; elle étend ses ailes, darde sa langue, donne enfin toutes les marques de la frayeur ; c'est l'innocence attaquée par le crime; c'est le démon poursuivant l'âme fidèle; c'est le loup ravissant, image de la cruauté et de la fraude, et l'âme juste qu'il persécute de ses plus rudes tentations et dont toute la garantie est dans une fuite prompte et résolue. Or, dans cet office, l'Église demande expressément la venue du Messie libérateur, implore sa protection toute-puissante et la délivrance de l'esclavage du péché. La prose qu'on chantait alors à la messe de ce jour appuie bien ce sentiment : *Redempta humanitas, tota morte fugata, prima fugit detrimenta.* *(La persécution de Satan;)*

Mais nous voici au premier dimanche de carême : il s'agit de la tentation du Christ dans le désert. Cet épisode est fort joliment encadré dans une majuscule où le tentateur, ressemblant pour le gracieux de sa figure à ceux de ses collègues précités, relève encore son attrayante physionomie par deux magnifiques défenses de sanglier qui lui montent jusqu'au niveau des oreilles. Il offre au Sauveur une pierre, et semble lui dire avec une expression d'ironie : *(La tentation au désert;)*

*Dites à cette pierre de se changer en pain* (1). Puis, sur la marge inférieure, un porc armé aussi de défenses, accroupi sur une chimère, joue de la cornemuse, instrument des bois et de la solitude, tandis qu'à l'autre extrémité du même plan, un singe, race inépuisable, monté à rebours sur une bête fantastique non moins curieuse, présente au musicien une écuelle pleine d'un liquide très-distinctement dessiné : c'est bien évidemment une suite de la première scène. On y a donné dans la caricature ; mais n'est-ce pas aussi une manière de jeter le ridicule à ces faces de singes et de porcs qui s'imaginaient produire quelque illusion, à l'exemple de leur infernal inspirateur, sur des âmes pour lesquelles la pénitence et le jeûne deviennent des pratiques aussi nécessaires que rassurantes ?

<small>La Chananéenne ;</small> Suivez encore, et, quand vient le jour où l'Évangile raconte la supplication de la Chananéenne pour sa fille tourmentée par le démon (2), vous verrez, dans une lettre d'or et d'argent, cette pauvre fille n'ayant que la moitié d'elle-même et se terminant par un horrible dragon : ce trait est fort ingénieux ; il exprime fort énergiquement cette possession de l'ennemi, qui, sans rien ôter de l'apparence humaine, est maître cependant, et comme à demi, de ce corps dominé en partie par sa nature de reptile. C'est là aussi que se trouve le singe tenant par la queue un chat qu'il flagelle et qui n'a pas l'air de s'en douter. Est-ce que déjà le démon, qui inspirait les jalousies de la Synagogue, ne se riait pas d'elle, ne la flagellait pas en voyant sa décadence, dont il ne savait pas encore que l'auteur fût le Fils de Dieu ?

<small>Le dimanche des Rameaux ; les Juifs et la Synagogue réprouvés.</small> Voulez-vous une image du peuple juif et de la Synagogue, d'abord héritiers des promesses divines, puis réprouvés pour leur endurcissement ? la voici au jour des Rameaux,

---

(1) « Dic lapidi huic ut panis fiat. » (*Luc.*, IV, 3.)
(2) *Matth.*, XV, 29. — Jeudi de la première semaine de carême.

où Jésus entre à Jérusalem qui l'honore et doit bientôt le renier. Un vieillard de belle figure est revêtu, jusqu'à la ceinture, d'une élégante chlamyde. Puis vient une autre tête humaine à barbe hérissée, aussi bien que ses cheveux; le reste du corps se forme de pattes de lion et d'une queue de chat. A côté, un buste de femme se perd dans une cuirasse d'écrevisse appuyée sur deux pattes inférieures palmées comme celles d'une oie et onglées comme celles d'un oiseau de nuit. La Synagogue va ainsi à reculons; elle fait preuve de peu d'intelligence, s'aventure dans les ténèbres. Son peuple sévit de son côté, et unira contre le Christ la cruauté du lion qui dévore, la ruse perfide du voleur domestique, toujours plus à charge qu'utile, sous les traits de l'amitié et de la douceur. Ne sont-ce pas les caractères dont fera preuve le peuple juif pendant toute la durée de la Passion du Sauveur?

A la même époque, un bréviaire de l'ancienne abbaye de Sainte-Croix de Poitiers avait été fait pour une abbesse de cette maison, dont l'écusson, parmi beaucoup d'autres, y revient souvent : *de gueules, écartelé de trois trèfles d'or mi-partie, et d'un aigle éployé de sable* (1)? Outre que ces armoiries se rattachent à une femme de bon goût qui gouverna cette maison de 1416 à 1423, cette époque nous y semble encore indiquée par le sentiment mieux observé des convenances, qui s'y fait remarquer. Les grotesques ne se montrent plus ici jusqu'à l'insolence : au lieu des singes,

Bréviaire d'une abbesse de ce même monastère, plus grave et non moins beau d'exécution.

(1) Nous avons quelque raison de croire que cette abbesse était Jeanne d'*Orfeuille*, la trentième du monastère, dont l'écusson pouvait bien porter alors des trèfles d'or qu'on a depuis changés soit en feuilles de laurier, soit en feuilles de chêne, mais que l'Armorial général du Poitou, de la bibliothèque de Poitiers, indique seulement comme trois feuilles d'or que ne distingue aucune dentelure. La famille actuelle des Guichard d'Orfeuille adopte les feuilles de chêne : mais l'écusson de Jeanne serait le plus ancien, et les feuilles de trèfle, étant dépourvues aussi de dentelures, sembleraient lui avoir été bien attribuées plus anciennement. — Voir *Dictionnaire des familles du Poitou*, II, 473.

des porcs, des chats et autres personnages de cette trempe, dont nous savons la juste valeur, on admire, sur les marges coloriées, de gentils oiseaux aux plumes lisses et délicates, de jolis renards bien effilés qui ressentent passablement leur moyen âge. Point de ces symboles de vices grossiers, de stupides instincts. Ce livre a été destiné à une femme pieuse; on a jugé inutile pour elle ces graves et sévères avertissements prodigués ailleurs aux religieux peu exacts ou aux gens du monde oublieux de la religion.

*La gueule du Purgatoire.*

Cependant le dogme n'y est pas négligé, et une charmante vignette, venue directement du douzième siècle à travers le treizième et le quatorzième, y montre une fois de plus la vaste gueule du purgatoire ouverte et pleine de flammes; des êtres humains, entassés pêle-mêle dans cette prison de feu, tendent les bras vers le Sauveur qui s'avance armé de sa croix pour les délivrer, pendant qu'un diable de même taille accourt en marchant sur le dos de l'animal, comme pour défendre la proie qu'il va perdre.

*La fête de l'Ascension.*

Enfin, de tant d'autres citations que nous pourrions faire, il ne faut pas négliger celle que fournit encore ce même manuscrit pour la fête de l'Ascension. A ce jour, on voit un homme adorant, dans la posture de la plus fervente prière, le Christ s'élevant dans les airs : ses bras sont tendus vers le Sauveur, son visage respire le désir ardent de le suivre; mais sa longue robe, fendue verticalement de la ceinture au bas, se termine par terre, à l'une de ses extrémités, par une tête de chien : image sensible des bons désirs enchaînés par les choses du monde et les affections terrestres; application de cette distinction, convenue entre les philosophes et les théologiens, de la partie supérieure et de la partie inférieure de l'âme.

*Les ordinations simoniaques et l'abus des bénéfices.*

Vers la fin de ce même quinzième siècle, et quand l'esprit de révolte s'élevait contre l'Église et son joug salutaire; quand les abus nés de la pluralité des bénéfices et des investitures laïques se furent érigés en scandales, le mépris de tels désordres dut enfanter des avertissements, dont se ressentit l'art du peintre, aussi bien que celui du poète et de l'orateur. Ces critiques mordantes, que nous avons vues sortir des conceptions monastiques sous la main des architectes du moyen âge, n'avaient pas perdu leurs droits en face d'un temps où la corruption avait gagné tant de cœurs; c'est pourquoi nous voyons dans le missel cité plus haut, et qui ne remonte qu'à peu d'années avant le seizième siècle, un sujet dont l'auteur a fait une caricature achevée : il figure au troisième dimanche de carême, que précède souvent une ordination. Au bas d'une page, un singe (toujours un singe, un diable ou un hypocrite) est agenouillé, joint pieusement les mains, et garde l'attitude du recueillement et du respect, la tête humblement inclinée, ne bougeant pas... Il est ceint d'une bande de cuir noir à laquelle pendent une écritoire et un carnet à mettre du papier et des plumes: le drôle, on le voit bien, est *quelque peu clerc*. Sa tête est nue, et sur ses épaules s'étend une cuculle accompagnée d'un capuce rabattu. Devant lui est un homme, également à genoux, qui reçoit ses deux mains dans sa main gauche, et du plat de sa droite lui touche la tête, comme pour une espèce de consécration : c'est évidemment une imposition des mains... Ce dernier est exactement vêtu comme les fous représentés dans le *Navis stultifera* de Sébastien Brandt, qui date du même temps; on en verrait aussi de tout semblables dans les gravures dont Holbein a paré l'*Éloge de la Folie*. Y a-t-il à douter que dans ce tableau se voie une satire animée des ordinations simoniaques ou mal reçues, ou de l'abus des bénéfices dont la collation était trop souvent confiée aux mains fort peu régulières d'un grand nombre de seigneurs laïques ? car rien ici ne fait penser à aucun costume épiscopal ou ecclésiastique. Au reste, nous avons quelque souvenir d'avoir vu ailleurs un autre sujet dont le fond est le même; et il fallait bien, pour qu'il figurât en deux manuscrits différents, qu'il fût l'expression d'une idée dont plusieurs se fussent frappés (1).

*L'usage des vignettes se continue dans les premiers livres imprimés.*

Les manuscrits ne furent pas les derniers livres où ces symboles durent laisser leurs traces. A part les vignettes coloriées qui se perdirent avec eux, on vit encore les premiers livres donnés par l'imprimerie ornés de gravures sur bois, dont les sujets furent longtemps empruntés aux vieux usages, illustrant le texte et y conservant l'influence de la symbolique religieuse qui expirait devant les préoccupations, devenues plus vives que jamais, de la science profane et de ses trop nombreuses légèretés. Les *Heures de de Nostre-Dame, à l'usaige de Poictiers*, imprimées à Paris en caractères gothiques, en 1525, pour un libraire poitevin, sont une des dernières œuvres où le démon ait gardé sa forme du moyen âge, qui s'oubliait de plus en plus. Dans

*Images, au seizième siècle, de S. Antoine,*

une des petites vignettes noires qui confirment cette observation, deux démons battent S. Antoine, et l'un d'eux, plus apparent, porte une tête de griffon.—Dans quelques autres,

*de S. Georges,*

S. Georges, le patron des âmes fortes, enfonce sa lance dans la gueule d'un dragon renversé sous son fier destrier.

*de Ste Marguerite,*

— Ste Marguerite foule aussi un dragon à tête recourbée, image de sa dernière victoire par le martyre sur l'ennemi de sa virginité et de sa foi.— S. Jean l'Évangéliste tient une

*de S. Jean l'Évangéliste,*

coupe d'où sort un petit dragon ailé, symbole du calice et des persécutions que lui avait prédites le Sauveur (2).

(1) Les manuscrits que nous venons de citer sont presque tous de la bibliothèque publique de Poitiers ou de celle du grand séminaire. La pagination n'en ayant jamais été faite, il serait difficile d'en indiquer la place dans chacun de ces livres; mais les sujets que nous avons analysés s'y rencontrent facilement pour peu qu'on les y cherche. — Quelques autres sont tirés du recueil intitulé *Le Moyen Age et la Renaissance*, qui donne beaucoup de planches, mais se dispense souvent de les expliquer.

(2) Voir *La Légende dorée*, où l'on rapporte que des païens indociles, ayant voulu se défaire de l'Apôtre, lui offrirent un breuvage empoisonné, mais que celui-ci, divinement inspiré de n'en pas prendre, fit sur la coupe un signe de croix qui la fendit et la vida instantanément. Pour rendre l'inutilité du poison, ce fut une ingénieuse idée de

— S. Michel enfonce un dard dans l'horrible gueule du monstre, dont la physionomie laisse voir bien clairement avec les autres un air de famille : le vaincu, terrassé sur le dos, s'efforce, de sa patte droite, d'arracher la lance qui le gêne ; sa pose est fort naturelle, et ses grimaces dénotent quelqu'un décidément mécontent. Ne voit-on pas bien ici l'intention du graveur unique dont le burin a travaillé tous ces bois? Et tous ces serpents ou dragons sont-ils autre chose que des signes sensibles des obstacles que le démon opposa aux Saints dans la pratique de la vertu, et quelquefois des tourments qu'ils ont soufferts ?

*et de S. Michel.*

Au reste, et afin de se faire une plus complète idée du symbolisme rendu au dernier terme de sa vie pratique et littéraire, il ne faut pas ignorer que, vers ces derniers temps, l'habitude d'en mettre partout avait fait inventer des symboles inconnus des anciens, et dont S. Méliton ne parle pas. Le limaçon, par exemple, fut employé maintes fois au seizième siècle pour signifier la résurrection, parce qu'en effet sa coque est une sorte de sépulture, et il en sort à volonté. Ainsi nous possédons un *Livre d'heures à l'usaige de Romme*, imprimé à Paris pour Jehan de Brie par Nicolas Hygman, vers 1510 à peu près, dont les vignettes marginales nous offrent l'insecte rampant sous plusieurs faces, qui toutes se rapportent à une même expression. Là c'est la Mort, grande femme nue à la face décharnée, debout sur des limaces qu'elle foule aux pieds, tenant de la main gauche une poignée de serpents étouffés par son étreinte ; de la droite, elle montre un autre limaçon sortant de sa carapace, tandis qu'un autre repose sur son épaule gauche aussi plein de vie que son pendant. Voilà donc la mort devenue le principe de la vie : on entend S. Paul disant aux Romains : « Si nous sommes morts en Jésus-Christ, nous

*Symboles nouveaux : le limaçon, image de la résurrection et de l'immortalité.*

---

représenter le démon, inspirateur du crime, s'échappant du vase et cédant au signe qui lui est le plus hostile. Le même trait est cité dans la *Vie* du patriarche S. Benoît.

ressusciterons en Lui (1) ; » et la preuve de cette résurrection bienheureuse est dans ces serpents tués par la Mort, dont la venue est vraiment pour le chrétien le moment de son triomphe sur le mal et sur l'enfer.

<small>Il combat contre la mort.</small>

Ailleurs nous voyons un autre de ces mollusques, la tête et le cou fièrement sortis de sa coque, ayant deux bras armés d'une hache d'armes, et tenant ferme, avec un visage menaçant qui participe beaucoup d'une figure quelque peu humaine, contre deux jeunes hommes au corps trapu qui le menacent de côté et d'autre, l'un d'une vigoureuse massue, l'autre d'une large épée. Mais ces menaces ne s'effectuent pas ; la bête mystérieuse demeure impassible et méprise d'un regard assuré des coups qui ne peuvent l'atteindre. L'homme s'arme en vain contre la mort ; il ne l'évitera pas plus que la résurrection, qui fera justice des bons et des méchants. Non loin de ces sujets, on voit accroupis au bas des pages soit un chat, dont on sait le mauvais côté, soit un griffon, dont la queue s'enlace à celle d'un capricorne. Nous savons aussi la signification peu rassurante de ces natures mauvaises ; là elles sont d'autant mieux placées que ces deux dernières bêtes soutiennent un cul-de-lampe qui sert de base à la grande statue de la Mort tenant ses limaces. Cette circonstance est encore un souvenir du moyen âge. A Chartres et à Amiens, on voit aux façades des cathédrales les bourreaux ou persécuteurs des Saints représentés accroupis sous le piédestal de leur statue. Ajoutons enfin, pour ter-

---

(1) « Si autem mortui sumus cum Christo, credimus quia simul etiam vivemus cum Christo. » (*Rom.*, VI, 8.) — M. le comte Auguste de Bastard confirme cette donnée sur le limaçon pris comme symbole de la résurrection, dans son *Rapport sur* notre *Histoire de la cathédrale de Poitiers*, inséré au *Bulletin des comités historiques* (1850, Archéologie, t. II, p. 173), où il donne une vignette du quinzième siècle reproduisant un limaçon sur lequel un homme dirige de loin une arbalète dont le trait va partir. Il cite d'autres types semblables auxquels il donne le même sens, ce qui est pour nous une garantie de notre propre appréciation.

miner sur notre limaçon symbolique, qu'il avait trouvé sa place jusque sur l'enseigne de Nicolas Hygman, *demourant en la rue Sainct-Jacques, à l'enseigne de la Limace*. On n'eût pas pris un symbole de cette espèce pour cet usage s'il n'eût pas représenté une idée favorable.

Et c'est l'occasion de rappeler aussi combien les enseignes, au moyen âge et depuis, furent empreintes de symbolisme. Qui n'a pas vu maintes fois dans les vieux titres la cigogne, le pélican, le coq hardi et tant d'autres? La science qui nous occupe était alors plus généralement estimée; elle faisait invasion dans la rue, où elle n'est même plus aujourd'hui; on la voyait également adoptée par les corps de métiers, qui s'étaient fait des armoiries consacrées par des lettres patentes des souverains. Quoique beaucoup des symboles représentés sur leurs bannières ou leurs sceaux, aussi bien que sur les poinçons de fabrique, fussent de simples instruments du métier, certains corps cependant avaient de véritables écussons, qui, le plus souvent, étaient chargés de véritables armes parlantes : telle la corporation des *lainiers* de Saint-Trond, en Belgique, avait en 1481 un *Agnus Dei*, à cause de sa laine; celle des charpentiers de Maëstrich prenait pour indice de confraternité un compas, une doloire et une tête de mort, celle-ci par allusion aux cercueils que les confrères fabriquaient; et, en 1356, les bouchers de Bruges se reconnaissaient à leur sceau chargé d'un bœuf et dont le revers portait un porc engraissé. Souvent, quand ces illustres familles, dont l'importance ressortait de leurs statuts et règlements, donnaient un vitrail à l'église ou à la chapelle de leur confrérie, elles ne manquaient pas d'y faire peindre soit leur écusson, soit un acte de leur commerce. Cet usage remontait au moins au treizième siècle, dont une foule de vitraux l'attestent encore à Chartres, au Mans, à Bourges et à Poitiers. Au seizième siècle encore, on se gardait bien de l'oublier, comme on en trouve de nombreux témoignages dans les belles gravures,

*Symbolisme des enseignes,*

*et des armoiries des corps de métiers.*

toujours meilleures que le texte, du *Moyen Age et la Renaissance* (1). Les manuscrits eux-mêmes, auxquels nous revenons, offrent de nombreuses vignettes de ce genre.

<small>Le symbolisme jusque dans la reliure des livres et des manuscrits.</small>

Enfin, et pour ne rien omettre sur ce sujet, il est un autre côté par lequel nous devons regarder les manuscrits comme organes du symbolisme au moyen âge. Des livres si précieux, d'une confection si difficile et d'une si chère acquisition, des missels, des ménologes, des psautiers, des sacramentaux ou des évangéliaires écrits en lettres d'or et de carmin, rehaussés de majuscules qui, à elles seules, étaient autant de charmants et remarquables travaux ; ces trésors de prières chrétiennes, de théologie, de philosophie ou d'histoire naturelle, lentement élaborés à la demande des princes ou des prélats dans les vastes salles des monastères, avaient besoin d'une reliure qui ne se pouvait jamais faire qu'après la confection entière du livre et de ses vignettes coloriées, comme le prouvent certaines d'entre celles-ci où l'enlumineur est représenté travaillant sur une simple page de parchemin. Or ces reliures étaient souvent d'une grande richesse, particulièrement quand on les destinait à des livres écrits et illustrés pour de grands personnages, mais surtout encore quand ces livres se rapportaient à la liturgie. Il n'était pas rare en pareil cas, et il nous en reste de beaux spécimens, de les recouvrir, à l'imitation des diptyques romains, de tablettes d'ivoire sculpté, comme le psautier de Charles le Chauve de la bibliothèque Richelieu, dont les curieuses scènes représentent avec les plus hautes conceptions du symbolisme la Dormition de la Sainte Vierge et d'autres scènes pleines d'intérêt. Quelques livres se paraient même de lames de métal précieux qu'on ciselait artistement, comme la belle plaque d'argent où le Christ siége et bénit au milieu des quatre animaux sym-

---

(1) T. III, *Corporations*, f<sup>os</sup> IV et suiv., v° CHARPENTIERS.—Voir aussi *Chroniq. de Nuremberg*.

boliques, sur l'évangéliaire de Warzbourg (Bavière). Souvent ces admirables gravures étaient niellées, ou émaillées, ou relevées de pierreries. Sur cet ivoire, sur ces plaques d'or et d'argent, des scènes variées, dues au travail d'artistes spéciaux, représentaient, comme nous venons de le voir, des faits analogues au sens général du livre. Cet art s'appliquait de préférence aux évangéliaires, dépôts de la Parole divine, et de fort beaux résultats en sont venus jusqu'à nous. On comprend que, l'or étant le symbole de la sagesse, l'argent celui de l'éloquence évangélique, et les pierres précieuses celui des bonnes œuvres et des miracles, ces trois riches ornements convenaient très-bien à de telles œuvres, selon la remarque de Rupert.

La Sainte-Chapelle de Paris possédait autrefois deux évangéliaires, du dixième ou onzième siècle, couverts de saphirs, d'émeraudes, de perles et de rubis, dont nous savons, par l'Apocalypse, le sens symbolique. D'autres trésors s'enchâssaient aussi parmi ces richesses : des reliques des Saints, des fragments de la vraie Croix en rehaussaient l'éclat et le prix. Ce grand luxe, qui n'oubliait rien pour être plus digne de Dieu, s'effaça pourtant et n'est guère venu à nous en deçà du quinzième siècle ; on en a cependant encore aujourd'hui quelques restes précieux. On voit à la bibliothèque de Rouen une reliure sculptée à cette époque, représentant, au milieu de riches ornements en fleurons et en étoiles, une licorne chassée par des chiens et se réfugiant dans le sein de la Sainte Vierge ; l'encadrement est limité par une bordure de petits compartiments dans chacun desquels saillissent en relief les lettres qui forment les mots : *Sit nomen Domini benedictum.* — La collection du prince Soltykoff, si renommée pour ses belles curiosités, et qu'après la mort de ce riche amateur on a vue disséminée comme tant d'autres, possédait une couverture de livre en émail offrant, au milieu d'une charmante bordure du treizième siècle, un ovale formant l'auréole où était

*Beaux exemples de reliures au moyen âge.*

assis le Christ bénissant, entouré du Tétramorphe; le Christ était dessiné en or, et le fond noir faisait ressortir d'autant mieux des pierres précieuses semées autour du trône pour figurer les étoiles environnant le Principe divin de toute lumière.

Aujourd'hui, l'extrême rareté de ces magnifiques ouvrages, au lieu desquels on se contente d'une éclatante reliure en maroquin dont la somptuosité dorée n'approchera jamais de ces chefs-d'œuvre, nous en rend la conservation et l'analyse d'autant plus importantes. C'est là surtout qu'on peut étudier l'art du moyen âge dans ses beautés de toutes les époques : les attributs des Saints, les costumes, les allégories, les traditions bibliques, les arabesques, les animaux, les entrelacs, les ornements de tout genre employés dans l'intérêt de tous les arts, et toujours revêtus d'un sens spirituel, tout est là ; et forcé de nous restreindre ici et d'omettre les intéressantes descriptions qui prolongeraient trop ce chapitre, nous renvoyons à beaucoup d'articles qui en ont traité dans les grands recueils qui signalent aujourd'hui la résurrection de l'archéologie (1).

*Autres analogies entre les vitraux et les tapisseries.*

Vers la fin du dixième siècle, on commença à s'occuper en France des tapisseries de laine, dont les diverses couleurs ne restaient pas indifférentes au symbolisme, et suivaient les idées antérieurement adoptées dans ce but. C'était aux églises que ces travaux étaient destinés, soit comme tapis pour les sanctuaires, soit comme tentures pour orner les murs, les dossiers des chaires ou des sièges, et remplacer

---

(1) Voir *Annales archéologiques*; — *Revue de l'art chrétien*; — *Dictionnaire d'orfévrerie chrétienne* de l'abbé Texier, v° COUVERTURES et RELIURES DES LIVRES, col. 529 et suiv.;—*Le Moyen Age et la Renaissance*, t. V; — *Les Arts au moyen âge*, in-4°, 1868. — Ce dernier livre n'est qu'un choix fait, dans *Le Moyen Age et la Renaissance*, d'articles et de gravures qu'on a vendus ainsi une seconde fois, et où l'archéologie chrétienne n'est pas mieux comprise que d'abord. — Voir à cet égard ce que nous disons plus loin, ch. XVII, de l'arbre de Jessé.

les peintures par des sujets de rechange qu'on a trop abandonnés depuis longtemps. L'abbaye de Saint-Florent de Saumur occupait un certain nombre de ses religieux à ces belles décorations, où les fleurs, disposées en bordure, le disputaient par leur belle couleur d'écarlate à celles d'animaux et d'oiseaux tissus avec elles sur un fond blanc. Dans ce cadre s'agitaient des scènes pleines de vie, et au milieu de plaines et de paysages où nous ne regretterions aujourd'hui que la perspective, alors peu recherchée, des chasses symboliques, des pèlerinages, des combats de l'ancien Testament, des scènes de la vie du Sauveur et des actes des Apôtres. On y voyait briller aussi des armoiries portant des lions d'argent sur champ de gueule. Les historiens du Poitou mentionnent aussi, comme une des anciennes gloires de la province, une manufacture de tapisseries établie à Poitiers en 1025, et tellement renommée que les prélats d'Italie en demandaient les produits aux comtes, qui les leur envoyaient (1). Du temps même de Clovis, son baptême fut orné, dans la cathédrale de Reims, de tentures peintes qui bientôt tapissèrent jusqu'aux rues et aux places publiques.

On sait la célébrité de la tapisserie de Bayeux, qu'on croit tissée par la reine Mathilde, épouse de Guillaume le Conquérant, et représentant des épisodes de la conquête de l'Angleterre. La bordure qui entoure cette curieuse pièce, fort étroite et fort longue, est dessinée en fleurs de fantaisie, comme celles qu'on voit aux marges d'un grand nombre de manuscrits; on y voit dominer le vert, le bleu, le rouge et le rose. C'est dans ce même temps qu'à Saint-Florent, dont nous parlions tout à l'heure, l'aiguille et la navette des religieux composaient des scènes symboliques de l'Apocalypse et ornaient d'autres surfaces, où l'or et l'argent relevaient l'éclat des couleurs, de sagittaires, de lions et d'autres bêtes

---

(1) Dom Martenne, *ampliss. collectio*, V, col. 1106 et suiv., 1130 et suiv., *Histor. monasterii Sancti-Florenti Salmur.*, cité par Émeric David, *Hist. de la peinture*, p. 106, in-12, 1849.

dont le sens nous est maintenant très-familier. Ces beaux ouvrages couvraient tour à tour, dans les solennités, la nudité des nefs, dont elles n'étaient pas les moindres magnificences (1).

<small>Importance des tapisseries au point de vue historique.</small>

On doit regretter ces sortes de parures, d'autant plus précieuses qu'elles pouvaient mieux se conserver, puisque la fraîcheur des murs ne les endommageait en rien, qu'on les changeait aisément selon les fêtes de l'année, qui pouvaient avoir chacune les siennes, et qu'elles donnaient ainsi aux églises un air de solennité inaccoutumée qui allait bien à la variété de ses féries et de son culte. Un autre avantage était aussi de conserver par ce moyen aux églises leurs traditions locales, qui, fort souvent, se reproduisaient dans ces ouvrages de laine et de broderie. Avant 1789, le chœur de Sainte-Radégonde, à Poitiers, était entouré de tapisseries d'Aubusson représentant la légende du dragon qu'on disait avoir dévoré une religieuse du couvent de Sainte-Croix : c'était, croyait-on, l'origine de la *Grand'Goule* portée alors encore si solennellement aux processions de la cathédrale. La fabrique d'Aubusson ayant été établie en 1763, ce beau morceau attestait quel prix on mettait alors, et dans les derniers temps de l'*ancien régime*, à perpétuer les souvenirs les plus éloignés (2). Dans la même ville, des tapisseries couvertes des armoiries des maires renouvelés chaque année, et y perpétuant leur souvenir, paraient tous les piliers de la nef de Notre-Dame et remplaçaient ces mêmes pièces armoriales, d'abord figurées sur la pierre, où nous avons vu leurs traces infidèlement reproduites en 1851 par un peintre maladroit que guidait un architecte sans science (3). Qui nous rendra de tels moyens ? c'est à peine, maintenant, si l'on songe à y revenir. Le mauvais goût de la plupart des

---

(1) Dom Bouquet, *Script. rer. Gallicar.*, t. X, p. 484.
(2) Dom Martenne, *ubi suprà*. — Greg. Turon., *Histor. Francor.*, lib. II, cap. xxxi. — Bésly, *Comtes de Poictou*, p. 353.
(3) Voir *Bullet. des antiq. de l'Ouest*, VI, 211.

grandes églises se contente de plus pauvres meubles, et le luxe ne va même pas, dans quelques-unes, jusqu'à s'ingénier de couvrir de quelques parures ordinaires les bancs, sans caractère, qui servent au sanctuaire et au chœur !

A côté des vitraux, des manuscrits et des tapisseries, un autre genre de travail non moins admirable et d'un faire beaucoup plus minutieux attire à juste titre l'attention de l'archéologue, et emprunte également au symbolisme une importante part de son mérite propre : nous voulons parler des mosaïques. Employées d'abord, à cause des diversités de leur composition riante et tout artistique, dans les temples des Muses, cette attribution leur fit donner les noms d'*opus musivum, mosaïcum*, d'où s'est fait le nom français aussi anciennement que la langue : donc elles furent connues des anciens. Elles devinrent, sous les beaux temps de la Grèce et de Rome, un ornement de luxe pour les palais et les grandes maisons ; l'Orient les employa dès les premiers siècles à ses églises, et bientôt le monde occidental se les appropria ; mais il les perfectionna avec cet amour qu'on apportait toujours aux objets destinés au culte, et, sous Constantin, elles se faisaient déjà un rôle important dans l'ornementation des édifices religieux. Symmaque indique la Sicile comme très-appliquée alors à cette industrie. Ce n'est pas toutefois que, dès ce temps, on fût parvenu à des chefs-d'œuvre en ce genre ; mais les progrès furent très-rapides en proportion que la vogue leur fut donnée, et, après n'avoir été que d'assez médiocres incrustations de pierres, de marbres ou de verres coloriés fondus dans les pavés des nefs, des sanctuaires ou des salles capitulaires, on les encadra au milieu de bordures de marbres diversement colorés, et elles ornèrent les murs, y représentant des mystères de la religion, et tous les tableaux possibles composés de petits cubes aux demi-teintes, aux couleurs variées, et tout cela si artistement enchâssé en mille figures géométriques si régulières et de couleurs si vraies, qu'on

*De l'emploi des mosaïques.*

*Charmes de ce moyen d'ornementation,*

croyait voir des tableaux dont le coloris et l'éclat dépassaient de beaucoup ceux des plus belles fresques de l'époque. La plus grande difficulté fut, sans contredit, d'agencer selon les prescriptions du symbolisme, si respecté alors, les couleurs naturelles à tous les objets qu'il y fallait réunir ; les nimbes, les costumes, les fleurs, les animaux, tout y réclamait ce soin qu'on sut y donner avec un art dont l'Italie s'empara ainsi exclusivement. Rome et Venise se partagèrent la gloire de ces beaux ouvrages, que très-peu d'autres pays essayèrent, et qui ne continuent guère de se pratiquer avec succès que dans ces deux villes. Quelques églises de France, toutefois, furent décorées de cette espèce de peinture. Dès le temps de S. Grégoire de Tours, et d'après son propre témoignage, l'évêque de Châlons, Agricole, mettait la peinture en mosaïque (*musivo depinxit*) au service de la cathédrale construite par lui. La belle abbatiale de Saint-Benoît-sur-Loire obtint, au neuvième siècle, des mosaïstes venus d'Italie ; ils y formèrent un pavé de cette sorte dont on retrouve encore de nombreuses traces. Ce furent eux sans doute qui laissèrent dans le voisinage, à la petite et curieuse église de Germigny-des-Prés, cette mosaïque sur fond d'or qui orne la voûte de son abside : c'est l'unique spécimen que possède la France, où la mosaïque, n'ayant pas d'ouvriers, ne pouvait se faire par des étrangers qu'à grands frais et dans les grandes basiliques. La ruine ou la reconstruction d'un grand nombre d'églises mérovingiennes, où ces dessins laborieux étaient moins rares, nous a réduits à ne pouvoir plus citer que celle-là. C'était donc une ornementation réservée pour ainsi dire aux édifices de l'époque romane ou lombarde. Mais l'art arrivant, avec les douzième et treizième siècles, à une phase plus distinguée, les vitraux, avec leurs belles et splendides couleurs, opposèrent aux mosaïques italiennes une rivalité qui l'emporta, et devinrent, surtout pour la France et l'Angleterre, des mosaïques véritables, dont l'illusion fut achevée

devenu très-rare en France.

par leurs résilles de plomb; et, si dès lors on appliqua l'*opus musivum* aux pavés des églises et à ces labyrinthes qui en ornaient la surface dans certaines basiliques principales, on ne le consacra plus à représenter les sujets sacrés, dont il avait tant relevé antérieurement la sainte gravité et la beauté visible (1).

Nous ne voyons pas pourquoi, lorsqu'on revient de toutes parts à construire des églises d'après les règles sacrées de nos âges de foi, on ne s'appliquerait pas à renouveler l'art du mosaïste, arrivé aujourd'hui à l'apogée de ses succès. Les voûtes des absides orientales, les retables, les devants d'autels s'embelliraient de ces vives couleurs, qui y remplaceraient la peinture avec d'autant plus d'avantage qu'elles seraient inaltérables aux effets de la poussière ou de l'humidité. Les mêmes effets produits autrefois en des églises célèbres reparaîtraient, au grand honneur de l'art et dignement employés à la gloire de Dieu.

<small>Pourquoi n'y reviendrait-on pas aujourd'hui?</small>

S. Paulin, écrivant sa trente-deuxième Lettre à Sulpice Sévère, décrit une église agrandie par ses soins, et signale une belle mosaïque placée dans l'abside terminale et représentant l'ineffable mystère de la Trinité. Tout était parfaitement symbolique dans ce travail : le Père céleste, caché dans une nuée, n'apparaissait visible que par la main traditionnelle, déjà usitée alors, signifiant l'action créatrice du Tout-Puissant, et indiquant du doigt ces paroles écrites en dehors du nuage : *Hic est Filius meus dilectus* (2). Au dessous était le Sauveur désigné par ce texte, et couché sur la croix sous la figure d'un agneau; enfin le Saint-Esprit apparaissait dans un plan inférieur, quoique égal aux deux, et procédant de l'un et de l'autre. On voit par là de quelle ancienneté étaient ces symboles,

<small>Comme S. Paulin l'avait pratiqué au quatrième siècle.</small>

---

(1) Cf. Schmith, *Manuel de l'architecte des monuments religieux*, p. 392, Paris, 1845; — *Bulletin monumental*, XII, 411; XIII, 233; — Bâtissier, *Hist. de l'art monum.*, p. 153.

(2) *Luc*, IX, 36.

et comment la foi à la Trinité brilla toujours dans l'Église. A droite et un peu en dessous de ce premier tableau, était une grande croix environnée d'un cercle lumineux figurant la Vérité évangélique rejaillissant sur le monde, et, autour de ce cercle, douze colombes rappelaient les douze Apôtres, dont la prédication avait étendu ces vives lumières dans toutes les régions de l'univers. Enfin, parallèlement à ce dernier sujet, un rocher d'où sortaient quatre ruisseaux se répandant à ses pieds vers toutes les régions du monde : c'étaient les quatre fleuves du Paradis terrestre, le Phison, le Geon, le Tigre et l'Euphrate, semblables aux quatre Évangélistes qu'ils préfiguraient, dont toute l'inspiration venait de la pierre mystique (1) ; semblables aussi aux quatre vertus cardinales qui fécondent le champ de l'Église, d'après les Pères et les Docteurs (2).

*et au grand profit de l'enseignement symbolique ?*

Si nous ajoutons à l'effet de ces belles compositions, si éloquentes par elles seules, celui des couleurs, qui avaient aussi leur langage particulier et leurs significations connues, nous verrons une fois de plus quelle riche abondance de pensées l'art chrétien, qui ne les a jamais abandonnées, prodiguait déjà à la méditation des choses du ciel, et pourquoi nous voudrions voir l'artiste chrétien revenir à ce genre de décoration si riche et si expressif.

Mais il est temps d'entrer dans un champ plus vaste ; et, après avoir compris tous ces détails de l'ornementation peinte de nos édifices, voyons comment le symbolisme peut se faire encore des plans d'ensemble et s'appliquer avec non moins de réussite aux vastes décors et à l'iconographie hagiologique dans la maison de Dieu.

(1) « Petra autem erat Christus. » (1 *Cor.*, x, 4.)
(2) « Paradisus est Ecclesia ; quatuor flumina sunt quatuor Evangelia ; ligna fructifera sunt Sancti ; fructus sunt opera Sanctorum ; lignum vitæ est Christus, Sanctus Sanctorum ; vel est ipsa bonorum omnium mater Sapientia. » (S. August., *De Civitate Dei*, lib. XIII, cap. xxi. — S. Ambros., *De Paradiso*. — S. Paulin., *Ad Sulp. Sev. Epist.* xxxii.)

# CHAPITRE XV.

### PEINTURE MURALE DE L'ÉGLISE.

Nous avons suivi d'assez près l'histoire de la peinture murale dans l'antiquité ecclésiastique pour savoir très-bien, sans plus de renseignements sur son caractère essentiellement symbolique, de quel secours elle était à l'enseignement public et comment le choix des sujets, la théorie des couleurs et l'opportunité des détails se réglaient tous par des principes convenus et souverains.

Ce que nous savons des catacombes, depuis les découvertes de Bosio jusqu'aux dernières explorations du comte de Rossi, nous montre ces vastes et merveilleux cimetières tout resplendissants des emblèmes, des hiéroglyphes et des histoires sacrées peintes sur le tuf de leurs murailles silencieuses. Là s'était exercé, par mille images symboliques, le pinceau des premiers artistes qui se fussent mis au service des fidèles, et qui ne durent guère s'y exercer qu'à partir du temps où, Constantin protégeant l'Église, les chrétiens continuèrent de fréquenter les souterrains, non plus pour s'y dérober aux persécuteurs, mais pour y honorer la religion de leurs martyrs. Cependant nous ne pouvons croire que ces lieux sacrés soient restés absolument sans images pendant les combats séculaires du Christianisme. Ce furent d'abord des sujets séparés, offerts isolément aux regards, pour qui l'éclat du jour devait se remplacer par la lueur des cierges et des lampes : c'étaient

*Premiers essais de peinture chrétienne dans les catacombes;*

*leurs types symboliques les plus usités.*

T. IV.                                                                                             4

Noé représentant dans son arche le chrétien fixé dans l'Église en dépit des tempêtes de cette vie ; la colombe apportant la paix qu'on ne peut garder dans la fange du siècle ; l'arche ancienne de l'Alliance dont le bois incorruptible paraissait à S. Cyrille d'Alexandrie la figure du Corps sacré de Jésus-Christ, et à S. Ambroise celle de Marie, dont le sein virginal renferma le Dieu créateur de toutes choses.

*Ils s'étendent en scènes plus vastes, plus ou moins dissimulées selon les temps.*

Mais ensuite, quand vint la paix, l'art étendit ses prétentions sous ses bénignes influences; de vastes scènes se produisirent, empruntées tantôt à l'ancien Testament, tantôt au nouveau, et dont le sens caché apparaissait aux yeux des initiés du Christianisme comme autant de souvenirs de la vie humaine du Christ. On voyait à la suite les unes des autres les histoires d'Adam et d'Ève, de Caïn et d'Abel, le sacrifice d'Isaac, Joseph livré par trahison et terminant par un triomphe une vie pleine de dangers, d'abnégation, de touchantes vertus et de glorieux travaux ; puis venaient Moïse, Jonas, les Prophètes, les Apôtres, le Christ lui-même et sa sainte Mère ; puis encore des paraboles évangéliques rappelant le Bon Pasteur et ses brebis, dissimulé d'abord sous des traits étrangers, mais toujours reconnaissable à son action sur les âmes, autant qu'à la douce autorité de son geste et de son regard (1).

Ainsi les temps d'orage s'y reconnaissent au soin qu'on prenait de voiler nos mystères sous d'éloquentes allégories, comme ceux du calme et de la sécurité y parlent ouvertement du triomphe de la Croix par des épisodes où elle apparaît toute radieuse, entourée des Saints et de Dieu lui-même, reconnaissables à leurs traits distinctifs et à leurs attributs déjà consacrés. A partir de cette époque mémorable, chaque mur, chaque autel, chaque sarcophage devenait une page des Livres sacrés mêlant ses émouvantes narrations aux

---

(1) Cf. Aringhi, *Rom. subter.*, lib. V, cap. v et seq.

simples épitaphes des Martyrs et des Confesseurs. C'était devant ces touchantes scènes que S. Grégoire de Nysse versait des larmes d'attendrissement; et combien devaient s'y laisser attendrir plus aisément encore les âmes plus simples et plus naïves de la foule (1)! C'était là que déjà des mères chrétiennes signalaient du doigt aux petits enfants les dogmes qu'ils devaient croire et les Saints qu'ils devaient imiter. Ces jeunes créatures s'étaient par là fortement imbues de ces faits rendus sensibles à leur âme ; elles avaient appris d'âge en âge à aimer tant les images, qu'au huitième siècle S. Grégoire II pouvait écrire à Léon l'Isaurien : « Entrez dans nos écoles, osez vous y annoncer comme un persécuteur des saintes images, et vous verrez s'ils ne vous lancent pas à la tête leurs livres et leurs tablettes (2). »

*Importance qu'y attachaient les Papes et les Pères.*

Ce zèle se perpétua sans discontinuité, tant il était dans la nature du culte, dans les besoins de la propagande catholique, dans les intimes exigences de la seule religion qui sache s'en servir et l'honorer. Nous savons comme S. Nil et Olympiodore l'entendaient, quoique diversement en apparence, dans le cours du cinquième siècle; au sixième, on voyait S. Grégoire de Tours rebâtir et faire peindre avec tout l'éclat que le feu lui avait enlevé la basilique de Sainte-Perpétue : il nous raconte, entre autres faits de ce genre, comment la femme de S. Namatius devenu évêque de Clermont, retirée du monde à son exemple, présidait elle-même aux peintures de l'église de Saint-Étienne,

*Exemples de ce zèle;*

---

(1) « S. Gregorius Nyssenus, depicta Abrahæ historia Isaac dilectissimum immolare satagentis, ejus aspectu lacrymas confestim prosilire cogebatur. Quæ cum audisset in secundo concilio Nicæno Joannes monachus, ait : « Si tanto doctori historia inspecta peperit uti-
» litatem et lacrymas, quanto majus rudibus et idiotis utilitatem ! »
(*Rom. subter.* Aringhi, lib. V, cap. v, n° 9; t. II, p. 463.)

(2) « Obito scholas eorum qui elementis imbuuntur, et dic : Ego sum eversor et persecutor imaginum ; et confestim tabulas suas in caput tuum injicient. » (S. Gregor. II papæ *Epist.* I ad Leonem : *De sacr. imaginib.* — Apud Migne, *Patrolog.*, t. LXXXIX, col. 511.)

qu'elle avait bâtie hors des murs de la ville : tenant la Bible ouverte sur ses genoux, elle indiquait aux peintres les histoires qu'ils devaient fixer sur les murs (1). Ces usages artistiques se continuèrent, et l'on voit avec intérêt dans la *Chronique* du moine *de Saint-Gall*, qui écrivait vers 884, que, de son temps, quand il s'agissait de peindre les plafonds ou les parois intérieures des grandes églises dépendantes du domaine national, on en chargeait les évêques et les abbés voisins, obligés par leur position et leurs revenus de prendre ces décorations à leur charge. Ainsi, l'on n'attachait pas moins d'importance à l'ornementation des Lieux saints qu'à leur construction même, auxquelles devaient contribuer jusqu'à leur entier achèvement tous les hauts dignitaires de l'État, aussi bien que tous les bénéficiers qui relevaient d'eux (2).

<small>il s'étend sur toutes les portions de l'église.</small>

Avec de tels moyens, on suppose que rien n'était négligé, quand une église était achevée dans sa construction, pour lui donner un aspect où le charme des couleurs, adapté au choix des sujets, pût élever jusqu'aux beautés éternelles tant d'âmes religieuses appelées à les fréquenter chaque jour. De toutes parts, on voulait que leurs regards se reposassent sur une vérité qui s'enchaînait à une autre; et quel procédé pouvait mieux que la peinture réaliser ce programme d'esthétique surnaturelle et de mystiques enseignements ? C'est pourquoi, à la suite des nombreuses découvertes qui l'ont constaté, les archéologues sont tombés d'accord sur ce fait, qu'au moyen âge, et même dès les premiers temps, comme nous l'avons vu par beaucoup de preuves, les églises furent entièrement peintes depuis et y compris la voûte jusqu'au niveau du pavé, qui lui-même était traité, en ce genre, avec un luxe inimitable

---

(1) Gregor. Turon. *Hist. Francor.*, lib. X, cap. xxxi. — *Bulletin monum.*, V, 286 et suiv., 383 et suiv.
(2) Cf. *Le Moine de Saint-Gall*, collect. des *Mém. sur l'hist. de France*, de M. Guizot, neuvième siècle.

partout ailleurs. L'un des plus magnifiques restes de ces richesses perdues s'est retrouvé à Saint-Savin, en Poitou. Là, des travaux des onzième, douzième et treizième siècles, faits simultanément en grande partie, ou successivement, par des mains plus ou moins habiles à peindre, mais toujours inspirées par les sujets des deux Testaments, avaient couvert les voûtes, les parois latérales, les piliers et leurs chapiteaux, le chœur et le nartex, les transsepts et la crypte, des scènes de la création, de celles de l'Apocalypse, d'animaux hybrides, des Prophètes de l'ancienne Loi, des Saints de la nouvelle. Sans doute, à n'y voir que le dessin, qui n'a pas la correction recherchée du nôtre, et les couleurs, dont la vivacité a dû céder aux attaques du jour et du temps, non moins qu'à des retouches nombreuses, on ne saurait faire grande estime d'une foule de détails capables d'étonner le goût moderne : mais c'est là surtout qu'il faut rechercher le sens mystérieux des Livres saints, la naïveté des poses, et souvent la vérité des expressions. Les diverses pages que nous signalons s'y reconnaissent aux divers caractères du travail, d'abord imparfait et même grossier, puis meilleur de forme, et enfin digne et très-remarquable de fini dans les poses et les draperies. Ces différences s'expliquent assez par le talent très-différent des moines employés sous la direction de quelques maîtres choisis parmi eux, pour nous dispenser de recourir, avec M. Mérimée, à des artistes grecs, dont le faire était bien connu en France, et dont le secours ne semble pas avoir été indispensable à nos religieux (1). Quoi qu'il en soit, c'était ainsi

*Preuve notable de ce fait dans l'abbatiale de St-Savin, en Poitou.*

(1) M. Mérimée, qui, en sa qualité d'inspecteur général des monuments historiques, visita Saint-Savin en 1834, deux mois après une visite faite par les délégués de la Société française d'archéologie, s'empressa de faire au ministre de l'intérieur un rapport sur ces curieuses fresques, dessinées à grands frais pour accompagner son texte, et en publia, en 1845, aux frais et sous les auspices du gouvernement, la description et les planches coloriées. C'est tout un volume in-folio, publié avec le luxe qui ne manque jamais aux Parisiens. M. Mérimée, en

que les grandes pages s'étendaient de plus en plus, envahissant toutes les surfaces du temple, et intervallant entre les scènes historiques ces belles arcades ressortant par leurs vives couleurs sur des fonds largement échantillonnés de grand appareil, ou ces légères colonnes que distinguent par les harmonies de leurs tons le jaspe, l'agate et les mille variétés de marbres que les fécondes ressources de

traitant dans ce livre une foule de sujets accessoires, sans autres études que celles de l'art, et se persuadant trop aisément qu'on pouvait expliquer la Bible en ouvrant l'Apocalypse, s'est jeté dans beaucoup d'erreurs, que personne encore ne semble avoir signalées, et qu'il importe cependant, ne fût-ce que pour rendre hommage à la vérité, de ne pas laisser prescrire par une indulgence trop prolongée. Comme artiste, par exemple, il se trompe de beaucoup lorsque, décrivant l'ouverture du puits de l'abîme, au chapitre IX de l'Apocalypse, il discute sur la valeur d'un prétendu bouclier, qui n'en fut jamais un, et doute si ce n'est pas la couverture en perspective du puits, qui devait être couvert puisqu'on l'ouvre. Il ne reconnaît pas non plus les sauterelles sorties de ce gouffre, s'étonne de leur beauté, pourtant nécessaire, puisque, d'après le texte sacré, elles ressemblaient à des hommes; il disserte sur leur cotte de mailles, qu'il prend pour des écailles et pour un souvenir antique : pendant que c'est l'armure naturelle des cavaliers, car ces monstres sont des espèces de centaures ayant, en plus que leurs formes habituelles, des ailes bruyantes qui leur font donner le nom de sauterelles aussi bien que la destination qu'elles reçoivent de faire du mal à l'humanité. Si M. Mérimée avait bien examiné le chœur de Chauvigny, qu'il a visité et décrit dans ses *Notes d'un voyage dans l'Ouest*, il eût reconnu une merveilleuse identité entre les sauterelles de la belle collégiale de la petite ville et celles de l'abbatiale de Saint-Savin. Nous les avons décrites ci-dessus, t. II, p. 205. — Le savant académicien n'est pas plus heureux quand il explique les peintures exécutées d'après le chapitre XII du livre sacré. Le grand disque rouge sur lequel la Femme mystérieuse paraît assise est non pas le soleil, puisqu'on y remarque le croissant de la lune, mais l'air empyrée que les peintres du moyen âge rendent par le rouge. (Voir ci-dessus, t. I, p. 308, et, dans ce tome IV, p. 13.) — Il ne paraît pas non plus avoir compris le nimbe dont s'entoure la tête du dragon, quand il dit qu'il est un signe de réprobation. Le démon a ce nimbe parce qu'il est un ange, ce qui n'ôte rien à son rôle méchant, et consacre sa puissance du mal. Nous n'en finirions pas si nous voulions esquisser les détails sur lesquels trouverait à redire une critique mieux éclairée que celle de M. Mérimée sur le symbolisme de S. Jean et sur l'exégèse patristique de l'Écriture. On ne sait pas assez, dans les rangs de certains littérateurs, qu'on n'aborde jamais, sans exposer sa réputation, des études qui ne s'improvisent pas comme des romans *de mœurs* ou des comédies scabreuses.

riches imaginations avaient jetés sur la svelte élégance de leurs contours.

Tous ces tableaux étaient peints à fresque, c'est-à-dire que les couleurs, préparées à l'eau de chaux pour leur ménager une cohérence plus solide, s'appliquaient sur un mortier frais qu'elles imprégnaient à une suffisante profondeur. Ce procédé n'a pas toujours résisté cependant aux attaques du temps, et c'est à la fragilité de certaines substances employées dans la polychromie, et à l'action de la chaux qui en décompose plusieurs, qu'il faut attribuer en grande partie la disparition regrettable de ces intéressantes images. On réussit mieux à créer des œuvres durables, lorsqu'au quinzième siècle on peignit à la cire, quoique en style païen, l'architecture maniérée de Sainte-Cécile d'Albi. Cette méthode n'était pas nouvelle, puisque des fragments de peinture antique, analysés par les réactifs, ont prouvé que les Romains la connaissaient. Mais longtemps abandonnée, le comte de Caylus la pratiqua de nouveau au milieu du siècle dernier, et nos travaux plus modernes l'ont remise en honneur à juste raison. Seule, en effet, elle offre le triple avantage de la solidité, de l'éclat et du moelleux des tons. Formée d'un mélange de cire vierge dissoute dans l'alcool et des éléments colorés qu'on lui adjoint, elle s'attache au corps qui la reçoit, et lui communique sans chatoiement des teintes fermes et inaltérables, qui l'emportent de beaucoup sur les tons mats et affadis de la fresque. La Sainte-Chapelle de Paris est un des plus beaux morceaux de ce genre qu'aient exécutés les peintres de notre époque. Nous nous sommes efforcé de faire adopter ce moyen dans le Poitou, où les belles décorations polychromes de Sainte-Radégonde de Poitiers et de sa sacristie, la chapelle de la même Sainte à Saint-Laurent de Parthenay, beaucoup d'autels et de statues dans un grand nombre d'églises, ont pu témoigner de l'effet grandiose et saisissant qu'on en peut attendre.

*La peinture à fresque et la peinture à la cire;*

*inconvénients de l'une et avantages de l'autre.*

*Étroitesse de la plupart des conceptions actuelles quant au choix des sujets.*

Mais il nous faut venir à la pratique et défendre encore, sous ce rapport, les principes d'esthétique dont nous avons fait le fond de ce livre. Protestons d'abord contre l'étroitesse des conceptions, qui, dans la décoration de nos églises, soit restaurées (ce n'est pas toujours ce mot qu'il faudrait dire), soit nouvellement construites, s'attache, pour les vitraux et pour les peintures, à choisir une suite de quelques Saints qui courent çà et là, les uns après les autres, du sanctuaire à la nef, du transsept aux absidioles, se bornant chacun à une idée, et répétant avec autant de monotonie que de froideur des formes colossales et des couleurs très-rarement réussies. Encore si de tels défauts étaient les seuls de telles compositions ! Mais de quel style sont revêtus, dans la peinture murale comme dans les vitraux, ces plates et froides images ! quels portraits et quelle carnation ! quelle ignorance des costumes et du type facial, pour lequel il faudrait au moins consulter les traditions de race et d'origine, quand on ne peut avoir des portraits naturels et ressemblants !...

*Combien sont préférables les grandes scènes historiques.*

Mais aussi, quand on s'est vu éclairé par de telles déceptions, comment en perpétuer le faux système, en prenant au hasard pour l'exploiter des barbouilleurs de verre ou de murailles qui ne savent que badigeonner sans plus de convenance que d'instinct ? Pourquoi négliger ces grands sujets d'ensemble où vos Saints trouveraient une place plus distinguée et bien plus éloquente dans une action vaste et dramatique représentant leur vie au désert, ou leurs travaux pour la conversion du monde, ou l'héroïsme de leurs vertus, ou la générosité de leur martyre ? Là, du moins, vous ne donnez pas seulement une froide statue, au costume équivoque, à l'attitude muette, ne disant rien et n'enseignant pas un mot des dogmes et de la morale évangéliques. Ce qu'ils font sert d'exemple, ce qu'ils disent se comprend, attire l'attention des âmes, intrigue leur curiosité ; et quand elles s'éloigneraient sans profit de ces prétendues effigies qui n'ont rien de vrai et ne nous laissent aucune mémoire de leurs traits factices, si malheureusement inventés, elles ne quitteront pas sans un enseignement de plus les dessins édifiants de ces vivantes biographies qui, divisées en médaillons et parlant aux yeux et aux cœurs, répètent les légendes qu'on a lues, ou donnent envie de les étudier.

Dans les vastes basiliques des Chapitres et des monastères, on avait soin de procéder, pour les peintures du monument comme pour les vitraux, par ces principes de parallélisme ou par les effets d'ensemble et le rapprochement symbolique des sujets que nous avons fait observer dans notre magnifique cathédrale de Poitiers (1). Quel intérêt et quelle science ne présenterait pas en même temps, dans nos édifices convenablement restaurés, cette méthode toute-puissante qui unit les beautés de la décoration intérieure aux catéchèses exposées à l'envi par l'histoire et la théologie des Livres saints ! Ne voit-on pas que ce vaste développement des murailles sacrées, dont la nudité attriste toujours le regard, est essentiellement destiné à une parure qui devrait être le premier soin des architectes et des fabriques ? Sans doute il faut nécessairement borner ce luxe religieux d'après des ressources pécuniaires plus ou moins restreintes ; mais comme ces ressources, même les plus modestes, seraient utilisées avec plus d'intelligence si dans chaque diocèse on veillait à leur bon et convenable emploi ! Si l'on y consacrait les fonds disponibles, sous la direction d'un ecclésiastique entendu et expérimenté, à assainir les murs humides et tachés, à les parer d'une tenture générale de plus ou moins d'effet, n'emploierait-on pas plus utilement pour la gloire de la Maison de Dieu des sommes médiocres, qu'à ces malheureux tableaux sur toile dont un trop grand nombre de curés persistent à se munir, au mé-

*L'ornementation peinte aussi indispensable que négligée dans nos grandes églises.*

*Devoirs du clergé à cet égard.*

---

(1) Voir notre *Histoire* de ce monument, II, 207, 333 et suiv.

pris du bon goût et d'une sage économie, et que de trop complaisantes fabriques introduisent si souvent dans le saint Lieu ?

<small>Ce qu'on pourrait faire dans les paroisses moindres,</small>

Si vous ne pouvez pas vous élever jusqu'aux théories patristiques d'un symbolisme savant, ne pouvez-vous pas jeter sur une teinte générale des attributs ou des symboles choisis avec goût parmi ceux qui conviennent le mieux aux patrons de l'église, à leurs vertus, à leur mort, à leur glorification éternelle ? N'avez-vous pas les palmes et les fleurs pour vos bordures, la coloration de vos chapiteaux sculptés, de vos modillons, et même de vos corniches, dont la monotonie peut être suppléée par un discret accompagnement de motifs auxquels le sculpteur n'avait pas songé ? Tout cela, toujours maintenu dans le style des autres détails, ne manquera ni de grâce ni de convenance et changera, à la grande joie des fidèles, une étable en une maison de prières, une enceinte où rien ne parle de la Majesté divine en une demeure plus digne du Roi des rois.

<small>et dans les grandes églises.</small>

Mais si de grandes ressources vous sont offertes ; si vous avez un de ces vaisseaux de premier ordre dont les données artistiques soient la première condition, c'est alors que vous reproduirez autour de l'autel, dans les chapelles et les nefs, toutes les richesses de la Bible, toutes celles de l'histoire ecclésiastique et de ses Saints. Nous savons comme iraient bien sur les parois septentrionales ces merveilleuses églogues de la Genèse : le désert d'Agar, le mariage de Rebecca, l'enfance et le triomphe de Joseph, Moïse et son berceau flottant, la fille de Jephté et Noémi, Tobie et Suzanne, Esther et Judith : miracles et prophéties qui prêtent si bien leurs frais détails à une décoration picturale par tout ce qu'on peut y mêler des aspects de la Terre Sainte, de ses montagnes et de ses eaux, de ses bois et de ses vallées, de ses richesses et de ses aridités. Ce seraient là autant d'oppositions pour le côté *sud* à des scènes parallèles tirées de la loi évangélique et qu'entoureraient la même végétation,

<small>Quels tableaux conviendraient à celles-ci,</small>

avec ses clairières et ses ombrages, la pureté des ciels, la diversité des costumes et la vivacité orientale des couleurs. Sous ces formes attrayantes, la foule considérerait vis-à-vis des origines du monde et des solitudes antiques de l'Éden la naissance du Christianisme et la sainte Famille de Bethléem et de Nazareth; les Apôtres et les Pères de l'Église y paraîtraient dans leur mission salutaire comme les successeurs des Patriarches et des Prophètes. Les guerres d'Israël et ses conquêtes sous la conduite de Moïse et de Gédéon reporteraient, vers le côté opposé, aux victoires des martyrs combattant aussi pour leur Terre promise, emportant d'assaut et par violence la Cité éternelle de la paix. Qui pourrait épuiser cette grande série de faits au caractère divin, de leçons célestes données à la terre ?

Mais on a compris que nous ne voulons pas de ces images courtes et trapues, se reproduisant les unes au-dessus des autres comme les médailles d'un chapelet, privées, dans un isolement plein de froideur et de sécheresse, de tout ce qui doit leur donner une vie commune et les rattacher, sans aucune transition forcée, à une idée d'ensemble et à un effet commun. L'histoire est comme un grand fleuve qui presse ses flots incessants de sa source à son entrée dans la mer. Le fleuve descend toujours, plus ou moins rapide, plus ou moins grossi dans ses replis onduleux et ses détours sans limites : ainsi nos histoires sacrées se dérouleraient du sanctuaire, où réside le Principe de toutes choses, aux extrémités occidentales des larges et profondes nefs. Quels champs ouverts à l'imagination et au pinceau ! Qu'une main habile y dispose, sans compartiments ni divisions aucunes, cet immense territoire où s'étalent en des sites variés tous les chapitres de la vie humaine au milieu des spectacles infinis de la nature; que sur cette terre aux arbres divers, aux perspectives lointaines, l'œil voyage des bords sablonneux de la mer Rouge aux vallées étroites du Sinaï, assiste aux campements du désert, suive de mon-

*et quel parallélisme historique il y faut observer.*

tagne en montagne et de vallée en vallée les phases attachantes du peuple choisi ; qu'enfin on vénère à chaque pas cette vie morale absorbée dans la fécondité virginale de Marie qui commence l'histoire prédite du peuple nouveau. Arrivé à ce point, on verrait, comme autant d'annales esquissées par la Providence elle-même, on verrait la Fuite en Égypte, les voyages apostoliques du Sauveur, la Samaritaine convertie par la parole chrétienne, la Femme adultère par sa confusion et son repentir ; près de Lazare ressuscité, la Croix s'élèverait en face du Serpent d'airain, la glorification du Thabor brillerait parallèlement aux humiliations de David. Ainsi, d'une scène à une autre, nous contemplerions l'ensemble de nos titres les plus glorieux ; nous verrions la famille humaine grandissant sous l'œil du Seigneur, arrivant, à travers les obscurités de sa première existence, à la lumière qui rayonne autour du Verbe incarné : Jésus-Christ préparé par Moïse, l'Église par la Synagogue, et l'éternité du peuple nouveau par les vicissitudes de l'ancien (1).

Ne serait-ce pas une belle et intéressante parure des murs sacrés que cette page vivante continuant d'une extrémité à l'autre d'une église ses histoires choisies à travers les contrastes du sol, les scènes changeantes des régions illustrées par tant de souvenirs ? et que d'âmes apprendraient, dans ces livres toujours ouverts, des faits religieux qu'elles n'auraient jamais sus autrement, et de là iraient, frappées d'une curiosité devenue trop rare, chercher dans les récits de la Bible les développements et les preuves de ces antiques et mémorables événements !

*Etudes des pein-* Il est bien entendu qu'inspiré par cette enceinte vénérée,

---

(1) Croirait-on qu'un peintre des plus employés dans les églises, et que nous exhortions à suivre et à appliquer cette théorie dans une œuvre considérable qu'il allait commencer, nous répondit qu'il était trop vieux pour changer son genre de travail, et qu'à son âge on n'étudie plus ? O ignorance commode ! ô triste et pauvre routine !

le peintre religieux qui se chargera de la décorer ne négligera aucune des règles symbolistiques, et s'efforcera d'en relever l'expression artistique par le sentiment surnaturel de l'esthétique chrétienne. Comme la Bible, les légendes, les sacrements ont leur symbolisme propre, il se gardera bien de l'oublier, y trouvant un moyen d'animer ses sujets et de leur communiquer une vie surnaturelle qu'ils réclament impérieusement. Il lui faut savoir aussi les caractères particuliers de la physionomie humaine dans les races différentes qu'il veut traiter, le ton des chairs variant avec les climats, les agencements de la barbe et de la chevelure adoptés selon les peuples et leurs époques ; enfin les costumes de chaque âge, de chaque classe, et ces mille nuances qu'invoque impérieusement la vérité, laquelle doit toujours passer pour une des premières exigences d'une composition historique.

Cependant, et tout en nous attachant à ces données dont on voit bien déjà la valeur et l'effet, il faut nous réserver le droit d'une exception très-notable, sans laquelle nous ne marcherions plus qu'au hasard et sans discernement ; car nous arrivons ici à une question de la plus haute importance et qu'il faut aborder, malgré la divergence des opinions qui y répondent, pour la résoudre énergiquement dans le sens qui seul peut être raisonnable.

Donc, en nous reportant, pour l'exécution des peintures susdites, à un monument du moyen âge, il n'est pas douteux qu'il faille la conformer au style architectural qu'elle doit embellir ou compléter. Or, le moyen âge n'a jamais usé de la perspective non plus dans ses peintures murales que dans ses vitraux, non qu'il en ignorât toujours les règles, qui ne pouvaient avoir disparu : témoin les belles miniatures dont nous avons parlé ; non que le dessin fût, à la plus belle époque de l'art, aussi maussade qu'on a bien voulu le dire, comme on peut s'en convaincre par les belles statuettes des cathédrales d'Amiens, de Chartres et de

*tres pour réussir dans ces effets.*

*Que les monuments du moyen âge doivent être décorés de peintures plates, en harmonie avec le style architectural,*

Reims : mais parce que ce moyen des perspectives naturelles s'alliait mal avec le style de l'architecture, qu'il eût semblé effacer en l'attirant et en faisant, en termes d'atelier, des trous dans la muraille, ce qui eût résulté des faux-fuyants et des clairs-obscurs dont la perspective se compose. C'est donc la peinture plate qu'il faut à ces grands ouvrages ; ce sont les formes naïves que les sculpteurs de l'époque employèrent, et qui seules se marieront avec la netteté de leurs lignes franches, saillantes et vivement accusées. Les verrières sont là pour dicter le genre voulu, qu'on relèvera d'ailleurs par des fonds d'or ; et ces verrières, dont l'éclat aurait nui aux lointains et aux dégradations, jetteront sur ces teintes presque sans relief et sans ombre une lumière suffisante, pleine de convenance et d'harmonie.

*et avec les verrières.*

Il est donc bien entendu que le genre que nous venons d'adopter comme donnant une décoration très-souhaitable irait mal avec les styles roman ou ogival. Il lui faut les surfaces froides et les voûtes unies de la Renaissance, dont les folies se sont empreintes plus particulièrement sur les églises, quand cette époque de subversion eut annulé l'esprit sacré de l'architecture chrétienne. La peinture, telle que nous venons de la conseiller, avec ses effets pittoresques, conviendra merveilleusement à réparer ces égarements des seizième, dix-septième et dix-huitième siècles. Les voûtes d'azur émaillées d'étoiles d'or se prêteront bien à recevoir les larges expansions des piliers arrondis, qui, au lieu de chapiteaux, n'ont que des prolongements à arêtes, s'élançant au-dessus d'eux-mêmes et prolongeant leurs rameaux équivoques jusqu'à la surface des claveaux, pour s'y perdre et s'y effacer insensiblement. Ces colonnes elles-mêmes pourront devenir autant de palmiers, et très-facilement, par la combinaison que la brosse saura faire de leur tronc et des branches qui les couronnent ; les trop vastes baies, dont l'ampleur exagérée ne sera jamais assez

*La perspective conviendra mieux dans les édifices construits depuis le seizième siècle.*

dissimulée par la recherche coquette de leurs meneaux flamboyants, souffriront bien les scènes de genre que certains ateliers de peintres sur verre n'ont pas assez réservées pour elles; et les murs qu'aucune arcature ne décore, dont la nudité déplaisante s'offre si naturellement à des tentures qui en corrigent la laideur, recevront fort convenablement l'action de la peinture moderne avec ses recherches savantes et ses reflets que rien ne saurait contrarier. Ces principes sont incontestables pour quiconque sait vouloir dans les arts l'unité du faire et l'harmonie des conceptions. Ils résultent des discussions scientifiques de l'École (1), et quand les maîtres ont parlé avec toute l'autorité de leur savoir, en dépit d'oppositions ou systématiques ou trop intéressées, ceux qui ne veulent pas s'égarer n'ont plus qu'à les suivre. C'est pourquoi nous émettons ces principes comme autant de notions fondamentales de la matière, et comme le seul refuge des architectes et des décorateurs jaloux d'échapper, dans un prochain avenir, au mépris qu'inspirent déjà tant d'œuvres confectionnées au hasard, sans nul respect des règles éminentes que l'art n'abdiquera jamais.

*Ces principes avoués aujourd'hui par la science.*

Nous irons plus loin, et nous entrerons, par suite même de ces justes prétentions, dans un besoin qu'on ne paraît pas encore soupçonner, quoique déjà ce qui se passe de notre temps en éveille les premières atteintes. A aucune époque le Saint-Siége n'a accordé les honneurs de la canonisation à un plus grand nombre de saints personnages. La plupart sont modernes et ne remontent guère au delà du seizième siècle. Qu'on élève en leur honneur des églises nouvelles, ou qu'on leur consacre des chapelles particulières dans les grandes enceintes construites au moyen âge, quel

*Ils doivent s'appliquer à la décoration des églises selon les Saints qu'on y honore.*

(1) Cf. *Bulletin monumental* (séances générales de la *Soc. franç.* d'archéologie, tenues à Reims en septembre 1845), t. XI, p. 575 et suiv. — Nous ne faisons que résumer ici la discussion à laquelle prirent part MM. Didron et de Roisin avec une supériorité de raison qui les ont toujours maintenus dans les plus hautes régions de l'archéologie chrétienne.

style devra-t-on donner aux peintures qui ne peuvent manquer de les orner ? Il est clair, d'après les règles posées ci-dessus, qu'on sera mal venu à traiter une église de Saint-François-Xavier, de Saint-Ignace, de Saint-Louis-de-Gonzague, de Sainte-Marie-Alacoque et de tant d'autres, en style du treizième siècle. Excuser cette anomalie par l'habitude prise à cette époque d'affubler tous les héros de la Bible des costumes de Philippe-Auguste ou de S. Louis serait méconnaître l'énorme distance qui sépare nos études actuelles, si sérieuses et si laborieusement méditées par l'érudition moderne, des idées reçues par nos aïeux, à peine imbus des notions élémentaires de cet objet. Aujourd'hui leur naïveté ne serait plus de mise ; et s'il ne s'agissait, sous prétexte d'unité, que de se conformer à une stricte analogie entre le style mal venu de ce treizième siècle et cette parure impossible pour des personnages du seizième, on voit bien encore que cette bâtardise arriverait à déplaire souverainement, et constituerait un très-ridicule anachronisme.

*De quelle façon il faudrait créer pour les Saints de l'époque moderne un genre d'architecture qui se prêtât à leur époque,*

A ces deux impossibilités il faudrait cependant opposer deux remèdes. Eh bien ! ce serait l'occasion à nos architectes, si longtemps séduits par la chimère d'un nouveau genre d'architecture, de le chercher sérieusement, de lui donner un caractère nouveau qui ne fût pas celui des écoles romane et gothique, mais qui s'élevât aussi de beaucoup au-dessus des froides mesquineries ou des mignardises païennes de l'art grec, si malheureusement appliqué par les siècles de Jean Huss et de Calvin, de Jansénius et de Voltaire, aux besoins du culte catholique outragé par de tels affronts.

*et à l'ornementation picturale de la nôtre.*

Ainsi, nous ne répugnerions pas à des innovations architecturales qui, contrairement à l'éclectisme audacieux qui mêla parfois tous les genres dans un seul monument, sans aucun souci du symbolisme non plus que de l'unité, garderaient scrupuleusement cette double condition d'un édifice chrétien. Puisque notre but est de nous ménager des peintures où l'art moderne brille de toutes ses ressources pour

des Saints qui assistèrent à sa résurrection et à ses progrès; puisqu'il faut aussi, et avant tout, que nos symboles obligés donnent la vie spirituelle à chacune de nos pierres au moindre recoin du saint Lieu, faites-vous avec vos trois nefs d'amples surfaces destinées aux actes de vos Martyrs, de vos Vierges, de vos Confesseurs; éclairez-les par une fenestration ogivale qu'embellissent dans ses contours de longues et délicates guirlandes de fleurs significatives, prises parmi les symboles qui conviennent le mieux à votre Patron; multipliez-y les compartiments, les meneaux élancés dont les vitraux à médaillons s'impriment de teintes chaudes et fermes; déviez l'axe longitudinal du nord au sud; tracez en un transsept proportionné les bras de la croix, où seront d'autres autels et de radieuses rosaces; ornez vos clefs de voûtes non de ces lourds appendices qui menacent toujours de vous écraser sous les tours de force de leurs sculptures affectées, mais de diadèmes fleuris suspendus gracieusement sur nos têtes pour nous rappeler l'immarcessible couronne des cieux.

Quant au sol, devenu une mosaïque éloquente, soudez-y les mille figures sous lesquelles vos pieds fouleront, dans la nef septentrionale de la Sainte Vierge et des Fonts, le dragon et le basilic, les scarabées, les hybrides nombreux qu'on reconnaît pour les auxiliaires du démon. Vous paverez le bas-côté sud des épanouissements de la rose et du lis, des oiseaux aquatiques du baptême, des fleurs et des feuilles du nénuphar. Ce style, cet arrangement général de tant d'éléments divers qui forment un temple catholique, ne sera pas celui qu'a si justement préféré le moyen âge; mais il n'aura pas les insignifiances de la prétendue Renaissance, et, tout en gardant les caractères principaux et essentiels de l'art chrétien, il s'accommoderait bien, nous semble-t-il, aux exigences du culte décerné à nos nouveaux Saints. Ce serait revenir à quelques-unes des meilleures traditions de nos Pères. On exilerait ainsi de nos églises les tableaux sur toile, qui les déparent plus que jamais, parce qu'ils en font des musées, parce qu'ils y sont presque toujours placés au hasard, sans égard à la lumière et aux convenances du lieu ; parce qu'ils n'y sont visibles que de certains côtés, et cachés par conséquent à la plus grande portion de l'assistance ; parce qu'enfin il est impossible aux églises qui n'ont que de médiocres ressources de se pourvoir autrement que par des peintures murales, d'une ornementation générale imbue d'autant d'effets et de succès.

<small>Application de cette théorie aux églises monastiques.</small>
Dès lors qu'on saisit très-bien les convenances d'unité que nous venons d'établir, on conçoit également comme il importerait aux familles religieuses données à l'Église depuis deux ou trois siècles de ne construire que dans un style contemporain de leur époque, ou s'identifiant avec la nôtre par l'adoption du style moderne que nous venons d'esquisser. Dès lors, tout s'accorderait parfaitement entre leurs traditions historiques, l'ordre architectural et la décoration de leur maison de prière. Que ne ferait-on pas de charmant, par exemple, dans une chapelle de carmélites nouvellement bâtie d'après nos idées, si l'on voulait puiser dans les œuvres de l'admirable S$^{te}$ Thérèse ses motifs d'embellissement par la peinture? Les comparaisons si fraîches qui animent souvent la prose onctueuse de l'illustre réformatrice y seraient autant de symboles employés à la gloire de Dieu et à sa propre glorification. On ferait un charmant tableau allégorique de sa vie en la représentant, dans une sorte d'apothéose, présidant aux diverses fondations que son zèle opéra, et dont les maisons apparaîtraient dispersées sur divers plans et arrosées du fleuve de la doctrine, aux méandres sinueux et parés des fleurs qui reviennent souvent dans ses écrits. Une étude, faite dans ce but, des pensées de la Sainte et de ses récits attachants, produirait un résultat très-désirable : mais il est clair que de telles données appliquées dans une église romane ou antérieure par son style à la fin du seizième siècle, où la Sainte mourut, deviendraient une contradiction fla-

grante, une anomalie que le bon goût réprouverait, et qu'on ne devrait pas y souffrir.

Mais pour se donner ces grandioses merveilles, il faut diriger soi-même les hommes de talent qu'on appellera à les développer. Il faut que le clergé, à qui ces études sont un devoir, se charge de les appliquer en exposant leurs théories, en surveillant l'exécution matérielle ou esthétique non-seulement dans le choix des légendes, des parures accessoires et des symboles, mais jusque dans l'emploi des couleurs et la distribution des fonds d'or qui devront relever nécessairement certaines portions du travail. Un guide expérimenté et intelligent évitera par cette surveillance méritoire de grossières bévues à l'ignorance de ses ouvriers; il ne laissera rien à leur caprice; il ne permettra pas de représenter un pape des premiers temps sous le costume d'un évêque des temps modernes, non plus que S. Hilaire ou S. Fortunat; il ne permettra pas qu'on charge ses murs de niaises allégories, parfois inintelligibles et souvent ridicules, mais dont le moindre défaut est de transporter dans une église la religiosité du peintre bien plus que les saintes inspirations de la piété catholique. On exclurait les hardiesses indécentes dont la vie de la très-sainte Vierge a été si souvent l'objet : la foi, le respect, l'orthodoxie respireraient seuls à l'aise, et le regard des fidèles aimerait, après avoir vu ces naïves reproductions, à y revenir encore pour s'en réjouir ou s'édifier.

*Là encore, surveillance active et intelligente du clergé.*

Une des plus touchantes décorations de nos églises est celle qu'a inspirée la dévotion, relativement récente, du Chemin de la Croix, dont le souvenir ne remonte guère qu'à la fin du quinzième siècle, et qui, de dix stations qu'il eut d'abord, est arrivé à douze, et enfin à quatorze, comme aujourd'hui. On sait que ce pieux exercice fut transporté en Occident, de Jérusalem où se suivent les stations véritables pratiquées par Notre-Seigneur et les saintes femmes, depuis le palais de Pilate jusqu'au Calvaire. Rien donc de

*Du Chemin de la Croix et des règles artistiques qu'il y faut observer.*

plus attachant, en effet, que la méditation des souffrances du Sauveur pour former les âmes à la patience, comme à la charité et à la reconnaissance envers Lui. Mais par cela même que tant de raisons l'ont rendue populaire, on en a multiplié les reproductions à la hâte, sans autres soucis que ceux d'un profit mercantile, et tantôt le bon marché, tantôt l'ignorance ou le défaut absolu du sentiment artistique, ont fait introduire dans nos églises des gravures plus ou moins barbouillées de rouge, de jaune et de bleu, ou des plastiques à effet qui ont le double tort de blesser en même temps l'archéologie chrétienne et les convenances locales. Ainsi se trouvent compromis une fois de plus, dans le Lieu saint, et l'art religieux et la piété éclairée. Et cependant il était si facile de faire autant de monuments de ces tableaux, qui ne méritaient pas moins que tant d'autres le zèle des artistes et les intelligentes recherches du clergé ! Que des peintres, membres ou non de l'Académie des beaux-arts, nous prodiguent chaque jour et pour chaque église jusqu'à une centaine de Chemins de Croix parmi lesquels nous sommes invités à choisir! c'est là ce qui nous afflige d'autant plus que rien n'y est digne du but que le clergé se propose, et que des lauréats mêmes de nos salons annuels traitent ces sujets si élevés, si pathétiques et si justement vénérés, avec une médiocrité qui n'est égale qu'au ridicule ou à la laideur de leurs étranges compositions. Ajoutez à ces malheurs celui de proportions mesquines, à peine convenables dans le parloir d'un couvent, et au milieu desquelles on ne distingue que par hasard les sujets de chaque tableau. Ce sont pourtant ces sujets qu'on destine à frapper le cœur du fidèle, et qui, en s'annulant ainsi, le privent de ce que ses méditations auraient de plus vivant et de plus fructueux.

Pourquoi, au lieu de ces déshonorantes images dont le rôle si noble est devenu si piteux, n'use-t-on pas, sur les larges espaces des murs latéraux, de ces peintures qui suffiraient à en couvrir la pauvreté? N'avons-nous pas reçu du moyen âge, depuis le treizième siècle jusqu'au seizième, des œuvres remarquables et toutes empreintes des véritables conditions de l'art religieux ? Les ivoires sculptés, les châsses émaillées, les diptyques, les bois, la statuaire par ses crucifixions, ses anges, ses saintes femmes, ses types de toutes les conditions humaines, enfin les vitraux authentiques, n'ont-ils pas à notre service leurs caractères symboliques, leurs couleurs consacrées, leurs styles spéciaux, leurs draperies, et comme leurs mœurs privées qu'il s'agit de reproduire pour donner à nos basiliques ou à nos plus modestes églises rurales une suite de stations pleines de vérité et d'à-propos ? Tous nos recueils archéologiques ont prodigué et des types à imiter et des conseils à suivre (1).

Qu'on se figure une cathédrale comme celle de Poitiers, aux nefs immenses limitées au sud et au nord par une arcature continue, dont les pleins-cintres élégants, reposant sur des chapiteaux de colonnettes sveltes et élancées, partagent chaque travée en quatre compartiments égaux. Ces travées, étant au nombre de sept pour chaque bas-côté, peuvent contenir dans leurs deux arcades médianes un des tableaux du Chemin de Croix. Il dépendra de l'habileté du peintre de dissimuler dans l'ensemble de sa scène la colonnette intermédiaire ; de la sorte, chaque scène sera flanquée, de droite et de gauche, soit d'un semis général, soit d'une draperie sur le fond de laquelle on la verrait se détacher. On ferait mieux encore en la faisant ressortir au milieu des monuments et des maisons de Jérusalem ou des sites et des perspectives que domine la montagne du Calvaire. Cette grande parure vaudrait un peu mieux que les mesquines images en carton-pierre appendues aux piliers engagés des deux nefs ; mieux surtout que ces tableaux sans unité travaillés par des

*et ceux de la cathédrale de Poitiers en particulier.*

---

(1) On ne pourrait trop s'inspirer, entre autres, des belles gravures données dans les tomes XX et XXI des *Annales archéologiques*, avec une suite d'articles très-remarquables de M. le chanoine Barbier de Montault.

mains différentes, où le Christ, la Vierge, la Madeleine et la Véronique ont autant de figures diverses qu'il y a de toiles, où tous les genres se résument dans le mauvais, où tout est faux et désolant pour l'art qui s'en afflige, et pour l'impie qui s'en fait un argument; mieux enfin que ces copies de Raphaël et autres toiles encadrées qui, s'appuyant sur ces mêmes piliers, rompent l'effet des lignes architecturales, en détruisent l'ordonnance harmonieuse, et ne remédient en rien à l'humiliante nudité des murs.

*Importance des tableaux sur bois.* Si nous faisions toutefois une exception à ce genre de peinture murale, que nous destinerions exclusivement à nos églises; si nous permettions que certaines parties du monument pussent y être consacrées à quelques peintures mobiles qui n'en peuvent pas être absolument exclues, ce serait en faveur d'un genre trop abandonné depuis trois siècles et qui, pourtant, avait des mérites incontestables, nonobstant les quelques inconvénients qu'on aurait pu empêcher par certaines précautions matérielles : nous voulons parler des peintures sur bois, devenues si rares, d'autant plus recherchées, et qui, si l'on assujettissait mieux les planches qui les reçoivent, auraient plus de durée que la toile, et seraient, en cas d'accident, d'une réparation plus facile. La belle basilique dont nous venons de parler en possède plusieurs que nous y trouvâmes fort-détériorées en 1845, et que nous avons pu rendre à leur lustre primitif. L'une est une vaste page de 4 mètres de long sur 1 mètre 50 centimètres de hauteur, représentant un Grand Chantre dirigeant le chant des enfants de la Psalette, et dont le nom *Toussaint* Johanet a servi de prétexte pour l'entourer *de tous les Saints* honorés dans l'Église de Poitiers, et qu'il regarde tous, pour lui, comme autant de patrons qu'il exalte dans cet *ex voto*. Ce tableau est daté de 1598. — Un autre, peint en 1590, et ne développant que 1 mètre sur 80 centimètres, est une réparation des injures faites au Saint-Sacrement par les hérétiques du temps. Un prêtre y dit la messe, et l'autel est entouré des portraits superposés des Pères qui ont parlé le plus éloquemment de la sainte Eucharistie, avec de larges phylactères qui contiennent des textes tirés de leur controverse. Ces hors-d'œuvre ne sont pas à dédaigner ; ils restent comme des monuments durables de l'histoire d'un édifice, et ils ont cet immense avantage sur les peintures murales, qu'ils se peuvent transporter si un incendie ou tout autre événement fâcheux les menace de destruction (1).

Reportons maintenant notre attention vers un autre objet qui ne l'exige pas moins. La polychromie ne convient pas seulement aux ornements d'architecture proprement dits et aux sculptures dont l'architecte a paré son édifice, elle va surtout à la statuaire, et, de tous les ornements d'une église, il n'en est pas qui la réclame à plus juste titre. Quand les façades, riches de tant de détails, étalant dans leurs plans superposés ou dans les immenses voussoirs de leurs vastes portes ogivales une série de Saints, d'innombrables moulures et des scènes émouvantes de l'enfer et du paradis, voyaient les peintres leur prodiguer à l'envi toutes les couleurs d'une palette expérimentée, que rehaussait l'or des nimbes et des costumes, on devait à plus forte raison ne pas mesurer mesquinement ces pieuses richesses à la statuaire des autels, aux retables, aux ornements du chœur et du sanctuaire ; et, de fait, rien n'est plus froid ni plus disgracieux que de grands personnages de plâtre, de pierre ou de bois, immobiles sur un piédestal, n'ayant ni regard ni sentiment, et n'attirant qu'à demi dans une pensée inattentive les hommages peu chaleureux d'une foule qui ne les comprend qu'à grand'peine ou point du tout. Quelle différence quand on les considère avec ce beau revêtement de leur gloire dont tous les détails sont symboliques, dont toutes les couleurs ont un langage ; quand leurs traits, déjà

*La polychromie appliquée à la statuaire,*

*dont elle est la vie et le succès.*

---

(1) Voir la description de ces deux tableaux, fort curieux, dans notre *Histoire de la cathédrale de Poitiers*, II, 294 et 301 et suiv.

si expressifs sous le ciseau du sculpteur, s'embellissent par une carnation intelligente des impressions de la vie et de ses suaves sérénités ! La sécheresse des draperies s'assouplit sous la mollesse du pinceau, la pose s'accentue mieux, les contours reçoivent plus d'élégance et d'abandon, la vérité, en un mot, se révèle et complète autant que possible l'illusion, qui est le but principal que l'art se propose. C'est donc ce sentiment de la vérité qu'il faut chercher avant tout, c'est cette illusion qui, toute de convention qu'elle soit, n'en séduit pas moins le cœur par les yeux, et opère l'effet intérieur qui résulte de la décoration esthétique. On sent combien loin il y a de cette théorie à ces fantaisies du hasard qui guident presque toujours nos incroyables badigeonneurs... Ces prétendus peintres salissent la plupart des statues en leur imposant, pour unique règle de leur travail, le *plus joli* de leur goût rustique et désordonné. Les couleurs éclatantes sont toujours les meilleures à leurs yeux, et, s'ils y mêlent, comme *nec plus ultra* de leur bon goût, un or qui bientôt se tourne au vert, parce qu'il ne fut jamais que du cuivre en feuilles, ils ne parviennent qu'à gâter d'autant plus ce qu'ils ont eu la maladroite prétention d'embellir. Nous avons à cœur de prémunir contre ces désolantes stupidités, en établissant dans le chapitre suivant les idées normales qui doivent présider à la peinture de la statuaire chrétienne, et en général à la polychromie de nos sujets religieux.

# CHAPITRE XVI.

## DE LA STATUAIRE SCULPTÉE OU PEINTE ET DE L'AMEUBLEMENT.

Il est bien entendu que nous devrons appliquer à la statuaire, en tant que susceptible de recevoir les embellissements de la peinture, des principes qui conviennent également à l'iconographie murale, aux sujets des verrières et à la simple imagerie religieuse. On comprendra aisément les quelques variantes qui doivent s'appliquer à l'action du peintre dans ces différentes expressions de l'art. De quelque nature donc que soit le sujet soumis au pinceau, qu'il soit sculpté ou non, les mêmes principes symboliques détermineront les teintes qu'il lui faut donner selon son caractère, ses attributs et l'importance de son rôle esthétique.

Suivons dans cette revue l'ordre rationnel de nos idées théologiques, et commençons par l'image de l'auguste Trinité.

C'est très-certainement celle qui a toujours dominé dans l'expression du symbolisme chrétien. Le monastère de Saint-Benoît-sur-Loire, bâti vers le milieu du septième siècle, l'avait été sur un terrain triangulaire qui plut aux moines par cette disposition mystique, à l'exemple de S. Riquier, qui, peu auparavant (en 625), avait construit en forme de triangle l'abbaye de Centule, au diocèse d'Amiens. Outre ces grandes pensées d'ensemble, on s'évertua à ramener le même sentiment à tout ce qui pouvait le rece-

*La Trinité et ses représentations symboliques dans l'architecture.*

voir. A toutes les époques de l'architecture, on le vit donc représenté par de nombreux détails de la maison de prière. Les trois portes d'entrée et les trois fenêtres qui les surmontent, les trois nefs qui partagent l'intérieur, les trois baies ouvertes à l'orient, où les splendides rayons du soleil levant semblent glorifier leur rôle mystérieux, tout atteste ainsi dans l'édifice sacré une intention manifeste de glorifier le Dieu trois fois Saint que chante l'éternel Hosanna. C'est par la même raison que l'Évêque, avant de procéder à la dédicace du temple, en a purifié les murs extérieurs par trois aspersions, nouveau baptême qui rappelle celui qu'institua le Sauveur, et qu'il fit porter à toutes les contrées du monde, au nom des trois Personnes divines. Après ces grandes divisions, on poussa la pensée symbolique jusqu'à la répercuter, pour ainsi dire, dans les détails secondaires : beaucoup de nefs furent partagées en une triple travée, les murs latéraux parés d'une triple arcature ; on orna les portes, les fenêtres et les arcades, bouchées ou ajourées, de trilobes ou de trèfles, ces derniers comme souvenirs maintes fois racontés de l'ingénieuse industrie de S. Patrice, qui, en évangélisant l'Hibernie, expliquait aux païens l'unité des trois Personnes éternelles par la triple foliation de cette plante. Il n'y eut pas jusqu'à la toiture elle-même qui, partagée dans sa forme générale en trois parties représentant la hampe et les deux traverses de la croix, ne fût encore surmontée de trois tours, dont une domine le transsept et deux s'élèvent majestueusement au-dessus de la façade. Ainsi se trouve matérialisé, dans chaque monument chrétien, le dogme fondamental du Christianisme. Par ce plan d'ensemble, tout devient parfait dans la demeure sacrée ; elle est plus digne d'être ouverte à cette triple et adorable Personnalité dont chaque Membre a une perfection égale ; et c'est là, plus que partout ailleurs, qu'il convient au chrétien de prier, de méditer ses destinées éternelles, et de s'unir, par ses ferventes aspirations, au Dieu qui,

STATUAIRE SCULPTÉE OU PEINTE. — LA TRINITÉ.   75

sous les voiles de ce Mystère, lui apparaît incessamment depuis son baptême jusqu'à sa tombe.

On ne trouva guère avant le quatrième siècle aucune des représentations sensibles dont nos pères se plurent à parer l'incompréhensible Vérité. Il est vrai que les églises souterraines de Rome, où Elle ne fut affirmée par aucune image parce qu'on n'y révélait en rien les mystères que les païens devaient ignorer, eurent souvent leur forme de croix et, par conséquent, trinitaire (1); mais ce fut surtout quand on vit l'arianisme affronter la croyance commune et menacer la divinité même du Sauveur, qu'on dut s'efforcer d'affirmer la consubstantialité du Verbe, et dès lors dut se développer l'iconographie, qui vint seconder l'enseignement artistique. Il ne suffisait plus d'exposer, avec S. Ambroise, comment la trinité des Personnes se conciliait avec une toute-puissance unique et indivisible (2); l'énoncé de la foi théologique, si décisive et si formelle qu'elle fût dans les Pères, avait besoin d'images très-propres à en imprimer la valeur et à la faire passer, par les yeux, dans les esprits les plus grossiers.

*Occasion donnée à l'iconographie d'exprimer ce Mystère.*

Mais ce secours même pouvait égarer du but en matérialisant la pensée, et c'est ce qu'avaient cru devoir éviter

*Tâtonnements motivés de l'enseignement des*

---

(1) Voir ci-dessus, t. III, ch. I, p. 5. — On ne devine guère comment ce principe manqua aux catacombes, où tant de Mystères du Nouveau Testament sont représentés par des symboles de l'Ancien. Quoi de plus naturel, par exemple, pour exprimer la Trinité que la Réception par Abraham, sous le chêne de Mambré, des *trois* Anges, dans lesquels tous les Pères ont vu les trois adorables Personnes ? (*Gen.*, XVIII, 1.) — Mais c'est probablement qu'alors, la doctrine des Pères sur ce fait ne s'étant pas encore énoncée publiquement, on se reportait plus volontiers vers les motifs d'ornementation purement historiques, et que les Apôtres avaient surtout recommandés par leurs discours ou leurs écrits.

(2) « Ego et Pater unum sumus (*Joan.*, X, 30); id est unum sumus lumen, sicut unum nomen. Per luminis et nominis unitatem ambo unum sumus, imo Trinitas unum in unitate substantiæ, sed distinctione uniuscujusque Personæ. Trinitas distinctionem significat Personarum, unitas potestatem. » (S. Ambr. *Enarrat. in psalmo* XXXV, — opp. t. I, col. 774.)

les premiers Docteurs. Ils ne parlaient du dogme qu'en tant qu'il fallait le croire, sans chercher trop à en expliquer les solennelles obscurités. Néanmoins, quand vinrent les efforts de l'hérésie, on comprit le danger de ce silence, que S. Hilaire rompit l'un des premiers avec tant d'éclat, au point de vue de la controverse. Et cependant le grand génie, tout en développant avec les immenses ressources de son esprit si positif et si net ce qu'il faut croire de la consubstantialité des trois Personnes, recule toujours devant les comparaisons symboliques; on le trouve toujours, dans son magnifique livre *De la Trinité*, armé du raisonnement, jamais d'aucune allégorie, tant il craint encore, comme il le dit ailleurs, que les types manquant de justesse ne demeurent incomplets à côté du Principe fondamental (1). — S. Grégoire de Nazianze, moins scrupuleux en apparence, et pourtant ne dissimulant pas ses craintes de quelques fausses interprétations, essayait de faire saisir le Mystère divin en le comparant au soleil, qui ne fait qu'un avec ses rayons et avec la lumière qui en jaillit; mais il ajoutait que la foi simple valait mieux que toutes les similitudes, et il renonçait à s'en servir (2). Toutefois ce système d'abstention ne pouvait durer au delà des premiers essais du symbolisme iconographique. Dès lors que l'architecture prétendit imprimer dans ses constructions la pensée du dogme générateur de tous les autres, le sculpteur et le peintre furent excités au même but; rien ne dut paraître plus naturel, par exemple, que d'inscrire dans une arcade

---

(1) « Multa sæpe fallunt quæ similia sunt. Timeo aurum bracteæ quia me fallere possit interius; et tamen auro simile est quod videtur..... » (S. Hilar., *De Synodis*, n° 89, col. 1202 Bened.)

(2) « Solem, et radium, et lucem cogitavi : verum hic metuendum est ne incompositæ naturæ compositio quædam excogitetur quemadmodum solis, et eorum quæ soli insunt... Postremo itaque hoc mihi consultissimum visum est, ut missis factis imaginibus illis atque umbris, ut fallacibus, plurimumque a veritate remotis, piam ipse cogitationem fidemque mordacius retineam..... » (S. Greg. Naz. *Orat.* XXXI, t. I, p. 576.)

trilobée un triangle équilatéral : cette figure, dont on ne sait pas l'époque originelle, est certainement des plus anciennes comme étant des plus élémentaires. Rien n'était plus vrai, en effet, et ne résolvait mieux et plus simplement l'image de trois Personnes en un seul Dieu qu'une figure composée de trois angles dans un seul plan ; figure, disons-le aussi, dont le caractère mathématique symbolisait parfaitement la certitude incontestable d'un dogme qui est lui-même incontestable aux yeux de la foi.

La fête de la sainte Trinité, instituée au commencement du douzième siècle, dut inspirer à l'imagerie catholique une certaine fécondité ; toutefois nos recherches sur les diverses représentations usitées dans l'Église ne nous ont rien montré au delà de cette époque, où la sculpture, nous le savons, s'élança avec la théologie artistique au plus haut degré de sa gloire encore admirée. De cette date, on connaît le baptême de Notre-Seigneur par S. Jean, où le Christ encensé et assisté par des Anges est surmonté du Saint-Esprit qui plane sur sa tête en forme de colombe, puis contemplé dans un plan supérieur par le Père éternel. Ce travail fait partie du font baptismal de Mousson, en Lorraine (1). — Le beau manuscrit d'Herrade, *Ortus deliciarum*, recevait en même temps, parmi ses admirables peintures, la triple image du Père, du Fils et du Saint-Esprit, assis sur un même siége, représentés sous les mêmes formes humaines, et coopérant ensemble à l'œuvre de la création, ce qu'ils expriment par un long phylactère se développant entre les mains de chacun, et portant le texte lisible de la Genèse : FACIAMUS *hominem ad imaginem et similitudinem nostrum* (2). Alors cette repré-

*leur développement au douzième siècle,*

---

(1) Voir *Bulletin monumental*, XIII, 186 ; XIV, 74. — Et cette image n'était pas nouvelle : S. Paulin de Nole, mort en 431, l'avait décrite ainsi très-expressément :

Pleno coruscat Trinitas Mysterio :
Stat Christus amne, vox Patris cœlo tonat,
Et per columbam Spiritus Sanctus fluit.
 (*Epist. ad Severum.*)

(2) Voir Didron, *Histoire de Dieu*, p. 541.

sentation sous forme humaine datait déjà de trois cents ans, et finit par l'emporter sur les pures spéculations mathématiques; mais le cercle n'en continua pas moins son rôle, et on le trouve, au seizième siècle, circonscrivant un triangle dont le Seigneur tient de ses mains étendues les deux extrémités supérieures. — Un autre type non moins remarquable en ce genre orne la charmante voûte du treizième siècle de la sacristie de Sainte-Radégonde, à Poitiers. — A Vignory, en Champagne, « le Père et le Fils, barbus, soutiennent chacun d'une main un calice avec l'hostie; entre eux, le Saint-Esprit paraît sous la forme d'une colombe dont le bec touche au Pain sacré, et l'extrémité des ailes aux lèvres du Père et à celles du Fils. Ainsi s'exprime que la troisième Personne procède des deux autres, et que la Divinité du Christ est présente dans l'Eucharistie; et, de plus, que la Trinité concourt à établir ce sacrement, chef-d'œuvre de puissance, de sagesse et d'amour » (1). La description est ici aussi fidèle et ingénieuse que l'invention elle-même, et devient une des mille preuves de cette observation toujours vraie, toujours bonne à rappeler que, pour bien comprendre le symbolisme catholique, il faut être imbu de la théologie de l'Église, sans laquelle on restera forcément au-dessous de la science d'interprétation.

*et surtout au treizième.*

Le treizième siècle, en s'avançant plus qu'aucun autre dans l'expression iconographique du Dieu unique en trois Personnes, en multiplia les images et, tout en les variant, resta dans l'orthodoxie la plus exacte. L'anthropomorphisme triompha alors sans danger aux yeux du vulgaire, accoutumé à ne lire que la vérité dogmatique sous des emblèmes enfin parfaitement compris. Les manuscrits, les façades sculptées, les chapiteaux, les clefs de voûte reproduisirent ces formes si diverses, et toujours si éloquentes, soit par trois cercles entrelacés, soit par trois faces d'homme unies

---

(1) Voir M. l'abbé Godard-Saint-Jean, *Bullet. monum.*, XV, 575.

entre elles ; et tout cela se compliqua plus tard et se perfectionna jusqu'au seizième siècle, de manière à pénétrer dans les livres d'heures de Simon Vostre, après avoir figuré, au quinzième, dans l'ornementation des maisons particulières. Là on peut voir encore un triple visage, nimbé d'un rayon crucifère, présentant de ses deux mains un triangle terminé à chacun de ses points par un cercle inscrivant le nom de l'une des Personnes ; ces points extrêmes sont réunis par les branches du triangle se dirigeant vers chaque cercle, et reproduisant, comme sur une triple banderole, les mots EST ou NON EST, de façon à les faire aboutir, selon toutes les exigences du dogme, à l'un des noms sacrés dont ils déterminent par une proposition absolue la nature et la personnalité : ainsi PATER EST DEUS, NON EST FILIUS ; FILIUS EST DEUS, NON EST SPIRITUS SANCTUS ; SPIRITUS SANCTUS EST DEUS, NON EST PATER, NON EST FILIUS, *etc*. Par un complément qui perfectionne ici toute l'idée divine, et que motive très-bien l'exactitude théologique, les quatre coins du carré où sont figurées ces formules sont garnis des quatre animaux d'Ezéchiel (1).

Mais au milieu de types si nombreux, et qui prouvaient merveilleusement la fécondité du symbolisme, on vit naître d'autant plus d'excentricités dangereuses, à l'époque de la prétendue Renaissance, que le caprice entrait alors plus hardiment avec l'hérésie dans la théologie. L'art eut à s'en ressentir bientôt, et la foi dut imposer des entraves à ses élans irréfléchis. En effet, ces têtes multipliées jusqu'à trois fois sur un même corps, ces figures des trois Personnes renfermées diaphanement dans le sein de Marie, et beaucoup d'autres imaginations semblables, n'étaient guère propres qu'à donner de fausses idées du plus adorable des Mystères.

Abus des moyens iconographiques réprimés par l'Église,

---

(1) Voir Didron, *ubi supràs*, p. 551. — On peut lire avec fruit, pour compléter sur ce sujet toutes les idées que doivent s'en faire les chrétiens, le livre très-intéressant et très-substantiel du savant et regrettable archéologue.

C'est pourquoi le savant pape Benoît XIV, écrivant à un évêque d'Augsbourg qui avait interdit dans son diocèse ces sortes d'images, le loua de son initiative et lui ordonna de poursuivre cette guerre loyale à tout ce qu'une telle imagerie avait de dangereux. Il voulait qu'on s'en tînt, dans l'imagerie religieuse, à ce que l'Écriture autorise par ses récits.

<small>qui détermine ce qui est permis et ce qu'il faut éviter.</small>

Ainsi donc, plus de cette triple face entée sur un seul corps, qu'avait déjà condamnée Urbain VIII. On peut représenter le Père par un vieillard à la majesté sereine et grave, comme cet *Ancien des jours* que Daniel nous montre assis sur un trône porté par des roues de feu, la tête et les vêtements éclatants de blancheur, entouré de flammes ardentes échappées de son trône, et qui resplendissaient jusqu'au devant de sa face (1). Isaïe lui donne aussi l'extérieur d'une personne royale occupant un trône élevé au-dessus de tous ceux qui forment sa cour (2). La difficulté n'est pas la même quant au Fils : il s'est fait homme : l'anthropomorphisme lui est donc très-acceptable ; il peut même multiplier ses formes selon les attributs symboliques dont il s'est doué lui-même : il est l'*Agneau de Dieu*, la *Lumière éternelle du monde*, la *Pierre angulaire*, le *Bon Pasteur*, le *Poisson* mystérieux des eaux du Baptême ; mais, pour peu qu'on soit instruit du sens des symboles et des convenances, dont il ne faut jamais perdre le sentiment, le *Lion de Juda*, qui désigne le Christ dans l'Apocalypse, ne servira jamais seul à le représenter comme seconde Personne de la Trinité : on le confondrait trop facilement, par ce moyen, avec le troisième des animaux évangélistes. L'Esprit-Saint sera, d'après la même loi, non un jeune homme de grande beauté, comme quelques-uns

---

(1) « Antiquus dierum sedit : vestimentum Ejus candidum quasi nix, et capilli capitis Ejus quasi lana munda ; thronus Ejus flammæ ignis ; rotæ Ejus ignis accensus. Fluvius igneus rapidusque egrediebatur a facie Ejus. » (*Dan.*, v, 9.)

(2) « Vidi Dominum sedentem super solium excelsum et elevatum, et ea quæ sub Ipso erant replebant templum. » (*Is.*, vi, 1.)

l'avaient fait contre toutes les traditions de l'Église, mais, très-conformément aux Écritures, une *colombe*, une *flamme de feu*, un *rayon venant du Ciel* (1). On voit, par ces données générales, comment la Sainte Trinité peut composer un groupe très-convenable, et comment le quinzième siècle et le suivant n'ont rien fait de mieux ni de plus expressif que d'asseoir sur un trône resplendissant un vieillard vénérable, tenant de ses deux mains les deux traverses de la Croix où le Dieu sauveur est attaché pour nous, et s'unissant lui-même à ce Fils par la Colombe divine qui émane de sa bouche, et plane sur la tête de l'auguste Crucifié. On trouve ce type, remarquable par beaucoup d'effet, dans plusieurs églises; la sculpture et la peinture l'ont traité avec un égal succès, et nous ne pouvons trop exhorter les artistes à le préférer, au besoin, comme celui qui rend le plus éloquemment toute l'orthodoxie du Mystère divin.

Ce n'est pas que de nombreuses variétés ne soient venues, surtout dans les derniers siècles, diversifier beaucoup la forme artistique. En 1773, on voyait encore dans une des vingt chapelles de Notre-Dame de Saint-Lô les trois Personnes entourées d'un grand cercle d'or au fond d'azur, formé des anges et des chérubins d'Ézéchiel. Ces trois Personnes y étaient assises, couvertes de chapes riches et ornées. Le Père portait la tiare, pour mieux rendre sa toute-puissance en même temps que sa paternité; sur son genou gauche, il tenait le globe du monde, et bénissait de sa main droite. Le Fils et le Saint-Esprit ont la tête nue; ce dernier occupe la gauche du Père et sauve très-ingénieusement les apparences humaines par la colombe nimbée qui se développe sur sa poitrine. Le Fils était reconnaissable à sa croix autant qu'aux blessures de son côté, de ses pieds et de ses mains. On voit par là jusqu'où l'imagination peut aller sans sortir des

*Variétés nombreuses et orthodoxes des siècles suivants.*

___
(1) Cf. Bullar. Bened. XIV, t. I, p. 562-569, Romæ, 1746; — Molanus, *Historia sacrarum imaginum*, Supplem. ad lib. IV, cap. XVI, p. 481.

règles strictes et sans contrevenir aux défenses canoniques, dont elle ne doit jamais s'écarter. Mais quoi qu'elle fasse dans ces limites sacrées et infranchissables, elle n'oubliera pas l'emploi des attributs spéciaux à chaque Personne : ainsi, comme nous venons de le voir, le Père céleste porte toujours le globe symbolique rappelant sa toute-puissance créatrice ; au Fils appartient la croix, sur laquelle il nous a sauvés ; la colombe et la flamme indiquent la nature du Saint-Esprit, qui est tout amour. Ce sont là des principes que personne ne doit ni ignorer ni méconnaître.

*Le nimbe.*

Mais non moins important, parmi les attributs spéciaux des Personnes divines, est le nimbe, dont nous avons parlé déjà maintes fois (1), et dont il faut distinguer clairement ici le rôle symbolique et la signification doctrinale. Les sculpteurs comme les peintres de ces derniers temps s'y sont trop souvent trompés; ils ont donné ou refusé sans discernement cet attribut essentiel de la sainteté soit à Dieu, soit aux Saints, qu'il devait pourtant distinguer dans l'iconographie afin de la faire bien comprendre et d'y éviter les confusions. Nous allons, au bénéfice des artistes que notre tâche est d'éclairer ici, poser les principes sur cette question et définir clairement les diverses formes de cet entourage symbolique donné au corps ou à la tête des personnages sacrés, depuis la Trinité et ses trois Personnes jusqu'aux Anges, et aux hommes qui se sont illustrés par une sainteté reconnue de l'Église.

*La gloire, ou auréole.*

L'idée de l'éternelle béatitude à laquelle participent les élus de Dieu, et de la clarté qui les environne dans le milieu où Dieu lui-même se complaît en son inaltérable bonheur, a fait entourer ses Saints, comme sa propre personnalité, d'un gloire circulaire ou, plus souvent, elliptique,

---

(1) Voir tout ce qui regarde la signification des couleurs et leur usage dans la peinture chrétienne, ci-dessus, t. II, ch. XII ; et ce qui regarde les armoiries et leurs couleurs, au ch. XVI. — On en conclura des principes très-applicables à la présente question.

laquelle embrasse tout le contour du corps en forme d'amande et représente la Majesté divine dans sa plénitude, ou la part qu'y ont acquise ses fidèles serviteurs. On voit déjà que le mot employé dans ce sens comporte avec lui la pensée d'une grandeur méritée par de belles actions et d'une sorte d'apothéose populaire : c'est la même chose, à notre avis, que l'auréole, espèce de nuage léger et lumineux qui semble s'épancher autour d'un corps glorifié, mais qui convient particulièrement à celui des personnes déjà en possession de cette béatitude céleste dont on veut amplifier l'affirmation jusqu'au dernier terme possible. Le nimbe a quelque chose de plus simple : il est une flamme et comme une couronne qui entoure la tête, qu'il embellit d'un cercle de lumière ou d'un éclat nuageux et transparent, comme le mot *nimbus* l'exprime assez. Cet insigne se donne plus généralement aux Saints, comme l'auréole à Dieu, sans qu'on puisse bien, toutefois, préciser, à l'aide de règles généralement suivies, quelle théorie scientifique on s'est posée à cet égard. Il semblerait, par des exemples tirés des meilleures sources, que Dieu, considéré en lui-même, et abstraction faite de son existence trinaire, ou bien se présentant sous la forme d'une ou des trois Personnes divines, ait été, pour plus d'honneur, paré à la fois du nimbe de la tête et de l'auréole du corps. Mais les artistes nous présentent sur de tels sujets de si nombreuses variantes, qu'on ne peut guère conclure de ce qu'ils ont fait à un système arrêté, le leur s'étant modifié avec tous les siècles.

Toujours est-il que l'objet en lui-même est devenu l'indispensable attribut de la sainteté, de quelque manière qu'on l'ait donné aux Saints, de quelque genre d'ornementation qu'on l'ait cru susceptible. En effet, c'est tantôt un cercle léger inscrit autour de la tête comme une couronne à peine sensible, tantôt des rayons inégaux s'échappant de cette tête sans aucune circonférence qui le cir-

*Variétés du nimbe.*

conscrive; tantôt l'orle rayonne de plusieurs pointes qui varient par leur nombre de 7 à 14, non sans intention sans doute. On a fait aussi des nimbes triangulaires, et nous pensons qu'au lieu de Dieu le Père indiqué par Didron d'après une fresque grecque du dix-septième siècle, c'est la Trinité qu'il faut reconnaître dans ce Vieillard apparaissant au milieu d'un nuage, et la tête ornée d'un triangle rayonnant de lumière. Sa pose seule, d'ailleurs, penchée vers le chaos qu'il va débrouiller, ses deux bras étendus comme ceux de quelqu'un qui commande sans efforts, indiquent de reste l'action créatrice qui appartient à la Trinité tout entière (1).

*Nimbe carré.* — On a vu des exemples de nimbe carré, servant plus à qualifier l'état moral de quelques hommes vertueux et encore vivants que la sainteté proprement dite, qui ne s'acquiert qu'après la mort. C'est une de ces originalités dont l'Italie ne s'est pas assez gardée et qui ont jeté une inextricable confusion dans sa vie artistique. Nous voulons bien qu'on exprime par cette figure géométrique la terre, dont elle représente la fermeté, et par conséquent la vie présente ferme dans la foi et dans la vertu; mais ce n'en est pas moins une invention qu'on n'a pas adoptée ailleurs, et qui a dû sembler de peu de profit. Ce n'est pas là ce que nous voudrions conseiller à l'art sérieux, désireux des bonnes traditions et qui ne perdra jamais rien à les tenir.

*Antiquité du nimbe.* — Le nimbe était connu des premiers siècles chrétiens, qui l'avaient adopté du paganisme, où il n'était pas rare de le voir appliqué aux dieux et aux héros. On le trouve dans les catacombes, mais non à leur époque la plus reculée. Ce n'est guère qu'au quatrième siècle qu'on en remarque les premiers spécimens : c'est ainsi qu'on le voit à l'Enfant Jésus, tenu par sa Mère, dans une fresque souterraine que le chevalier de Rossi attribue à l'époque de Constan-

(1) Voir Didron, *Hist. de Dieu*, p. 9.

tin (1). Plus tard, on inventa une distinction entre les Saints, dont nous savons le nimbe spécial, et Dieu et la Vierge-Mère, à qui furent réservés ou le nimbe crucifère, nommé encore *croisé*, ou la gloire ou auréole.

Les trois Personnes de la Trinité se parent également du nimbe croisé, comme ayant coopéré toutes à l'œuvre de la Rédemption. Pour Elles, ce nimbe a plus ou moins d'élégance, la croix en est plus ou moins ornée avec goût, selon l'époque où elle est prise, et sa simplicité, qui dure jusqu'à la fin du onzième siècle, se change, aux douzième et treizième, en riches accompagnements de perles byzantines, de broderies, de franges et de petites arcatures continues. Tout cela s'embellit encore de vives couleurs. Marie a aussi son privilége, qui lui donne, comme à Dieu même, un nimbe pour sa tête et une auréole qui enveloppe son corps immaculé. Nous dirons de quelle lumière doivent s'illustrer les autres Saints, en parlant tour à tour des titres qui composent la hiérarchie hagiographique; mais ici, et pour ce qui regarde le nimbe, il faut bien que nous indiquions aux sculpteurs, et surtout aux peintres, à quelles règles ils doivent se conformer sur ce point pour ne pas trahir les traditions conservées par les meilleures époques de l'art chrétien.

*Nimbe crucifère.*

Et d'abord, entendons bien que, malgré l'absence de ce symbole dans un certain nombre de monuments antérieurs au onzième siècle, on ne doit plus le négliger, à quelque date que se rattache l'œuvre composée. Aujourd'hui, ce serait une faute de rompre avec un usage tant de fois séculaire et qui dans toute représentation sacrée doit distinguer des personnages du monde ceux que l'Église a honorés d'un titre imprescriptible et essentiel. Puisque, d'ailleurs, selon que nous l'avons établi, les fresques ro-

*Usage du nimbe, devenu indispensable à l'hagiologie artistique.*

---

(1) Voir Rossi, *Imagines selectæ Deiparæ Virginis in cœmeteriis subterraneis depictæ*, t. I, in-f°, Romæ, 1862.

maines nous en offrent d'irrécusables spécimens ; puisque, là où il manque, on l'y voit remplacé par des couronnes de laurier tenues par des anges sur la tête de deux martyrs, ou par une seule qui semble descendre du ciel entre les images de S. Pierre et de S. Paul (1), on aurait mauvaise grâce à nier l'intérêt que les premiers temps du Christianisme attachèrent à ce moyen symbolique. On l'emploiera donc toujours, en suivant ainsi les données certaines dont on ne peut contester le respect absolu, et généralisé au moins depuis le septième siècle, car c'est alors que se fit le mouvement décisif qui tendit de plus en plus à l'adoption du nimbe, et qui fit bientôt observer dans son usage des variantes plus réfléchies et mieux motivées que Didron n'a paru le penser (2).

<small>Histoire de sa marche séculaire jusqu'aux temps de décadence :
Du quatrième au douzième siècle ;</small>

A partir de ce temps jusqu'au douzième siècle, la peinture nous donne des nimbes circulaires de très-mince apparence, et à travers lesquels on semble avoir voulu ménager la vue des objets : c'est presque diaphane, et fait évidemment pour exprimer cette atmosphère lumineuse qui représente très-bien la surnaturalisation de la pensée des Saints. Cette méthode, que la sculpture ne pouvait pas reproduire, se traduisait au moins sous le ciseau par un

---

(1) Voir Aringhi, *Rom. subt.*, ubi suprà ; puis t. II, p. 405, 559, 666, et bien ailleurs.

(2) Didron, *Hist. de Dieu*, p. 78, cite, comme une preuve du peu d'importance du nimbe pour les artistes, un manuscrit de la bibliothèque Richelieu du neuvième au onzième siècle, dit-il, où une même miniature offre S. Chrysanthe avec un nimbe dont S<sup>te</sup> Daria est dépourvue. Il est clair qu'à cette époque ce put être un oubli, et non un système qui porterait avec lui une inexplicable contradiction. Le même auteur indique à la même source le Christ au nimbe crucifère, et les Apôtres qui l'entourent ornés de nimbes *orlés* garnis d'une légère bordure, pendant que d'autres Saints n'ont qu'un simple disque. Tout cela nous paraît plus rationnel qu'au savant archéologue. La croix timbrée à la tête du Christ lui est particulière ; l'orle donné aux Apôtres distingue leur couronne de celle des autres moins élevés par leur rang : quoi d'étonnant ? Nous engageons beaucoup à observer cette différence, dont on ne peut tenir compte qu'au profit du symbolisme, et sans aucun préjudice d'aucune règle artistique.

cercle d'ample dimension, et d'une assez grande légèreté pour s'associer à ce que le pinceau donnait aux fresques et à la détrempe. Ce fut le contraire quand la statuaire du douzième au quatorzième siècle se fut mise à envahir avec une ambition si favorable toutes les surfaces de nos plus beaux monuments. L'architecte fit donner à ses statues des disques nécessairement opaques, moins larges parce qu'ils se fussent gênés mutuellement dans les groupes de personnages qui devaient les porter, et parfois, pour plus de solidité, taillés en perspective derrière la tête, dans la pierre qui leur servait de fond. A Paris, à Chartres, à Poitiers, à Amiens, c'est ainsi que nos plus belles cathédrales ont vu procéder leurs sculpteurs. Par entraînement, les miniatures, comme les grandes pièces murales, n'eurent plus que des nimbes épais, dont la transparence fut cependant quelquefois ramenée aux dispositions mieux senties des âges précédents, quand le peintre put les contraindre, sous les efforts de sa touche plus docile, à exprimer des délicatesses devenues impossibles sur la pierre. C'était donc, toujours autant que la main humaine le pouvait, l'intention de figurer une lumière, une vapeur éthérée et imbibée, pour ainsi dire, de l'atmosphère divine, qu'on avait gardée et maintenue. Ce mérite reste à l'art gothique, même pendant la période du quatorzième siècle, où l'esthétique dépérissait à vue d'œil; et néanmoins il faut noter la remarquable exception qui se fait alors parmi les fidèles adeptes de cette importante tradition. Van Eyck, l'un des chefs de l'école hollandaise, semble, dans son admirable *Adoration des mages*, s'abstenir du nimbe, comme par un parti pris.

du douzième au quinzième;

Cependant, au quinzième, on entre dans les étrangetés imposées au style architectural, dans certaines extravagances relatives quant à la confection du nimbe : il devient une véritable coiffure dont les perspectives capricieuses se plient, par une sorte de dissipation, à tout ce que la vie artistique reçoit alors d'hétérodoxie mondaine. Alors, cependant, les

du quinzième au seizième;

peintres qui conservent le sentiment chrétien, et quelques verriers encore inspirés par le passé, continuent à leurs saints la possession d'un nimbe digne, et d'autant plus convenable que partout il est doré par le fond, et reproduit mieux ainsi la pensée primitive : ainsi le voit-on dans les belles fresques peintes à Saint-Marc de Venise par Fra Angelico, dans la salle du Chapitre; ainsi figure-t-il dans les vitraux légendaires du monastère de Luna, en Hanovre.

Mais le seizième siècle, surtout, se plut à manifester, en cela comme en toute autre chose, cet esprit d'indépendance qui devait, à la suite du protestantisme, renverser toutes les règles faites. Ce que les beaux siècles du symbolisme avaient béni et pratiqué, il le méprisa, il le renia, et, jusque dans les plus belles et les plus recherchées des productions artistiques, il donna par tous les côtés dans le paganisme des anciens : dans ce dédale, on vit le nimbe se perdre presque toujours. C'est à peine si, en quelques scènes de la vie apostolique, on voit le Sauveur nimbé d'un simple disque, très-souvent dénué de sa croix, au milieu d'Apôtres ou de Saints qui ne se distinguent pas même de la foule par cet appendice, dont le peintre ne semble pas avoir senti le besoin. Raphaël, qui n'y manque pas toujours, s'en abstient cependant trop souvent ; Michel-Ange n'est pas plus scrupuleux ; Léonard de Vinci l'omet dans une de ses *Sainte Famille* ; et le donne à la Vierge entourée de S$^{te}$ Catherine et de S$^{te}$ Barbe, qui ne l'ont pas. Plus tard, on doit reprocher le même oubli à Corrége, aux deux Carrache, à Rubens, à Lebrun, à Poussin lui-même si philosophique et si sensible. Murillo n'en use jamais. Aussi peut-on facilement observer que le mépris de cette loi retombe sur la plupart de ces œuvres comme une sorte de malédiction : on y sent le matérialisme de si loin qu'on les aperçoit, et l'art chrétien s'est fourvoyé dès lors qu'il s'est avisé de rapetisser l'Image d'après laquelle l'homme a été créé.

## STAT. SCULPTÉE OU PEINTE. — COULEURS SYMBOLIQUES. 89

Les artistes, qui ne doivent pas ignorer des conditions du nimbe aux différents âges dont ils traitent les travaux, ne peuvent négliger, par conséquent, de l'étudier dans les iconographies spéciales, telles que les manuscrits à miniatures, les vitraux et les sculptures de bois ou de pierre, qui ne manquent pas dans nos vieux monuments. Ils n'oublieront pas non plus quelle application l'on doit faire au nimbe ou à l'auréole des couleurs symboliques, dont nous avons traité aux douzième et treizième chapitres de notre première partie. A quelques exceptions près, et assez rares, on voit ce signe d'honneur se colorier, dans la plupart des peintures, de la même teinte que prend l'une des parties principales du vêtement, et l'on reconnaît toujours, par cette règle même, qu'une intention symbolique se rattache, par le souvenir d'un attribut principal, au personnage dont on s'occupe. Ce principe est aussi infaillible qu'il est simple, et sert beaucoup à faire reconnaître ce personnage dans les scènes variées d'une légende. Nous aurons occasion d'énoncer les couleurs diverses convenables aux nimbes, quand nous parlerons en particulier des Saints auxquels on devra les donner.

*Couleurs à donner au nimbe selon les personnages auxquels on l'applique.*

Après ce premier ornement de notre hagiographie, nous avons à parler des costumes exigés par la tradition et que doivent revêtir les nombreux personnages qui appartiennent à la hiérarchie catholique. Sur ce point encore, nous renvoyons à ce qui est exposé, au treizième chapitre du premier volume de cet ouvrage, pour Notre-Seigneur, pour la Sainte Vierge et pour les martyrs. Le chapitre qui précède celui-là établit les rapports entre le blanc et Dieu, soit considéré comme Père, soit comme étant le Fils ou le Saint-Esprit, ou enfin l'union des Trois, qu'on appelle la Sainte Trinité ; toutes les autres couleurs y sont notées avec leur spécialité, et rediront aux peintres comment leurs pinceaux doivent habiller et nimber les anges, les prophètes, les patriarches, les apôtres, les vierges et les

*Couleurs à donner aux costumes des Saints, selon leur caractère et leur hiérarchie.*

confesseurs. Observons d'ailleurs, pour simplifier ces données, qu'on trouve un guide sûr pour le choix des couleurs dans la règle adoptée par l'Église quant aux parements du prêtre ou de l'autel aux fêtes de chaque Saint particulier. C'est encore un principe dont nous avons traité, en même temps que du sujet qui nous occupe, aux endroits précités, en disant la signification et l'origine symboliques de ces couleurs.

<small>Attributs généraux à donner aux Saints;</small>

Mais d'autres attributs sont donnés à quelques Saints ; il y en a de généraux, qui se rattachent à tous ceux du même titre, et de spéciaux, qui ne s'appliquent jamais qu'à certains d'entre eux : c'est ainsi que la palme verte va aux martyrs de l'un et de l'autre sexe, et même aux simples confesseurs, parce que le Psalmiste a dit que *le juste fleurirait comme le palmier* (1); mais alors nous voudrions qu'on ajoutât à cette branche de l'arbre la fleur, qui en ferait une signification plus précise. Le lis convient aux vierges, le phylactère aux prophètes, le livre ouvert ou fermé au Sauveur et aux apôtres, fermé aux docteurs et aux abbés chargés, comme eux, d'enseigner la doctrine; il en est de même des abbesses, qui tiennent souvent le livre ou recueil de leurs règles monastiques, surtout quand elles sont fondatrices. Au reste, ce symbole de la science n'exclut pas les autres symboles qui caractérisent plus nettement telle ou telle vocation. Les Apôtres seront donc distingués entre eux, tout en portant d'une main le livre obligatoire, par le signe spécial de leur martyre, qu'ils ont tous subi, signe qui les dispense de la palme, laquelle, tout en trouvant place sans inconvénient dans un grand tableau, deviendrait souvent

---

(1) « Justus ut palma florebit, — sicut cedrus Libani multiplicabitur. » (*Ps.*, XCI, 12.) — Ce serait aussi une raison pour remplacer très-convenablement aux Saints de cette catégorie la palme par une branche de cèdre; car, tous les attributs étant choisis pour les Saints d'après l'Écriture ou leurs légendes propres, rien n'empêche qu'ils puissent bien s'accompagner d'un objet qui les distingue aux regards de tous ceux qui auraient avec eux quelque trait de ressemblance.

une surcharge embarrassante dans une suite des douze personnages groupés, comme on les voit en maintes sculptures monumentales. Ainsi encore le livre ne doit pas être systématiquement refusé aux simples solitaires, représentés, dans leur ermitage, assis sur un rocher; ils y méditent alors les saintes Écritures, comme S. Jérôme, qui se retrouve là avec son caractère d'érudition, comme la Sainte Vierge elle-même, qu'on suppose, au moment de l'Annonciation, avoir été surprise dans la méditation du passage d'Isaïe relatif à la famille de Jessé (1).

N'omettons pas, pour en finir sur ce livre attributif, de faire observer qu'en certaines rencontres il peut être d'un grand secours pour caractériser dans l'iconographie un Saint peu connu et qui n'aurait pas d'attribut particulier. Ainsi beaucoup d'évêques devenus les patrons d'églises paroissiales n'ont qu'une légende assez obscure et dans laquelle on ne trouve rien de spécial qui désigne leur image à l'attention des fidèles. Comment la leur signaler? Outre leur attribut général, donnons-leur un livre sur le plat duquel se lise le titre d'un de leurs écrits. C'est ainsi qu'à l'église de Saint-Fulgent, en Vendée, nous avons fait représenter dans un vitrail du sanctuaire le Saint patron revêtu de ses habits épiscopaux, et sur le livre qu'il porte de la main droite on lit ces paroles : *Fulgentii episcopi epistola ad Victorem contra Fastidiosum*. On ne peut s'y tromper, et là tout sert à distinguer le Saint de tous ceux qui auraient eu le même caractère que lui, et qui n'auraient certainement pas écrit le même ouvrage.

Mais, outre l'attribut principal donné par l'imagination à ces divers personnages, on leur doit encore l'attribut secondaire, pour les faire distinguer de tous les autres qui auraient le même rang dans la hiérarchie sacrée. Il est rare

autres plus spéciaux à chacun.

---

(1) « Egredietur Virgo de radice Jesse, et flos de radice ejus ascendet. » (*Is.*, XI, 1.)

qu'on peigne S. Benoît sans le corbeau qu'il nourrissait, et qu'il avait rendu obéissant (1); S. Antoine sans le pourceau dont il guérissait les maladies; S^te Agnès sans l'agneau dont elle porte le nom accommodatice; S^te Marguerite sans la roue à dents aiguës qui fut l'instrument de son martyre, et ainsi de mille autres. On ne peut se dispenser de consulter sur tous ces détails les livres compétents écrits jusqu'à ce jour depuis le commencement du dix-septième siècle, où abondent les renseignements que nous ne pourrions introduire ici sans ajouter plusieurs volumes à cet ouvrage. Qu'il nous suffise de citer les *Vies des Saints* de Ribadeneira, les *Annales archéologiques* de Didron et son *Histoire de Dieu*, deux livres pleins de documents, mais auxquels manquent toujours des tables analytiques, sans lesquelles les meilleurs traités restent trop souvent inutiles; le *Guide*

---

(1) Ce corbeau, dont parlent J. de Voragine dans sa *Légende dorée* et S. Grégoire dans la *Vie de S. Benoît*, a maintenu ses droits dans les monastères bénédictins, où il est rare qu'il n'apparaisse pas dans l'avant-cour sous le plumage d'un de ses semblables, apprivoisé par le Frère portier dont il reçoit sa nourriture journalière. On pourrait y voir aussi une allusion aux épreuves que le démon fit subir en maintes rencontres au saint Patriarche de la vie solitaire en Occident, car cet oiseau est l'image symbolique du démon, comme on le voit dans tous les mystagogues, à cause de sa couleur *noire*, de son amour de la chair corrompue, et de son empressement, quand il trouve un cadavre, à lui percer les yeux pour en dévorer la cervelle. Ainsi le démon aveugle l'âme, trouble l'intelligence, et se délecte de la corruption qu'il y a mise. Ces deux raisons, mais surtout la première, peuvent donc expliquer pourquoi les anciens iconographes manquent rarement d'accompagner S. Benoît de son corbeau. On y ajoute même volontiers une clochette brisée, en souvenir de celle qui, servant à avertir le Saint de l'arrivée de son pain que lui apportait dans son désert un moine du voisinage, fut un jour cassée par le démon, qui ne cessait de le vexer.— Pour ne rien oublier du corbeau, disons, avec tous les hagiographes, que S. Benoît en avait élevé un devenu tellement docile à ses ordres qu'un jour il lui fit emporter bien loin, et en un lieu où personne n'en pourrait souffrir, un pain empoisonné qu'on avait donné au Saint dans une intention criminelle. On sait que S. François d'Assise avait reçu le même privilége de faire obéir les oiseaux, et les Bollandistes racontent un fait semblable dans sa Vie, au 4 *octobre*, comme celui dont nous parlons, au 21 *mars*. — Cf. encore le P. Cahier, *Caractéristiques des Saints*, t. 1.

*de la peinture* du moine Théophile, dont nous avons souvent parlé ; le *Bulletin monumental*, que nous avons doté d'une ample table pour ses vingt premiers volumes, et enfin les *Caractéristiques des Saints*, venus en dernier lieu, où le savant P. Cahier a résumé toute la question en deux volumes in-4°, et donné en cela une heureuse suite au texte si plein d'érudition qui élucida les vitraux de Bourges, dessinés par son habile et regrettable collaborateur le P. Martin. Ce n'est pas que, dans tous ces livres, on puisse approuver sans restriction la méthode de procéder, l'exactitude doctrinale et la sûreté des vues; mais on suppléera par eux à beaucoup d'incertitudes, et la lumière se fera sur quelques-unes de leurs obscurités par les controverses qu'amènera tôt ou tard l'analyse de leurs opinions.

La nudité des pieds est encore un objet de grande importance que l'artiste s'efforcera de pratiquer pour ses images avec une scrupuleuse observance des principes convenus. Tous les archéologues tombent d'accord sur la différence à établir, quant à la chaussure, entre les personnages sacrés qui doivent la prendre ou s'en abstenir. Il ne s'agit pas ici de se conformer à l'histoire évangélique ou ecclésiastique, en dépit de l'abbé Pascal, qui murmure sans le comprendre contre un usage immémorial dont l'origine est toute dans une pensée symbolique (1): nous parlons simplement d'une règle adoptée il y a seize cents ans, et contre laquelle il n'est plus temps de prescrire. Cette règle veut que les pieds nus soient toujours donnés à Notre-Seigneur, à S. Jean-Baptiste,

*Observation sur la nudité des pieds comme symbole de l'apostolat.*

---

(1) Cf. l'abbé Pascal, *Institutions de l'art chrétien*, I, 95, ch. VIII. — C'est un parti pris chez cet auteur, qui se serait moins égaré avec un peu plus de jugement, de ne s'attacher qu'au naturalisme dans les questions de ce genre. Il est donc souvent un très-mauvais guide, dont il faut se méfier, et qui jetterait en beaucoup d'erreurs les peintres, auxquels on ne peut trop recommander de choisir d'autres conseillers. Ses *Institutions* ont été sévèrement et justement critiquées dans une suite d'articles dus à la plume exercée de Dom Renon, et qu'on peut lire aux tomes II et III de la *Revue de l'art chrétien*.

aux Anges, aux Apôtres, en vertu de ce texte d'Isaïe : « Qu'ils sont beaux les pieds de ceux qui annoncent le bien, qui prêchent la paix (1) ! » On voit souvent, dans les images des catacombes, le Sauveur chaussé de sandales attachées par des bandelettes ; mais en cela il représente tantôt Daniel, tantôt Orphée ou Apollon, et rien de plus naturel que de leur donner le costume des anciens Grecs, qui se complétait ainsi. Ces pieds, d'ailleurs, restaient assez visibles pour ne pas trop contrarier le sens du Prophète; mais, hâtons-nous de le dire, ce sens, on n'y songeait pas encore ; ce ne fut qu'au quatrième siècle qu'on s'attacha à symboliser ainsi les pieds du Sauveur, d'après S. Méliton, qui appliqua l'un des premiers aux prédicateurs apostoliques la prophétie du fils d'Amos (2). Les commentateurs de ce premier écrivain n'ont pas manqué, lesquels confirment tous, par de longues et nombreuses dissertations, la pensée mise par eux en honneur, de sorte que tout l'art du moyen âge en est devenu tributaire, et qu'à ses meilleures époques on se serait bien gardé d'y contrevenir. On comprend qu'une fois donnée à Jésus-Christ, cette attribution dut passer à ceux qui eurent à remplir, comme Lui, la même mission pour le salut des hommes. Les Anges ne sont-ils pas proprement des envoyés (ἄγγελοι, ἀγγέλλω)? le Précurseur ne vient-il pas prévenir d'une nouvelle qui apportera la paix aux rivages du Jourdain? les Apôtres n'ont-ils pas reçu un ministère de prédication? Les pieds nus, insignes de toutes ces œuvres, doivent donc symboliser les Disciples aussi bien que le Maître, à l'exclusion de tout autre. Il n'y a qu'une double exception dans tout l'ancien Testament : les pieds nus y sont donnés au prophète Isaïe et à Moïse parce que celui-ci avait reçu ordre de se déchausser pour

---

(1) « Quam pulchri super montes pedes annuntiantis et prædicantis pacem, annuntiantis bonum, prædicantis salutem ! » (*Is.*, LII, 7.)

(2) Cf. S. Melitonis *Clavis*, t. II, p. LXVII, 12, 35 et 262 : cela est plein de textes des Pères et des interprètes.

monter sur l'Oreb, où Dieu lui apparut dans le buisson ardent, et que celui-là parcourut pieds nus et dépouillé de ses vêtements les rues de Jérusalem pour prophétiser plus sensiblement la captivité dont le peuple était menacé. On voit que cette particularité retrace un fait de la vie de ces grands hommes, qui, d'ailleurs, ont toujours des attributs spéciaux très-capables d'empêcher qu'on ne les confonde avec tout autre qu'eux.

On voit quelle faute ont commise beaucoup de peintres et de sculpteurs soit en chaussant les images à qui les règles symboliques refusent une chaussure, soit en la refusant à celles qui doivent l'avoir. Des artistes habiles, si on les considère au point de vue de la composition et de l'exécution, se sont égarés jusqu'à donner des pieds nus à la Sainte Vierge et des souliers aux Apôtres : c'est ainsi qu'on en voit dans des toiles modernes, et en des verrières aussi mal conçues que pauvrement exécutées. Ces égarements sont impardonnables, et prouvent combien il faut étudier sérieusement les sujets qu'on s'avise de traiter, et les envisager sous leur aspect symbolique, non moins important que celui de la liturgie et de l'histoire. Sous tant de rapports, on n'aura jamais rien de mieux à consulter que les miniatures, les fresques ou peintures murales, et les vitraux des treizième, quatorzième et quinzième siècles.

Avant de terminer sur ce qui regarde les attributs, nous ne pouvons oublier ceux que revendiquent les sibylles, et nous devons dire tout d'abord ce que furent ces femmes illustres, dont les noms se retrouvent si souvent dans les écrivains des deux périodes extrêmes du Christianisme.

*Les sibylles;*

Quoiqu'on en ait beaucoup disserté, on n'a que de vagues indications sur leur origine, sur leur nombre et sur leur rôle dans l'antiquité. On s'accorde à croire néanmoins qu'elles remontent aux premiers âges du paganisme ; que certaines même lui seraient antérieures, ayant vécu du temps des Patriarches ; qu'elles furent des prophétesses

*de leur autorité dans le paganisme.*

célèbres, et que, sans trop savoir à quelles époques différentes, elles mêlèrent à leurs oracles, plus ou moins vrais, des vérités qui firent présager le Christianisme par des traits évidemment relatifs à la personne du Sauveur. C'est de ces prophéties chrétiennes, assez croyables à qui se rappelle celles du faux prophète Balaam, que s'emparèrent pour leur exégèse certains Pères des quatre premiers siècles de l'Église. Ils en devaient sans doute la connaissance aux écrits de Varron, d'Élien, de Solin, d'Ausone et de beaucoup d'autres, et sans doute aussi à des traditions que ces auteurs conservaient sans y attacher la même importance. N'omettons pas d'ailleurs que l'historien Josèphe, qui donnait, à la fin du premier siècle, ses *Antiquités judaïques*, cite (1) *des vers de la Sibylle* (qu'il ne nomme pas) ; il les accepte comme une vieille tradition généralement répandue sur la construction de la tour de Babel et la confusion des langues. Cette autorité prouverait très-bien, contre Voltaire, son copiste Jaucourt, et d'autres oracles de l'*Encyclopédie* voltairienne, que ce ne sont pas les chrétiens du onzième siècle qui s'amusèrent à inventer les sibylles pour le besoin de leur polémique (2). Quoi de plus raisonnable

Comment les

---

(1) Liv. I, ch. IV, édit. Buchon, in-8°, 1858.
(2) Voir *Encyclopédie* de Diderot, in-4°, t. XXXI, v° SIBYLLE.— Nous ne pouvons négliger de signaler à ce propos une intéressante preuve de la droiture de ces fameux encyclopédistes. Ils avaient accaparé dans l'abbé Bergier un excellent prêtre, homme de bonne foi, qui se laissa persuader qu'en leur donnant les articles de théologie catholique pour leur coupable compilation il y prendrait toute la place que n'occuperaient pas du moins leurs impiétés systématiques. On peut voir comme il s'était trompé, en observant que les articles les plus saillants, tels que celui des *sibylles*, étaient élagués de son travail et écrits à part de la main des adeptes les plus éprouvés. On peut comparer ainsi ce que Bergier a dit sur ce sujet dans son *Dictionnaire de théologie* (qui n'est guère que la reproduction de ses trois volumes de l'*Encyclopédie méthodique*), à l'article qu'en a fait le chevalier de Jaucourt. Il n'en fut pas autrement du mot MAGIE, que nous avons vu reproduit naguère, et mot à mot, dans un prétendu journal *littéraire*, sous la signature d'un rédacteur qui s'attendait peu à être pris sur le fait. Et voilà comment la secte dite *philosophique* ménageait depuis cent ans

aux chrétiens que d'invoquer en faveur de leur religion des témoignages également admis par les Juifs et par les païens, et dont le texte était en partie conservé à Rome sous la garde même du Sénat ? Aussi les Pères n'hésitèrent pas à les citer dans leurs controverses. Historiens, comme Sozomène et Eusèbe ; apologistes, comme S. Justin, Athénagore et autres, ne s'en firent faute. Lactance et S. Jérôme parlent de leurs vers prophétiques. Ce dernier attribue la grâce qu'elles reçurent d'annoncer l'avenir chrétien à leur amour de la virginité, qu'elles gardaient religieusement. D'autres, avec ces graves auteurs, durent admirer comme, si longtemps avant le Sauveur du monde, s'étaient divulguées sur sa venue des révélations aussi précises. S. Augustin cite, comme de l'une des sibylles, cette phrase bien connue dont le premier mot commence par une initiale qui, réunie aux suivantes, forme les mots grecs signifiant : *Jésus-Christ, Fils de Dieu, Sauveur* (1). Et s'il est vrai, comme il le paraît, que

Pères ont adopté leurs prophéties.

à la France et au monde les effroyables catastrophes qui la précipitent encore sous la hache de ses bourreaux. — On peut lire avec plus de fruit sur cette question le travail de MM. Jourdain et Duval : *Les Sibylles de la cathédrale d'Amiens*, in-8º, 1846 ; — la *Dissertation* du P. Crasset, in-12, Paris, 1684, où le docte jésuite prouve très-bien contre les protestants la réalité de cette tradition ; — un *Mémoire* de M. l'abbé Barraud dans le *Bulletin du Comité des arts et monuments*, t. IV, p. 443, Paris, 1846 ; — Noël Alexandre, *Dissertation* XXII, dans son *Hist. ecclés.*, sect. 1 ; — *Le Guide de la peinture*, par Didron et Durant, p. 152 et suiv., in-8º, Paris, 1845 ; — plusieurs articles dans les tomes III, IV et XI de la *Revue de l'art chrétien* ; — et, pour le côté mythologique, outre le *Dictionnaire de la fable* de Chompré ou de Noël, le mot SIBYLLES, dans la partie mythologique de la *Biographie universelle* de Michaud, due aux savantes recherches de M. Parisot, que nous avons cité maintes fois dans ce livre.

(1) Voir ce que nous avons dit sur le mot ἰχθύς, ci-dessus, t. II, p. 18. — Ajoutons-y la phrase consacrée dans la langue grecque, afin de rendre ici très-sensible la traduction qu'il en faut faire :

Ἰησοῦς Χριστός, Θεοῦ Υἱός, Σωτήρ.
*Jesus Christus, de Dieu Fils, Sauveur.*
Jésus-Christ, Fils de Dieu, Sauveur.

On voit qu'en réunissant toutes les majuscules de chaque mot on reproduit le mot ΙΧΘΥΣ (*ichtus*) que les chrétiens avaient pris comme signe de reconnaissance.

la théologie sibylline se trouvait d'accord avec la nôtre sur des points essentiels, tels que le monothéisme, les attributs divins, la Trinité, l'immortalité de l'âme, et le mépris des idoles, comment les prédicateurs de la Vérité évangélique ne s'en seraient-ils pas fait autant d'arguments contre le polythéisme, l'idolâtrie et les autres erreurs toujours si nettement réfutées par des raisons dont leurs adversaires ne doutaient pas ?

<small>Leur rôle archéologique longtemps interrompu.</small>

Aussi voyons-nous ces témoins si appréciés, et cités si fréquemment par les controversistes ecclésiastiques, disparaître du champ de bataille aussitôt que d'autres erreurs exigent des armes d'une autre forme. On oublia donc les sibylles, dont nous ne voyons pas que les Pères aient plus parlé, jusqu'à ce que l'érudition plus chercheuse, mais surtout l'art devenu plus riche et plus abondant du treizième siècle, les ramenèrent à leur rôle primitif. Elles s'y maintinrent jusqu'à la fin du seizième, le retour aux études de l'antiquité les ayant vulgarisées d'autant plus ; alors on les retrouve soit dans les grandes églises, comme aux cathédrales d'Auxerre, d'Amiens et d'Auch, où elles colorièrent les murailles ou les vitraux, soit dans les appartements luxueux des demeures féodales, comme au château de Chitry, en Nivernais ; quelquefois même elles furent sculptées sur la pierre : on les voit ainsi au portail de Saint-Pierre de Dreux (1).

<small>Variantes des auteurs sur leur nombre, et sur le texte de leurs prophéties.</small>

Le nombre des sibylles varie beaucoup dans les auteurs : les uns n'en comptent que trois, d'autres huit, ceux-ci dix, ceux-là douze, et c'est ce dernier chiffre qu'adoptaient généralement les exégètes catholiques, se fondant sur une série d'autant de prophéties dont chacune est attribuée à l'une d'elles. Ces oracles sont en vers hexamètres latins, mais ne sont ainsi qu'une traduction du grec, qui paraît avoir été

---

(1) Voir *Bullet. monum.*, XVI, 186 et suiv.; — *Histoire monumentale de Dreux*, par M. Emm. Paty, in-8°, Caen, 1850.

la langue originelle sinon de toutes, au moins de la plupart; car les sibylles semblent être de contrées fort diverses, ou en avoir parcouru beaucoup pour y répandre leur enseignement. Cependant, à quelle époque faudrait-il attribuer cette version exclusivement usitée chez nous? elle nous semble de la basse latinité, qui coïncide précisément avec l'efflorescence de notre littérature chrétienne et le premier âge des controverses où les sibylles commencèrent à figurer.

Les auteurs qui en parlent se plaisent à des détails très-circonstanciés sur leurs noms propres, même sur ceux de leur famille, sur leurs pays d'origine et sur les particularités qui se rattachent à leurs prédictions. On se persuaderait d'autant plus de l'existence de toutes, si de telles particularités ne semblaient pas obscurcies quelquefois par une certaine confusion qui autoriserait à s'en méfier ; et toutefois, de ces incertitudes mêmes, qui peuvent n'être imputables qu'à certaines fautes de critique, toujours possibles à travers tant d'années et sous tant de plumes qui nous ont transmis ces biographies, il faut conclure peut-être à une certaine authenticité des circonstances essentielles. Avec le texte même de leurs prophéties, on fait l'âge de quelques-unes d'entre elles, on cite le lieu où chacune fut plus célèbre, et ce lieu lui devient une épithète qui la distingue des autres. Les variantes des auteurs sur ce qui les regarde ne doivent donc pas plus nous étonner qu'elles ne devaient infirmer la confiance de nos pères. Quoi d'étonnant dans ce vague à l'égard de personnes si diverses par les souvenirs qu'elles consacrent, et dont les écrits n'ont pu être recueillis qu'en fragments très-informes, à des époques réciproquement éloignées, et par des mains qu'il est impossible de constater (1)? Il le serait bien plus qu'au fond de toutes

<small>Obscurités de leur histoire.</small>

---

(1) Voir Servatii Gallæi *Oracula sibyllina*, 2 vol. in-4°, Amstelod., 1688.

ces affirmations il n'y eût rien de vrai, quand des hommes d'études sérieuses, comme les Pères cités plus haut, n'ont pas hésité à le reconnaître. Nous regardons comme très-probable que ces femmes célèbres, dont plusieurs, nous l'avons dit, remontent bien loin vers les premiers âges du monde, ont connu les idées religieuses des peuples primitifs, avant que n'y fussent obscurcies les promesses divines sur la Rédemption ; que certaines d'entre elles ont pu être aussi chrétiennes qu'on pouvait l'être alors.

Conjectures sur la valeur de leurs oracles.

L'essentiel est donc de les distinguer assez bien, quand on veut en user dans la décoration monumentale, pour que chacune ait réellement son rôle à part, et ne puisse être confondue avec aucune autre par l'emploi des mêmes attributs donnés à plusieurs. Ainsi, et puisqu'elles nous viennent des meilleurs temps de l'exégèse biblique, nous n'aurons garde de les mépriser, mais nous apporterons à les représenter toute l'exactitude possible, leur accordant d'elles-mêmes tout ce qu'elles doivent avoir, les mêlant tantôt aux apôtres et aux prophètes, tantôt aux patriarches dont le nombre coïncide avec le leur, ne craignant pas même de leur associer, à l'occasion, Virgile, Aristote, Platon, dont la doctrine philosophique fut autrefois une émanation providentielle des saintes Doctrines, que le paganisme n'avait pas entièrement étouffées. Ce n'est pas qu'elles ne puissent s'isoler de cette association, que rien ne rend indispensable ; mais on comprend combien leur présence et leur caractère se fortifient de cette union ou de ce parallélisme toujours pleins d'esthétique et d'histoire. L'art devant chercher toujours à dire le plus qu'il peut pour l'instruction des âmes, il doit aussi reculer jusqu'aux limites possibles le sens et l'expression de ses manifestations religieuses. C'est pourquoi nos artistes n'y ont pas manqué lorsqu'ils ont pu disposer d'un espace favorable à ce développement, qui peut mettre en regard des ressources multiples d'un si grand profit pour l'intelligence. Que si toutefois le sculpteur ou le peintre se trouve

*Marginalia: Importance des sibylles dans l'art chrétien. — Comment leur action s'y rattache à celle des Prophètes et des sages de l'antiquité.*

restreint par les surfaces dont il dispose, et qu'il ne puisse placer qu'un petit nombre de ces personnages, encore faut-il leur donner les signes de convention qui conviendront le mieux au choix réfléchi qu'on en aura su faire. Faisons donc connaissance avec nos sibylles, et voyons comment on devra les traiter.

Comme elles n'ont pas entre elles de place nécessairement assignée par leur antériorité mutuelle, qui est fort incertaine, non plus que par l'importance de leurs prédictions, citons-les par leurs noms authentiques, pris ordinairement du lieu de leur origine, de leur habitation, ou de leurs voyages, pour revenir ensuite à la place normale que les unes ou les autres peuvent sembler préférer dans leur rapport avec leurs prophéties. Nous allons suivre l'ordre alphabétique dans cette énumération des noms que la tradition leur a donnés. *Méthode à suivre pour leur emploi artistique.*

1° La sibylle AGRIPPA OU AGRIPPINE. Elle ne laisse voir aucune cause à ce nom, assez peu connu des auteurs originaux. Elle avait 15 ans, d'autres disent 30, quand elle commença à prophétiser. Elle aurait parlé de l'Annonciation à Marie par l'ange Gabriel ; c'est elle peut-être qu'on voit à Dreux, sans autre attribut qu'un long phylactère déroulé sur ses genoux, et qu'elle indique du doigt. Cette banderole pouvait porter les mots *Ave Maria*, ou *Ecce concipies*. On voit donc qu'elle irait bien avec Malachie, qui annonça l'Incarnation en des termes identiques : *Quem vos vultis, ecce venit* (III, 1), ou avec Abraham, qui reçut la promesse du Rédempteur (*Gen.*, XVIII, 18). Un lis ne la déparerait pas non plus et ne lui conviendrait pas moins qu'à l'Archange de l'Annonciation. *Notices sur chacune d'elles et sur leurs attributs : 1° La sibylle Agrippine ;*

2° La CYMMÉRIENNE semble avoir eu pour séjour ou pour patrie la ville de Cymme, en Éolide, ce qui l'a fait nommer *Cumane* et prendre souvent pour celle de Cumes, en Latium. Ayant prédit le crucifiement et l'allaitement de l'Enfant-Dieu par Marie, elle porte une croix de la main droite, de *2° la Cymmérienne ;*

l'autre un biberon, pris par certains interprètes pour une corne d'abondance : l'un et l'autre exprimeraient l'idée de la nourriture comme besoin matériel. On la voit aussi parfois couronnée de fleurs et portant une tige verdoyante : ce seraient sans doute les symboles de la régénération universelle. Rien en cela qui ne contribue à embellir son image. On pourrait l'associer à Jérémie, qui a parlé du joug du Seigneur : *Bonum est viro cum portaverit jugum* (Thren., III, 27), et à Isaac, qui porta jusque sur la montagne le bois de son sacrifice : *Ligna holocausti imposuit super Isaac* (Gen., XXII, 6).

3° la Cuméenne ;  3° La CUMÉENNE, qui, par son nom même, a été quelquefois confondue, chez les auteurs, avec la précédente, en diffère cependant par son caractère autant que par sa célébrité. C'est d'elle que parle Virgile dans sa quatrième églogue :

> Ultima Cumæi venit jam carminis ætas ;
> Jam redit et *Virgo*, redeunt Saturnia regna ;
> Jam *Nova Progenies* cœlo demittitur alto.

Le poète semble reproduire ici, sous l'harmonie de ses beaux vers, les vers sibyllins qu'il n'avait pas manqué d'étudier, et il est certain que ces termes mêmes semblent on ne peut mieux appropriés au grand événement qui, plus qu'aucun autre sans contredit, immortalisa le règne d'Auguste. Retirée dans une grotte près la ville de Cumes, ce qui l'a fait nommer quelquefois *Italique*, elle y rendait ses oracles, dont le même poète a profité pour un des beaux passages de son Énéide (1), et c'est à elle plutôt qu'à la précédente qu'il faut attribuer la vente faite à Tarquin des livres mystérieux qui renfermaient les destinées à venir de Rome naissante. Elle n'aurait eu que treize ans quand elle annonça, près de huit siècles d'avance, l'avénement du Sauveur : c'est pourquoi on lui fait tenir un petit enfant

---

(1) Lib. VI, v. 77 et seq.

dans son berceau. Michée avait promis la naissance, à Bethléem, de cet Enfant qui devait régner sur le monde : *Bethleem..., ex te egredietur Dominator in Israël* (v, 2). Cet Enfant descendait de Jacob, à qui Dieu l'annonça comme devant bénir toutes les nations : *Benedicentur in te cunctæ tribus terræ* (Gen., XXVIII, 14). Donnons donc pour assesseurs à la sibylle de Cumes ces deux grands hommes dont elle semble avoir répété les prédictions.

4° La DELPHIQUE, née à Delphes, avant la guerre de Troie, et que la Fable a entourée de nombreux prestiges et de faits très-équivoques, a vu d'avance le Fils de Dieu portant la couronne d'épines : on la lui met entre les mains. Pourquoi ne placerait-on pas auprès d'elle le bélier embarrassé dans le buisson d'où Abraham le retira pour l'immoler à la place de son fils (*Gen.*, XXII, 13), et que les Pères ont regardé comme le type du Sauveur couronné d'épines avant son immolation? Et comme, parmi les Patriarches, nul n'a de plus parfaite ressemblance avec Notre-Seigneur que Joseph, dont les *tribulations* furent une véritable *couronne d'épines* (1), on en ferait le parallèle de la sibylle Delphique : n'avait-il pas *cherché ses frères*, comme le Sauveur, dans le désert de Dothaïm (*Gen.*, XXVII, 16) ?

5° L'ÉRYTHRÉENNE résidait en Ionie, dans la ville d'Érythrès. Les anciens, qui tenaient d'elle une prédiction de la prise de Troie par les Grecs, la reconnaissaient à sa couronne de laurier et à sa main armée d'un glaive. Mais il paraîtrait qu'on lui devait aussi des oracles plus pacifiques. Elle a parlé des Anges annonçant le Fils de Dieu aux bergers : nous lui donnerions donc très-bien pour compagnon symbolique le prophète Daniel, à qui l'ange Gabriel avait supputé d'avance les 70 semaines d'années qui séparaient encore son temps *du Christ à venir* (Dan., IX, 24). Dans ce

---

(1) « Adæ vero dixit (Dominus) : Terra... *spinas* et *tribulos* germinabit tibi. » (*Gen.*, III, 18.)

dernier rôle, on lui donne une fleur des champs, gracieux symbole de cette scène champêtre. En quelques images, cette fleur se change en une rose blanche épanouie, symbole de la Virginité Maternelle, accompagnée d'un bouton de cette même rose, qui signifie l'Incarnation. Tout cela rentre bien dans son rôle. Son phylactère pourrait développer le texte angélique : *Gloria in excelsis Deo !* Nous ne répugnerions pas même à lui donner à la fois tous ses attributs anciens et nouveaux : ils indiqueraient bien qu'au milieu même du paganisme la loi du Christ se maintenait toujours avec ses droits sur le monde futur.

6° l'Européenne ; 6° Mais le glaive conviendrait aussi bien à l'EUROPÉENNE (*Europa*), qui, à l'âge de 15 ans selon le peintre d'Auxerre, de 21 d'après celui de Beauvais, prédisait le massacre des Innocents par Hérode, et la fuite en Égypte qui en fut la conséquence. Ce serait une raison de plus pour le lui donner de préférence à la précédente, puisque, pour l'Européenne, cette arme trouve un caractère sacré dans le fait évangélique. Nous placerions en face ou à côté d'elle, et aux mains du prophète Osée, ce texte qui a parlé 800 ans d'avance de la fuite de la Sainte Famille en Égypte : *Ex Egypto vocavi Filium meum* (XI, 1). Ajoutons que ce qu'on dit sur la sibylle en dehors de ces détails historiques semble assez peu clair. Son nom même, *Européenne*, indiquait-il celui du pays qu'elle aurait parcouru, comme les îles de la mer Égée ou de l'Europe gréco-italique ? Nous accepterions plus volontiers cette dernière conjecture. Elle semble pourtant avoir moins de célébrité que les autres ; l'important est que son rôle la fasse très-convenablement admettre dans notre imagerie.

7° l'Hellespontine ; 7° L'HELLESPONTINE dit assez son origine par cette appellation. Elle reste encore plus obscure que celle d'Europe : c'est très-vaguement qu'on la recule jusqu'aux temps de Cyrus et de Solon, dont il paraît que ses vers ont parlé. Nous nous intéresserons plus à ce qu'elle a dit du crucifiement du Sauveur et des clous dont il fut percé : aussi tient-elle d'une main une croix de crucifixion, et de l'autre les clous, qu'il faut porter au nombre de *quatre*, comme nous le dirons ; adjoignons-lui le roi-prophète qui a prévu si clairement ces mêmes circonstances : *Foderunt manus meas et pedes meos* (Ps., XXI, 17).

8° Portant une lanterne allumée dont la faible lueur exprime ce qu'avait encore de vague dans le lointain des âges le Mystère qu'elle prédisait ; ou bien un cierge au vif éclat, symbolisant l'accomplissement de sa prophétie, la LIBYQUE expose que la *Lumière du monde* viendra éclairer la terre. Si elle est, comme on le prétend, une des plus anciennes de l'Orient, elle aurait pu trouver dans ses croyances un écho de l'ère patriarcale qui vivait de l'attente du Rédempteur. On aimerait pour elle le voisinage de S. Jean-Baptiste, le dernier des Prophètes de la Loi ancienne, dont un autre S. Jean a dit « qu'il était venu rendre témoignage à la Lumière : » *Venit ut testimonium perhiberet de Lumine* (Joan., I, 7). *8° la Libyque ;*

9° La PERSIQUE. Encore des plus anciennes, la plus ancienne de toutes peut-être, car si l'on s'en rapporte à ses propres vers, elle ne serait ni plus ni moins qu'une bru de Noé ; mais alors que deviendrait cette virginité qui fait un de leurs plus beaux prestiges ? Cette parenté, du moins à un tel degré, n'est certainement pourvue d'aucun timbre bien authentique. Ce qui serait plus embarrassant, c'est que certains artistes lui accordent la lanterne et la lumière voilée que porte sa sœur de Libye. Si cet attribut lui est donné en souvenir d'une prophétie identique sur la venue future du Christ, il n'en faut pas moins la distinguer contre tout risque de confusion, et nous donnerions seulement à celle-ci le soleil que d'autres ont fait briller au-dessus de sa tête. Dès lors, le grand-prêtre Zacharie deviendrait son parallèle : c'est lui qui a chanté à la naissance du Sauveur : *Oriens ex alto* (Luc., I, 78) ; — ou bien le petit *9° la Persique ;*

Prophète du même nom, qui avait dit : *Adducam servum meum Orientem* (Zach., III, 9).

10° la Phrygienne ;

10° La PHRYGIENNE habitait Ancyre et prédit la Résurrection. C'est tout ce qu'on en sait. Cela suffit pour qu'on lui donne comme attribut une croix légère ornée d'un étendard au fond rouge, traversé d'une croix d'or. Le prophète Jonas, délivré du poisson qui l'avait englouti et rejeté plein de vie sur le rivage, est le type du Sauveur ressuscité. Ce serait donc lui qu'on adjoindrait à la sibylle de Phrygie, et il dirait : *Sublevabis de corruptione vitam meam* (Jon., II, 7) ; — ou bien ce serait Job, autre type reconnu par les interprètes, et exprimant, dans les espérances de sa propre résurrection, celle du Dieu sorti du tombeau le troisième jour : *Redemptor meus vivit... De terra surrecturus sum* (XIX, 25).

11° la Samienne ;

10° Au temps d'Isaïe, qu'elle pouvait bien connaître au moins par ses prophéties, vivait la sibylle de SAMOS. En prédisant la naissance de Jésus, elle mentionne la crèche et les animaux dont le souffle devait le réchauffer ; on trouve même dans ses vers les circonstances de la Passion et le Jugement dernier. Par cette dernière raison, on la représente avec le glaive des vengeances divines ou avec un faisceau de verges à la main ; puis on la couronne d'épines ; on lui fait tenir le roseau dérisoire dont les bourreaux firent un instant le sceptre du Fils de Dieu. Enfin, on lui fait porter sur le bras gauche un débris de la crèche de Bethléem, qui se compose de deux ou trois petits barreaux arrondis, unis par deux montants, comme serait un petit râtelier. De tant d'attributs, un seul doit suffire à caractériser notre sibylle. On évitera donc ceux qui, comme la couronne d'épines qui lui est commune avec la Delphique, et le glaive avec l'Érythréenne, pourraient la faire confondre avec elles, ou du moins embarrasser dans leur interprétation. Ainsi, on ferait allusion à la crèche en opposant à la Samienne l'ange envoyé aux bergers pour leur annoncer qu'ils trouveraient l'Enfant couché dans l'étable : *Invenietis positum in præsepio* (Luc., II, 12). Ce qu'elle a dit du jugement universel nous fait croire que Malabranca l'avait en vue quand il citait dans sa magnifique *Prose des morts* « le témoignage de David et celui de la Sibylle : » ***Teste David cum Sibylla***.—David, en effet, avait dit : *Judicabit orbem terræ in æquitate, et populos in justitia* (Ps., IX, 19). Rapprocher de lui la devineresse des nations, qui pouvait très-bien, à une distance de quatre siècles, s'être inspirée de ses prophéties ; marcher ainsi avec les Pères dans la voie qu'ils n'avaient pas dédaignée, avait paru au pieux et énergique auteur une preuve que les vérités primordiales n'étaient pas ravies aux peuples païens et leur parlaient toujours des justices divines. Eh bien! ces principes d'exégèse s'étaient tellement oblitérés pour nos théologiens gallicans, qu'ils ne craignirent pas d'effacer la Sibylle, et même le vrai Prophète du *Dies iræ ;* et les éditeurs du nouveau Bréviaire de Paris osèrent les premiers, dans leur édition de 1735, remplacer cette phrase pleine de signification par les mots *Crucis expandens vexilla*, qui n'en ont ni la couleur ni l'effet. De telles réformes n'étaient pas heureuses ! — On pourrait très-bien restaurer le souvenir de cette double prophétie en réunissant le Psalmiste et la Sibylle, dont l'un redirait son avertissement biblique, et l'autre la phrase trop dédaignée de Malabranca (1).

(1) En nous efforçant de tracer, pour le besoin d'une ornementation artistique, le parallélisme à établir entre chaque sibylle et un prophète biblique dont elle est comme l'écho providentiel, nous ne prétendons pas imposer nos idées, mais seulement indiquer des rapports qu'on pourrait étendre ou restreindre, ou modifier même selon qu'on aurait à mentionner un plus ou moins grand nombre de sibylles. L'important, en les associant soit aux Patriarches, soit aux Prophètes, soit aux Apôtres, est de leur trouver un parallèle dont la justesse soit incontestable, et reproduise dans l'esthétique sacrée le résultat qu'on y doit chercher. Ainsi, David va parfaitement avec la sibylle de Samos quand il s'agit de représenter celle-ci en prophétesse du Jugement. Nous avons vu cependant qu'il ne s'accorde pas moins bien avec d'autres qui ont

12° **la Tiburtine.**

12° Enfin, la sibylle de Tivoli, ou TIBURTINE, habitait une grotte près de l'Anio, et de là elle vit dans l'avenir la flagellation du Sauveur et les cruautés des Juifs pendant la nuit de sa Passion. Elle tient donc un fouet de cordes d'une main, et de l'autre un gant de chair qui rappelle les soufflets de la soldatesque. Avec ce fouet, on la distingue de la *Samienne*, qui prévit aussi les scènes de la Passion, et à qui nous avons vu confier un faisceau de verges. Mais nous pensons que ce rapprochement pourrait encore cependant produire quelque erreur qu'il faut éviter avec soin dans l'iconographie, et que le gant couleur de chair lui suffirait. Quant au texte à lui choisir, il est très-explicite dans Isaïe : *Dedi percutientibus genas meas* (L, 6). Le Prophète le redirait vis-à-vis ou à côté d'elle.

**Les sibylles doivent revivre dans l'iconographie chrétienne.**

Telles sont les données générales que la tradition catholique semble autoriser sur les sibylles : charmant et fertile enseignement pour le vulgaire, à qui de telles notions sont demeurées depuis longtemps trop étrangères ; souvenir touchant pour les doctes, qu'il ramène à la science des choses antiques et aux plus philosophiques méditations. On devra donc se garder de leur infliger un nouvel exil, qui tournerait au détriment de nos principes, et ravirait encore à l'art chrétien une ressource vers laquelle il doit revenir. Allons plus loin : en tant que ces illustres femmes ont eu quelque chose du Christianisme et que leur virginité en serait une gloire anticipée, ne craignons pas de les honorer du nimbe, dont on décore les Prophètes de l'ancienne Loi, et qu'autorisera suffisamment la sainteté de leur fonction. Cet appendice nous donnera encore un champ pour inscrire le nom de chacune ; il apportera au tableau, selon un usage reçu et très-ingénieux, toute la clarté possible,

---

prophétisé avant ou après lui les scènes terribles de ce dernier jour du monde. En cela liberté entière ; mais on s'attachera nécessairement à ne pas répéter le même sujet dans une série, complète ou non, de cette intéressante iconographie.

et ajoutera au sens bien compris maintenant de leurs attributs particuliers. Enfin, on réussira d'autant mieux si l'on s'efforce, par certains accessoires que l'antiquité ne leur a pas refusés, de leur donner une dignité honorable : car elle en a fait de grandes et remarquables femmes, unissant dans leur pose et leurs costumes une grâce aimable à une imposante majesté. — Leur coiffure est presque toujours orientale ; mais ce détail, comme ceux de leur toilette en général, variera convenablement d'après ce qu'on croit de leur patrie ; les belles et amples draperies leur sont prodiguées ; le choix des couleurs symboliques doit ajouter beaucoup à leur attrait. — Leur âge, nous l'avons vu, n'est pas le même pour toutes ; il faut s'appliquer surtout au caractère esthétique de leur physionomie et y rendre la vérité de leur climat. Quant aux textes de leurs prophéties personnelles, on est assez peu d'accord pour n'y rien voir qu'il faille absolument leur prêter. On peut y suppléer, comme nous venons de le faire, par un texte biblique en harmonie avec celui du personnage parallèle. En un mot, nous pouvons les faire bénéficier de tout ce que nous inspireront nos études, nos découvertes et le progrès de nos arts. Mais, dans un sujet de cette importance, l'artiste aura soin avant tout d'en étudier la philosophie, et de ne le traiter qu'avec le conseil d'un ecclésiastique instruit qui lui dévoilera les relations mystiques établies sur ce point par l'Écriture et par les Pères : double trésor auquel il faut toujours recourir quand on aborde la pratique de l'art chrétien.

*Idée de leur costume et de ses accessoires.*

*Règles à y suivre ; erreurs à y éviter.*

Reprenons maintenant les symboles dont l'étude et l'ornementation doivent compléter ce chapitre.

Quelquefois, par un genre d'abréviation qu'inspirent les proportions restreintes d'un plan à remplir, mais aussi par une tendance à préférer les significations mystiques, Dieu ou une action quelconque à manifester par Lui sont brièvement indiqués par une main bénissante, soit à la façon

*La main bénissante et ses significations symboliques.*

latine, soit à la manière grecque (1), et apparaissant dans un nuage qui, à lui seul, représente le ciel. Cette main est presque toujours entourée d'un rayon ou d'un nimbe crucifère, ce qui ne laisse aucun doute sur l'assistance divine. Si le nimbe y manque parfois, ce qui est très-rare et ne peut être regardé que comme un oubli, on ne doit pas juger décidément, par cela même, que ce soit plutôt la main d'un ange que celle de Dieu : l'ensemble du sujet peut très-bien d'ailleurs éclaircir les doutes. Quoi qu'il en soit, on doit cette main symbolique au besoin de reproduire la présence de Dieu, pour ainsi dire abrégée au milieu des choses divines ou humaines. C'est ou l'action créatrice ou l'assistance en faveur d'autres actes humains, fondée sur une foule de passages bibliques où le bras et la main de Dieu promis au juste, ou s'employant à sa défense, deviennent les emblèmes du secours d'En-Haut (2). Symbole de puissance supérieure et de justice exécutive, la main au-dessus du sceptre des rois remplit ce double rôle, qui lui vient sans doute du texte prophétique où Isaïe disait que tout avait été fait par Dieu selon le pouvoir de sa main souveraine (3). La main, en un mot, remplace ici la personne tout entière, comme nous avons vu l'âme figurée par une petite personne sans sexe, et une forêt par un seul arbre.

*Marches et variantes de ce symbole jusqu'à nous.*

C'est de cette même façon abrégée que, dans les huit premiers siècles, on représenta le Père par une main étendue, le Fils par un agneau ou une croix, et le Saint-Esprit par la colombe. Quelquefois alors, et plus fréquemment dans les siècles qui suivirent, cette main isolée s'inscrit dans un médaillon timbré d'une croix grecque sur laquelle elle s'étend, bénissant à la manière latine : on l'a mise ainsi, au

---

(1) Voir ci-dessus, t. III, p. 344, — et, ci-après, la *Table générale*, v° BÉNÉDICTION.
(2) « Salvabit sibi dextera Ejus, et brachium sanctum Ejus. » (*Ps.*, XCVII, 1.) — « Ecce Dominus in fortitudine veniet, et brachium Ejus dominabitur. » (*Is.*, XL, 10.)
(3) « Omnia hæc manus mea fecit, cujus summa potestas. » (*Is.*, LXVI, 2.)

douzième siècle, au frontispice de la cathédrale de Ferrare. C'était indiquer parfaitement la demeure de Dieu. De cette idée fondamentale, appuyée de textes nombreux des Pères et de l'Écriture, sont partis les mille motifs où la main divine figure, et c'est d'après elle qu'il faut interpréter toutes les pages peintes ou sculptées au moyen âge avec cet emblème, aujourd'hui bien connu.

Un autre emblème, non moins populaire, est le tétramorphe, qui s'est déjà révélé ci-dessus (1), et sans lequel il est rare de rencontrer, du onzième siècle au seizième, l'image de la Trinité ou celle du Père et du Fils. *Du tétramorphe et des principes qui le recommandent.*

Nous devons dire avant tout que ce mot exprime très-exactement dans quelques archéologues la réunion des quatre têtes des animaux évangélistes sur un seul et même corps d'une bête unique, mais caractérisée aussi par ses pattes, sa queue et ses autres détails, de manière à ce que la pensée de tous les animaux se résume sous la forme d'un seul. Mais ici nous appelons tétramorphe, pour plus de simplification dans les termes, la réunion des quatre symboles autour de l'image divine. Donc, nous savons et la signification de ces quatre animaux symboliques et la place qu'ils doivent tenir autour des Personnes divines. Il est peu d'œuvres d'iconographie traitées aux beaux temps de l'hiératique chrétienne où n'apparaisse comme un accessoire obligé ce groupe mystérieux qu'on voit surgir, comme nous l'avons dit, d'abord dans Ézéchiel, puis dans l'Apocalypse. Il est d'une immense ressource pour la décoration artistique des sanctuaires. De beaux spécimens du treizième siècle en existent encore soit en peinture à la voûte de l'ancienne collégiale de Sainte-Radégonde de Poitiers, soit en sculpture à celle de sa remarquable sacristie, qui fut autrefois la salle capitulaire. A Saint-Savin (Vienne), un autre exemplaire garnit toute la voûte de l'escalier de

---

(1) T. II, p. 43, 164, 174, 457; III, 467.

la crypte ménagée sous le sanctuaire, et fait ressortir avec la fermeté du douzième siècle la belle et majestueuse figure d'un grand Christ entouré d'une vaste gloire. Dans le nartex de Saint-Saturnin, à l'un des faubourgs de Poitiers, nous avons vu une sculpture du onzième siècle, et peut-être du dixième, représentant ce même sujet. Elle est conservée, depuis la disparition de cette petite église paroissiale, au musée lapidaire des antiquaires de l'Ouest. Il est assez ordinaire et très-convenable de dérouler entre les pattes des animaux sacrés, comme aux mains de l'*Ange* (1), qui y tient la première place, un phylactère où se déroule le nom de chacun des Évangélistes qu'ils représentent. Ce moyen doit être respecté comme interprétation du sujet, et non moins parce qu'il y peut devenir un motif plein d'élégance et de variété. On trouve le tétramorphe partout où le moyen âge a reproduit son symbolisme. La pierre, le verre, le bois, la toile même dans les derniers temps, enfin l'orfévrerie à ses plus belles époques, l'ont accepté comme un ornement de la plus haute théologie, et nous ne pouvons trop engager à le préférer, pour la décoration qu'appellent nos autels majeurs, à toutes les banalités qu'on y prodigue sans plus de profit de la pensée que de l'art.

<small>Places normales de ses quatre animaux.</small>

Mais cette belle image n'a pas moins que tous les autres symboles ses conditions nécessaires, hors desquelles on la traiterait maladroitement. En effet, quoique la pensée de l'imagier se soit souvent exercée en des variétés qui toutes ont eu leur raison d'être, il y a cependant des règles précises qu'on regretterait de voir oublier : ainsi, pour ce qui regarde la place assignée à chaque animal, elle n'est point du tout soumise au caprice de l'ouvrier : l'Ange doit tenir la droite, à côté de la tête du Christ; l'aigle occupe, à gauche, le côté opposé; aux pieds se posent, dans le

---

(1) Et non de l'*homme*. — Voir t. III, p. 457.

STATUAIRE SCULPTÉE OU PEINTE. — LE TÉTRAMORPHE. 113

même ordre, le lion et le taureau. On voit que ces postes différents correspondent à la nature de chaque animal, considéré au point de vue de son importance relative, et, en quelque sorte, de sa dignité rationnelle. Quelques exceptions à ce fait, égarées sur deux ou trois objets archéologiques, ne font que renforcer la règle, et ne s'appliquent d'ailleurs qu'à des spécimens très-secondaires, comme on le voit au porche de la belle église romane de Saint-Aventin des Pyrénées.

*Traits divers qui doivent compléter leur iconographie.*

Comme ces animaux représentent les Évangélistes, inséparables de la vie morale du Sauveur dans l'Église, ils doivent être nimbés ; ils tiennent ou le phylactère dont nous parlions ci-dessus, ou le livre ouvert sur lequel s'inscrivent les noms de S. Matthieu, de S. Jean, de S. Marc et de S. Luc. Cet ordre lui-même prouve qu'on s'est moins préoccupé, dans le placement des quatre symboles, des Évangélistes qu'ils représentent que de l'excellence des natures qu'ils caractérisent : l'Ange signifie Gabriel annonçant l'incarnation du Sauveur dans l'humanité, que S. Matthieu raconte plus spécialement ; l'aigle indique la sublime élévation du récit de S. Jean, dont la théologie atteint les plus hautes limites du surnaturel ; le lion de S. Marc est une allusion au désert, où, dès son premier chapitre, on voit le Précurseur prêcher la pénitence et le baptême de Jésus-Christ ; le bœuf, enfin, rappelle, en sa qualité de victime choisie pour les principaux sacrifices de l'ancienne Loi, le sacerdoce dont Zacharie fait les fonctions, au premier chapitre, quand il est averti par l'Ange de la naissance de S. Jean-Baptiste. S. Grégoire et les autres Pères qui ont ainsi expliqué ce mysticisme sont suivis, en dépit de quelques autres explications plus ou moins subtiles, par la majorité des écrivains. Au reste, la nature supérieure de ces quatre symboles leur a fait donner des ailes à tous, ce qui a fait regarder improprement le premier d'entre eux comme un homme ailé par quelques observateurs peu éclairés.

*Couleurs à donner à chacun.*

Quant aux couleurs à leur donner, elles sont partout plus naturelles que symboliques, et peuvent se disposer sans inconvénient, eu égard à leur variété possible, selon le besoin de leur agencement harmonique ou les exigences de l'ensemble décoratif. On voit souvent les *saints animaux* la tête tournée vers le Maître suprême, comme absorbés dans la contemplation de sa gloire; parfois, au contraire, le calme de leur pose indique la paix divine qui se répand en eux, du Centre éternel d'où elle émane.

*De l'ameublement de l'église et de ses rapports avec la peinture.*

Après ces documents sur les détails inséparables de l'hagiographie plastique ou coloriée, traitons en quelques mots d'une condition essentielle à leur appliquer, c'est-à-dire de leur convenance nécessaire avec le style architectural dont on les rapproche. On ne peut douter que l'unité des œuvres d'art ne soit un de leurs caractères absolus, et que les costumes, aussi bien que les autres moyens accessoires d'ornementation quelconque, ne doivent s'allier aussi parfaitement que possible aux lignes monumentales, non moins qu'à l'étendue et à la forme générale du vaisseau. Donc, encore une fois, on ne traitera pas une peinture ou des travaux sculptés pour l'embellissement d'une église du moyen âge comme si cette église eût été faite sous les inspirations de la Renaissance. Chaque siècle à peu près ayant son style à part, aussi bien que ses méthodes et ses procédés, on doit savoir s'y astreindre et rechercher, pour en imprégner tant d'œuvres importantes, les irréprochables modèles que nous légua l'antiquité. Consultez donc soit les monuments qui nous restent, soit les livres, en grand nombre, qui reproduisent par de fidèles dessins ou d'exactes lithochromies toutes les beautés architecturales ou artistiques de nos cathédrales et de nos monastères; n'empruntez que là, sans rien donner à des choix de hasard, à un goût équivoque, à un caprice de volonté que l'ignorance accepte sans réflexion et imprime trop souvent à ses œuvres. Une telle étude faite avec conscience et discernement, méditée dans ses détails à l'aide

*Études nécessaires à cet égard.*

d'un bon livre ou des conseils de l'expérience, amènera bientôt, avec une heureuse facilité de pratique, l'application sûre et louable des seuls principes que l'art et la religion puissent avouer.

Qu'il en soit ainsi de toutes les portions de l'ameublement destiné à une église, lequel doit toujours s'harmoniser avec elle et ne jamais s'y poser comme un inconvénient, désagréable au jugement et à l'œil par des tons criards, des transitions brusques d'un genre à un autre, ou par des couleurs qui tranchent, sans aucune teinte intermédiaire, entre ce qui précède et ce qui suit. Les effets d'ensemble sont un des plus grands moyens de l'art, dont le principal but est de plaire, et qui n'y arrive qu'en ménageant beaucoup les susceptibilités, toujours respectables, du goût et du regard. Ce qui rentre le mieux dans le caractère des meubles de l'église, si l'on en excepte les autels, qui veulent toujours de la polychromie quand ils sont en pierre ou bois sculpté, c'est très-certainement de garder la teinte du vieux bois que le temps leur a donnée, et non d'être soumis à un badigeonnage malheureux dont on les a si souvent déshonorés et salis. Les délicatesses d'un ciseau habilement manié, jetées avec discernement sur des stalles, des bancs d'œuvre, des chaires à prêcher ou des siéges d'évêques ou d'abbés; les reproductions élégantes des légendes, des fleurs ou des animaux symboliques répandus dans les pendentifs, aux miséricordes ou aux accoudoirs, doivent paraître assez précieuses, et quelquefois assez rares par leur âge et leurs caractères, pour mériter la protection du clergé contre les vilains barbouilleurs qui envahissent, à force de peinture à l'huile, jusqu'aux moindres vides des chapiteaux, des pétales des fleurs, du plumage des oiseaux, et du fini de tant de charmantes miniatures découpées, que nos pères n'avaient certainement pas ciselées pour qu'on les encombrât de ces détestables empâtements. Comment déplorer assez de tels abus consommés tous les

*Abus à éviter et règles à suivre.*

*Ne pas peindre les vieilles stalles, ni les sculptures en bois,*

jours encore sous prétexte de décoration, comme si le beau noir d'un chêne six ou sept fois séculaire, avec son incorruptible dureté, n'était pas la plus honorable couleur qu'on pût laisser à ces meubles vénérables ? — Que dire aussi de cette autre manie des chaires en pierre, en marbre, en stuc, qui relient l'appendice au monument lui-même comme s'il en était inséparable ou qu'il fût né avec lui à la façon d'une clef de voûte ou d'un pilier ? C'est un caractère tout différent qu'il faut à de tels objets. Graves par eux-mêmes à cause de leur destination, quelques filets de dorure pourraient seuls s'allier peut-être à quelques-uns de leurs contours ou de leur foliation symbolique : une sage sobriété pourrait être, en cela, sans aucun péril d'amoindrissement pour la valeur artistique. Mais s'aviser d'y créer des tableaux sur bois en garnissant leurs panneaux de paysages équivoques, ou même de scènes d'hagiographie ou d'histoire sacrée, toujours trop plates à côté de tant et de si vigoureux reliefs ; badigeonner des animaux symboliques en jaune, en blanc ou en rouge, sous ombre de leur donner plus de naturel ; revêtir les expansions végétales de vert ou de brun, sous prétexte de branches d'arbre et du tronc qui les soutient, c'est perdre de gaîté de cœur, et fort tristement, de l'argent et de l'art ; c'est abdiquer tout respect des plus belles choses, et se moquer du double motif d'embellissement et de conservation, puisque tout en devient plus laid, et que le chêne, pour se conserver, n'a besoin d'aucun de ces détestables encaustiques, dont on ne l'affuble jamais sans le déshonorer et l'avilir. Autant vaut, comme on le constate, hélas ! si souvent, prendre et poser au hasard les meubles dont nous parlons sous les formes les plus disparates, les lignes horizontales à côté de l'ogive, des étoffes ternies près des découpures dentelées de la pierre et du bois, et des crépines de passementier sur les antiques moulures des plus beaux temps du style roman ou ogival. Ces grosses fautes se compliquent encore de ces lambris de sapin ou de noyer qu'on — Bois sur les murs. aime à placarder sur les murs latéraux d'un sanctuaire ou d'un chœur condamné à les souffrir, et qu'on croit en dédommager en les revêtant de deux ou trois couches de faux bois et de vernis gras ! Ce serait là, tout au plus, du style de salon (et de quels salons !) ; à la rigueur, une église peut s'en passer, et le prêtre qui la compromet ainsi méconnaît son propre caractère aussi bien que celui de la maison de Dieu.

# CHAPITRE XVII.

## DES IMAGES DE DIEU LE PÈRE, DU SAUVEUR ET DE LA SAINTE VIERGE.

Nous esquisserons ici rapidement, et comme dans un résumé des données fournies par le moyen âge, ce qui regarde les types consacrés de Dieu le Père, de la sainte Humanité du Fils, et de la très-sainte Vierge dans ses formes diversifiées par l'art chrétien. C'est ici particulièrement qu'il importe de rendre dignement, et conformément aux traditions d'un passé glorieux, tous les sentiments que la religion veut imprimer au cœur de l'homme.

*Sous quels traits et quelles couleurs doivent se représenter le Père Éternel,*
Si le Père et le Fils, en tant que réunis au Saint-Esprit pour former l'auguste Trinité, reçoivent le plus souvent un manteau bleu sur une robe rouge (ou rouge sur bleue), double expression de l'autorité et de l'amour; si en pareil cas, comme toujours, la Colombe sacrée conserve invariablement sa couleur blanche, symbole de la grâce active, des inspirations du bien et de l'innocence qu'elles sauvegardent contre les attaques du mal, le peintre n'oubliera pas qu'en représentant le Père seul bénissant le monde de ses bras étendus, ou le tirant du chaos par un terme de commandement plein de grandeur et de majesté, ce sera le même vêtement, ample et solennellement drapé, qui le distinguera de toute autre nature que la sienne. S'il est assis, conformément aux types adoptés de la toute-puissance, du repos éternel, ou de son caractère de juge, il tiendra la boule du monde partagée en deux hémisphères par un cercle d'or horizontal, et surmontée de la croix; ou bien, planant au

milieu de nuages qu'écarte l'éclat de sa *gloire*, auréole radieuse due à sa divinité, cette gloire, au lieu de n'être qu'un cercle elliptique très-régulier, comme on le voit toujours au moyen âge, pourra, à partir du seizième siècle, rayonner autour de Lui en flammes rouges ou jaunes. Sa tête auguste revêtira aussi des caractères qui ne conviendront qu'à Lui. Le nimbe crucifère, soit vide, soit entièrement doré pour faire mieux ressortir la face divine; une barbe blanche et touffue, attribut ordinaire de la vieillesse, et ici de l'éternelle sagesse du Maître suprême; les pieds nus s'ils doivent être apparents : tels sont les caractères de noble simplicité qu'on lui conserva au moyen âge et à la Renaissance, mais avec des traits, il est vrai, moins esthétiques à mesure qu'on se rapprochait de cette dernière période.

Le Fils, également assis, varie tellement de détails, tout en conservant quelques-uns de ceux qu'il doit partager avec le Père céleste, qu'il est tout d'abord reconnaissable. On lui donne souvent le nimbe rouge ou blanc, timbré de la croix verte, indice de la régénération morale apportée à la terre avec la loi évangélique. C'est par la même raison que si des Anges tiennent à côté de Lui la lance de Longin et la croix de la Passion, celle-ci aura la même couleur, comme on le voit dans un livre d'Heures de S. Louis, aussi bien que la couronne d'épines tenue par l'Ange parallèle. Ceci se rattache plus particulièrement au temps liturgique des mystères douloureux. Par cela même, les mains étendues, les pieds nus et frappés comme elles des blessures du crucifiement, ne laissent aucun doute sur l'attribution de toute l'image. La plaie du côté droit apparaît aussi, car le corps reste nu sous le *peplum* bleu, ou, s'il revêt une robe blanche mélangée de sang, cette robe n'apparaît que très-peu au-dessous de la blessure du sein, et dépasse par le bas la bordure du manteau. Quelquefois le Christ sera prêtre et revêtira, avec sa tunique bleue et son manteau de pourpre, l'étole, insigne du sacerdoce. Alors il bénira de la droite, et de la gauche il tiendra,

et la Personne du Fils.

en l'appuyant sur son genou, le livre fermé des Évangiles, qui, en pareil cas, pourrait être ouvert, car ce sacerdoce est déjà une promulgation de la bonne nouvelle. Quelquefois la face est imberbe, surtout du huitième au dixième siècle, ce qui le distingue très-naturellement de celle de la première Personne; ou, si elle est barbue, c'est toujours avec assez de parcimonie pour que cette différence persiste, tout en laissant, par ce caractère même à Celui qui s'est fait homme, un symbole plus distinctif de cette Humanité. Quoique, dès les premiers siècles, le Sauveur ait une barbe peu épaisse, et qu'on dût croire que c'était là un type à conserver, vers le douzième siècle, époque de transition pour l'art, on commença à faire une barbe longue et épaisse dont la coutume dure encore. Au reste, on donne toujours les traits les plus gracieux à cette figure du Fils, et de même à celle du Père, pendant toute la période du treizième siècle et des trois suivants; cela tient au perfectionnement du dessin qui a déjà séduit les artistes et leur a fait perdre les idées plus théologiques des onzième et douzième siècles, où la manière byzantine donne à la figure plus de sérieux et de sévère gravité. Il faudra toujours tenir compte de ces nuances commandées par les âges divers de l'art religieux, les unes devant s'appliquer aux églises ogivales, les autres à celles de l'époque romano-byzantine ou carlovingienne.

*L'unité indispensable, dans l'application des moyens décoratifs, à la statuaire, comme à l'architecture.*

A ce sujet nous ne craignons pas de redire ce que nous avons établi déjà plus d'une fois peut-être, mais qu'il ne faut pas se lasser de répéter, contre la manie *du beau*, professée par les ignorants décorateurs de nos malheureuses églises, et par ceux aussi qui violentent trop souvent leurs instincts d'esthétique, qu'ils feraient mieux de suivre dans leur noble simplicité : le beau, c'est la règle d'unité qui fait donner à un édifice, à un ensemble quelconque, des parures de son style, de son caractère et de son temps. Les palais et les églises de Charlemagne n'étaient pas ceux de S. Louis ou de Charles V; le Louvre de Louis XII n'est pas les Tuileries de

Louis XV, et les architectes employés aujourd'hui pour chacun de ces monuments seraient mal venus à les restaurer à la moderne. Ainsi, on aura toujours le droit de honnir un peintre qui, sous prétexte de *faire mieux*, s'ingéniera sottement à colloquer ses idées froides et ses barbouillages mesquins vis-à-vis ou à côté des belles inspirations de l'art chrétien et de sa philosophie pleine de sens.

Mais la crucifixion n'appelle pas moins ces remarques de la plus haute importance. Comme elle s'est reproduite à travers les âges sous toutes les formes de l'art par la peinture, l'orfévrerie, la sculpture, la fonte, l'émaillure et les verrières, le plus grand nombre de ses spécimens nous sont parvenus, et ce sont sans contredit les plus nombreux que les artistes catholiques nous aient transmis. Au symbolisme de l'objet principal, de la Personne adorable du divin Crucifié, d'autres symboles s'y sont ajoutés selon l'ingénieuse pensée des ouvriers guidés par une foi vive et éclairée; et ce serait une longue et intéressante étude pour ceux de notre temps que de bien connaître ces modèles si variés et d'en comprendre le haut et multiple caractère. Le chevalier Bard en ayant fait le sujet d'une curieuse dissertation (1), aussi bien que le P. Cahier (2), nous nous contenterons ici de signaler les traits principaux qui vont à notre sujet, et d'ouvrir ainsi la carrière à ceux qui doivent se préoccuper de la parcourir avec honneur. Cependant nous emprunterons aussi beaucoup de nos détails aux savantes recherches faites sur ce point par un antiquaire du Midi dans une élégante et très-docte *Histoire du Crucifix* (3).

*La crucifixion; son histoire et ses caractères successifs;*

Dans les catacombes, le Christ était souvent dissimulé sous des traits qui, tout reconnaissables qu'ils fussent aux fidèles, devaient cependant tromper les païens sous les

*on l'évite dans les catacombes.*

(1) Dans le tome X du *Bulletin monumental*, p. 130.
(2) 1er vol. des *Mélanges d'archéologie et d'histoire*, p. 207 et suiv.
(3) M. Selves, *Mémoires de la Société archéologique du midi de la France*, t. V, p. 341.

fausses apparences de leurs fables et de leurs héros. On n'y voit pas une seule image de la Croix dans le cours des trois premiers siècles. Aussi, tant que persistèrent les persécutions, et encore pendant toute la durée du quatrième siècle, quand déjà elles avaient cessé, si le signe sacré fut moins l'objet des attaques et des sarcasmes de la foule, cependant on n'osa pas représenter autrement que par la Croix toute simple le mystère fondamental de la Rédemption. On semblait craindre encore que le Sauveur crucifié ne répugnât aux instincts grossiers des masses, scandalisées par l'idée d'un supplice dont elles méconnaissaient la gloire et les fruits. Nous devons le conclure de ce qu'on le vit apparaître aussitôt que le paganisme eût cédé devant les nombreux adeptes du Christianisme. Ces premiers progrès de la religion coïncident dans l'histoire de l'art avec les premières représentations du Sauveur en croix. Ce que le gibet divin avait eu d'honneurs dans les homélies des Pères et dans l'estime des baptisés s'augmenta encore de l'image divine, qu'on ne se refusa plus d'y attacher; et pendant que sur les monnaies romaines le nom du Christ s'arborait avec le *labarum* à côté des allégories de la Victoire, les autels se chargeaient enfin du signe le plus expressif des souffrances de l'Homme-Dieu. — On peut donc faire remonter au cinquième siècle la première apparition du *crucifix* proprement dit, c'est-à-dire de l'*image de Jésus crucifié*.

*Variétés à observer dans les formes du peplum.*

Quoiqu'il paraisse bien prouvé par les Pères, suivis par Benoît XIV dans son *Traité des fêtes de Notre-Seigneur Jésus-Christ*, que le Sauveur fut crucifié après avoir été dépouillé entièrement de ses habits (1), on comprit tout

---

(1) S. Cyprien trouve cette nudité absolue symbolisée d'avance par Noé : « Invenimus circa sacramentum in Noë hoc idem præcurrisse, et figuram Dominicæ Passionis illuc exstitisse : quod vinum bibit; quod inebriatus est; quod in domo sua nudatus est; quod fuit recumbens nudis et patentibus femoribus.... » (*Epist.* LXIII *ad Cæcilium*, in-f°, Paris, 1666, p. 101.) — S. Athanase n'est pas moins explicite sur ce fait et sur le symbolisme qu'il en tire : « Exuit vestimenta; docebat enim

de suite, par un sentiment très-conforme à la pudeur chrétienne, qu'on pouvait, sans rien diminuer des souvenirs de son supplice, épargner au divin Innocent une circonstance qu'il eût volontiers évitée de lui-même. On le revêtit donc d'une sorte de *peplum* ou chlamyde qui d'abord, du dixième au douzième siècle, pourvue de manches et de plis ondulés, le couvrit jusqu'aux pieds, puis, du douzième au quinzième, perdit ces manches, s'écourta et se raccourcit de façon à ne le couvrir que depuis les hanches jusqu'aux genoux. Les spécimens n'en manquent ni dans nos musées ni dans les livres d'iconographie chrétienne. Grégoire de Tours indique même, dès le sixième siècle, comme se voyant dans la cathédrale de Narbonne, un crucifix qui, très-peu couvert d'abord, l'avait été davantage bientôt après, par suite d'une révélation faite à un prêtre (1). Au huitième, on le voit ainsi dans une miniature du Sacramentaire de Gellone conservé à la Bibliothèque de Paris. Au neuvième, le vêtement est complet, du cou à la cheville, dans un évangéliaire de la Bibliothèque de Bruxelles. Ce qui n'empêche pas que, dans un autre manuscrit de la même époque (2), on ne voit, cachant à peine le milieu du corps,

---

eum, cum hominem introduceret in paradisum, tunicas exuere quas accepit Adam cum ex paradiso exturbaretur. » (*De Passione et Cruce*; sermonum t. III, p. 93, 97.) — S. Cyrille de Jérusalem, S. Ambroise, S. Augustin établissent le même fait et en tirent des conséquences morales qu'on peut voir avec leurs textes dans Molanus, *Hist. sacr. imagin.*, p. 418 et suiv. — Voir encore, à l'appui des assertions que nous émettons ici, un curieux travail *Sur la représentation la plus ancienne du crucifiement*, par M. Ferdinand Piper, professeur de théologie à Berlin (*Bullet. monum.*, XXVII, p. 465).

(1) *De Gloria martyrum*, I, cap. XXIII. — « Est et apud Narbonensem urbem, in ecclesia seniore..., pictura quæ Dominum nostrum præcinctum linteo indicat crucifixum. » — D. Ruinard attribue à ce fait l'origine de la coutume, adoptée ensuite généralement, d'une tunique pour le corps crucifié du Sauveur. (Cf. Molan., *ubi suprà*.)

(2) Biblioth. Richelieu, n° 821. — Ces deux exemplaires du même temps et si différents l'un de l'autre ne prouvent pas, comme on pourrait le croire, que la forme donnée alors au *peplum* n'était pas arrêtée et universellement suivie : c'était une sorte d'abréviation inventée par

qu'un linge fort étroit, mais toujours consacrant le principe. L'ampleur de cet accessoire, jugé si longtemps indispensable à la piété respectueuse, ne diminua ensuite qu'à l'époque où l'art cessa d'être chrétien, et, sous prétexte de renaissance, remonta ses aspirations jusqu'aux athlètes d'Athènes et d'Olympie. Cette affreuse manie du nu qui envahit l'atelier de l'artiste au profit de sa vanité, dès que *l'art pour l'art* eut déplacé l'art pour Dieu, ne s'arrêta pas plus devant la Croix que devant l'auguste personnalité de la Mère du Sauveur. On voulut de l'anatomie, on en exagéra le mérite jusqu'à le préférer au surnaturel; et le crucifix, qui devint un sujet d'admiration pour les yeux, cessa bientôt de parler au cœur, pour lequel on n'aurait dû jamais en faire qu'un objet d'adoration, de foi et d'amour.

*Couleur du peplum donné au Sauveur crucifié.*

Nous avons dit comment et pourquoi ce *peplum*, que nous-même avons fait mettre dans ces derniers temps aux crucifix soit sculptés, soit peints sur toile ou sur fresque, doit être violet, de préférence à toute autre couleur. Ce n'est pas que, selon le génie inventif de chaque peintre, s'il est guidé par le sentiment esthétique, toujours essentiel en pareil cas, on ne puisse bien exprimer d'autres pensées que l'idée générale de la Passion, en donnant à cette tunique des teintes variées dont le symbolisme n'est pas douteux. A la cathédrale de Poitiers, ce voile mystérieux est bistre, couleur du deuil et de la pénitence; il est doublé de jaune et de vert, ce qui exprime un mélange heureusement conçu de la gloire divine, demeurée inaltérable jusque dans les souffrances du Dieu humilié, et la régénération spirituelle que sa mort nous procure (1); mais c'est un exemple de plus qu'en suivant l'esprit scientifique dans ces remar-

le peintre pour avoir plus tôt fait, et déjà peut-être une tendance à un amoindrissement progressif.

(1) Voir notre *Hist. de la cathédrale de Poitiers*, 1, 332, où nous avons décrit complètement cette belle verrière, comme toutes les autres.

quables compositions, l'art du moyen âge confirmait les règles mêmes dont il aurait paru s'écarter.

Il importe beaucoup aussi de savoir à quoi s'en tenir sur le nombre des clous qui attachèrent le Sauveur à la croix. Quoique Grégoire de Tours, Durant, Bellarmin, Benoît XIV et plusieurs autres ne soient point unanimes sur ce point, de nombreux exemples, procurés par de savantes recherches, prouvent que, du cinquième siècle au quatorzième, on s'en tint à la tradition primitive, et que les clous furent employés au nombre de quatre. On le voit par des textes identiques de tous les Pères qui ont touché à ce sujet dans leurs homélies ou autres ouvrages. Les historiens sont tout aussi positifs ; les liturgistes surtout l'ont constaté dans les miniatures des manuscrits, et nous renvoyons encore aux preuves qu'en donne Molanus en de fidèles reproductions de ces écrits pleins d'autorité (1). Ce ne fut qu'à la fin du treizième siècle, et sous les auspices de Cimabué, que le système des trois clous vint contredire l'antique usage, et réunir les deux pieds en les superposant et les fixant par un seul clou. C'était une idée toute personnelle à ce grand artiste, qui avait le tort d'abandonner, par un caprice que rien n'autorisait sinon l'esprit de nouveauté, une règle suivie jusqu'à lui et très-conforme à la vérité historique. N'est-ce pas une preuve de plus que l'envie de se faire des difficultés pour le plaisir de les vaincre peut égarer très-loin du vrai et du beau les imitateurs infidèles aux documents des ancêtres ? Mais ces difficultés mêmes ont empêché un tel écart de se reproduire généralement : le plus grand nombre des crucifix sculptés en marbre, en bois ou en ivoire, depuis le génie florentin mort en 1310, n'en ont pas moins gardé leurs quatre clous ; c'est surtout dans les peintures qu'on les a réduits à trois, parce qu'en suivant une imagination séduite par le charme trompeur d'une

*Nombre des clous de la croix.*

---

(1) Molanus, *ubi suprà*, p. 437. — *Bullet. monum.*, X, 130 et suiv.

innovation, on ne trouvait pas plus difficile de s'y conformer. Il n'en est pas moins vrai que l'art devra toujours plus convenablement rentrer, pour l'exécution de tels ouvrages, dans les conditions hiératiques de leurs premiers types. On ne peut s'égarer en travaillant un si auguste sujet, si l'on s'impose de le représenter de telle sorte que les quatre clous rappellent à l'observateur instruit, au fidèle qui prie, qu'Innocent III les regardait comme un symbole des quatre vertus cardinales pour lesquelles Jésus avait combattu en se livrant à la mort (1). Nous sommes loin ici du sentiment de Molanus, qui conclut de ses recherches à laisser libre de choisir l'une ou l'autre manière. Quand on a pour soi toute l'antiquité, comme il l'avoue, on fait mieux, sans contredit, de marcher avec elle et d'honorer ses religieuses inspirations.

*Du suppedaneum.* Les érudits ont discuté si le Sauveur, retenu à la croix par ses quatre clous, n'avait pas eu aussi une sorte de chevalet posé à mi-hauteur du corps, et sur lequel, étant comme assis, il lui fût plus possible de se maintenir sur une sorte d'appui indispensable. On comprend, en effet, que le poids du Corps, portant sur les pieds et les mains, devait, faute de cet appui, déchirer les chairs et détacher violemment ce même Corps. Mais, à l'exception de M. Selves, qui regarde cet annexe comme un soulagement que n'auraient pas accordé les Juifs, personne ne doute qu'un *suppedaneum* n'ait été placé au-dessous des pieds pour supporter toute la masse et n'en ait singulièrement diminué la pesanteur. Il importe peu au sculpteur ou au peintre que le chevalet soit historique ou non : il ne peut figurer dans les images de la crucifixion, ordinairement vues de face. Mais le support des pieds, qui y manque rarement, ne doit pas être négligé, quoiqu'on s'en soit passé plus d'une fois au moyen

---

(1) « Quatuor claves quatuor sunt cardinales virtutes quibus debemus nos cum Christo cruci affigere. » (*Serm. de uno martyre.*)

âge, où les deux clous des pieds ont suffi assez souvent au ciseleur, à l'émailleur et au verrier. Ici, comme souvent ailleurs, ce sont les bons exemples qu'il faut suivre. Le support aura donc son rôle, puisqu'il rend seul vraisemblable cette permanence du Corps sacré sur la Croix pendant trois longues heures d'agonie (1). La couronne d'épines ne peut être omise, non plus que l'inscription de la Croix. Nous ajouterons ici, à ce que nous en avons dit précédemment (2), qu'on les a peu oubliées avant le douzième siècle, et qu'elles doivent être le complément obligé de tout ce qui précède.

Quant à la forme qu'on donna à la croix, elle varia peu, et quoique la lettre grecque *Tau* en ait été le symbole prophétique dans Ézéchiel (3), et en dépit de ce qu'en ont cru quelques savants sans en donner trop de preuves, nous pensons que la traverse en fut, pour celle du Sauveur, surmontée de cette partie supérieure qui reçut l'inscription. Les images anciennes, où la croix conserve cette forme grecque et toute symbolique, ne sont qu'une réminiscence de ce symbole, depuis longtemps abandonné parce que pour nous, chrétiens, le mérite est bien plus dans la chose, dont nous ne pouvons séparer aucun de ses mystères, si connus aujourd'hui, que dans la forme, qui, à la rigueur, ne cesse pas d'être la même, quoiqu'un peu plus ou moins complète. Nous admettrions donc en des verrières du treizième siècle, où le *Tau* est encore fréquent, l'introduction de ce genre de croix, qu'on voit alors surmontée d'une pointe de fer ou de bois, supportant le titre donné par Pilate; mais, dans les œuvres destinées à une décoration plus moderne, il faudrait suivre les habitudes adoptées partout ailleurs. Ajoutons

*Formes diverses de la croix.*

---

(1) Voir le *Supplément* au livre IV, ch. IV, de Molanus, p. 424 et suiv.
(2) Voir t. II, p. 86, 521 ; III, 517.
(3) « ...Interficite usque ad internicionem. Omnem autem super quem inveneritis *Thau*, ne occidatis. » (*Ezech.*, IX, 6.) — Saint Jérôme dit à cet égard : « *Thau* Ezechieli memoratum, crucis Christi symbolum. » (*In h. loc.*)

qu'aux époques hiératiques, et dans les verrières surtout, on a peint la croix en rouge, pour symboliser la lumière née de la rédemption par le Sang divin.

*Symbolisme de l'inclinaison du Corps divin sur la croix.*

On n'oubliera pas surtout, en quelque style qu'on veuille rendre la crucifixion du Sauveur, que son Corps doit y être représenté inclinant un peu du nord au sud : la tête elle-même, posée sur l'épaule droite, se rattache à l'idée mystérieuse de l'inclinaison de l'axe des églises, qui sont, nous l'avons dit (1), une représentation du Sauveur en croix. C'était la pensée des anciens que Jésus crucifié avait tourné le dos à Jérusalem et à l'orient, jetant ses regards vers l'occident, où sa religion, méprisée des Juifs, allait porter la lumière. Sa main droite, comme sa tête, se portait donc vers le nord, où étaient encore plus épaisses les ténèbres de l'ignorance et plus actif l'empire de Satan. Dès le cinquième siècle, Sédulius en parlait en ce sens dans son *Poème pascal* ; au huitième, le V. Bède, dans son *Commentaire de S. Luc*, et S. Jean Damascène, traitent le même sujet. Ces graves autorités suffiraient pour nous constater la pensée de leur temps et nous faire tenir respectueusement à de si intelligentes traditions.

*Crucifix de l'arc triomphal des églises.*

C'est pour cela que le crucifix s'éleva, dès l'époque primitive, sous l'arcade qui sépare le chœur du sanctuaire, nommée de là *arc triomphal*. C'est cette croix qu'Orderic Vital mentionnait dès le commencement du douzième siècle, et que Durant citait au treizième. C'est un malheur que la sainte image ait été privée tout récemment, et sous un faux prétexte de perspective, de garder cette place toute symbolique, car elle était là, dans le *cœur* de l'église, comme le fidèle doit y être toujours, en se rapprochant le plus que possible de son Dieu crucifié (2).

(1) Voir ci-dessus, t. III, p. 171 et suiv.
(2) Voir *Principes d'archéologie pratique*, par M. Raymond Bordeaux, part. IV, ch. 1; et *Bullet. monum.*, XVIII, 68. — Voir aussi une savante instruction synodale de Mgr Baillès, évêque de Luçon, donnée en 1851 sur la conservation et le rétablissement de l'arc triomphal dans les églises de son diocèse.

On s'est arrêté quelquefois à discuter si la forme extérieure du Christ était celle d'une belle nature ou d'une laideur systématique, choisie et voulue ainsi par lui-même, conformément à ce texte d'Isaïe : « Il n'a plus ni beauté ni apparence (1). » — Les antagonistes de cette interprétation la trouvent fausse, et à juste raison. Ils lui opposent tout aussi victorieusement au moins le texte du psaume XLIV, qui l'exalte comme « le plus beau des enfants des hommes (2). » Il n'était pas convenable, en effet, à la mission du Sauveur qu'il y eût en lui rien de rebutant, rien qui pût exciter la répugnance des hommes, et, s'il s'est trouvé dans les premiers temps des crucifix dont la face, autant que le corps, offraient des traits hideux qu'on peut supporter à peine de nos jours, il faut attribuer cette anomalie à l'inhabileté des artistes. Leur expérience, à peine ébauchée, était nulle, tâtonnait encore, et ne pouvait faire, à l'époque mérovingienne par exemple, ce que firent les sculpteurs ou les miniaturistes du quinzième siècle. On se gardera donc de laisser faire, sous tel prétexte que ce soit, rien qui puisse diminuer la moindre apparence de respect pour Celui que nos cœurs doivent adorer. Et, s'il est bien entendu que nous ne comprenons pas dans cette laideur réprouvable les spécimens romans que les dixième et onzième siècles nous ont laissés, avec quelques fautes de dessin, non pas de parti pris, mais parce qu'ils étaient du style de l'époque, il est également bien compris que la laideur proprement dite ne pourra jamais convenir à Celui dont l'amabilité divine doit avant tout se manifester à nos regards.

*Quel type de beauté ou de laideur est à donner au Christ crucifié.*

A côté du Christ en croix, on a placé de tout temps sa sainte Mère, à droite, comme à une place d'honneur ; et à gauche S. Jean l'Évangéliste, ou le Théologien, comme disent les Grecs. On sait que ce fut l'occasion d'une des

*L'Église et la Synagogue aux côtés de la croix.*

---

(1) « Non est species ei neque decor. » (*Is.*, LIII, 2.)
(2) « Speciosus forma præ filiis hominum. »

plus touchantes paroles du Sauveur expirant. Mais là était encore un symbole, que souvent on a exprimé par la présence de l'Église couronnée et recevant dans un calice le Sang divin épanché du cœur de Jésus; parallèlement, la Synagogue, aveuglée par un bandeau, se tient debout et laisse tomber de ses mains la hampe brisée d'une bannière, qui devient ainsi le signe de sa puissance éclipsée. Là encore, on devine la naissance de la famille nouvelle dans le Sang adorable, et l'abandon de ce peuple premier-né qui l'a méconnu et rejeté.

*Le serpent,*

*et la tête de mort.*

Le serpent infernal, vaincu dans ses attaques et ses aspirations contre le peuple racheté, rampe ordinairement au pied de la Croix, relevant en efforts superflus sa tête impuissante. Tant d'allégories sont des plus vénérables, et ne sont pas plus à dédaigner par l'artiste que la tête de mort qui, tout en gardant son caractère historique, s'il est vrai qu'elle fût celle d'Adam et que le Calvaire en eût pris son nom, n'est pas moins aussi le souvenir symbolique de ce trépas imposé dans le Paradis terrestre aux premiers coupables, pardonnés aujourd'hui et vainqueurs de la mort avec Jésus-Christ.

*De la Sainte Vierge assistante à la croix, et de ses types divers.*

Nous arrivons enfin à la Mère du Sauveur, et ce nous est une consolation et un doux repos, au milieu des arduités de notre travail, de dire aux artistes comment ils pourront honorer son nom autant que nous voudrions leur voir mériter son suffrage. Que ne font-ils comme ce bienheureux Ange de Fiésole, qui ne peignait jamais qu'à genoux ces douces et sereines figures du Sauveur, de la Vierge et des Saints, dans l'âme desquels se reflétait son âme suave et candide!... Mais entrons dans notre matière, et disons-leur au moins comment il faut que la Créature Immaculée réponde par ses images à la sainte dignité de ses vertus.

*Comment les artistes s'y sont égarés, faute de la comprendre.*

Si l'on se rappelle tous les types consacrés dans les Écritures à préfigurer la Fille des rois de Juda, on s'étonnera que de si gracieuses images n'aient pas toujours inspiré ceux qui osèrent tenter de représenter sa personne vénérée. Presque toujours ces ouvriers de hasard, opérant sans vocation et faisant une Vierge comme ils eussent fait toute autre chose, se sont lancés dans cette difficile tâche sans en avoir médité les premiers éléments. Ce n'était pas faute, encore un coup, d'avoir, dans nos vieux manuscrits, aux façades de nos plus belles églises et dans leurs resplendissants vitraux, de quoi la comprendre avec toutes ses beautés esthétiques. Mais que parlons-nous d'esthétique à des savants qui ne lisent pas, à des doctes qui n'estiment plus avoir besoin de s'instruire, et qui ne croient qu'au mérite de leurs propres inventions? Et cependant quelle gloire pleine de modestie, quelle aimable douceur dans cette Femme bénie entre toutes! quelle mystique beauté, quelle surabondance d'idées et quelle source inépuisable pour l'art dans cette vie qui fut, pour ainsi dire, avec celle de son Fils, toute l'étude des âges chrétiens!

Le culte de Marie a commencé avec celui de Jésus-Christ : comment peindre aux murs des catacombes les principaux traits de la vie du Fils sans y mêler celle de la Mère? On l'y trouvait à chaque pas, et toujours avec le divin Enfant. Une fois, entre autres, Elle le tient sur ses genoux; derrière Elle un personnage déroule un phylactère : c'est Balaam, que surmonte une étoile, souvenir de celle prédite par le Prophète des Gentils (1). La jeune Mère n'y a pas de voile, cet ornement ne se prenant alors par les femmes qu'à l'époque de leur mariage, comme symbole de la vie retirée qui convenait seule désormais à leurs occupations d'intérieur. Par cela même, l'absence de ce voile dans l'image de Marie est un signe de sa virginité : ce ne fut que plus tard que les vierges, s'étant fait un état à part dans la société chrétienne, prirent cette parure, qui leur venait de l'Orient et leur demeura spéciale. On connaît le

*Marie aux catacombes :*

*Vierge Mère,*

(1) « Orietur stella ex Jacob. » (*Num.*, XXIV, 17.)

livre de Tertullien (1), où le célèbre auteur, mort en 245, plaide pour une coutume qui n'était pas encore généralement adoptée ; cette date prouverait d'ailleurs que la peinture dont nous parlons est au moins de la première moitié du troisième siècle.

*accueillant les Mages,*

Dans les catacombes, c'était surtout l'adoration des Mages qui revenait souvent, comme ne laissant rien paraître qu'un sujet purement historique et mystérieux aux regards des profanes ou des indiscrets. S. Luc, peintre, qui le premier avait laissé une fidèle copie des traits augustes de la Vierge-Mère, y aurait vu de nombreuses reproductions de son précieux tableau : il y aurait admiré l'histoire de Marie, développée en quelques-uns de ses traits les plus symboliques, notamment lorsqu'à côté d'Adam et d'Ève elle se tient sur le même plan que le Sauveur guérissant le paralytique ou l'aveugle de Jéricho, et participant ainsi aux prémices de la grande régénération humaine. Quelque peu d'authenticité qu'on accorde généralement aux portraits du Sauveur, dont naguère encore on croyait avoir retrouvé le

*ou associée au buste du Christ.*

profil sur les restes d'un buste de terre cuite, il est certain aussi, d'après les traditions les plus respectées, d'après les images mêmes des catacombes, que les traits majestueux du Sauveur, au nimbe croisé, étaient représentés avec une rare perfection au cimetière de Saint-Pontien. Il ne l'est pas moins qu'à côté de la Mère les parois obscures des pieux souterrains ont gardé longtemps des fresques représentant le buste du Fils. Cette figure céleste était gravée aussi sur des anneaux, comme on le voit dans Aringhi, où, par un souvenir symbolique de la première femme dont Marie est venue réparer la chute, elle offre à l'Enfant-Dieu, reposant sur son bras, une pomme, que des peintres mal avisés ont changée dans la suite en un globe terrestre (2). Tout cela

---

(1) *De velandis Virginibus,* inter opp. t. I.
(2) Voir *Rom. subter.*, I, 330 et 427 ; et II, 478. — Cette pomme serait très-reconnaissable aux appendices que lui donnèrent soigneusement

s'est parfaitement élucidé, de nos jours, par les travaux du docte chevalier de Rossi, qui s'est efforcé, avec la science d'investigation et la rare sagacité dont il est doué, d'assigner des dates à toutes les images de Marie peintes et retrouvées par lui dans les cimetières de Calixte et de Priscilla (1).

Ce besoin de reproduire aux yeux des fidèles une image si justement aimée étendit bientôt le champ de son iconographie; et tous les mystères divins auxquels Marie eut une si grande part, tous les actes de sa vie unie à celle du Sauveur, ne manquèrent pas, soit sous les auspices des empereurs de Constantinople, soit par les inspirations des Souverains Pontifes demeurés à Rome, de faire à l'art chrétien un domaine plus vaste que jamais. De ces nombreux essais naquit l'habileté, qui ne se fit pas attendre, avec laquelle furent représentées tant de scènes où la Vierge eut le principal rôle, et dans lesquelles on vit progresser jusqu'au fini du plus bel idéal tout ce qu'avait de calme, de pur et de naïf cette vie surnaturelle toute parsemée de la plus haute esthétique et de la plus gracieuse poésie. C'est, déjà inspiré par ces précieux préliminaires, que le douzième siècle vit s'augmenter le culte fervent de Marie en proportion que

*Développements successifs de son iconographie.*

les premiers peintres chrétiens, car ils ne la privèrent jamais de son pédicule et même d'une feuille de l'arbre, qui y attenait. Trop souvent, au contraire, nos artistes modernes, pour qui l'idée symbolique était lettre morte, reproduisirent le fruit sans le comprendre et en firent une simple boule. Encore pouvait-on la regarder rigoureusement comme le symbole du monde, livré, dès la naissance du divin Enfant, à sa puissance et à sa direction : *Postula a me, et dabo tibi gentes hæreditatem tuam* (Ps., II, 8). — On voit, d'ailleurs, que le rôle de Marie est ici toujours associé à celui du Sauveur pour l'œuvre du salut du monde. — Les Pères ont magnifiquement développé ce symbolisme dans ce qu'ils ont appelé l'antithèse d'Ève et de Marie. (Voir surtout S. Augustin, *In psalm.* XL : *Serm.* CI *de tempore*, et dans son livre *De Symbolo ad catechum.*; — S. Jean Chrysostome, *De interdicta Arbore*, — et S. Ambroise, *Comm. in Luc.*, lib. IV, cap. IV.)

(1) Voir *Images de la Bienheureuse Vierge, tirées des catacombes, et illustrées par le chevalier J.-B. de Rossi*, in-4°, Romæ; — et *Revue de l'art chrétien*, IX, 309 et suiv.

les expéditions transmaritimes procurèrent aux Croisés la vue et l'amour des saints lieux où ses souvenirs, son action vitale, sa coopération rédemptive devenaient inséparables de la pensée et des souvenirs de Jésus-Christ. Au retour du voyage, on ne manqua point d'en consacrer la mémoire par l'érection de nombreuses églises : un grand nombre d'entre elles prirent le vocable de Notre-Dame ; beaucoup déjà construites durent à la possession de quelques reliques de la Vierge de remplacer par ce nom leurs vocables antérieurs (1).

*Les Vierges noires.*

C'est aussi de là, très-probablement, que nous vinrent les *Vierges noires*, conservées encore à Chartres, à Beaune, à Dijon, à Verdelais, etc., qui nous semblent toutes originaires de l'Orient, aucun exemple, paraît-il, n'en pouvant être indiqué avant le douzième siècle. — Des auteurs, qui préfèrent les faux systèmes du naturalisme aux principes les plus autorisés de l'esthétique chrétienne, ont attribué la couleur de ces statues à celle du bois dont on les avait faites : donc, à les en croire, on aurait osé choisir précisément ce bois d'une couleur tout opposée aux idées qui se rattachent le plus ordinairement à celles dont s'entoure l'auguste type, sans s'être inspiré d'une raison mystique à l'appui de ce choix... — Non : la vraie raison est que, le noir étant regardé comme une initiation, par la mort, aux choses de la vie éternelle, on a cru pouvoir donner ce symbolisme aux images de Celle qui nous a réellement, par sa maternité divine, initiés au bonheur de la rédemption. L'origine byzantine de ces vierges mystérieuses, dont la pose, toujours assise, indique sûrement la provenance primitive, sinon une imitation raisonnée, corrobore d'autant mieux cette opinion, pour laquelle on peut d'ailleurs se reporter à ce que nous avons dit dans le chapitre XII de notre première partie (2). N'oublions pas surtout que ce qui

(1) Voir *Bullet. monum.*, XIV, 140, 142 ; XVIII, 379, 381.
(2) T. I, p. 301, et II, 123.

a contribué à faire perdre la trace de ces idées, bien connues de tous au moyen âge, c'est le soin qu'on crut devoir prendre, vers le quinzième et le seizième siècle, de revêtir d'étoffes, comme nous leur en voyons encore aujourd'hui, ces statues qu'on trouvait avoir trop vieilli, et qui, quoique assises, et portant par ce caractère même la preuve de leur origine grecque, parurent droites et debout dès qu'on les eut affublées d'un vêtement qui n'en laisse plus voir que la tête; mais le mystère devient explicable et se fait parfaitement accepter dès qu'on en cherche le motif dans une connaissance plus approfondie des traditions chrétiennes du moyen âge (1).

Ainsi fut accompli à la gloire de Marie l'union de la vérité dogmatique, des données légendaires et du symbolisme oriental : ensemble charmant, sans lequel on pourra bien nous composer des Vierges à tout prix, meubles des *salons* annuels ou de quelques pauvres églises de campagne (où encore elles seront toujours de trop), mais qui ne seront jamais que des toiles ou des plastiques inertes destinés aux rebuts du sentiment religieux. — Aspirons donc à la vraie peinture chrétienne pour cette Femme supérieure à toutes les femmes. Qu'en soumettant ses formes générales aux exigences du monument qu'elle doit parer, la beauté mystique ne lui manque jamais, et la fasse distinguer tout d'abord de la foule des autres Saintes, toujours moins élevées dans l'estime des hommes comme dans le culte de nos cœurs. La mère d'un Dieu ne devrait pas avoir de rivale. Pour la sculpter ou la peindre, il faut la croire supérieure de toute l'éminence de ses glorieux priviléges à tout ce qui peut tomber de plus parfait et de plus digne de la brosse du peintre ou du ciseau du sculpteur.

<small>Conditions essentielles des images de Marie;</small>

Ce goût intime de ses célestes vertus a si bien dominé toutes les œuvres que lui consacra le moyen âge, que, jusque

<small>comment elles ont été gardées au moyen âge.</small>

---

(1) Cf. *Bullet. monum.*, XX. 120.

dans ses périodes les moins artistiques, lorsque la forme péchait encore par les imperfections des lignes ou des contours, disons même par la grossièreté du dessin, on lui trouve toujours des caractères sacrés qui ne conviennent qu'à Elle et lui impriment une élévation morale au-dessus de tout ce qui l'entoure. Voyez-la trônant au trumeau du portail qui porte son nom à la cathédrale d'Amiens, présidant à l'action simultanée des personnages bibliques dont Elle s'entoure, aux scènes dont sa sainte histoire est l'objet : les rois ses ancêtres sortant de la tige de Jessé, les Mages, les figures bibliques qui la révélèrent à l'avenir, les Anges, les Prophètes, tout est là, et seule avec la grâce de sa pose, le svelte de sa taille, la douce piété de ses traits chastes, sereins et majestueux, Elle semble la reine de ce peuple de personnages illustres. — A Bazas, où la tradition établit que S. Martial fonda, dès le premier siècle, une église en son honneur (1), le portail de la Vierge représente sa dormition, puis son assistance au dernier jugement, assise sur le même trône que son Fils devenu juge suprême ; — à la cathédrale d'Évreux, son couronnement orne une des resplendissantes verrières du midi : et partout, en ces belles compositions, respirent les qualités les plus suaves que le treizième siècle fut si ingénieux à leur donner. N'allons pas chercher ailleurs de quoi parer nos temples. Voilà quels modèles il faut suivre ; ils abondent de toutes parts.

*Des images de l'Immaculée Conception.*

Notre époque, à laquelle fut donné de voir réaliser, par un immortel Pontife, les espérances formulées depuis tant de siècles sur le dogme de l'Immaculée Conception, a vu naître avec la proclamation de cette vérité de foi un besoin nouveau pour l'iconographie sacrée. Il s'agissait de symboliser soit d'abord la pieuse croyance, soit ensuite l'article de foi devenu inséparable de la Sainte Vierge. Disons-le : on a d'abord peu réussi, et, en croyant se créer une

---

(1) Voir *Bullet. monum.*, XII, 641, 664, 678.

heureuse innovation, on n'est parvenu qu'à une assez froide représentation de femme plus ou moins convenable, étendant les mains, comme sur la médaille dite *miraculeuse* (1), ou les croisant sur la poitrine dans l'attitude de l'extase ou du recueillement. Heureusement, sous cette dernière, le serpent écrasé se replie et meurt, ce qui indique une des idées que doit révéler la Conception sans tache dans la Femme qui ne devait triompher de Satan qu'à la seule et indispensable condition de n'avoir jamais cédé à son influence. Mais il manquait encore à ces traits un complément obligé : pourquoi privait-on l'auguste Mère de ce Fils qui est toute sa gloire et la raison première de son bonheur aux yeux de toutes les nations? C'était bien mal comprendre ce Mystère, puisque, pour le bien exprimer, on ne devait rien ajouter à l'iconographie observée jusque-là, mais aussi n'en fallait-il rien retrancher : car toujours, depuis les premières apparitions de cette image quasi-divine, on l'avait vue tenant entre ses bras ou sur ses genoux le Fils éternel qui était devenu le sien. Cette tradition s'était continuée à travers les siècles (2). Nous en avons un

*On ne doit jamais en séparer l'Enfant-Dieu.*

(1) On sait que la médaille ainsi nommée, quelque respectable qu'elle soit, et avec raison, aux âmes pieuses, n'a jamais été approuvée par le Saint-Siége, faute de documents assez précis pour en autoriser l'origine. Ce n'est donc qu'une pieuse dévotion laissée à la liberté de chacun, mais à laquelle l'Église n'a attaché aucune faveur.

(2) Voir notre dissertation sur l'iconographie de l'Immaculée Conception, *Revue de l'art chrétien*, I, 148, — puis celle de M. le chanoine Pelletier, *ibid.*, p. 314. — Ce que nous écrivions le premier sur cette importante question ressemblait peu à ce qu'en écrivit peu après feu Mgr Malou, alors évêque de Bruges. Le pieux prélat examinait la chose au point de vue de l'orthodoxie, qui doit primer tout le reste, il est vrai ; mais le côté esthétique aurait bien pu s'y allier sans aucun danger pour la foi et au véritable profit de l'art chrétien. C'est ce que comprit très-bien notre docte ami, M. le chanoine Pelletier, qui crut devoir prendre, dans cette même *Revue*, la défense de notre opinion. Ce qu'il y aurait de plus malheureux dans le système de Mgr Malou, c'est que son autorité, comme évêque, eût persuadé à quelques-uns dans son diocèse d'essayer la réalisation de ses idées, abandonnées aujourd'hui, et qui n'ont jamais eu beaucoup de succès.

spécimen remarquable en Italie, dans la grotte même où, au sixième, avait prié S. Benoît. Le onzième a laissé là une fresque où « la Sainte Vierge, assise, pieds chaussés, nimbe uni » autour de la tête, vêtue d'une robe bleue et voilée de » rouge, tient dans une auréole bleuâtre, sur son giron, » et debout, l'Enfant-Jésus qui bénit. L'Enfant-Dieu a un » air sévère, âgé ; les croisillons de son nimbe sont droits ; » il a des *sandales* aux pieds et un manteau par-dessus sa » tunique (1). »

Nous savons bien que naguère la statue élevée à Rome sur la colonne de la place d'Espagne, par les ordres de l'auguste Pie IX, et en mémoire de la proclamation du dogme, nous a donné un type aussi vide que possible des attributs que nous réclamons ici ; mais c'est un fait de plus qui prouve, pour quiconque l'observe, combien on a besoin de modifier dans le sens le plus symbolique une image qui, sans lui, ne dit pas assez par elle seule.

<small>Autres traits qui caractérisent nécessairement le dogme si glorieux à Marie.</small>

Les plus belles époques du moyen âge furent celles où, à partir du douzième siècle surtout, le culte de Marie devint plus universel ; dès lors, on lui multiplia les attributs, et rien ne fut omis pour exprimer plus complétement dans ses images tout ce que les Livres saints nous en révèlent,

---

(1) Voir M. le chanoine Barbier de Montault dans les *Annal. archéolog.*, XIX, 238. — Ici encore nous trouvons les mauvaises raisons données par l'abbé Pascal, contre Didron et la tradition universelle, dans le *Journal des villes et des campagnes* du 24 février 1857. — M. Pascal soutenait, d'après ses instincts particuliers et quelques textes bibliques, lus par lui sans aucun égard aux commentaires des Pères et des Docteurs, que rien n'autorisait à donner ou à refuser les pieds nus à tels ou tels personnages de l'iconographie chrétienne. Ce livre n'a donc pas été fait avec la science qu'il lui fallait, mais avec des conjectures et le sentiment individuel de l'auteur. On ne fait ainsi ni de l'histoire ni de l'archéologie. — Remarquons bien encore que, si l'Enfant-Jésus porte *des sandales*, cela ne blesse en rien la règle de la nudité des pieds, car les sandales ne sont qu'une demi-chaussure qui laisse le dessus des pieds à découvert et n'empêcherait pas d'admirer « *la beauté des pieds de ceux qui annoncent l'Évangile.* » — L'usage n'en a pas moins prévalu de l'absence complète de chaussures pour tous les cas indiqués ci-dessus.

tout ce que les commentateurs s'efforcèrent d'en développer. C'est depuis ce temps que l'hydre infernal expire sous ses pieds qui l'écrasent. Elle eut aussi, et infailliblement, au moyen âge, le nimbe et la couronne; le sceptre complétait ces attributs royaux, auxquels ne manquaient ni la tunique de pourpre ni le manteau d'azur, brodés l'un et l'autre d'arabesques d'or ou de fleurs symboliques. Souvent les douze étoiles de l'Apocalypse brillaient autour de son front; le voile de la virginité qui l'ombrageait retombait sur ses épaules, et parfois, au lieu du serpent, dont nous savons la signification figurative, on voyait grimacer sous ses pieds, qui l'écrasaient, l'horrible face de Satan, ou l'homme déchu, dont il s'appropriait les traits pour mordre avec rage la pomme fatale malheureusement cueillie dans l'Éden. Que fallait-il de plus pour exprimer l'Immaculée Conception, qui ressort évidemment et de cette royauté sainte, et de cette maternité virginale, et de cette victoire sur l'enfer ? — Au contraire, séparez de tous ces attributs le plus sacré de tous, l'Enfant divin souriant au monde et se chargeant du fruit malheureusement goûté par l'homme, et dont le Dieu fait homme semble se réserver la responsabilité ultérieure, et dès lors disparaît avec lui la pensée du dogme fondamental : la femme que vous offrez à ma vénération peut être digne de ce respect au même titre que tant d'autres, mais rien ne me parle de cette origine sans tache dont elle ne fut parée qu'en prévision de la maternité dont vous lui enlevez le plus irréfragable symbole. C'est ce qui a fait dire tout récemment, et longtemps après nous, par le P. Cahier : « La grandeur inouïe du privilége révéré dans l'Immaculée Conception de la Sainte Vierge a pour raison d'être la grandeur inouïe de la maternité divine (1). »

(1) Voir *Les Caractéristiques des Saints*, par le R. P. Cahier, de la Compagnie de Jésus, t. II, p. 544. — Ce livre a été imprimé d'abord en 1867; et notre dissertation, citée plus haut, avait paru dix ans aupa-

*Ce dogme ne peut avoir d'autre type que celui indiqué ici.*

Nous pensons donc que pour symboliser l'Immaculée Conception de la Sainte Vierge, il ne faut pas s'ingénier de trouver un type nouveau. Donnez-nous tout simplement celui que nous venons de décrire : il sera conforme à toutes les données de la tradition catholique; il ne démentira en rien ces mêmes idées réalisées jusque dans les types essayés, il y a trois siècles, pour les premiers chrétiens du Japon. Ainsi fut faite une statuette en porcelaine que conserve notre cabinet, et qui nous vint directement de la Chine en 1854. Elle représente la Femme bénie tenant devant elle, debout sur sa poitrine, le saint Enfant ; la base sur laquelle reposent ses pieds, au-dessus desquels s'échancre une longue robe, est une large et abominable face, au nez épaté, aux yeux saillants, aux cheveux et à la barbe crépus, dont tout l'ensemble, en un mot, sans oublier une double rangée de dents fort significatives, indique bien clairement l'horrible personnage écrasé par la nouvelle Ève. C'est une idée complète autant que possible de la Mère commune des enfants de Dieu et de son glorieux privilège d'impeccabilité.

*Description d'une statue analogue de l'église Saint-Lô d'Angers.*

Mais nous avons mieux encore. L'église Saint-Lô d'Angers possédait, avant les malheurs de notre première révolution, une statue en marbre de la Sainte Vierge dont la tête fut alors sacrilégement séparée du corps ; les deux parties purent être réunies plus tard par un nouveau détenteur qui l'apprécia. C'est une œuvre du quatorzième siècle, entièrement parée des attributs indiqués plus haut, et gracieuse de tout ce qu'un visage plein d'une douce esthétique, une taille noble et bien mouvementée peuvent donner à un tel objet de dignité et de convenance. Nous en possédons une épreuve moulée avec soin, et que nous avons fait peindre d'après les règles du symbolisme des couleurs. Un

ravant dans le 1er volume (1857) de la *Revue de l'art chrétien*, que nous citions tout à l'heure. — Nous allons revenir sur ces *Caractéristiques*, p. 146.

gracieux et gentil petit enfant, un peu homme par la figure (c'est le symbole du développement parfait de la raison), repose sur le bras gauche de sa mère, qui, de la droite, tient un sceptre qu'elle appuie sur son épaule. Ses pieds chaussés, comme ils doivent toujours l'être (on sait pourquoi maintenant), foulent un *vieil homme* courbé sous le poids qu'imprime à sa tête ce pied tout-puissant contre lui. Le vieil Adam est donc là, ne faisant qu'un avec l'ange des ténèbres, et terrassé sans retour par Celle en qui s'accomplissent les prophéties. Et, pour offrir un contraste saisissant, pendant que l'antique prévaricateur nous apparaît savourant encore l'objet maudit de sa détestable convoitise, le petit Enfant, revêtu de sa robe verte, doucement assis sur le sein de son aimable Mère, sourit à celui qui le contemple et montre entre ses deux mains une patiente colombe dont il manie sans violence les ailes dociles à ce jeu innocent, image charmante de l'âme régénérée, obéissante aux inspirations divines, et réparant par cette docilité sans résistance l'orgueilleuse désobéissance du premier Adam. — Un autre caractère convenait bien à l'oiseau symbolique et ne pouvait nous échapper. La colombe est indiquée, dans le psaume LXVII, comme signifiant, par les belles couleurs de ses plumes, les faveurs de la Providence sur les âmes qui se conduisent comme la colombe fait ici (1). Les vertus, et surtout la constance dans les périls et les vicissitudes de la vie, *inter medios cleros*, sont pour le fidèle autant d'ornements véritables, comme sont pour l'oiseau ses plumes argentées, dont le reflet se mêle admirablement à l'or des belles plumes de sa queue ; aussi avons-nous voulu que la colombe dont nous parlons reçût une robe mi-partie d'or et d'argent qui rendît plus complétement la pensée du Psalmiste et de ses commentateurs (2).

(1) « Si dormiatis inter medios cleros, pennæ columbæ deargentatæ, et posteriora dorsi ejus in pallore auri. » (*Ps.*, LXVII, 15.)
(2) Cf. Genebrard, *Commentar. in psalm.* LXVII, v. 15.

Ainsi, et quant à la statue peinte que nous venons de décrire, de bonnes et compétentes autorités ont pensé avec nous que c'était là l'expression la plus pure de l'Immaculée Conception. Cela dit plus, en effet, à notre sens et au leur, que ces différentes poses, nouvellement proposées, d'une femme qui n'est ni mère ni victorieuse. Marie, dans sa conception, doit avoir tous ces titres, et si on lui en donne les attributs, qui ne conviennent qu'à Elle seule, on sera parvenu à la revêtir de cette plus grande gloire de sa vie.

<small>L'Apocalypse, source de documents artistiques pour les diverses représentations de Marie.</small>

On se rappelle que nous avons donné, dans l'exposé de certains chapitres de l'Apocalypse, une foule de détails sur les divers symboles que le Prophète y applique à la Mère de Dieu (1). Nos premiers peintres du moyen âge le savaient bien, quand ils s'inspiraient de ce livre pour la décoration de notre belle abbatiale de Saint-Savin et de tant d'autres églises. En y recourant comme eux, on aura, avec ce que nous venons d'écrire ici, de suffisantes règles que les iconochromistes appliqueront, sans crainte d'erreur, à tout

<small>Encore l'arbre de Jessé, et ce qu'il doit être.</small>

ce qu'ils devront peindre en ce genre. Et comme sujet très-digne à encadrer dans une fenêtre terminale, pourrions-nous ne pas conseiller cette charmante image de l'Arbre de Jessé, qui va si bien surtout aux chapelles de la Sainte Vierge? Nous conjurons de la préférer à bien d'autres, comme très-propre à dérouler aux yeux et à la mémoire, en même temps que la douce et pieuse idée de la Maternité Virginale, le dogme de l'Incarnation, les divines relations de la Mère et du Fils et leur consanguinité avec les rois de Juda, représentés, on le sait, par cette suite plus ou moins nombreuse de personnages s'élevant depuis le père de David jusqu'à l'Époux de la Vierge, et formant un ensemble où le mysticisme et l'histoire s'évertuent à charmer le cœur et le regard. Nos pieux et chers modèles du moyen

---

(1) Au ch. XII surtout. — Voir ci-dessus, t. II, p. 225 et suiv.

âge sont encore assez connus pour être choisis et préférés à Fresnay, à Amiens, au Mans, à Bazas, à Niort et bien ailleurs ; on y trouvera beaucoup à s'inspirer (1) ; on préférera surtout les types antérieurs au seizième siècle, où ce beau sujet commence à manquer de sentiment, de forme et de théologie. Nous sommes heureux cependant de citer, comme d'une charmante exécution à qui ne manque aucune de ces conditions essentielles, un beau vitrail lithochromié d'après un dessin de Didron, et publié en 1846 par ses *Annales archéologiques*.

Cette grande feuille représente, en une verrière à trois compartiments, la famille royale de David se terminant à la Vierge, qui s'épanouit au sein d'une fleur, tenant l'Enfant-Dieu sur ses genoux, et portant le sceptre et la couronne. De côté et d'autre sont groupés ou échelonnés les Patriarches, les Prophètes sacrés ou païens dont le souvenir se lie à celui du Sauveur et de Marie. Tout est charmant dans cette belle composition ; et le style du seizième siècle, imposé forcément par l'édifice auquel on la destinait, montre parfaitement que ce style, si l'on eût mieux compris qu'il pouvait racheter sa froideur par le culte des saines idées, était encore capable, quand on s'en avisa, de faire du beau et du bon en l'honneur de Dieu et de son Église. Tout y est digne et plein de sens ; la simplicité du sujet s'y allie noblement à une belle richesse des détails : pose, draperies, costumes, monuments, physionomies, tout y est empreint d'un double caractère visible et moral qui annonce une étude consciencieuse, infaillible garantie d'un légitime succès. Il est vrai que nous parlons ici d'un *carton*, et que de ses belles et justes teintes à celles d'un vitrail tâtonné par des mains peut-être insuffisamment exercées, il y aurait loin... Mais enfin, puisque le dessein doit précéder l'exécution et que la pensée doit gouverner la matière, il reste vrai que ce

*[marginal note: Beau modèle à imiter.]*

(1) Voir notre *Table analytique du Bulletin monumental*, v° JESSÉ.

tableau est un des meilleurs de ce genre que nous ait donné l'iconographie moderne. Et dire qu'à une époque où ces belles choses sont possibles, on a pu trouver un interprète qui expliquât ce magnifique ensemble « d'un vieillard qui voit en songe un concert céleste, » et cela dans un livre d'art, qu'on s'efforce de rendre populaire tout en le vendant à haut prix (1) !

*Combien un tel sujet demande d'études, de réflexion et de sentiment chrétien.*

Mais, si de tels travaux, rarement médités et traités avec ce soin religieux, font exception de nos jours au grand nombre qui se produisent sans mérite et sont adoptés sans discernement, que les peintres se tiennent en garde contre tout ce qu'on leur propose aujourd'hui de bizarres nouveautés et d'impardonnables inspirations. En opposition décidée et résolue à ces Vierges de toutes formes et de toutes couleurs qu'invente à plaisir l'esprit mercantile des uns, et qu'achète la simplicité des autres, supplions-les encore d'éloigner de leur pinceau ou de leur crayon, comme les sculpteurs eux-mêmes, tout ce qui se ressentirait de cet esprit mondain que tant d'*ouvriers* sans portée ont forcément imposé à cette sainte image. La simplicité du costume et de la pose, la chasteté des draperies, la sérénité douce et pure des traits, et surtout du regard, sont les grands et uniques effets auxquels ils doivent viser. Avec ces conditions, et à quelque scène que préside leur Vierge, ils seront sûrs de lui donner partout le premier rang ; et tel est le charme idéal imprimé par ces grâces, incommunicables à tout autre, qu'en vue de ces qualités supérieures on pardonnera dans le même tableau beaucoup d'insuffisance et de faiblesse. Les treizième et quatorzième siècles sont surtout ceux qu'il faut consulter sur un sujet si digne d'études : c'est alors que la perfection lui fut donnée, que l'austère énergie de la pensée chrétienne respira dans cet ensemble majestueux, que s'observèrent mieux toutes les

---

(1) *Les Arts au moyen âge*, in-4°, Paris, 1868.

convenances de ce caractère élevé. Ces types, qui, grâce à Dieu, ne sont pas rares, correspondent, par la pureté du style et par l'inspiration esthétique, à celles des monuments et des peintures de la même époque. C'est dire que, pour les églises de ce temps, on ne fera rien de mieux en vitraux, en fresques ou en statuaire que les modèles que nous conseillons exclusivement ici, et dont nous venons de tracer les caractères spéciaux.

Mais, surtout, que les artistes étudient; nous disons plus : qu'ils soient chrétiens. Leur commerce avec la Bible, avec les Pères et les légendaires que nous leur avons fait connaître sera une source de vie pour l'atelier religieux. Qu'ils y entrent, qu'ils s'y tiennent, et ils sentiront se reposer sur eux le souffle d'En-Haut.

Nous n'ajouterons ici que peu de mots sur l'hagiographie coloriée, c'est-à-dire sur l'étude que doivent faire les peintres des différentes couleurs propres à caractériser les costumes des Saints, et sur les attributs qu'il faut donner à chacun d'eux. Il faudrait, pour compléter cette partie essentielle de l'art du sculpteur et du peintre, un ouvrage à part et d'une bien plus longue étendue qu'on ne pense, pour développer un objet d'une si vaste portée. En nous bornant aux principes généraux que nous venons d'établir et à ce que nous avons écrit du symbolisme des couleurs, nous avons rempli notre tâche (1) ; mais celle du lecteur n'est pas finie, puisqu'il ne peut attendre de nous ici que des idées élémentaires dont il doit chercher ailleurs le développement. Nous ne voudrions donc pas qu'on oubliât de consulter deux auteurs qui, tout spéciaux sur cette matière, quoique fort incomplets au point de vue archéologique, ont cependant beaucoup de science ecclésiastique et peuvent renseigner sûrement quand il s'agit des bonnes règles à garder. Le premier est Espagnol et écrivait au dix-septième

*Importance du choix des couleurs.*

*Sources à consulter pour les tableaux religieux :*

---

(1) T. I, ch. XII et XIII.

Interian de Ayala et Molanus ;

siècle, sous le nom de Interian de Ayala, son *Pictor christianus eruditus*, qu'on ne lira ni sans fruit ni sans plaisir ; l'autre, Molanus, pour son *Histoire des saintes images*, que nous avons cité quelquefois dans cet ouvrage. Il est plus instruit, plus large, et disserte mieux sur ses sujets, enrichis d'ailleurs de notes curieuses, de nombreuses scolies, et des textes précieux de ses autorités, qu'il ne manque jamais de citer fort exactement. Ce sont là des livres utiles, écrits de mains compétentes, et qui peuvent donner à un artiste des principes avoués de tous les siècles : il n'y faut ajouter que des données trop longtemps perdues sur le style monumental, l'unité artistique et le choix des couleurs normales exigées pour chaque sujet dans son ensemble et ses détails.

Le R. P. Cahier.

Mais nous avons aujourd'hui mieux et plus que tout cela. Au nombre et à la tête des travaux entrepris sur l'hagiographie iconographique dans notre siècle, le plus récent et le plus complet est certainement celui du R. P. Cahier, l'érudit collaborateur de feu le P. Arthur Martin pour la *Monographie des vitraux de Bourges*. Ses *Caractéristiques des Saints* (1)

---

(1) *Les Caractéristiques des Saints dans l'art populaire*, énumérées et expliquées par le P. Ch. Cahier, de la Compagnie de Jésus, 2 vol. in-4°, Paris, Poussielgue, 1867. — Ce livre, quelque plein qu'il soit d'érudition, quelques recherches qu'il suppose, ne pouvait être complet, conçu d'après un plan si restreint. Il y manque beaucoup de choses ; il y en a d'évidemment hasardées, de purement conjecturales, et d'autres qui sont bien un tant soit peu forcées : mais ceci ne regarde que la partie érudite de l'ouvrage. Les artistes n'y trouveront pas moins d'abondants et précieux renseignements sur les attributs des Saints et leurs preuves authentiques dans des images toutes fort intéressantes. Sous ce rapport, ils ne peuvent s'égarer en suivant ce guide, préférable de beaucoup à tant d'autres que l'insuffisance de leurs études a trompés maintes fois. — D'autres écrivains en certain nombre peuvent encore être lus avec fruit pour quiconque voudra se faire une suite d'idées justes sur l'iconographie hagiographique. Nous ne pouvons, on le comprend, entreprendre ici cette matière, qui, dans un sous-chapitre, serait trop écourtée, et qui, si nous voulions l'étendre à ses véritables proportions, nous demanderait un **volume de plus**.

reproduisent une foule d'images qui indiquent des attributs certains, puisqu'elles sont toutes originales ou dessinées d'après les traditions les moins suspectes. On recourrait avec non moins de sécurité, quant aux gravures et lithochromies, au livre *Le Moyen Age et la Renaissance*, dont nous avons plus d'une fois parlé, mais avec d'excessives précautions contre l'ignorance des faits et des choses, et quant à la fausseté des appréciations en presque tout ce qui y regarde la religion, dont la plupart de ceux qui ont écrit le texte ne savent même pas les premiers éléments. L'école de Dusseldorff, avec ses collections de gravures modernes, admirablement faites par notre regrettable Owerbeck, est encore un bon répertoire. Nous ne citons pas la *Bible* de Gustave Doré, où le naturalisme domine par trop : elle est un exemple de plus du peu de confiance que les esprits chrétiens devront se faire en un artiste qui s'attaque aux sujets religieux, lorsqu'au lieu de s'en tenir à la philosophie catholique il se jettera dans les extravagances burlesques des héros de La Fontaine et de Cervantès. N'y aurait-il donc plus aucune différence entre la Palestine et le Toboso ?

Ne sortons pas de ce sujet sans avoir signalé certaines formules qui tiennent à ses développements, et qui, pour n'être pas devenues autant de règles universellement adoptées, n'en sont pas moins autant d'ingénieux emblèmes que les peintres se garderont bien de dédaigner. C'est là que le *quidlibet audendi* du poète latin laisse à chacun le choix de ses moyens, pourvu qu'ils ne sortent pas des principes adoptés. C'est ainsi que, selon les besoins créés par des circonstances imprévues, on s'est trouvé obligé d'inventer de nouveaux symboles qui n'en attestent que mieux l'inséparable liaison du symbolisme et des arts. C'était, par exemple, une ingénieuse idée pratiquée par les peintres depuis le douzième siècle, où les croisades obligèrent à distinguer les chrétiens des infidèles, que de représenter ceux-ci de carnation noire, et ceux-là blancs de

*L'arbitraire quelquefois possible aux symbolistes.*

visage comme tous les Européens. Il y a plus, ces deux natures si différentes s'indiquent encore dans les combats par la forme du bouclier, qui, étant long pour les Occidentaux, fut donné aux Sarrasins et aux Mahométans de forme ronde (1). — Une autre idée non moins ingénieuse, au baptistère de Saint-Marc de Venise, exprime l'unité de foi toujours désirée entre l'Église orientale et la nôtre : ce sont les quatre Pères grecs écrivant en latin, et les quatre Pères latins écrivant en grec des textes relatifs à la doctrine catholique (2). — C'est de la sorte que les attributs des personnes, des vertus, des vices ont varié à l'infini selon l'imagination des auteurs, selon les temps et les pays où tels ou tels types furent adoptés, surtout depuis le quinzième siècle, époque plus livrée qu'aucune autre à ses caprices particuliers. Cette observation suffirait à faire comprendre comment nous devons nous borner ici à ces notions générales, que des livres spéciaux compléteront en grand nombre, et à l'égard desquelles nous aurons d'ailleurs quelquefois encore à signaler d'autres détails.

(1) Cf. *Annal. archéolog.*, XV, 229.
(2) *Ibid.*, XVI, 136.

# CHAPITRE XVIII.

## LA LITURGIE CATHOLIQUE.

La liturgie est la forme extérieure du culte; toutes les religions ont la leur. Le premier livre de la Bible nous parle des sacrifices d'Abel et de Caïn; les Patriarches immolent des victimes sanglantes; Jacob consacre la pierre sur laquelle il a dormi. Plus tard les Hébreux, constitués en corps de nation, reçoivent le *Lévitique*, le troisième des Livres de Moïse, où toutes les cérémonies sacrées sont établies de Dieu lui-même, qui détermine ainsi par quels rites il prétend être honoré. Il y décrit les fêtes, les cérémonies; il y crée le sacerdoce, pourvoit aux sacrifices, indique les victimes qu'il y faut immoler, détermine les fonctions des prêtres et des lévites, édicte des peines contre les infracteurs des règles divines, et indique jusqu'aux étoffes et à la forme des vêtements sacrés. L'Église chrétienne n'a pas fait autrement. Prophétisée et figurée dans la première Loi, elle a reçu des Apôtres, avec les premiers symboles de son culte, ce pouvoir de discipline qui l'autorisait déjà à étendre et à modifier dans l'avenir tous ces signes sensibles qui, de l'aveu même de ses plus obstinés adversaires, ont fait du catholicisme la plus belle et la plus saisissante des religions. C'est, en effet, par la liturgie que les arts, sous toutes leurs formes, sont venus orner nos temples, parer les autels, entourer le sacrifice et la prière publique de leur majestueux éclat. Ici donc, levons encore le voile mystérieux dont la transparence révèle toujours à des regards attentifs tant de

*La liturgie aussi ancienne que l'idée de Dieu;*

*entre nécessairement dans le catholicisme,*

*dont elle devient la vie extérieure.*

significations sacrées, et voyons comme, de quelque point que nos yeux considèrent les détails du culte chrétien, ils rencontrent des vérités dogmatiques et morales, des souvenirs féconds pour l'intelligence et pour le cœur, et dont le but se rapporte toujours à l'amour de Dieu par l'adoration et le devoir.

*Ses premières formes dans l'Apocalypse.*

Les premières formes de notre liturgie se voient clairement au chapitre IV de l'Apocalypse : nous l'avons développée trop au long pour qu'on n'y retrouve pas au besoin l'origine de nos cérémonies et de nos prières consacrées. On sait que l'Apôtre a sa révélation un jour de dimanche. Dieu lui montre une nombreuse assemblée présidée par un vieillard auguste qui est le Pontife éternel. Son trône est environné de vingt-quatre vieillards représentant le presbytère, assis encore aujourd'hui autour de l'évêque. On voit là des robes blanches comme nos aubes et nos surplis, des ceintures, des couronnes jetées au pied du trône en signes d'hommages; un autel s'élève au milieu du temple; l'Agneau immolé s'y repose dans sa mort volontaire, et, sous cette pierre sacrée, les martyrs, couchés devant le Dieu qui les couronna, demandent, au nom de sa gloire, que leur sang ne reste pas sans profit pour son Église naissante. L'encens y représente les prières des Saints; les hymnes y retentissent; les eaux divines de la grâce y coulent comme un fleuve : image sensible des sacrements, auxquels tout se rapporte dans l'action incessante de la liturgie (1).

*Premières assemblées chrétiennes du temps de S. Paul.*
*Première liturgie de la Messe;*

Au onzième chapitre de sa première épître aux Corinthiens, S. Paul nous décrit aussi les usages déjà adoptés par les assemblées chrétiennes. Les fidèles y participaient ensemble à cette fraction du Pain que le Sauveur leur avait apprise soit à la Cène de ses Apôtres, soit à celle des disciples d'Emmaüs. Ils y buvaient au calice du Seigneur, dont ils étaient avertis de se rendre dignes; et comme cette

---

(1) Voir ci-dessus, t. II, ch. VII.

action, la plus sublime de la religion et sa base essentielle en tant qu'elle était un sacrifice, ne devait ni périr ni se modifier en elle-même, les formes liturgiques dont on l'entoura purent se multiplier avec les différentes époques de l'Église, quoique le fond dogmatique restât toujours le même. C'est ainsi que la messe, comme tous les autres sacrements, s'est parée d'âge en âge, sous l'inspiration des Souverains Pontifes, des cérémonies qui en forment l'ensemble, et qui depuis longtemps semblent fixées irrévocablement.

Mais là encore, règne par-dessus tout, à côté de la matière et de la forme sacramentelle, et jusque dans ces deux portions essentielles de tout sacrement, le symbolisme qui en fait concevoir l'origine, les effets et le but. On le comprendra de reste si nous ne nous arrêtons qu'au baptême, dont l'eau naturelle est la matière, lavant les âmes par une purification figurative, comme ce même élément efface la tache des objets qu'on y lave. L'ancien baptême par immersion représentait, d'après l'enseignement de S. Paul, la sépulture et la résurrection du Sauveur : c'était se revêtir comme de son propre vêtement, de sa tunique sans tache comme sans couture (1). En dépit des changements que l'Église a dû apporter depuis le douzième siècle à ce mode d'administration, le même Mystère n'agit pas moins dans le même sens : le baptisé y conserve la même obligation ; car ce sacrement, comme tous les autres, n'en renferme pas moins la valeur du Sang divin, dont ils maintiennent au profit des âmes la source inépuisable, jaillissant toujours du Calvaire et de la mort d'un Dieu. — L'huile consacrée de la Confirmation était l'image de celle qui, pour les combats de l'arène, communiquait aux

*son symbolisme et celui des autres sacrements :*

*Le Baptême.*

*La Confirmation.*

---

(1) « Consepulti estis in baptismo, in quo et resurrexistis per fidem operationis Dei qui suscitavit illum a mortuis. » (*Coloss.*, II, 12.) — « Quicumque in Christo baptizati estis, Christum induistis. » (*Gal.*, III, 27.)

athlètes la force du corps, la souplesse des membres, et devenait un secours contre le péril d'une lutte insuffisante; elle représente et renouvelle les effets de ces flammes célestes tombées, au jour de la Pentecôte, sur les fronts des Apôtres, que marquait l'Esprit-Saint du signe de l'ardeur et du dévoûment. — *La Pénitence*, considérée comme rémission des péchés, symbolise par le repentir et l'humiliation volontaire du pécheur les souffrances morales du Dieu crucifié, dont les mérites le réconcilient en lui devenant applicables. — Le Pain eucharistique n'est qu'une apparence : dans le sacrement, il est, en réalité, la Chair et le Sang de la victime divine, nourriture mystérieuse, symbole de fraternité, comme il est le gage de la vie éternelle, en même temps que le Sacrifice qui nous apprend à nous sacrifier. — Mais quand survient la mort, qui est un combat (ἀγών), le chrétien, athlète jusqu'au dernier moment, se voit appliquer les onctions sacrées qui le font triompher de son plus cruel antagoniste : onctions suprêmes qui donnent avec la force le courage et l'espoir fondé du salut. — Dans l'Ordre, c'est l'attouchement des vases sacrés; c'est l'imposition des mains qui communique le caractère sacerdotal en le transmettant comme d'une source à des embranchements nouveaux. Ces signes vénérables, joints aux paroles du prélat consécrateur, indiquent l'entrée en possession du titre et de la dignité conférée. — Enfin, le Mariage s'énonce par ce double anneau qui unit les époux comme les deux premiers liens d'une chaîne indissoluble. En certains lieux, comme à Paris, ce symbolisme était encore secondé par l'extension d'un voile sur la tête des mariés : on signifiait par là que deux vies allaient n'en être plus qu'une ; c'était l'initiation de la vie retirée, protégeant contre les légèretés du monde deux âmes qui se réfugiaient l'une dans l'autre; le signe d'une pudeur qui ne doit jamais manquer au mariage, et de la soumission que la femme devra au mari. C'était encore comme une sorte de bouclier par lequel on espérait que la Providence atténuerait les coups des peines inséparables de cette vie (1). Pourquoi tout ce symbolisme s'est-il trouvé aboli naguère, quand il avait des origines si respectables et que des Papes eux-mêmes l'avaient mentionné très-anciennement comme ayant ses motifs liturgiques dignes de tout respect et pleins de sentiment religieux (2)?

(1) « Domine, ut scuto bonæ voluntatis tuæ coronabis nos. » (*Ps.*, v, 15.)

(2) N'est-ce pas de ce voile que parlait le pape Nicolas I$^{er}$ (858-867) dans sa *Réponse aux Bulgares*, ch. III, quand il dit en décrivant les cérémonies du mariage : « Ils reçoivent ainsi la bénédiction et le voile céleste: *Sic benedictionem accipiunt, et velum cœleste?* » — Nous n'en pouvons douter quand nous lisons dans Dom Chardon (*Hist. des sacr.*, t. VI, p. 149) les prescriptions de deux anciens manuscrits, l'un, *Rituel de Rennes*, conservé en 1745 dans la bibliothèque de la cathédrale de Tours, l'autre, *Pontifical du monastère de Lire*, où il est dit des époux : « Et avant que l'on dise à la messe *Pax Domini*, ils se mettront sous le » voile, selon la coutume. » — Ailleurs, « c'était après le *Sanctus* que, » les époux se prosternant pour prier, on étendait sur eux un poêle, » *pallium*, tenu aux quatre coins par quatre hommes. » (*Ibid.*, p. 152.) — Or ceci se pratiquait encore à Paris en 1861, époque où une réponse de la congrégation des Rites, provoquée par un *respectable ecclésiastique*, fut insérée dans *Le Monde* du 24 octobre, et condamna cet usage comme ayant été compris dans la prohibition publiée par la même congrégation le 25 février 1606. — N'y avait-il pas aussi dans cette coutume un souvenir touchant de Rebecca se voilant le visage quand elle aperçut Isaac venant pour la première fois au devant d'elle? *Docens verecundiam in nuptiis præire debere*, dit S. Ambroise (lib. *De Patriarchis*). — Le décret de Gratien, qui invoque à ce sujet (parte II, causa XXX, quæst. V) le motif de la soumission de l'épouse, s'appuie aussi de S. Isidore de Séville, ch. XIX, liv. II, *De Officiis ecclesiasticis*. — Nous supposons même qu'il y avait là un reste de ce *flabellum*, usité dès les premiers temps de l'Église et encore dans les cérémonies romaines, où le Pape en est couvert. S. Jérôme, remerciant Marcella (*Epist.* XLI, lib. I) d'en avoir envoyé quelques-uns à ses amis de Rome, montre que c'était de son temps comme une sorte d'éventail utile à se préserver des mouches : mais il en étend le sens au voile de la pudeur qui convient aux vierges (et aux époux comme à elles, car le mariage chrétien a aussi une espèce de virginité) : « Quod autem matronis offertis muscaria parva, parvis animalibus evitandis, elegans significatio est debere luxuriam cito restringere, quia muscæ moriturae oleum novitatis exterminant. Hic typus est virginum. » — Voir une intéressante *Dissertation sur le* FLABELLUM, de M. l'abbé Martigny, *Annal. de l'Acad. de Mâcon*, t. III, p. 370 et suiv. — Nous sommes donc autorisé à penser que la

Ainsi, tout rappelle dans les sacrements, outre la grâce donnée par le prêtre, l'enseignement donné par l'Église, sa doctrine infaillible, et constate que dans ces signes sensibles l'âme chrétienne retrouve, après ses chutes ou dans son innocence même, une amélioration de son état actuel et un gage de sa consolante immortalité.

*La Messe est la liturgie par excellence;*

Mais c'est particulièrement autour du Sacrement divin que la liturgie rayonne de toutes ses beautés de vie symbolique ; et c'était juste. Le culte se rapporte tout à Dieu, et là où Dieu se trouve doit aussi éclater toute la splendeur des hommages religieux. Aussi a-t-on nommé par excellence l'offrande du Saint Sacrifice du nom de *Sainte liturgie*. D'abord réduite à l'essentiel de ces témoignages d'adoration et de respect, la Messe, qu'il fallait célébrer en secret parce qu'il importait beaucoup de n'en pas divulguer la pensée intime aux ennemis de la foi nouvelle, consista dans la Consécration du pain et du vin accompagnée des prières et des bénédictions qui en signalèrent l'institution par le Fils de Dieu. C'est ce qu'affirme S. Paul quand il dit aux Corinthiens qu'il a reçu du Seigneur l'enseignement

*autour d'elle se* qu'il leur donne touchant l'Eucharistie (1). La plus

manie qu'ont eue de respectables ecclésiastiques d'écrire à Rome pour bouleverser tous les détails liturgiques, fondés comme celui-ci sur les plus antiques usages, n'a servi qu'à priver quelques-unes de nos plus belles cérémonies de symboles aussi vénérables que significatifs. Rome, qui n'a pas le temps d'écouter et de faire des dissertations sur tout ce qu'on lui demande, répondra toujours, et avec raison, de s'en tenir au rituel romain. Mais elle ne peut mesurer l'indiscrétion qui inspire trop souvent un zèle inconsidéré, et nous croyons que sur cette question et beaucoup d'autres Elle eût répondu autrement si, au lieu de vouloir *détruire*, le questionneur se fût donné la peine d'étudier sa question, d'en exposer les bases scientifiques, et se fût aperçu qu'il devait, au contraire, *consolider*. N'était-ce pas d'ailleurs un de ces usages *immémoriaux* auxquels l'Église a toujours déclaré qu'elle ne voulait pas toucher?

(1) « Ego enim accepi a Domino quod et tradidi vobis. Quoniam Dominus Jesus in qua nocte tradebatur, accepit panem, et gratias agens fregit et dixit : Accipite et manducate: hoc est enim Corpus meum quod pro vobis tradetur. Hoc facite in meam commemorationem... Similiter

ancienne liturgie nous vient donc des Apôtres, demeurés ensemble à Jérusalem pendant les quatorze premières années qui suivirent l'Ascension, et qui ne manquèrent pas, comme en font foi et la première fête suivante de la Pentecôte et les chapitres I et IV de l'Apocalypse, de se réunir au moins chaque dimanche en souvenir des plus grands Mystères du Sauveur, de même que le samedi était le jour consacré par les Juifs à symboliser le repos qui suivit l'œuvre de la création. Cette liturgie fut décrite, dès le deuxième siècle, par S. Justin dans son *Apologétique* (1). On la retrouve, au milieu du quatrième, dans les quatrième et cinquième *Catéchèses* de S. Cyrille (2).

groupent les plus éminents symboles religieux.

et calicem postquam cœnavit, dicens : Hic calix novum Testamentum est in meo Sanguine. Hoc facite quotiescumque bibetis in meam commemorationem. Quotiescumque enim manducabitis panem hunc et calicem bibetis, mortem Domini annuntiabitis donec veniat. — Itaque quicumque manducaverit Panem hunc, vel biberit Calicem indigne, reus erit Corporis et Sanguinis Domini. Probet autem se ipsum homo : qui enim manducat et bibit indigne, judicium sibi manducat et bibit, non dijudicans Corpus Domini. » (1 *Cor.*, XI, 23 et seq.) — Ces paroles, qu'il faudrait effacer de l'Évangile plutôt que de leur donner le sens accommodatif et tiraillé des protestants, sont la plus grande preuve de la Présence Réelle, et elles expliquent seules comment la Messe est d'institution divine, aussi bien que l'Eucharistie elle-même. Le culte de latrie ne se peut exercer qu'avec tous les moyens employés pour rendre au Dieu sauveur l'adoration la moins discutable, et nous voyons ici la double matière du sacrement revêtir un caractère purement symbolique.

(1) « Solis, ut dicitur, die, omnium sive urbes, sive agros incolentium in eumdem locum fit conventus, et commentaria Apostolorum, aut scripta Prophetarum leguntur, quoad licet per tempus. Deinde... is qui præest admonitionem verbis et adhortationem ad res tam præclaras imitandas suscipit. Postea omnes consurgimus... Ubi desiimus precari, panis affertur, et vinum et aqua, et qui præest preces et gratiarum actiones totis viribus emittit, et populus acclamat *amen*, et eorum in quibus gratiæ actæ sunt distributio fit et communicatio unicuique præsentium.... » (S. Just., *Apol.* I, n° 67.) — La Messe est évidente en ce peu de mots, et voilà bien l'imitation la plus sensible de la Cène décrite en nos divers Évangiles.

(2) Nous ne citons pas tous les textes, afin d'abréger; mais nous engageons à lire dans Fleury, *Hist. ecclés.*, liv. XVIII, n° 55, les détails de la Messe expliqués par le saint évêque de Jérusalem, où l'on voit

Peu après, les *Constitutions apostoliques* la reproduisent avec une remarquable exactitude, et l'on voit par elles que déjà la journée chrétienne était divisée, comme aujourd'hui, outre les matines et les vêpres, en quatre parties destinées chacune à une prière qui rappelle les circonstances diverses de la Passion du Sauveur (1). Le livre VIII, surtout, contient une description du Saint Sacrifice qui pénètre d'une juste admiration. Là se constate l'antiquité de ces rites vénérables qui nous apparaissent, de nos jours, entourés d'autres détails non moins précieux et tous capables d'attester la haute importance que les siècles primitifs ont attachée à ce culte de latrie que l'Église prodigue au très-saint Sacrement.

*Marche progressive de ce symbolisme à travers les siècles.*

En effet, les Papes, dans un laps prolongé de plusieurs siècles, se sont plu, comme nous l'avons déjà remarqué, à orner la liturgie des Saints Mystères de quelques symboles supplémentaires, faisant ainsi la preuve continue de leur souveraine autorité sur ces graves matières, qu'il importait de soustraire à l'arbitraire de chacun. C'est de la sorte que S. Alexandre I<sup>er</sup> régla (de l'an 109 à l'an 119) qu'on mêlerait au vin du Saint Sacrifice une petite quantité d'eau pour signifier, d'après l'Apocalypse, l'union du peuple au prêtre dans

par exemple, que, les chrétiens devant y recevoir la sainte Eucharistie dans leur main, ils devaient pour cela s'agenouiller à l'autel, puis mettre leur gauche sous la droite, où le Corps de Jésus-Christ était déposé, « pour lui servir de trône, puisqu'elle doit recevoir ce grand Roi. »

(1) Ce texte est trop explicite pour ne pas trouver sa place ici, car il rend toutes les raisons de la division dix-huit fois séculaire de notre Office divin :— « Precationes facite mane, et tertia hora ac sexta, et nona, et vespere, atque in gallicinio : Mane, gratias agentes quod Dominus, abducta nocte, et inducto die, illuminavit nos ; Tertia hora, quoniam in ea Dominus sententiam damnationis excepit a Pilato ; Sexta, quod in ea crucifixus est; Nona, quia cuncta, crucifixo Domino, commota sunt, dum horrent impiorum Judæorum temeritatem, nec ferre possunt contumeliam Domino illatam; Vespere, gratias agentes quod noctem nobis dederit, laborum diurnorum requietem; in gallorum cantu, eo quod illa hora nuntiat adventum diei, ad facienda opera lucis. » (*Constitut. Apost.*, lib. VIII, cap. XXXIV; ap. Migne, *Patrol.*, t. I.)

l'offrande des Saintes Espèces (1). — S. Félix (de 269 à 274) voulut que les autels fussent dressés sur les reliques des martyrs, conformément à un autre passage du chapitre vi de la même révélation. S. Sylvestre (314-335) introduisit l'usage exclusif du lin pour les nappes d'autel, afin de rappeler la foi toujours pure de l'Église, aussi bien que la pureté du cœur sacerdotal exprimée par la blancheur de la toile. — On doit à S. Grégoire le Grand (590-604) le *Kyrie eleison*, emprunté à l'Église grecque en symbole d'union avec elle, mais en y ajoutant le *Christe eleison* ; et Durant de Mende, entre autres raisons auxquelles le saint Pape n'a peut-être pas songé, mais que la piété catholique peut fort bien se faire sans inconvénient, nous explique que ce chant fut partagé en trois reprises en l'honneur des trois Personnes de la Trinité, invoquées trois fois chacune pour exprimer leur unité indivisible (2). Au reste, le mystère renfermé dans le nombre *neuf* ne semble pas étranger à cette combinaison. On sait que ce nombre est celui de l'heure de none, à laquelle le Sauveur rendit l'esprit sur la croix. Ce serait donc un cri de miséricorde poussé par l'Église au commencement du Sacrifice où va se renouveler la mort du Dieu rédempteur (3). S. Grégoire, dont toutes les pages respi-

---

(1) « Aquæ... populi sunt. » (*Apoc.*, XVII, 15.) — Voir, ci-dessus, t. II, p. 284, l'explication symbolique de ce passage.

(2) « Dicitur ter ad Patrem, ter ad Filium, ter ad Spiritum Sanctum..., ut notetur Pater in Filio, et Filius in Patre, et Spiritus Sanctus in utroque. » (*Ration. div. Officior.*, lib. IV, cap. XII.) — Voir aussi *Brev. rom.*, 12 mart., lect. II noct.; — dom Guéranger, *Instit. liturg.*, I, 164 et suiv.

(3) Ceci ressort bien des propres paroles du saint Pape : *Kyrie eleison et Christe eleison dicimus ut in his deprecationis vocibus paulo diutius occupemur* (Epist. LXIV, lib. VII). Cette méditation ne se rapporte-t-elle pas de préférence et tout naturellement à l'objet de la Messe, qui commençait par cette supplication aussitôt que le prêtre était monté à l'autel ? — On peut tirer la même conclusion de ce que S. Méliton dit du nombre IX : *Novem ad sacramentum, quod hora Dominus nona emisit spiritum, sec. Matth.*, XXVII, 46. (*Clavis* : De Numeris, IX.)

rent les recherches de ce genre, peut donc bien avoir eu en vue cette idée mystique en indiquant son triple *Kyrie.* C'est à ce même Pape qu'on doit d'avoir exclu du Carême le chant de l'*Alleluia*, emprunté du temps de S. Jérôme et du pape Damase à l'Église de Jérusalem, où il était usité toute l'année, comme on fait encore chez les Grecs. Cette restriction était un symbole de plus et rendait très-bien les tristesses de la pénitence publique. N'était-ce pas encore à l'occasion des appréhensions de Rome, assiégée en 594 par les Lombards, que Grégoire introduisit au canon les paroles qui demandent la paix de ce monde et de l'autre (1)? L'étude de ces matières, particulièrement dans l'excellente *Explication des cérémonies de la Messe,* par le P. Lebrun, puis dans les ouvrages aussi solides qu'intéressants du cardinal Bona et de Thomassin, complétera les connaissances nécessaires pour en bien comprendre l'esprit, et vaudra mieux que certains écrits nouvellement publiés par des écrivains superficiels, dont le but, en traitant de telles choses, est plutôt un lucre de librairie qu'un désir méritoire de porter dans les intelligences la lumière et l'édification.

*L'Église a symbolisé tous les détails de ses cérémonies.*

Ce qui précède indique, du reste, quel soin dut prendre l'Église de symboliser toutes ses pratiques, devenues plus capables par là de se fixer dans la mémoire des hommes en maintenant d'autant mieux leur attention. De là toutes les prescriptions des missels, les rubriques si nombreuses réglant les moindres détails de l'Office divin, et qui nulle part ne font mieux ressortir l'intention doctrinale de ses illustres et pieux conducteurs que dans les trois livres connus sous les noms de *Rituel,* de *Pontifical* et de *Cérémonial des Évêques.* Ces livres, dont le pape Benoît XIV revit le texte après les révisions antérieures de Pie V, de

*La bibliographie symbolistique.*

---

(1) « Diesque nostros in tua pace disponas, atque ab æterna damnatione nos eripi, et in Electorum tuorum jubeas grege numerari. » (*Ubi suprà.*)

Clément VIII et de plusieurs autres de ses prédécesseurs, peuvent être considérés comme le symbolisme en action des Sacrements, du culte public, et des cérémonies réservées dans l'Église aux évêques et aux prêtres. On ne peut guère les lire avec fruit si l'on n'en a acquis l'intelligence par des études spéciales, au moyen, par exemple, des savants commentaires donnés par Gavanti et Catalani, deux autorités que leur poste dans les congrégations romaines rapprochaient toujours des sources de la vérité (1).

Que si nous parcourons les âges en descendant du berceau de l'Église chrétienne jusqu'à notre temps, nous verrons certains usages s'établir successivement et rattacher à la Messe une remarquable série de faits symboliques auxquels on ne songe presque plus aujourd'hui, mais qui n'échappaient point à l'intelligence des époques plus sérieuses et plus saintes. De ces symboles, le plus ancien et le plus usité est certainement le signe de la Croix, qui se multiplie à l'infini dans toutes les relations liturgiques entre l'homme et la Divinité. Ce signe ayant été expliqué par nos plus anciens liturgistes, nous nous abstiendrons cette fois de les citer, en usant simplement d'une interprétation qui les résume tous et qui s'est évidemment inspirée du moyen âge, quoiqu'elle ne remonte pas au delà de 1560. M. le chanoine Barbier de Montault, à la complaisance duquel nous la devons, l'avait extraite, à notre intention, d'un *Sacerdotal* ou Rituel imprimé à Venise sous cette date. Voici comment s'exprime le livre italien : « Que le chré-

Symbolisme du signe de la Croix,

---

(1) L'ouvrage de Gavanti a pour titre : *Thesaurus sacrorum rituum, sive Commentaria in rubricas Missalis et Breviarii*. Merati en a donné à Turin, de 1736 à 1740, une édition, en cinq volumes in-4°, qui est la meilleure, parce que le savant éditeur, en l'augmentant d'observations qui avaient échappé à l'auteur, l'a enrichie de notes aussi exactes que solides. Elle a été reproduite récemment par la librairie de Paris. — Catalani a commenté aussi le *Pontificale romanum* et le *Ceremoniale Episcoporum*. Les dernières éditions de ces deux ouvrages importants ont fait moins rechercher celles de Rome, 3 vol. in-f°, 1738-40, et 2 in-f°, 1744.

tien pose d'abord la main droite sur le front et dise : AU NOM DU PÈRE, parce que le Père est le principe de toute la Divinité, suivant l'expression de S. Augustin; ensuite, au-dessous de la poitrine, et dise : ET DU FILS, parce que le Fils, procédant du Père, est descendu dans le temps au sein de la Vierge; puis, qu'il porte sa main à l'épaule gauche, et la ramène à la droite, en disant : ET DU SAINT-ESPRIT, parce que le Saint-Esprit procède par voie d'amour, et est comme le lien du Père et du Fils, procédant de l'un et de l'autre. Nous aussi, nous espérons passer de la gauche, c'est-à-dire des tribulations de ce monde, à la droite de l'Éternelle Félicité. Enfin qu'il dise en élevant la main : AINSI SOIT-IL, qui signifie : que cela s'accomplisse. » .

Ce simple exposé indique très-bien dans quel esprit le prêtre renouvelle si souvent le signe de croix sur les offrandes sacrées de l'autel et sur lui-même, pourquoi le signe revient si souvent dans les bénédictions et dans les exorcismes : c'est toujours au nom de la Trinité, principe de toute sainteté et de toute action liturgique. De telles notions sont aussi très-capables d'entretenir la pieuse ferveur du chrétien qui prie, et à qui ce signe est si familier dans tous les actes de la vie spirituelle.

du luminaire, — Le luminaire, parmi nos symboles, est encore des plus anciens. Il fut toujours ce signe sensible de la présence réelle du Seigneur sur l'autel ou dans le temple. C'est par la même raison que la lampe garnie de l'huile d'olive, la plus pure de toutes et la seule que l'Église admette pour les Sacrements, brûle sans cesse et de temps immémorial partout où l'on réserve l'Eucharistie ou même les précieuses reliques des Saints : car elle symbolise aussi par sa durée continue la vie du règne futur, que rien n'éteindra plus pour ceux qui l'auront acquise.

de l'Épître et de l'Évangile, — Nous entendons lire par le sous-diacre, au côté sud de l'autel, les prédications apostoliques du nouveau Testament, parole divine, ou sanctifiant les âmes déjà pourvues de la grâce du salut, ou appelant les peuples des contrées lointaines; et c'est vers ces contrées hyperboréennes de la froidure et de la mort que le diacre, en chantant l'Évangile, dirige la bonne nouvelle du Sauveur. Chacun des autres détails de l'*action* est ainsi calculé d'après une idée mystique d'où ressort un enseignement nouveau. Par exemple, le diacre et le sous-diacre de la Messe solennelle, s'échelonnant, au moment du *Sanctus*, derrière le célébrant, représentent les disciples s'éloignant de Jésus à l'approche de sa passion (1). En un mot, tout devient expressif jusque dans les moindres mouvements du prêtre, comme on peut le voir dans une foule de livres devenus populaires.

<small>et de toute l'*action* du Saint Sacrifice.</small>

Les vêtements sacerdotaux ne sont pas moins éloquents par leurs formes et leurs couleurs, et, à plus forte raison, il n'est aucune des cérémonies de la consécration des évêques et des prêtres qui n'ait son sens mystique et ne contribue au caractère sublime du nouvel élu. Dans l'origine, les titulaires des différents Ordres gardaient continuellement leurs habits sacrés, qu'il fallut réserver aux seules cérémonies quand le nombre des ministres se fut augmenté. S. Jérôme, au rapport de Sicardi, parlait de cette coutume comme déjà observée de son temps, au quatrième siècle. Les prescriptions de l'ancienne Loi, qu'on trouve au ch. XXVIII de l'Exode, pourvoyaient aux costumes d'Aaron et de ses fils, des prêtres et des lévites. Les Apôtres ne purent manquer de s'en inspirer, et c'est dès leur époque, où nos principales traditions remontent toutes, qu'on vit apparaître cette distinction entre les habits sacrés et les costumes laïques. N'oublions pas cependant que cette distinction ne

<small>Des vêtements pontificaux et sacerdotaux:</small>

---

(1) « Ex nunc autem verbis et gestibus Christi Passio repræsentatur. Nam diaconus et subdiaconus vadunt post dorsum episcopi seu sacerdotis: in quo fuga Apostolorum in Christi Passione significatur. » (Duranti Mimat. *Ration.*, lib. IV, parte II, cap. XII.)

put être publique pendant les persécutions des deux premiers siècles. Quoi qu'il en soit, et dès qu'elle fut possible, une telle différence commandait trop le respect des choses religieuses, et servait trop bien à établir aux regards les degrés divers de la hiérarchie cléricale, pour n'être pas rétablie. On peut lire avec fruit, dans le *Mitrale* de Sicardi, évêque de Crémone, mort en 1215, l'histoire et le sens symbolique de toutes les parties du vêtement sacerdotal, que nous allons abréger en quelques mots pour rester dans les bornes de notre sujet (1).

La mitre.

Et d'abord il faut observer avec lui que tous les ornements dont use le prêtre pendant les Saints Mystères sont propres à l'évêque, et que celui-ci en a quelques-uns dont le prêtre n'use pas. Telle est, entre autres, la mitre, ancienne tiare, sorte de voile gardant la tête, mais aussi véritable couronne faite de fin lin ou de soie ornée d'or et de pierres précieuses ; elle signifie la garde des sens contre les prestiges du monde et rappelle la couronne de vie promise à ceux qui aiment Dieu en le préférant à tout. Ou bien on peut y voir l'Église elle-même parée de sa vertu pure comme le lin, de sa sagesse aussi belle que l'or, de ses gemmes

---

(1) Cf. Sicardi, Cremonensis episcopi, *Mitrale*, inter opp.; — Migne, *Patrol. latina*, t. CCXIII, col. 72 et seq.; — Duranti, Mimat. episc., *Ration. div. Offic.*, lib. III, cap. xvii; — *Pontif. Roman.*, part. I, p. 123, *De Pallio*. — Sicardi n'est pas moins intéressant que Durant de Mende, et il faut reconnaître que ce dernier a beaucoup emprunté à l'auteur italien, dont il est séparé par tout un siècle. C'est avec le même soin que tous deux s'ingénient à trouver du symbolisme dans les moindres détails ; et ils ont prêté une trop fréquente objection à ces antagonistes de la science exégétique, qui leur reprochent, en preuve de son inanité, les minuties de leurs interprétations forcées. L'accord unanime de deux auteurs qui n'ont pas pu se concerter prouve cependant très-bien que ni l'un ni l'autre n'inventaient leurs raisons, et que, plus ou moins admissibles aujourd'hui, ils les prenaient cependant avec simplicité dans les données de leur époque. Ceci ne prouverait d'ailleurs que contre certaines exagérations de quelques symbolistes, et non contre le symbolisme lui-même, sur lequel notre lecteur en sait assez à présent pour le défendre enfin par de bonnes raisons, en laissant pour ce qu'elles valent les mauvaises qu'on lui oppose.

qui brillent comme les vertus qu'elles expriment. Les deux pointes sont les deux Testaments, objet de la prédication épiscopale. Nous pouvons faire observer ici que la mitre n'a pas toujours eu l'élévation disproportionnée qu'on lui a vue depuis le seizième siècle, qui eût manqué à ses prétentions outrées de rompre avec tout le passé de l'art catholique s'il n'eût dénaturé jusqu'à cette modeste et élégante mitre du treizième siècle, d'autant plus gracieuse qu'elle s'éloignait de toute exagération. C'est depuis cette formidable hauteur remarquée à la mitre des évêques siégeant au concile de Trente qu'il fallut faire entrer dans le cérémonial l'usage, peu commode, qui interdit à l'évêque de se couvrir et découvrir lui-même. La forme plus rationnelle du treizième siècle, à laquelle on semble revenir assez généralement de nos jours, n'effacera pas cet usage, consacré aujourd'hui par la tradition, mais qui est loin d'ajouter à la majesté des cérémonies épiscopales. Quant aux *fanons* qui retombent sur les épaules, ce ne furent d'abord que de simples galons destinés à consolider au besoin la mitre sur la tête. On les a conservés sans utilité, et l'on s'en priverait sans grande perte.

Les gants rappellent le conseil du divin Maître : « Que votre main gauche ne sache pas le bien qu'a fait votre droite (1). » *Les gants.*

L'anneau fut toujours un signe de dignité : l'évêque a la plus élevée dans son Église; d'alliance, il lui est uni comme à une épouse, qu'il ne doit pas abandonner sans de graves raisons. C'est par le même motif symbolique que les chanoines des cathédrales se parent de l'anneau qu'ils reçoivent dans la cérémonie de leur installation, et qu'ils doivent porter à l'annulaire de la main droite; ils sont les coopérateurs de l'évêque dans le gouvernement du diocèse, et inamovibles comme lui, donc aussi les époux de la même Église (2). — L'anneau épiscopal est orné d'un diamant *L'anneau des évêques, des abbés et des chanoines.*

---

(1) « Nesciat sinistra tua quid faciat dextera tua. » (*Matth.*, VI, 3.)
(2) Le droit donné aux chanoines cathédraux seuls de porter l'anneau semble remonter à un indult du pape Célestin III, qui, en 1191, permit

pour montrer l'amour incorruptible du Bon Pasteur. — Les mêmes raisons autorisent l'anneau des abbés comme chefs des Ordres ou des monastères, sur lesquels l'Église leur a donné un droit de gouvernement et de juridiction.

*La crosse.* La crosse rappelle la verge de Moïse opérant les miracles qui confondirent Pharaon (1); et aussi bien le bâton de voyage que Jésus permettait, à l'exception de tout autre objet, pour les courses de ses Apôtres (2). C'est donc à la fois une défense contre l'ennemi de la foi, un appui dans les fatigues des voies étroites. Comme la crosse est aiguë par le bas et recourbée à sa partie supérieure, le pasteur doit s'en servir pour exciter les brebis paresseuses, retenir celles qu'emporterait une dangereuse ardeur, et au besoin en faire un support pour les faibles. Qu'elle soit d'or ou d'ivoire, ou même de bois, comme celle de certains abbés d'Ordres plus sévères, ce seront des signi-

---

au chapitre de Siponte d'user de la mitre, de la crosse et de l'anneau. (Bouix, *Instit. juris canon.*, p. 505.) — Après cet exemple, d'autres chapitres obtinrent la même faveur, qu'on trouvait déjà établie dès 1050 par Léon IX. Ce Pape donna aux chanoines de Besançon le titre de cardinaux et au doyen le droit d'officier pontificalement. M. l'abbé Barraud, qui a inséré au XXX$^e$ volume du *Bulletin monumental* une savante dissertation sur *les bagues à toutes les époques*, n'a pas porté ses recherches sur l'anneau canonial, dont on ne sait pas bien à quelle époque il fut vulgarisé, mais dont aucun Chapitre ne se prive en Italie, et à l'égard duquel le droit s'est trouvé fixé indubitablement, après le concile de Trente, par beaucoup de décrets émanés de la congrégation des Rites, surtout en 1623, 1628 et 1663. — Voir *Manuale decretorum* S. R. C., tertia ed., Romæ, in-8°, 1853, cap. IX, § 4, *De Capitulo cathedralium*, p. 206, n° 747. — Il est bien entendu que le texte de ces décrets n'est applicable qu'aux chanoines titulaires, qui sont les seuls *vrais chanoines* d'après le droit, et non aux *honoraires*, devenus si nombreux par un abus que Rome improuve, et dont le nom était presque ignoré autrefois. — D'après les textes des nouveaux décrets, les chanoines titulaires peuvent, *de rigore*, avoir une pierre à leur anneau; mais ils ne doivent pas, en ce cas, la porter pendant la messe, afin de faire autrement que les évêques. C'est ainsi qu'agissent aujourd'hui les chanoines d'Orléans et ceux de quelques autres Églises.

(1) Cf. *Exode*, ch. XVI et XVII.
(2) « Et præcepit illis ne quid tollerent in via, nisi virgam tantum. » (*Marc.*, VI, 8.)

fications diverses, mais toujours symboliques et très-faciles à comprendre ; car nous savons de reste la pureté de l'ivoire et de l'or, les richesses spirituelles qui s'y cachent, et le mérite de la pauvreté monastique. La simplicité primitive dans cet instrument, comme dans un si grand nombre d'autres, s'est beaucoup modifiée, on le sait, à travers les siècles où l'art put développer amplement ses magnifiques ressources. Quant à l'orfévrerie, aux émaux et au soin d'y enchâsser les pierres, brillantes de leurs radieuses couleurs, les douzième et treizième, surtout, ont eu leurs chefs-d'œuvre, que nous admirons encore et dont on peut voir les curieuses variétés dans le quatrième volume des *Mélanges* des PP. Martin et Cahier. On ne consultera pas avec moins de fruit la savante dissertation que M. le comte Auguste de Bastard, le même qui a bien voulu accepter la dédicace de notre livre, a écrite sur *la Crosse* découverte, en 1856, dans l'ancienne abbatiale *de Tiron*. A propos de ce symbole du douzième siècle, conservé aujourd'hui au Musée de Chartres, l'illustre savant a composé un mémoire dont les notes nombreuses et toutes empreintes de l'érudition qu'on lui connaît, forment à elles seules un ensemble où le symbolisme est aussi bien compris que largement exposé. C'est un livre qu'on ne peut trop consulter et dont les précieux éléments, reliés par une table analytique, fourniraient des documents inappréciables à la science que nous préconisons ici (1).

Le pallium est aussi une marque de dignité, aujourd'hui réservée aux archevêques. Ce fut, dans l'origine, un manteau d'honneur envoyé par les empereurs chrétiens aux prélats, pour signifier que ceux-ci ne différaient en rien,

*Le pallium.*

---

(1) Ce remarquable travail forme la plus grande partie du quatrième volume du *Bulletin du Comité de la langue, de l'histoire et des arts de la France*, n°s 10, 11 et 12 de l'année 1857, publiée à Paris en 1860. — Il est très-regrettable que tant de science ne fasse point un livre spécial et se trouve ensevelie dans un recueil où quelques rares érudits songeront seuls à l'aller chercher.

pour l'autorité dans les choses spirituelles, de l'empereur lui-même dans le pouvoir temporel. Les papes continuèrent de l'octroyer quand ils eurent pris, à Rome, possession de l'autorité souveraine que leur y laissa le séjour de celle-ci à Constantinople. Mais aussi le pallium changea de forme, et pour ne pas voiler aux regards ni la chape ni la chasuble pontificales, on le réduisit bientôt à une simple bande de laine blanche, large de trois ou quatre doigts, ornée dans sa longueur de quatre croix grecques de couleur noire : ce n'est donc plus qu'une simple décoration indiquant la suprématie archiépiscopale, aussi bien que celle du patriarche et du primat : « *In quo est*, dit le Pontifical, *plenitudo pontificalis Officii.* » Cependant quelques évêques, par une faveur attachée à leur siége, en sont aussi décorés; mais ils ne peuvent s'en parer, non plus que les archevêques mêmes, en dehors d'un certain nombre de fêtes prévues par le Pontifical romain. Et toutefois, dit l'auteur que nous suivons, ce n'est pas tant un signe d'honneur qu'un symbole tout spirituel. Comme il se passe en forme de cercle autour du cou, et descend sur le dos et la poitrine par deux languettes, il semble entourer l'homme tout entier et lui rappeler le saint joug de la Croix, avec laquelle seule on peut suivre le Sauveur; et quant au Pape qui le donne, il devient envers ceux qui le reçoivent le signe de la mission apostolique, dont le Vicaire de Jésus-Christ est seul ici-bas la source et le dispensateur. Les croix noires sont également un signe de la Passion. Durant, une centaine d'années après Sicardi, y voyait une pensée des quatre vertus cardinales, parce que de son temps elles étaient rouges. Cette différence, dont on ne sait pas l'origine précise, prouverait encore qu'on ne croyait guère pouvoir se passer de symbolisme, puisque, l'un disparaissant, on en rattachait un autre au même sujet.

La croix pectorale.

La croix pectorale représente pour l'évêque cette lame d'or dont le pontife de l'ancienne Loi couvrait son front (1). Pour lui, elle était l'indice de la Sagesse d'En-Haut, qui n'était nulle part mieux que dans la Loi qu'il personnifiait; et, comme sur la poitrine, il portait aussi sur le rational les mots *doctrine* et *vérité* (2). C'est également dans la Croix que se résument pour le pontife chrétien ces deux principes qui n'en font qu'un, et qui doivent rester inséparables de sa personne; et comme la Croix est divisée en quatre parties, Durant y trouve une ingénieuse allusion au texte de S. Paul sur les *dimensions* à comprendre de la charité divine dans le mystère de la Rédemption (3).

<small>Les sandales.</small>

Enfin, les sandales sont la dernière partie du vêtement spécial aux évêques. Il paraît qu'elles furent d'abord de couleur rouge, ou noire, ou bleue. C'est depuis le treizième siècle seulement qu'on en a fait de blanches, sans doute pour les adapter mieux à cette couleur dans les fêtes, en plus grand nombre, où elle devient nécessaire. La raison générale de cette chaussure n'est pas moins mystérieuse que tant d'autres. L'évêque est obligé à parcourir son diocèse, et on lui donna par là un souvenir de ce devoir. Les sandales étaient autrefois munies de deux tissus qui, en les reliant aux pieds, indiquaient la formalité de la marche et l'infatigable ardeur des pèlerinages apostoliques. Avec le temps ces attaches ont disparu, comme la simplicité primitive de cette chaussure, aujourd'hui brodée d'or ou d'argent, et même de gemmes diversement colorées.

<small>Prières symboliques propres à chaque partie du costume sacré.</small>

A l'usage de ces diverses pièces du costume pontifical sont attachées des prières, dont la récitation doit se faire en même temps qu'on les revêt. Ces prières, comme les paroles du consécrateur en revêtant l'élu de ses divers insignes, expriment les multiples Mystères qui y sont attachés. Il en

---

(1) « Facies et laminam de auro purissimo in qua sculpes opere cælatoris : *Sanctum Domino.* » (*Exod.*, XXVIII, 34.)

(2) « Doctrina et veritas. » (*Ibid.*)

(3) « Ut possitis comprehendere cum omnibus Sanctis quæ sit latitudo et longitudo, sublimitas et profundum sacramenti hujus. » (*Ephes.*, III, 18.)

est de même des parties du costume sacré qui est commun aux prêtres et aux évêques, et dont il nous reste à parler maintenant. On ne perd pas de vue que ce costume se rapporte surtout à l'offrande du Saint Sacrifice. Il faut, toutefois, en excepter la chape, commune à plusieurs fonctions depuis longtemps, mais qui est plutôt un parement réservé au chant des vêpres, à l'Évêque tenant chapelle, au Chapitre qui l'assiste pendant les offices pontificaux, et aux processions, pour lesquelles on l'employa d'abord : car, ces sortes de pèlerinages en abrégé se faisant souvent jusqu'à des distances assez éloignées de l'église, on se trouvait parfois obligé de se munir d'un manteau, nommé de là *pluviale*, puis *cappa* ou chape, du petit capuce qu'on y ajoutait pour se couvrir la tête au besoin. D'abord de simple drap, les chapes parurent ensuite, à cause de leurs dimensions, plus dignes de figurer dans les plus belles cérémonies. On les fit de soie ou d'autres étoffes plus précieuses. On y prodigua l'or, l'argent, les pierreries, les métaux ciselés. On la donna aux chantres comme à l'officiant, sans être un habit sacré proprement dit, sans obliger celui qui la porte à réciter aucune prière spéciale, sans recevoir même aucune bénédiction préalable à son emploi; elle a pourtant son symbolisme, qui a servi à l'autoriser quand elle a remplacé la chasuble pour une foule de circonstances, surtout depuis le changement de forme de celle-ci. Durant voit dans ce large manteau qui enveloppe le prêtre une figure de la robe éternelle dont les Saints seront un jour revêtus (1). Au reste, la chape a sa couleur spéciale, qui suit celle des autres vêtements.

Mais revenons au Saint Sacrifice.

Avant tout, le prêtre et l'évêque se lavent les mains en demandant à Dieu de leur donner la vertu nécessaire à l'œuvre sublime qu'ils vont opérer; que l'eau dont ils usent les purifie de toute souillure de l'âme comme de celle du

---

(1) Voir *Ration. div. Off.*, cap. XVIII.

corps, afin d'être plus dignes du service divin. Cette lotion est donc une sorte de baptême qui prépare au grand sacrement.

L'amict est un voile de lin blanc dont l'officiant couvre sa tête et ses épaules : espèce de casque et d'armure qui le rassure contre les attaques de l'ennemi, *ad expugnandos diabolicos incursus*. L'amict est l'ancien éphod ou huméral du grand-prêtre, couvrant la tête, où résident les opérations de l'esprit, afin de les garder contre toute pensée inutile ou dangereuse, puis le cou, où sont disposés les organes de la voix, afin que la sainte Parole ne soit dite qu'avec le respect et la dignité convenables ; et enfin les épaules, sur lesquelles pèse le fardeau du sacerdoce, toujours redoutable, toujours donc l'objet de notre plus affectueuse attention. Que de leçons en une si petite chose ! L'amict.

L'aube se revêt ensuite, tunique de lin, descendant jusqu'aux pieds, costume des Anges toutes les fois qu'ils apparaissent à la terre, image glorieuse de la pureté virginale qui décore le prêtre et le lévite : il n'y a pas jusqu'à la largeur habituelle de l'aube qui n'exprime dans la Loi nouvelle la liberté sainte dont le Christianisme a donné l'esprit à ses enfants d'adoption. En songeant à un tel insigne, le prêtre sollicite dans son cœur et par ses paroles « d'être *blanchi* de plus en plus et purifié davantage, » et, par allusion à un passage de l'Apocalypse, il invoque « le Sang purificateur de l'Agneau qu'il va immoler comme le gage infaillible de ses joies éternelles. » On trouve dans le cordon, *cingulum*, qui retient l'aube en l'appuyant aux reins et à la poitrine, et en lui donnant des plis sans lesquels elle manquerait de grâce et d'élégance, une allusion à la recommandation du Sauveur : « Ayez soin de ceindre vos reins (1). » C'est encore, d'après S. Grégoire, le symbole de la chasteté : *Dieu sonde les cœurs et les reins*, qui sont le siége des passions L'aube.

Le cordon.

---

(1) « Sint lumbi vestri præcincti. » (*Luc.*, XII, 35.)

charnelles (1). Et quand fut-il plus nécessaire de se le rappeler qu'à l'approche du Saint des Saints dans le plus auguste de ses Mystères ?

L'étole.

L'étole était d'abord une première robe qui devint lourde et embarrassante, quand l'aube fut devenue obligatoire. — L'étole fut alors diminuée de sa proportion, jusqu'à n'être plus enfin qu'une partie d'elle-même, partie cependant toujours nécessaire et sans laquelle on ne peut célébrer. En la prenant, le prêtre, se rappelant la première robe d'innocence perdue par le péché originel, conjure le Seigneur « de la lui rendre avec celle qui va le couvrir encore, et en même temps l'héritage que la première prévarication lui avait fait perdre. »

Le manipule.

Le manipule, *manipulus*, n'était d'abord qu'une petite nappe ou linge blanc que le diacre et le sous-diacre appuyaient sur le bras gauche, pour s'en aider comme d'un moyen de propreté dans leur office, qui fut toujours d'aider le prêtre et l'évêque à l'autel, mais d'abord aussi de les assister dans leurs fonctions extérieures, les voyages, la distribution des aumônes, etc. C'est pourquoi on l'appelait aussi *sudarium*. Quand le prêtre et l'évêque durent célébrer les saints Mystères ou faire leurs autres fonctions sans l'assistance des ministres inférieurs, ils usèrent aussi du manipule, qui devint un ornement sacré, et dont il ne fut plus permis de se passer à l'autel. Son usage n'a donc plus depuis longtemps que l'importance d'un souvenir respectable, et ceux qui le prennent doivent en sanctifier l'emploi en demandant à Dieu « de les rendre dignes par sa grâce de porter ce signe de la componction du cœur, et du travail, » qui, accepté en esprit de pénitence, leur fera « mériter la joie des récompenses à venir. » C'est aussi la pensée de l'évêque lorsque, dans l'ordination du prêtre, il lui remet le manipule comme

---

(1) « Scrutans corda et renes Deus. » (*Ps.*, VII, 10.) — « Jubetur lumbos restringere, ut munditia sit castitatis in corpore. » (S. Greg. *Homil.* XIII *in Luc.*)

un symbole des bonnes œuvres qu'il est appelé à accomplir.

Reste enfin la chasuble, dont le nom, *casula*, et plus tard *planeta*, indique bien sa destination et son office. C'est l'habit supérieur, couvrant tout le reste, et dont les riches ornements rendent bien l'importance. En effet, le diacre, qui porte tous les autres détails du costume sacré que nous venons d'expliquer, mais en faisant descendre l'étole de l'épaule gauche au côté droit, afin qu'il ne soit pas confondu en certains cas avec le prêtre, ne peut user de la chasuble, qui est l'habit sacerdotal par excellence; il la remplace par une *dalmatique*, ainsi nommée de la province où on l'appliqua d'abord aux choses sacrées, et qu'on croit n'être qu'une reproduction de la robe sans couture du Sauveur que les Apôtres s'attribuèrent après Lui pour la porter continuellement. C'est au pape S. Sylvestre qu'on doit d'en avoir fait le parement du diacre pendant son office à l'autel. Il paraît, d'après un texte d'Alcuin, qu'au neuvième siècle la dalmatique avait des ouvertures sous les bras pour rappeler au diacre que la lance avait percé le côté du Sauveur (1). — Quant au sous-diacre, il n'a qu'une simple *tunique*, d'abord plus étroite que la dalmatique, sous laquelle elle se portait, et dont les évêques ont conservé l'usage. Ce n'est guère que vers le onzième siècle qu'ayant été abandonnée par le diacre, on la donna au sous-diacre, qui jusque-là n'avait servi qu'avec l'aube, le cordon et le manipule, comme aujourd'hui encore dans l'Église grecque, et même dans l'Église latine pour les simples féries de Carême et quelques autres circonstances analogues. L'évêque, en ordonnant le sous-diacre, le revêt de la tunique, et lui dit en même temps : « Que le Seigneur vous donne lui-même cette robe de joie et de bonheur. » — Mais il nous faut revenir à notre chasuble. C'est donc la

La chasuble, la dalmatique et la tunique.

---

(1) « Habet pertusa sub alis quoniam illis suadet qui eam induunt ut Christi vestigia imitentur, qui lancea perfusus est in latere. » (Alcuin. *opp.* in codice Vatic. 5099. Apud Boldetti.)

robe par excellence du prêtre; elle représente la charité et la perfection qui doit sanctifier ses œuvres : *Accipe*, dit le Pontife, *vestem sacerdotalem per quam charitas intelligitur... et opus perfectum*. Cette seule formule établit assez quel tort on a eu d'arriver peu à peu, à travers mille changements par trop radicaux, jusqu'à dénaturer tellement la forme antique de ce beau vêtement qu'il en est devenu méconnaissable, et n'a plus rien du sens que la sainte liturgie n'a pas cessé de lui reconnaître. Malgré ses formes étroites, plates et écourtées, ne couvrant plus le prêtre que d'une façon incomplète et sans signification, on a cependant gardé l'usage à la messe d'en faire relever l'extrémité postérieure par le clerc ou par le diacre, comme si elle devait encore embarrasser le sacrificateur s'agenouillant pendant la consécration. Si l'on voit en cela un maintien de l'ancien usage qu'avait nécessité son ampleur, n'y peut-on pas trouver aussi une autre protestation contre le malheureux abandon de ses formes si dignes autrefois et si majestueuses? Heureusement que çà et là ont reparu, tout récemment, ces coupes que nos pères avaient si sagement adaptées à tant d'autres convenances. En attendant que cette réforme se généralise selon nos espérances, représentons-nous la chasuble comme nous étant ce joug sacré dont le Seigneur a dit « qu'il était un fardeau aussi supportable qu'il est doux (1), » et puisse le prêtre accomplir toujours en lui l'effet qu'il demande en s'en revêtant pour le Saint Sacrifice : « Faites, ô mon Dieu, que je me conduise en tout, sous ce joug vénéré, de manière à en mériter toutes les grâces! »

Comme ces habits sacrés sont faits d'étoffes mêlées d'or, d'argent, de franges et d'orfrois plus ou moins riches, auxquels on peut ajouter avec succès des pierres ou gemmes d'un symbolisme qui s'y assortisse, nous devons parler de

---

(1) « Jugum enim meum suave est, et onus meum leve. » (*Matth.*, XI, 30.)

ces étoffes, dont le fond est souvent chamarré de divers sujets tirés de la faune ou de la flore sacrée, et parle en même temps d'autant mieux à l'intelligence et aux sens. Quelques-uns de ces tissus de soie ou de laine, conservés encore dans quelques sacristies, ou seulement dans de vieux inventaires, attestent le zèle pieux que mettait le moyen âge à la confection de ces ornements si recherchés, et dont le genre commence heureusement à renaître. On sait les chapes de Charlemagne conservées à Metz, et de S. Mesme à Chinon, et les deux du treizième siècle que possède Saint-Sernin de Toulouse. On peut observer encore le voile oriental de la cathédrale du Mans, la chasuble de S. Thomas Becket, gardée à Sens, celles de S. Bernard à Dijon, du B. Thomas Hélie à Biville, et ailleurs beaucoup d'autres parties du vêtement ecclésiastique dont la conservation est d'autant plus précieuse qu'elles peuvent guider pour la fabrication intelligente d'étoffes destinées de nos jours aux mêmes usages. Très-souvent ces belles œuvres sont d'origine orientale, les croisades nous en ayant beaucoup apporté; et comme, à la suite des invasions arabes ou de quelques malentendus sur la doctrine du second concile de Nicée, en 786, les Orientaux s'étaient abstenus de représenter les créatures humaines dans leurs images sacrées ou profanes (1), presque toujours l'ornementation de ces étoffes consiste en figures d'animaux et de plantes, en festons et en arabesques; et toutefois le symbolisme n'y a pas moins son rôle, comme par exemple dans les représentations du *hom*, arbre mystérieux dont nous avons parlé ci-dessus (2), dans l'adoration du feu, qui indiquerait exclusivement une source persane si parfois les chrétiens de l'Orient n'avaient exprimé eux-

<small>Quelques-unes des plus célèbres.</small>

<small>Leur ornementation symbolique au moyen âge.</small>

---

(1) Voir Pluquet, *Mémoire pour servir à l'histoire des égarements de l'esprit humain*, t. II, p. 231 et suiv., in-8°, Besançon, 1817; — et Bâtissier, *Hist. de l'art monumental*, p. 67, in-8°, 1848.
(2) T. III, ch. XIII, p. 528 et suiv.

mêmes par cette image le culte du vrai Dieu, dont le soleil était chez eux le fréquent emblème : on le voit par *La Clef* de S. Méliton et les *Petites Formules* de S. Eucher (1).

Succès de l'Occident en ce genre.
Quand l'Occident, qui avait eu aussi ses belles fabriques d'étoffes et de tapisseries bien antérieurement aux excursions d'outre-mer, mais qui les avait négligées avec les autres arts pendant le cours fatigué du dixième siècle, se fut épris d'une nouvelle ardeur pour ces belles choses, on ne vit rien de mieux que ce qui s'exécuta, en ce genre, dans les couvents de femmes (comme le prouve la belle chape de Sainte-Aldégonde, qui sert encore une fois par an à Maubeuge) et dans les fabriques françaises, dont le treizième siècle nous a laissé de si remarquables spécimens. Outre les dessins de caprices, les arabesques, les méandres, les dents de scie et une foule d'autres *moulures* empruntées fréquemment aux sculptures des monuments religieux de cette riche époque, on parait volontiers le champ de motifs blasonnés, toujours symboliques, ou de scènes reproduites sur la soie et empruntées aux pages, alors si agréablement cultivées, des manuscrits à lettres ornées et à délicates miniatures.

La chape de Charlemagne.
Mais avant même cette belle époque, d'habiles artistes s'étaient exercés à des chefs-d'œuvre. Ainsi, la chape dite de Charlemagne, et qu'on fait remonter par conséquent au huitième ou neuvième siècle, représente un vaste semis d'aigles, symbole de l'empire, de la force et de la majesté ; puis, par intervalles, des monstres ayant une tête de loup et mordant de leurs dents très-apparentes les jambes de ces oiseaux. On devine facilement à ces traits le grand empereur triomphant des Saxons révoltés,

---

(1) *Sol, Dominus Jesus Christus*, dit S. Eucher, *Form.*, 294 ; apud *Spicileg. Solesm.*, III, 403. — « Vobis autem timentibus Deum orietur Sol justitiæ. » (*Malach.*, IV, 2.) — Voir *Spicileg.*, II, 60, et tout le commentaire qui s'y rattache, p. 64 et suiv.; voir encore S. Justin, *Apolog.* II, sub fine.

dont les attaques incessantes ne se terminent qu'à leur défaite décisive ; c'est plus encore, car l'aigle, qui est la puissance de la terre, est aussi Jésus-Christ, qui s'y est comparé ; et le loup, ravisseur cruel des brebis paisibles et innocentes, n'est pas autre chose que le diable intervenant toujours dans les affaires de Dieu et des chrétiens pour contrebalancer le pouvoir de l'un et la sainteté de l'autre (1). Au temps de S. Louis, la chasuble donnée par ce prince au B. Thomas Hélie est semée de fleurs de lis et des tours de Castille, ce qui prouverait que la reine Blanche aurait eu sa part dans cette générosité. Le lion efflanqué associé à ces tours indique d'ailleurs le royaume de Léon, qui fut longtemps uni à celui de Castille. La reine Marguerite de Provence n'y serait pas demeurée non plus étrangère, car elle était de la maison de Maurienne, et on la reconnaît à l'aigle de sable qui en formait les armoiries.

Ce n'était pas là le premier essai des pièces de blason brodées sur les ornements ecclésiastiques. On avait commencé cent ans auparavant, en 1180, à embellir d'un semé de France ceux qui devaient servir au sacre de Philippe-Auguste (2). Depuis ce temps, on prodigua le blason à bien d'autres objets, soit pour prouver l'origine d'une donation à une église, soit pour attester les droits qu'y pouvaient avoir des familles seigneuriales ; et jusqu'au seizième siècle, où les derniers efforts de l'art chrétien succombèrent aux coups du protestantisme et du libertinage ligués contre lui, les chasubles et les autels, les clefs de voûte et les vitraux, les reliques et les vases sacrés,

*Origine des armoiries sur les ornements ecclésiastiques.*

---

(1) « Aquila, Christus : Sicut aquila provocans pullos suos ad volandum. » (*Deuter.*, XXXII, 11.) — « Terrena potestas : Dilata, sicut aquila, calvitium tuum. » (*Mich.*, I, 16.) — « Lupus, animal valde vorax..., figuram gerit diaboli ; ipse enim semper rapina insistit... » (*Distinct. monastic.* lib. III, De Lupo ; apud *Spicileg. Solesm.*, t. II, p. 480, et III, 63.)

(2) *Encyclopédie*, in-4°, t. XXXI, p. 685, v° SEMÉ.

répétèrent à l'excès des motifs d'ornementation qui furent trop souvent beaucoup moins une marque de dévotion qu'une prétentieuse exigence de la vanité. Heureuse faute ! car au moins ces vanités d'alors servent-elles à l'histoire de ces précieux objets, dont elles nous indiquent seules aujourd'hui l'origine ou la provenance.

<small>Symbolisme des couleurs liturgiques;</small>

Mais ces habits sacrés, par cela même qu'ils étaient liturgiques, devaient avoir leurs différentes couleurs, selon les fêtes ou le temps de l'année auxquels on devait s'en servir. Là était encore du symbolisme, non pas tant dans le nombre *sept*, ni dans le nombre *quatre*, quoi qu'en aient pensé certains archéologues, car ce nombre fut, à différentes époques, différemment déterminé, que par le caractère même des fêtes auxquelles se rapportaient les couleurs. On voit, d'ailleurs, que ce symbolisme ne s'est complété que peu à peu, car le nombre *quatre* apparaît au treizième siècle, le nombre *sept* au quatorzième ; puis on le réduisit à *six*, que l'ordre romain possède aujourd'hui, en y comprenant l'or, qui n'est pas une couleur à proprement parler, mais qui se mêle plus richement aux autres dans les solennités d'un ordre supérieur. C'est Durant de Mende qui compte *quatre* couleurs ; il est vrai qu'il les appelle *principales*, ce qui suppose tout d'abord qu'il en aurait pu citer d'autres, et, en effet, il parle du violet comme usité à Rome, et du jaune (*flavo colore*), qui ne l'est plus nulle part, outre le blanc, le rouge, le vert et le noir, qui sont plus habituels en France, où il écrit ; mais ce violet lui-même, couleur de la pénitence, est employé dans le Carême aussi bien que le noir, qui a la même signification symbolique et indique les jours de componction et de deuil (1). La longue énumération que

---

(1) Le deuil se porta longtemps au moyen âge en violet. Les rois le conservèrent jusqu'au dix-septième siècle, et on voit dans les *Mémoires* de Dangeau (23 février 1689) que, le roi Jacques d'Angleterre étant à Saint-Germain quand mourut la reine d'Espagne, il prit le deuil en

fait le prélat liturgiste des fêtes auxquelles se rattachent les couleurs diverses se résume très-bien à dire que, pour les fêtes de Notre-Seigneur, de la Sainte Vierge, des Anges, des Confesseurs et des Vierges, on a consacré le blanc. On conçoit, d'après nos précédentes explications, que l'Office doive exprimer par les ornements qu'on y emploie la pureté de vie, la candeur virginale, l'incorruptibilité de doctrines et la gloire sans tache de ces saintes personnalités, dignes objets du culte chrétien. Il en doit être ainsi des solennités où respire la joie, comme la nativité de S. Jean-Baptiste, la fête de la Trinité, celle de S. Michel et des saints Anges gardiens, etc. — Les martyrs, et les Apôtres qui le furent tous, ont un souvenir de leur sang versé pour la foi dans le rouge, qui devient leur parure. C'est dans ce sens que Boniface VIII donna, vers 1295, aux cardinaux la robe rouge, indice du dévouement qui devait aller, s'il était nécessaire, jusqu'à répandre leur sang pour le Saint-Siége, alors persécuté par les injustices violentes de Philippe le Bel. comment elles se partagent les différentes fêtes de l'année.

Mais cette couleur, consacrant le plus sublime degré de la charité, qui va jusqu'à donner sa vie pour Jésus-Christ ou pour ses frères, est donc aussi celle qui rend le plus excellemment l'action de l'Esprit-Saint, source d'amour, et c'est pourquoi le prêtre s'en revêt à la Pentecôte et dans tous les Offices du Saint-Esprit. Quand sont accomplis tous les grands mystères de l'année ecclésiastique, et que l'Église recommence sa marche vers les prochaines fêtes de Noël, qui en réouvriront le cycle, on prend le vert qui symbolise cette espérance ; car on s'applique alors d'autant plus à la méditation des biens à venir qu'aucun autre sujet n'en vient détourner la pensée. N'oublions pas cependant, quoi qu'il en soit de ces variétés d'habitudes sur ce point, regardé dans l'Église comme très-important, et à l'égard Raisons de quelques variétés en ce genre.

violet en même temps que Louis XIV. — Le noir se prend encore dans l'Ordre romain pour l'Office du Vendredi saint.

duquel les infractions sont toujours graves, n'oublions pas que les règles aujourd'hui bien arrêtées n'ont pas été les mêmes toujours et partout. On ne sait pas bien quand elles devinrent des prescriptions légales, et, depuis qu'elles ont fait loi, les Églises particulières ne s'y sont pas conformées avec le même empressement, soit que Rome, la Mère et la Maîtresse de toutes, n'ait pas absolument commandé ces changements partiels, soit qu'en certains diocèses on ait tenu à des usages immémoriaux, qui ne manquaient pas d'ailleurs de leur raison d'être. C'est ainsi que le violet s'employait presque généralement en France, en dehors du Carême, de l'Avent et des jours de jeûne, pour les saints moines, les saintes femmes, et, selon les lieux, pour les Docteurs, les Prêtres et les Justes, que l'Ordre romain comprend sous la dénomination générale de saints Confesseurs. C'était toujours consacrer la pensée de la pénitence chrétienne, qui avait dû se remarquer dans tous ces saints personnages. Nous avons toujours regretté que cette robe diaprée, cette *variété dans l'unité*, n'ait pas été conservée aux Églises qui l'avaient de temps immémorial, lorsque, tout récemment, le retour à l'Office romain s'est fait partout en France. Rome, de l'aveu même de ceux qui ont le plus contribué à ce changement, ne l'eût pas exigé aussi absolu si l'on avait voulu concilier avec ses usages respectables bien d'autres qui ne l'étaient pas moins. L'Église, qui tient tant à ses traditions si justement vénérées, aurait su respecter celles que tant de siècles et de si justes raisons avaient consacrées en France ou ailleurs.

*Application occasionnelle d'autres couleurs à des cérémonies liturgiques.*

Le pape Innocent III, dans son *Traité du Saint Sacrifice*, fait observer que les quatre couleurs usitées à Rome de son temps répondaient à celles employées dans la Loi mosaïque. Ce devait être une raison pour tenir à celles-là, qu'on n'a jamais contestées nulle part; mais rien n'a pu déroger à cette pensée dans l'emprunt que d'autres Églises ont fait plus tard à des couleurs nouvelles : Rome n'en a-t-elle pas elle-même donné l'exemple quand, pour la bénédiction de la rose d'or, au troisième dimanche de Carême, elle a pris un ornement couleur de *rose sèche*, dont parle le chevalier Moroni ? Certes, c'était là du symbolisme, ou il n'y en aura jamais. Or tous les usages de ce genre ou d'autres analogues avaient été motivés ailleurs par les mêmes raisons, et jamais on n'avait songé à les réprouver.

La même variété, le même esprit avaient présidé à l'institution des fêtes. De quelques noms qu'elles fussent décorées dans le rang hiérarchique servant à déterminer leur importance relative, *doubles* ou *solennelles*, *annuelles* ou *de première classe*, le même caractère symbolique s'y reflète avec la même grandeur et la même majesté. C'est dans la célébration de ces jours bénis que se montrait surtout autrefois, quand la simplicité d'une piété naïve n'avait pas encore cédé à la froideur de notre religiosité moderne, le goût de nos aïeux pour le symbolisme et les figures. Un rapide aperçu de quelques-uns de leurs usages suffira à nous en convaincre.

Symbolisme des fêtes chrétiennes,

La principale des fêtes chrétiennes, et la première instituée, fut naturellement le dimanche, auquel se rattachaient tant de souvenirs. S. Justin en donne pour raison que ce fut le premier jour de la création, où la lumière succéda aux ténèbres (1). Ce fut aussi celui de la résurrection du Sauveur ; et il est probable que, lors de la descente du Saint-Esprit à la Pentecôte, les Apôtres étaient assemblés pour célébrer cette même fête dominicale, déjà instituée par eux. Les païens, qui avaient fait du premier jour de la semaine celui du soleil, n'avaient pas d'autre origine de cet usage que l'antique tradition de la Genèse. S. Jean Chrysostome regarde ces pieuses réunions comme une image de celle du ciel, où les Anges et les Saints répètent sans cesse les louanges de Dieu (2).

et d'abord du dimanche,

---

(1) *Apolog.*, ubi suprà.
(2) Homil. super *Vidi Dominum*.

*et des Offices en général.*

Quand les fêtes durent se multiplier à l'occasion soit de l'extension du Christianisme, soit de faits nouveaux ou de circonstances historiques, on ne manqua pas d'y mêler, tant dans la liturgie que dans les ornements artistiques dont on parait les temples et les autels, une foule de symboles très-capables d'en faire comprendre l'objet et l'esprit. L'Office divin, tel qu'il fut conçu tout d'abord, et que nous le représentent les Pères des temps primitifs, en fut tout imbu; et un liturgiste fait observer que la raison qui fit choisir dans la règle de S. Benoît le psaume III, que nous récitons encore à matines, c'est qu'il y est mention du sommeil et du lever : *Ego dormivi, et soporatus sum, et exsurrexi* (1). C'est de la sorte que furent toujours choisis aux différentes solennités les passages des Livres saints qui se rapportaient le mieux à leur sujet. On voit dans S. Augustin que, la veille de Pâques, les catéchumènes chantaient en allant aux fonts du baptême le beau psaume XLI : *Sicut cervus desiderat ad fontes aquarum*. Cette belle et significative cérémonie s'était perpétuée jusqu'à nous, pendant les vêpres de l'Octave de Pâques, dans les églises munies de fonts baptismaux; et Rupert blâmait avec raison les moines qui ne s'abstenaient pas de cette cérémonie dans leurs églises où les fonts n'existaient pas (2). Ce même Rupert, aussi bien qu'Honoré d'Autun, expliquent la procession solennelle qui, déjà de leur temps, précédait la messe de l'Ascension, par l'intention de représenter le retour de Jésus-Christ vers son Père : la marche du clergé portant les reliques indique le triomphe du Sauveur, au devant duquel les Anges se portaient pour l'accompagner à son entrée dans le ciel (3).

*Observances symboliques aux fêtes de Pâques,*

*de l'Ascension.*

*Usages populaires.*

Ce mysticisme ne devait pas avoir de limites, et l'envie

---

(1) Voir Grancolas, *Traité de l'Office divin*, p. 290, in-12, Paris, 1713.
(2) Grancolas, *ibid.*, p. 569.
(3) *De Offic. div.*, lib. III, cap. x.

## LITURGIE. — LES FÊTES CHRÉTIENNES.

de donner plus d'expression à ces grands actes de la vie religieuse y introduisit, selon le génie de chaque Église, des usages variés qui les rendirent plus populaires et faisaient de leur retour annuel un sujet de joie autant que de naïve édification. Il ne faut pas chercher une autre cause à ces feux de la Saint-Jean sur lesquels se sont tant évertués des dissertateurs qui en ont tant dit, excepté la raison véritable. Ce dut être dès les premiers jours de la foi qu'on chercha à traduire par cette manifestation les paroles prophétiques de l'Ange à Zacharie : « La multitude se réjouira à sa naissance (1). » C'était prendre à la lettre le texte évangélique, et l'Église ne s'y opposa jamais dès lors que, dans ces coutumes adoptées par les peuples, il n'y avait qu'un moyen de plus de protéger le dogme et d'étendre les droits de la morale, qui s'y unit toujours étroitement.

*Des feux de la Saint-Jean.*

Il y a plus : le peuple, que séduisent facilement les dehors d'une institution quelconque, ne voyait bien le sens intérieur et symbolique de ces réjouissances chrétiennes que par l'enseignement qu'on lui en donnait, et il comprit, dès l'apparition primitive de ces nouveautés religieuses, qu'elles renfermaient pour lui un double intérêt d'utilité et de délassement. Ainsi, le dimanche et les autres fêtes n'étaient

*Utilité sociale des jours de fêtes.*

---

(1) « Et multi in nativitate ejus gaudebunt. » (*Luc.*, I, 14.) — Beaucoup de superstitions et de croyances populaires se sont mêlées, en divers endroits et à diverses époques, aux fêtes de la veille de la Saint-Jean. Durant de Mende en parle (t. V, trad. de M. de Barthélemy, p. 62, 63 et 83), et M. de la Fons de Melicocq en cite d'autres dans les *Annales archéologiques*, XVI, 175. — Dans presque tous ces usages on trouve une pensée symbolique ; mais le fond n'en reste pas moins le même, et dès le commencement ce fut seulement une marque de pieuse joie pour la naissance du saint Précurseur. Le moyen âge y fit entrer çà et là quelques-unes de ses légendes ; quelques rares superstitions de la foule, la plupart incomprises, s'y mêlent encore : mais presque partout aujourd'hui l'acte se borne à une marche processionnelle autour du feu allumé par l'Officiant, au chant de l'hymne *Ut queant laxis*, qui est celle de la fête. — On voit ainsi que la cérémonie du feu est revenue à sa plus simple et naturelle expression, et n'est point du tout ce qu'en ont dit de nombreux dissertateurs qui se sont égarés sur ce point à perte de vue. (Voir ci-dessus, t. I, p. 310.)

pas seulement des jours plus spéciaux de devoirs envers Dieu ; c'était encore un jour de repos, symbolisant aussi le couronnement de l'œuvre des six jours, merveilleusement accomplie par la main divine. Ces jours privilégiés, tout empreints de ces souvenirs grandioses, devaient passer à l'état d'institution sociale, car, tout en facilitant les relations de famille, en multipliant les réunions plus expansives entre les hommes, ils formaient, pour le cours de l'année, des divisions mémorables, et comme des étapes convenues auxquelles aboutissaient les affaires d'intérêt commun ou particulier, les conventions, les termes des transactions commerciales ou agricoles. La plupart du temps les fêtes désignaient une date précise, sans autre secours de divisions mensuelles et de jours déterminés, dans les actes et contrats qui garantissaient l'usage des propriétés ou les époques de redevances. Noël, Pâques, la Saint-Jean d'été ou d'hiver, la Saint-Martin, la Notre-Dame de mars ou de septembre formaient le calendrier usuel, et cette méthode n'avait sa raison que dans le lustre donné par l'Église à ces mêmes jours embellis par elle d'un caractère sacré. Alors elle déployait le luxe de ses ornements ; elle déroulait ses plus belles tentures historiées d'allégories ou de faits de nos deux Testaments ; les cérémonies y développaient les pompes de leurs processions majestueuses, de leurs chants joyeux répétés par le peuple, qui prenait sa place et sa part dans ces beaux spectacles, dont le fond tendait toujours à lui rappeler, avec ses devoirs d'adoration et de fidélité, les grandes destinées qui lui sont promises, aussi bien qu'aux puissants de la terre ; et ceux-ci, non moins obligés que les petits à figurer dans ces comices de la religion, y apprenaient, au profit de tous et d'eux-mêmes, la juste et impartiale égalité que Dieu devait faire, par un jugement très-prochain, entre les rois et les sujets. C'était donc encore le symbolisme du ciel avec ses places diverses pour les différents mérites, et sa hiérarchie éternelle.

Ainsi pouvons-nous dire avec un évêque de notre temps : « Il n'y a rien dans les rites, même dans ceux qui paraissent les moins importants, qui n'ait sa raison d'être, et souvent un sens très-profond. Le symbolisme chrétien est quelque chose d'admirable pour qui sait le comprendre. C'est Dieu avec ses infinies perfections et ses magnificences, c'est l'Église avec ses doctrines et son histoire rendues sensibles aux yeux de notre infirmité (1). »

Nous avons dit que le *Bréviaire* et le *Missel*, le *Rituel* et le *Cérémonial*, sont pleins de symbolisme, et c'est de cette quadruple source qu'il découle, en effet, par une application de chaque jour, dans le culte et dans les moyens sensibles employés par lui. Que si nous ajoutons à ces sources les usages locaux des Églises particulières, nous aurons un ensemble de curieux renseignements très-capables de compléter à cet égard les notions qui se rattachent à notre sujet. Parcourons donc rapidement le cycle de l'année liturgique.

*Étude des livres liturgiques et des usages locaux.*

En quelques églises, comme à Auxerre, le 1$^{er}$ dimanche de l'Avent, on commençait l'Office de matines par l'invitatoire : *Ecce Lux vera*, pendant lequel un enfant de chœur venait, de derrière l'autel jusqu'au siége des chantres, tenant un cierge allumé. A Clermont, ce même jour, lorsqu'on chantait au chœur ces paroles du douzième chapitre d'Isaïe : *Audite, annuntiate in universa terra*, les musiciens et les chantres montaient sur la tour de l'église et redisaient ces paroles en musique, tournés vers les quatre parties du monde. Ailleurs, faute d'harmonie, ou dans une intention équivalente, on sonnait la plus grosse cloche pendant ce même chant, comme on le fait souvent encore pendant le *Magnificat* et le *Te Deum* (2).

*L'Avent.*

A Amiens, un ancien usage s'était perpétué jusqu'aux

*Noël.*

---

(1) Mgr Guibert, évêque de Viviers, *Lettre à son clergé sur les études ecclésiastiques*, 2 octobre 1851.
(2) Grancolas, *Traité de l'Office divin*, p. 404.

troubles religieux de 1790. Quand on chantait l'hymne des premières vêpres de Noël, à ces paroles : *Veni, Redemptor omnium*, et, plus tard, à celles-ci : *Tu lumen, tu splendor Patris*, qui leur avaient succédé, ou allumait des cierges autour d'une crèche voisine de l'autel, et dressée tout exprès pour renouveler la scène de Bethléem. A Rome, à Sainte-Marie-Majeure, on expose dès la veille la crèche de Notre-Seigneur dans la sacristie. Le lendemain, entre les matines et la messe de minuit, on la transporte solennellement sur le maître-autel, où elle demeure toute la journée (1).

Quelques empereurs, entre autres Charles IV et Frédéric III, étant à Rome et assistant à ce même Office, tenaient beaucoup à y lire la vii<sup>e</sup> leçon, où se trouvent ces paroles : *Ediit edictum a Cæsare Augusto*. Sigismond le fit au concile de Constance en 1417, et Frédéric III devant le pape Paul II, en 1468. Il y avait plus : les Pères de l'Église, parmi lesquels nous ne citerons que S. Augustin, trouvaient un mystère tout divin dans la coïncidence providentielle établie entre la naissance du Sauveur et l'époque de l'année où le soleil, après s'être abaissé chaque jour davantage depuis le solstice d'été, commence à remonter vers le plus haut point de sa course annuelle (2).

L'Épiphanie et la procession de ce jour.

Dans toutes les églises où la messe solennelle des dimanches et fêtes était précédée d'une procession qui perpétuait la mémoire de celle qu'on faisait dès les premiers temps pour accompagner l'évêque de sa demeure à la basilique où il venait officier, on avait symbolisé, pour la procession de l'Épiphanie, le douzième verset du deuxième chapitre de

---

(1) Barbier de Montault, *L'Année liturgique à Rome*, p. 127, in-18, Paris, 1857.

(2) « Oriente hodie Salvatore, non solum humani generis salus, sed etiam ipsius solis claritas innovatur : sicut ait Apostolus : *Ut per Ipsum restaurentur omnia, sive quæ in cælo, sive quæ in terra sunt. Si enim obscuratur sol cum Christus moritur, necesse est illum plus solito lucere cum nascitur.* » (S. August., *De Nativ. Domini.*)

S. Matthieu, racontant que les Mages, après avoir adoré l'Enfant-Dieu, et voulant éviter Hérode, s'en retournèrent dans leur pays par une autre route, sans repasser par Jérusalem (1). Ce jour-là, en effet, la procession se faisait dans le sens opposé. Nous avons vu cet usage regrettable pratiqué à Poitiers, ainsi que beaucoup d'autres qu'on devrait y avoir encore, comme on les a gardés ailleurs, par exemple à Notre-Dame de Chartres et dans tout le diocèse. Rien n'était plus conforme aux pensées des Pères : S. Hilaire n'y faisait-il pas allusion autant qu'au texte sacré, quand il regardait ce voyage insolite comme un avertissement de ne point revenir dans les voies de l'erreur une fois abandonnées (2)? et S. Augustin n'exprimait-il pas la même idée en parlant de cette route nouvelle que doit tenir l'homme converti pour arriver à sa véritable patrie, sans se jeter dans les embûches de l'ennemi (3)? Quant aux présents offerts par les rois de l'Orient, les eucologes sont pleins d'explications sur les figures qu'il faut y voir ; tout le monde les comprend. Ajoutons seulement que nos rois gardèrent longtemps parmi leurs habitudes de piété celle de venir à l'Offrande pendant la messe de la *Manifestation* et d'y déposer l'or, la myrrhe et l'encens, dont ils savaient très-bien le sens symbolique. Au rapport de Nangis (4), S. Louis n'y manquait jamais.

C'est au pape Gélase (492-496), sinon à quelque autre plus ancien, qu'il faut reporter l'institution de la cérémonie des cierges (*la Chandeleur*) le jour de la présentation de Jésus au Temple, qui est en même temps celui de la purification

Présentation du Sauveur au temple.

---

(1) « Per aliam viam reversi sunt in regionem suam. » (*Matth.*, II, 12.)
(2) « In Christo salutem omnem et spem locantes, admonemur prioris vitæ itinere abstinere. » (S. Hilar., *De Trinit.*, lib. IV.)
(3) « Non qua venimus, sed per aliam viam in patriam redire debemus, quam rex superbus humili regi adversarius obsidere non possit. » (S. August., *In Matth.*, cap. II.)
(4) *Ad ann.* 1278.

de Marie. C'était un de ces pieux artifices que l'Église employa souvent pour sanctifier des coutumes idolâtriques, auxquelles les païens tenaient beaucoup, et qui les attachaient à leurs superstitions. On sait que ces populations arriérées observaient, encore fort longtemps après le triomphe du Christianisme, leurs lupercales ; elles y portaient des torches allumées en se rendant aux autels de Pan le 15 février. On y substitua la procession des cierges flamboyants avec le chant du cantique de Siméon : *Lumen ad revelationem gentium* (1). On faisait plus en quelques lieux, à Poitiers par exemple, entre les vêpres et les complies des dimanches qui s'étendaient de la Purification au Carême : le clergé s'avançait en procession dans les vastes nefs de la cathédrale, et, s'arrêtant avant de rentrer au chœur, sur le seuil de la grande porte, y chantait le répons *Sancta et immaculata Virginitas*, puis l'antienne *Inviolata :* rendant ainsi un hommage touchant au plus glorieux des priviléges de Marie.

Pâques.

Ces traits historiques suffisent pour démontrer quelle part le peuple chrétien, dans toutes ses conditions sociales et dans tous les temps, prenait aux grands jours de l'Église. Nous n'indiquerons plus qu'en peu de mots certaines particularités plus curieuses. A Poitiers encore, dès le grand matin du jour de Pâques, on allait retirer de la crypte pratiquée sous l'autel principal de Notre-Dame-la-Grande le Saint-Sacrement, qu'on y conservait depuis le Jeudi saint, et on le transportait en grande pompe au tabernacle du sanctuaire. Cette belle et touchante cérémonie s'observe toujours,

---

(1) Voir Sabbathier, *Dictionn. d'antiquités*, v° LUPERCALES.—Croiset, *Année chrétienne*, février, p. 14. — Les bréviaires de France avaient naguère une belle hymne, chantée pendant la procession, où tout le mystère s'exprimait par ces poétiques accents :

>Lumen ministret splendidior fides,
>Ministret ignes flammea charitas,
>Spes thura ; nec desint odores
>Quos operum bona fama fundat.

et reste encore très-populaire. En effet, quelle plus sympathique reproduction de la sortie du sépulcre! — Ce n'était pas tout : les représentations dramatiques se jouaient surtout à l'occasion de cette grande fête. A Amiens et à Saintes, on n'oubliait jamais le drame des *Trois Marie* ; à Douai, les vicaires prenaient le rôle des pèlerins d'Emmaüs. On en citerait bien d'autres. Le caractère de simplicité chrétienne dominait dans les peuples, avides toujours de ces saintes joies, qui ne se sont effacées qu'à mesure du changement des mœurs et de l'affaiblissement des croyances. On a changé tout cela pour l'Odéon, l'Opéra, la Porte-Saint-Martin. Il est vrai qu'on a eu le plaisir d'y ajouter les scènes un tant soit peu moins paisibles des grèves et du suffrage universel !...

Ce même sentiment avait inspiré pour le jour de la Pentecôte d'autres scènes à effet, qui variaient çà et là selon le génie des naïfs inventeurs. A Noyon, quand se chantait l'Office de tierce, à l'heure où le Saint-Esprit s'était répandu sur le Collége Apostolique, on lâchait du haut des voûtes une colombe qui y voltigeait sur l'assistance. A Saintes, durant le même Office, et quand se chantait le *Veni Creator*, qui en est l'hymne, les voûtes laissaient tomber aussi de légers fragments de pains d'autel, des flammèches embrasées, et quelques gouttes d'eau, triple symbole de la Présence divine, de la Charité et de la Purification des cœurs, dont la Pentecôte était l'anniversaire.

*La Pentecôte.*

Cette Église de Saintes multipliait de la sorte ses enseignements symboliques. C'est là encore que, depuis l'Ascension jusqu'à la Saint-Pierre, les enfants de chœur portaient continuellement des couronnes de fleurs, indice de la joie innocente de l'âme chrétienne, suivant le Divin Maître par ses espérances à son retour dans le Ciel (1).

*L'Ascension.*

---

(1) Voir Briand, *Histoire de l'Église santone*, II, 66 et suiv.; — Grancolas, *ubi suprà*, p. 597; — *Annales archéologiques*, XI, 10, 12 et 15.

*La Dédicace.*

Quand revient la Dédicace des églises, si intéressante dans son Office par les développements mystiques qu'on y emprunte à S. Augustin, à S. Bernard et à d'autres Pères, partout les thuriféraires encensent encore les croix de consécration répandues, au nombre de douze, sur les murs ou aux piliers de l'église : c'est un hommage aux douze Apôtres, que ces croix représentent, et qui, avec la Pierre angulaire, « qui est le Christ, » sont « les fondements et les supports » de l'édifice chrétien.

*Parodies révolutionnaires de ces saints usages.*

Ainsi donc, le symbolisme respire dans tout ce que la religion a pu inventer pour rattacher à Dieu l'intelligence créée à son image : tant c'est un besoin irrésistible du cœur humain de sentir, de penser et de chercher à sa pensée et à ses sentiments des éléments dont il ne se lasse jamais ! Ce besoin, en effet, ne s'est jamais arrêté et vivra autant que le monde. Ceux mêmes qui, à certaines époques trop mémorables, voulurent enchaîner le peuple à leurs systèmes de gouvernement nouveau, n'oublièrent pas ce moyen, et notre révolution la plus sanglante s'efforça, dans les plus mauvais jours de sa *terreur*, de distraire les regards de la foule du spectacle hideux de ses échafauds. N'en citons qu'un seul trait : c'est le procès-verbal rédigé par le maire de Bourg-en-Bresse, le 30 octobre 1793, d'une fête civique où l'allégorie, peut-être grossière, n'indiquait pas moins une imagination à qui le symbolisme ne déplaisait pas :

*Fête de Marat à Bourg-en-Bresse.*

« La société des sans-culottes de *Bourg régénéré* a donné en mémoire de Marat une fête civique le 20 brumaire an II. On voyait dans le cortége le démon enchaîné du fédéralisme. Il avait deux figures : l'une douce et mielleuse, l'autre hideuse et jetant le sang par la bouche. Un serpent venimeux sifflait à ses oreilles, et semblait encore vouloir l'instruire à tourmenter les patriotes. Les débris d'une robe de procureur le couvraient en partie ; il tenait d'une main une branche d'olivier, et de l'autre un poignard. Il portait d'un côté cette inscription : *Portrait du fédéralisme*, et de l'autre : *Tombeau de la chicane*. Enfant des furies, il a été précipité dans les flammes empestées qui s'exhalaient de vieux terriers et des restes impurs des vestiges de la féodalité qui avaient pu échapper jusqu'à ce jour au feu dévorant (1). »

Nous pourrions ajouter à ce chef-d'œuvre de langue française et d'imagination une liasse assez gonflée de registres révolutionnaires, tels que ceux de Nantes, par exemple, et même de Poitiers, « où les statues de la Loi et de la Liberté, si amoureusement cultivées, rapprochaient la société populaire de l'administration calomniée ; » où les représentants du peuple portaient dans leurs mains « un bouquet d'épis de blé, de fleurs et de fruits, symbole de la mission qui leur a été confiée. »

Et pourtant, nous aurions retrouvé, sauf l'exaltation des colères patriotiques, ces aménités symboliques à notre époque même, comme l'Angleterre a gardé jusqu'ici, mais seulement pour sa populace de Londres, la noyade annuelle de la Papauté, représentée par le mannequin de la Tamise. Il est vrai que les préliminaires en étaient de meilleur goût à Paris, lorsqu'on vit en 1848 un poète célèbre organiser une fête de l'agriculture ayant à son service des Flores, des Cérès et des Bacchus traînés sur un char rustique par des bœufs aux cornes dorées !... Le symbolisme était là, il est vrai, un peu usé, et sans doute on devait découvrir dans ces solennités renouvelées des Grecs la régénération figurative de la France ! La régénération n'est pas venue, M. de Lamartine est passé. — Passons aussi à d'autres choses qui vaudront mieux, et voyons comment aux fêtes chrétiennes du moyen âge se mêlèrent très-convenablement les drames liturgiques, si calomniés d'un trop grand nombre de savants.

<small>La fête de l'agriculture à Paris en 1848.</small>

---

(1) Cf. *Journées mémorables de la Révolution française*, t. VIII, p. 53 ; — *Registres de la commune de Poitiers*, 6 octobre 1793 ; — *Revue de l'art chrétien*, II, 328.

# CHAPITRE XIX.

## LES DRAMES LITURGIQUES.

*Origine et raison du Drame liturgique.*

Pour qui n'a jamais pris, en quelques notions superficielles, qu'une incomplète idée du *Drame liturgique*, il doit paraître tout d'abord qu'entre ces mots existe une contradiction réelle et évidente. On ne se figure bien qu'après réflexion comment la liturgie, cette science si grave, si élevée dans son but, peut s'allier à des scènes dramatiques dont le caractère paraît exclure aujourd'hui nécessairement toute idée de divertissement et d'action théâtrale. Mais si l'on considère que le théâtre est par lui-même un éloquent et très-sensible moyen d'enseignement; que l'action scénique dont nous parlons a toujours eu pour l'Église une raison prise dans la nature même de sa vocation sur la terre, on comprend aussitôt que rien de frivole ne dépare cet élément catéchistique, lequel n'est, en réalité, qu'une peinture animée dont les personnages vivants réalisent aux regards de tous les scènes que d'autres arts répandaient par les émaux sur les surfaces transparentes de nos verrières, ou par les fresques et la détrempe sur les murailles consacrées de nos bâtiments religieux.

*Le but du théâtre, essentiellement moral.*

Songeons bien d'ailleurs que le théâtre a son origine et, si loin qu'on remonte avec lui dans l'histoire de la société humaine, eut pour objet unique une pensée morale, une leçon qui dût profiter à l'amélioration des esprits et des cœurs. C'était bien l'idée qu'en professaient les critiques de l'antiquité, Aristote entre autres, qui veut dans la comédie une imitation non de mœurs mauvaises et dépravées, toujours dangereuses à montrer, mais de ce que les mœurs ont de ridicule et de honteux, afin d'en guérir les méchants et les fous (1). Quand le philosophe s'exprimait ainsi avec autant de raison que de sens moral, Aristophane avait depuis longtemps dirigé ses *Nuées* contre la religion de Socrate. Rien n'était plus facile, en effet, que la transition rapide d'un but louable à une intention mauvaise, et nous l'avons vu nous-même dans notre histoire littéraire. Le bon goût, la religion, la pureté des mœurs et de la pensée se sont vus tour à tour sur notre théâtre, surtout depuis les émancipations de la Renaissance, avec les scènes lubriques, les calomnies et l'immoralité. Quant à cette dernière, il n'est plus possible de dépasser ce qu'on lui permet sur la scène, sous le coupable prétexte des libertés de la presse, de la conscience et des opinions. Avec de tels moyens d'*instruire* le peuple et de l'*amuser*, on lui apprendra à descendre jusqu'aux plus graves excès des sens et des passions honteuses; mais on ne l'en relèvera plus, et son avenir sera perdu peut-être, hélas! sans retour : la France et l'Europe savent que dire aujourd'hui d'une civilisation ainsi faite.

Il se pervertit sous l'influence des mauvaises passions.

Et ce sont ces mêmes enchanteurs du siècle qui, l'accusant de pauvreté et d'étroitesse, attaquent le théâtre du moyen âge, et n'en veulent pas entendre parler. Ils ridiculisent et ses sujets, et ses mises en scènes, et ses personnages; ils n'y trouvent que *Dieu, la Vierge et les Saints* arrivant là *par piété*, et ne devinent guère de quelle utilité pouvaient être et seraient encore ces bizarres reproductions de faits bibliques et de légendes plus ou moins apocryphes qui ont fait rire Voltaire, et auxquelles ils préfèrent, dans l'intérêt sans doute des mœurs sociales, les

Celui du moyen âge systématiquement dénigré par l'esprit moderne.

---

(1) Voir Aristote *Poetic.*, trad. de Le Batteux; — La Harpe, *Lycée*, 1<sup>re</sup> part., liv. I, p. 52, in-8°, 1818.

drames où *Le Roi s'amuse*, où *Marion Delorme* prêche à sa manière la pudeur et la vertu en préludant à *La Grande-Duchesse de Gerolstein*. Voyons donc si, au fond de notre art scénique, antérieur au seizième siècle, et parfois aussi pendant cette dernière période, on ne trouve pas un peu plus de sérieux et de bon que nos sages modernes ne l'avouent, et si l'allégorie philosophique n'y avait pas assez de part pour autoriser le respect que leur portent encore des hommes dont le jugement n'est point absolument à dédaigner.

*Le Christ souffrant de S. Grégoire de Nazianze.*

Dès le milieu du sixième siècle, S. Grégoire de Nazianze composait un drame de *La Passion du Christ* où il introduisait avec un chœur, comme dans la tragédie antique, les personnages les plus vénérés, entre autres la Sainte Vierge et S. Jean l'Évangéliste. Dans la première moitié du siècle suivant, S. Jean Damascène créait un rôle de *Suzanne* que nous n'avons plus; mais nous pouvons donner ici une courte analyse du *Christ souffrant* (ou de *La Passion*) de son pieux et éloquent prédécesseur.

L'action se divisait en trois actes : la passion, la mort, et la résurrection du Sauveur. Parmi les détails de l'œuvre, on voyait se développer les traditions et les mystères symboliques déjà reconnus dans les livres des Pères comme la base et l'exposition fondamentale de l'enseignement catholique : ainsi Marie, en voyant le soldat percer le côté de Jésus et l'eau s'échapper de la blessure avec le sang, explique ce double symbole du Baptême et de l'Eucharistie. Un autre trait qui a bien son but dans la pensée du saint auteur, c'est que Marie ne quitte jamais la scène; elle y figure sans interruption auprès de son Fils souffrant, mort ou ressuscité : ce qui est certainement une leçon donnée par la piété de l'auteur sur ce que notre foi nous enseigne du culte de l'Auguste Mère, que le chrétien ne doit jamais séparer du Christ dans ses prières, non plus que dans son affection, et qui, de son côté, a sa part très-active d'association maternelle dans la Rédemption des âmes et dans le gouvernement de l'Église militante. Quant au côté moral de la pièce, il est tout dans les paroles du Disciple bien-aimé, vers la fin du second acte : « Heureux qui, instruit des mystères divins, emploie saintement sa vie, s'applique à purifier son cœur, préserve son corps de toute souillure, et de ses œuvres de chaque jour se prépare une couronne (1) ! » Certes, voilà des principes qui, aussi bien que les personnages, sont très-loin de ce qu'on a fait depuis et de ce qu'on élabore tous les jours sous des aspirations bien différentes. Nous ne voyons pas ce que perdrait la religion à renouveler ce genre de distraction aussi édifiante qu'utile, et où la mémoire, si puissamment aidée du sentiment, recevrait une si profonde empreinte des dogmes et de la morale du Christianisme.

C'est ce que le moyen âge avait parfaitement compris. Nous le voyons dès le neuvième siècle, avant lequel on ne peut guère affirmer son action en ce genre, s'exercer à des représentations religieuses, que déjà peut-être on opposait aux jeux publics d'artistes nomades dont les sujets se ressentaient encore trop des principes et des mœurs du paganisme (2). Mais c'est surtout au douzième siècle qu'on voit

*L'Église faisait de ces récréations honnêtes un moyen d'enseignement,*

---

(1) *La Passion du Christ*, tragédie de S. Grégoire de Nazianze, traduite par M. l'abbé Lalanne. — Voir l'*Univers*, 22 août 1852.

(2) Nous connaissons un très-bon livre de M. Desprez de Boissy, intitulé *Lettres sur les spectacles* (2 vol. in-12, Paris, 1777), dont le mérite n'est pas contestable devant les six ou sept éditions qu'il a eues, et dont le fond est un excellent répertoire d'arguments, de preuves et de pièces justificatives contre le théâtre tel que l'ont fait depuis longtemps les passions mondaines, qu'il a tant servies. Et que serait-ce si l'auteur avait pu voir les horreurs intolérables de notre théâtre *révolutionnaire*, ses détestables licences de 1830 à 1870, sans compter ce qu'il fera encore sous les inqualifiables auspices d'une liberté de la presse qui renverse tous les gouvernements et laisse en butte aux insultantes doctrines de l'impiété et du crime tout ce qui intéresse la religion chrétienne et la morale publique ! — Nous croyons cependant que l'estimable auteur va trop loin en réprouvant toutes les pièces scéniques, sans distinction. Ce n'est pas, à notre avis, et contrairement au sien, profaner l'Écriture sainte que d'en tirer des sujets toujours

T. IV. 13

fleurir les premiers développements d'une action plus compliquée. Tout en s'exerçant dès cette époque, dans ses poèmes et ses fabliaux, à des divertissements pleins de fines leçons, l'art ne pouvait se contenter de cette littérature destinée uniquement aux *gens de clergie :* il lui fallait aussi des amusements pour le pauvre peuple, dont les fatigues laborieuses trouvassent dans le repos des fêtes et du dimanche une puissante et profitable diversion. Il en vit naturellement le meilleur moyen dans la mise en action des leçons de l'Histoire sainte et des maximes des Livres sapientiaux. L'effet produit et les progrès acquis promptement dans cet art d'intéresser à la fois des milliers de spectateurs de toutes les conditions et de tous les âges enhardirent à tenter davantage, et ce ne furent plus bientôt, comme au commencement, deux ou trois personnages qui parurent et conversèrent ensemble ; la scène vit s'agrandir l'action, les acteurs se multiplier, entourés parfois d'innombrables comparses : tels furent, au quatorzième siècle, les *Actes des Apôtres*, dans lesquels se développent les premiers temps de la prédication évangélique par S. Pierre et S. Paul, bientôt suivie, dans les Gaules, de celle des SS. Denys, Éleuthère et Rustique. Là figurent, dans un ensemble inimaginable, les chœurs des Anges et la tourbe des démons, les Apôtres et la Synagogue, les Vertus divines allégorisées dans leurs rôles, et jusqu'aux âmes de S. Jacques et de S. Étienne, figurées par des enfants ou par des oiseaux exercés à cette fonction, comme on le voit en et secondait par plusieurs exemples du temps (1). Les églises prêtèrent

édifiants et instructifs ; ce ne serait pas non plus s'égarer que de chercher désormais, pour un public qui se pervertit devant les drames grossiers de Victor Hugo, d'Alexandre Dumas et de tant d'autres, une suite de pièces où *la morale en action* fût traduite et représentée au profit des âmes, pour qui la chasteté et la probité naturelles ne sont pas des vertus chimériques.

(1) Voir Didron, *Annal. archéol.*, t. XIII, 240 ; XIV, 12, 74 ; XXI, 164. — M. le baron de Girardot a trouvé dans un manuscrit de ce temps,

d'abord leur vaste enceinte, très-convenable du reste à des représentations qui déjà plus d'une fois avaient orné leurs vitraux, et que reproduisaient encore tous les jours leurs fresques, leurs tapisseries et leurs sculptures décoratives. D'ailleurs, n'étaient-ce pas des *Mystères* et comme une sorte de catéchisme en image dont les auteurs exprimaient les mêmes pensées que les artistes, et se proposaient comme eux de pénétrer les masses des grandes vérités de la foi et des règles de la vie chrétienne? Un de nos regrettables amis, M. Didron, en qui le sentiment des choses archéologiques se développa surtout par l'observation et l'étude persévérante du moyen âge, avait bien compris cet accord de la sainte liturgie et des catéchismes dramatiques, lorsqu'il écrivait en 1847, dans ses *Annales*, ses remarquables idées toutes conformes aux notions les plus exactes de l'histoire et de l'art (1). lui l'action de son imagerie sacrée.

C'est donc bien à tort qu'un certain nombre d'écrivains modernes, dont l'érudition est plus souvent dans leurs idées que dans ses sources véritables, se sont récriés contre ce prétendu scandale de la *comédie dans les églises*. Les véritables savants, qui écrivent sans prévention et vont jusqu'à l'origine réelle de la chose, la rencontrent dans les cérémonies mêmes du Christianisme, où tout, comme nous l'avons fait observer naguère, devient une action instructive pour ceux qui la suivent en y assistant. M. Duméril, dans un livre aussi bien écrit que pensé, le constatait déjà il y a vingt ans (2); et, avant lui, M. Magnin, de l'Institut, en suivant l'art dramatique depuis le commencement de Auteurs de notre temps qui ont compris cette intention.

---

où l'écrivain indique les nombreux détails de la mise en scène, « qu'il faudrait une âme pour Néron qui serait portée en enfer. » — Et bientôt après, Néron s'étant percé d'un trait, « son âme est saisie par les diables qui sortent de la gueule de l'enfer. » — Cette âme devait être certainement un enfant, comme on le voit maintes fois dans les miniatures et les verrières. — Voir *Annal. archéol.*, ubi suprà, p. 12 et suiv.

(1) Didron, t. VII, p. 304 et suiv.
(2) *Origines latines du théâtre moderne*, t. I, in-8°, Paris, 1847.

l'ère chrétienne jusqu'au seizième siècle (1), a parfaitement démontré que l'idée mère de ces jeux, si séduisants pour la foule, n'était que le reflet, fortifié d'âge en âge, des plus augustes manifestations du culte. N'a-t-on pas voulu représenter dans la Messe toute la vie chrétienne mise en action avec les rôles personnels à chacun de ceux qui y participent, depuis le Célébrant jusqu'au dernier enfant de chœur, lesquels sont tous revêtus de costumes différents, ont une part dans le dialogue, et ne se séparent qu'après l'accomplissement d'une action commune à laquelle tous ont concouru ? Ce Sacrifice de l'autel ne reproduit-il pas, dans toute la conduite du prêtre et dans ses moindres mouvements, les diverses circonstances de la Passion du Sauveur, dont il est le symbole le plus sensible et le plus vénéré (2) ? C'était la même intention qui dominait la représentation des Mystères dramatisés; ils faisaient, aux grands jours, comme une partie intégrante des Offices, et, soit à ceux du matin, soit à ceux du soir, ils se terminaient ou par le *Te Deum* des Matines ou par le *Magnificat* des Vêpres : c'est le sens qu'il faut donner, croyons-nous, à l'indication de ces deux chants, souvent mentionnés à la dernière ligne des copies mises à la disposition des acteurs (3).

*La Messe est réellement un drame sacré.*

(1) *Les Origines du théâtre moderne, ou Histoire du génie dramatique depuis le premier jusqu'au seizième siècle, etc.*, Paris, 1838, in-8°. — On regrette que le tome I de cette attachante étude ait seul paru. — Voir *Annal. archéol.*, t. VII, p. 302.

(2) Voir, entre autres, *L'Esprit du Saint Sacrifice, ou Analogie des cérémonies de la Messe avec les mystères de la Passion exprimée en* XXXV *figures en taille-douce*, par le P. Jean-Baptiste de Bouillon, ex-prieur des Capucins, un vol. in-12, Paris, 1784.

(3) Nous ne voudrions pas affirmer ce point comme indiscutable ; au moins pourrait-on le reconnaître en certains cas : car nous trouvons ce *Te Deum* indiqué après les Vêpres dans un acte de 1198, relatif à un règlement pour la fête de la Circoncision, donné par l'évêque Eudes de Sully à sa cathédrale de Paris. Mais le plus souvent on trouve le *Te Deum* terminant la représentation qui se faisait pendant les Matines, et le *Magnificat* celle qui accompagnait les Vêpres. — Voir *Cartularium Ecclesiæ Parisiensis*, publié par M. Guérard, t. I, p. 75, in-4°, 1850.

Nous avons vu que toutes ces fêtes se ressentaient donc plus ou moins de ce double caractère de joie et de dévotion. De nos jours, nous qui comprenons l'origine et la portée de nos saintes réunions liturgiques, n'écoutons-nous pas avec un sentiment de pieuse joie, ne chantons-nous pas, pendant la Messe de Pâques, une prose ou *séquence* pleine de ces souvenirs dramatiques où le chœur demande à Madeleine ce qu'elle a vu dans sa course matinale ; celle-ci répondant qu'elle a trouvé vide le tombeau du Divin ressuscité, et le chœur reprenant, dans un acte de foi, son cantique d'allégresse et d'actions de grâces (1)? Ce n'est plus là qu'un abrégé fort succinct et un reste presque inaperçu d'une foule de petits drames dont les pieux exercices de la Semaine Sainte avaient fourni le sujet, et nous savons que la Communion générale du clergé, qui, le Jeudi saint, s'abstient de la Messe pour recevoir le Pain sacré des mains de l'Évêque, n'est que la reproduction de la dernière Cène des Apôtres avec le Sauveur. On peut affirmer, par les témoignages récents de l'érudition la mieux fondée, que le moyen âge fut tout entier imbu de cet esprit et y trouva un des éléments habituels de la piété publique. N'est-ce pas dans le même dessein qu'a persisté jusqu'aujourd'hui l'usage annuel de chanter la Passion à trois voix alternatives, dont l'une est celle de l'historien, l'autre celle du Sauveur, et la troisième celle de tous les autres interlocuteurs? Rien de plus saisissant que le ton grave et posé de la narration, la majesté toute divine de celui du Christ, contrastant si vivement avec les discours de Judas, des disciples et du vulgaire. Comme ce ton, qui s'élève alors pour exprimer les sentiments divers de ces *acteurs* si nombreux, exprime bien et l'assurance hypocrite du traître, et l'empressement à se disculper dans l'apôtre qui renie le

C'en est un aussi que notre prose actuelle de Pâques,

la communion générale du clergé au Jeudi saint,

et le chant solennel de la Passion.

---

(1) Voir, dans M. Duméril, un fragment de l'*Office du Sépulcre*, dit encore *des Trois Marie*, p. 91 et suiv. C'est évidemment le type de notre Prose pascale.

Sauveur, et les exclamations furieuses de la populace impie qui demande son sang, et enfin la lâche insolence de l'inique proconsul qui ne s'en défend que pour le lui accorder aussitôt! N'est-ce pas là un drame, et le symbolisme qui s'y trouve est-il moins dans la frappante variété du chant que dans l'action même, qui, sans lui, ne serait qu'un simple récit évangélique?

<small>Importance qu'on attachait à ces rôles.</small>
Maintes fois la scène s'est élargie chez nos aïeux, et la *Passion* y fut représentée en des drames pleins d'ampleur, où nul détail n'était oublié. Ne voyait-on pas alors des magistrats se faire gloire d'avoir rempli un rôle dans les *Jeux* publics, et même celui de Pilate, dans lequel certaines gens trouvaient pourtant quelquefois une allusion peu honorable à la manière dont il remplissait sa charge juridique? N'arrivait-il pas que des clercs mêmes, pour s'être permis sur la scène des paroles répréhensibles, étaient doublement punis d'une réprimande et des arrêts (1)?

<small>Ces drames sont la source de beaucoup de noms de famille;</small>
On voit assez là quel zèle empressé portaient les plus hauts personnages vers ces rôles qui les assimilaient en quelque façon à ceux dont ils prenaient les noms. Ces noms, aujourd'hui parfaitement oubliés, reçurent souvent alors pour équivalents, restés à des familles qui les portent encore, des sobriquets tirés de certains rôles qu'avait remplis quelqu'un de leurs ascendants. On s'était accoutumé à les leur voir occuper; on s'accoutuma à les désigner sous le titre qu'ils y avaient eu, et c'est probablement à ces joyeusetés populaires que doivent à présent leur nom officiel tant de *Pèlerins* et de *Cardinaux*, de *Bon-Jeans* et de *Chevaliers*, de *Neveux* et de *Prudhommes* qu'on voit partout signer des actes notariés ou des enseignes industrielles, sans le moindre soupçon de leur illustre origine. Cette observation se fonde sur un fait incontestable : c'est que le peuple ne restait pas étranger à ces démonstrations solennelles. Comme

---

(1) Voir le P. Cahier, *Monographie des vitraux de Bourges*, p. 154.

les grands du monde, il avait sa place souvent sur la scène, comme toujours dans les rangs des spectateurs; et quand l'action eut pris enfin, sous les inspirations d'auteurs plus ingénieux, sous la plume des Évêques, des Chanoines et des lettrés, de plus amples développements et admis un plus grand nombre d'acteurs, l'enceinte sacrée ne pouvant plus suffire ni aux dimensions du théâtre ni aux évolutions du drame; on joua en plein air dans les cimetières, ce qui prouve très-bien qu'une pensée de foi ne cessait pas de présider à ces solennités populaires. On en vint même jusqu'à choisir de vastes places des villes populeuses, comme il arriva maintes fois dans la Picardie et la Flandre pendant le cours des quinzième et seizième siècles. *ils se jouaient souvent en plein air,*

Notre dessein ne peut être ici de remettre sous les yeux de notre lecteur ces *Mystères* et *Tragédies* qui firent les délices de nos aïeux, et qui se retrouvent partout aujourd'hui (1). Notre but doit être uniquement d'en démontrer le sens profondément religieux et éminemment symbolique. Ne le retrouve-t-on pas, sous ce dernier caractère, à une foule de ces compositions, imbues sans doute de plus ou moins de mérite littéraire, mais toutes analogues à la fête dont l'anniversaire en signalait le retour? La Circoncision, l'Épiphanie, les Cendres, le Carême, les Saints, avaient alors leurs fêtes scéniques, où se développait le Mystère du jour, et par lesquelles on gravait fortement dans le cœur et dans la mémoire de la pieuse assemblée le dogme, la morale et tout l'esprit de la solennité. — Allons plus loin, et ne doutons pas que ce même caractère symbolique n'ait été imprimé, comme autant de réminiscences des scènes jouées dans le Lieu saint, aux modillons des mêmes églises, à beaucoup de ces masques, inconnus ou *et s'étendaient à presque toutes les fêtes de l'année.*

*Les arts de cette époque en portent encore les traces,*

---

(1) Voir surtout, pour avoir une idée complète de ces drames et en juger sainement, les articles de MM. Coussemaker, Félix Clément, le baron De Girardot, De Lafons-Melicocq, Didron et autres, dans les *Annales archéologiques*, t. VII, VIII, XI, XIII et XIV.

inexpliqués jusqu'à présent, qu'attachèrent les sculpteurs aux parois latérales, à la bordure des corniches, aux stalles des chœurs et des bancs d'œuvre, lesquels ne sont maintes fois que d'exactes copies de certaines peintures des manuscrits, où le pinceau délicat des miniaturistes avait consacré les mémorables souvenirs des représentations liturgiques.

*et surtout les manuscrits.*

C'est dans ces parchemins, aux belles écritures et aux charmantes images, qu'il faut chercher surtout la pensée de nos auteurs dramatiques. Avec les détails qu'ils multiplient, on reconstruirait toutes les scènes de la *Feinte;* et c'est par ces détails qu'il est souvent possible de découvrir le sens d'une scène qui resterait obscure par elle-même ; ainsi « fault une couronne pour *Dominicion* avec une espée impérialle et ung mantheau. » — « Fault un domnoire (*dominatorium, siège d'apparat*) pour saint Clémend. » — « Fault de l'eave pour baptiser Lyshius. » — « Fault une grille et du charbon pour mectre saint Denys. » — On voit qu'à l'aide de ces courts et précieux renseignements, il devient facile de reconnaître au tympan d'un portail, dans une verrière ou une peinture murale, telle scène tout entière qui fut représentée autrefois sur quelque théâtre, et qui a très-probablement été *calquée* en quelques ouvrages contemporains.

*Mauvaises critiques de certains auteurs. — Abus condamnés par l'Église.*

Nous pouvons conclure de ces considérations qu'on ne doit s'en rapporter que médiocrement à plus d'un critique dont le jugement s'est maintes fois égaré sur l'esprit et les idées d'âges étudiés par eux à de trop longues distances. S'il est incontestable qu'à certaines époques surtout, où le goût artistique se ressentait forcément des mœurs et des institutions générales, ces jeux dont nous parlons durent se mêler d'accessoires qui tenaient plus d'une jovialité grossière que d'une piété bien entendue; si les danses, les ris et les chansons dont ils s'accompagnèrent furent, surtout du sixième au dixième siècle, et parfois à des temps moins éloignés, l'objet des animadversions et de censures trop souvent inutiles de l'Église (1), il faut l'attribuer à l'influence encore trop puissante des habitudes païennes toujours vivantes, et particulièrement dans les campagnes : ce n'est pas une raison de dénigrer l'esprit même de la chose, sous prétexte des abus qu'on y pourrait voir. Nous aurons bientôt à signaler nous-même, en fait d'*abus*, l'une des plus singulières ignorances qu'on ait émises à ce sujet.

Mais, avant que le dixième siècle finît sa marche laborieuse et si fatiguée, on avait commencé à créer des drames dont le fond et la forme indiquaient les abords d'une ère nouvelle pour ce genre de littérature, abandonné depuis longtemps aux chanteurs des rues et aux jongleurs de carrefours. M. Magnin, dont nous parlions tout à l'heure, a publié, en 1846, la traduction d'un auteur de cette époque mieux inspiré qu'on ne l'avait été jusque-là : c'est le théâtre de Hroswita, religieuse bénédictine de l'abbaye de Ganders-

*Théâtre de Hroswita.*

---

(1) Nous avons cité l'ordonnance d'Eudes de Sully ; et il résulte de celle du légat Pierre de Capoue (c'est notre grand symboliste, si souvent invoqué dans cet ouvrage), dont elle était la reproduction, que déjà, à la fin du douzième siècle, il fallait remédier à beaucoup de désordres, qu'une autorité supérieure pouvait seule abolir. Il y eut dans la suite beaucoup de règlements semblables. Mais on peut remarquer dans ceux que nous citons, comme dans tous les autres, que les évêques, en retranchant ce qui était peu digne, se gardaient bien d'abolir ce qu'il y avait de symbolique dans les cérémonies qu'on pouvait conserver sans inconvénient. (Voir Guérard, *ubi suprà* ; — Fleury, *ad ann.* 1198.) — Il y a plus : Grégoire IX, qui gouverna l'Église de 1227 à 1241, interdit dans ses *Décrétales* (liv. III, ch. XII) tout ce qui pouvait, dans les représentations liturgiques, compromettre la dignité du saint Ministère, soit par les bouffonneries des clercs, soit par l'usage des habits cléricaux, à quelque ordre qu'ils appartinssent. — Et le *Glossateur* (in-f°, Anvers, 1573) a bien soin de faire remarquer que le Souverain Pontife ne prétend abolir que l'usage de ces costumes, et non la représentation des pièces relatives à la fête. (Hérode, les mages, Rachel, etc.) — Ces textes sont décisifs, et prouvent évidemment que ce n'était pas la chose en elle-même que l'Église réprouvait, mais les indécences qui s'y mêlaient et qui devenaient l'objet d'une trop grande indulgence. — Enfin Gratien, qui travaillait vers 1150 à son *Décret*, devenu l'une des sources du droit canonique, cite un concile d'Orléans (sans doute celui de 1022) qui condamnait ces mêmes folies. (*Décret.*, part. III, dist. III.)

heim en Saxe, qui, ayant pris Térence pour point de départ (on aurait pu commencer plus mal), s'était mise à composer pour sa Communauté des pièces imitées de l'auteur latin. Ce génie féminin, qui préludait par d'autres succès littéraires à la gloire que l'abbesse Herrade allait jeter bientôt sur son abbaye d'Hohenbourg, faisait représenter dans les grandes salles de son couvent des sujets tirés des premiers siècles de l'histoire ecclésiastique : c'étaient les scènes tragiques du *Martyre de Gallicanus* sous Julien l'Apostat, des *Saintes Agathe* et *Irène* sous Dioclétien, et des *Saintes Foi*, *Espérance* et *Charité* en la dernière année du règne d'Adrien ; c'étaient encore la *Résurrection* par l'apôtre S. Jean *de Callimaque* et *de Drusie*, la conversion de la courtisane *Thaïs* par le saint solitaire Paphnuce, dans la Thébaïde ; puis le *Saint ermite Abraham* ramenant sa nièce, tombée dans le crime, aux lois de la pénitence et de la chasteté. Les allégories ne manquent pas dans ces pièces, toutes composées dans le goût chrétien, qui s'y manifeste autant par les détails symboliques, inséparables de la doctrine religieuse, que par les sentiments propres à fortifier dans les âmes l'héroïque fermeté du sacrifice et des vertus cénobitiques. Ces sujets, qui étaient lus et relus dans les légendes des monastères, confirmaient de plus en plus dans la connaissance et dans l'amour des devoirs, et, tout en offrant des exemples à suivre, ils prenaient l'esprit autant que les sens par des images dont la mémoire se meublait, au plus grand profit de l'enseignement théologique.

*Les vierges sages et les vierges folles.*

On comprend en effet que, dans la représentation qui fait intervenir les trois vierges Foi, Espérance et Charité, les rôles et le dialogue tendent tous à *Sapience*, un des titres de l'œuvre, et renferment de nombreuses allusions tirées du caractère de ces personnages. C'étaient là trois types bien exprimés des vierges sages de l'Évangile. — Plus tard, l'épisode évangélique se compléta dans le drame des *Vierges sages et des Vierges folles*, qui paraît au onzième siècle, et dont l'action, dans laquelle on voit se mêler aux principales interlocutrices l'ange Gabriel qui expose les préliminaires de la pièce, se termine par la grande leçon de l'Époux, le Christ lui-même, prononçant le terrible *Nescio vos*.

Sans faire ici l'histoire du théâtre, nous devons nous arrêter aux plus saillantes de ces compositions littéraires, dans lesquelles se révèle avec une énergie nouvelle ce symbolisme de l'art et de l'enseignement chrétien que nous trouvons partout ailleurs, et qui ne pouvait y manquer. En constatant que le moyen âge tout entier s'est servi de ce moyen de propager les vérités morales, disons encore comment il y a persévéré jusqu'à la fin. *Développements du théâtre chrétien dans les quatre derniers siècles du moyen âge,*

Après s'être renfermé dans le théâtre proprement dit, quel que fût le lieu où il s'élevât, le drame, c'est-à-dire le besoin d'agir, de remplir un rôle, de symboliser les idées et les personnes historiques des deux Testaments, des annales ecclésiastiques et des légendes locales, était venu à se glisser jusque dans les grandes solennités du culte les plus propres à émouvoir la foule et les plus susceptibles de recevoir ce complément de spectacle extraordinaire. Les quatre derniers siècles surtout semblèrent rivaliser pour en appeler à un passé qui expirait, de l'injuste dédain qu'ils pressentaient de plus en plus pour un prochain avenir. C'est surtout au quinzième siècle qu'aux mystères joués sur des échafauds dressés dans les rues ou les carrefours de la cité, se mêlèrent des processions auxquelles prêtres et laïques, revêtus des parements de leur rôle, prenaient une part enviée de tous : témoin celle qui se faisait à Chaumont quand la fête de S. Jean-Baptiste tombait un dimanche (1). *mais surtout au quinzième.*

A Aix, la Fête-Dieu eut une célébrité bien plus grande *Les fêtes de René d'Anjou,*

---

(1) Cf. *Annales archéolog.,* XI, 198 et suiv.; — *Le Moyen Age et la Renaissance,* t. IV : *Théâtre,* article où M. Louandres a laissé passer, au milieu de bonnes choses et d'une érudition attachante, beaucoup d'appréciations peu convenables sur la partie théologique de son œuvre.

encore, qui n'est pas entièrement effacée, car elle conserve de nos jours quelques-uns de ses traits antiques. René, roi de Provence, l'avait enrichie de tout l'appareil d'un luxe devenu bientôt populaire, se faisant ainsi l'émule d'Alphonse, frère de S. Louis, qui s'était efforcé de donner aux Rogations de Poitiers un éclat qu'elles n'avaient pas eu avant lui, et où le symbolisme n'était point oublié. C'est à René qu'on devait aussi les jeux de la Pentecôte à Tarascon : il luttait, par ce moyen, contre la décadence de la chevalerie qui s'éteignait, contre l'oubli des pensées morales du moyen âge; et sa haute intelligence, qui regrettait l'extinction déjà sensible de cette lumière des peuples, contribuait par tous ses efforts à en maintenir les dernières lueurs. Artiste autant que poète et organisateur, il dessinait lui-même les costumes de ses drames et en faisait la musique. On sait la fin du fameux Gilles de Laval, seigneur de Retz, dont la légende a fait notre célèbre Barbe-Bleue des contes de Pérault, et qui, devant subir le supplice du feu pour ses méfaits, demanda et obtint de se rendre dans la fatale prairie où devait se faire l'exécution, suivi d'une de ces processions qu'il avait tant aimées, et qu'il organisa lui-même avec autant de sang-froid que s'il n'avait pas eu à y remplir le principal rôle tragique. — C'est à la même époque, en 1497, qu'un fait, remarquable en ce genre, prouva dans quel esprit se représentaient les drames chrétiens. La peste ayant sévi à Châlon-sur-Saône, on y joua des *mystères* pour obtenir de Dieu la cessation du fléau : c'était donc une action sainte, une bonne œuvre à laquelle on vit le clergé prendre sa part, prouvant autant qu'il était en lui que, tout en s'y associant, il y voyait plutôt un acte de dévotion et une prière qu'un moyen d'amusement et de distraction (1).

(1) Cf. *Bulletin monumental*, XI, 106; XIII, 9; XVI, 330; XVII, 489 et suiv.; — *Histoire de la cathédrale de Poitiers*, II, 48 et suiv. — Nous avions pris ce fait de la peste de Châlon dans les *Bulletins des*

Mais en s'avançant vers la fin de cette période, traversée pour l'Église de tant d'épreuves, et, pour le monde, si funeste à la constitution politique et morale des peuples, on ressentit d'autant plus, jusque dans ces jeux si long-temps utiles à la société, la défaillance de l'esprit chrétien. Les hardiesses des novateurs, les troubles politiques des États de l'Europe, l'arrivée de Grecs chassés de Constantinople, et l'envahissement de leur littérature profane, qui, en séduisant les doctes, s'infiltra dans les études jusqu'alors si paisibles et si pures des monastères et des universités, devinrent autant de causes d'une révolution d'autant plus acceptée qu'elle flattait les plus dangereuses passions en proclamant l'indépendance de la pensée humaine à l'égard de Dieu. Bientôt donc une certaine licence, qui n'avait pas laissé de jeter, dès le siècle précédent, ses caricatures et ses satires dans les poésies profanes, les fabliaux et les romans, commença à modifier jusqu'aux données du théâtre sacré.

Causes qui ébranlent d'abord leur caractère purement religieux.

Aux causes que nous venons de signaler, une autre encore venait ajouter son influence. Des moines studieux avaient découvert dans les bibliothèques de leurs couvents des manuscrits d'auteurs grecs et latins dont la lecture inspira le goût des fables mythologiques. On y trouvait trop d'allusions, ou plutôt de frappantes ressemblances entre ces fables, toutes fondées sur quelques détails de la vie humaine, et la position faite à beaucoup de personnages historiques, pour refuser à tant de symboles un certain droit de naturalisation ; et ce fut la cause d'innovations radicales dans ce

*Comités historiques,* et nous l'indiquions dans une note, écrite en 1850, comme pris dans le volume de cette année, partie intitulée *Archéologie et beaux-arts,* p. 102 et 119.— Nous ne le retrouvons plus quand nous voulons compléter nos idées à cet égard, et il nous devient impossible de citer exactement la source de ce document. Mais on sait qu'un tel fait s'est représenté souvent ailleurs qu'à Châlon, et il est de notoriété scientifique que les *feintes* furent maintes fois représentées dans le but d'obtenir une grâce publique.

qu'on appelait alors les *Jeux de Dieu*. L'un des plus célèbres morceaux de ce genre est le *Mystère de la Passion*, joué dans la collégiale de Saint-Quentin, en Hainaut, dans la dernière moitié du quinzième siècle. Au milieu des naïvetés d'action et de langage qui en rendent encore la lecture si attachante, on s'étonne de voir surgir près des idées chrétiennes, et dans la bouche même des acteurs chrétiens, les souvenirs des temps poétiques et tout l'attirail de l'Élysée et de l'Olympe. Le mauvais goût trouvait là maintes ouvertures à des jeux de mots et jusqu'à des calembours de petit aloi. On en pourrait dire autant de « *La vie et passion de M$^{gr}$ S. Didier*, martyr et évêque de Langres, jouée en la dicte cité l'an mil ccc iiii$^{xx}$ et deux, composée par vénérable et scientifique personne maistre Guillaume Flamang (1). »

Il est certain qu'en se laissant dominer par ces étranges tendances, on risquait d'arriver aux bouffonneries et au burlesque. Malheureusement on n'y manqua point : tant il est vrai aussi qu'une fois le sentiment de la religion et de l'autorité affaibli chez un peuple, on y voit arriver l'esprit révolutionnaire, qui commence par dénaturer de prétendus riens et finit par renverser tout. La simplicité, encore générale dans les cœurs chrétiens, put consentir d'abord à quelques-unes de ces étrangetés, qui parurent un complément de la fête, et l'ensemble de celle-ci semblait effacer, il est vrai, la singularité de quelques écarts. Ainsi, quand on souffrit qu'à Aix les jeux de la Fête-Dieu, où le Saint-Sacrement, bien entendu, était porté selon la coutume, admissent, avec les scènes de la Bible et de l'Évangile, une cavalcade mythologique où figuraient tous les dieux et héros de la Grèce antique, le peuple n'y voyait qu'un amusement de plus et un objet de curiosité dont ses

---

(1) Ce maistre Guillaume Flamang était un chanoine de Langres, vivant de 1455 à 1540. Son œuvre n'avait pas moins de 10,000 vers et 116 personnages. Elle a été publiée in-8°, par M. Cornudet, bibliothécaire de la ville de Langres.

regards seuls étaient frappés, quoique le bon roi René n'eût certes voulu y montrer que le triomphe du Christ sur toutes ces prétendues divinités qui trop longtemps s'étaient attribué sa place dans la confiance et les adorations des peuples anciens. Il est facile en effet, comme l'expliqua nettement un studieux témoin de cette *monstre*, renouvelée à Aix en 1851 (mais avec de notables modifications), il est facile, disons-nous, de reconnaître, dans les trois parties bien distinctes dont se formait la procession, une triple idée symbolique présidant au développement continu d'une véritable trilogie. C'était d'abord l'exhibition des divinités païennes, et les ténèbres de l'erreur. Ce premier acte était représenté pendant l'Office *de la nuit*. Le second, qui avait lieu *au point du jour*, symbolisait le judaïsme et l'ancienne Loi par des faits du premier Testament. Enfin venait, au *plein jour*, du catholicisme le troisième acte déroulant les grandes histoires évangéliques et se terminant par la marche triomphale du Saint des Saints porté par le pontife et s'entourant de toutes les splendeurs dues à sa divine humanité (1). On conçoit la réalité de cette théorie, et qu'à son origine elle dut avoir, selon le but de son ingénieux inventeur, autant d'influence que de crédit sur les foules appelées à en avoir le spectacle.— Il n'en est pas moins vrai que ces doctes et innocentes bonhomies ne devaient avoir qu'un temps; que chaque année, pour ainsi dire, la candeur populaire s'affaiblissait devant l'*esprit moderne*, et que, sous les impressions causées par lui, on devait trouver des répulsions qui bientôt se changèrent en sévères critiques. C'est ainsi que le chancelier Gerson, mort en 1429, s'affligeant déjà de voir les

*son symbolisme primitif.*

*Sévérité judicieuse de Gerson.*

---

(1) Voir un curieux mémoire de M. Rostan : « Les jeux de la Fête-Dieu à Aix, » dans le *Bullet. monum.*, XVII, 468 et suiv. — Mais surtout nous indiquons, pour plus de renseignements sur les fêtes de Tarascon et d'Aix, les *OEuvres choisies du roi René*, publiées par M. le comte de Quatrebarbes, t. I, p. LVIII et XCVIII, 2 vol. in-4º, 1849.

imagiers charger l'architecture religieuse de figures dont le symbolisme tenait plus de leur capricieuse imagination que des traditions justement regrettables de l'école patristique, ne s'indignait pas moins de trouver dans les représentations, devenues par trop banales, une sorte d'injure s'attaquant en même temps à la foi et aux yeux des fidèles autant qu'à la dignité de l'Église (1).

*Faux jugements de quelques auteurs sur la Fête dite de l'Ane;*

Mais ce serait vraiment bien autre chose s'il fallait voir d'autres représentations bien plus étranges du même œil que les voient encore des antagonistes trop mal éclairés pour distinguer assez les temps et les lieux qui en furent les premiers témoins. Qui n'a pas entendu, qui n'a pas lu mille fois les diatribes écrites et répétées à satiété contre ce qu'on s'est plu à nommer *les fêtes des fous et de l'âne?* Que de juges ont condamné sans les entendre ces illustres personnalités? Esquissons en quelques mots leur histoire, et voyons s'il n'est pas plus juste de les expliquer froidement que de les maudire, et d'en reconnaître le sens que de le calomnier.

*sa justification par les faits.*

Commençons par l'*Ane*. On a singulièrement dénaturé le pauvre animal dans son histoire, d'abord systématiquement parée de tous les ridicules immérités que lui prodigue toujours la malicieuse ingratitude des hommes, puis dans son rôle, qu'on a chargé à dessein d'un langage et d'une musique dont il n'est fait aucune mention à son origine. Il nous faut remarquer d'abord que la *Fête de l'âne* n'a pas été décorée de ce nom par ceux qui instituèrent à Rouen cette représentation *liturgique*. Ce ne fut que plus tard, et dans le texte de manuscrits bien postérieurs, que ce titre y est consacré. L'âne, en effet, n'y apparaissait qu'en qualité d'accessoire, comme le bœuf lui-même

---

(1) « Non patitur ludum fama, fides, oculus. » — Voir *Bullet. monum.*, XVII, 299; — J. Gerson, *De Præceptis Decalogi*, cap. VII; — *Sermo in die Circumcisionis; Conclusio de Ludo Stultorum*, opp. ed. Dupin, in-f°, t. I, p. 433; II, 60; III, 309.

et comme les brebis qu'en d'autres *jeux* on voyait apporter par les bergers aux pieds du petit Jésus dans sa crèche. La modeste monture ne dut l'honneur inattendu de spécifier par son nom l'action à laquelle on la voyait prendre part, qu'après de nombreuses exhibitions, quand le peuple, qui s'exprime toujours en pareil cas d'après ce qui le frappe le plus, et qui cherche moins le fond des choses que ce qui peut s'y prêter à ses prédilections pour l'ironie, se fut accoutumé à désigner par *la fête de l'âne* la grande solennité où l'on aimait à le voir revenir.

Nous nous plairions ici à reproduire les charmantes pages insérées, à l'éloge de l'âne, par M. Félix Clément dans une de ses savantes dissertations, où il fait admirablement ressortir les mérites trop méconnus du bon et modeste animal (1). Ce serait trop long, car nous avons encore beaucoup à dire sur le sujet de ce chapitre, et nous avons relevé précédemment le symbolisme et l'importance de l'humble quadrupède dont les Prophètes parlèrent souvent, et que le Sauveur, pour accomplir une de ces prophéties, daigna préférer pour son pacifique triomphe du jour des Rameaux (2). De tels priviléges ne devaient-ils pas suffire à lui faire partager des honneurs maintes fois accordés à d'autres bêtes, et quoi d'étrange qu'en célébrant la nativité du Sauveur on donnât une place à celui qui, dans l'étable, l'avait réchauffé de son souffle, avait reçu peut-être ses enfantines familiarités ? Cependant n'allons pas trop loin dans cette voie, et ne croyons pas, avec ceux mêmes qui ont cherché de bonne foi la vérité sur ce point, que l'âne apparût, dans toutes les solennités de ce genre, comme étant celui de Bethléem. Nous allons voir qu'il y remplit quelquefois un autre rôle non moins mémorable. Toujours est-il que si nous recourons aux sources sérieuses d'où les vrais renseignements doi-

<small>Titres de l'âne aux honneurs symboliques de l'Église.</small>

---

(1) Voir « L'Ane au moyen âge, » *Annal. archéolog.*, XV, 373 et suiv.; XVI, 26 et suiv.
(2) Voir ci-dessus, t. II, p. 462.

vent nous venir, et non à ces indignes parodies de l'histoire du moyen âge qu'on s'est plu à ressasser sans pudeur pour le plaisir d'insulter l'Église, nous voyons la plus pure clarté se faire autour de cette tradition profanée.

<small>Origine des drames où il figure,</small>

C'est vers la fin du douzième siècle qu'il faut remonter, si nous en croyons de judicieux critiques, pour saisir les premières traces du drame de la Nativité, dans lequel on

<small>d'abord à Rouen, puis à Sens.</small>

voyait figurer l'illustre animal; et encore ce drame ne fut-il représenté d'abord qu'à Rouen, dont le plus ancien manuscrit porte le nom: il ne le fut à Sens que dans le cours du siècle suivant. Voici donc ce qui se passait, d'après Ducange, assez mal analysé par Moréri, qui ne l'a compris qu'à moitié. Le grave et savant auteur cite le texte d'un cérémonial manuscrit de l'Église de Rouen, dont il ne dit pas l'époque, mais que nous croyons, comme nous le disons ci-dessus, de cent ans antérieur, ou à peu près, à celui de l'Église de Sens.

<small>Description de la cérémonie de Rouen;</small>

La cérémonie était évidemment de celles qui servaient d'instruction au peuple, et s'immisçait dans le cours de l'Office plus utilement peut-être qu'aucun sermon ne l'aurait pu faire. Elle commençait après le chant de tierce, un peu après neuf heures par conséquent, et par la procession qui précédait toujours la Messe. Le cortége, qui s'était formé dans le cloître, en partait sous la direction de deux clercs inférieurs en chape, lesquels entraient dans l'église en chantant un répons alterné par le chœur et qui faisait tour

<small>personnages qui y figurent:</small>

à tour allusion à tous les rôles de l'action dramatique; car on voyait défiler successivement des personnages représentant des Juifs et des Gentils, puis Moïse et Aaron, les grands et les petits Prophètes, tous avec le costume de leur rôle, ces derniers pourvus d'une belle barbe qu'on n'oublie pas de mentionner pour chacun d'eux, non plus que les divers

<small>les Prophètes,</small>

costumes qui conviennent à d'autres : ainsi Moïse, tenant les Tables de la Loi, porte une aube blanche sous une chape ; les rayons traditionnels sortent de sa tête (*cornuta facie*). Sa main droite soutient la verge dont il frappa le rocher. — Aaron a revêtu les habits de sa dignité pontificale; il est coiffé d'une mitre et tient cette autre verge qui, devant Pharaon, s'était changée en serpent.—Jérémie déroule un phylactère où brille un passage de ses prophéties; il a le costume sacerdotal. C'est de la sorte que tous les autres, avec des symboles différents et des vêtements spéciaux, se placent le long de la grande nef, et répondent à l'appel de leur nom fait par les chantres, et expriment dans leur réponse le passage de leurs écrits qui annonce la venue du Sauveur.

Le symbolisme est très-bien observé dans le choix de ces costumes variés et de leurs couleurs. Daniel, par exemple, qui a prédit jusqu'à la Semaine Sainte où le Seigneur subirait son Sacrifice, et par là même donna l'espérance du salut, revêt une tunique *verte*; de plus il tient un épi, symbole de ce Pain vivant promis aux âmes de la nouvelle Loi. Habacuc, qui s'était retiré dans le désert et qui annonça aux Juifs infidèles la domination de Nabuchodonosor, est un vieillard couvert d'une dalmatique, habit d'honneur donné parfois, dans les cérémonies, aux grands du monde qui y prenaient part. Nous ne savons et ne trouvons point pourquoi il doit boiter, si ce n'est ou à cause de sa vieillesse ou pour mieux faire comprendre aux Juifs l'imminence des maux qu'il leur annonce et le peu de stabilité de leur état. Il y a plus : on le voit mangeant des racines qu'il tire d'un sac de voyageur, en souvenir de sa vie solitaire, et tenir *deux* longues branches de palmier, emblème des coups dont le Seigneur menace par lui *les Juifs*, devenus bientôt victimes des Chaldéens, puis *les Chaldéens* eux-mêmes qui doivent être ensuite punis de leurs excès.—Mais voici le fort de la chose : deux envoyés de Balac, roi des Moabites, se présentent; ils sont suivis du faux prophète Balaam, monté sur une ânesse, d'où est venu le nom populaire de ce drame (*hinc festo nomen*, dit la rubrique). Et ici remarquons bien tous les détails de ce rôle que nous donnons d'après cette

*[marginalia: entre autres : Daniel, Habacuc; Balaam et son ânesse,]*

même rubrique, sans en rien retrancher, sans y rien ajouter : « Balaam est richement habillé ; il a des éperons dont il doit piquer l'ânesse, tout en retenant les freins, » pour mieux rendre la résistance de l'humble monture devant « un certain jeune homme » qui s'oppose à sa marche en la menaçant d'une épée. Ce jeune homme est l'ange qui, en reprenant Balaam de sa désobéissance (car il venait pour maudire les Israélites contre l'ordre de Dieu), lui ordonne de nouveau de bénir les Israélites et de maudire leurs ennemis. Pendant ce temps, quelqu'un s'est glissé sous l'ânesse et dit, comme si c'était elle (*quidam sub asina dicat*) : « Pourquoi me frappes-tu si violemment de tes éperons ? » L'ange ajoute : « Cesse d'obéir à ton roi : *Desine regis Balac præceptum perficere.* » — Alors les chantres : « Balaam, prophétise ! » — Et Balaam répondra : « *Exibit ex Jacob rutilans :* Une étoile s'élèvera du sein de Jacob. »

*Virgile,*   Rien de plus : le rôle de Balaam est fini : on passe à Samuel, à David et jusqu'à seize autres, après lesquels Virgile lui-même est interpellé : « *Maro, Maro, vates Gentilium, da Christo.* » Et Virgile, sous les traits et la robe de la jeunesse, répond à son tour (*respondeat*) : « *Ecce polo demissa solo (cœlo) :* Voici qu'envoyée du haut du Ciel... » — Observons ici que ce texte, comme quelques autres empruntés à l'Écriture, ne se retrouve qu'approximativement dans l'auteur invoqué, ce qui fait supposer que le dramaturge citait de mémoire ou sur des manuscrits dont la copie était fautive. Mais on voit bien que les paroles de Virgile sont au moins une réminiscence des beaux vers de sa quatrième Églogue, de ceux qui semblèrent prophétiser plus nettement la venue du Christ :

*Jam redit et* Virgo.....
*Jam « nova progenies cœlo demittitur alto. »*

*Nabuchodonosor.*   Nous allons voir un symbolisme plus extraordinaire relatif à cette prophétie. Mais ne laissons point passer, sans la regarder, une autre scène non moins attachante. Voici Nabuchodonosor vêtu dans toute la magnificence d'un roi puissant ; il présente à trois jeunes hommes une statuette (sans doute la sienne) que ceux-ci repoussent en disant : « Nous n'adorons que le Dieu digne d'être adoré : *Deo soli digno coli.* » Le dialogue se prolongeant, on en vient à jeter les trois jeunes Israélites fidèles dans une fournaise figurée d'avance au milieu de la nef : c'est sur l'ordre du roi impie que se fait cette exécution ; autour d'eux on enflamme des étoupes, mais ils en sortent sans blessure et chantent le célèbre cantique *Benedicite.* Le tyran s'en étonne d'abord, puis se rend à l'évidence, et proclame la toute-puissance du Dieu qui reste vainqueur, en élevant les trois jeunes gens aux premières satrapies de son royaume. — Cependant un dernier trait ne pouvait manquer à cet ensemble, où il s'agit de rendre hommage à la naissance du Fils de Dieu : il y fallait amener les sibylles, ou que du moins elles y fussent représentées par l'une d'elles. Nous nous attendions à voir celle de Cumes, *ultima Cumæi.* Point : c'est une sibylle quelconque dépourvue de nom ; elle porte, il est vrai, avec son habit de vierge une couronne (de fleurs, sans doute). On lui ordonne de prophétiser, et soudain elle obéit par quelques paroles qui forment un vers incomplet : *Judicii signum tellus sudore,* et dont le sens nous échappe (1). — Les scènes finissent là ;

La sibylle de Cumes.

(1) Cf. Moréri, *Diction. histor.*, v° FESTES DES ASNES, édit. 1707 ; — Ducange, *Glossarium med. et inf. latinat.*, v° FESTUM. — Nous ne savons pourquoi Moréri trouve ici la sibylle Érythrée, que le texte n'indique pas plus qu'une autre. Il l'a peut-être conclu de ce qu'elle porte ordinairement un phylactère où se lisent ces mots : « *Nascetur in diebus novissimis de Virgine Hebræa Filius,* » comme on la voit encore parmi les peintures des Chambres Borgia, au Vatican (voir l'*Iconogr. des sibylles*, de M. le chanoine Barbier de Montault, *Rev. de l'art chrét.*, t. XIII, p. 327). Mais celle de Cumes n'est pas moins concluante. C'est à elle qu'on attribue les vers de Virgile (*id., ibid.*), et la présence du poète semble devoir ici la faire préférer par les interprètes.

Après beaucoup d'investigations nous avons enfin découvert la trace originelle de ce passage de Ducange dans les intéressantes *Nouvelles Recherches sur la bibliothèque des archevêques et du Chapitre de Rouen*, p. 54, in-8°, Rouen, 1854. — Il paraît, d'après les renseignements

alors tous les chantres, prophètes et autres acteurs, entourent le pupitre et y chantent ensemble une sorte d'antienne dont les premières paroles ne suffisent pas à nous donner le sens; après quoi l'on revient au chœur. Quand on y entre, le grand chantre entonne le répons : *Confirmatum est cor Virginis*, et la Messe commence par l'introït : *Puer natus est nobis*, qui est, en effet, celui de la troisième messe du jour, après lequel on indique le *Kyrie*, le *Gloria*, etc.

<small>Comment les rôles y étaient distribués.</small>

On voit par ce qui précède que la rubrique (ou ordre de la cérémonie) n'indique à chacun des acteurs que deux ou trois mots qui ne donnent pas toujours le sens tout entier de la phrase qu'on leur impose : c'est pour nous une preuve évidente qu'on ne leur *soufflait* ainsi, en quelque sorte, que le commencement de leur rôle, ce qui laisse nécessairement supposer un dialogue bien plus étendu : d'où nous pouvons conclure qu'une telle représentation devait durer au moins une heure, et aboutir très-naturellement à la Messe solennelle qui, partout et toujours, s'est chantée ce jour-là pendant les deux dernières heures de la matinée.

<small>Sens moral et instructif de cette représentation.</small>

Quoi qu'il en soit, ne voit-on pas toutes choses se passer ici avec toutes les conditions de l'édification publique ? N'était-ce pas là un enseignement, aussi prompt que simple et assuré, capable de faire comprendre au peuple sur quels solides fondements s'appuient les révélations évangéliques? et ne devait-il pas, en sortant de cette représentation si religieuse, assister avec plus de piété et d'onction au Sacrifice divin auquel toutes les prophéties l'avaient disposé ? En con-

---

donnés sur ce point par M. l'abbé Langlois, que le texte cité par Ducange était tiré d'un *Rituale ordinarium*, manuscrit in-f° du quatorzième siècle, qu'on tenait habituellement à la grande sacristie de l'église métropolitaine « pour y être consulté quand on avait quelque doute sur l'Office du chœur. » Le cérémonial de la fête de l'âne y occupe trois feuillets intercalés à la suite du calendrier, et sous la foliation 26, dans l'Office du jour *de la Circoncision*, et non *de Noël* comme le dit Ducange. — Ce manuscrit, devenu la propriété de la Bibliothèque publique de la ville de Rouen, prouve qu'au quatorzième siècle la fête, telle que nous venons de la décrire, se faisait annuellement dans cette église.

science, l'ânesse était-elle autrement, dans cet ensemble, que parce que Balaam, qui ne pouvait s'y passer d'elle, était un acteur des plus indispensables avec son rôle tout miraculeux?

On ne peut donc trop détester les sacriléges persiflages que se sont permis, à cette occasion, les disciples toujours ardents de Voltaire, de Dulaure et de Michelet.

Cependant nous avons autre chose encore à dire de notre âne liturgique. Tout en adoptant la pensée de quelques auteurs, qui attribuent au douzième siècle sa première apparition dans la métropole de la Normandie, nous avouons ne trop savoir sur quelles données s'appuie une telle assertion, d'ailleurs assez vague. Inutilement avons-nous recherché nous-même la preuve historique de cette date dans tous les auteurs qui auraient dû en parler : il faut certainement attribuer ce silence à la perte des archives capitulaires de Rouen, dont les plus anciennes délibérations ne dépassent plus le milieu du quatorzième siècle (1). Mais dès lors qu'on n'en voit pas l'institution depuis cette époque, on est autorisé à conclure qu'elle lui est antérieure, et ainsi l'on reçoit volontiers la chronologie habituellement acceptée. C'est dans la même église, au reste, que se faisait, en l'Octave de Pâques, l'Office des pèlerins d'Emmaüs, celui de la Résurrection, celui de Marie-Madeleine ; et Guillaume de l'Isle, chancelier de l'Église, avait fondé, en 1344, pour les deux chanoines qui s'en seraient le mieux acquitté, une mesure de blé et une mesure d'*avoine* (2)...— Honni soit qui mal y pense ! C'était probablement du symbolisme, et rien de plus.

*Date probable de son institution.*

Mais ce n'était pas seulement à Rouen que l'âne biblique était fêté. A Sens aussi, autre métropole, l'archevêque Pierre de Corbeil, intronisé en 1194 et mort en 1222, avait, dans l'esprit de son époque, ou établi ou enrichi par ses

*La même fête à Sens. — Prose de Pierre de Corbeil: Orientis partibus.*

(1) Voir M. l'abbé Langlois, *Notes sur les jubés de l'église métropolitaine de Rouen*, in-8°, 1851, p. 2.
(2) Langlois, *id., ibid.*

soins une fête connue sous le même nom. Il composa la fameuse prose *Orientis partibus*, qui se chanta dès lors à cette solennité, et là ce n'était plus l'ânesse de Balaam montée par le faux prophète des Moabites, mais l'âne de l'étable, celui qui s'était trouvé, par un honneur très-inattendu, associé sous la même crèche aux premiers instants de la vie humaine de l'Enfant-Dieu (1). Un écrivain, que nous aimons à citer parce qu'il nous semble avoir parfaitement compris et spirituellement défendu la dignité attaquée du noble animal, M. Félix Clément, a sérieusement étudié cette poésie sacrée, et nous devons conclure avec lui de l'examen de toutes ces phrases cadencées et de toutes les idées exprimant l'éloge et les qualités de la vénérable monture, qu'elle n'était rien de moins, aux yeux du clergé et des fidèles, que le symbole compris et honoré du Sauveur lui-même. Le chant qu'on lui consacre se compose de sept strophes de quatre vers, suivis chacun du même refrain. C'est ce chant, défait à plaisir par nos aristarques philosophes, qui les a scandalisés jusqu'aux larmes; c'est ce refrain : *Hez! sire âne, hez!* qui leur a paru le suprême degré du grossier délire d'une foule « avinée » (ni plus ni moins!); et, avec ces déclamations inspirées, on le sait, par la joie d'avoir trouvé une matière de plus à leurs rancunes aveugles, on est parvenu à séduire des écrivains qui se sont alliés à de faux amis pour accuser de folie la piété du moyen âge, au profit des lumières dont nous avons le bonheur de jouir.

Qu'on soit juge une fois de plus; et quoique déjà on ait prouvé de reste en maints écrits ce qu'il faut penser de la *Prose de l'âne* tant bafouée, donnons-la encore à nos lecteurs simple et authentique, pour leur éviter la peine de l'aller chercher en des livres moins faciles à trouver que celui-ci. Après chaque strophe, nous suivrons l'ingénieuse et

> Analyse de cette poésie.

---

(1) Voir *France pontificale*, publiée par M. Fisquet (archidiocèse de Sens, p. 57).

excellente analyse qu'en a donnée M. Félix Clément, aidé de sa profonde science du moyen âge. Seulement, faisons remarquer avant tout que, très-conformément à la méthode scientifique du treizième siècle, l'auteur se propose ici un double objet : de chanter les excellentes qualités de l'âne, dégagé de tous les prétendus défauts objectés par la prévention de ses maîtres, et de trouver sous chacun de ces avantages un symbole d'une des vertus divines ou des actions rédemptrices du Sauveur. Laissons donc de côté tout ce que le nom et les préjugés inspirent depuis longtemps à l'égard de la patiente et laborieuse monture; séparons-la de ces reproches de stupidité qu'on prouverait difficilement, et de paresse qui ne constitue qu'une diffamation calomnieuse. Reportons-nous un peu à l'époque où ses souvenirs bibliques ne la rendaient encore justiciable que de la piété chrétienne, où ses services lui valaient la reconnaissance de tous, où la gent écolière des quinzième et seizième siècles n'avait pu songer à faire une injure de son nom (1). En un mot, considérons-la d'après l'estime qu'en ont faite les symbolistes, même protestants, et d'illustres catholiques avant eux, aussi bien que des temps plus rapprochés (2). Pour qui connaît le symbo-

*Qualités de l'âne méconnues et réhabilitées;*

---

(1) On peut voir, dans les *Adagia* d'Érasme, comment, chez les Grecs, c'était la timidité, et non la paresse, dont l'âne était l'emblème. C'était pour son peu de courage à la guerre que Pisandre avait été surnommé l'Ane de Cnide, et non pour son peu d'activité. Les écoliers du temps d'Érasme savaient très-bien cela; ils qualifiaient d'âne celui qui ne savait pas se battre ou s'y refusait, mais non encore ceux qui profitaient peu des leçons de leurs docteurs. Ce n'est que plus tard qu'on a fait cette injure à l'âne : mais, en conscience, est-ce la faute du pauvre animal ou de ceux qui la méritaient? — Cf. *Adagia ad hanc diem*, edit. Manucii, 1575, in-f°, col. 1371; — et bien ailleurs dans le même livre.

(2) Cf. Wolfgangi Franzii *Animalia sacra*. — Cet auteur, après avoir énuméré les qualités de l'âne, fait remarquer en combien de façons l'Écriture sainte applique ce qu'elles ont de figuratif : « De asino... multæ latent imagines quas etiam sacra Scriptura solet usurpare, et quarum paucis quasdam recitabimus. » — Et il entre en matière jusqu'à donner sept pages bien pleines à ce sujet, dont beaucoup de traits chez lui se rattachent à ceux que nous allons voir exposés par le savant collaborateur des *Annales archéologiques*. — De son côté, notre grand sym-

lisme, il ne sera pas plus étonnant sous cette forme que lorsqu'il voile à demi les traits et la vie de l'Homme-Dieu sous l'image du phénix, du passereau, du pélican, d'un cheval blanc, d'un lion et de tant d'autres. Cela dit, abordons notre Prose, et voyons comme elle diffère dans ses idées de ce qu'en ont raconté les ignorants du parti pris.

*leur symbolisme chrétien exposé dans ce chant liturgique.*

**I.** *Orientis partibus*
*Adventavit asinus,*
*Pulcher et fortissimus,*
*Sarcinis aptissimus.*
— *Hez! sire âne, hez* (1)!

*Convenance de ce rhythme.*

Tout d'abord, observons que le rhythme choisi pour ce chant d'allégresse se prête fort bien à la vivacité de la boliste S. Méliton, augmenté de tout ce que son savant commentateur, le cardinal Pitra, nous a fait connaître des Pères et des auteurs ecclésiastiques, n'est pas moins explicite; on le voit (*Clavis*, cap. IX, § VII) représenter l'âne et l'ânesse comme des images connues des meilleurs rapports du Christ avec la nature humaine, et des vertus que se plaît à louer la *Prose* de Sens. — Ou consulterait avec le même avantage William Carpentier dans sa *Zoologia sacra* (Migne, *Script. sacr. curs. complet.*, III, 401), — et Samuel Bochard, *Hierozoïcum biblicum* (De Asino), que nous avons déjà cités sur la zoologie symbolique.

(1) Nous donnons ici, pour ceux de nos lecteurs qui en auraient besoin, la version française de la fameuse Prose, et, si nous ajoutons à chaque strophe quelques mots qui ne sont pas dans le texte original, c'est qu'ils en développent le sens et en expliquent la naïveté, ce qui est inséparable de toute traduction, même fidèle.

**I.** Des terres de l'Orient nous est arrivé un âne plein de beauté et de force, disposé à porter tous les fardeaux qu'on lui destine.
Hez! sire âne, hez!

**II.** Nourri d'abord par les enfants de Ruben sur les collines de Sichem, il a traversé le Jourdain, et d'une course rapide il est arrivé à Bethléem.

**III.** Le faon de la biche, les daims, les chevreuils, sont moins agiles que lui; sa course rapide l'emporte sur celle des dromadaires de Madian.

**IV.** C'est par lui que nous sont venus dans l'Église l'or de l'Arabie, l'encens et la myrrhe de Saba.

**V.** Qu'il est pesant le char auquel on l'attache! combien lourds les fardeaux qu'on lui impose! Et pendant ce rude travail, il n'a pour se soutenir qu'une grossière nourriture!

**VI.** Qu'il mange l'orge encore en épis, il ne se contente pas moins de chardon; il n'en sépare pas moins le froment de la paille dans l'aire qu'on lui donne à fouler.

**VII.** Ane vénérable, enfin, vous n'avez plus pour nourriture que du gazon choisi. Rendez-en grâce à Celui qui vous le donne éternellement. Oui, chantez le cantique de votre joie reconnaissante; le passé n'est plus, réjouissez-vous de votre triomphe. Vous êtes devenu le Seigneur à qui s'adressent nos chants de joie.

pensée rapidement poursuivie dans ces quatre petits vers de sept syllabes, dont la pénultième, toujours brève, rappelle l'élan plus enthousiaste, il est vrai, mais non moins expressif, du *Veni, sancte Spiritus*, composé trois siècles auparavant par le roi Robert. Ce choix n'est donc pas trop déraisonnable comme fait littéraire, et l'on ne sera pas moins étonné de la convenance toute symbolique de sa notation même, si on la consulte dans la planche empruntée au manuscrit de la bibliothèque de Sens par nos plus habiles musiciens (1). — Il n'y a pas jusqu'au refrain si ridiculisé : *Hé ! sire âne*, qui n'y ait son effet par le repos qu'il indique, et par la transition qu'il ménage doucement à la voix entre la strophe qu'il termine et la suivante qu'il aide à commencer. Et ce refrain, nullement ridicule dans le chant, comment le serait-il en lui-même, pour peu qu'on voulût bien se reporter à l'expression de joie simple et candide qu'il devait rendre ; si l'on n'oublie pas qu'il y devient un cri d'allégresse rendu en cette langue française qui s'essayait alors, et devait avoir ses naïvetés comme toute langue a les siennes à sa naissance ? Mais ce *sire* qui prête tant aux agréables ricane-

L'âne est aussi

---

(1) La vulgarisation de ce curieux morceau de musique est due en France aux soins réunis de M. Danjou, le docte et élégant auteur de la *Revue de musique religieuse* (t. IV, p. 71); de M. Félix Clément, qui la fit exécuter en 1846 au collége Stanislas pour une assemblée d'élite, aux grands applaudissements de l'assistance ; et enfin de M. Didron, qui en avait découvert et fait calquer une copie possédée à Padoue par M. Pacchierotti. On peut la voir dans les *Annales archéologiques*, t. VII, p. 26, où elle est traduite en notation moderne par M. Clément, et XVI, 260, où M. Didron a reproduit le manuscrit italien. On peut en donner une idée assez juste en disant qu'elle a beaucoup du ton, de la mesure et du caractère général de notre Prose de Noël : *Votis Pater annuit*, qu'on chantait encore naguère dans toutes nos églises avant qu'on les eût dépouillées, sous prétexte du rit romain, de ce qu'elles avaient de plus beau, de plus populaire et de plus touchant. Ce serait louer le bon goût de ceux qui nous avaient donné cette regrettable *Prose* de Noël et son chant joyeux que d'affirmer qu'ils avaient introduit dans celui-ci d'évidentes réminiscences de la Prose de Sens et de Padoue. Hélas ! bien peu se doutent de ce qu'on a perdu à ce dérangement si peu réfléchi de nos plus honorables traditions liturgiques !

<small>un symbole du Sauveur,</small>  ments de nos adversaires, ne pourrait-on pas se rappeler qu'il était alors le plus grand titre d'honneur demeuré aux rois seuls? et ramené si souvent, et dans la partie la plus saillante de chaque couplet, ne peut-il pas servir à prouver encore que l'âne n'était plus, pour la pieuse assistance, un simple et pauvre animal gardant son rôle ordinaire, mais quelque chose ou plutôt *Quelqu'un* de bien plus digne et de plus élevé? Revenons à cette pensée, qui va nous apparaître clairement en suivant chaque ligne de notre chant de triomphe.

<small>qui est l'Orient,</small>  On sait tout ce qu'il y a de symbolique dans cet *Orient*, dont nous avons plus d'une fois indiqué les diverses et poétiques significations. Comment l'âne célébré par tant d'honneur *viendrait-il de l'Orient*, s'il ne représentait la Lumière éternelle jaillissant du Ciel, *oriens ex alto*, le Soleil de Justice, *sol Justitiæ*, et celui enfin que, peu de jours avant les grandes solennités de la Naissance et de la Circoncision, l'Eglise appelait : « Orient, splendeur sans fin qui dissipa les ténèbres : *O Oriens, splendor Lucis æternæ* (1) ? » Qui a plus que Lui la beauté et la force? n'est-Il pas *le plus beau parmi les enfants des hommes*, selon Isaïe? *le vainqueur du monde* comme Il l'a dit lui-même? — Et quel fardeau ne peut-il pas assumer? n'a-t-il pas accepté celui de la croix, celui des iniquités de la terre?

> **II.** *Hic, in collibus Sichem,*
> *Enutritus sub Ruben,*
> *Transiit per Jordanem,*
> *Saliit in Bethleem.*

Quel autre a pu faire cela, a pu revêtir ces caractères, que Celui qui fut prédit dans l'ancienne Loi par tant de figures? Les pâturages renommés de *Sichem*, où les enfants de Jacob faisaient, *sous la conduite de Ruben*, l'aîné d'entre eux, paître les riches troupeaux de leur père, furent comme le

---

(1) Grandes antiennes de l'Avent.

berceau du peuple juif. Ce peuple est maintes fois regardé, dans l'Écriture, avec son histoire, ses vicissitudes, ses défaites et ses triomphes, ses périodes de troubles et de paix, comme l'image préconçue du Sauveur d'Israël. Juda, après s'être multiplié, *passe le Jourdain*, comme Jésus, à un point donné de sa vie mortelle, y reçoit le baptême qui le fait passer de sa retraite à l'exercice de sa mission ; ou bien, comme le disent les Pères, le Jourdain fut pour lui cet espace inconnu qui le séparait de notre monde quand il daigna le franchir pour venir s'humilier, à travers les collines éternelles, *dans Bethléem*, la plus petite des villes de Juda. Ne voyez-vous pas, dirons-nous encore avec M. Clément, que le refrain « Hez ! sire âne, hez ! » ne peut être ici un cri burlesque d'une populace ignorante et grossière ? N'est-ce pas plutôt le sentiment de l'admiration et de la reconnaissance qui échappe au poète compositeur, et que le peuple chrétien répète, après chaque énumération des divins prodiges, dans les mêmes dispositions d'esprit et dans les mêmes effusions du cœur ?

Voici, au reste, que reviennent d'autres souvenirs de l'Écriture, de textes bibliques tout appliqués au Sauveur par le commun des interprètes ; de sorte que, tout en relevant la force, la fierté et la marche alerte autant que profitable de l'âne oriental, rien ne semble plus naturel que de trouver sous ces avantages sensibles la personne adorable du Fils de Dieu :

**III.** *Saltu vincit hinnulos,*
*Damas et capreolos;*
*Super dromedarios*
*Velox Madianeos.*

L'Épouse des Cantiques compare son Bien-Aimé au jeune chevreau : « *Similis est dilectus meus* HINNULO *capreæ* » (Cantic., II, 9).— Isaïe prédit que le Christ fuira du Ciel vers l'humanité, comme un daim qui prend sa course la plus rapide (1).— S. Grégoire désigne sous la figure du chameau,

(1) « Quasi *dama* fugiens. » (XIII, 14.)

que consentent à avaler ceux qui répugnent à un moucheron, Notre-Seigneur qui fut condamné par Pilate, si favorable à Barabbas (1); et, ce qui semble plus décisif, c'est que S. Méliton, parlant de ces trois animaux, en fait autant de symboles du Christ (2); et après chacune de ces assertions, il les prouve par les textes que nous venons d'alléguer. — Ainsi, voilà autant de comparaisons qui, tout en s'appliquant très-bien à la force et à l'allure rapide de l'âne, symbolisent aussi parfaitement la valeur des Hébreux dans les guerres qui leur assujettirent tant d'ennemis, parmi lesquels on voit figurer surtout les Madianites; mais ces dromadaires madianites des deux derniers vers ne sont-ils pas aussi une allusion à la visite des Mages, dont le couplet suivant va nous parler ?

> **IV.** *Aurum de Arabia,*
> *Thus et myrrham de Saba*
> *Tulit in Ecclesia*
> *Virtus asinaria.*

*Allusion à l'adoration des Mages,*

Qu'on regarde comme indifférent, avec M. Clément, que ce fussent des chameaux ou des ânes qui apportèrent à Bethléem les présents des premiers rois adorateurs, et qu'ainsi notre âne soit ici loué de cet honneur, dont il aurait droit d'être fier; ou bien (ce que nous croyons mieux) que son rôle symbolique abandonne les données traditionnelles du peuple juif, et ne se rapporte plus qu'à Jésus-Christ seulement: il n'en sera pas moins vrai que ces substances précieuses, apportées de l'Orient comme autant d'hommages à l'Enfant-Jésus, ont cet Enfant pour promoteur (3); qu'à chacune d'elles, comme nous l'avons établi, se rattache un sens mystérieux, et que notre âne, redevenant, comme les termes l'indiquent si clairement, le sym-

---

(1) « Excolantes culicem, *camelum* autem glutientes. » (*Matth.*, XXIII, 24.)
(2) « Hinnulus, Christus » (*ubi suprà*, § LX); « dama, Christus » (*ibid.*, § LX); « camelus, Christus » (*ibid.*, § V).
(3) Cf. ci-dessus, t. II, p. 490.

bole évident de Jésus-Christ, peut, à ce titre, recevoir les éloges que méritent ces divines faveurs. Si l'or est la pureté de la vie chrétienne, si l'encens représente la prière et qu'il faille voir dans la myrrhe l'esprit de pénitence et de mortification, il est clair que c'est au Sauveur que l'Église doit ces notions méconnues de la Synagogue ; c'est à la force *(virtus)* de ce divin travailleur que nous devons tous de les comprendre et de les pratiquer : voilà le sens de ces mots *virtus asinaria*. — Avançons, et voyons d'autres linéaments non moins convenables à l'adorable Objet qui se cache sous les paroles liturgiques. Jésus n'a-t-il pas porté sa croix ? nos fautes ne lui ont-elles pas été un lourd fardeau, comme l'Église le lui rappelle, des milliers de fois chaque jour dans une des plus touchantes invocations de la Messe : « *Agnus Dei, qui tollis peccata mundi?* » Et pour ce dévoûment, qu'a-t-il trouvé sur la terre ? la pauvreté, à peine de quoi reposer sa tête ; la faim et la soif qu'il a supportées comme nous, sans avoir toujours à la soulager : « *Esuriit*, dit l'Évangéliste (1). » — *Sitio,* disait-il lui-même sur la croix, au milieu des cruelles fièvres de sa dernière agonie (2). — Enfin, quand il usa de la nourriture commune à tous les hommes, ne lui fut-elle pas habituellement rude et grossière ? ne se borna-t-il pas le plus souvent, avec ses Apôtres, aux rares épis des campagnes qu'il parcourait (3) ? Que disons-nous ? souvent il négligea ce besoin jusqu'à lui préférer l'œuvre de son Père (4). Ainsi semble-t-il qu'on peut lui appliquer avec toute justesse les quatre vers de la cinquième strophe :

à la Passion et à la Pénitence divine,

> **v.** *Dum trahit vehicula*
> *Multa cum sarcinula,*
> *Illius mandibula*
> *Dura terit pabula.*

car, à la suite de ces détails, un autre survenait naturellement. S'il convient à la sobriété de l'âne, qui ne regarde ni à

à la séparation éternelle des bons et des méchants,

---

(1) *Matth.*, IV, 2.
(2) *Joan.*, XIX, 28.
(3) « Cœperunt vellere spicas. » (*Matth.*, XII, 1.)
(4) « Meus cibus est ut faciam voluntatem Patris. » (*Joan.*, IV, 4.)

l'orge ni aux chardons, et prend indifféremment ce qui se présente au soutien de sa vie de labeur et de tempérance :

> **VI.** *Cum aristis ordeum*
> *Comedit et carduum,*

combien plus encore, dans le sens symbolique, vient-il ajouter à ce que nous devons penser ici du Sauveur ! Le divin Maître, en effet, a dit de lui-même qu'il séparerait du bon grain semé par lui sur cette terre la paille et les mauvaises herbes qui s'y étaient mêlées, et, en admettant de la part de l'âne un travail analogue lorsqu'on l'applique à tourner la meule dans l'aire où il foule les gerbes, ce qu'indiquent parfaitement les troisième et quatrième vers de cette strophe :

> *Triticum a palea*
> *Segregat in area,*

en est-il moins vrai que ces vers complètent parfaitement la suite des idées trouvées jusqu'à présent si applicables au Sauveur ? Et puis, selon la parabole de S. Matthieu (XIII, 38), le semeur étant le Fils de l'homme, le bon grain étant les enfants du royaume de Dieu, et l'ivraie ou la paille inutile ceux du démon, ne peut-on pas voir désignés ici les véritables disciples et les Gentils également appelés, *semés* dans le champ du père de famille, mais dont les uns se rendent à l'appel divin pendant que les autres s'y refusent ? Pas un interprète ne réprouverait cette explication, tant elle est conforme aux règles connues de l'exégèse sacrée.

*et au repos du Fils de Dieu dans sa gloire.*
Le poëte vient d'exposer l'origine céleste, la mission dévouée, la vie souffrante et les travaux du Rédempteur. Il l'a mené jusqu'aux limites suprêmes de sa tâche si généreusement acceptée et remplie ; il n'a plus qu'à l'en féliciter, à chanter son triomphe avec l'achèvement de sa course parmi les hommes.

> **VII.** *Amen dicas, asine.*

L'*Amen* est le complément de toutes les œuvres divines :

c'est l'action de grâces, c'est l'aspiration à la récompense du bien : or, la récolte étant faite,

*Jam satur ex gramine,*

cette récolte qui, étant la volonté du Père, était devenue la nourriture du Fils,

*Amen, amen, itera,*

ce Fils, glorieux de sa mort et de sa résurrection, ne peut trop répéter le cantique de sa glorification éternelle ; il peut oublier le cruel passé que lui infligèrent la méchanceté de ses bourreaux et la persécution de ses ennemis :

*Aspernare vetera.*

C'est ainsi qu'un autre poète de la même époque, inspiré par les merveilles eucharistiques, y voyait l'abrégé de toutes les miséricordes d'En-Haut, et disait dans son magnifique enthousiasme :

*Recedant vetera,*
*Nova sint omnia,*
*Corda, voces et opera.*

L'ânesse de Rouen est donc celle de Balaam. L'âne des fêtes de Sens est donc le symbole de la Synagogue avoué pour tel par les Pères, « *asinus Synagoga* (1). » La Synagogue est remplacée par Jésus-Christ ; l'âne devient par cela même la figure du Dieu crucifié ; tout ce qui se dit de l'un convient à l'autre, et quoi d'étonnant qu'un siècle où le symbolisme fut la vie spirituelle de tous ait fait servir de tels rapprochements, avec autant de simplicité que d'intelligence, à la beauté de son culte, à l'instruction des petits, à l'édification de tous ? Que Voltaire, Dulaure et tant d'autres, émules aveuglés de tels docteurs, se soient scandalisés de telles exhibitions, et de ce qu'on ose appeler, en opposi-

*Preuves de ce mysticisme,*

*calomnié par les ennemis de la religion ;*

---

(1) Cf. S. Méliton, *ubi suprà* ; — Raban-Maur, *in Matth.*, XXI, 2 (*Spicileg. Solesm.*, III, 12).

tion avec le Saint Sacrifice lui-même, « la petite pièce après la grande (1) ; » qu'on entende ceux qui se seraient plus édifiés des *Fêtes et* des *Courtisanes de la Grèce* s'évertuer en blasphèmes à l'occasion de ces *barbaries* qu'ils ne comprennent pas, nous ne pouvons plus nous en étonner, et ce sens perverti ne vaut pas que nous cherchions à le refaire. Mais pourquoi choyer de telles convictions pour d'indignes impostures, toutes destinées à faire d'un acte religieux une absurde parodie, comme s'ils n'en avaient pas fait assez

(1) Outre Dulaure et ses impiétés quasi-scientifiques entassées dans son informe compilation, et surtout dans sa *Description de la France*, commencée en 1788, on vit un autre énergumène du même système antireligieux, Fournier-Verneuil, donner à Paris en 1826 un *Tableau moral et philosophique* où il se posait en *rageur* forcené contre la fête de l'âne, qu'il prétendait avoir vue dans une église du Périgord en 1788, et sur laquelle il avance des détails que l'état de choses ne paraît pas comporter. Sans plus indiquer ses sources que Dulaure, il cite un diptyque en ivoire comme représentant une de ces cérémonies qu'il maudit largement, et ce diptyque est notoirement reconnu par les antiquaires pour antérieur au Christianisme. Et voilà comme ces messieurs se copient, vulgarisent les faussetés, et remplissent leurs recueils de *curiosités* comme Dulaure et Fournier en ont tant fait, de billevesées sans portée qu'ils font croire aux ingénus disposés à les lire sans précaution ! Et voilà comment, sous prétexte de tuer les ânes du moyen âge, on cultive ceux de notre temps ! — Ce qui est plus malheureux encore, c'est de voir, en ce siècle de *lumières* et de *progrès*, des érudits de profession répéter *sur le baudet* ces *clameurs de haro*, jeter dans la foule, sous prétexte d'art et de sciences, ces balourdises *philosophiques* dont l'empreinte reste si profonde même dans les bons esprits ; et qu'enfin ceux-ci les gardent, et les reproduisent au besoin en prodiguant à nos usages défigurés à plaisir les animadversions d'une conscience très-droite quelquefois, mais toujours très-peu éclairée. C'est ainsi qu'en ne prenant que le mauvais côté de la chose, Moréri, Bergier et beaucoup d'autres ont proclamé leur réprobation contre la fête de l'âne et du faon, sans distinguer leur origine sérieuse et grave des abus qui s'y glissèrent ensuite : et cependant cette distinction seule eût suffi pour en préciser les notions, et imposer silence à ceux qui n'applaudissent jamais aux écrivains religieux que lorsqu'ils les prennent en défaut au profit de leurs doctrines personnelles. C'est de la sorte que les encyclopédistes, tout en copiant Ducange, qui semble mieux comprendre la fête de Rouen, n'en voient aucunement le côté sérieux, et ne parlent, quant à celle des fous, que des folies profanes qui finirent par en altérer l'esprit et motivèrent son abolition. — Voir *Encyclopédie*, in-4°, 1778, t. XIV, p. 119.

DRAMES LITURGIQUES. — LES FÊTES DE L'ANE.

d'autres contre tout ce que le Christianisme a de plus sacré? Où voyons-nous dans ce qui se passe à Rouen, à Sens, à Beauvais et en quelques autres endroits où cette joie populaire se renouvelait tous les ans, ces sottises imaginées par la verve féconde et satirique du prétendu historien de *tous les cultes*, et de tant d'autres qui l'ont précédé ou suivi de 1750 à 1820, et de cette dernière époque à celle même où nous écrivons? Où est cette jeune fille grimpée sur un âne et affublée d'une chape, ridicule parodie de la Sainte Vierge, entre les bras de laquelle un enfant quelconque travestit l'Enfant Jésus, et qu'on place sans façon, « dans le sanctuaire, du côté de l'évangile » pendant toute la durée du plus auguste des Mystères? Où se trouvent, dans le manuscrit de Sens, « des restes évidents du paganisme? » Où est le fameux *hi-han* hurlé par la foule et accompagné de tant de rires indécents? Où sont ces dieux de la fable, Tritons, Satyres et autres, gambadant par les rues et dans les nefs sacrées en compagnie de Vénus, de Bacchus et de Pan? Il fallait bien inventer Bacchus pour motiver le fameux *Evoë* vociféré jadis par les Bacchantes, et qu'on avait cru deviner dans l'abréviation neumatique des mots *sæculorum, amen*, que les antiphonaires du temps, comme les nôtres encore, exprimaient par les lettres a, e, o, u, a, e? Si nos illustres ennemis s'étaient donné la peine de lire les manuscrits dont ils revendiquent l'autorité; s'ils avaient su, par les notions les plus élémentaires de la paléographie, distinguer leur siècle de ceux où ces fêtes, dégénérées comme le peuple de leur simplicité première, furent dénaturées au point de s'attirer les anathèmes épiscopaux que suivit enfin leur entière suppression, ils se fussent défendus contre les entraînements de leur ridicule colère, et ils n'eussent point écrit avec autant d'ignorance que de haine des pages qui ne servent plus qu'à les ridiculiser eux-mêmes et à les flétrir.

ceux-ci réfutés par leur propre ignorance.

Maintenant que parlerions-nous des *Fêtes des fous*, des *Innocents*, et des autres *moralités* de ce genre dont la cause

Les mêmes remarques s'appliquent aux autres

*drames des Inno-cents et des Fous,*

première fut toujours dans une pensée de foi, mais dont le caractère, nous l'avons dit, s'altéra de plus en plus au contact de mœurs moins pures et moins religieuses? Nous savons à quoi nous en tenir sur le but qui les fit naître, et sur les moyens que l'Église dut prendre de les abolir pour effacer les désordres dont elles étaient devenues inséparables (1). Nous pouvons même nous convaincre, en consultant l'*Ortus deliciarum*, qu'au douzième siècle, quel que fût le penchant éclairé qui portait vers ces *triomphantes monstres*, qui n'étaient alors écrites et parlées qu'en latin, elles trouvaient pourtant des censeurs pour lesquels nous nous sentons un peu plus d'indulgence que le P. Cahier; car alors, comme toujours, la critique théâtrale devait être une partie intéressante et sérieuse de la littérature française, quelque différente qu'elle fût (Dieu merci!) de ce que nous la voyons aujourd'hui sous les plumes autrement trempées des Jules Janin et des Théophile Gauthier (2).

*dont le moyen âge lui-même n'a pas autorisé les abus.*

(1) Nous pourrions citer, à l'appui de cette réprobation de l'Église, de nombreux décrets des Papes, des Évêques et des Conciles; contentons-nous de faire observer qu'au quatorzième siècle, les laïques eux-mêmes se firent un devoir d'abolir sévèrement les desordres que leur piété éclairée ne pouvait plus souffrir. C'est ainsi que Charles VII et le roi de Sicile, René d'Anjou, abolirent en 1445 la fête des fous célébrée à Toul et devenue un scandale populaire.—Voir *OEuvres* choisies (citées plus haut) du roi René, t. 1, p. LXXII.

(2) Cf. l'*Ortus deliciarum*, où Herrade a placé une boutade très-intéressante d'un bon moine qui s'élève très-énergiquement, avec son sens particulier, contre les abus déjà envahissants du théâtre sacré, auquel il compare et préfère de beaucoup ce que les anciens (*ab antiquis Patribus*) avaient institué et perpétué pendant longtemps : ce qui prouverait que ce théâtre avait eu son berceau bien antérieurement au temps où il se plaint (*Ortus*, f$^{os}$ 315 r° et 316 v$^{so}$). Le P. Cahier (*Vitraux de Bourges*, p. 154) blâme beaucoup cette *animadversion* du sévère religieux, qu'il trouve bilieux à l'excès. — Nous ne pouvons partager cette opinion. Le critique devait être dans le vrai, car il avait aussi pour lui l'intelligente abbesse de Hohenbourg, qui n'aurait pas enrichi son recueil d'une telle saillie si elle n'en avait pas adopté le sentiment. — Au reste, nous engageons beaucoup nos lecteurs à lire dans la belle et savante *Monographie* que nous citons ici tout ce que l'intelligence et l'érudition du docte jésuite y ont écrit sous forme de notes relativement au théâtre du moyen âge. On y converse d'une façon

Nous croyons donc en avoir assez dit sur ce qu'il y avait de symbolique dans le premier théâtre de l'Europe chrétienne, berceau incontesté des théâtres d'aujourd'hui ; ajoutons qu'il y a une blâmable ingratitude à ne voir que ses défauts réels ou prétendus, pour exalter d'autant mieux l'art moderne, très-digne et très-beau sans doute dans Corneille et Racine, mais dont les voies sont devenues par trop boueuses sous la conduite des romantiques de nos jours. Un seul point nous intéresse encore, et nous ne finirons pas ce chapitre sans nous appliquer à l'en faire ressortir ; car il tient à une erreur trop souvent répétée et qu'il faut enfin rejeter pour toujours bien loin des discussions archéologiques.

Nous venons de voir comment, depuis le treizième siècle, où l'architecture chrétienne atteignit son apogée sous les inspirations de l'art gothique porté à sa plus haute puissance d'esthétique et de construction, l'art s'affaissa devant une foule de motifs que l'histoire constate. En cela, il subit la destinée des choses humaines, qui retombent toujours du plus haut point qu'elles viennent d'atteindre. A cette décadence dut se lier absolument celle des arts qui secondaient l'architecture. L'imagerie, par exemple, se plia au style nouveau, qui abandonnait sous le marteau et l'équerre le beau idéal encore admiré dans nos basiliques construites entre les règnes de Louis le Gros et de Louis X (1108-1316).

*Influence que ces drames ont exercée sur le symbolisme artistique des quatorzième, quinzième et seizième siècles,*

---

aussi agréable que fructueuse avec un homme qui entend sa matière, parce qu'il l'a étudiée de près, et que nous pouvons indiquer comme modèle aux archéologues du monde, trop souvent enclins à écrire légèrement de choses sur lesquelles il ne faudrait jamais se fourvoyer. — Et si l'on trouvait, ici et ailleurs, notre propre critique trop austère envers de telles personnes, presque toujours plus *susceptibles* que les véritables savants, qu'on veuille bien observer que nous ne défendons jamais que la vérité, que nous en donnons d'abondantes preuves, n'écrivant que d'après des sources que nous indiquons, et qu'il doit être permis à un prêtre, qui n'a rien de plus cher que la religion, de venger celle-ci des attaques formelles ou des malheureuses étourderies de ceux qui l'insultent ou la méconnaissent.

L'ornementation fleurie visa d'abord à un effet différent : elle multiplia ses « gentillesses, » elle fouilla ses surfaces, enlaça les feuilles de chardon et de vigne aux colonnettes des portails ; elle jeta même des lézards et des colimaçons à travers des expansions végétales. Mais de tels sujets ne donnaient que fort peu de prise à l'imagination, et l'on vit bientôt le bois et la pierre s'évertuer à reproduire des scènes où des personnages de ces drames envahissaient toujours le sanctuaire, en dépit des sévères proscriptions des Évêques et des Conciles.

*et origine des figures grotesques dans la décoration des églises,*

C'est que l'art n'était plus exclusivement, comme nous l'avons montré durant les plus belles époques de sa vie chrétienne, aux mains de l'Église : le laïcisme y avait ses prétentions et finissait par y dominer. C'est à cette malheureuse période qu'il faut reporter surtout les données profanes de toute cette ornementation qui nous étonne encore sur l'ameublement des églises édifiées entre le quatorzième et le dix-septième siècle. Les figures burlesques, les personnages contournés, les masques hideux, les saltimbanques en exercice, les animaux hybrides, les indécences même les plus excentriques, s'y étalent sans motif avec une hardiesse inconnue jusqu'alors : car, si quelques-unes de ces traductions du sixième précepte s'étaient nichées comme leçons aux modillons des douzième et treizième siècles, elles y avaient leur place naturelle au milieu d'un ensemble éloquent dont nous avons fait ressortir l'importance et le sens général (1). Ici, au contraire, ce sont des rôles isolés, tous séparés les uns des autres, se multipliant à l'envi aux miséricordes des stalles, sur les hauts-dossiers du chœur ou des bancs d'œuvre : ainsi les avons-nous vues à Vitteaux en Bourgogne, à Fleury-sur-Loire, à Saint-Géréon de Cologne, partout où l'art des quatorzième et quinzième siècles se révèle dans une église d'abbaye ou de prieuré, dans une

---

(1) Ci-dessus, t. III, p. 422 et suiv.

cathédrale ou une paroisse de cité opulente. On y trouve même des groupes indiquant que des corps de métiers ont passé par là, et peut-être qu'ils ont donné au Lieu saint une de ces décorations capitales, comme on le voit souvent aux verrières de Bourges, d'Auxerre et de Tours, dont les panneaux inférieurs représentent les bouchers, les peaussiers, les tailleurs de pierres et les charpentiers; comme on voit aux stalles de Rouen une suite de cordonniers se produire dans tous les détails de leur utile industrie.

Eh bien! il faut reconnaître dans beaucoup de ces innombrables variétés de personnes singulières les acteurs des drames liturgiques de la dernière époque. Tels vous les voyez avec leurs *facies* grimaçants, leur tournure burlesque, leurs costumes drôlatiques, dans lesquels on remarque surtout d'indicibles coiffures, tels ils se présentèrent pour les rôles qu'ils remplirent jadis dans les drames où ils semblent vivre toujours. On retrouve là des traces irrécusables de l'envahissement du terrain ecclésiastique par les prétentions du laïcisme. Ces artistes de plus ou moins d'habileté, qui s'étaient rencontrés sur le même théâtre, à l'état de comparse ou d'acteur, avec tel clerc dont ils étaient devenus un instant les *confrères*, ne manquaient pas, quand on les appelait bientôt après à travailler pour une église, de consacrer dans sa sculpture un souvenir vivant de *leur passage aux affaires;* à côté de lui ils plaçaient le chanoine, le franciscain qui s'était pieusement chargé d'une partie de l'action. Comme le diable ne manquait jamais d'y avoir aussi son importance, on lui faisait l'honneur d'un portrait qui pouvait bien être ressemblant, et dans lequel des oreilles très-reconnaissables ne manquaient pas de l'indiquer à tous; les fous, avec leurs bonnets à grelots, ne s'y abstenaient pas plus que d'autres. Si le paganisme vaincu avait pris sa part dans les processions dramatiques; si les fabliaux eux-mêmes y avaient exprimé quelque *moralité* en vogue, et secondé d'une pensée de plus le but que le drame se proposait : le renard prêchant des poules ou endoctrinant le corbeau ; le chat saisissant un rongeur de grosse ou de petite espèce, l'âne pinçant de la harpe, le singe jouant de la flûte, mille chimères enfin accomplissant autant de rôles divers, et dont les miniatures n'ont pas fait faute dans les manuscrits du temps, tout cela devint autant de modèles pour les sculpteurs ; ils crurent faire une galanterie de bon goût de placer à la stalle occupée habituellement par un *jeune premier* ou par quelque *père noble* les traits et le costume que ceux-ci y acceptèrent en souvenir des rôles dont chacun s'honorait. Eux-mêmes, hardis déclassés, s'y donnèrent une place, peut-être frauduleusement usurpée, et qu'il fallut bien leur laisser quand on se fut aperçu trop tard qu'ils y trônaient. Les bêtes à figures hybrides n'en devaient pas être exclues, puisqu'elles avaient eu dans la fameuse *polylogie* leur action propre et non moins sentimentale. Quoi d'étonnant, dans ces folies de l'amour-propre heureux, de se donner une prétentieuse immortalité qu'il n'eût pas eue autrement ? Dans notre siècle de sagesse et de *progrès*, ne voit-on jamais un architecte confier à certaine console d'une église bâtie par lui sa physionomie de viveur à grande barbe, et un peintre d'excentricités mondaines se hisser jusqu'aux verrières d'une basilique, où il affuble sa joviale figure de la mitre, de la chape et du nom de S. Augustin (1) ?

*qui se reflètent dans La Nef des fous de Sébastien Brandt.*

Nous avons un livre du quinzième siècle, *La Nef des fous (Navis stultifera),* où un poète satirique allemand, Sébastien Brandt, a reproduit en tirades élégantes les travers et les ridicules de la société contemporaine. Nous serions peu étonné que cet auteur, qui d'ailleurs n'eut pas moins de succès en quelques comédies que dans ses satires, eût fourni à la dernière période du moyen âge les sujets des sculptures dont nous parlons, ou que le graveur de ses

---

(1) Voir notre dissertation *Des Verrières et de quelques amateurs qui en devisent,* Bullet. monum., XXIV, 524.

images s'en fût inspiré (1). Quoi qu'il en soit, ne voit-on pas, dans ces bizarreries de toutes parts ciselées, l'œuvre de cette période d'arbitraire et de caprices dont on a voulu charger tout le moyen âge pour nier l'action du symbolisme sur la plupart de ses œuvres peintes ou sculptées? C'est ici seulement que nous tombons d'accord avec les antagonistes trop absolus de la partie emblématique de l'art chrétien. Oui, il fut un temps où le symbolisme s'égara, fit fausse route, chercha son aliment dans un ordre d'idées moins pures, et s'achemina ainsi vers une décadence rapide et définitive. Mais il n'était pas moins lui-même ; il ne voulait pas moins traduire des faits connus et des théories philosophiques en des œuvres sensibles dont le fond renfermait toujours un enseignement. Voilà ce qu'il ne faut jamais oublier si l'on ne veut point s'égarer dans les voies trop larges d'une science erronée. Que de pages écrites sur ce sujet depuis trente ans devraient être effacées! C'est qu'en de telles matières il ne faut jamais se faire juge *a priori* d'après une persuasion préconçue ; il ne faut jamais séparer l'histoire des mœurs de celle de l'art, si l'on veut

*Avis à ceux qui ont confondu cette époque avec le vrai moyen âge;*

*et dernière preuve que le symbolisme a toujours vécu e agi.*

---

(1) Sébastien Brandt mourut en 1520 ; il était né à Strasbourg en 1454 ou 1458. Il publia son livre sous le titre de *Navis narragonica* ( mot hybride, sans doute, et de son invention pour en exprimer l'esprit *satirique*), ou *Stultifera Navis*. Composé en vers allemands, ce livre parut dans cette langue à Strasbourg en 1488, in-4°. — Il fut traduit en distiques latins par Jacques Locher, auteur alors renommé de plusieurs ouvrages théologiques ou littéraires, entre autres d'un *Poëme* héroïque sur S*te Catherine*, dont la fiction est basée sur la mythologie païenne. — L'édition de cette traduction latine, que nous possédons, est certainement de 1497, date marquée au f° 114 et ne laissant aucun doute. Nous croyons devoir faire observer, pour la satisfaction des bibliophiles, que les notions précédentes, qui résultent de nos études personnelles, sont peu d'accord avec celles que donnent dans la *Biographie universelle* MM. Guizot pour Brandt, et Marron pour Locher. Ce dernier parle de la 1re édition du *Navis* latin comme donnée en 1485, et le premier date la publication originale de 1488. — Ce qui est certain, c'est la réalité de cette dernière date : donc elle infirme pour la traduction celle de 1485. S'il est reconnu, en effet, que le traducteur donna son œuvre dans le cours de l'année même où parut le travail de Brandt, il est clair qu'il ne put, par aucune raison, le faire imprimer trois ans auparavant.

bien comprendre celui-ci ; ou bien, en d'autres termes, et pour traduire nettement cette vérité importante, on ne doit pas s'engager à la recherche des vérités artistiques si l'on n'a saisi fortement, et porté dans les moindres recoins, le flambeau qui éclaire la vie des siècles passés, en fait apprécier les moindres habitudes, et seul peut aider efficacement à y séparer le vrai du faux, et l'évidence de périlleuses illusions.

# CHAPITRE XX.

## DE LA MUSIQUE SACRÉE.

La musique est inséparable de la liturgie catholique ; elle est l'âme de toutes ses formes consacrées, et quand celles-ci préoccupent l'attention par le regard, celle-là s'empare de l'esprit par l'oreille, elle le charme par l'enchaînement des sons, et le captive jusqu'à l'élever au-dessus des plages terrestres à travers les espaces qui le séparent du ciel. C'est là encore une de ces harmonies de la création qu'il faut admirer, puisqu'elle rapproche la créature de son Auteur par ce qu'elle a de plus intime et de plus naturel. La musique a pu devenir une science plus ou moins réfléchie, par l'application de certaines théories qui lui auront fait des règles et une méthode d'action, mais son origine est toute de Dieu dans l'homme primitif ; elle n'a pas plus été inventée que le langage ; elle a dû servir tout spontanément à une adoration pleine de reconnaissance : nous avons déjà exposé cette pensée au chapitre IV de notre première partie. De là son identité avec le culte ; et il nous semble que le huitième psaume, où se développent les magnifiques enthousiasmes du grand poète sur les beautés visibles du monde (1), n'est qu'un écho lointain mais fidèle des premiers sentiments exhalés par l'homme quand brillèrent à ses premiers regards les divines splendeurs de

Origine de la musique religieuse dans la prière ;

---

(1) « Domine, Dominus noster, quam admirabile est nomen tuum in universa terra ! » (*Ps.*, VIII, 1.)

l'Éden. Nous irons plus loin, au risque de n'être pas compris de tous, et nous n'hésitons pas à croire que ces éléments originaux durent alors, par la gravité du rhythme et la simplicité de l'expression, poser comme les fondements innés de la musique religieuse, du plain-chant, tel à peu près que nous le pratiquons encore. Ainsi se seraient maintenus jusqu'au berceau du Christianisme les essais d'abord naturels, et peu après plus méthodiques, des meilleurs sentiments du cœur humain.

*ses caractères primordiaux altérés par le polythéisme.*

Cependant il n'est pas douteux que ce caractère primordial, par cela même qu'il tenait son expression d'une foi mieux sentie et plus soumise, aussi bien que de l'unité du culte envers un Dieu unique, ait dû s'altérer profondément sous les barbares influences du polythéisme, quand l'idolâtrie eut détourné l'homme de sa voie. Ce ne furent plus les aspirations douces et calmes d'âmes restées innocentes dans l'amour du Dieu créateur, ni les soupirs d'une prière respectueuse et confiante, ni les accents plus vifs d'une pieuse gratitude s'élevant, pour les dons multipliés de sa Providence, vers l'Auteur de toute grâce sensible. La vérité religieuse, en s'effaçant de plus en plus pour les païens, dut effacer avec elle l'auguste dignité des chants de la famille; les dieux nouveaux, muets et inconnus de la foule, n'eurent plus pour cantiques, selon que l'attestent les plus anciennes traditions, et même des observations récentes, que des accents saccadés, des murmures inintelligibles, passant subitement et sans gradations des notes les plus basses aux plus élevées, des sons tristes et mornes à des clameurs bruyantes capables d'effrayer toujours, jamais de consoler ou d'attirer; enfin des tons graves aux plus aigus, comme les Kalmouks en font encore la base de leur atroce musique (1).

C'était toujours là évidemment une sorte de symbolisme

---

(1) Voir *Les Steppes de la mer Caspienne*, par Hommaire de Hell, Paris, 1853, in-8°.

dans le chant, noble et beau pour la vérité et la vertu, hideux et repoussant pour l'erreur et les bassesses qu'elle enfante.

Les Pères l'avaient bien compris, et, parmi eux, S. Jean Chrysostome a comparé « l'homme à un instrument de musique, à un luth ou à une harpe, que Dieu a fait d'un artifice admirable, et mis au monde pour sonner ses louanges, publier ses grandeurs et faire retentir partout une excellente mélodie qui réjouisse non-seulement les créatures d'ici-bas, mais encore celles d'En-Haut... Ainsi, l'homme doit modérer ses passions, afin de les rendre utiles en les faisant concourir à l'harmonie du grand tout humain, comme les cordes de l'instrument, qui, pour rendre des sons justes et agréables, doivent n'être ni trop lâches ni trop tendues, mais se gouverner par certaines règles du diapason (1). » C'est une des origines qu'il faut peut-être chercher à la plupart de ces musiciens suspendus aux modillons de nos églises. Même quand ils ne sont que des animaux, peu exercés d'ordinaire à ces sortes de concerts, n'ont-ils pas leur rôle marqué dans la marche générale de la nature, dans le grand concert des choses visibles? ceux-ci n'ont-ils pas, comme les oiseaux qui chantent sans cesse et charment l'oreille du roi de la terre, des sentiments inconnus de nous, mais qu'ils doivent rendre dans l'ensemble des choses symboliques, avec des instruments d'emprunt, puisqu'ils ne le peuvent par une mélodie naturelle? Et nos architectes chrétiens n'ont-ils pas rangé ainsi avec intention sous les corniches de nos églises ces bêtes nombreuses qu'ils semblent y inviter avec le Psalmiste et le Prophète de Babylone à *surexalter* les louanges du Seigneur (2)?

<small>Philosophie de la musique dans les Pères,</small>

<small>reproduite dans l'art plastique de nos églises.</small>

---

(1) Voir S. Joan. Chrys. *Serm.* I *de Lazaro*; — *In psalm.* XLVIII; — dans le P. Saint-Jure, *De la Connaissance et de l'Amour du Fils de Dieu*, t. VII, p. 178, in-12, 1836.

(2) « Benedicite omnes bestiæ et pecora Domino, et superexaltate Eum in sæcula. » (*Dan.*, III, 81.) — « Bestiæ et universa pecora... laudent nomen Domini. » (*Ps.*, CXLVIII, 10.)

<small>Effets du chant religieux sur l'âme humaine.</small>

Ainsi, dans l'esprit de l'Église, tout doit concourir en notre monde à un ensemble glorieux au souverain Maître ; et comme la musique est la plus simple et la plus sublime expression de la prière, partout et toujours elle s'est mêlée au culte, elle a rapproché l'homme de Dieu. Et c'est quelque chose de grandiose en effet, chacun a dû l'éprouver, que l'accord religieux de voix multiples chantant seules les belles hymnes de S. Thomas d'Aquin aux processions solennelles de nos campagnes, ou dans les missions du catholicisme les cantiques populaires du V. Grignon de Montfort. Et que n'était-ce pas aux temps de S. Ambroise (plût à Dieu qu'ils nous revinssent !) que ces chants alternés dans le Lieu saint par les voix nombreuses, « semblables au flux et au reflux des flots de la mer, ou au bruit des vagues qu'imitaient tour à tour les élans doux ou sonores des hommes et des femmes, des vierges et des adolescents (1) ! » Cet effet saisissant dont l'âme se sent pénétrée s'est toujours produit dans celles qui ont le mieux senti l'action secrète et intérieure de la foi. S. Augustin avait répandu des larmes d'attendrissement aux chants des fidèles réunis pour l'Office divin, et S. Isidore de Séville comprenait que le chant à deux chœurs ne pouvait avoir été institué qu'à l'imitation des Séraphins répétant, de l'un à l'autre devant le trône divin,

L'éternel hosanna de la terre et des cieux (2).

Et cet écho des voix célestes, ce soin de le reproduire ici-bas pour exprimer des adorations analogues, ne sont-ils pas de véritables symboles de l'union des cœurs et de l'assen-

---

(1) Voir S. Ambros. *Præfat. in psalmos.*

(2) « Seraphim... clamabant alter ad alterum, et dicebant : Sanctus... Dominus... Plena est omnis terra gloria Ejus. » (*Is.*, VI, 3 ; — *Apoc.*, IV, 8.) — Cette pensée est très-bien développée avec les textes des Pères que nous indiquons seulement, pour être plus court, mais dont on peut voir l'ensemble dans le *Traité de la Messe et de l'Office divin* de Grancolas, déjà cité, p. 246 et suiv.

timent universel des créatures dans la louange du Créateur ? Nous voyons comment l'Église s'en est emparée dès son berceau, et qu'elle ne négligea pas ce moyen merveilleux d'exciter tour à tour l'amour de Dieu, la componction, la reconnaissance, et de resserrer ainsi, par les nœuds les plus sûrs et les plus durables, le lien mystérieux qui relie l'homme à son éternel avenir. Comment ne pas le reconnaître lorsqu'on a entendu en certaines paroisses (et nous voudrions par cela même que ce fût en toutes) les simples et belles vêpres du dimanche alternées par deux chœurs de femmes et d'hommes qu'accompagnent les sons d'un orgue bien dirigé ? Combien l'effet en est religieux, et comme le peuple aime à prendre sa part de cette manifestation chrétienne, dont on n'use pas assez pour l'intéresser aux solennités religieuses !

Le symbolisme des chants sacrés fut donc tout entier dans leur pouvoir d'exciter en nous des sentiments dignes de leur objet. Nous leur appliquons la même théorie qu'à la musique en général, dont nous avons déjà parlé ; seulement la musique ne nous apparaîtra plus ici qu'affectée exclusivement aux rites de la religion ; mais, avant tout, il est bon de la considérer et de la comprendre dans son origine, afin de mieux établir les hautes convenances qui nous la firent adopter, et quelles puissantes raisons doivent protéger son auguste caractère contre les intrusions de l'esprit mondain, et l'envahissement des symphonies profanes. *dus au symbolisme de son expression.*

Lorsque, dès le berceau du monde, le chant eut été appliqué à la prière, il dut passer bientôt à la manifestation de tout ce qui eut, dans les développements de l'état social, un caractère d'utilité publique ou d'intérêt commun. Il se mêla aux grandes actions de la vie des peuples et des particuliers : le Pentateuque n'en laisse pas douter. Il nous montre la poésie inséparable de tous les événements : la joie, l'enthousiasme, les victoires et les défaites, les dou- *Le symbolisme répandu dans tous les détails de la vie extérieure.*

leurs profondes de la famille, tout devient un sujet de chant pour les Hébreux ; et si nous allons de chez eux vers les autres nations orientales, nous n'y trouvons que des preuves de plus de cette thèse. Les chefs des peuples, par eux-mêmes ou par leurs poètes attitrés, les législateurs et les généraux, tous entonnent, pour se réjouir ou se plaindre, pour commander la victoire ou pleurer sur les héros qui ne sont plus, des chants qui prennent tous la teinte de la pensée qui les domine. La guerre, l'amour, la philosophie morale, la piété religieuse ont leur expression personnelle et des variantes rhythmées pour seconder à la fois la parole et le sentiment.

*Le calme et la gravité sont les plus antiques caractères du chant,*

Et néanmoins, dans ces âges antiques, il s'en faut que nous puissions considérer la musique ainsi usitée comme une science, encore moins comme un art. Réduite à la voix, qui dut bientôt, par une recherche naturelle, se prêter à des accords d'où naquirent le sentiment et la pratique plus ou moins imparfaite des accompagnements de l'harmonie, l'habitude des idées sérieuses, la pensée plus fréquente de Dieu en des âmes plus habituées au contact journalier de ses merveilles, imprimaient forcément aux modulations musicales un calme et une gravité qui se ressentaient beaucoup des mœurs patriarcales et pures de ces races nouvelles, encore étrangères aux vivacités ou aux désordres des passions. On s'accorde généralement aujourd'hui à regarder ces premiers rudiments comme le principe de la mélopée des Grecs, laquelle, résultant des premiers essais d'une théorie musicale, et parvenue, comme son nom l'indique ($\mu\acute{\epsilon}\lambda o \varsigma$-$\pi o\iota\acute{\epsilon}\omega$), à procéder d'après une suite de règles imposées au chant pour le diriger et l'harmonier, garda beaucoup de son caractère primitif, et se reproduit encore à travers tant de siècles dans l'imposant récitatif du *Pater* et de la *Préface* catholiques. Ces règles, dont les Grecs ne croyaient pas pouvoir s'écarter, étaient désignées chez eux par le mot νόμος, *la loi*, et s'appliquaient à quatre tons différents dont M. Fétis pense que l'effet général se retrouve encore dans la belle hymne *Veni Creator*, dans le *Pange lingua* de la Passion, et dans quelques autres compositions analogues dont la majestueuse gravité est très-distincte des modulations du chant grégorien (1). En jugeant d'après ces données, on comprend bien qu'avec sa marche simple et noblement graduée, un tel chant était fort symbolique; car il rendait admirablement les pieuses dispositions d'un cœur qui implore pour ses plus pressants besoins, ou qui médite sur les douloureux mystères de sa rédemption.

Que si nous méditons cette ingénieuse théorie de l'habile musicien, nous en tirerons encore une utile conséquence : cette origine, en effet, impliquerait à elle seule la condamnation énergique de toute musique profane en face de nos autels. Il n'y faut que des accords d'où résultent la pensée de Dieu, le sentiment de la prière, du respect, et de tout ce que le cœur de l'homme peut avoir de pieux et de recueilli. C'est là le vrai symbolisme propre à la musique de nos temples chrétiens; de là est né le plain-chant, dont tous les bons esprits s'accordent à reconnaître la convenance exclusive dans les saintes et majestueuses cérémonies de la religion (2). Si nous avions à faire ici une histoire de ce chant,

et les conditions essentielles de ses effets,

dont le symbolisme n'a disparu qu'avec eux.

---

(1) Voir Jean-Jacques Rousseau, *Dictionnaire de musique*, v° PLAIN-CHANT, — et surtout Fétis, *Résumé de l'histoire de la musique.* — Observons ici que les morceaux cités en exemples par notre savant artiste sont de deux époques différentes, dont le genre musical peut cependant fortifier son observation. En effet, si le *Veni Creator* est de Charlemagne, à qui on l'attribue généralement, et que ce grand prince en ait composé la musique, comme il est assez probable, on trouve dans ce chant même un caractère qui le reporte bien à son époque : c'est un mélange de la gravité ambroisienne et des premières tentatives de la mélodie grégorienne. — Que le *Pange lingua gloriosi lauream certaminis* soit de Claudius Mamert, mort en 462, ou de S. Fortunat, qui vivait à la fin du sixième siècle, on voit encore que le style grec y atteste les temps antérieurs à S. Grégoire, car il lui reste plus étranger, et s'en éloigne beaucoup plus que le *Veni Creator*. Ces nuances sont importantes à remarquer.

(2) Cf. *Instruction pastorale sur le chant d'Église,* par Mgr Parisis, évêque de Langres, et *Le Plain-Chant*, revue mensuelle, 1860, p. 53.

histoire qu'on trouve partout depuis que l'archéologie mieux étudiée a fait mieux comprendre que la musique avait dans l'Église chrétienne d'indispensables relations avec le monument sacré, nous ferions voir par quelles phases diverses de composition, d'abord très-simple, puis plus compliquée, et enfin exagérée jusqu'à l'abus, a dû passer la musique sacrée pour descendre jusqu'à nous des hauteurs primitives où elle naquit. Nous montrerions comment le symbolisme qui lui est propre s'est aussi effacé peu à peu selon qu'elle s'est moins tenue à l'esprit qui l'avait inspirée d'abord; mais un livre suffirait à peine à une telle tâche. Sans trop négliger ce dernier point, qui nous importe ici, exposons du moins en quelques mots l'essentiel de cette thèse, en méditant ce qu'elle a de propre à notre sujet.

[Symbolisme de la prière chantée, et son origine chrétienne;]

Les effets que nous rappelions tout à l'heure du chant alterné dans l'Église de Milan au temps de S. Augustin, et que ce Père a décrits en termes si touchants au neuvième livre de ses *Confessions*, sont le plus ancien témoignage authentique du symbolisme de la prière chantée. On était encore si près des catacombes, où le silence était une condition de sécurité, qu'on n'avait guère songé, en Occident, à moduler par la voix les pieux élans de la prière publique. Le Saint Sacrifice s'offrait dans le mystère; l'union du peuple au prêtre officiant ne s'opérait que par l'unanimité convenue de l'adoration dans la même foi et les mêmes désirs. Quand S. Ambroise, qui ne fut pas, autant qu'on le dit souvent, l'inventeur de cette méthode usitée longtemps avant lui, sentit le besoin d'animer dans sa cathédrale, où il se réfugiait contre les persécutions de l'impératrice Justine, la prière d'un peuple bientôt lassé de cette trop longue attente, ce fut à une mélodie grecque qu'il dut accommoder les psaumes indiqués par lui aux fidèles comme les plus analogues aux circonstances. Outre que cette mélodie avait quelque chose de très-musical par la variété des accents et des rhythmes, qui la revêtaient d'une certaine délicatesse, elle convenait très-bien, par le ton général de sa philosophie mélancolique, aux idées du Psalmiste, par conséquent aux craintes et aux espérances des persécutés. Observons d'ailleurs que la mélodie religieuse, dont un caractère principal doit être de procéder par des intervalles peu étendus (1), s'alliait d'autant mieux en cette rencontre avec la facture de ces courts alinéas dont se composent les psaumes, lesquels étaient déjà coupés, conformément à une règle de la poésie hébraïque, par une médiante ou division calculée, devant laquelle on sent la voix se reposer et se relever successivement.

Quoi qu'il en soit, il paraît que ces beautés symbolistiques souffrirent plus ou moins en se vulgarisant : le caprice individuel dut faire des irruptions fréquentes autant que faciles dans un champ dont les bornes n'étaient rien moins que posées. Le ton, la mesure et les autres conditions d'un chant méthodique, outre qu'ils étaient encore assez mal déterminés, devaient se subordonner forcément à des aptitudes inégales d'exécution : de là beaucoup d'incertitude et de vague dans la pratique et, partant, de promptes défectuosités. C'est ainsi que le premier chant ecclésiastique dut traverser les deux siècles qui séparent S. Damase de S. Grégoire le Grand, en se défigurant de plus en plus, et sans doute aussi en perdant beaucoup de son symbolisme natif. Ajoutons que les Barbares, qui envahirent l'Italie et la Gaule plus d'une fois dans cet intervalle, étaient gens assez peu musiciens pour ne pas se laisser toucher de tels concerts. Leurs chansons guerrières, les formidables intonations de leurs consonnes gutturales, durent peu s'accorder avec la douceur du chant chrétien, et celui-ci dut fort peu se défendre contre l'influence d'une si funeste association. Ce furent autant de raisons pour

*ses premières vicissitudes ;*

*elles motivent la*

---

(1) Voir *Mémoire sur le caractère que doit avoir la musique d'Église, et sur les éléments qui la constituent*, par M. Beaulieu, de Niort, parmi ceux de la *Société de statistique des Deux-Sèvres*, t. XX, p. 63.

lesquelles le pape S. Grégoire entreprit la réforme qui porte son nom. On sait qu'avant lui plusieurs Papes avaient plus ou moins essayé de réunir les vagues et insuffisantes données de la liturgie et du chant; mais à lui seul devait revenir l'honneur d'un *antiphonaire* et d'un *missel* où les antiques *nomes*, réunis enfin et modifiés selon des inspirations plus ingénieuses, reçussent la sanction d'une autorité souveraine qui assurât leur avenir. Aussi dut-on bientôt à ce grand Pape la première école de chant, qu'il présida en personne, au rapport de son célèbre biographe le diacre Jean, et dans laquelle il ne dédaigna point de donner lui-même des leçons aux enfants.

Les efforts du saint Pontife réussirent en Italie et en Allemagne. Ces contrées, naturellement plus musicales, acceptèrent avec empressement l'accentuation plus artistique de la nouvelle méthode; et comme, dans les écoles qui s'ouvrirent ainsi de toutes parts, on enseignait aussi les éléments des sciences et tout ce qui constituait l'éducation des clercs, l'initiative prise par S. Grégoire ne servit pas peu à répandre le goût des études, qui, dès lors, commencèrent à refleurir. La France, pourtant, se montra moins disposée à modifier sa musique religieuse. La plupart de ses évêques, venus en missionnaires de la Gallo-Grèce, comme beaucoup de leurs noms le témoignent encore à cette époque, y avaient introduit le chant oriental. Celui-ci se modifia un peu quand S. Augustin, traversant les Gaules pour aller conquérir l'Angleterre au Christianisme, y fit connaître la méthode grégorienne, laquelle, s'immisçant d'abord à l'ancienne, tarda peu d'y jeter le désordre inséparable d'éléments hybrides. Cette fusion parvint d'autant plus sûrement à faire une musique barbare qu'elle s'arrangea peu de la notation de S. Grégoire. Le grand maître, en effet, au lieu des quinze premières lettres de l'alphabet servant alors de notes, s'était contenté des sept premières placées au-dessus des syllabes à chanter; celles-ci, en désignant les sept gradations ascendantes de la gamme, pouvaient, il est vrai, ne pas suffire toujours à l'étendue de la voix, mais on suppléait à ce défaut en réitérant les lettres déjà employées, selon que la portée devait s'élever ou s'abaisser au delà des sept gradations habituelles. C'était donc une nouvelle science à étudier pour nos gosiers cisalpins, qui y défaillirent faute de souplesse et se faisaient traiter par les Italiens d'âpres et de sauvages (1). Ce serait une preuve qu'en France on n'avait pas attendu jusqu'alors à dénaturer même le chant oriental, dont on s'y était servi tout d'abord ; car, ce chant par lui-même étant beaucoup plus rhythmique et plus doux, le chant grégorien n'aurait pas semblé préférable à l'ancienne méthode si celle-ci eût conservé sa supériorité originelle en demeurant sous la salutaire influence des règles, qu'on avait négligées jusqu'à un entier oubli : ces règles avaient succombé peu à peu sous le goût plus ou moins sûr des chantres, qui trouvaient plus commode de s'en passer.

Ce manque de méthode, on le conçoit, dut singulièrement favoriser l'introduction en France de la musique grégorienne. On sait comment Charlemagne s'en fit le promoteur après son voyage de Rome en 786. Nous n'avons pas à suivre ici la marche de cette heureuse innovation, qui fut un progrès réel, au jugement de tous ceux qui en écrivirent sous les premières impressions que le monde catholique en ressentit (2); mais nous devons établir, conformément à notre objet dans ce livre, que dès lors les compositeurs s'appliquèrent à caractériser le chant religieux en lui imposant surtout ce genre de symbolisme qui fit exprimer, par le mélange de la mesure et des sons, le sentiment que rendaient les paroles. La mélodie uniforme du plain-chant proprement dit est bien plus favorable, en effet,

*elle favorise le symbolisme du chant dans les antiennes.*

---

(1) Voir la *Vie de S. Grégoire* par le diacre Jean.
(2) Voir *Vita Caroli Magni*, ap. *Historiæ Francorum Scriptores coxtanei*, Francof., in-f°, 1594.

à l'expression de la pensée chrétienne, qui, lors même qu'elle s'élève jusqu'à l'extase et au ravissement, n'en conserve que mieux la dignité majestueuse et toute céleste d'un mysticisme plein de charme et de douceur, d'une joie qui ne ressemble en rien aux sensations de la terre. Qui a jamais songé à comparer la musique recherchée, savante, longtemps étudiée de nos plus grands opéras, aux élans aussi simples que sublimes du *Magnificat* ou du *Te Deum*? Entre ces deux extrêmes il n'y a de rapports ni par le sentiment ni par l'expression.

<small>Comment ce symbolisme résulte de la méthode grégorienne,</small>

Une telle observation ne pouvait échapper au génie de S. Grégoire. Désireux de ramener le chant ecclésiastique à toute sa beauté propre, il n'eut garde d'en négliger le symbolisme; il l'appela, au contraire, comme au secours de son admirable initiative, afin d'en faire adopter plus sûrement l'usage comme une suite naturelle de sa prééminence. C'est pourquoi, après que ses antiennes avaient

<small>dans les antiennes,</small>

succédé, calmes et limpides, au chant net et élevé des psaumes, dont elles coupaient la succession prolongée comme autant de repos judicieux et obligés, il traduisit les

<small>les répons,</small>

répons des nocturnes en notes plus vives et plus pressées, afin que leur entrain renouvelât et accrût l'attention, quand la lecture de chaque *leçon* avait pu par sa monotonie engendrer quelques moments d'affaissement et de sommeil, mais surtout pour compléter la leçon même par un élan qui reportât l'âme aux pensées du ciel, comme une conséquence de ce qu'elle venait d'entendre. Par la

<small>l'Introït,</small>

même raison, il donna aux *introïts* de la messe le ton imposant d'un prophète annonçant les grands mystères qui vont s'accomplir : c'est une entrée solennelle s'exprimant toujours par le chant, résumé plus tard en un seul verset, d'un psaume convenable à la fête, et pendant lequel le clergé s'avançait pompeusement du *sacrarium* à l'autel.

<small>le *Kyrie*,</small>

Quoi de plus expressif que ces *Kyrie* soupirant, au moyen de leurs gradations et de leurs neumes, les humbles supplications de la pénitence, de la crainte respectueuse et de la confiance filiale? quoi de plus doux, de mieux senti et de plus éloquent que ce *Gloria in excelsis* passant des suavités de la contemplation à l'enthousiasme de l'action de grâces, des ardentes instances de la prière aux plus ferventes manifestations de l'adoration et de l'amour? Et ce *Graduel* dont la marche ralentie est encore un retour aux saintes tristesses de l'âme exilée; et cette *Préface*, et ce *Sanctus* qui se chantait d'abord sur le même ton et comme ne faisant qu'un avec la Préface, n'ont-ils pas toute la majesté austère de la foi qui s'épanche dans le sein de Dieu, et fut-il jamais dans notre liturgie une plus noble expression des beautés mystiques de la prière? Observons ici, à propos de ces deux dernières compositions, aujourd'hui bien plus ornées de délicatesses musicales qu'on ne leur en donna d'abord, qu'elles sont peut-être, indépendamment de ces variantes, la plus irrévocable preuve de l'action exercée par S. Grégoire sur l'antiphonaire de ses prédécesseurs. Sans doute, ce chant gravement mélodieux s'était moins altéré dans la voix du prêtre ou sous la main des copistes; sa solennité même avait pu le sauver des changements subis par tant d'autres parties de l'Office; et le pieux réformateur n'eut à en effacer que de rares notes pour nous le léguer avec la sainte majesté que nous y admirons encore. Voilà comment s'est conservé, dans la Préface mieux qu'ailleurs, et en dépit de certaines défections plus ou moins sensibles, le caractère de la mélopée hellénique.

Nous ne pouvons donc croire qu'à travers les treize siècles qui nous séparent de S. Grégoire ses belles compositions nous soient parvenues sans altérations aucunes. Ce n'est plus lui seul qui continue de vivre dans nos églises quand leurs voûtes retentissent de nos mélodies les plus convenables. Quoiqu'on ait fait de cette identité une question qui a singulièrement préoccupé de nos jours les liturgistes

*Marginalia:*
- le *Gloria in excelsis*,
- le Graduel,
- la Préface et le Sanctus.
- Variantes considérables éprouvées par le chant grégorien à travers les siècles.

et les musiciens, il ne semble pas encore, comme nous le verrons bientôt, qu'on la puisse résoudre en faveur d'une intégrité effective. C'était l'opinion qu'en émettait, en 1847, dom Guéranger lorsqu'il publia le premier volume de ses *Institutions liturgiques*. Il croyait aussi, et avec sa sagacité habituelle, qu'on pouvait conclure de certains morceaux qu'ils appartenaient à la facture grégorienne quand on les retrouvait ornés du même caractère musical dans les différents manuscrits de diverses églises datés du neuvième siècle et des trois ou quatre suivants (1). Mais la difficulté était dans cette découverte même; car pour y arriver il fallait non-seulement tirer de la poussière d'anciennes bibliothèques de précieux manuscrits dont rien n'affirmait l'existence, mais encore, et quand on crut en posséder quelques-uns à force de patientes recherches, on trouvait un sujet de laborieuses hésitations dans leurs notations diverses, toutes empreintes d'une méthode variée. Il fallait donc les comparer signe par signe, procéder ainsi du connu à l'inconnu, et arriver enfin à lire une phrase grégorienne dans sa notation neumatique. La Providence réservait ce beau travail aux efforts persévérants d'un docte jésuite, le P. Lambillotte. Il eut le bonheur de découvrir le *Graduel* de l'antique abbaye *de Saint-Gall*, copie authentique et faite, au neuvième siècle, de l'autographe de S. Grégoire. Ce manuscrit si précieux avait été envoyé à Charlemagne, en 790, par le pape Adrien I$^{er}$, et les phrases grégoriennes, déjà possédées par le savant investigateur, s'y retrouvaient si parfaitement reproduites que leur identité en fut évidente. Mais le travail devint plus concluant encore quand cette comparaison se fut étendue à tous les manuscrits possédés par les bibliothèques de la France, de l'Allemagne, de l'Italie, et surtout de l'Angleterre, où le chant grégorien avait pénétré avec la foi dans les der-

Travaux et découvertes du P. Lambillotte.

(1) *Instit. liturg.*, t. I, p. 172 et 306.

nières années du sixième siècle. On put suivre ainsi l'expansion de ce grand progrès dans toute l'Europe chrétienne, et voir, par d'autres antiphonaires plus ou moins conformes des siècles suivants jusqu'au treizième, quelles modifications ou quelle persistance avaient signalé, pendant ce long espace de quatre ou cinq cents ans, la marche des mélodies ecclésiastiques (1).

Et maintenant que nous sommes bien sûrs de l'origine du chant romain et des influences qu'il a exercées jusqu'à nous, il faut signaler une des causes les plus actives des progrès obtenus et généralisés dans son enseignement. Nous la trouvons dans l'usage introduit, en 1023, de l'échelle diatonique. Cette belle invention nous vient de Guy d'Arezzo, ainsi nommé du lieu de sa naissance en Italie. L'ingénieux bénédictin dut l'idée de cette gamme aux difficultés qu'opposaient à son goût pour les études musicales la confusion des toniques et les autres inconvénients résultant de l'emploi des sept lettres grégoriennes qui exprimaient toute l'étendue de l'octave musicale. On sait comment son attention trouva la gamme nouvelle dans les six premières lignes de l'hymne, déjà très-ancienne, de S. Jean-Baptiste : *Ut queant laxis*, et dont l'*air*, assure-t-on, était celui d'une vieille hymne grecque du temps de Sapho, vers 350 avant Jésus-Christ. Cette méthode, que l'illustre moine enseigna bientôt, lui assura une remarquable supériorité sur les autres maîtres et mérita la faveur du pape Jean XIX, à qui il fit agréer son antiphonier noté à sa manière, c'est-à-dire par des points posés sur des lignes plus ou moins élevées, les-

*Heureuse révolution opérée par Guy d'Arezzo.*

---

(1) Nous tirons cet historique d'un savant article de feu M. de Roisin sur *La Restauration du chant ecclésiastique,* inséré au tome XVIII du *Bulletin monumental,* p. 47 et suiv. Nous devons nous borner ici à des détails généraux qui ne comportent pas une histoire circonstanciée de notre musique. L'article que nous citons peut s'accompagner d'ailleurs du travail du P. Lambillotte, intitulé : *De l'Unité dans les chœurs liturgiques,* d'où nous tirons aussi une partie de nos renseignements.

quelles faisaient mieux comprendre au regard les tons que la voix devait prononcer. On voit combien fut simplifié, dès lors, le mode de notation musicale : c'est, du reste, à peu de différence près, celui que nous avons encore. Un exemplaire de l'Antiphonaire de Guy est un de ceux qui servirent au P. Lambillotte ; les notes y reposent sur ou entre des lignes donnant à chacune d'elles leur valeur tonale. Ce curieux manuscrit appartenait autrefois à la bibliothèque du monastère de Saint-Évroult, en Normandie (1); il est conforme à la copie qu'en avait eue l'abbaye de Saint-Bertin, en Artois. Ces deux spécimens furent d'un grand secours à la notation des siècles suivants, d'autant plus portée à les imiter, qu'en les adoptant elle rendait bien plus faciles l'enseignement et la connaissance du chant choral.

*Décadence du chant grégorien, et ses causes.*

Mais cette facilité même ne manqua pas de contribuer à de nombreuses altérations du chant grégorien. Peu à peu sa phrase si simple devint plus maniérée, et il en vint jusqu'à mériter de perdre en réalité son nom glorieux, qui ne lui reste qu'en souvenir de son illustre fondateur. Nous en sommes là aujourd'hui même, en dépit des études renouvelées sous les auspices d'esprits distingués, tels que MM. Fétis, d'Ortigues, Croussmaker, Bottée de Toulmont, et bien d'autres cherchant par de nobles efforts à faire rentrer dans le sanctuaire le vrai génie de la musique religieuse. Pourquoi, d'ailleurs, faut-il s'avouer que ces efforts sont une lutte, et que la résistance leur vient de ceux-là mêmes qui devraient combattre avec eux !...

La raison de cet antagonisme est toute dans la confusion qui s'est faite de la musique chrétienne et de la musique profane : sous des noms menteurs, celle-ci n'a pas craint d'envahir le sanctuaire, où elle ne se maintient qu'aux dépens du symbolisme religieux, et par conséquent au grand détriment de la vie de l'art chrétien. Pour le prouver, re-

---

(1) A présent à la bibliothèque Richelieu, n° 1017.

montons aux belles époques du chant grégorien, analysons ses effets, et comparons-les à l'action morale exercée par nos symphonistes modernes sur les masses que séduisent leurs fioritures désordonnées.

Nous n'avons pas besoin de prouver ici que le *plain-chant* est le seul convenable aux cérémonies du Christianisme ; c'est le sentiment universel parmi les hommes qui comprennent le caractère de la religion. Grave, réfléchie, détachée de la terre, aspirant au Ciel jusqu'à mépriser et combattre tout ce qui peut en détourner ses enfants, la foi du Sauveur ne peut accepter pour interprète qu'une harmonie digne de ses sentiments dans son sublime commerce avec Dieu. Ce qu'on pouvait trouver de mieux dans ce but était donc une mélodie par laquelle toutes les âmes, invitées à chanter ensemble les mêmes émotions et les mêmes prières, pussent s'exprimer à l'unisson sur un ton qui fût celui de toutes les voix. Or, n'est-ce pas ce caractère que le plain-chant admet par-dessus tout ? Sa mesure à deux temps, ses notes de valeur égale, l'exclusion de toute autre clé que celles d'*ut* et de *fa ;* l'étendue de la notation bornée à une octave, et ne la dépassant du moins que très-peu et très-rarement, ne sont-ce pas là autant de conditions qui servent admirablement les pieux Offices du catholicisme, et sauvegardent la sainte dignité de ses nobles et religieux élans ? — Entendons bien ici que nous ne parlons pas d'un mérite exclusif, et que nous ne prétendons pas dédaigner le moins du monde ni l'harmonie de la musique dramatique, ni les symphonies où ressortent les admirables inspirations de Mozart, de Chérubini ou de Beethoven ; il ne s'agit que de la convenance du style, qu'on doit toujours mesurer à l'esprit du sujet traité ; et c'est dans ce sens que tous, à l'exception d'un certain nombre d'esprits intéressés et parfaitement incompétents, réclament pour l'Église, à l'exclusion de toute autre, l'usage, préférable en effet, de la musique grégorienne.

*Marginalia :* Le plain-chant seul convenable à la liturgie catholique, par ses caractères mêmes.

## 232 HISTOIRE DU SYMBOLISME.

*Cette vérité prouvée par la pratique de l'Église jusqu'au quatorzième siècle.*

Nos pères l'avaient bien senti, durant ce moyen âge contre lequel ne cesseront de s'acharner les systèmes aveuglément passionnés de l'école antisociale : rien ne paraissait plus naturel que de confier la simplicité de la foi publique à la naïve et candide expression d'un chant tout uni, dépourvu de tout artifice et de tout apprêt. Et qu'on ne prétende pas répondre à cette observation incontestée en disant qu'il fallait bien employer cette musique, puisqu'on manquait de toute autre : nous affirmons qu'on se bornait très-volontiers à celle-là parce que rien n'en faisait chercher d'autre, parce qu'on la trouvait suffisante à l'esprit du temps, où rien ne dépassait dans l'art, non plus que dans le cœur humain, l'amour et la pratique des choses chrétiennes. La musique efféminée et prétentieuse n'est apparue que dans le cours du quatorzième siècle, parce qu'alors l'élément des passions mondaines est venu, par des raisons que nous avons touchées, et sur lesquelles nous devrons bientôt revenir, se mêler à la vie extérieure, et gangréner ce que la vie intérieure avait eu de digne et d'exclusivement religieux. Cette vérité devient évidente pour quiconque se rappelle à quel état de décadence était arrivée progressivement la musique religieuse, lorsqu'en 1555 le pape Marcel II pensa sérieusement à la proscrire pour ne plus garder que le plain-chant. L'excès du mal n'en était pas arrivé en un jour à ce paroxysme dégoûtant. Peu à peu, depuis près de deux cents ans, il s'était intronisé dans l'Église ; il y régnait, et témoignait trop par la faveur que les mœurs publiques lui avaient faite quels autels remplaçaient pour lui l'autel chrétien. Suivons un peu cette marche, et nous comprendrons d'autant mieux où nous en sommes, quelle régénération nous est redevenue nécessaire, et que le symbolisme du chant, qui ne devrait jamais se perdre, ne revivra que par l'abolition violente de tout ce qui l'étouffe en le trahissant.

*Histoire du chant grégorien, et de ses progrès du*

Après les malheurs publics du dixième siècle, qui ne causèrent pas tant l'anéantissement des études et de l'art chrétien qu'ils ne leur imposèrent une sorte de silence momentané, le siècle suivant, par son zèle architectural, amena forcément une renaissance des belles facultés de l'esprit humain. C'est au onzième, en effet, que les remarquables compositions du roi Robert, dont les plus belles sont dédaignées, rivalisaient avec celles de S. Fulbert, dont quelques-unes ont été heureusement retenues et se chantent encore dans l'Église de Chartres. C'est alors que les heureuses conceptions de Guy d'Arezzo ouvrent une voie plus large à la science musicale, grâce, nous l'avons dit, à la nouvelle notation, qui, en reléguant loin du lutrin l'arbitraire d'un rhythme hasardé, lui rend possibles les nuances méconnues d'une exécution plus délicate et plus sûre. L'art grégorien se reforma durant toute la durée de cette période ; il produisit quelques-uns des chefs-d'œuvre encore admirés de nos Offices, comme les charmantes antiennes *Salve Regina*, — *Alma Redemptoris*, dont les paroles et le chant sont dus au moine de Richenau, Herman Contract. C'est alors que des traités de musique sortirent de plumes expérimentées taillées dans le cloître par des religieux, tels que ce même Herman, qu'avait précédé Bernon, abbé du même monastère, et que suivirent, avec des ouvrages aussi curieux aujourd'hui qu'utiles alors, Aaron, abbé de Saint-Martin de Cologne ; Albéric du Mont-Cassin ; Francon, écolâtre du chapitre de Liége ; Guillaume d'Hirsauge, Osberne de Cantorbéry, et d'autres qui joignirent aux préceptes la pratique musicale dans beaucoup de compositions, louées même de leurs contemporains (1).

C'est avec ce noble cortége d'intelligences supérieures que la science musicale arriva jusqu'au douzième siècle pour seconder à sa façon le magnifique élan symbolistique donné à l'art monumental et à son ornementation par le dévelop-

*dixième au douzième siècle.*

*A cette dernière époque, il rend très-bien le mysticisme de la théologie et de l'art monumental.*

---

(1) Voir beaucoup de détails, que nous abrégeons ici, dans le XIᵉ chapitre des *Institutions liturgiques* de Dom Guéranger, t. I, p. 280 et suiv., — et, dans le XIIᵉ, p. 333 et suiv.

pement de la théologie mystique. Ce qui nous reste de cette merveilleuse époque dans les manuscrits atteste la touchante majesté de la prière chantée, et nous dit encore, dans les rapports qu'on y découvre avec notre plain-chant actuel, si dégénéré qu'il puisse être, comme de si pieux accents s'alliaient bien sous ces voûtes sonores à la vaste étendue des nefs remplies de demi-jour, au style ferme des vitraux, à l'énergie de leurs couleurs translucides, et comment ce mystérieux ensemble ne devait vouloir en effet qu'une prière dont le calme répondît au sien, et qui réflétât en quelque sorte la grandiose simplicité du saint Lieu. Dans le plan, dans les matériaux, dans l'art qui présidait à l'exécution de l'ensemble et des détails, rien n'était de ce monde, pour lequel le Sauveur *ne priait point ;* tout s'élançait vers Lui, rien ne convenait qu'à son culte, n'entretenait l'âme que de sa souveraineté sur elle, que de sa gloire et de son honneur. Dans le chant, qui y retentissait en des Offices plus nombreux et plus soutenus, mêmes caractères, même empreinte de la pensée d'En-Haut. On sait dans quel style élevé l'évêque de Paris, Maurice de Sully, écrivit les répons des nocturnes des Morts, et comme tout y est encore, à travers les tortures imposées par de déplorables caprices d'éditeurs, conforme à la sainte tristesse de l'Église. La douce joie de S. Bernard s'exhalait dans sa belle hymne *Jesu, dulcis memoria*, et dans sa prose de Noël, *Lætabundus exultet* (1). Et que dire du *Veni Sancte Spiritus* et du *Stabat*

(1) Cette séquence, qui se trouvait, en de fort anciens missels, sous le nom du saint abbé de Clairvaux, a été trouvée par Dom Guéranger dans un manuscrit du onzième siècle (voir *L'Année liturgique*, Temps de Noël, 1, 273). Elle ne serait donc pas de S. Bernard. Une autre raison pourrait peut-être la faire attribuer à quelque auteur plus ancien que lui. C'est le style, un peu maniéré, que le rhythme choisi explique, il est vrai, par les difficultés qu'on semble s'y être créées, mais qui par cela même s'éloigne de l'habituelle manière de S. Bernard, si claire et si simple. — Nous pencherions donc, par cette raison, à abandonner le premier sentiment du savant bénédictin, qui pensa d'abord (*Instit. liturg.*, I, 319) que cette Prose était de S. Bernard, et à nous rallier à son avis plus récent et conforme au manuscrit cité par lui comme un témoin irrécusable.

*Mater*, attribués l'un et l'autre au pape Innocent III, sinon que rien n'est comparable à ces chants, où respirent tour à tour, sous la même main qui les note, et le sentiment d'une prière aussi pleine d'humilité que d'espérance, et celui d'une douleur que la nature seule n'eût pas rendue, et qu'il fallait se faire dicter par l'Esprit qui seul donne la ferveur et l'onction?

Mais que pourrions-nous comparer, dans le cours du treizième siècle, à l'admirable Office du Saint-Sacrement? Nous n'avons pas à en juger ici le génie dogmatique, ni comment la haute intelligence qui le créa sut plier à l'exactitude théologique la coupe de sa poésie et les difficultés de l'expression. Nous ne parlons que du chant, et nous demandons si jamais rien en a égalé le magnifique symbolisme! Quelle majesté, quelle onction, quel pathétique et quelle angélique douceur dans ces notes alternativement basses et élevées du *Pange lingua*! Quelle prière que ce *Verbum supernum prodiens*, surtout quand elle nous ramène à cet *O salutaris Hostia* qui, à lui seul, serait un chef-d'œuvre! Qui trouvera des sons inspirés comme ceux de la prose *Lauda, Sion*, avec l'irréprochable teneur de sa doctrine, si merveilleusement secondée par la marche cadencée et les mouvements si savamment variés des strophes dogmatiques et de *l'air*, qui ne l'est pas moins? Quelle reconnaissance s'est jamais mieux exprimée? quel cœur aimant, respectueux, s'est jamais épanché ainsi? N'est-ce pas le langage de l'adoration en extase, de la foi qui remercie, qui prie en s'anéantissant, et qui chante ses immortelles espérances avec l'anéantissement d'un Dieu?

C'est encore au treizième siècle qu'appartient le *Dies iræ*, aux sons tour à tour humbles et menaçants, et qui se ressent en cela de ces alternatives que nous venons de remarquer dans le *Lauda, Sion*. Ce chef-d'œuvre, où l'on admire à la fois la vigueur de la pensée et l'harmonie de la langue, n'est pas moins remarquable par tout ce que le chant ajoute

*Marginalia:* Le treizième siècle et l'Office du Saint-Sacrement par S. Thomas d'Aquin. — Le *Dies iræ*.

aux paroles de sombre anxiété, d'agitation et de trouble.

Le même auteur dut écrire évidemment et ce texte et son incomparable mélodie ; et quelque succès qu'y aient pu avoir plus tard des compositeurs séduits par un thème si imposant, aucun d'eux n'a pu atteindre à cette solennité continue et variée qui règne dans toute l'étendue de ce poème latin. Là encore se développe un caractère d'austère énergie où se révèle tout entier celui que l'histoire attribue à son véritable auteur, le cardinal Malabranca (1).

<small>Relations morales entre le chant religieux et les périodes architecturales du moyen âge ;</small>

Remarquons-le encore : ces deux magnifiques nouveautés du siècle ogival se ressentent de sa majesté somptueuse, comme celles du précédent s'étaient empreintes de ce qu'il avait de plus ferme et de plus profondément sérieux. Ainsi, encore une fois, nous verrions le style poétique de cette époque s'allier parfaitement avec celui des monuments gothiques, et confirmer pour lui-même ce que nous avons dit ci-dessus des rapports établis dans chaque période du moyen âge entre l'architecture et les manuscrits. Dom Guéranger applique la même observation à la liturgie en général, qui se forma peu à peu sur le plus ou moins de dignité sévère ou de suave expansion exprimée par l'art de ces mêmes époques (2).

<small>(1) Latinus Malabranca, appelé aussi *Frangipani*, de l'illustre famille italienne de ce nom à laquelle il tenait, fut gouverneur de Rome sous le pape Nicolas III. Il montra dans ce poste et en plusieurs négociations dont le chargèrent les trois papes suivants, Honorius IV, Martin IV et Nicolas IV, des talents diplomatiques dont la plus importante conséquence fut l'apaisement à Rome des deux factions des Guelfes et des Gibelins. Un homme de cette trempe n'est-il pas tout entier dans son *Dies iræ*, où respirent l'habitude d'un pouvoir plein de force et le sentiment profond des misères de l'humanité ? Cette observation suffirait à établir ses droits, et nous force d'éliminer S. Bernard et S. Bonaventure, dont ce n'est ni le style ni la couleur.

(2) Voir *Instit. liturg.*, ubi suprà, p. 351. — C'est avant d'avoir rencontré dans notre docte liturgiste l'exposé clair, et pour nous très-convaincant, de cette théorie artistique, que nous l'avions trouvée dans nos propres observations. Cette coïncidence, dont nous pouvons nous trouver heureux, ne nous a pas laissé craindre une accusation de plagiat déloyal : nous y trouvons bien plutôt une preuve qui nous honore</small>

C'était donc en réalité le peuple lui-même qui inspirait ces pages grandioses, aussi bien que les essais moins considérables donnés de toutes parts sous les noms d'hymnes, d'antiennes et de répons. On y sentait vivre l'esprit du temps, dont les mœurs, nous pouvons l'affirmer sur ce témoignage, étaient douces, réservées, et ne méritaient pas, à beaucoup près, les indignes et orgueilleuses calomnies du nôtre. Quand on étudie, en effet, les mélodies de ces temps chrétiens par excellence, on ne peut s'empêcher d'y reconnaître la foi, les saintes espérances, les émotions tranquilles qui dominaient certainement cette société à qui elles étaient faites. Il y a plus : vous découvrez ce même fond de mélancolie jusque dans les cantilènes des trouvères, dont nous fournissent quelques exemples celles de Thibaud IV de Champagne et Guillaume IX de Poitiers. Nous ne les indiquons pas ici, tant s'en faut, comme des pièces dont l'esprit soit partout et toujours acceptable devant la morale du Christianisme ; mais n'est-ce pas une preuve de plus de ce sentiment général qui régnait dans la musique du temps, jusqu'à y soumettre l'expression mondaine des faiblesses du cœur humain, racontées par les verts-galants de l'époque ? Leurs airs étant dépourvus de mesure et de tout rhythme déterminé, le mouvement semble leur manquer, ce qui les condamne à une sorte de monotonie à peine corrigée par une certaine douceur que prend la tonique à la fin de chaque couplet. C'était bien la musique du douzième siècle où vivait Guillaume, et l'on voit qu'au treizième, qui fut celui de Thibaud, elle n'avait pas subi, sous ce rapport, de remarquables changements.

*le caractère de mélancolie chrétienne y est surtout remarquable.*

d'une communauté de pensées sur le symbolisme, qui ne peut tourner qu'au profit de nos théories favorites. Et nous aimons à constater ici que, ne pouvant tout dire comme un tel bénédictin, c'est du moins pour nous un dédommagement que d'inviter à le lire dans le remarquable passage que nous citons.

*Souvenir, à ce sujet, des pèlerins de Saint-Jacques.*

Ce qui est certain, c'est que ce ton languissant, cette tristesse musicale se retrouvait même dans les compositions littéraires, dont la joie était pourtant le caractère principal. Pour s'en convaincre, on n'a qu'à ouvrir les hymnaires anciens, et l'on y trouvera une preuve de plus de notre opinion quant à l'influence de l'esprit du temps sur l'expression musicale. Ce genre de chant était d'ailleurs si populaire qu'il est resté, en dépit des révolutions si formelles subies par la musique, dans les habitudes et les préférences de nos populations rurales, chez lesquelles pénètrent toujours plus lentement les modifications artistiques. Nous le constatons nous-même d'après nos plus anciens souvenirs : il y a soixante ans, lorsqu'on voyait encore des pèlerins, revenus de la Palestine ou de Saint-Jacques en Galice, parcourir lentement les rues de nos cités en chantant des cantiques à la gloire de l'Apôtre ou du Sauveur, ces complaintes, parfois très-vieilles, ne retentissaient jamais que sur le rhythme de certaines hymnes de l'Église qu'on avait oubliées en France depuis la disparition de l'Office romain, mais que nous y avons retrouvées depuis la reprise du bréviaire de S. Pie V. Ainsi, la voix plus ou moins chevrotante des pieux voyageurs ne trouvait guère de variantes que de l'hymne de l'Épiphanie *Crudelis Herodes* à celle des Apôtres au temps pascal, *Tristes erant Apostoli*, ce qui ne répondait pas moins à la marche lente et mesurée du pèlerin qu'à la grave pensée de nos ancêtres appliquant le même ton aux tristesses des Apôtres privés de leur Dieu, et aux Mages guidés vers Lui par l'étoile de l'Orient. Nous ne prétendons pas que cette anomalie soit à imiter ; au contraire, nous ne manquerons pas de faire observer qu'à notre époque elle n'est plus qu'un contre-sens à éviter. Nous constatons seulement ici un des caractères incontestables de notre ancienne musique religieuse.

*Notions sur la plus ancienne musique d'accompagnement ;*

Par ce qui précède, on voit que, dans nos églises, le principe de l'unité artistique ne se rattache pas moins à l'exécution du chant qu'à l'emploi d'une ornementation dont l'*harmonie* convienne à leur place et à l'usage qu'on en doit faire. Le chant est une prière; les voix, unies par lui, se doivent de ne rien faire que de très-conforme au but qu'elles se proposent, qui est de louer Dieu, d'édifier une assemblée chrétienne, et de préluder par cet acte de dévotion à ces adorations éternelles pour lesquelles est fait le Ciel qui nous attend. C'est pourquoi, dès les premiers âges, aussitôt que la confection du premier instrument vint révéler autour de son inventeur une sorte d'harmonie dont les essors tendirent à de prompts développements, le premier emploi qu'on dut en faire fut d'en accompagner la voix pour le culte de Dieu et l'expression des diverses affections de l'âme. La Bible, qui dit seule tout ce que nous pouvons savoir des premières notions des sciences et des arts, a gardé le souvenir de Jubal, dont le nom significatif semble rappeler l'invention de la trompette *(jubilæus, buccina)*, ce qui nous fait remonter au premier âge du monde et vers l'an 1000 de la création (1). Ce n'est pas à dire qu'avant lui on n'eût pas trouvé dans les objets fournis par la nature, comme les cornes des animaux, les roseaux et autres tiges creuses où l'action de l'air et du vent dut se remarquer tout d'abord, un moyen de produire des sons; mais il y avait loin de là à l'harmonie de Jubal, inventeur, dit l'Écriture, de la cithare et de l'orgue, instruments qui devaient, si imparfaits qu'ils fussent encore, produire des accords, et supposent par conséquent la cadence et la mesure. Nous n'avons pas à

---

(1) « Jubal ipse fuit pater canentium cithara et organo. » *(Gen.,* IV, 21.) — Jubal, d'après la chronologie biblique, dut vivre à peu près cinq cents ans avant le déluge. — Il n'est pas cité comme l'inventeur de la trompette, mais son nom le laisse aisément supposer, dès lors surtout qu'on ne trouve aucun autre personnage à qui attribuer cet instrument. Ce n'est pas que les Grecs ne l'aient point attribué à Osiris; on a prétendu même le donner à Mesraïm ou à quelque autre Égyptien descendant de lui. Mais que penser de tant de données contradictoires, en présence d'un nom significatif comme celui de Jubal?

douter que ces premiers essais n'aient amené bientôt l'art de l'accompagnement, et, dès ce temps, les voix se sont soutenues par l'adjonction de ces moyens harmoniques. Plus tard, le progrès fut tel qu'on en vint à de véritables concerts, comme on le voit en plusieurs endroits des Psaumes, et il fallait que la harpe touchée par David le fût merveilleusement pour qu'elle parvînt à calmer les souffrances de Saül. Or, toute cette musique était de la musique sacrée ; il n'y en avait pas d'autre, les chants de victoire n'étant eux-mêmes que des cantiques de reconnaissance au Dieu qui procurait le triomphe. Quand la danse accompagnait le chant, selon un usage attesté par l'Histoire sainte et commun à tous les peuples primitifs, cette musique ou ces chants devaient avoir un caractère varié, s'accélérer ou se ralentir, selon les pensées que reproduisait la solennité. Ainsi la musique proprement dite, l'union théoriquement disposée des instruments et des voix date sans conteste de la plus haute antiquité.

*le culte chrétien a dû s'en emparer ;*

Et puisqu'on sut toujours exprimer par cette savante union les dispositions de l'âme envers son Dieu, pourquoi le Christianisme ne l'aurait-il pas admise, quand elle augmentait le charme de la prière en ajoutant au symbolisme de son expression ? Car en ces concerts pieux, dont on trouve la preuve dans un si grand nombre de peintures et de sculptures du moyen âge, et particulièrement dans le célèbre chapiteau de Bocherville, on se gardait bien de faire de *l'art pour l'art*, comme disent nos virtuoses d'aujourd'hui :

*il lui a gardé religieusement son caractère de piété.*

on faisait de la musique pour prêter au chant plus de grâces ; on le soutenait sans le couvrir ; on n'étouffait pas les mots sous une avalanche de sons prétentieux autant que formidables ; la piété des fidèles s'en nourrissait, loin de se distraire, et c'était le plain-chant qui régnait toujours avec la sainte et douce pureté de ses chastes et ravissantes mélodies. Sans doute ces effets durent progresser eux-mêmes ; ils ne furent pas, croyons-nous, au temps de Constantin, ni même de Charlemagne, ce qu'ils devinrent au treizième siècle, où le goût artistique s'éleva si haut, rivalisant avec les voûtes ornementées et les flèches aériennes de nos cathédrales. Cependant c'est au neuvième siècle, à cette époque si digne de souvenir, que l'orgue commença, pour la musique religieuse, une ère toute nouvelle à laquelle on ne peut refuser son admiration.

Mais ici observons bien que l'orgue, à l'époque dont nous parlons, est cet instrument perfectionné qui se compose de beaucoup d'autres dont l'Orient s'est donné le mérite de former un seul tout qui étonna jusqu'à la stupéfaction beaucoup de ceux qui l'entendirent en France pour la première fois. Il y avait loin de ce meuble à celui dont on attribue l'invention à Archimède, et dont parle Tertullien comme jouant par le moyen de l'eau (1). Celui qu'envoyèrent successivement à Pépin et à Charlemagne Constantin Copronyme et Constantin Michel l'emporta de beaucoup sur ces rudiments plus étonnants qu'utiles, en dépit de ce que nous avons lu, nous ne savons plus où, que ces orgues-là n'étaient en réalité que des clepsydres. Nous ne pensons même pas qu'il faille beaucoup s'émerveiller de ce que nous lisons, dans S. Fortunat, des magnificences prêtées, de son temps, par un orgue à l'Office gallican usité dans l'Église de Paris (2). Il semble que des contrastes singuliers

*De l'orgue; de ses commencements et de ses progrès;*

---

(1) « Specta portentosissimam Archimedis munificentiam, organum hydraulicum dico, tot membra, tot partes, tot compagines, tot itinera vocum, tot compendia sonorum, tot commercia modorum, tot acies tibiarum. » (Tertull., *De Anima*, cap. XIV.) — Isaac Vossius, dans son livre *De Poematibus, cantu, et viribus rhythmi*, cite Héron d'Alexandrie, mécanicien du dernier siècle avant Jésus-Christ, comme auteur d'un Traité *Spiritualium, seu de Pneumatica*, où il traite des machines à vent. Il y parle de l'orgue avec éloge et indique bien que déjà cet instrument était d'un bel effet. — Quant au livre de Vossius, on y trouve un système bien soutenu de l'alliance entre la musique et la poésie.

(2) Hinc puer exiguis attemperat organa cannis.
Inde senex largam ructat ab ore tubam,
Cymbalicæ voces calamis miscentur acutis,
Disparibusque tropis fistula dulce sonat.
Tympana rauca senum puerilis tibia mulcet.....
(Venant. Fortun. *Carminum* lib. II.)

devaient résulter du jeu alterné ou coexistant de ce chalumeau joué par un enfant, et de cette vaste trompette d'un bien autre effet; de ces cymbales et de ces flûtes, de ces flageolles et de ces tambours dont le poète nous montre la tâche commune et les accents variés que sa poésie éternisa. Encore faut-il avouer que, dans ce beau concours de musiciens dont nous ne voudrions peut-être pas aujourd'hui, l'orgue, ou ce qu'on appelait ainsi, n'avait que sa partie, et ne pouvait nullement ressembler à ce que nous savons *des orgues* de Charlemagne, dont l'harmonie résultait du jeu simultané de plusieurs instruments, comme l'indique le pluriel *organa*, qui, dès cette époque, se trouve le plus souvent dans les auteurs originaux (1). Nous avons même des textes, et entre autres un passage du moine de Saint-Gall à qui nous devons la Vie de Charlemagne, d'où résulte que l'orgue envoyé à ce prince de Constantinople, aussi remarquable par sa proportion que par sa sonorité, « se composait de tuyaux de métal qui, remplis d'air par » des soufflets de cuir, donnaient tour à tour des retentis- » sements sourds et prolongés semblables aux effets du » tonnerre, et des sons doux et perlés imitant les accords » suaves de la lyre et des cymbales (2). »

en quoi il convient exclusivement aux Offices ecclésiastiques;

Quoi qu'il en fût, c'était là un excellent maître d'accompagnement, et tout nous dit, dans l'histoire aussi bien que dans les convictions qu'il est facile de s'en faire, combien on dut arriver vite à ne plus vouloir, dans les grandes églises du moins, aucun Office dépourvu de ce puissant

---

(1) Cf. Ducange, *Glossar.*, v° ORGANUM.

(2) « Illud musicorum organum præstantissimum quod doliis ex ære conflatis, follibusque taurinis, per fistulas æreas mire perflantibus, rugitu quidem tonitrui boatum, garrulitatem vero lyræ vel cymbali dulcedine coæquabat. » (Monacus Sangall., *De Carolo Magno*, lib. I, cap. X; ap. Dom. Bouquet, *Script. rer. Gallic.*, ad ann. 757. — S. Augustin atteste (*In psalm.* LVI) que, de son temps, l'orgue était déjà servi par des soufflets, mais que ce nom ne lui était pas donné exclusivement et convenait à tout instrument dont un chanteur s'accompagnait.

secours de la voix. Mais entendons-nous bien sur cette puissance que nous indiquons ici. Nous ne la trouvons pas tant dans ces vastes et sonores proportions données aux orgues modernes que dans la convenance toute religieuse d'un accompagnement grave et pieux par lui-même, et seul digne de prendre sa part dans les louanges catholiques du Dieu trois fois Saint. La variété de ses sons, la possibilité de leur faire imiter des instruments capables, par leurs modulations diverses, d'ajouter à la voix humaine des charmes et une fermeté qu'elle n'aurait pas toute seule, font de ce bel ensemble, divisible à volonté, un merveilleux moyen de solenniser la prière en élevant le cœur plus haut que lui-même. Et c'était là le caractère essentiellement remarquable de ce bel instrument lorsqu'on l'introniса dans l'église. Ses dimensions n'avaient alors rien d'exagéré : c'était bien plus un accompagnateur utile qu'un meuble de luxe, et ce ne fut guère qu'au douzième siècle qu'en lui donnant une ampleur démesurée, on commença à sortir des bornes modestes et simples qui jusque-là n'avaient fourni que des accords presque toujours inséparables de la voix. C'est alors que Baudry, moine de Fécamp, signale dans son jeu un mélange fictif de voix prises dans toute la portée de la gamme et le compare à un chœur de personnes chantant toutes à l'unisson (1). C'était déjà, contre toute raison, remplacer la voix, dont l'orgue ne devait, pour ne pas sortir de son rôle, que seconder la suavité ; c'était abdiquer, par conséquent, son caractère liturgique. Dès lors périssait le symbolisme du chant ; car plus l'instrument s'évertuait à faire

*on le profane donc en le mêlant aux concerts profanes.*

*Son action diverse aux différents âges,*

*favorise le symbolisme du chant,*

---

(1) *Graves, acutas, et medias voces, ut quidam concinentium chorus putaretur.* — Voir l'important ouvrage de M. Régnier : *L'Orgue, sa connaissance, son administration et son jeu*, in-8°, 1850. — Cet excellent livre devrait être lu, étudié même, par tous les organistes et par tous les maîtres de chœur de nos cathédrales. On y comprendrait mieux ensuite quel est le caractère à donner absolument au bel instrument, dont on se sert trop souvent, hélas ! beaucoup plus pour faire du tapage que pour seconder la piété.

de l'art, plus s'effaçaient aussi le ton suppliant de la prière et le sentiment du cœur qui se changeait en distractions mondaines. Ce n'est pas qu'au dixième siècle il n'y eût eu déjà, au rapport du moine de Saint-Gall cité plus haut, des tuyaux d'une force retentissante et des effets de sonorité des plus redoutables; mais c'était précisément le symbolisme musical qui les avait fait inventer et en ramenait l'usage en de solennelles circonstances. Les grandes eaux de l'Apocalypse, les offices et les répons des Trépassés, les lamentations du Prophète gémissant sur les ruines de Sion, ne pouvaient se chanter comme le *Credidi*, — le *Laudate, pueri, Dominum*, — ou le *Gloria in excelsis*. On comprend comment l'accompagnement des psaumes et des cantiques de toute une population émue des mêmes pensées, et jetant jusqu'aux voûtes une seule et formidable voix, ne se pouvait faire qu'avec des moyens saisissants, comme le chant lui-même. Mais ce langage de l'orgue dégénéra en prétentions, comme toutes les choses où le cœur humain remplace si facilement la simplicité religieuse par les satisfactions moins pures de la vanité. On voulut proportionner les développements de l'orgue à ceux de l'architecture, et en cela on n'avait pas tort, puisque le goût des formes plastiques l'exigeait pour faire de l'instrument sacré un ornement de plus et comme une partie intégrante de l'église. Toutefois il aurait fallu demeurer, et à plus forte raison, dans les conditions musicales essentielles à la liturgie, et c'est ce qu'on ne fit pas.

*mais plus tard sa décadence.*

Il faut reconnaître qu'après le treizième siècle commença très-sensiblement l'ère de dégradation pour l'art chrétien, laquelle ne fit qu'augmenter jusqu'au seizième. A cette dernière époque, et déjà depuis longtemps, la musique ecclésiastique était plus profane que sacrée. Les instruments *à bruit* avaient envahi le sanctuaire; à Rome, comme partout ailleurs, le désordre était arrivé à n'être plus supportable, et les aspirations de l'art musical, comme

*Lutte de l'Église contre les abus de la musique mondaine:*

celui des constructions lapidaires, tendaient à usurper les lois si belles et si harmoniques de la liturgie chrétienne. Que devait-on faire alors ? L'histoire nous l'apprend. Les conciles provinciaux, dont la tenue redevint plus facile après l'extinction des révoltes protestantes, s'efforcèrent de mettre un terme à ces abus. Comme ceux d'Augsbourg et de Trèves, en 1548 et 1549, avaient réglé l'emploi de l'orgue en interdisant à l'organiste tout caprice d'exécution arbitraire et recommandant aux clercs un chant plein de modestie et de religion ; comme celui de Cologne, en 1536, avait défendu tout ce qui pouvait se ressentir d'une joie profane, on vit ceux de Bordeaux, de Bourges, de Paris et beaucoup d'autres, rassemblés surtout de 1580 à 1600, et plus tard encore, renouveler contre les excès de la musique mondaine dans les églises tous leurs anathèmes les mieux motivés (1). On sait à quel degré d'audace était arrivée en Italie cette manie déplorable lorsque le pape Marcel II se décida à ne permettre plus dans les Offices que l'usage de l'orgue réduit à l'expression digne et toute religieuse de la prière publique : c'était remplacer noblement les prétentieuses bizarreries des écoles flamande et italienne par le retour à la simplicité primitive.

Il fut donné à Palestrina de conjurer cette proscription par sa fameuse *Messe du pape Marcel*, dont le beau caractère, la manière large, les conceptions rares et les mélodies vraiment religieuses firent croire au Pontife qu'il pouvait admettre une musique si convenable et si pleine de majestueuses beautés. Là revivait en effet le symbolisme déjà perdu de la musique sacrée ; on retrouvait la pieuse mélancolie des premiers jours, et la vie spirituelle de l'âme s'épanchant dans le cœur de Dieu. Une heureuse révolution était faite ; et quoique ce ne fût pas de beau-

Palestrina et sa Messe du pape Marcel ;

---

(1) Voir Labbe, *Concil.*, t. XIV, p. 56 ; — Cabassut, *Notitia conciliorum*, III, 172.

coup préférable aux simples mélodies grégoriennes, dont la restauration aurait dû être le seul but de la réforme ; quoique ce genre de musique fût encore beaucoup trop savant pour s'adapter aux saintes paroles de l'Antiphonaire et du Missel, aux hymnes des Pères et aux séquences naïves du moyen âge, cependant un grand pas était fait vers la régénération, dont on avait pu désespérer. Mais Palestrina, honoré de son temps par des compositeurs de mérite, et à sa mort, en 1594, par un tombeau dans la première église du monde, ne conserva qu'une médiocre influence sur l'avenir de la musique religieuse. Le grand artiste fit peu de disciples, outre que sa gloire et sa méthode ne dépassèrent qu'à peine les limites de son pays. Nous allons voir comment son beau succès fut plus nuisible qu'utile à l'art chrétien.

<small>ses succès bientôt oubliés pour de nouveaux abus.</small>

<small>Pourquoi le plain-chant réussit seul dans les Offices de l'Église.</small>

C'est qu'en effet les chefs-d'œuvre en toutes choses sont nécessairement d'une grande rareté, et s'ils étaient plus nombreux ils n'en seraient pas plus populaires ; par cela même, ils manqueraient à leur première et essentielle condition. Cette vérité devient plus sensible quand on l'applique à la musique d'église. Dès lors qu'on ne conteste plus au chant grégorien son droit exclusif aux solennités du sanctuaire, la musique savante, fût-elle de Palestrina, et on n'en trouve pas souvent, n'y est plus qu'un hors-d'œuvre, admissible seulement en de rares occasions, mais qui aura toujours l'énorme désavantage de n'être pas comprise du vulgaire, qui très-certainement ne priera pas avec elle, et se fût, au contraire, mêlé avec son habituel entrain aux vieilles mélodies que nous lui préférons de beaucoup, parce qu'à l'église tout le monde les comprend. Pourquoi donc sortir ainsi de la seule voie où la prière commune autorise à engager le chrétien ? S'il faut en accuser l'affaiblissement de la foi aux siècles qui nous léguèrent ces distractions de mauvais goût, ne doit-on pas s'en prendre aussi à l'autorité malheureusement inspirée du clergé, dont

<small>Le clergé ne doit vouloir que lui.</small>

la compétence n'était pas douteuse contre de si déplorables abus, et qui s'est trop facilement relâché des saintes règles auxquelles voulait nous ramener le pape Marcel (1)?

Dès le seizième siècle et jusqu'au nôtre, qui ne sait pas s'en défendre, on s'avisa de traiter la liturgie musicale avec le relâchement que le protestantisme apportait dans la morale chrétienne ; le sensualisme arriva jusqu'au lutrin et ne l'a pas quitté depuis, accoutumant peu à peu, par ses exhibitions plus ou moins scandaleuses, à cette facilité de mœurs dont le luxe, la mode et leurs trop multiples dérivés deviennent l'expression journalière et irrémédiable. Expliquons-nous enfin sur ce point; et pour arriver à conclure sciemment contre ce dévergondage indigne du Christianisme, et qui n'a rien de commun avec lui, établissons nettement les principes véritables : ce sont ceux de quelques grandes autorités dans la matière, et de leur comparaison avec les fâcheux excès qui les remplacent inférons nettement ce qu'il nous faut exclure ou garder.

Et d'abord, convenons encore que le chant n'est destiné dans la religion qu'à rendre plus vif et plus intérieur le sentiment de la prière ; il est la prière elle-même ; il est la langue vulgaire de l'Église, l'idiome musical du peuple. Son rhythme est celui de la prose ; sa prosodie, l'accentuation de la prose ; sa tonalité, la tonalité des foules ; et les modes découlent nécessairement de cette tonalité. Le plain-chant n'a rien d'arbitraire, d'incohérent, de systéma- *car il convient seul à la prière chrétienne,*

---

(1) Nous ne voulons pas, en désignant ici le clergé, parler en termes généraux, car un grand nombre d'évêques et de prêtres, dont plusieurs seront cités bientôt, ont protesté avec autant de science que d'énergie contre ces dangereuses représentations qui se mêlent trop souvent à nos fêtes. Mgr Plantier, entre autres, l'illustre évêque de Nîmes, s'exprimait dans ce sens en un beau discours prononcé en 1861 à la distribution des prix de la maîtrise fondée par lui pour son diocèse. « A notre époque, dit-il, d'un bout de la France à l'autre, Babylone a fait irruption dans Jérusalem ; on ne pourrait dire combien de cavatines et de romances ont reçu mission d'inviter au recueillement pendant les saints Mystères ! »

tique : tout s'y tient, tout y est pris dans la nature, tout découle d'un principe générateur, le récitatif; c'est, en un mot, dit S. Odon de Cluny, le chant de S. Grégoire, de S. Ambroise et de S. Isidore, qui déclarent qu'une autre espèce de chant ne convient pas aux louanges de Dieu (1). Ajoutons que ce chant, comme nous l'avons déjà vu, a des règles de convenance qui établissent de véritables relations entre lui et l'architecture de l'église, aussi bien qu'avec son ornementation ; lui aussi, il doit donc avoir son style religieux (2). Or, répétons-le encore, nous ne pouvons donner au chant que deux caractères : la joie ou la tristesse, car c'est ce double élément qui nous saisit tour à tour, et souvent à la fois, dans la maison de Dieu. En vain nous y cherchons autre chose, notre esprit ne s'y reporte forcément qu'à la pensée de nos dangers d'ici-bas, de nos douleurs présentes et de nos espérances qui les tempèrent en les consolant. Qu'avons-nous donc besoin de ces grands éclats de recherches dites musicales, qui visent à l'effet, préoccupent l'oreille aux dépens de l'âme, et ne ressemblent par aucun trait à ce que l'*Église* a toujours voulu, à ce qu'elle veut encore sans aucun mélange de goût profane et de recherches purement artistiques? Voudrions-nous *de l'art pour l'art*, en répétant un non-sens connu des musiciens et des peintres, ou de l'art *pour Dieu*, ce qui nous semble plus compréhensible et plus net? Ah ! si la prière telle que nous la trouvons dans les Psaumes, dans les Prophètes et dans les deux Testaments est, comme

*qui alterne entre les tristesses de la terre et les joies du ciel.*

(1) Voilà, certes, des autorités compétentes; nous les citons comme un appui pour l'opinion très-absolue que nous allons formuler en terminant ce chapitre, tant il est vrai qu'on a toujours raison d'avoir tort avec de tels esprits!... Nous devons cette citation à M. l'abbé Gontier, chanoine honoraire du Mans, qui inséra en 1860 d'excellents articles sur ce sujet dans la *Revue mensuelle de musique sacrée* (n° de janvier, p. 23).

(2) Voir de belles et concluantes dissertations sur ce sujet dans une suite de mémoires insérés au *Bulletin monumental*, t. XI, p. 692, et XVIII, p. 392 et 407.

on l'a dit avec raison, *un chant divin destiné à chanter l'amour* (1), pourquoi la remplacer par des *œuvres* laborieuses où l'homme paraît seul en n'oubliant que Dieu ; où la créature travaille à sa propre gloire, et distrait un peuple entier du but si élevé qui l'achemine vers le saint temple, en lui offrant sous ses voûtes désolées, humiliées, un genre de plaisir que le théâtre n'admirerait pas toujours ?

Nous osons faire un axiome de cette proposition, que nos lecteurs accueilleront, nous osons le croire, en terminant avec nous la lecture de ce livre. Oui, où le symbolisme est l'esthétique du beau, il marche avec la foi pour la rendre visible par une plus large expansion de son influence spirituelle : et l'on ose le séparer de la prière, pour laquelle est faite cette enceinte bénie où tout révèle la présence de Dieu ! Et ce devoir que tout y persuade et y seconde, après tant d'efforts de l'architecte, du peintre, du sculpteur et du théologien qui les a guidés ; ce devoir qui est le premier besoin de l'âme prédestinée, vous venez en étouffer le sentiment en le privant de son expression la plus nécessaire, la plus urgente ? Et cette déplorable manie est poussée à ce point, elle a fini par dénaturer si complètement le caractère sacré de nos prières publiques, à en faire méconnaître le sentiment et la dignité, qu'à l'heure où nous écrivons, c'est le plus petit nombre des églises où la supplication et l'action de grâces ne se troublent et n'expirent sous les révoltantes détonations de chantres, qui crient ou hurlent tour à tour ou à la fois, sans mesure, sans respect, comme sans intelligence, les magnifiques paroles de nos plus belles hymnes, les majestueux enseignements de Dieu lui-même ! Il est vrai, tout cela se fait parfois sous les auspices de La Feillée, avec ses mottets ridicules dénaturant le plain-chant par des roulades, et le chargeant

*Il a seul le symbolisme surnaturel,*

*qui disparaît du chant mal exécuté,*

---

(1) Voir la savante revue, déjà citée, *Le Plain-Chant, revue mensuelle de liturgie romaine et de musique sacrée*, in-8°, 1860, p. 13.

des absurdes répétitions de mots plus ou moins saillants, mais toujours inutiles ; de La Feillée qui, sous prétexte de plain-chant *figuré*, n'a fait que préluder au mauvais goût de la musique théâtrale qu'il n'osait pas avouer, et qui ne servira plus, nous l'espérons bien, qu'à faire écrire dans l'histoire du culte un chapitre « de la décadence de la musique sacrée. » — Comme tant d'efforts ont bien servi la piété des fidèles !...

<small>et de certaines improvisations de l'orgue.</small>

Mais ce n'est pas tout. A ce désordre, véritable symbolisme du mal grimaçant devant l'Épouse de l'Agneau, ajoutez l'effronterie d'un grand orgue improvisant toutes les bizarreries d'une tête écervelée ; avisant, de l'extrémité ou du milieu d'une vaste nef, un accompagnement du chœur qui ne peut s'y accorder ; ou bien entendez cet harmonium qui se presse à la manière d'un piano, et rivalise avec un horrible serpent à qui fera le plus de bruit, à qui poussera le mieux des voix discordantes. — Et le pauvre peuple, grand Dieu ! que devient-il au milieu de ce détestable chaos, et quelle idée emporte-t-il de Dieu, de son culte et du ciel même, auquel toutes ces vilenies ne le feront jamais aspirer ?

<small>Les messes en musique, et leur physionomie profane.</small>

Que sera-ce donc si vous tombez dans une messe *en musique !* Y a-t-il un moindre musicien qui ne veuille avoir la sienne, un curé qui s'y refuse, une église de village même qui ne retentisse de quelque essai de ce genre, une cathédrale qui ne lui prête son sanctuaire, ses stalles, ses chaises, et ne répudie parfois pour les violons, les flûtes, les cors et les hautbois nos douces mélodies de S. Grégoire ? A Dieu ne plaise que nous ajoutions ici des récriminations aussi justes qu'inutiles après celles qu'ont prodiguées de toutes parts à cette malheureuse musicomanie tant d'écrivains aussi habiles que bien inspirés, tant de conciles et d'évêques, et tant de Papes qui, à partir de Pie IV, sentirent le besoin de cette réforme que l'indulgence de Marcel II et sa trop courte carrière purent à peine accentuer !... Mais, du moins, qu'on nous dise en quoi ces entreprises d'harmonie théâtrale ressemblent à la prière chrétienne ; si l'assemblée qui s'y associe, à grands renforts de toilettes et d'airs mondains, y songe le moins du monde à se recueillir ; si un chrétien sérieux croit jamais avoir satisfait au précepte de la messe quand il a joui plus ou moins de ces ouvertures d'opéras, de ces romances langoureuses ? et quel symbolisme religieux peut surgir de ces représentations faites au profit de tant d'amours-propres, au mépris du Dieu dont les symboles vénérés entourent le tabernacle, et qu'on oublie en face même de l'autel pour les tapages des grosses caisses et des trombones, pour les solos de clarinette et les duos d'actrices évertuées la veille aux concerts de la *Dame blanche* ou à la *Bénédiction des poignards ?* — Chose étrange, d'ailleurs, qu'à une époque où le théâtre est devenu plus dangereux que jamais par ses immoralités désespérantes, ce soit à l'église qu'on permette d'entretenir dans les foules un attrait toujours plus dangereux pour les séductions de la musique profane! Et dire qu'il ne manque rien à ces représentations, ni l'affiche qui attire le public, ni la *réclame* au profit des compositeurs (1) !

(1) Nous prenons au hasard parmi nos nombreuses notes deux spécimens très-capables de faire juger de nos assertions. Voici d'abord le programme donné, par un journal des premiers jours de janvier 1870, d'un *concert* RELIGIEUX. Nous omettons quelques noms propres afin d'éviter des récriminations inutiles, les personnalités ne servant de rien dans la cause que nous plaidons. Ce premier morceau est ainsi conçu :

" Nous rappelons que demain dimanche, 9 courant, aura lieu dans l'église de ......, immédiatement après les vêpres, qui commenceront à deux heures précises, un concert donné par MM. *** et ***.
" Voici la liste des morceaux qui seront exécutés :
" 1° Ouverture d'*Iphigénie*, pour orgue. — GLUCK.
" 2° *Andante d'une sonate*, pour piano et violon.— BERTINI.
" 3° *Andante d'une sonate*, pour piano et violon. — MOZART.
" 4° *Élégie à la mémoire de Rossini*, pour violon avec accompagnement d'orgue.—N***.
" 5° *Sonate*, pour orgue. — HAYDN.
" 6° *Andante d'une sonate*, pour piano et violon. — HAYDN.
" 7° *Andante du concerto de violon*, avec accompagnement d'orgue.— MENDELSSOHN.
" 8° Morceau d'orgue. "

Que dire de ce concert *religieux* composé de l'ouverture d'*Iphigénie*, de *la mémoire de Rossini*, d'*andante* et de *sonates pour piano*, et de

*Le chant romain exclusivement acceptable.*

Rentrons dans le vrai. C'est le chant romain qu'il nous faut, sûrs de trouver avec lui la simplicité du cœur chrétien, la dignité sans autre prétention que de s'élever jusqu'au Ciel, la majesté du style, le respect de Dieu, le calme de l'innocence et de la pureté, ce je ne sais quoi enfin qui saisit, attire et retient toutes les âmes dans le lien commun de la piété fervente et de l'amour des choses d'En-Haut.

*Équivoques de*

Mais le chant romain, que nous appelons ainsi parce *concerto de violon* avec *accompagnement d'orgue!* et où il n'est parlé une seule fois ni de Dieu, ni de Jésus-Christ, ni de la Sainte Vierge, ni d'un Saint?

Voulez-vous une réclame bien conditionnée? lisez ce qu'on a fait, un certain dimanche de 1869, dans la CATHÉDRALE (!) de S.-M......, qui n'a jamais eu de cathédrale... Nous nous permettons de souligner ce qui nous paraît plus remarquable dans ce morceau de littérature :

„ D'après ce que nous avons entendu, dimanche, de la messe de M. L. G***, nous n'hésitons pas à dire que cette œuvre est encore, et de beaucoup, supérieure aux autres compositions musicales de ce jeune auteur. La musique est classique, savante, et l'*Agnus Dei*, très-méthodique, se termine par un ensemble du plus grand et du plus saisissant effet. *Nos compliments sincères !* „

On continue :

„ Les chœurs ont été chantés par l'Orphéon et les élèves de l'école communale ; les *soli*, par M. L***, un amateur, — *ex-ténor* du théâtre impérial *de l'Opéra-Comique*, — dont la voix sonore remplissait la nef de notre belle église paroissiale. — M. L*** a quitté le théâtre pour la charrue, comme il le dit lui-même. Aujourd'hui, *tout en cultivant* ses propriétés de la J...., *il ne cultive pas moins*, et avec succès, le bel organe dont il est doué.

„ L'exécution, tant vocale qu'instrumentale, a été fort bonne ; pourtant, de l'aveu de tous, quelques répétitions de plus *n'eussent rien gâté...; au contraire.*

„ Au nombre des exécutants, artistes et amateurs, venus à S.-M...... donner à M. G*** des marques de sympathie et *de bonne camaraderie*, nous avons reconnu MM. . . . . . . . .

„ *Pendant l'office*, les fidèles et les *dilettanti* ont eu *le plaisir* d'entendre le *Prélude de Bach* (violon, orgue et piano), et l'*Air d'eglise d'Alessandro Stradella*, exécuté sur le violon par M. R***. Faire l'éloge de cet artiste serait l'amoindrir. C'est toujours ce jeu large et magistral qui nous émeut, c'est toujours l'élève de Léonard *tenant l'auditoire sous la puissance de son archet.*

„ Annoncée pour huit heures du matin, cette fête musicale n'a pu avoir lieu qu'à la grand'messe, où *depuis bien longtemps* on n'avait vu *une telle affluence* de personnes, tant de la ville que de la campagne.

„ A quand l'exécution entière de la messe de M. L. G***? Nous le dirons. „

Qu'ajouter à tout cela sur les magnificences du culte et la pieuse réussite de cette messe dans laquelle *quelques répétitions n'eussent rien gâté, au contraire?* Et pendant ce concert que faisait le prêtre, obligé d'attendre à l'autel que ces messieurs se fussent fait suffisamment admirer?

qu'il doit être celui de S. Grégoire, n'est pas encore, nous l'avons vu, ce qu'il peut redevenir d'après l'étude sérieuse des vieux manuscrits. A plus forte raison refuserons-nous ce nom aux compositions de Dumont, aujourd'hui en vogue, et qui, pour valoir beaucoup mieux que les excentricités de tous les La Feillée du monde, n'en sont pas moins un plain-chant approximatif inspiré par la même fausse idée de certains architectes cherchant, sans le trouver jamais, un nouveau genre d'édifice qui vaille mieux à l'église que le gothique et le roman. Toutes ces entreprises ne sont que des usurpations malheureuses sur les droits imprescriptibles de la musique grégorienne, et des essais qui, réussissant toujours près des esprits médiocres, ne peuvent que nuire beaucoup à la résurrection de la véritable musique chrétienne. Aussi voyons-nous les effets de ces infidélités faites aux grands maîtres qui nous l'avaient donnée : il s'en faut que le plain-chant soit traité avec les égards que mérite sa pieuse origine, et qu'on lui ait même gardé ses caractères authentiques et spéciaux. Qui nous persuadera que nos pères l'aient pu prendre sur le ton beaucoup trop élevé qu'on lui donne aujourd'hui ? Que signifient ces éditions si diverses de Rennes et de Reims, qui apparemment ne sont ainsi nommées que parce que les rédacteurs de ces deux diocèses différaient de vue sur la nature actuelle ou sur la méthode exécutante d'un chant dont on discute les éléments ou les effets ? De ces variantes la vraie mélodie ne résulte pas plus que l'unité, et d'un diocèse à l'autre on peut trouver une différence dans le chant qui ne déroute pas moins les étrangers que celle imposée au bréviaire par les nombreuses fêtes *renvoyées*, et celles plus nombreuses encore des Saints locaux des Propres diocésains. C'est là, quant au chant dont nous parlons seul ici, un grave inconvénient, puisqu'il oblige certaines voix moins hautes par leur nature à se taire pendant les Offices, où la règle est de chanter toujours

*son existence actuelle.*

*Sa méthode d'exécution le prive de son symbolisme,*

ou à n'y faire sa partie que dans un *déchant* ou second-dessus, qui n'est trop souvent qu'une impardonnable cacophonie.

<small>qui est surtout dans l'application juste des différents tons.</small>

Rien n'est d'ailleurs plus opposé aux règles symbolistiques et, par conséquent, à une exécution convenable, que d'imposer toujours à la voix un degré d'élévation qui, fort peu agréable en soi, a l'immense tort d'établir un même ton pour tous les timbres et, qui plus est, pour toutes les paroles et tous les sentiments qu'elles doivent revêtir. Ce sentiment ne peut être le même dans le *De profundis* et le *Victimæ paschali*, dans le *Gloria in excelsis* et le *Credo*, dans le *Magnificat* et le *Regina cœli*. Nous avons la preuve de cette observation dans beaucoup de morceaux où le *poète*, passant souvent et tout à coup du sentiment de la prière humble et mélancolique à celui de l'espérance et de la joie, approprie des tons différents aux pensées qu'il exprime, et par là ne manque pas de les rendre plus expressives : telles sont les belles proses du Saint-Sacrement : *Lauda, Sion, Salvatorem;* celle de la Pentecôte : *Veni, Sancte Spiritus;* l'hymne si émouvante *Ave, maris Stella;* les charmantes antiennes *Salve, Regina, — Ave, Regina cœlorum*, et d'autres semblables où les mouvements du chant correspondent parfaitement à ceux de l'âme, et contrastent si bien avec une foule de banalités dont nos antiphonaires actuels ne sont pas assez exempts. Et remarquons encore, à cette occasion, que cette touchante et irréprochable convenance du chant et des paroles est un indice certain d'antiquité. C'est une incontestable provenance des meilleurs temps de notre art religieux, et presque toujours une preuve que l'auteur de l'hymne a travaillé la musique dont elle s'embellit.

<small>En quoi la liturgie romaine pèche sur ce point.</small>

Au contraire, soyez certain d'une nouveauté relative quant à ces compositions maniérées qui sentent l'embarras du compositeur, et n'ont jamais ni l'accent de l'enthousiasme lyrique, ni la limpidité paisible d'une prière qui va droit à son but. Cette faute, il est vrai, est bien plus imputable à la liturgie romaine, telle que l'ont faite de nombreux remaniements plus ou moins anciens, qu'à ceux qui ont dû en faire la note. Les interminables longueurs du texte y forcent trop souvent l'antiphoniste à traîner sa phrase musicale et à n'arriver à la fin qu'après une lourde et pénible marche pendant laquelle on sent trop qu'il faudrait plus d'une fois s'arrêter. Que de longueurs dans une foule de répons qui dépassent de beaucoup l'étendue des leçons qu'ils doivent *résumer !* Combien d'antiennes et de graduels à refaire, dont le chant violenté, monotone ou criard, est en contradiction avec l'esprit de la solennité ; et, pour ne citer que deux exemples trop fréquents de cette pauvre méthode, quoi de plus fatigant, de plus difficile et de plus embrouillé que cette antienne : *Sancta Maria, succurre miseris*, qui revient si souvent et ne devrait qu'en valoir mieux ? Quoi de plus discordant enfin que l'antienne *O quam suavis est* des premières vêpres du Saint-Sacrement, qui n'est certainement pas de S. Thomas, non plus que celle des secondes vêpres, *O sacrum convivium ?* Certainement, rien n'est plus doux que toutes ces paroles ; on découvre même dans le chant qui les accompagne quelque recherche de cette douceur, parfois réussie, mais à laquelle se mêlent des élans forcés vers les extrémités supérieures de la gamme que des voix d'hommes n'atteindront jamais sans détonner plus ou moins. Les malheureuses coupures de ces phrases saccadées, les dimensions disproportionnées de l'ensemble, hérissaient, il est vrai, de difficultés la composition d'une telle musique. C'était moins une raison de l'entreprendre qu'un motif de faire modifier les phrases écrites ; et ces morceaux, dont la piété sentimentale pouvait se traduire en d'autre latin, n'eussent pas encombré de leurs fastidieuses reprises soit les derniers retentissements du *Magnificat*, soit les *Mémoires* usités aux semi-doubles et aux féries. Et n'est-ce pas, d'ailleurs, oublier par trop l'esprit de l'antique mélodie, au-

*[marginalia:* Longueur demesurée imposée à ses phrases musicales,*]*

tant que du symbolisme lui-même, que d'appliquer ce même air du *Sancta Maria*, fort triste en lui-même, à des fêtes d'un esprit si varié, et quelquefois si opposé par le fond même du sujet? On sait que presque toutes celles de la Sainte Vierge recourent à un Office qui leur est commun, et que, pour le plus grand nombre, c'est toujours ce *Sancta Maria* qui termine les Vêpres, avec les mêmes paroles et le même chant (1).

et le même chant  Nous aurions donc voulu, avant la reprise de l'Office ro-

(1) On sait très-bien aujourd'hui que le Bréviaire romain, tel que nous l'avons, a été composé à diverses époques, sauf la division du Psautier et le Commun des Martyrs, qui remontent à une époque fort reculée. On aperçoit même très-visiblement, à travers la facture générale des autres Offices, les traces de mains très-diverses qui se sont occupées en leur temps de les composer sans aucun souci d'un plan commun et d'une méthode arrêtée : de là ce défaut d'unité dans l'exécution, et qui se remarque surtout en ces multiples variantes des textes bibliques exprimés tantôt d'après les Septante, tantôt d'après la version italique ou Vulgate, quelques-uns même d'après les traductions antérieures que l'Église ne manqua pas d'avoir dès le temps des Apôtres. A ces variantes les Pères ajoutèrent forcément les leurs quand ils citèrent souvent de mémoire les Livres saints, qu'ils n'avaient pas sous les yeux, et surtout lorsque, voulant en expliquer le sens, ils y ajoutèrent des paroles qui modifièrent utilement la phrase biblique, mais qui n'auraient pas dû se reproduire avec elles dans les citations introduites plus tard aux livres de l'Office divin. C'est de là que viennent, par exemple, à la belle antienne *O quam suavis est*, composée de centons scripturaires (voir *Sap.*, XII, 1 ; XVI, 20, 21 ; — *Ps.*, LXVII, 11 ; — *Luc.*, I, 53), toutes les coupures qui embarrassent la phrase musicale qu'on y a adaptée, et pour lesquelles on voit clairement que le compositeur cherchait, en regagnant tant de fois le haut de l'échelle diatonique, à se relever des chutes forcées que lui imposait la multiplicité de ses périodes. Cette difficulté eût disparu si l'on s'était contenté d'une antienne tirée simplement d'un des nombreux discours où Notre-Seigneur a parlé de l'Eucharistie, comme l'avait fait en 1765 l'Antiphonaire de Poitiers ; là, en effet, tout en conservant le ton de l'enthousiasme et de la joie reconnaissante, on est resté dans les limites d'une phrase musicale aussi simple qu'expressive. Ces comparaisons et beaucoup d'autres ne devront pas échapper aux habiles ouvriers que le Saint-Siége chargera de la réforme liturgique partout demandée, et qui serait déjà une gloire de plus au saint Pontife qui gouverne l'Église universelle, si les malheurs de notre époque troublée n'y avaient opposé d'insurmontables obstacles.

main en France, une étude sérieuse des modifications qu'il à des paroles de sens opposés.
appelle et que nous espérons encore d'une réforme profonde, et devenue indispensable, au jugement de tous (1). Cette variété dans l'unité qu'on s'était promise, et qui n'a compromis l'unité que de plus belle, y eût gagné si l'on avait su allier, comme c'était certainement l'intention du glorieux souverain pontife Pie IX, le fond de la liturgie romaine avec les usages si vénérables des différentes églises du monde; si, au lieu de répéter les hymnes di-

(1) Nous croyons inutile de protester ici du sentiment de profond et filial respect dont personne n'a jamais douté en nous pour les moindres décisions de l'Église et de l'INFAILLIBLE autorité qui en est l'organe. Nous fûmes certainement, antérieurement aux vingt années qui nous séparent de l'adoption du rit romain, aujourd'hui consommée en France, l'un de ceux qui comprirent le plus quelle force la saine théologie, qui avait besoin d'être refaite chez nous, y trouverait pour un prompt rapprochement de notre pays et du Saint-Siége. Nous voyons clairement déjà que ce retour a considérablement servi à étouffer dans le sein du clergé les derniers germes du gallicanisme. Grâces soient donc rendues à ce mouvement de conversion qui nous a ramené, avec l'amour du Saint-Siége mieux compris, tout ce que nous avaient fait perdre les préjugés d'un trop long aveuglement! Mais malheureusement les changements d'une telle importance ne se sont faits dans chacun de nos diocèses qu'isolément et successivement, et par conséquent sans unité de vues, sans aucun travail préliminaire d'ensemble, sans prévision aucune des graves inconvénients inséparables de toute rénovation, lorsqu'elle est confiée, comme celle-ci le fut trop, à des mains inexpérimentées dont tout le monde reconnut bientôt que le zèle avait dépassé l'habileté. Ce n'est pas petite chose de toucher aux usages religieux de tout un peuple, qui les confond parfois avec la religion même, et, pour ne pas le déconcerter en pareil cas, il faut consulter et respecter les traditions locales, toujours vénérables, ne pas toucher à ce que des siècles ont consacré, et bien s'assurer, avant de rien démolir, qu'on ne va pas détruire à jamais des coutumes précieuses, des dévotions séculaires, monumentées le plus souvent par des priviléges apostoliques et la sanction même de quelque Saint. Que de symboles et de détails tout allégoriques ont péri de la sorte, outre que, par cette méthode déplorable de tout niveler *au romain*, on s'est réduit à la plus triste uniformité et à l'absence de toute pompe locale! Si l'on avait pensé et agi de cette façon autrefois, toutes les églises fussent restées les mêmes de plan et d'ornementation; dans tous les trésors se fussent rouillés les instruments surannés du culte antique, et le *Musæum italicum* et le *Voyage de deux Bénédictins* devraient se classer parmi les livres à brûler, sinon à mettre à l'*index*.

verses de la même fête sur le même air, et même d'attacher cet air à toutes les hymnes des fêtes qui se suivent pendant toute une octave (1), on eût gardé avec soin ces beaux airs modernes, et cent fois meilleurs, que modulaient si pieusement les voix des prêtres et des fidèles quand revenaient les anniversaires de l'Ascension, de la Pentecôte, de la Présentation et de l'Assomption de la Vierge : *Promissa, tellus, concipe gaudia...; — Vos consecrati Numine milites...;— Quam pulchre graditur Filia Principis !...; — O vos ætherei, plaudite, cives !...* (2). — Le sym-

(1) Cette déplorable méthode, adoptée sans réflexion dans quelques églises, vient de la coutume suivie autrefois en quelques communautés d'écrire en un livre spécial les usages du chœur, et ce livre s'appelait *Directorium chori*. Or nous en avons vu un, ancienne propriété d'un couvent de chartreux, dans lequel l'usage était indiqué d'accommoder au chant toutes les hymnes de la fête, toutes les hymnes de même mesure qui surviendraient pendant l'octave de cette fête, à quelque Saint que se rapportât l'Office de chaque jour : de sorte qu'en suivant ce principe on prêtait la même notation aux Offices, si différents par leur objet, d'un Apôtre, d'un Martyr, d'un Confesseur ou d'une Vierge.
Si cette pauvre invention venait d'un temps quelconque où le symbolisme du chant avait pu être oublié, ce n'était pas une raison, semble-t-il, d'en faire une loi à une époque où tout doit être motivé, dans le culte, d'après la science ecclésiastique, et surtout quand l'Église ne le commande pas plus qu'elle ne l'a jamais exigé.
(2) Nous savons bien qu'on a reproché à ces hymnes d'être de Santeuil, et qu'on a fait de cette origine un titre de réprobation. Mais quand bien même les reproches de mondanité exprimés sans assez de ménagements contre Santeuil ne s'effaceraient pas devant sa mort chrétienne et devant son esprit de pénitence, qui alors même ne lui reprocha rien contre les mœurs de sa vie; quand bien même on ne devrait pas sa belle poésie si vive, si élevée et si magnifique d'expression aux sollicitations de Bossuet, que le poète écouta d'un cœur docile et religieux, nous demanderions, avant de répudier cette versification si pure, ce pieux enthousiasme joint à tant d'énergie et de douceur, nous demanderions qu'on effaçât de toute la tradition théologique les innombrables citations qu'on y a faites d'Origène et de Tertullien, qui ont eu beaucoup d'erreurs condamnées par l'Église, et qu'en maintes occasions cependant on cite encore soit dans la chaire, soit dans les traités religieux, comme deux autorités recommandables. Pourquoi oublier que dans le champ de l'Église les moissonneurs ne brûlent pas le bon grain avec l'ivraie? — Il n'y a rien dans Santeuil de contraire à la foi. Pour-

bolisme n'est-il pas sensible dans cette sainte joie, dans ces élans du cœur qui ressemblent à un triomphe populaire, et autant par les paroles que par le chant? Comparez-le avec l'*Humanæ salutis Sator*, aussi triste de poésie chrétienne que de conceptions musicales, et dont l'air nous revient d'ailleurs maintes fois adapté à d'autres paroles, et dites franchement lesquelles de ces compositions se prêtent mieux aux besoins de la prière et aux diverses influences que doivent prendre sur elle ces grands et précieux souvenirs de notre histoire et de notre religion (1).

On le voit, il y a connexité morale, et comme un lien spirituel, entre la prière chrétienne et le chant qui l'accom-

<small>Rôle de l'orgue, et son symbolisme obligé.</small>

<small>quoi lui refuserait-on le bénéfice de sa pénitence, en éloignant des cœurs fidèles l'expression des sentiments chrétiens qu'il a si bien sentis et traduits pour eux si merveilleusement?

(1) Nous concevons peu comment l'intelligence inconnue qui adapta en un temps donné, et sans doute très-anciennement, à l'hymne de Noël et à celle de l'Ascension, des notations dont l'une n'est évidemment qu'une légère variante de l'autre, a pu se méprendre sur le caractère de cet air, qu'on applique aussi sans plus de difficulté, à l'hymne de S. Michel et à plusieurs autres : comme si les joies de ces solennités pouvaient revêtir la mélancolie pleine de componction qui règne dans toute cette facture! Ce caractère même avait fait choisir le même thème dans nos bréviaires français du dernier siècle pour l'hymne de Complies du dimanche, à laquelle il convenait merveilleusement; car, les belles paroles du *Grates, peracto jam die*, exprimant le repentir des fautes de la journée, la componction que leur souvenir inspirait, la crainte de la nuit éternelle, et enfin les douces espérances *de la patrie qui n'aura pas d'ennemi*, rien n'allait mieux à cette touchante prière du soir que ces accents par lesquels s'exprimaient si bien ces humbles et suppliantes pensées! — Ajoutons que ce dernier Office de la journée, ces Complies pour lesquelles on ne peut même pas revendiquer le mérite d'une antiquité séduisante, puisque, si nous les trouvons dans la règle de S. Benoît comme devant *compléter* chaque soir l'Office du jour, elles ne remontent pas au delà du quinzième siècle comme partie essentielle du bréviaire séculier; ces Complies, disons-nous, avaient aussi dans notre liturgie nationale une hymne différente pour les fêtes principales, et toujours le chant s'y prêtait admirablement à l'esprit de leur pieuse et charmante poésie. Qu'on se rappelle le *Virgo Dei genitrix* des fêtes de la Vierge, le *Jesu redemptor sæculi* du temps pascal, l'*Illuminator Spiritus* de la Pentecôte, l'*O quam stu-*</small>

pagne. L'orgue peut et doit, selon nous, y prendre sa part : non cet orgue aux fugues échevelées dont les improvisations vagabondes et orgueilleuses déroutent notre piété attentive des choses divines et ramènent vers la terre une nature qui doit tendre à s'en séparer, mais ce noble et pur instrument qui aime soit à soupirer à son tour les élans des hymnes et des psaumes, soit à seconder la voix sans effacer une seule des syllabes sacrées, qui aide la piété sans la compromettre, n'aspire jamais qu'au second rang dans ses fonctions encore si belles par elles-mêmes, et qui, dans ses accompagnements ou ses improvisations, est toujours un charme de plus pour l'âme recueillie, jamais une séduction et un danger... Lui aussi, il a ses lois qu'il doit suivre, ses règles qu'il doit aimer ; il a son harmonie propre, vraiment religieuse, éminemment empreinte de noblesse et de majesté comme de mélancolie et de douceur ; il ne doit pas les sacrifier à des prestiges, à des combinaisons profanes qui dénaturent le genre de talent qu'il faut à l'Église ; il doit éviter les dissonances autres que les notes de passage, fuir les répétitions oiseuses et affectées d'accords semblables, les retours de la tonique à la quinte, et réciproquement. Il ne joue pas, il chante avec les masses ; il se recueille avec elles ; comme elles, il est en présence de l'Éternel ; et quand il a cessé de retentir sous les voûtes du saint édifice, il faut que ces marches fidèles emportent encore le pieux écho de ses accents qui les captivaient au pied de l'autel.

*Nécessité d'un retour officiel aux principes esthétiques du chant religieux.*

N'est-ce pas ainsi que se conserve le symbolisme musical ? Par là, ne reste-t-il pas dans les limites de la sagesse artistique, et, dans sa grandiose simplicité, ne garde-t-il pas l'esprit de l'Église avec sa sainte et sublime vocation ? Puisse-t-on le comprendre : tout chrétien qui marche sérieusement dans sa voie a droit aux éléments nécessaires

*pendas induit* du Saint-Sacrement : quelle autre source de beautés musicales ouvrirait-on mieux à l'Église, et, quand on les a chantées avec amour, ne serait-il pas permis de prier Dieu qu'il nous les rende !

de sa vie spirituelle. Le plus essentiel lui manque si on lui fait une prière avec laquelle il s'ennuie ou ne prie pas. Et c'est à ce but qu'on arrive, en dénaturant le chant, en le privant de son caractère hiératique, en le remplaçant, à plus forte raison, par des réunions musicales dont le scandale toujours croissant n'attire qu'une foule qui ne croit pas. Redisons-le : ce mal est trop profond pour qu'on ne fouille pas jusqu'à ses racines. Des voix autorisées se sont élevées depuis trois siècles contre ces spécieuses dévotions empreintes de tant d'inconvenances païennes. C'est pour n'avoir voulu que des demi-mesures, bientôt oubliées, que le mal s'est perpétué en s'étendant. L'indispensable moyen de ramener dans cet ordre de choses, avec sa dignité perdue, le sentiment du beau et du bon, ce n'est pas, comme on l'a fait sans succès depuis Marcel II et Palestrina, de ne vouloir qu'une « musique convenable ; » — de « défendre aux voix de femmes l'enceinte de l'église chrétienne ; » — d'empêcher « les organistes d'improviser des ariettes ou des *andante*. » — Il est facile, nous l'avons vu mille fois, d'éluder ces prescriptions aussi insuffisantes que sages ; on s'y soumet quelque temps, et bientôt après elles s'oublient, et le mal revient avec le cortége vicieux du cuivre et de l'archet, avec toutes les indécences qui l'accompagnent. Allons donc plus loin, et, mieux encore, interdisons partout et pour toujours dans nos églises tout ce qui n'a pour but que d'y « attirer du monde, » un monde profane et dont elles peuvent bien se passer ; chassons-en tout ce qui n'est pas le plain-chant, tout ce qui n'est pas l'orgue d'accompagnement ou d'harmonie. Dès lors, plus de prétexte aux profanations ; ou, du moins, s'il en reste une encore, si l'Église appauvrie doit se résigner longtemps à des voix gagées, trop souvent aussi ignorantes que grossières, appelons de nos vœux, nous tous qui l'aimons comme une mère, qui la vénérons comme l'Épouse de Jésus-Christ, appelons le jour où, assez riches pour

et, pour l'opérer, ne vouloir dans l'Église que l'orgue et le plain-chant.

payer sa gloire, elle pourra n'inviter à chanter les belles paroles de l'Écriture et des Pères que des prêtres capables de les comprendre et de les respecter (1) !

(1) Certains musiciens, pratiquant par goût ou par profession un art que nous aimons beaucoup et que nous sentons vivement, élèveront sans doute contre nous, s'ils daignent lire ces quelques lignes, des clameurs de *haro* que déjà, en cas semblables et en quelques autres, nous avons entendues plus d'une fois sans nous en troubler. Rien ne nous a jamais paru plus honorable et plus digne de nous que de proclamer des vérités utiles à l'Église, à la suite d'une foule de prélats dont les mandements bien connus n'exprimaient pas d'autres idées, et les développaient plus largement que nous ne le pouvons ici. Seulement nous avons le même cœur et le même zèle sans avoir la même autorité. Mais c'est déjà beaucoup que de les suivre, et cette doctrine, d'ailleurs, n'a pas besoin d'autre appui que les raisons dont elle s'étaie par elle-même. Que si l'on nous trouvait trop *radical*, comme on dit en *style moderne*, il faudrait au moins nous indiquer un autre remède plus efficace et nous prouver d'avance qu'on doit infailliblement compter sur lui. — En un mot, nous honorons le beau talent musical des grands maîtres ; nous y prêtons une oreille avide, attentive ; il nous charme autant que quoi que ce soit des belles jouissances de l'intelligence et du cœur. Mais dans le Sanctuaire, quand nous ne devons que prier, nous ne souffrons rien qui nous distraie : nous n'acceptons d'autre concert que celui de l'âme avec Dieu. Arrière tout ce qui peut troubler cette sainte union !

# CHAPITRE XXI.

## L'ORFÉVRERIE SACRÉE.

C'est une remarquable ingratitude aux artistes du monde que ce dédain calculé dont ils frappent en si grand nombre les traditions artistiques du catholicisme, comme s'ils ne devaient pas à la religion toute leur vie et tous leurs succès! Sans elle que feraient-ils, et vers quel côté de l'art se peuvent-ils tourner où ils n'aperçoivent pas la main de Dieu leur indiquant la voie, leur en marquant les étapes fructueuses, et les menant, s'ils en sont dignes, sinon tous à la réputation et à la fortune, du moins à une vie honnête et honorée?

Nous arrivons à un sujet qui n'est pas moins que tant d'autres la preuve de cette vérité. L'art qui avait construit des églises, sculpté ou modelé des bustes, des statues ou des bas-reliefs, couvert le cuivre, le bois ou la toile des faits illustres de nos aïeux, avait une carrière nouvelle à parcourir où son triomphe ne fût pas moindre que dans les autres. Au temple il fallait des autels, au sacrifice des vases sacrés, au culte tout entier des instruments qui ne pouvaient être ni trop riches ni trop beaux pour la fin qu'on y voulait atteindre. C'est ainsi que ce qui n'avait été jusque-là qu'une habileté de main, privée le plus souvent de philosophie et se traînant sans invention dans les vieilles données d'une élégance banale, devint une nouvelle expression toute vive du symbolisme de la foi. Ce n'est pas que les anciens n'eussent bien aussi en or, en argent et en

<small>Que l'art doit à la religion tout ce qu'il est,</small>

<small>même dans le paganisme,</small>

cuivre, leurs jolies ciselures ou des pièces de fer fondues à l'instar des autres métaux, et reproduisant avec plus ou moins de succès des feuillages et des animaux, des combats et des chasses, des armes, des masques et des ornements de caprice. Leur luxe comportait fort bien ces essais, qu'aucun genre de travail soutenu, aucune popularité ne pouvaient orner de nos délicatesses plus récentes. Mais à travers des parures très-diverses de mérite et d'exécution, c'est à peine si quelques scènes de la Fable apparaissaient, si quelque personnage historique y mêlait à des rinceaux peu étudiés les traits mal rendus de sa ressemblance équivoque. Le symbolisme n'y était pour rien, l'esthétique y manquait absolument ; tout au plus la numismatique, traitée d'abord par les orfèvres, avait-elle, comme marques particulières des villes ou des monétaires qui l'avaient produite, des symboles dont nous avons parlé (1), et qui se réduisaient toujours à un très-petit nombre. S'il fallait faire une exception à l'égard des patères et autres instruments employés dans les libations ou les sacrifices, comme on en voit dans Montfaucon (2), ce serait encore à de rares exemples qu'il faudrait se borner, la plupart des représentations usitées en pareil cas étant plutôt celles de combats, de jeux publics et d'autres scènes que l'arbitraire de l'artiste semble avoir inspirés beaucoup plus qu'un sentiment religieux.

Il n'en pouvait être ainsi de l'orfévrerie catholique. Par sa nature seule, par ses rapports directs avec les dogmes dont elle devait aider la manifestation, elle avait dans l'ensemble de notre économie religieuse un rôle que lui traçait l'esprit de l'Église : elle devait porter l'empreinte de ses pensées et de son enseignement comme on l'avait mise dans le monument, dans son ornementation artistique. En un mot, on put reconnaître qu'après avoir donné un carac-

---

(1) Cf. ci-dessus, t. I, ch. x, p. 263.
(2) Voir *Antiquité expliquée*, t. II, pl. LX et suiv.

tère symbolique au temple et à ses diverses parties, aux baptistères et aux autels, on ne pouvait en priver tant d'autres objets destinés aux plus sublimes usages et aux plus augustes cérémonies de la religion.

Ce chapitre va grouper sur ce point d'une si haute importance les principales observations qui se rattachent à cette partie très-intéressante de l'art chrétien.

Entendons-nous cependant, et qu'il soit bien convenu que nous ne comprendrons pas uniquement sous le titre d'*orfévrerie* l'art de traiter les matières d'or et d'argent qui s'emploient ordinairement aux vases sacrés ; ce terme a toujours eu dans son acception liturgique un sens plus étendu qu'il lui faut garder. Le cuivre, le fer, la fonte même nous intéressent également, puisqu'ils vivent pour nous sous le nom générique employé ici. En un mot, tous les métaux pouvant servir au service divin, tous les riches moyens de décoration qu'on y adapte, toutes les substances de valeur dont on les peut embellir, comme les pierres précieuses et l'émail, l'ivoire, les mosaïques même, et jusqu'au cuir repoussé, revêtu d'or et de perles, rentrent dans notre domaine et se rangeront à leur tour dans les choses dont nous allons raisonner. elle comprend tous les métaux, précieux ou non.

Et tout d'abord, recherchons les phases de cette histoire et la marche progressive de l'art qui nous occupe, depuis les premiers siècles chrétiens jusqu'à l'époque où le symbolisme expira. Des travaux sérieux, et des plus remarquables, ont signalé sur ce point des noms justement honorés de notre temps. Nous les suivrons sans crainte de nous égarer, et nos lecteurs partageront cette juste confiance en voyant au bas de nos pages, comme par le passé, des noms qui font autorité dans la science et dont plus d'une fois nous suivrons les traces honorées. Phases diverses de son histoire;

Il ne faut guère compter, en fait d'orfévrerie chrétienne, sur des renseignements qui remontent au delà du quatrième siècle. Ce n'est point aux catacombes que se décou- et d'abord, à peu près nulle pendant les trois premiers siècles, vrent jamais des objets d'or ou d'argent : le symbolisme s'y bornait aux reliefs de quelques modestes lampes en terre, au chrisme et aux palmes imprimés sur les fioles ou autres vases en verre ou en bois qui avaient reçu le sang des martyrs (1). Les calices mêmes étaient de ces matières communes, plus ou moins décorées des symboles élémentaires, tels que la croix et le poisson. Mais un instinct inséparable de la conscience chrétienne persuada toujours que la plus précieuse de toutes les choses du monde, le Pain et le Vin eucharistiques, devait reposer en de plus dignes réceptacles ; et, si Tertullien (de 160 à 245), signalant l'image du Bon Pasteur sur les calices, parlait certainement de vases de verre comme on en usait de son temps pour les usages communs de la vie ; si S. Jérôme, mort en 420, se servait, par amour de la pauvreté, d'un calice de terre fine orné de moulures élégantes (2) ; si ce même Père mentionne que l'évêque de Toulouse, S. Exupère, conservait le Sang précieux du Sauveur dans un calice de cristal, et son Corps adorable dans une corbeille d'osier (3), il est vrai aussi que, durant même les persécutions, quand les cimetières souterrains ne pouvaient plus suffire aux fidèles devenus innombrables, les calices d'or et d'argent n'étaient pas rares et s'employaient déjà pendant les sanglantes fureurs que Dioclétien exerçait, de 284 à 305, contre l'Église (4).

*elle devient magnifique dès le temps de Constantin.*

A plus forte raison cette Église, quand la liberté du culte eut élargi son domaine temporel en proportion de son influence, put-elle disposer de richesses qu'elle consacra, après le soin des pauvres, aux plus urgentes solennités de son culte.

(1) Cf. Aringhi, *Rom. subter.*, lib. III, cap. XXII, et t. II, p. 372.
(2) Cf. Tertull., *De Pudicitia*, cap. II ; — Bolland., in *Vita S. Hieron.*, 30 sept. ; — *Roma subter.*, lib. VI, cap. XVIII, n° 2 ; — Baronius, *Not. ad Martyrolog.*, 7 aug.
(3) « Nihil illo ditius qui Corpus Domini in canistro vimineo, Sanguinem portat in vitro. » (S. Hieron. *Epist* IV *ad Rustic.*)
(4) « Exstant ex auro et argento quam plurima ornamenta. » (B. Optat. Milevit. *Contra Parmenian.*, lib. I.)

Elle dut aux générosités empressées de Constantin, qu'inspira le zèle du pape S. Sylvestre, les magnifiques trésors d'orfévrerie dont ce prince munit les églises de Rome. On s'étonne en lisant la fidèle et intéressante énumération qu'en a faite Anastase le Bibliothécaire (1), et ces royales profusions ne contribuèrent pas peu à donner le goût des belles choses avec la noble ambition d'en parer les autels. Ce qui s'était fait par S. Sylvestre entre les années 314 et 335, qui furent celles de son pontificat, éterniserait seul le nom de ce Pontife, évidemment providentiel. Comme son zèle n'eut pas de bornes à édifier des églises dans Rome et dans les autres villes principales de l'Italie, une conséquence de ces vastes et splendides constructions fut de les doter d'un mobilier non moins remarquable, soit en autels et en baptistères, soit en vases sacrés, en manuscrits revêtus de reliures magnifiques et en statues dont la condition essentielle paraissait être qu'ils fussent d'or et d'argent massif, mais que relevaient encore, outre leur poids réel et toujours considérable, les perles, les gemmes, et tout ce que l'art avait de formes les plus somptueuses et les plus avenantes. Ainsi succédaient à des oratoires obscurs, et cachés autant que possible, des basiliques destinées à devenir l'admiration du monde et les modèles de tant d'autres ; ainsi les ustensiles, aussi fragiles que pauvres, du sacrifice et de la prière, se virent partout remplacés par des calices et des patènes assez vastes pour distribuer le Sang Divin à tout un peuple, assez précieux, quant à la matière et au travail, pour exciter aujourd'hui encore les légitimes regrets des lecteurs d'Anastase (2).

*Action concomitante du pape S. Sylvestre.*

Dès ce temps, il est parlé de calices à anses, d'une capacité considérable, et destinés à la distribution du précieux

*Vases sacrés de cette époque.*

---

(1) Cf. *Liber Pontificalis*, dans le recueil de Muratori *Scriptores rerum Italicarum*, au commencement du troisième volume. — Nous reparlerons bientôt de cet auteur.

(2) Voir *Histor. de vitis Roman. Pontif.*; S. Sylvester, n. 34 et seq.

Sang par les diacres dans la Communion sous les deux Espèces. Un chalumeau, dont chacun usait pour aspirer quelques gouttes de la liqueur sacrée, accompagnait toujours ces somptueuses coupes; on faisait ces chalumeaux de la même matière. D'autres calices non moins grands ne servaient jamais au saint ministère. On les déposait sur l'autel pendant le Saint Sacrifice, et ils n'y étaient qu'à titre d'ornements symboliques, rappelant sans cesse aux fidèles pourquoi ils venaient et ce qu'ils devaient adorer : ils étaient comme nos tabernacles anticipés. S. Grégoire de Tours, Anastase et bien d'autres mentionnent ces usages, qui ne cessèrent que lorsque la multiplicité des communiants, et aussi des accidents qui devenaient d'autant moins rares, eurent déterminé l'Église, au douzième siècle, à ne plus donner la Communion que sous l'Espèce du pain.

*Le zèle de S. Sylvestre continué par ses successeurs.*

Donc l'élan était donné, et les successeurs de Sylvestre s'efforcèrent à l'envi de maintenir cet amour du beau. L'auteur que nous suivons l'atteste par beaucoup de preuves. En vain des périodes malheureuses vinrent, à de nombreuses reprises, inquiéter la religion, persécuter le Saint-Siége et ruiner les églises, objets de tant de soins pieux et d'inestimables prodigalités ; en vain, pendant plus de deux siècles, se suivent, après l'hypocrite persécution de Julien, les grandes invasions des Wisigoths, dévastateurs de l'Italie et de Rome : chaque intervalle de paix ranimait le zèle autant que la foi. Les Papes ne revenaient des prisons ou de l'exil que pour réparer les infortunes publiques, relever les ruines de l'Église et reconstituer ses trésors. Ces vicissitudes du-

*et surtout par le pape S. Symmaque.*

rèrent jusqu'à ce que, Théodoric devenu, en 498, maître paisible de l'Italie, et secondant le pape Symmaque dans ses projets de restauration et d'embellissement, celui-ci reprit avec ardeur l'œuvre si chère à tous. Pendant un difficile pontificat de seize laborieuses années, il donna en pièces d'orfévrerie de toutes sortes une valeur de 430 livres d'or et de 1,700 livres d'argent aux églises de Rome et d'autres cités (1).

Ceci se passait, on le voit, à la fin du cinquième siècle et durant les quatorze premières années du sixième. Cependant les trois siècles précédents, si agités qu'ils fussent, n'étaient pas restés étrangers aux progrès de l'art, que supposent encore une foule d'objets dont nous avons gardé les fragments ou la description; et Constantin, que tant d'artistes avaient suivi à Byzance, en avait laissé à Rome qui surent y perpétuer les bonnes traditions. C'est de là qu'elles passèrent dans les Gaules, où les Francs venaient de s'implanter. Dans ce beau pays, les successeurs de Clovis favorisèrent la civilisation chrétienne, avec elle l'art religieux qui n'avait guère alors d'autre expression remarquable que l'orfévrerie; et celle-ci, travaillée d'abord par des mains assez barbares, entra rapidement dans une voie de progrès dont nous avons de rares mais précieux témoignages. Les historiens plus anciens et plus authentiques nous gardent le souvenir de ce beau vase d'or du poids de dix livres que Clovis donna, en souvenir de son baptême (en 496), à S. Remy, qui le légua bientôt à l'Église de Reims pour qu'on en fît un calice et une tour ornés de figures. Là, le symbolisme ne manquait pas, non plus que sur un autre vase destiné au même usage et qui, cent ans plus tard, était façonné par S. Éloi pour la reine Ste Bathilde. Les oiseaux, les dragons, des serpents, des fleurs variées, des animaux de tout caractère y parlaient le mystique langage que l'Église aima toujours à leur prêter (2).

*L'orfévrerie dans la France chrétienne;*

*elle a aussi son symbolisme.*

---

(1) Voir Séroux d'Agincourt, *Histoire de l'art par les monuments*, t. I, p. 99 et suiv., in-f°, Paris, 1810-1823. — Ce magnifique recueil, auquel l'auteur ne put donner la dernière main, renferme une foule de documents relatifs au sujet que nous traitons dans ce chapitre. On peut recourir aussi très-utilement à son *Recueil de fragments de sculpture antique en terre cuite*, publié en 1814, in-4°. Il y parle et donne des spécimens intéressants des calices en verre des premiers siècles, dont les lambeaux avaient été découverts et étudiés par lui surtout en Italie.

(2) Voir l'abbé Texier, *Dictionn. d'orfév.*, col. 300 et suiv., in-4°, Migne, 1856.

A part ces charmants et regrettables bijoux que nous n'avons plus, d'autres joyaux plus anciens et non moins authentiques font encore le plus cher ornement de nos musées de numismatique, car ils sont pour la plupart des monnaies d'or et d'argent revêtues de quelques signes symboliques, dont le principal est toujours la croix. Mais l'orfévrerie sacrée ne manqua pas de chefs-d'œuvre plus importants. On connaît un anneau d'or coulé et ciselé, vers 550, pour S<sup>te</sup> Radégonde de Poitiers, et dont le cercle, affectant la forme de deux chrysalides, symbole d'immortalité, aboutit à un chaton orné du monogramme de l'auguste épouse de Clotaire (1). Dans ce même temps, S. Grégoire de Tours, ami de la sainte reine, remplissait les pages de ses histoires des plus intéressantes descriptions du riche mobilier de nos églises mérovingiennes. C'est lui qui nous parle de la *basilique dorée* de Cologne, ainsi nommée de ses belles mosaïques d'or; des calices à anses servant au saint ministère, de ces tours en sculptures dorées ou toutes d'or pour la sainte Réserve (2). Longtemps avant lui un orfèvre, dont le nom *(Mabuinus)* semble le premier connu parmi les artistes que revendique la France, avait fabriqué pour l'évêque S. Perpetuus, c'est-à-dire de 464 à 494, un reliquaire, deux calices et une croix, le tout en or, que le prélat légua par testament à son Église. Dans ce même acte, il dispose aussi de calices et de burettes d'argent, d'une couronne de lumière, d'une colombe d'argent destinée à la sainte Eucharistie; il y avait même un manuscrit de S. Hilaire de Poitiers, dont sans doute le texte ne manquait ni de lettres d'or ni de miniatures : sa reliure métallique s'enrichissait de pierreries. C'était là un autre trésor que le temps nous a ravi comme tous les autres, mais qui consta-

*Mabuinus. — Chefs-d'œuvre du cinquième siècle.*

---

(1) Nous avons décrit ce petit monument dans la *Revue de l'art chrétien*, t. VIII, p. 252 et 420.

(2) *De Gloria Martyrum*, cap. LXXII; *Vita S. Aridii abbatis*, inter opp., ed. Migne, col. 1143.—*Miraculorum* lib. I, cap. LXXXVI.

tait une sorte d'orfèvrerie de la plume et du pinceau non moins précieuse que celle du creuset, du marteau et du burin (1).

<small>Les ateliers de Limoges et leur époque véritable.</small>

Le Christianisme ayant apparu dans la France occidentale, et en particulier à Limoges, comme ce n'est plus douteux, dès le premier siècle de la conquête romaine, cette ville aura-t-elle eu des premières quelques artistes qui se soient occupés des choses du culte? Rien ne l'affirme; et, d'ailleurs, nous n'avons pas à croire que les calices de métal précieux, les autels portatifs autres que de bois ou de pierre aient pu dès lors s'élaborer aisément au milieu des avanies ou des suspicions jalouses dont la nouvelle foi était l'objet. Les recherches si judicieuses du regrettable abbé Texier, dont la science s'est vue privée en 1859, n'ont pu découvrir aucune trace de cet art dans le Limousin avant l'époque de S. Éloi (2), c'est-à-dire au septième siècle. Plus hardi, M. Dussieux croit pouvoir penser que, sous l'Empire même, Limoges était déjà un centre d'orfèvrerie qu'on n'aura pas manqué d'y entretenir après l'invasion; mais ce ne sont que des conjectures que n'appuie aucune page des monuments historiques (3); et l'auteur est obligé de descendre, pour poser les bases de ses *recherches*, jusqu'à ce Mabuinus dont nous parlions tout à l'heure sans pouvoir dire son origine ni son pays, et de passer brusquement de cet ouvrier du cinquième siècle jusqu'au saint évêque de Noyon, qui, au septième, illustra les ateliers du Limousin. C'était donc un peu tard, que ce beau et ingénieux pays, devenu si riche

---

(1) D'Acheri, *Spicileg.*, t. V, p. 106, in-4°, ou encore *Append. ad opp. S. Gregor. Turon*, ubi suprà, col. 1130. — L'abbé Texier, *Dictionn. d'orfèvrerie*, col. 1178.

(2) Voir, pour la nécrologie de M. Texier, *Bulletin monumental*, t. XXV, p. 575; — puis, de l'estimable auteur lui-même, l'intéressant *Essai sur les émailleurs et argentiers de Limoges*, in-8°, p. 42, Poitiers, 1843; — ou *Mém. des antiquaires de l'Ouest*, t. IX, p. 115 et suiv.

(3) Voir *Recherches archéologiques sur l'histoire de l'orfèvrerie au moyen âge*, par M. Louis Dussieux, dans les *Annales archéologiques*, t. III, p. 211.

de tant de châsses, de nielles et d'autres objets où l'or et l'émail se disputèrent si longtemps l'admiration universelle, c'était un peu tard, disons-nous, qu'il s'adonnait à ces travaux d'études sérieuses autant que de bon goût et de piété ; mais on sut en conscience réparer le temps perdu, et les *œuvres de Limoges* ont éternisé la réputation de l'antique cité et de ses magnifiques produits. C'est de ses fabricants que, durant tout le moyen âge et jusqu'en 1789, dernière et malheureuse période qui tenait à compter l'art chrétien parmi ses victimes, vinrent les plus beaux modèles, sur lesquels tant d'autres ateliers surent se régler dans la Gaule et à l'étranger.

<small>Beaux caractères de l'orfèvrerie mérovingienne.</small>

L'époque mérovingienne montra beaucoup d'habileté, et sut appliquer avec un grand succès aux ouvrages de métal les progrès de la ciselure et de la fonte. On le voit par les charmants objets renfermés en 481 dans le tombeau de Childéric I$^{er}$, les uns d'or, les autres de fer, et tous conservant des traces d'une magnificence royale jusque sous la rouille que douze siècles avaient imposée à beaucoup d'entre eux. Rien de plus précieux, au point de vue de l'art à cette époque si éloignée, que les anneaux, les abeilles, les fibules et les médailles d'or recueillies dans cette sépulture (1).

Mais, après tout, Childéric était païen, et rien n'indique dans les parures de sa mort un symbole quelconque des idées chrétiennes. Il en fut bien autrement quand la monarchie franque fut entrée dans le giron de l'Église. La sainte reine Clotilde ne dut pas être moins généreuse que l'époux converti par elle, et ses dons prodigués plus d'une fois aux Églises de Reims, de Paris et de Tours, où était le

---

(1) Voir *Anastasis Childerici I, Francorum regis, sive Thesaurus sepulcralis Tornaci Nerviorum effossus, et commentario illustratus* a Joanne-Jacobo Chiffletio, Antuerp., in-4°, 1655. — Childéric était mort en 481, et l'ouverture de son tombeau se fit en 1653. — On se rappelle ce que nous avons dit de cette découverte, à propos des *fleurs de lis*, ci-dessus, t. III, ch. XIII, p. 547 et suiv.

tombeau de S. Martin, leur furent un témoignage de sa reconnaissante dévotion. Comment ne pas se persuader aussi qu'elle aura doté d'une riche orfévrerie les saints lieux fondés par elle, comme l'église de Saint-Pierre-et-Saint-Paul, devenue ensuite celle de Sainte-Geneviève de Paris ? Toutefois nous n'avons aucuns détails historiques sur ce point intéressant, et, pour en recueillir sur l'art qui nous occupe, il faut arriver à l'époque un peu plus tardive du saint patron des orfèvres. C'est encore à Limoges que nous devons nous transporter avec cette mémoire vénérée; c'est là que la jeunesse d'Éloi s'occupait à ces travaux devenus célèbres, illustrait déjà le nom du monétaire Abbon, sous lequel il s'exerçait aux éléments de son art et mêlait à la confection des bijoux celle des émaux byzantins, « dont il fut le plus illustre maître (1). » Le fauteuil qu'il fit pour Dagobert II, dans les bonnes grâces duquel son talent alors mûri l'avait fait entrer, et qu'on voit au cabinet des antiques de la bibliothèque Richelieu, est réellement de deux époques et une simple copie de l'original sorti des mêmes mains. On y distingue en effet la partie inférieure, dont la composition est toute mérovingienne, et la galerie du dossier, qu'on a crue avec raison un complément ajouté,

*S. Éloi.*

*Le fauteuil de Dagobert II et son symbolisme.*

(1) Texier, *Essai sur les émaux de Limoges*, dans le *Bullet. monum.*, VI, p. 50.—*Dictionnaire d'orfévrerie*, col. 31,656.— M. de Linas, dont les études font autorité, a nié, après examen longuement raisonné dans une suite d'intéressants articles (*Revue de l'art chrétien*, VIII, et IX, 560), que le calice donné par la reine S⁺ᵉ Bathilde à son abbaye de Chelles, et qu'on y conserva jusqu'en 1790, fut réellement émaillé, quoique l'aient cru et écrit d'illustres érudits qui avaient pu le voir de près. D'après l'habile archéologue artésien, ces prétendus émaux n'auraient été que des incrustations de verres cloisonnés.— On peut lire les développements de cette question dans les deux *Mémoires* où les deux auteurs ont établi leur argument. Cette question traitée ici sortirait de notre plan. Quoiqu'elle éclaire dans M. de Linas, où nous engageons à la lire, de graves questions sur les procédés de l'orfévrerie mérovingienne, M. de Linas, d'ailleurs, ne conteste en rien l'authenticité d'un beau vase, que ses devanciers, et entre autres D. Martenne et D. Durand, supposent, d'après sa forme et ses dimensions, avoir servi à la communion sous les deux Espèces.

au douzième siècle, par ordre de Suger (1). Quoique ce beau meuble ne semble pas avoir tout d'abord aucun caractère chrétien, nous ne doutons guère que les deux têtes de lion qui en ornent les côtés, et qui peuvent être un symbole de la majesté royale, ne symbolisent dans ce cas la pensée du Sauveur, que le saint ouvrier n'aura pas manqué d'y appliquer (2).

(1) Voir une curieuse *Notice* de M. Ch. Lenormand *sur le fauteuil de Dagobert*, insérée dans les *Mélanges d'archéologie* des PP. Cahier et Martin, t. 1, p. 157 et suiv.

(2) Nous osons préférer cette explication à celle de M. Lenormand, qui ne verrait dans ces têtes de lion ou *de panthère*, comme il dit, qu'un symbole de la justice considérée comme une vertu morale essentielle à la dignité suprême (*Notice*, ubi suprà, p. 167). Il y a, en effet, ici toute la distance possible entre les idées d'un prince païen et celles d'un artiste comme S. Éloi. — En accordant d'ailleurs au docte académicien ses panthères, qui semblent, il est vrai, caractérisées par les mouchetures de leur cou, nous serions prêt à rentrer encore dans le symbolisme chrétien, et ces bêtes, que notre esthétique n'a pas méconnues, nous sembleraient prendre en cette circonstance un rôle peu différent de celui du lion; et voici comment : Les bestiaires latins, et, entre autres, S. Isidore de Séville, mort en 636, et par conséquent contemporain de S. Éloi, font remarquer que « la panthère est l'amie de tous les animaux, excepté le dragon : » *omnium animalium amicus, excepto dracone* (*Étymologiarum* lib. XII, cap. II). — Ceci est déjà très-significatif. — Le *Physiologue* attribué à S. Épiphane, et plus vieux de deux siècles, consacre la même observation, et ajoute qu'il sort de la bouche de la panthère une si bonne odeur que toutes les autres bêtes qui l'avoisinent ne peuvent s'empêcher de la suivre : nous l'avons vu nous-mêmes dans Théobald (ci-dessus, III, 507). Eustathe, qui écrivait vers 1180 son *Exameron*, en donnait une explication très-symbolique : « Le Sauveur n'avait-il pas dit dans *Osée* : « Je suis dans la » maison de Juda le lion, et dans Éphraïm la panthère » (*Os.*, V, 14), ou la lionne, *leæna*? Et n'a-t-il pas appelé à Lui toutes les nations, depuis les païens jusqu'aux enfants d'Israël ? Ses commandements, plus doux que le miel et que tous les parfums, c'est cette haleine odorante à laquelle les animaux ne peuvent résister : *In odore unguentorum tuorum curremus* (Cant., I, 3). » — « Un autre rapport de ressemblance avec Jésus-Christ, dit Hugues de Saint-Victor (*De Bestiis*, cap. XXIII), c'est que ce n'est qu'après trois jours de sommeil que la panthère, rassasiée de nourriture, sort de sa retraite, et donne le signal qui attire tous les animaux sur ses pas : ainsi Jésus-Christ ressuscité pour le salut du monde, et le dragon fuyant devant la panthère, c'est-à-dire le démon devant l'ennemi divin qui l'a vaincu. » Tout cela est concluant. — Voir

Nous ne pouvons oublier non plus la belle croix d'or qu'Éloi fit pour le même prince, jaloux d'embellir l'autel de Saint-Denis. Les termes dont se sert le moine anonyme qui écrivit au neuvième siècle la vie du prince (1) font assez voir quelle réputation lui avait conservée l'importance de ses travaux, et combien était fondée l'estime que la reine Bathilde avait de lui quand elle voulut qu'on recouvrît les restes mortels du saint évêque d'un tombeau d'or et d'argent au monastère de Saint-Loup de Soissons.

Un épisode curieux de cette sainte et laborieuse vie de notre Éloi devient en même temps une preuve des desseins de Dieu sur tout ce qui intéresse son culte et l'honneur du Christianisme. Les succès de l'orfèvre limousin à la cour du prince, qui admirait à la fois son talent et sa probité, lui méritèrent d'abord le titre honorable de monétaire du roi. Ces hautes fonctions, que relevait encore une sainteté qui ne souffrait rien du contact de la cour, lui ouvrirent l'accès du sacerdoce, et, en 640, il fut placé sur le siège épiscopal de Noyon. Forcé alors d'abandonner pour le soin de sa nouvelle charge celle qu'il avait remplie si dignement, il songea à perpétuer son zèle et favorisa plus que

*Fondation de l'école de Solignac,*

---

*Le Bestiaire divin de Guillaume Le Normand*, édité et annoté par M. Hippeau, in-8°, Caen, 1852, p. 19 et 145.

D'autre part, dans le bestiaire que le P. Cahier attribue à Tatien, et qu'il a publié dans les deuxième et troisième volumes des *Mélanges d'archéologie*, d'après plusieurs manuscrits dont il donne les variantes et la traduction avec le texte original, on retrouve sur la *panterre* (sic) les mêmes données et le même mysticisme : « Nostre sire Jhesu Crist, il est vraie pantère, quer tot altresi atrait il par sa Sainte Incarnation l'umain lignage que li dragons,— c'est li diables,— tenait en mort, etc. » (Voir *Mélanges*, II, 86 et suiv.; III, 236. — Ainsi, que M. Lenormand voie dans les animaux dont se compose le support du célèbre fauteuil un lion ou une panthère, peu importe : le meuble a son symbolisme chrétien ; et le pieux ouvrier, qui ne pouvait ignorer la valeur de ce caractère, devenu bien avant lui une portion essentielle de la science religieuse, a réellement orné son travail de symboles très-convenables au but qu'il devait se proposer et à la dignité élevée de son royal protecteur.

(1) Cf. l'abbé Corblet, *Revue de l'art chrétien*, IV, 587 et suiv.

jamais l'abbaye si fameuse de Solignac, qu'il avait fondée en 631 des libéralités du monarque (1). Sa pensée, en quittant la vie privée pour l'existence d'une cour lointaine, avait été de continuer à l'art chrétien une protection efficace. Il accueillit donc dans sa nouvelle maison tous ceux qui se sentirent appelés à pratiquer sous la règle de S. Colomban les humbles et utiles occupations qu'il aimait toujours. Un de ses élèves, S. Théau, fut chargé par lui, après avoir fait son noviciat dans le monastère, d'y former les jeunes moines qui s'appliquaient à ce genre de labeurs.

<small>mitée de beaucoup d'autres.</small> Ainsi nous devons à deux Saints l'une de ces premières institutions qui devaient être dès lors autant de savantes écoles où les lettres et les arts marchaient à côté de la théologie, dont ils n'étaient qu'une forme de plus, et sans lesquelles l'Église n'eût eu ni son architecture grandiose ni ses moyens d'ornementation. Telles furent donc les origines de ces incomparables ateliers monastiques que la France, l'Allemagne et l'Italie illustrèrent partout de chefs-d'œuvre au profit de la science et de l'art. Ainsi, pour ne parler que de nous, car notre pays fut toujours le plus remarquable par ses magnifiques productions en ce genre, se firent les écoles de Metz, de Sens, de Laon et de tant d'autres monastères où des religieux passaient les nuits à travailler les métaux, l'émail et les manuscrits enluminés (2). Nous ne prétendons pas nier sans doute que des écoles d'orfévrerie gallo-romaine n'eussent pas déjà donné d'intéressants spécimens de travaux analogues avant que nos Saints s'en fussent attribué la direction ; mais nous vou-

---

(1) Les dates que nous donnons ici sont certaines; mais elles sont déplacées par M. Labarte (*Histoire de l'orfévrerie*, troisième feuillet, dans le troisième volume du *Moyen Age et la Renaissance*), qui, tout en assignant à l'année 640 l'épiscopat de S. Éloi, parle du monastère de Solignac comme s'il eût été établi après cette époque. — Nous rétablissons ici la vérité d'après Bollandus et Baillet, au 31 novembre.

(2) Voir *La Crosse de Gaudry*, par M. l'abbé Corblet, *Revue de l'art chrétien*, II, 385.

lons établir par ce qui précède une preuve nouvelle, après tant d'autres, que l'Église veilla toujours avec sa compétence incontestable à l'action et au développement de sa vie artistique et de l'influence visible qu'elle lui ménagea sur les peuples.

Un moyen remarquable d'enjolivement était déjà appliqué aux petits ouvrages d'orfévrerie durant le cours de l'époque franque : c'est le filigrane, consistant en un fil d'argent ou d'or granulé, plus ou moins délié à la filière, et qui s'ajoutait soit dans les vides, comme de petits grillages à jour pourvus d'une charmante délicatesse, soit en bordures affectant la forme de cordelettes, de torsades et de mille autres gracieux ornements. S. Éloi aurait excellé dans ce genre de bijouterie si, comme le constatait une tradition de l'Église de Paris, il fallait lui attribuer une croix en vermeil toute en filigrane qui se conservait au trésor de cette métropole. Il suffirait de cet exemple pour établir contre quelques archéologues de mérite que le filigrane était employé, avec ou sans le concours de pierres précieuses, avant l'époque de Charlemagne. Quoi qu'il en soit, Ménage, en rapportant ce fait, ajoute que la plupart des ouvrages qui restaient du saint artiste étaient relevés par cette riche parure (1). On l'adaptait avec beaucoup de succès aux objets de cristal, auxquels il servait d'encadrement, aux reliquaires, aux autels même sur de plus grandes dimensions, mais surtout aux calices, dont la tige et le pied en recevaient un surcroît de légèreté élégante.

*Emploi du grane dès l'époque franque.*

Les nielles n'avaient pas une moindre fonction dans l'art d'embellir l'orfèvrerie sacrée. C'étaient de minces filets remplissant des traits préalablement gravés au burin d'un mélange d'argent, de plomb, de cuivre et de soufre, qui prenaient une teinte noire (*nigellus, niger*) et dessinaient

*Les nielles.*

(1) Ménage, *Dictionnaire étymologique*, v° FILIGRANE, Paris, in-f°, 1750.

agréablement, en la faisant mieux ressortir sur les plaques de métal, l'œuvre du graveur. Cette méthode fut appliquée à tous les bijoux. Elle devait à la présence du soufre dans cette composition un brillant qui faisait d'elle une sorte d'émail et donnait un charme de plus au mat ou même au vernis du champ métallique. On prétend que la niellure fut pratiquée à Marseille avant la fin du sixième siècle. Cette assertion s'appuie de découvertes, faites dans cette ville, de bijoux de cette époque qui en laissent peu douter. Les calices, les patènes, les baisers-de-paix, les encensoirs même et les bénitiers, furent souvent ornés de ces incrustations précieuses ; elles s'y mariaient avec beaucoup de grâce aux pierres fines, qu'on n'épargnait pas non plus aux principaux ustensiles de l'Office divin (1).

Les gemmes ou pierres précieuses ;

Nous avons traité fort au long ce qui regarde les pierres précieuses en exposant le vingt et unième chapitre de l'Apocalypse (2). Ces notions nous dispensent de redire comment de si gracieux ornements devinrent inséparables de nos belles pièces d'orfèvrerie. Mais il paraît utile de compléter ici ce que nous avons dit en peu de mots de la nature des pierres précieuses, appelées encore gemmes (*gemmæ*) ; car c'est de cette nature même qu'elles tirent leur beauté et leur prix. Ce sont donc des cristaux naturellement formés dans la terre par des agrégations plus ou moins lentes de substances métalliques dont elles empruntent leur couleur, leur pesanteur spécifique et leur dureté relatives. Il faut donc les distinguer des pierres fausses, dont la base est aussi un cristal très-pur, coloré par des moyens chimiques, imitant parfaitement les pierres fines par son éclat et sa taille, mais qui en diffèrent surtout par leur fragilité. Cette dernière condition les réduit à une valeur très-médiocre ; de sorte que, si

---

(1) Voir l'abbé Corblet, *Précis de l'hist. de l'art chrétien*, dans sa *Revue*, IV, 589 ; — Henschenius, *De tribus Dagobertis, Francorum regibus*, p. 214, Antuerp., in-4°, 1655.

(2) Ci-dessus, t. II, ch. XIII, p. 365.

ces pierres de qualité moindre ajoutent réellement beaucoup à l'effet des métaux précieux, elles n'augmentent que de peu le prix qu'on doit y mettre.

Le moyen âge ne commença qu'assez tard à user de cette innocente fraude, et ses plus anciens produits en orfévrerie sont toujours parés de pierres véritables. Quoi qu'il en soit, il est peu d'objets parvenus jusqu'à nous dans cet ordre de choses qui n'aient été parés de ces belles pierres aux couleurs variées et symboliques, dont les reflets ajoutent à l'éclat des métaux, et qui jouaient leur rôle éloquent dans l'esthétique chrétienne. Les vertus, en effet, se représentaient par elles, et, parsemées qu'elles étaient sur la mitre épiscopale ou sur les vêtements sacerdotaux, elles devenaient à la fois pour le peuple un motif de respect, et pour le prêtre un avertissement de n'en pas démériter. Il est vrai, d'ailleurs, que les dimensions variées que leur a données à loisir la main du lapidaire plient facilement leur emploi à toutes les formes des objets, et cette facilité en multiplia la pratique, lorsqu'on n'épargnait aucune dépense pour rendre les vases sacrés plus dignes de leur pieuse destination. On poussa même cet empressement plus d'une fois jusqu'à placer au hasard, en des temps où l'étude de l'antiquité était peu suivie, d'anciennes pierres gravées par les artistes du paganisme ou de précieux camées mythologiques sur des calices ou autres vases sacrés, peu faits pour de telles accointances. M. Darcel en a trouvé beaucoup enchâssées dans les reliquaires de l'ancienne abbaye de Conques, en Rouergue (1); mais cette ignorance était excusable à de telles époques, et la réunion d'éléments si disparates s'explique par la beauté séduisante de ces gemmes auxquelles on attachait tant de prix. Disons aussi qu'on n'observe plus ces anomalies à partir de l'ère ogivale. L'art se perfectionna tellement alors qu'on put séparer de

*on y mêla parfois des intailles.*

---

(1) Voir *Annal. archéolog.*, XX, 327.

ses merveilleux épanouissements tout ce qui n'était plus symbolique ; et le symbolisme, redisons-le, se retrouvait, pour chaque pierre fine, dans sa couleur, dans sa transparence ou son opacité, dans son éclat surtout, qui verse autour d'elle une pensée d'honneur, de vertu ou de sainteté.

<small>Les cabochons et leur époque.</small>

Il est vrai que cet éclat même diminue ou se modifie, comme l'a remarqué un habile observateur, en proportion des facettes nombreuses que leur impose la taille, et laisse l'effet de leur rayonnement bien au-dessous de celui que produisent les cabochons, c'est-à-dire les pierres polies sous une forme arrondie ou ovale. Comme la taille en facettes ne nous vient guère que du quatorzième siècle, avant lequel on n'employait que les pierres polies en relief (1), on serait mal venu à décorer de pierres taillées les objets que leur forme archéologique reporterait à une époque antérieure. De telles erreurs ne mènent qu'à de regrettables déceptions ceux qui, en travaillant ces œuvres si estimables, accusent certainement la prétention de mieux faire et de montrer plus de goût.

<small>Les émaux : leur composition et leur histoire ;</small>

Parmi ces charmantes matières qui se prêtent si bien à l'embellissement de notre orfévrerie symbolique, nous ne pouvons oublier l'émail, cette vitrification colorée par les oxydes métalliques qui s'y incorporent, et qui, rendue fusible par l'action du feu, adhère fortement à la plaque d'or, d'argent ou de cuivre à laquelle on l'impose. Sans entrer ici dans la description des divers procédés par lesquels on atteint cet effet, contentons-nous de dire que les difficultés d'exécution et les soins minutieux qu'il en faut prendre ont toujours fait des œuvres émaillées de charmantes curiosités dont le plus grand mérite, après plusieurs siècles de durée, est tout dans ce qu'on sait de leur histoire et dans l'effet artistique dont elles embellissent les métaux. On conçoit, au reste, que ces couches de verre fondu n'ont de

---

(1) Texier, *Dictionn. d'orfèvr.*, col. 295.

charme réel que par la peinture qu'on y applique au moyen de couleurs vitrifiables. Ce fut au quatorzième siècle qu'on arriva, dans l'art d'émailler, à des progrès qui, après maints tâtonnements, firent pressentir la perfection qu'il s'est acquise plus tard, et qui fait tant rechercher aujourd'hui les émaux peints des trois derniers siècles. Ceux des temps antérieurs n'en sont pas moins dignes d'admiration, puisqu'ils révèlent à l'observateur instruit les procédés successifs ou simultanés d'incrustation ou de cloisonnement, qui tantôt creusaient le cuivre pour jeter dans le tracé du dessin la matière qui devait s'y fondre, et tantôt soudaient sur la plaque les compartiments de même métal qu'on remplissait ensuite de la poudre destinée à l'action du feu. — Quelques reliquaires, des fragments d'autels, des vases sacrés et mille autres objets destinés au culte, et qui n'ont plus d'asile que dans nos musées, témoignent de l'amour qui porta le clergé et ses artistes à couvrir, dans les siècles de foi, les plus précieuses surfaces de cette parure pleine de distinction. Elle ne resta point étrangère au symbolisme : comment l'eût-elle pu quand tout s'imprégnait de son esprit et qu'on la consacrait surtout à des sujets liturgiques ? C'est pourquoi on vit ce procédé reproduire les légendes pieuses des deux Testaments, les enseignements du dogme et de la morale catholique dans le même but que les vitraux coloriés, dont ils inspirèrent sans doute la première idée ; et comme objets de peinture, ils durent invoquer les mêmes éléments, s'emparer des mêmes motifs d'ornementation et reproduire, au profit de l'œil et de l'esprit, la zoologie, la botanique et toutes les scènes animées de la vie humaine où figurèrent les hybrides, les démons, et les monuments de tous les styles chrétiens. Ces petits tableaux, en tant qu'ils reproduisent toujours des épisodes hagiologiques, ont maintes fois éclairé, soit par leurs détails, soit par les inscriptions qui n'y sont pas rares, sur des faits depuis longtemps restés obscurs ou incertains. On les voit partout épars, sur-

*leur emploi dans l'art religieux,*

302    HISTOIRE DU SYMBOLISME.

*qu'ils désertent pour l'art profane de la Renaissance.*

tout du onzième au quinzième siècle, servant Dieu à leur manière, par une heureuse rivalité avec les verrières des basiliques, avec les miniatures des bréviaires et des missels. Leur étude rentre donc parfaitement dans celle de nos symboles religieux : comme eux, ils ont leurs périodes de gloire ; avec eux ils vivent et meurent ; car, en même temps que les peintres verriers abandonnaient l'église pour le château, l'émail passait des trésors sacrés aux emplacements profanes, et, aux seizième et dix-septième siècles, on le voyait beaucoup moins adapté aux reliquaires, aux croix et aux bénitiers, qu'aux chandeliers de table, aux aiguières de l'antichambre et aux salières du dressoir.

*Difficulté d'y revenir aujourd'hui.*

On n'a pas manqué, de nos jours, à ramener cette belle parure vers les objets d'orfévrerie, qu'ils peuvent singulièrement embellir. Mais, outre qu'on ne sait pas s'en tenir à de simples et légères arabesques, à des fleurs encore plus significatives, à quelques animaux au caractère bien déterminé, on ne sait pas assez non plus se résoudre à conformer le style des épisodes, ni même la simple représentation émaillée des Saints, à celui du meuble qui se les adapte. Les émaux atteignent d'ailleurs à des prix excessifs qui doublent tout d'abord celui d'un calice, d'un ciboire ou d'une monstrance : autant de bonnes raisons pour que l'émail ne reprenne guère parmi nous ses hautes et antiques destinées. Heureusement on peut s'en passer, puisqu'il n'est essentiel à aucun de nos vases précieux. Ce qui importe surtout, c'est le soin que doivent se donner nos orfèvres de leur attribuer des formes générales, des détails spéciaux et des accompagnements symboliques dont rien ne trahisse une étude insuffisante non plus que l'inexpérience de l'artiste (1).

*Époque de Char-*

Les siècles archéologiques ont parfaitement compris cette

---

(1) On peut consulter avec fruit, pour l'histoire et la connaissance des émaux, l'intéressant *Essai sur les argentiers et les émailleurs de Limoges*, par l'abbé Texier, in-8º, Poitiers, 1843 ; — Dussieux, *Recherches sur l'histoire de la peinture en émail*, in-8º, Paris, 1841.

sorte de convenances. En suivant la chronologie de l'art, depuis l'illustre berceau que lui firent les habiles orfèvres plus ou moins connus depuis Constantin jusqu'à Charlemagne, nous pouvons encore trouver sous ce dernier prince, dont on sait tout l'amour pour l'Église, de nombreux et magnifiques témoignages d'immortels succès. On les devait en partie à son génie, qu'électrisaient les grandes choses. Sans prétendre à marcher devant son siècle pour satisfaire à des appétits maladifs de gloire humaine et d'ambition terrestre, il eut un double but, digne de la grandeur de son âme, et que ne comprend plus notre époque saturée des passions contraires et abaissée par elles autant que le grand homme avait élevé la sienne. La gloire de Dieu, le bonheur de ses peuples furent ses deux mobiles, et inspirèrent son zèle pour la religion et son culte pour les arts qui la glorifient. On sait l'énergique splendeur de sa législation.

*lemagne; — caractère élevé de ce grand prince.*

On découvre, chaque jour encore dans quelques églises, mais surtout, hélas ! dans nos musées, illégitimes héritiers de tant de dépouilles sacrées, d'inappréciables témoins du zèle artistique de Charlemagne et de ses encouragements dévoués. Les églises rhénanes, moins appauvries par les malheurs des temps, sont encore pleines de monuments d'orfévrerie qu'on lui attribue et que leur cachet rattache effectivement à sa mémoire. On y reconnaît les précieuses analogies qui rapprochent toujours de l'architecture d'une époque les arts qui se plurent à en reproduire dans le mobilier les caractères distinctifs. C'est ainsi qu'on parvient à classer selon leur siècle véritable les petits chefs-d'œuvre que l'orfévrerie multiplia pour les églises byzantines, lombardes ou purement romanes que créa si nombreuses l'ère mémorable où le grand monarque savait s'entourer d'Alcuin, d'Éginard, de Paul Warnefride, et les appliquer à seconder ses vues en faveur des sciences et des arts, non moins que pour les développements de sa vaste et intelligente administration.

*Son zèle pour l'orfévrerie religieuse.*

*Le trésor de Conques,*

Ainsi, celui qui dotait les basiliques de ces puissantes orgues si propres à en relever l'action morale ne pouvait leur mesurer ni l'or, ni l'argent, ni les pierres précieuses. Il donna tout avec une magnificence digne de lui. Le trésor de Conques doit à sa générosité ou à d'autres pieuses mains de son époque ce fameux **A** en argent doré *de Charlemagne* qui, soit qu'on en ait voulu faire par ses ordres la première des vingt-deux lettres qui devaient répondre, pour chaque abbaye de sa fondation, à l'ordre chronologique de sa charte fondamentale, soit qu'il ait été seulement un de ces *Alpha* qui, au neuvième siècle, ne manquaient jamais de correspondre à l'*Oméga* placé à l'autre côté d'une crucifixion, n'en reste pas moins un des plus beaux exemplaires des bijoux dont le travail se couvrait des charmantes délicatesses du filigrane et des vives couleurs de cabochons aux formes variées. Là se voit encore une de ces intailles antiques dont nous parlions tout à l'heure. Elle est en cornaline et représente une Victoire écrivant sur un bouclier quelques-uns de ses triomphes. Si cette attribution était une allusion réfléchie plutôt que l'effet d'un de ces nombreux hasards que nous avons signalés, elle était heureuse et convenait bien au noble fondateur de l'empire d'Occident (1).

*et ses bijoux symboliques.*

Ce même trésor de Conques avait bien d'autres richesses de ce genre. Sa rare parure de pierres serties donnée à l'**A** de Charlemagne n'avait guère pourvu à d'autre symbolisme que celui indiqué par le nom et la couleur propre à chacune d'elles. Mais des objets non moins précieux de cette inestimable collection se recommandent encore par des caractères plus tranchés : telle est la statue en or repoussé, et haute de 85 centimètres, de Ste Foi, honorée à Agen et à Conques, et dont le nom a persuadé à l'habile

*Statue de Ste Foi.*

(1) Voir *Annales archéol.*, XX, 264. — Ces objets ont figuré à l'exposition universelle de 1867, à Paris.

fabricant que les principaux mobiles de la foi chrétienne devaient en former la majestueuse ornementation. Ainsi, ses deux mains présentent deux petits cylindres creux, destinés peut-être à tenir des reliques qu'on y pouvait ajouter en certaines occasions ; sa robe est toute garnie de pierres fines et d'intailles, de rosettes, d'orfrois, de rangs de perles, qu'on y attacha à des époques différentes. L'émail et le filigrane y figurent à profusion. Un cristal de roche y représente en gravure la crucifixion du Sauveur avec S. Jean et Marie ; il a pour parallèle, à côté du pied droit de la statue, l'*Agnus Dei* portant son pennon. Sur le devant de la robe est un buste d'une belle et grave composition : c'est le Sauveur bénissant et accompagné du Tétramorphe. Tout n'est pas aussi ancien dans ces détails que la statue elle-même, qui n'est autre chose qu'un magnifique reliquaire ; mais l'ensemble indique bien par ses portions primitives qu'il faut en glorifier le siècle de Charlemagne.

Ajoutons à cette mention celle de plusieurs autels portatifs très-propres à donner une juste idée de ces petits meubles à cette époque, et bien avant. Charlemagne, Louis le Débonnaire et Charles le Chauve donnèrent, soit à Saint-Pierre de Rome, soit au couvent d'Hildesheim et à celui de Saint-Denys, des autels portatifs d'une utilité incontestable pour les voyages lointains et pour les courses apostoliques confiées aux moines dans une foule de contrées où des églises n'existaient pas encore. De ces tables mobiles, beaucoup étaient sans doute d'une facture très-simple et d'une modique ornementation ; mais d'autres aussi, et surtout celles que des princes ne manquaient pas d'empreindre d'une magnificence relative, recevaient des encadrements en plaques d'or et d'argent reproduisant en ciselures les feuilles d'eau, symbole du baptême ou de la pureté sacerdotale, les animaux apocalyptiques inséparables du Sauveur dans son sacrifice, ou l'image de l'Agneau sans tache ; et le tout accompagné, comme toujours, de

*Autels portatifs et leur riche ornementation.*

compartiments en filigrane enchâssant des onyx, des agates, des émeraudes et des saphirs, dont nous savons le mystérieux langage.

<small>Splendeur de l'orfévrerie du quatrième au neuvième siècle.</small>

On reste frappé d'une sorte de stupéfaction en lisant dans Anastase la description des innombrables merveilles produites par la main des orfèvres du quatrième au neuvième siècle. Le patient écrivain, qui mourut vers 870, et dont les travaux ont certes contribué beaucoup à développer dans les générations suivantes l'amour et le goût des belles choses dont il avait parlé, ne sert pas peu à compléter sur son époque et les temps antérieurs les notions que nous devons nous en faire; ses descriptions peuvent être d'une grande ressource à qui veut étudier cette matière. On y comprend comment, à la suite des Papes, qui rivalisaient dès leur avénement de goût et de libéralité pour leurs églises, les grands durent eux-mêmes suivre cet élan et ne rien refuser à leur généreuse dévotion (1).

---

(1) Voir Mabillon, *Act. ord. Sancti-Benedicti*, præfat., sæc. III, n° 78; — Muratori, *Scriptor. rer. Ital.*, in *Vita Leonis III papæ*, t. III. — L'abbé Migne a donné dans sa *Patrologie latine* les trois voulumes des OEuvres d'Anastase, qui forment le 127ᵉ et les deux suivants de la collection. — Le 128ᵉ contient le *Liber Pontificalis*, dont l'importance n'empêche pas que la lecture n'en soit très-ardue par suite des difficultés de la traduction, un grand nombre de termes fort intelligibles du temps de l'auteur s'étant obscurcis dans la suite à force de synonymes, ou même d'interprétations qui n'ont pas toujours été assez heureuses. L'édition latine, que nous suivons ici, est accompagnée des commentaires très-succincts des éditeurs précédents, tels que: les frères Bianchini, qui éditèrent *Anastase* en quatre volumes in-f°, de 1718 à 1735; l'abbé Vignali, qui le donna, de 1724 à 1753, en trois vol. in-4°, après vingt années de recherches, et enfin Muratori, qui accompagna sa grande publication de plusieurs dissertations empruntées à des savants venus avant lui ou à son époque. C'est d'après ces sources qu'il faudrait travailler à une nouvelle édition, dont le texte serait éclairé par une version réfléchie d'après les nombreuses études qu'il a inspirées. Un tel ouvrage ne serait pas moins utile aux sciences archéologiques que tant d'autres qui de notre temps ont fait revivre Durant de Mende et Théophile. Ce livre, d'ailleurs, rendrait aussi des services à l'histoire. Ses renseignements, remarquables par leur grande précision, sont parfaitement sûrs et tirés des sources les plus authen-

Le siècle qui suivit ces belles expressions de la pensée artistique a moins de retentissement dans l'histoire de l'art, parce que des troubles politiques absorbèrent les préoccupations du monde; mais ces malheurs accablèrent surtout l'Italie. En France, l'abbé Lebœuf l'a constaté, et, après lui, M. Labarte, rien ne fut changé. Des évêques, comme Gaudry et Guy à Auxerre, Séguin à Sens, et d'autres non moins éclairés, s'appliquèrent à maintenir le niveau de l'art (1). On ne travailla pas moins dans les monastères, *puis au dixième dans les monastères.* où les lettres s'étaient réfugiées, à ce noble complément de la vie littéraire; et les études, qui bientôt y reprirent un essor plus énergique au souffle du onzième siècle, *Le onzième ajoute à ce mouvement.* durent beaucoup de leur influence à l'action intelligente du pieux roi Robert. M. du Sommerard nomme sous son règne fécond un grand nombre de moines qui pratiquèrent l'orfévrerie (2). Tout ce que l'art put donner au culte chrétien lui fut prodigué avec les heureuses variantes qu'imprimaient à la forme certains progrès effectués déjà dans l'exercice du dessin; mais toujours indépendant de la forme, le symbolisme avait sa place obligée en tous les travaux de la pensée religieuse; il y continuait son enseignement, et il dota les vases sacrés, les chandeliers, les

---

tiques : ce qui réfute suffisamment l'espèce de reproche fait à Anastase par un biographe moderne, de n'être pas l'auteur de ses *Vies des Papes*, mais de les avoir tirées des anciens catalogues, des *Actes des Martyrs*, etc. : comme si un historien pouvait rien inventer et ne devait pas nécessairement recourir, pour la construction de son édifice, à des matériaux jetés avant lui çà et là, où il doit se donner la peine d'aller les explorer, les choisir et les prendre ! Le mérite de l'historien, comme celui d'un orfèvre, est dans la mise en œuvre de sa matière, qu'on lui donne toute brute et qu'il se charge, non sans beaucoup de difficulté et de travail, d'examiner, de coordonner et de polir.

(1) Voir M. Labarte, *Histoire de l'orfévrerie*, f° v, dans *Le Moyen Age et la Renaissance*, t. III. Ce travail est sans contredit un des mieux pensés et des mieux écrits de ce recueil. Il énonce, avec beaucoup de netteté et une érudition sûre, des notions sur lesquelles beaucoup des autres collaborateurs auraient eu raison de se régler.

(2) Voir *Les Arts au moyen âge*, t. III, p. 201.

autels et tous leurs accessoires de la même esthétique donnée aux sculptures, aux fresques et aux verrières. Aussi faut-il moins regretter que la rénovation de presque toutes les églises à la fin du dixième siècle et au commencement du onzième nous ait privés des spécimens d'orfévrerie qui alors furent fondus en très-grand nombre et soumis aux formes nouvelles créées pour les monuments de l'époque romane. En comparant les bijoux et les vases sacrés des races mérovingiennes avec le style de leurs églises, on en reconnaît la ressemblance de famille et les frappantes analogies. Ce qui nous reste de l'architecture lombarde nous dit donc suffisamment quelle orfévrerie nous avons perdue. Et encore n'avons-nous pas tant à regretter : de précieuses épaves nous sont restées, et ces œuvres merveilleuses, classées dans les trésors de quelques-unes de nos plus illustres basiliques, continuent du moins à y attester la belle et savante unité que nos pères surent toujours maintenir aux inspirations de la science et de l'art.

Mais nous pouvons affirmer que, par suite des principes que nous exposons ici, rien n'a valu en aucun temps, dans l'orfévrerie comme dans l'architecture, cette savante pensée du douzième siècle que nous avons signalée plus d'une fois avec sa perfection symbolistique et le grandiose de son expression à la fois sévère et gracieuse. Cette époque a eu le rare bonheur d'arriver jusqu'à nous par beaucoup d'œuvres que nos églises gardent encore, que nos musées apprécient beaucoup mieux (malheureusement !) que beaucoup d'entre elles, et qui reproduisirent sous la main qui maniait les métaux toutes les beautés symboliques dont le sculpteur ornait, dans ce même temps, les chapiteaux, les modillons, les façades et les tours des plus belles églises. Alors le bronze, l'or, l'argent se façonnent aux plus mystiques exigences de la pensée humaine, et tout ce qui peut charmer le regard ou délecter l'intelligence accourt au commandement de chaque maître et rivalise à glorifier le métal. C'est vers ce temps que l'art devint plus facile, et parfois atteignit néanmoins l'effet que se proposaient les orfèvres en employant la fonte et le cuivre, qui, traités par le ciseau ou le repoussoir, produisaient de merveilleux ouvrages dont la valeur matérielle, de beaucoup diminuée, n'ôta rien cependant au mérite de l'œuvre, et ne lui refusa rien de celui qu'elle pouvait acquérir d'une ornementation très-riche par les émaux, la niellure et les pierreries.

Cet utile procédé de dinanderie avait eu son origine dans les ateliers de Dinant, en Belgique, où se fondaient et s'élaboraient d'abord les plus communs ouvrages en cuivre pour la vie domestique. Dinant trouva dans ce commerce une source de richesses et s'acquit un renom que troublèrent trop les guerres du quinzième siècle, après lesquelles on ne vit plus sortir des mains de ses ouvriers que très-peu d'ouvrages remarquables (1). C'est donc avec tous ces éléments si divers que se firent, pendant les règnes de Louis le Gros, de Louis le Jeune, de Philippe-Auguste et de Louis VIII (1108-1226), les beaux meubles, les vases élégants que l'orfévrerie put consacrer à nos temples. Il n'était pas rare alors de voir des autels d'or, comme celui de Bâle, l'un des plus beaux dont s'honore le musée de Cluny, et dont la devanture représente le Christ nimbé, debout, bénissant de la droite, et de la gauche tenant la boule du monde, et qu'entourent avec S. Benoît les trois anges Michel, Gabriel et Raphaël pourvus chacun de leur attribut symbolique. Les châsses, ou reliquaires, ne sont pas moins séduisantes, et nous ne croyons pas qu'aucune de cette époque surpasse en magnifiques détails, non plus que par l'élégance de la forme générale, celle pour laquelle un artiste resté inconnu s'inspira aux bords du Rhin des traditions romanes; elle appartient au musée archéologique de

*L'autel de Bâle.*

*Châsse du musée de Bruxelles.*

---

(1) Texier, *Dict. d'orfévr.*, col. 615. — *Encyclop. des arts et mét.* du dix-huitième siècle, v° DINANDERIE.

Bruxelles : c'est une église complète, à trois nefs, avec les deux tours de la façade, et deux autres s'élevant à son chevet oriental. De longues énumérations n'épuiseraient pas la liste de ces charmantes miniatures des plus somptueux édifices qui ont prêté toute leur esthétique et tout leur langage doctrinal à ces précieuses reproductions des plus savants efforts de l'art divin (1).

<small>Génie et travaux du moine Théophile ;</small> Nous pensons, avec de graves autorités dont les recherches et les réflexions ont pu le constater comme un fait plus que probable, qu'il faut assigner à ce douzième siècle, aussi artiste que théologien, l'existence du moine inconnu d'un monastère encore ignoré qui, sous le nom plus ou moins *allégorique* de Théophile, écrivit un traité *Des divers Arts* (2) pour guider l'intelligence et la main de ceux qui devaient s'appliquer à embellir ou meubler la maison de Dieu. Il était prêtre; il est pour nous un témoin de plus affirmant, comme nous l'avons prouvé si au long dans cet ouvrage, la part exclusive que le clergé prit ou fit prendre sous sa conduite, jusqu'à la fin du treizième siècle, à tous les travaux d'architecture ou d'ornementation sacrée. Pour parler de la matière avec tant d'aptitude et avec une connaissance si variée et si complète des divers procédés employés là ou là; pour réussir à chacune des œuvres dont il traite, il fallait à l'humble religieux autant de goût que de

---

(1) M. Didron a donné, dans le dix-neuvième volume de ses *Annales archéologiques*, une suite d'articles qui sont une véritable nomenclature de tous les objets d'orfèvrerie que l'art a mis au service de l'Église. Nous exhortons à le lire ou à le consulter pour trouver dans le texte et dans les gravures une foule de spécimens très-propres à inspirer un choix éclairé pour l'étude ou la confection de ces objets si importants. Il est vrai que les gravures en sont trop petites pour être par elles-mêmes d'une véritable utilité. On en voit plutôt la forme générale que les détails; mais aussi beaucoup d'elles ont été reproduites sur une échelle convenable dans la vaste collection de l'éminent archéologue, où l'on peut toujours les consulter comme de véritables modèles.

(2) *Theophili presbyteri et monachi libri III, seu diversarum artium Schedula*, dont la dernière édition a été donnée avec la traduction en regard du texte, en 1843, in-4°, par M. de l'Escalopier.

savoir, acquis en de nombreux voyages, et dont avait profité son esprit observateur. C'est une sorte d'encyclopédie dans laquelle vivent toutes les méthodes d'action dont les arts étaient devenus susceptibles de son temps, et il y a de quoi s'étonner, lorsqu'on connaît l'histoire de l'art, de trouver dans un traité qui ne peut avoir aujourd'hui moins de six cents ans des notions qui nous prouvent à quel point se sont trompés nos écrivains modernes quand ils ne datent la peinture sur toile que du quinzième siècle, et la poterie émaillée que du siècle suivant. Beaucoup de pages deviennent l'objet de semblables étonnements quand on les voit pleines de révélations dont on peut user aujourd'hui, et qui nous reportent au moyen âge en faveur de la peinture sur verre, de la dorure des métaux par le mercure, de l'écriture en lettres d'or pour les manuscrits, du polissage des émaux après leur cuisson. Ce n'est pas tout : ce que furent au seizième siècle les grands artistes de l'Italie, que l'histoire nous représente comme également habiles dans les arts qui tiennent à la construction et à l'ornementation des églises et des palais, Théophile l'avait été plus de trois siècles avant eux, et il en donne la preuve dans ce *cahier* (*schedula*), dont le titre modeste n'est qu'un contraste de plus avec le mérite d'un encyclopédiste qui s'est obstiné à demeurer aussi obscur que savant. Et quel *cahier* que ce livre de cent cinquante-six chapitres, où tout ce qui peut passer sous la main de l'homme pour décorer la maison de prières est exposé, discuté, décrit dans ses moindres détails, depuis l'outillage jusqu'aux plus belles pièces, depuis l'encensoir de cuivre jusqu'au calice d'argent et d'or !

Une des œuvres les plus remarquables de Théophile, une de celles qui nous montrent le plus évidemment de quelle large façon il comprenait l'art chrétien et le symbolisme qu'il y voulait appliquer, c'est le grand encensoir dont il fait la description au chapitre LIX du livre III de son *Traité*. Ce n'est point une œuvre qui existe encore ; il dit comment le disciple, *le fils (fili mi)*, auquel il s'adresse, procédera pour accomplir ce beau vase destiné aux parfums du Seigneur ; et c'est une heureuse inspiration due à ce texte latin traduit par deux archéologues de mérite (1) qui nous en a valu la belle iconographie. Ensemble et détails, c'est là, très-certainement, un ouvrage de premier ordre, également admirable d'esthétique et de composition. Qu'est-ce qu'un encensoir ? un vase destiné à porter vers le ciel les plus pures senteurs de la terre, celles qui, par leur simplicité ou par le mélange de plusieurs substances aromatiques, sont destinées par la sainte liturgie à représenter devant Dieu les prières des Saints (2). — Partant de cette donnée si fréquente dans nos livres bibliques (3) ; se souvenant que l'encensoir est l'âme et que l'encens en sort pour s'élever vers le ciel, et que le feu qui le consume est le symbole de la charité qui l'offre à Dieu (4), il donne à ce vase l'aspect d'une ville fortifiée ; car, selon S. Grégoire, sous le nom de ville nous désignons la Patrie céleste ; c'est aussi l'Église, Jérusalem de la terre toujours unie à la Cité éternelle (5) ; et de ces belles données surgit un symbole de plus, qui va nous associer à tout ce que nous savons de plus beau tou-

*Symbolisme de l'encensoir et de l'encens.*

---

(1) Cf. *Bulletin monumental*, t. XIV, 185 et suiv. ; — mais surtout Didron, *Annal. archéolog.*, VIII, 95 et suiv., où une belle planche, gravée par M. Gaucherel d'après le dessin habile de M. Viollet-Leduc, reproduit toutes les idées du texte et en fait le plus beau morceau de ce genre qu'on puisse inventer et exécuter.

(2) « Seniores habentes phialas aureas plenas odoramentorum, quæ sunt orationes Sanctorum. » (*Apoc.*, VIII, 8.) — Voir l'exposition de ce texte, ci-dessus, t. II, p. 191.

(3) « Dirigatur oratio mea sicut incensum, Domine, in conspectu tuo. » (*Ps.*, CXL, 2.) — « Thus, devotio orationis, » dit Raban-Maur, sur S. Matth., II, 11.

(4) Mystica sunt vas, thus, ignis : quia vase notatur
Mens pia ; thure, preces ; igne, supernus amor.
(*Distinct. monast.*, apud Dom. Pitra, *Spicileg. Solesm.*, t. II, p. 413.)

(5) « Civitatis nomine patria cœlestis exprimitur : Sapientia misit ancillas suas ut vocarent ad arcem et ad mœnia Civitatis, » dit S. Grég., *Spicileg.*, II, 169.

chant cette cité d'En-Haut qui nous est ouverte et nous attend. Notre vase se partage donc en trois zones, qui toutes vont correspondre par leur iconographie au religieux enseignement d'où naissent pour notre foi les mystérieux rapports qui relient le ciel à la terre, l'ancienne Loi à la nouvelle.

On voit tout d'abord une forme générale d'église constituant une croix grecque. L'étage inférieur initie à la suite des pensées surnaturelles qui vont se développer dans les autres. Sur chaque face, et distribués par trois, les douze Prophètes tiennent leur phylactère ; ils garnissent l'intérieur d'une porte à encorbellement que surmonte un triple pignon et qu'entourent une série de fenêtres trilobées. Deux tours flanquent ce premier étage en s'élevant jusqu'à la hauteur du troisième, où elles s'unissent à une autre tour intermédiaire pour établir avec elle une plate-forme crénelée au-dessus de la toiture du transsept. Quatre anges armés d'un bouclier et d'une lance veillent, comme des sentinelles attentives, pour garder la Cité contre toute surprise (1). Au second étage, et comme remplissant dans la nouvelle alliance les fonctions préparées par les Prophètes, les quatre Évangélistes se tiennent debout, leur livre à la main, devant une porte dont ils sont les introducteurs et qu'entourent des fenêtres dont les pieds-droits en colonne et la coupe élégante se marient gracieusement aux pignons qui les couronnent (2). Au-dessus de tout cet ensemble, et

*Ornementation toute puisée dans le sens anagogique.*

---

(1) « Super muros tuos, Jerusalem, constitui custodes. Tota die et tota nocte in perpetuum non tacebunt. » (*Is.*, LXII, 6.) — L'Église s'applique ce texte à elle-même dans l'Office des Saints Anges gardiens, au 2 octobre.

(2) En examinant bien ces pignons, aussi bien que le svelte de la statuaire générale de ce beau dessin, nous croyons et devons dire, pour l'acquit de notre conscience d'archéologue, que M. Viollet-Leduc, qui n'a fait que restituer la belle pièce de Théophile d'après les traductions combinées de MM. de l'Escalopier et Didron, s'est un peu trop complu dans le style architectural qui avait sa préférence. En vain son travail porte en titre : *Fin du douzième siècle* : nous croyons que c'est bien plutôt le treizième siècle avancé, qui avait gardé beaucoup de carac-

du milieu de quatre dernières tourelles ajourées en ogive, d'où les habitants de la Cité céleste semblent regarder avec intérêt ce qui se passe au-dessous d'eux sur la terre, on voit comme dernier amortissement un donjon crénelé au-dessus duquel l'Agneau divin, avec sa croix à pennon et son nimbe croisé, complète l'idée apocalyptique de cette ville mystérieuse dont il est la lumière éternelle (1). C'est de ce point que part, attachée à un anneau, la portion de la triple chaîne qui sert à ouvrir et à balancer l'encensoir.

*Entrelacs mêlés d'animaux.* Noublions pas qu'à la base les compartiments intermédiaires des quatre grands Prophètes ne restent pas sans une ornementation très-significative : ils se parent de guirlandes de ces feuillages épais auxquels le douzième siècle a donné un si beau relief ; des lions, des têtes monstrueuses y mordent les entrelacs de cette charmante floraison, comme on les voit souvent aux chapiteaux s'efforcer de détruire l'harmonie vivante et la splendide parure de la maison du Seigneur.

*L'encensoir de Lille ;* L'encensoir de Lille, ainsi nommé parce qu'il fut découvert chez un brocanteur de cette ville qui le vendit comme vieux cuivre inutile, a été analysé aussi et reproduit encore par M. Didron. Il est plus simple mais non moins ingénieux par *symbolisme de tous ses détails.* le symbolisme qui le pare. Nous nous reprocherions de n'en pas dire un mot : il est rond, et, probablement dans la

tères de son prédécesseur, sans doute, mais ne procédait plus comme lui par la gravité dans les masses. L'élancement des parties supérieures, surtout, est ici très-remarquable par la délicatesse et l'exiguïté des détails. En un mot c'est bien, à notre avis, l'architecture du douzième, mais on attribuerait mieux au treizième, vers 1230, par exemple, du moins en grande partie, ce qui est de la sculpture et de ses finesses d'exécution.— On sera convaincu de cette vérité si l'on compare cette planche avec une autre dessinée et gravée par MM. Viollet-Leduc et Gaucherel au tome IV du même recueil (*Annal. archéol.*, p. 293), laquelle est indiquée aussi comme représentant un encensoir de la *fin du douzième siècle.*— On y reconnaît un caractère bien différent, et qui nous semble le seul vrai.

(1) « Claritas Dei illuminavit eam (*civitatem*), et lucerna ejus est Agnus. » (*Apoc.*, XXI, 23.)

pensée du symboliste, c'est la terre, d'où les parfums s'élèveront en nuages vers le ciel. Sur une sorte de siége qui lui sert de couronnement et dont la fenestration basse et étroite semble bien indiquer la fournaise célèbre dans le chapitre III de Daniel, se reposent dans une sorte d'extase les trois enfants de Babylone dont les noms éloignent tout équivoque : l'artiste a inscrit ces noms sur des bandes de métal qui partagent en trois l'espace général donné à la sphère symbolique. Au-dessus d'eux s'assied l'Ange qui les a sauvés des flammes, tenant entre ses mains le disque ou sceau mystérieux dont le symbolisme byzantin suppose que Dieu munit toujours les rapides Envoyés qu'il charge de ses ordres pour les mortels. Les trois jeunes gens regardent leur céleste Sauveur et semblent continuer leur cantique d'actions de grâces et de bénédiction, obéissant à l'Ange qui semble leur dire les paroles finales du cantique de Daniel : *Anania, Azaria, Mizael, benedicite Dominum.* Mais n'est-ce pas une heureuse idée d'avoir ainsi rapproché le feu qui sert à la gloire de Dieu de celui qui, jadis, ne put dévorer ses serviteurs ? Dieu lui-même n'est-il pas un feu qui consume, mais d'une consomption douce et souhaitable par-dessus tout, telle que l'eurent dans leur cœur les trois jeunes Hébreux demeurés fidèles, telle que la goûtent encore les âmes fermes et honnêtes qui traversent sans péril ni atteinte les flammes du monde et des passions (1) ? L'encensoir

*Ange muni d'un disque.*

*Le feu, symbole de Dieu.*

---

(1) « Cave ne quando obliviscaris pacti Domini Dei tui..., quia Dominus tuus ignis consumens est, Deus æmulator. » (*Deuter.*, IV, 23, 24.) — « Populum magnum..., filios Enacim..., ipse vidisti... Dominus Deus tuus ipse transibit ante te, ignis devorans atque consumens, qui conterat eos et deleat, atque disperdat ante faciem tuam velociter. » (*Ibid.*, IX, 2, 3.) — On voit ici comment l'artiste que nous examinons a su trouver les rapports entre le feu matériel et le feu spirituel, qui est l'Esprit-Saint lui-même dans la pensée de l'Église : *Ignis, Charitas et spiritalis Unctio* (hymn. Pentec.), et dans celle de S. Eucher qui la traduisait dans les mêmes termes (*Spicil. Solesm.*, II, 403). C'est dans le même sens que le Sauveur est venu apporter le feu sur la terre : « Ignem veni mittere in terram, et quid volo nisi ut accendatur? » (*Luc.*, XII, 49.) — Mais le feu est aussi le symbole des tribulations.

exprime donc tout cela. Le nôtre ne manque ni à un tel sens ni à rien de ce que l'idée particulière de la fournaise ardente pouvait suggérer à son inventeur, le moine Reigner (*Reinerus*), qui l'a signé en sollicitant des prières de sa communauté pour prix de ce don merveilleux. Mais voyez comme ce génie ignoré est riche d'esthétique : sur sa coupe il a répandu de tous côtés des colombes, des bêtes féroces, des quadrupèdes hybrides, des serpents se jouant dans les fleurs et les entrelacs, ou les mordant avec rage. D'où vient ce peuple animé, sinon du cantique lui-même par lequel on entendit nos trois martyrs, demeurés sans blessures au milieu du brasier ardent, inviter la nature avec ses plantes et ses animaux, les oiseaux et les feuillages qu'ils habitent, à louer le Seigneur comme ils l'ont fait si souvent dans tous les reliefs de notre architecture sacrée ? — Peut-être..., mais nous croyons qu'il y a plus encore : ces bêtes à la physionomie évidemment sauvage, ces mélanges confus de natures bestiales, ces physionomies sinistres ou hypocrites, telles qu'on les remarque sur un si grand nombre de chapiteaux où nous les avons signalées maintes fois, ne sont-elles pas quelque allusion à l'esprit du mal, inspirateur des mauvais desseins de Nabuchodonosor, et qui, vaincus par la toute-puissance du Dieu fort, servent ici, mais bien malgré eux comme toujours, au triomphe de cet irrésistible vainqueur ? Nous le pensons, quoique cet aperçu semble avoir échappé à la sagacité bien connue de M. Didron (1).

Voilà donc Théophile, *prêtre et moine*, donnant les éléments d'un chef-d'œuvre d'orfèvrerie religieuse à la fin du douzième siècle ; et voilà aussi ce Reigner, prêtre et moine sans doute, car sa dédicace ne s'adresse qu'à des frères vivant en

comme l'eau : « Transivimus per ignem et aquam, et adduxisti nos in refrigerium » (*Ps.*, LXV, 12) ; il est l'indignation céleste tombant sur les pécheurs : « Consumens eos igne iræ meæ » (*Deuter.*, XXXII, 22). — Voir encore tout ce qu'a dit sur ce sujet l'ensemble des symbolistes du moyen âge, *Spicil. Solesm.*, II, 177 et suiv.

(1) Voir *Annal. archéol.*, IV, 293 et suiv.

commun : les voilà se révélant habiles artistes ; et le dernier, marchant sur des données toutes différentes, nous montre, par une suite de détails merveilleusement combinés, comment on peut appliquer au même objet les thèmes variés à l'infini du symbolisme le plus gracieux et le plus fécond (1).

(1) Cet encensoir était de cuivre. L'or et l'argent, on le voit, ne lui eussent pas mal été. Nous ne voulons pas omettre, en finissant d'en parler, la curieuse inscription qui se partageait en trois vers les deux plates-bandes servant de bordure aux deux parties de l'encensoir, au haut de la coupe destinée à recevoir le feu, et au bas du couvercle qui s'élevait au besoin par le moyen des chaînes. Cette inscription est d'une poésie, on l'a fait remarquer justement, assez embarrassée dans ses allures : la précision de l'artiste passait difficilement en des vers techniques, qui ne pouvaient l'admettre qu'aux dépens du rhythme. Excusons l'auteur, puisqu'après tout il nous a donné son nom à inscrire dans le dictionnaire de nos orfèvres, et que par-dessus tout il nous donne un de ces beaux exemples de pieux désintéressement qui n'étaient pas rares en ces temps là !

*Hoc ego Reinerus do signum : quid michi vestris*
*Exequias similes debebitis morte potito ?*
*Et reor esse preces vestras thymiamata Christo.*

(Moi, Reinerus, je vous offre ce symbole : que me devrez-vous après ma mort qui puisse lui ressembler ? J'aime à espérer que vos prières seront encore un parfum pour le Christ.)

Nous venons de parler des chaînes de l'encensoir : ce dernier trait de symbolisme appelle encore notre attention. C'est du pape Innocent III, ce grand maître de la même période séculaire, que nous apprenons, aussi bien que de Guillaume Durant, qui l'a copié, l'importance qu'il faut attacher aux *trois* chaînes. « Elles représentent, disent-ils, en réunissant les deux parties de l'encensoir, les trois unions qui fondent ensemble en Jésus-Christ la divinité et l'humanité, c'est-à-dire l'union de la chair à l'âme, l'union de la Divinité à la chair, et l'union de la Divinité à l'âme. Que s'il y a quatre chaînes, comme on en voit à certains encensoirs, alors on se plaît à désigner ainsi une quatrième union, celle de la Divinité, pour composer un seul tout de l'âme et de la chair. » (Innoc. III, *De sacro altaris Mysterio*, lib. II, cap. XVII. — Duranti Mimat., *Rationale div. Off.*, lib. IV, cap. X.) — On peut voir encore, sur le symbolisme de l'encensoir tout entier, Honorius d'Autun, *Gemma animæ*, lib. I, cap. II ; Amalaire, *De Ecclesiæ Officiis*, lib. III, cap. XVIII, et plusieurs autres que cite dans son *Symbolisme architectural des églises* M. l'abbé Godard-Saint-Jean, *Bullet. monum.*, XIII, 351.

Enfin disons aussi que, si l'iconographie monumentale nous montre si souvent les Anges pourvus d'encensoir, c'est que leur principale fonction dans le ciel, lorsqu'ils ne sont pas employés comme messagers des volontés divines, ainsi que l'indique leur nom (ce nom, dit S. Grégoire le Grand, étant celui de leur ministère et non pas de leur nature :

Ce même douzième siècle, dont nous ne sortirions pas si nous voulions mentionner toutes les belles œuvres qui s'y rattachent à notre sujet, fut illustré par un grand homme avec lequel nous avons déjà fait connaissance dans une de nos précédentes dissertations (1). Suger ne fut pas moins ingénieux dans l'art de l'orfévrerie que dans les belles conceptions que lui inspira l'édification de sa basilique de Saint-Denys, et surtout les magnifiques vitraux dont nous avons parlé. Le livre *De son administration* est plein de ces utiles souvenirs, qu'il faudrait prendre aujourd'hui pour autant de conseils à écouter en maintes occasions où l'art reste si insignifiant et si froid. Quel charme on éprouve à retrouver dans ces pages splendides les trois portes dorées de sa façade, celles des scènes de la passion, de la résurrection et de l'ascension du Sauveur, dont la fonte se relevait de ciselures et de mosaïques, et dont l'éclat artistique, disait le pieux abbé, n'était dans son intention qu'une figure de la Lumière éternelle vers laquelle il voulait élever tous les cœurs (2) ! Un autel d'or, garni de pierreries qu'y voulut consacrer la piété empressée des rois, des évêques et des simples fidèles ; des reliquaires non moins riches pour les restes vénérés des Saints ; mais surtout une magnifique représentation de la croix élevée en colonne d'or et de gemmes, qu'entouraient en compartiments ciselés toutes les scènes de la vie de l'Homme-Dieu auxquelles correspondaient les faits prophétiques de l'ancienne Loi, et au pied de laquelle les Évangélistes reposaient comme les irréfra-

---

*Angelorum vocabulum nomen est officii, non naturæ;* — homil. XXXIV in evang. Matth.), leur fonction, disons-nous, est de rendre à Dieu de continuels hommages d'adoration, dont l'encens est le symbole le plus habituel. Ceci est fondé sur le texte de l'Apocalypse, VIII, 3 : *Angelus stetit ante altare, habens thuribulum aureum.* — Voir ci-dessus, t. II, ch. VIII, p. 191.

(1) Voir ci-dessus, t. II, ch. XVII, sur le symbolisme architectural et iconographique de Suger dans son abbatiale de Saint-Denis.

(2)      Mentes ut cant per lumina vera
   Ad verum Lumen, ubi Christus janua vera.

gables témoins des grandes merveilles de la Rédemption : telles furent les principales bijouteries du temple régénéré par ces habiles mains.

Et cependant son zèle ne devait pas se borner à ces incomparables détails. Les vases sacrés étincelèrent de toute la parure convenable à la sainteté de leur destination ; les pupitres antiques, relevés d'ivoire historié, ciselés d'animaux jouant dans les feuillages, furent exclusivement réservés au chant de l'Évangile, auquel toute la nature semblait ainsi applaudir ; ce qui ne l'empêche pas de redorer ce bel aigle qui figurait au milieu du chœur, et sur lequel s'ouvraient pour le chant des offices d'incomparables manuscrits tout resplendissants des fleurs d'azur et de carmin, et des majuscules d'or élaborées par d'ingénieuses plumes dans la grande salle des écrivains de l'abbaye. *les vases sacrés ; les pupitres et les aigles.*

On voit ici l'antique usage de ces pupitres portatifs et de ces aigles posés au milieu du chœur pour soutenir les livres de chant. On le peut faire remonter jusque vers la fin du dixième siècle ; à cette époque, Foulques, abbé de Lobbes au diocèse de Cambrai, en avait fait exécuter un dont les annales bénédictines parlent avec admiration (1). Cet usage n'est nullement aboli, et quoique le pillage *constitutionnel* de nos églises, en 1790, en ait détruit un grand nombre sous prétexte d'en battre monnaie ou d'en couler des canons, quelques paroisses en sont restées pourvues et se gardent bien, comme Notre-Dame de Poitiers, de changer ces beaux supports, dont le travail est fort remarquable, pour des meubles sans style et sans idée que des revendeurs réussissent trop souvent à faire accepter. Le symbolisme de l'oiseau sacré se comprend tout d'abord. Il était, ni plus ni moins, la figure de S. Jean l'Évangéliste lui-même ; par son vol élancé vers le ciel qu'il fixait de ses regards, il rendait bien la parole évangélique donnée à la fois aux quatre *Symbolisme de ces beaux meubles.*

---

(1) Mabillon, *Annal. Benedict.*, t. III, 609.

points du monde (1). On peut juger par ces faits de l'intelligence qui préside parfois aux décisions de certains cérémoniaires qui éloignent l'oiseau sacré du chœur et le font nicher dans un grenier de sacristie, en attendant qu'il passe dans le creuset du fondeur.

*Orfévrerie du treizième siècle, conforme au style de l'architecture.*

On pense bien que le treizième siècle, en héritant de tous les trésors de symbolisme que le douzième avait créés, ne négligea point de les exploiter, et que son orfévrerie sut répondre, comme les autres arts, aux attractions nouvelles de l'époque la plus parfaite et la plus pure du style ogival. Alors comme toujours, mais avec un charme et une puissance d'exécution qui ne pouvaient plus augmenter, on vit les petits objets du culte, aussi bien que les plus imposantes masses, affecter les formes à la fois sévères et gracieuses de ses façades historiées, des flèches élancées, des légers contreforts et des toitures ornées de nos basiliques. Ce que l'architecte et le sculpteur avaient osé, l'orfèvre l'imita, devenu, comme l'un et l'autre, constructeur et imagier; et il ne se borna point à mériter ce dernier titre par le fini de ses naïves scènes de la Bible ou de la légende : il se fit peintre aussi et coula sur ses cuivres dorés, sur son vermeil et sur son argent les nielles et les émaux, après lesquels on ne put rien ajouter au luxe et à la splendeur de ces terrestres merveilles qu'on voulait rendre dignes du ciel. Le filigrane, moins commun depuis le dixième siècle, retrouva son crédit par la souplesse qui l'associa avec un admirable succès à l'ornementation d'une foule de détails architectoniques. Les reliquaires d'argent trouvés en 1856

---

(1) « In omnem terram exivit sonus eorum. » (*Ps.*, XVIII, 4. — *Rom.*, X, 18.) — Durant de Mende attribue aussi l'usage de lire l'Évangile sur les ailes de l'aigle au désir de réaliser les paroles que le psaume (XVII, 11) attribue à la Majesté divine : « Volavit super pennas ventorum » (*Ration. div. Offic.*, lib. IV, cap. XXIV). — Mabillon cite un autre texte non moins formel : « Instrumentum vero illud quod paratum est receptui textus Evangelii, Johannes Evangelista in similitudine aquilæ volantis adornat » (*Act. sanct. Bened.*, VIII, 476, cité par l'abbé Texier, *Dict. d'orfév.*, col. 48).

à Charroux, et qui datent du treizième, sont une admirable preuve que ce genre d'embellissement était alors fort pratiqué.

Le costume ecclésiastique adopta lui-même dans ses orfrois et ses broderies à larges dimensions des dessins en or de symboles variés, des incrustations de pierreries; les chapes eurent leurs fermails à compartiments émaillés, les mitres leurs signes sacrés imprimés ou brodés sur de précieuses étoffes tissues de soie et d'or, de sorte que le lapidaire et le joaillier n'y avaient pas moins à faire que celui qui les avait taillées et cousues.

*Beauté du costume ecclésiastique de cette époque.*

Nos recueils archéologiques sont pleins des plus beaux spécimens de ce siècle en tous les genres. On y remarque surtout l'union du symbolisme à l'art manuel non moins que dans le siècle précédent, et beaucoup plus qu'au suivant, où déjà se manifestait moins de zèle à en maintenir les traditions. Qui ne sait les belles crosses, les inimitables reliquaires, les monstrances, les calices, les croix, les encensoirs, les chandeliers, et même les retables, publiés avec tant de goût et de perfection par les notabilités actuelles de la science (1)? C'est à ces modèles qu'il faut recourir, et nous allons proposer une suite d'observations qui ne peuvent manquer ici, ayant toutes leur utilité pratique. C'est le rôle de Théophile que nous prenons en cela, et nous dirons, comme il le disait pour son époque, de quelle façon la nôtre doit comprendre et disposer tout ce que l'artiste chrétien destine du service de l'autel.

*Le symbolisme n'y est pas moins cultivé.*

Commençons par l'autel lui-même. Il est la table où se consomme le Sacrifice, où repose le Saint des Saints : donnez-lui donc non cette magnificence factice qui en fait parfois une masse de clinquant, une maçonnerie revêtue de

*L'autel et son caractère.*

---

(1) Cf. surtout les *Annales archéologiques*, de Didron; — *Le Moyen Age et la Renaissance*, de M. Séré, t. III : ORFÉVRERIE ; — *Mélanges d'archéologie*, des RR. PP. Martin et Cahier ; — le *Bulletin monumental*, de M. de Caumont; — la *Revue de l'art chrétien*, de M. l'abbé Corblet.

plaques de cuivre doré, divisée en compartiments, sans élégance ni signification, sur un fond repoussé d'étoiles ou de fleurons qui ne ressemblent à rien. Ce n'est pas ainsi que le moyen âge traitait ses autels. Le plus souvent, ils représentaient par la face antérieure une suite d'arcades romanes ou ogivales remplies par des statuettes d'apôtres siégeant ou se tenant debout autour du Sauveur assis, dont le type pouvait être très-varié : tels sont les autels modernes, en style du douzième siècle, dans l'abbatiale nouvelle de Fontgombaud et l'ancienne collégiale de Notre-Dame de Poitiers (1). Il est bien entendu que tout ce qui n'est pas historié sur cet espace est garni d'arabesques, d'entrelacs, de plantes symboliques, et qu'on n'y ménage ni la peinture à la cire, ni l'or, ni même les pierreries et les émaux. Cette même ornementation, on le sent, est applicable aux autels de toute autre époque, et pour s'adapter à l'église, l'autel aura été inspiré du style général. Cette condition ne doit jamais être oubliée.

*Les chandeliers et la lumière sacrée ;*

Des chandeliers se placent toujours sur l'autel, par une prescription stricte qui ne permet pas de s'en passer pen-

(1) Cf. *Rev. de l'art chrét.*, t. I, p. 539.—Nous ne voudrions pas oublier de rappeler ici combien furent autrefois d'un bel effet ces devants d'autels, qui se changeaient à volonté, et dont le fond en cuir repoussé offrait avec tous les sujets possibles une parure charmante et variée de fleurs coloriées, d'oiseaux symboliques, de guirlandes et de feuillages relevés d'or et d'argent. On a perdu l'usage de ces riches tentures, qui pouvaient se multiplier pour le même autel et y représenter les mystères des fêtes principales agencés avec beaucoup d'art et de sentiment. Pourquoi ne reviendrait-on pas à ce genre, qui offre avec une grande richesse, si on veut l'y adapter, un moyen d'économie très-favorable à la plupart de nos églises rurales ?

Un autre moyen consiste à garnir le devant de l'autel d'un cadre dont l'ensemble se découpe à jour en arcades romanes ou ogivales qu'on remplit à volonté d'un fond garni de sujets, de statuettes ou d'autres motifs qu'on y a peints dans le style réclamé par l'édifice. Ce fond fait ressortir la couleur liturgique analogue à celle des ornements du jour, et c'est sur cette couleur qu'on peut faire saillir les sujets appropriés aux différentes fêtes, car il peut varier ainsi autant qu'on le veut. Ce moyen est plein de ressources et fort peu coûteux ; il se prête à toutes les variantes d'un symbolisme plein d'à-propos.

dant le Saint Sacrifice : figure du Christ, comme le chante l'Église quand elle renouvelle chaque année, au Samedi saint, le feu sacré *(lumen Christi)*, la lumière, qui rend plus solennels tous ses offices, signale à plus forte raison l'importance du plus sublime des actes liturgiques : elle brille toujours quand s'immole la sainte Victime. On n'en eut d'abord que deux sur l'autel, et l'on vint à en avoir six, comme aujourd'hui (1). Ces six, ou seulement quatre, sont déterminés par le degré des fêtes. Nous avons dit comment et pourquoi on en allume un septième à l'autel où officie l'Évêque diocésain (2).

Donc on pouvait faire de ce meuble une parure digne de la table qu'on en chargeait. A cet égard encore, rien

*leur symbolisme et leurs détails variés.*

(1) Une certaine école s'est formée parmi les archéologues laïques, dont tous les efforts se dirigent à blâmer ces changements ou modifications que les siècles ont apportés à certains détails primitifs ou fort antiques du culte divin. Ils ne voudraient rien qui ne sortît des catacombes, et ne font aucune estime de l'assentiment général donné à ce qui se pratique aujourd'hui. Par exemple, ils ont grande horreur des quatre ou six chandeliers occupés par les six cierges qui, aux plus grandes solennités, accompagnent le Sacrifice de l'autel. Ils joignent beaucoup d'autres griefs à celui-ci, de tout quoi ils accusent amèrement le clergé comme désertant les règles anciennes. Nous devons répondre, une fois pour toutes, à ces critiques opiniâtres, qu'une science est mal traitée par qui ne la possède qu'à moitié; qu'ils devraient chercher à suivre dans l'histoire les phases auxquelles se rattachent les modifications qui les scandalisent, et qu'après tout il est un peu tard, quand les coutumes actuelles ont leur valeur légale depuis plus de quatre cents ans, de venir réclamer contre elles. Pas un prêtre n'oserait maintenant revenir de lui même aux usages abolis qu'ils revendiquent, sans s'exposer à un blâme sévère et mérité de ses supérieurs ecclésiastiques. Donc, qu'il soit permis, au point de vue scientifique, d'établir ce qui fut, d'en épier dans le cours des siècles les variantes toujours curieuses, de s'en demander la raison (qu'on trouvera toujours fort louable et très-motivée), rien de mieux : de telles discussions aboutissent à s'éclairer. Mais le simple chrétien n'a jamais qualité pour *protester* contre les décisions de l'autorité qui le guide; sa compétence doit cesser à cette limite, et c'est perdre du temps que de le dépenser en récriminations qui n'ont pas plus de fondement que de profit.

(2) Voir ci-dessus, t. II, sur le premier chapitre de l'Apocalypse, p. 149.

n'égale certainement le moyen âge. Comme on n'avait voulu que la plus pure cire produite par la mère abeille (1) pour éclairer de ses rayons et embaumer de son parfum naturel les divines humiliations du Sauveur sacrifié, on voulut à ce luminaire mystérieux un support qui parlât son langage, qui reflétât son éclat moral par l'expression toujours instructive d'une pensée symbolique. Très-variés par la forme, plus ou moins simples ou riches de confection ou de matière, que ce fût l'or, ou l'argent, ou le bronze qui leur fût consacré, on trouva toujours moyen de les orner avec plus ou moins de profusion. Le treizième siècle y est d'une simplicité remarquable quoique pleine d'élégance; le douzième est plus habituellement symbolique, plus trapu et plus large dans son ensemble, mais aussi profitant de ses dimensions, inspirées d'ailleurs par le but du fondeur qui veut les utiliser pour reproduire les images bien connues du Sauveur et de ses attributs. Nous en connaissons un spécimen des plus remarquables de cette dernière époque. Reposant sur trois pattes de lion ou de grifon, le nœud intermédiaire offre, au milieu de feuillages en relief, quatre modillons reproduisant chacun des animaux du Tétramorphe; la cuvette est supportée par deux lézards, dont le rôle toujours néfaste n'a pas d'opposition qui puisse en faire un symbole du bien. Comme ici le lion et le grifon, ce lézard est une image de l'Antechrist forcé, comme prince du feu éternel, à parer le triomphe de la Lumière indéfectible (2). D'autres

---

(1) « Quam mater apis produxit! » (*Préface de la bénédiction du cierge pascal.*) —Voir, ci-après, p. 325, note.

(2) On voit ce chandelier au musée de Cluny.— Le lézard est, comme le scorpion, toujours pris pour le démon; l'un et l'autre rampent, se cachent dans les murs; ils ne sont bons qu'à être foulés aux pieds: et cependant ils diffèrent beaucoup de caractère, car le lézard est parfaitement innocent et ne nuit jamais à l'homme; le scorpion, au contraire, mord et empoisonne. — Mais le lézard est un des animaux impurs du Lévitique; il est défendu par la Loi de s'en nourrir: *Lacerta non comedetur* (XI, 30, 41). C'est un titre au mépris et à la réprobation. Pierre de Capoue et l'Anonyme de Clairvaux traitent ces deux bêtes

fois, ce sont des griffes d'aigle, dont le sens ne dit rien de meilleur; et sur la tige se développent capricieusement des hybrides aux ailes étendues, et dont la tête a également ses caractères peu rassurants. Au reste, ces gracieux chandeliers sont d'une hauteur médiocre et ne varient guère que de 12 à 30 centimètres : c'était au plus la taille de nos flambeaux de cheminées.

Mais on n'en restait pas à ces mesures, réservées à l'autel quand il n'avait encore ni ses gradins ni son retable. Dès lors on avait à pourvoir aussi d'un support proportionné le cierge pascal, dont la bénédiction solennelle au Samedi saint était déjà pratiquée au temps de S. Augustin, mort en 429 (1). On fit parfois pour ce symbole liturgique de superbes chandeliers, dont un des plus remarquables est celui de Saint-Jean de Latran, à Rome. C'est une colonne de bronze avec son chapiteau, et sa base repose sur le dos d'un lion qui, on le devine, n'est autre chose que l'emblème du Sauveur. Il paraît être du treizième siècle. On en voit un du douzième au musée de Cluny, formé d'une tige fort simple et supporté par un quadrupède assez équivoque, et qui peut être aussi un lion; mais on n'a plus de doute sur la nature et le rôle de l'animal, qui représente

*Le chandelier du cierge pascal,*

*à Saint-Jean de Latran.*

avec peu d'indulgence, et leurs noms leur semblent deux synonymes de l'esprit du mal. (Cf. *Spicileg. Solesm.*, III, 95; et les zoologistes de la Bible.)

(1) L'ancien *Sacramentaire gallican* attribue à S. Augustin la composition du magnifique chant *Exsultet jam angelica turba cœlorum*, qui accompagne la bénédiction du cierge pascal. Mabillon et Lebrun en parlent dans le même sens. Ce cierge, comme il résulte du texte liturgique, est en même temps une image de la Lumière évangélique et de la Résurrection. Il est même la figure du Sauveur ressuscité et apparaissant à ses disciples pendant quarante jours : *Per dies quadraginta apparens eis, loquens de regno Dei* (Act., I, 3). C'est pour cela qu'allumé pendant tous les Offices depuis le jour de Pâques jusqu'à celui de l'Ascension, l'Ordre romain le fait éteindre à ces paroles de l'évangile de la messe solennelle : *Assumptus est in cœlum.* — Voir Grancolas, *Tr. de l'Off. div.*, p. 546 et 590; — Benoît XIV, *De Festis.*

Satan par sa cruauté et sa vigilance, si l'on considère un autre modèle du même musée, indiqué par Didron comme étant de la fin du douzième siècle. Cette ferme et riche exécution, dont le nœud est fortement accusé, a sa cuvette reliée à la tige par deux espèces de reptiles à deux pattes qui la mordent, et son pied repose sur trois pattes de lion au-dessus desquelles une grotesque figure de démon ornée de griffes et d'ailes se mêle à des entrelacs fort savamment agencés. Nous ne voyons pas pourquoi ce genre ne serait pas adopté pour une église de la même époque, où un tel ensemble se marierait bien aux sculptures des chapiteaux ou des modillons.

Au reste, beaucoup de modèles nous ont été faits dans les différents styles du moyen âge en ces derniers temps. On commence à les préférer, grâce Dieu, à ces grandes et insignifiantes quincailleries dont on dotait nos autels depuis deux cents ans. C'est au clergé à ne plus vouloir de ces tiges démesurées dont les guirlandes ornent le pied en s'y drapant uniformément sous les fausses apparences d'une dorure menteuse, et que surmontent toujours des cierges gigantesques ou d'ignobles souches en ferblanc. Partout aujourd'hui on trouvera mieux que ces instruments ridicules.

*Les lampes.* Les lampes ont toujours été recommandées comme un symbole de lumière indéfectible brûlant devant le Sacrement divin. Leur but devait donc en faire le terme auquel vinssent aboutir toutes sortes de soins pour la matière et la composition. Aussi anciennes que l'Église, elles perpétuaient l'usage qui en avait été prescrit par l'Exode devant le Tabernacle, et plus tard dans le temple de Jérusalem (1).

---

(1) « Facies et lucernas septem, et pones eas super candelabrum, ut luceant ex adverso. » (*Exod.*, XXV, 37.) — Les Pères voyaient dans ce chandelier d'or le Saint-Esprit, dont l'or est l'emblème, et qui est tout amour, *Ignis, Charitas*. Les sept lampes étaient les sept dons de ce même Esprit, différents dans leurs qualités et leurs effets; formés et entretenus par le même amour.—Voir Sacy, *in h. loc.*, et Texier, *Dict. d'orfév.*, col. 327.

Du temps de S. Paulin (353-431), on les multipliait déjà autour des autels (1). Ce furent donc leur importance liturgique et le symbolisme de leur signification qui dictèrent toutes les beautés artistiques dont on les enrichit. Ces deux points feraient le sujet de dissertations intéressantes. Nous nous garderons de répéter ici ce qu'en ont écrit, de notre temps, des archéologues distingués, déjà cités maintes fois; disons seulement de quels traits éloquents le symbolisme a toujours voulu les honorer.

D'abord simples et de dimensions restreintes, les lampes prirent de vastes développements à mesure que l'art religieux épanouit ses ressources intimes ornées de tous les attributs de Dieu, des Anges, des Saints, de la nature vivante; on les vit s'élever bientôt au niveau des plus magnifiques meubles, et leur beauté s'augmenta selon qu'elles s'approchèrent plus des temps hiératiques, où les études théologiques firent du symbolisme une véritable science. Qui ne connaît l'*arbre de Milan*, où se développe toute la vie de la Sainte Vierge, et mille autres qu'a reproduits le burin dans nos belles gravures archéologiques? Eh bien ! il fallait à tout cela des œuvres rivales non moins merveilleuses, et qui dépassassent encore ce style plein d'images et de fleurs. On inventa les couronnes de lumières, qui, semblables à celle de la chapelle impériale d'Aix-la-Chapelle, formèrent devant l'autel un cercle grandiose, figurant une enceinte murale flanquée de tours nombreuses, de portes ouvertes à la foule, surmontée de lumières sans nombre, et rappelant, en un mot, par tous ses accessoires, la céleste Jérusalem de

*Les couronnes de lumière.*

---

(1)     Clara coronantur densis altaria lychnis
        Nocte, dieque micant.
            (S. Paul., *Carmina*, p. 206. Paris., 1685, in-4°.)

Notre S. Fortunat mentionne aussi cette abondance de lumières dans l'église de Saint-André construite à Ravenne par l'évêque S. Vital :
      Hæc sua tecta replet Laurentius igne sereno
        Cui pia flamma dedit luce perenne diem.
            (*Miscellan.*, lib. I, cap. II.)

l'Apocalypse (1). Comparez ces œuvres à ces lustres de laiton et de verre qui, dans nos églises, figurent encore, après avoir lassé des salons ou des vestibules de leurs bougies et de leur froide uniformité !

<small>Le crucifix de l'autel.</small>

Une croix s'élevait toujours sur l'autel entre les deux chandeliers ; l'antiquité la plus reculée ne laissa jamais vide la place qu'elle occupe encore. Cette prescription a été même jusqu'à porter à trois le nombre de celles dont on parait l'autel de la messe. Ce rite s'observe encore chez les Arméniens, et rappelle les trois croix du Calvaire. Au pied de la croix qui, depuis trois siècles au moins, reste permanente sur l'autel en dehors du Saint Sacrifice, on a souvent placé un agneau (2) ou un cerf, ennemi du serpent (3), ou le serpent lui-même se tordant de rage sous les influences du sang divin qui ruine son empire. Ce sont là des symboles d'une simplicité primordiale, et on ne les a pas dédaignés au moyen âge. Rien de plus beau que certaines de ces croix confectionnées en ces temps de foi et d'amour pour les cathédrales et les basiliques de nos monastères. On semblait s'évertuer à rendre le plus magnifique que possible

---

(1) Voir *L'Arbre de la Vierge*, dans les *Annal. archéolog.*, t. XIV, passim, — et *La Couronne de lumières d'Aix-la-Chapelle*, dans les *Mélang. d'archéol.* des PP. Cahier et Martin, t. III.

(2) « Sicut ovis ad occisionem. » (*Is.*, LIII, 7.) — Durant de Mende parle du crucifix comme disparaissant de l'autel après la messe.

(3)    Ne devons mettre en oubliance
    Ce dit, ne la sénéfiance
    Del cerf, qui estrangement ovre
    Quer il menjue la colovre...

dit Guillaume le Normand (XXXII, *Du Cerf*).

Tous les naturalistes anciens et les bestiaires du moyen âge s'accordent à dire, avec ce même Guillaume, que le cerf, image du Sauveur d'après les symbolistes, hait le serpent, qui reste toujours en ce cas l'emblème du démon. Le premier aime à se remplir la bouche d'eau qu'il va jeter à l'entrée du trou où l'autre se cache, le force d'en sortir, l'attire vers lui par une forte aspiration, puis le foule aux pieds et le mange. « Ainsi Jésus-Christ fit sortir le diable de l'enfer. Il est la claire fontaine que celui-ci ne peut souffrir. » (Cf. Hippeau, *Le Bestiaire divin de Guill. de Normandie*, p. 171 et 277, — et Théobald, ci-dessus, t. III, p. 493.)

l'objet devenu inséparable du divin Objet de toutes les adorations du ciel et de la terre. Que, selon les âges, on l'ornât de ciselures offrant aux regards la personne auguste du Sauveur attaché à la croix, ou que cette sainte image y fût apposée en relief comme on le fit plus tard, on l'y voit toujours environnée du Tétramorphe, des deux astres, ou des quatre fleuves de l'Éden, ou surmontée de la main céleste qu'on retrouve jusqu'au treizième siècle figurant dans notre imagerie symbolique. Les types ne manquent pas, d'après lesquels on peut renouveler ces précieux ornements d'un autel pour lequel nous voudrions, au moins sur une croix de métal plus ou moins enrichie, un de ces beaux christs en ivoire qu'on travaille très-bien aujourd'hui, et qui aurait le double avantage d'ajouter à un objet de valeur une matière par trop délaissée pour les bijoux du saint Lieu (1).

Passons au calice, qu'appelle maintenant l'autel pourvu de son indispensable luminaire et de sa croix non moins obligatoire. Ce vase est de la plus haute importance, car il se rattache à ce qu'il y a de plus élevé, de plus divin dans le culte catholique. Félicitons-nous de n'en être plus à ces coupes sans caractère, juchées sur un pied dont la longueur exagérée se partageait en trois ou quatre nœuds aussi gênants qu'inutiles, et dont la base épaisse et gonflée avait parfois pour grande parure deux ou trois médaillons représentant au repoussé la Naissance, la Passion et la Résurrection, quand elle ne se contentait pas de feuilles d'acanthe ou de persil. On est parvenu à de meilleures formes, et, pour y venir, des marchands, qui ne sont pas tant des artistes que des spéculateurs, n'ont eu qu'à regarder dans nos musées tels ou tels spécimens que nous avaient légués les siècles antérieurs à la *Renaissance*. Mais on se borne là assez géné- *Les calices;*

*combien le sym-*

---

(1) Consulter, sur les croix et leur ornementation variée, Didron, *Annal. archéol., Revue de l'art chrétien*, et toutes les grandes publications que nous avons citées jusqu'ici.

bolisme leur est indispensable. ralement. On vous sert un calice qu'on attribue plus ou moins justement à telle époque, gracieux sans doute et *joli*, et pourtant dépourvu encore de tout caractère qui le distingue d'une coupe que nous pourrions dire *profane*, si d'un certain côté la petite croix obligatoire ne figurait pas sur une des quatre ou cinq divisions de la base.

Motifs propres pour leur ornementation. Avouons qu'on pourrait mieux faire, ne fût-ce qu'en décorant la coupe et les autres surfaces de quelques souvenirs de nos études symboliques. Et où est-ce donc que nous placerons mieux l'esthétique chrétienne que sur ce vase vénérable à tant de titres, qu'on ne peut voir sans se rappeler les figures qui l'annoncèrent : la Manne du désert, le Serpent d'airain, les Pains de proposition, le raisin de Jéricho, l'Eau du rocher, l'Agneau pascal ? Que si vous voulez plus que de tels symboles, pourtant fort expressifs, usez plus largement des traditions historiques ; partagez en quatre panneaux la base de votre petit monument ; représentez-y les quatre vertus cardinales, qui doivent habituellement préparer au banquet de chaque jour l'évêque et le prêtre ; formulez ces vertus, soit par des femmes pourvues des insignes que nous leur connaissons (1), soit par leurs simples attributs

(1) Nous ne pouvons nous arrêter à cette énorme nomenclature des vertus, pour lesquelles un livre, même considérable, serait à faire au point de vue de l'art chrétien ; et cependant nous ne devons pas priver nos lecteurs des notions essentielles à l'enseignement que nous professons ici. C'est pourquoi nous croyons devoir exposer ce qu'il faut savoir des plus importantes et des plus usuelles en archéologie symbolistique.

Les vertus, pour devenir autant d'allégories iconographiques, ont dû se personnifier, et c'est par là qu'on les rend plus sensibles en leur donnant des attributs distinctifs. On ne les voit jamais ainsi représentées dans l'Écriture, où on ne leur donne aucun caractère particulier. Mais ce sont toutes des femmes remarquables par une beauté mâle et d'une activité énergique, comme on le voit au tympan de la cathédrale d'Amiens, pratiquant le rôle qui leur est propre et accompagnées de leurs attributs spéciaux. A Civray et à Parthenay (en Poitou), le sculpteur leur fait terrasser les vices, qu'elles combattent sous la forme de monstres vaincus. Il y a sur ce sujet, dans toute la patrologie, d'ingénieuses révélations, qu'ont exploitées utilement nos grands traités d'arqu'entoureront des cabochons ou des pierreries de couleur convenable à chacune d'elles ; jetez dans les intervalles des végétations analogues s'enroulant en nielles ou en émaux sur les fonds d'or ou d'argent ; surmontez tout cela d'un palmier qui formera la tige du vase précieux, et dont la tête, avec ses feuilles serrées, ira former une fausse-coupe où s'encadrera la coupe véritable : ce sera un nouveau symbole du Juste orné comme d'une floraison spirituelle (1), des vertus qui servent de racines à l'arbre mystérieux, et par cela même vous pourrez donner à cette coupe la forme d'une datte aux sucs aussi doux que nourrissants; ou bien vous en ferez un triple compartiment où brilleront les vertus théologales ou personnifiées, ou symbolisées, et toujours entourées de la belle parure donnée à celles qui figurent à la partie inférieure de ce beau travail. Ainsi

chéologie; mais ce qui peut suffire en cela à ceux qui ne peuvent étudier de longues dissertations, c'est l'iconographie générale qui s'en est beaucoup répandue dans ces derniers temps, et que la moindre recherche fera trouver.

Par antagonisme, les vices sont souvent représentés par des animaux monstrueux, et ils sont placés souvent, par opposition, en face des vertus, pour mieux faire ressortir celles-ci. C'est avec ce cortége, qui leur sert de triomphe, qu'elles apparaissent, escortées même des vierges sages et des vierges folles, dans beaucoup de façades sculptées de nos basiliques. Les vertus théologales, cardinales, morales, sociales et privées, ont leur histoire sur la première page ciselée de ces vastes églises, et c'est là surtout qu'on peut les étudier plus sûrement et avec plus de fruit. On leur donne ordinairement un nimbe *carré*, réservé aux Saints encore voyageurs sur la terre: c'est le symbole des *quatre* vertus cardinales. Enfin d'autres rapprochements les ont fait symboliser tantôt par des fleurs, comme au grand portail de la cathédrale d'Auxerre, parce qu'elles sont comme un parfum jeté sur le monde; tantôt par des tours, comme à la couronne de lumières d'Hildesheim, parce qu'elles ont en elles une force de résistance (*virtus*) contre tous les obstacles que les passions leur opposent.—Ainsi, nous le voyons, les vertus trouvent toujours et partout leurs symboles très-expressifs : ces symboles ne sont pas moins dans l'architecture que dans la zoologie, dans la théologie que dans la flore morale. Une fois de plus, nous reconnaissons que la nature est tout entière dominée par cette philosophie élevée.

(1) « Justus ut palma florebit. » (*Ps.*, XCI, 13.)

donc, soit que vous descendiez de la tête de l'arbre à sa base, soit que vous remontiez de celle-ci à sa tête, vous retrouvez cette divine alliance des vertus fondamentales du cœur chrétien, indispensables à la sainteté de la vie, gages certains de la glorification surnaturelle, et fruits toujours plus beaux et plus mûrs du sang précieux qui découle du calice comme des nouvelles plaies du Sauveur.

*Digression sur le symbolisme du calice.*

Nous ne devons pas omettre, à propos du calice, les diverses ou du moins les principales acceptions figurées que lui ont faites les symbolistes. C'est, comme toujours, des Livres saints qu'ils les ont prises; car le calice y est tantôt l'emblème des tribulations de ce monde, des souffrances du Sauveur et des martyrs (1); tantôt le supplice des réprouvés et la juste indignation de Dieu (2); tantôt enfin les consolations des justes et la Communion qui en est la source abondante (3). Le *Spicilége* de Solesme développe ce fait scientifique, et l'expose par une foule d'autorités que nous connaissons (4). Ainsi, nous retrouvons encore ici le système d'opposition partout indiqué, partout suivi. L'art n'a pas manqué de s'en emparer, et le calice lui revient souvent comme une expression soit de gloire, soit d'ignominie que font très-bien comprendre le fond et les détails du sujet. C'est de la sorte que, dans la belle collégiale de Chauvigny-sur-Vienne, un chapiteau du sanctuaire nous montre Babylone, emblème des désordres des sens, tenant à la main une

---

(1) « Calicem quem dedit mihi Pater, non bibam illum ? » (*Joan.*, XVIII, 11.) — « Potestis calicem bibere quem ego bibiturus sum ? » (*Matth.*, XX, 22.) — « Calicem quidem meum bibetis. » (*Matth.*, XX, 23.)

(2) « Ignis et sulphur, et spiritus procellarum: pars calicis eorum. » (*Ps.*, X, 7.) — « Jerusalem..., quæ bibisti de manu Domini calicem iræ Ejus. » (*Is.*, LI, 17.)

(3) « Et calix meus inebrians quam præclarus est! » (*Ps.*, XXII, 7.) — « Quid retribuam Domino pro omnibus quæ retribuit mihi ? Calicem salutaris accipiam. » (*Ps.*, CXV, 43.) — « Hic calix novum Testamentum est in meo sanguine. » (1 *Cor.*, XI, 25.)

(4) *Spic. Solesm.*, II, 465: S. Melitonis *Clavis*, De Lignis et Floribus, cap. CXIV.

coupe qu'elle semble offrir à qui voudra la prendre. N'est-ce pas évidemment le texte de Jérémie accusant la grande prostituée d'avoir enivré toute la terre (1) ? Il en est bien autrement quand le calice est abordé par deux oiseaux qui s'y désaltèrent. Notre lecteur sait à quoi s'en tenir sur ce point. Mais en partant de cette idée, certains artistes ont su se faire d'habiles thèmes qui en amplifient la portée et l'ont fécondée au profit du symbolisme chrétien. En voici un exemple remarquable :

Dans un bréviaire écrit en Espagne avant la fin du quinzième siècle, on trouve en marge de l'office de S. Hildefonse, archevêque de Tolède (657 à 667), une vignette représentant un calice d'or, dépourvu de tige, comme à cette époque, derrière lequel s'élève le buste du Saint. Du calice s'épanchent à droite et à gauche des branches de chêne garnies de leurs fruits, symbole de la force et de la douceur nutritive qui émanent de l'Eucharistie. Tout ceci est d'un gracieux agencement et formerait seul une charmante allégorie ; mais deux autres sujets s'y rattachent et y ajoutent une sérieuse leçon. Au pied, et *à droite* du calice, se tient un oiseau, une colombe dont toute l'attitude et le pieux élan indiquent une aspiration aux trésors du vase sacré, non moins que les gentillesses de ses formes, qui semblent lui en mériter la faveur. A gauche, au contraire, s'accroupit un monstre hybride dont la gueule, horriblement ouverte et garnie de dents acérées, indique, aussi bien que l'ardeur de son regard, une rage féroce. Que peuvent faire là ces deux êtres si différents ? N'est-ce pas le parallélisme de la piété chaste et fidèle, pleine du désir de la nourriture céleste, — et de l'hérésie qui, impuissante à détruire l'auguste mystère, non-seulement refuse d'y parti-

Groupe symbolique d'un calice de S. Ildefonse.

---

(1) « Calix aureus Babylonis... inebrians omnem terram. » (*Jerem.*, LI, 7.) — S. Méliton, *ubi suprà*, l'interprète dans ce sens, et nous l'avons exposé d'après l'Apocalypse (XVII, 1 et 2), ci-dessus, t. II, p. 283.

ciper, mais l'injurie de toutes les expressions de sa haine ? Ne trouve-t-on pas ici de frappants rapports avec tant d'autres images où l'on voit boire simultanément tantôt deux colombes, emblème de la communion fervente des âmes pures, tantôt une de ces deux colombes dont rien ne dépare la nature aimable, pendant que l'autre se termine avec des ailes et des griffes de vautour indiquant l'âme mal disposée au Banquet divin ; tantôt encore, l'une d'elle, tout en gardant sa forme habituelle, douce et élégante, détourne la tête et représente très-bien l'indifférence des cœurs tièdes ou de peu de foi. — Il est encore possible qu'au quinzième siècle, époque de cette miniature, et lorsque les reliques de S. Hildefonse, découvertes en 1400, venaient de ranimer son souvenir et son culte, le peintre ait voulu faire allusion, par ces deux animaux, au *Traité*, resté célèbre à juste titre, *de la virginité perpétuelle de Marie*, qu'avait composé le saint prélat, et où il réfutait les Juifs de son temps, aussi bien que Jovinien et Helvidius qui, au quatrième siècle, avaient nié dans la Vierge-Mère cette prérogative fondamentale. Ainsi, d'un côté, la foi simple et pure; de l'autre, l'erreur hostile et furieuse, et, comme terme de séparation formelle entre elles deux, le Sacrement dont l'éloignement ou la recherche exprime le plus nettement les saintes affections de la piété catholique ou les haines malheureuses de l'impiété (1).

(1) Cf. Bolland., 23 *januar.*, p. 537 ; — Baillet, *Vies des Saints*, t. I, p. 320, in-4°, 1739. — Nous devons le type de la miniature ici exposée à l'obligeance de M. le comte Auguste de Bastard, qui a bien voulu nous communiquer le bois qu'il en a fait faire pour accompagner le compte rendu, plein de bienveillance, qu'il fit en 1850, au Comité des arts et monuments, du premier volume de notre *Histoire de la cathédrale de Poitiers*. Le savant écrivain, justifiant, contre des objections trop fréquentes en ce temps-là, mes opinions sur les modillons de notre magnifique édifice, prétendait, en connaisseur exercé, que beaucoup de sujets semblaient d'abord inexplicables, et pourtant avaient nécessairement un sens à chercher; que ce sens était renfermé très-souvent sous le voile de données très-connues du moyen âge, mais devenues un mystère pour ceux qui ne remontaient pas assez à son esprit par des

## L'ORFÉVRERIE SACRÉE. — LES CALICES.

Un autre genre de symbolisme a été donné au calice : on l'a placé souvent, et nous voudrions que cet usage ne se perdît pas, sur la pierre tombale des prêtres. Nous avons des exemples de cette dévotion usitée dès le treizième siècle, et probablement elle l'était bien antérieurement. On allait plus loin : c'est dans le tombeau même qu'on déposait le vase précieux, et pour celui-là même on ne ménageait pas l'or et l'argent, ni l'élégance des formes, ni les recherches d'ornementation, comme nous le voyons par celui d'Hervée, évêque de Troyes, de 1207 à 1223. Ce charmant petit vase d'argent repoussé, doré pour quelques détails, avait à sa base *huit* feuilles d'olivier. Sa patène, aussi d'argent, est ornée à l'intérieur d'un cercle doré au milieu duquel un nimbe crucifère entoure une main qui bénit (1).

*Calices gravés sur les tombes, ou déposés dans les tombeaux.*

Cette modeste, mais très-convenable parure, peut s'adapter toujours à nos calices d'usage actuel, et il est aisé de comprendre qu'on peut varier à l'infini de tels motifs, selon qu'on voudra glaner dans le vaste champ laissé ouvert par les Pères et les symbolistes ; que si l'on se borne à une extrême simplicité, comme il la faut aux églises qui ne peuvent se munir qu'à des prix modérés, nous recommande-

*Le calice le plus simple peut encore avoir son langage figuratif.*

---

études spéciales ; et il apportait en exemple, parmi plusieurs autres, cette charmante image du Bréviaire manuscrit de Tolède. Une large exposition des pensées de M. de Bastard l'accompagne en une note très-doctement élaborée, et à laquelle nous aimons à renvoyer notre lecteur (voir *Bulletin du Comité des arts et monuments*, 1850, t. II, p. 174 et suiv.). Il n'y a qu'un point sur lequel nous différerions, le vénérable archéologue et nous : ce serait l'interprétation symbolique des deux animaux qui flanquent le calice, et dans lesquels il faudrait voir, selon lui, « la communauté chrétienne célébrant la fête de S. Hildefonse. » — Nous avons cru trouver, dans l'explication qui nous est personnelle, une traduction plus conforme à d'autres images dont l'analogie est frappante, et plus simple aussi, parce qu'elle semble naturellement déduite des traditions déjà reçues ; et pourtant nous ne sommes que sincère en nous inclinant devant une autorité que nous préférerions de beaucoup à nos propres persuasions !

(1) Voir *Notice sur les objets trouvés dans plusieurs cercueils de pierre de la cathédrale de Troyes*, par M. Arnaud, p. 12, cité par l'abbé Texier, *Dictionn. d'orfévr.*, col. 304.

rons au moins de ne pas accepter des objets de caprice, dictés par l'arbitraire d'orfèvres peu autorisés. Qu'on ne choisisse pas au hasard parmi des objets sans pensée; qu'on s'attache à rapprocher la forme et le style général du style de l'église où le calice doit servir. La coupe en vermeil est d'un charmant effet si on l'élève sur une tige et un pied mêlés d'or et d'argent, ce mélange ne fût-il que de minces arabesques ou de feuillages. Les verroteries sont devenues d'un si bas prix, qu'on peut à très-peu de frais en garnir, mais sobrement, les lobes et le nœud. Celles-ci encore, ayant leur langage figuratif, peuvent représenter la foi par le grenat, ou la sardoine, ou l'émeraude; l'espérance, par le saphir ou le jaspe; la charité, par la topaze ou le grenat. Ces indications suffisent comme base d'une foule de notions analogues. Qu'on nous permette d'ajouter, en dehors de tout symbolisme, comme étant deux conditions essentielles de ce vase sacré, intrinsèquement le plus précieux et le plus éminent de tous, qu'il importe surtout de veiller à ce que la base en soit large pour plus de solidité, et la coupe légèrement évasée par ses bords afin de rendre plus facile et plus sûre la consommation du précieux Sang. On évite par ces précautions des accidents souverainement regrettables, et elles rentrent dans le domaine du prêtre autant que le zèle qu'il doit mettre à donner à la matière des vases sacrés la vie et l'intelligence que la saine théologie a toujours exigées pour eux.

*Conditions essentielles de forme et de solidité.*

*Ne pas y prodiguer les émaux.*

Quant aux émaux, dont la mode actuelle aime à parer certaines parties des calices, nous ne croyons pas devoir en encourager le goût et l'usage. Les spécimens que les orfèvres modernes nous en ont donnés jusqu'ici réussissent peu à en patronner l'emploi. Ce que les émaux y ont de fort peu artistique par le peu de fermeté des tons; leur trop parfaite ressemblance à des images communes; enfin la fragilité de ces surfaces vitreuses, qui ne se réparent jamais qu'à des frais excessifs, tout contribue à faire regretter l'engoûment dont on s'est épris pour cette parure de valeur équivoque. Nous ne pouvons donc qu'exhorter à éviter ce surcroît de dépense, relativement énorme, et à reporter de préférence le mérite effectif sur la matière, la ciselure et les reliefs.

Nous ne mentionnons que pour mémoire la patène, dont les embellissements artistiques doivent toujours être, on le sait, analogues à ceux du calice, et que nous conseillons seulement de ne pas creuser, quoiqu'en lui laissant une certaine concavité qui suffise à retenir les parcelles de la Sainte Hostie. *La patène.*

Nous avons parlé des colombes eucharistiques destinées à la Sainte Réserve, et par cela même servant de tabernacle au-dessus de l'autel (1). Quelques écrivains, qui se sont copiés sans discernement, ont parlé de calices ayant cette forme; qui ne voit que c'est évidemment impossible? Contentons-nous donc d'ajouter aux notions déjà données sur ce point que cette belle pièce d'orfévrerie est de la plus haute antiquité. On en trouve un exemple qui doit dater à peu près de l'an 370 dans un auteur de cette époque (2). Le testament de S. Perpétue, de Tours, dont nous avons parlé, n'est pas moins explicite, et parle d'une colombe semblable destinée à porter la Sainte Eucharistie aux malades (3). *Ciboires en forme de colombe.*

On avait, comme complément des vases sacrés proprement dits, des boîtes à hosties, sorte de pyxides sphériques dont le couvercle s'élevait en pignon surmonté d'une croix et pouvant contenir d'une à trois ou quatre douzaines de pains d'autel. Elles étaient d'ordinaire en cuivre ou en argent, émaillées d'azur sur toutes les surfaces. Il est regrettable qu'on ne les retrouve plus que dans les musées : elles seraient bien mieux dans les sacristies, où elles figureraient *Boîtes à hostie.*

---

(1) Voir ci-dessus, t. III, ch. VII, p. 284 et suiv.
(2) Cf. Amphilochii, episcop. Icon., *De Vita S. Basilii Magni.*, apud Bolland., 1 januar.
(3) Cf. *Patrolog. latin.*, Migne, t. LXXI, col. 1151.

avantageusement près des beaux vases sacrés qu'on s'évertue à leur rendre.

*Les ostensoirs.* — Les ostensoirs rentrent aussi dans la même catégorie. Quels n'ont pas été l'élégance de leurs formes, la richesse de leur matière, le fini de leurs détails ! Et, en effet, ces belles *monstrances*, dont l'usage fut adopté d'abord pour conserver des reliques, n'avaient pas de plus grande gloire que de recevoir et d'abriter ensuite le Corps sacré du Sauveur lui-même. Les émaux, les pierreries, les filigranes, les ciselures et les nielles, tout ce que l'industrie et le bon goût pouvaient consacrer à la gloire de Dieu, relevaient d'autant plus sur ces belles pièces d'orfévrerie les images symboliques dont elles se paraient. Ces spécimens si connus aujourd'hui sont les seuls qu'il faille imiter. Nous avons assez de ces immenses *soleils*, dont les rayons étaient l'unique symbole, et qu'on doit chercher désormais à remplacer par les souvenirs des âges de foi, qui ont fait enfin leur réapparition parmi nous, et qui seuls doivent partout témoigner de notre intelligence des choses du Roi des rois.

*Les reliquaires.* — On orne les autels de reliquaires, on renferme les restes toujours vénérés des Saints en des châsses dont le moyen âge a fait une des plus admirables magnificences de ses églises. Sans revenir sur ce que nous avons exposé de l'ameublement sacré au cinquième chapitre du volume précédent, exhortons cependant, pour rester jusqu'au bout dans le rôle que nous nous sommes fait, à ne vouloir, dans ces grandes et belles choses, rien que de très-conforme à l'esprit de l'Église et à ses continuelles aspirations. Nous ne devons jamais priver les moindres objets réclamés par le culte d'une empreinte divine, d'un cachet surnaturel dont tous les traits correspondent au besoin que l'homme devrait toujours ressentir de s'élever vers le ciel et d'y renouveler sa foi et son espérance. Donc rien de froid et de muet, d'insignifiant et de sec, dans toute chose dont l'usage doit s'ennoblir par les approches du Saint des Saints. Assez de modèles nous sont donnés aujourd'hui pour que la théologie et le bon goût puissent vouloir de chacun assez d'intelligence et de savoir en de si graves matières. Nous sommes au siècle des expositions, des musées, des recueils périodiques de lithochromies et de dessins : plus d'excuses à l'indifférence et à la froideur qui n'auraient voulu ni voir, ni étudier, ni comprendre tant de livres ouverts qui leur crient si haut le sentiment des convenances observées en faveur de l'art chrétien. Il est possible de donner son esthétique au plus modeste calice, au bénitier portatif, à l'encensoir, et à tant d'autres instruments qui, fondus d'abord, s'exécutent toujours à peu de frais, et qui n'en exigent que fort peu pour la ciselure ou l'adjonction de quelques motifs spirituels. Nous voudrions même qu'un tel soin s'étendît à la reliure des livres liturgiques, aux missels surtout, pour l'ornementation facile desquels on trouverait à faire graver des cuivres d'empreinte dont les belles couvertures du moyen âge donneraient l'idée et les modèles (1) : tant il est vrai qu'alors tout portait le sceau de la foi dans l'art aimé de tous ; on ne pensait pas que l'on pût abandonner au hasard de mains profanes l'exécution artistique d'une pensée qui avait son origine dans le cœur de Dieu. Grande leçon pour ceux qui n'y songent point !

Et enfin appliquons ces idées même aux portes de l'église, qui furent souvent, surtout avant le onzième siècle, fondues en bronze et historiées de faits bibliques mis en parallèle avec ceux qui se rattachent à Notre-Seigneur dans le Nouveau Testament. Les damasquinures, ou gravures d'or sur argent, les arabesques, des oiseaux, des poissons et autres emblèmes chrétiens, s'y répandaient en des compartiments plus ou moins symétriques. C'est dans ce genre que Suger avait fait exécuter, pour son abbatiale, les portes

Les portes et les pentures.

---

(1) Voir ci-dessus, ch. XIV, p. 40 et suiv., où nous avons parlé des reliures plastiques du moyen âge à propos des manuscrits.

en fonte dorée qu'a détruites le vandalisme des guerres et des révolutions. L'Allemagne et l'Italie, plus heureuses que la France, où l'on n'a guère plus à admirer que les portes du treizième siècle de Notre-Dame de Paris, conservent à Augsbourg et à Vérone leurs lames de bronze battu et ciselé. Ailleurs les ventaux en chêne sont recouverts de lames métalliques où les rinceaux se mêlent à d'autres ornements plus significatifs. On porta ces religieuses attentions jusque sur les pentures, qui furent souvent si délicates de travail, et qui durent à la lime et au marteau de si charmantes végétations, des enroulements si légers, des contours aux épanouissements si gracieux. — Ces mêmes inspirations s'appliquèrent aux grilles qui séparaient le chœur du sanctuaire, qui l'entouraient comme d'une barrière à jour, symbole de respect, qui n'empêchait pas le regard de pénétrer jusqu'à l'Objet de l'adoration commune. En cela encore, imitons nos pères : mêlons aux tiges dorées du fer habilement agencées les expansions qu'on sait lui imposer ; proportionnons-les par leurs dimensions aux lignes plus ou moins vastes des nefs qu'elles partagent, aux profondeurs qu'elles doivent limiter ; et qu'ainsi parée de ce grandiose ensemble de saintes richesses, l'Église rappelle au cœur ému de ses enfants qu'ils ne peuvent trop honorer leur Mère, et qu'à elle s'adressaient déjà aux temps bibliques ces royales et prophétiques paroles : « Seigneur, mon amour a éclaté dans la beauté de votre maison et dans le lieu dont vous avez fait le trône de votre gloire (1) ! »

<small>Les grilles de l'intérieur.</small>

Mais ces réflexions, ces conseils, tous conformes, comme on peut le voir par tout ce qui précède, aux règles de la liturgie, de l'art et du bon goût, prouvent implicitement que nous sommes à une époque où de graves raisons les rendent nécessaires : non pas que nous soyons aussi bas sur ce point

---

(1) « Domine, dilexi decorem domus tuæ, et locum habitationis gloriæ tuæ. » (*Ps.*, xxv, 8.)

que nous avons été, on devra toujours aux plus sérieuses préoccupations de la science archéologique l'espèce de renaissance, à laquelle nous assistons, des vrais principes ecclésiologiques et d'une pratique meilleure des arts qu'ils surent toujours féconder. Toutefois ne nous faisons point illusion : nous marchons encore trop fidèlement à la suite de cette autre *Renaissance* qui, au seizième siècle surtout, usurpa ce nom et, pour mieux réussir dans ses plans contre la vérité chrétienne, s'avisa d'abriter sa conspiration sous le patronage du paganisme antique et de ses mondanités sensualistes. Notre histoire du symbolisme nous a progressivement amené vers cette époque déplorable, dont il nous faut esquisser l'action délétère sur la société et sur ses arts les plus précieux. Entrons dans cette dernière partie de notre tâche, et révélons, pour en tirer nos conséquences pratiques, les honteuses aspirations de cette prostituée, qui a su traiter Dieu comme une idole... et nos églises comme des carrefours.

# CHAPITRE XXII.

### DÉCADENCE DU SYMBOLISME ; SA RENAISSANCE AU DIX-NEUVIÈME SIÈCLE.

#### CONCLUSION.

*Destinées identiques de l'art et des idées morales.*

Les affaissements de la pensée amènent toujours la décadence de l'art. Comme l'un ne vit que par l'autre, il suit fatalement les périodes variées de sa vie morale, et, pour peu qu'on sache les annales du monde, on voit partout et toujours marcher de concert les destinées de la philosophie et de l'art. Aucune des républiques anciennes n'échappe à cette loi surnaturelle, pas plus à Rome qu'à Athènes, et l'Europe moderne, dont la civilisation orgueilleuse semblait à la sagesse humaine une si sûre garantie de prééminence durable, n'a vu sa gloire obscurcie qu'à partir du jour où s'est abaissé le sentiment de sa vieille foi.

*Le bon inséparable du beau*

Comment en serait-il autrement ? C'est un grand tort, et qui compromet les notions élémentaires de l'esthétique, de prétendre que le vrai soit séparable du beau, que ce dernier n'est que relatif, et ne se juge que par les caprices d'un goût qui ne peut avoir de règles précises, qu'il se subordonne aux idées très-diverses de chaque peuple chez lequel même il varie aux diverses époques de son existence. Ceux qui professent de telles spéculations se laissent abuser par d'infimes détails de la chose, et ne la considèrent pas assez dans les sublimes rapports qu'elle a avec Dieu.

En effet, examinez les œuvres de la création, en commençant par l'homme, qui en est le principal objet. Pouvez-vous nier que cet ensemble de si majestueuses proportions, de mouvements si justement mesurés, soit le type de la beauté réelle, source des plus magnifiques inspirations de la statuaire antique? Croyez-vous qu'il n'y ait aucune relation entre ce type, admiré de tous sans exception, et le prototype qui existait avant lui dans la pensée divine? et par cela même, ne voyez-vous pas que la vérité la plus incontestable est la source de la plus parfaite beauté? N'est-ce pas de cette même source qu'est sorti le monde physique, dont la grande harmonie élève tout esprit qui la médite, dont le merveilleux ensemble n'est pas plus beau que le moindre de ses détails? Eh bien! c'est dans le corps humain, nous le savons, que l'art a trouvé l'exemplaire du temple chrétien avec l'inclinaison de son chevet, les souplesses mystérieuses de ses axes; c'est dans la nature qu'existent les plans multiples, les colonnes, les toitures et les nefs du saint édifice. Tout le monde avoue que cet asile de Dieu sur la terre est en lui-même le grandiose et la beauté; et vous oubliez son origine céleste, et vous dites que le vrai n'est pas le principe du beau! D'où venez-vous donc, et quelle philosophie est la vôtre? Quiconque s'appuie de tels arguments n'est plus lui-même qu'un esprit en décadence. Sous Louis XII et François I$^{er}$, il eût contribué à la démolition de la symbolique chrétienne; aujourd'hui il reste, malgré tout, incapable de la sentir. Complice ou victime, c'est mille fois trop, puisqu'à l'un ou l'autre de ces titres on disperse les fondements de l'ordre moral.

*La beauté architecturale prise dans le corps humain et dans la nature.*

Cette observation va nous apparaître pleine d'évidence dans la dernière phase de notre *Histoire*, où *la théorie* du symbolisme s'efface peu à peu, et arrive enfin, par une chute rapide, à monumenter dans sa ruine la plus funeste des apostasies sociales.

Nous avons vu comment, au quatorzième siècle, les entreprises du laïcisme avaient jeté entre l'art chrétien et le clergé,

*Les études des quinzième et seizième siècles faus-*

*sent l'esprit religieux du moyen âge.*

qui seul l'avait dirigé jusqu'alors, les éléments d'une séparation destinée à devenir bientôt définitive. La cause fondamentale de ces mortels empiétements doit être cherchée dans la direction donnée alors aux études. On ne se contenta pas, en effet, d'emprunter à Aristote la forme de son syllogisme, dont la dialectique avait su tirer un si grand profit pour la démonstration des vérités théologiques, et qu'avaient mise en vogue des génies comme Albert le Grand et S. Thomas. Des esprits moins justes, éveillés par les subtilités de la dispute, dépassèrent les sages limites posées par les plus illustres Docteurs, et, au lieu de s'en tenir à la logique du philosophe grec, se jetèrent dans sa métaphysique païenne et en tirèrent des principes d'avance condamnés par l'Église, tels que l'éternité du monde, la fatalité absolue, l'âme universelle (1) : toutes erreurs concevables dans le docte païen, lancé par son esprit d'investigation à la recherche de la vérité, mais inadmissibles pour le chrétien, qui sait toujours à quoi s'en tenir sur l'origine des choses, sur le concours de notre volonté et de la grâce, sur l'unité de Dieu, considéré comme le moteur et le conservateur du monde sensible ou moral.

*Les hérésies n'y contribuent pas moins,*

A ces désordres de la pensée vinrent se joindre bientôt ceux de l'action. Ces hérésies, cachées d'abord dans l'ombre des cloîtres, s'émancipèrent dans les écoles; condamnées, elles devinrent un prétexte de révolte; elles flattèrent les ambitieuses prétentions des princes, qui n'en avaient pas encore fini avec les investitures et les annates. Que si nous ajoutons à ces causes les propres malheurs de l'Église, au sein de laquelle des ambitions princières firent naître le grand schisme d'Occident, on comprendra que de telles préoccupations entravèrent chez le clergé comme chez les peuples la marche régulière, les progrès instinctifs et l'application prospère des sciences et des arts, qui veulent des jours paisibles pour l'union de leurs communes destinées.

(1) Voir D'Argentré, *Collectio judiciorum*, t. I, « Examen du fatalisme. »

Mais aussi vint la conquête de Constantinople par les Turcs. Les Grecs schismatiques apportèrent alors en Europe le goût des études païennes ; dans le clergé, des esprits éminents s'y laissèrent prendre, et Rome eut des savants qui ne s'en gardèrent pas assez. D'autre part, les malheurs politiques dont on eut à gémir en France et en Allemagne augmentèrent le mal en semant partout, avec des germes de dissensions, l'esprit d'opposition et de félonie. Le sentiment du devoir s'abaissa avec le respect de l'autorité. Cette indépendance gagna les masses, toujours disposées, surtout par de funestes exemples, à secouer le joug du devoir. Ainsi une révolution s'était faite ; elle avait marché, élaboré lentement ses invasions dans le royaume de la pensée, et l'Église, qu'abandonnaient lâchement des princes devenus ses rivaux, fut bientôt envahie par les doctrines de Wiclef, dont les prétentions, renouvelées des Albigeois et des Vaudois en tout ce qui pouvait compromettre la sécurité de la société chrétienne, disposèrent trop les esprits aux sanguinaires effronteries du luthéranisme. *non plus que le mouvement littéraire de la Renaissance.*

Durant ces trois siècles écoulés à travers tant d'orages, et pendant lesquels il faut encore signaler comme une profonde source de désordres les guerres soutenues en France contre les Anglais, l'art ogival s'achemina à sa dernière période. Entre autres chefs-d'œuvre, il vit construire le frontispice de la métropole de Reims, type de proportions élégantes et de statuaire achevée; celui de la cathédrale de Poitiers, où semblent se produire, mais avec moins de perfection plastique, et pour une de ses dernières fois, les scènes du Jugement et de la Dormition de la Vierge, qui, depuis le douzième siècle, s'étaient inscrites sur tant de façades monumentales. Des roses splendides, de magnifiques flèches d'une coupe svelte et si pure, remplaçaient les tours carrées et les baies romanes. Tout cela était donc encore très-beau, et honorait l'époque séculaire que Charles VI et Louis XII virent commencer ou finir. Mais, si l'œil était ravi *Symptômes de la décadence de l'art ogival,*

*et avec lui de l'esthétique.*

des remarquables dispositions de ces belles pierres, l'esprit y cherchait en vain les leçons d'esthétique et de philosophie morale qui s'y seraient épanouies à cent ans de là. C'étaient encore les histoires bibliques, les longues rangées de Saints, les divisions principales de la hiérarchie sacrée ; ce n'étaient plus les ingénieux rapprochements, les divines allégories qui resplendissaient encore, comme un reproche à des artistes mal avisés, aux chapiteaux et aux verrières de Chartres, de Bourges, d'Auxerre et de Sens. On n'y voyait plus le côté sérieux de l'art, le langage des Pères, les mystères de la vie spirituelle : tout cela s'effaçait devant les caprices envahisseurs de la légende, des fabliaux même ; et, si des symboles étaient toujours sous ces formes à demi voilées, on n'y trouvait pas moins l'esprit du temps, qui marchait, par l'expulsion du mysticisme catholique, à l'intrônisation des mondanités contraires.

*Causes multiples de cette révolution ;*

C'était le génie sécularisé dans la tête d'artistes plus adonnés au soin de la matière qu'à la théologie, plus occupés du monde et des discussions qui l'agitent que de *loger le bon Dieu*, dont la demeure n'est guère plus qu'un objet d'art et un monument élevé à la réputation d'un maître. Et puis, ce naturalisme qui dénaturait ainsi les édifices de nos grandes villes et les privait de leur vieux langage mystique ; cet oubli malheureux de la basilique latine, si grandiose et si religieusement sévère, insensiblement détrônée par les prétentieuses ciselures des baies, des voûtes et des pignons, furent trop secondés par un autre besoin de ces temps agités, où il fallut faire des monastères et des églises rurales autant de forteresses où venaient se réfugier, contre les incursions de l'étranger ou les subites attaques des seigneurs voisins, les populations effarées de villageois avec leurs femmes et leurs enfants.

*ses caractères sensibles.*

Là où régnaient les meurtrières, les machicoulis et les créneaux, il restait peu de place à la flore murale, à la zoologie des chapiteaux et des modillons ; et, soit que ces symboles jusque-là respectés eussent disparu sous une nouvelle ordonnance des corniches, des fenêtres et des portes, soit qu'il fallût construire une nouvelle chapelle à un château, dont elle devenait un rempart et une fortification, c'était le cas urgent d'oublier les embellissements symboliques pour les nécessités de la guerre ; et comme les idées se perdirent avec l'abandon qui s'en perpétua, le vide se fit partout autour de l'exégèse biblique et des symboles, dont on ne sut plus comprendre le langage ; au point que les savants eux-mêmes se demandèrent bientôt, sans y répondre, ce que signifiaient dans nos églises ces fourmilières de bêtes, ces myriades d'objets inconnus qui n'attiraient plus que les regards ébahis : c'étaient certainement autant de caprices de sculpteurs avinés, autant de preuves de l'ignorance et de la barbarie du moyen âge !

Ce n'est pas tout. On était à peine au milieu du seizième siècle, qu'André Orcagna, qui pratiquait à la fois l'architecture et la peinture à Florence, à Pise et en d'autres villes célèbres de l'Italie, s'avisa le premier de substituer à l'ogive l'arcade grecque, jugée alors, par une erreur de goût que personne ne songerait plus à justifier, plus gracieuse et plus monumentale ; nous disons aujourd'hui plus lourde et plus insignifiante. Ce fut à la *Loge de Lanzi*, à Florence, que ce premier essai fut tenté sur les dessins d'Orcagna. Michel-Ange, que son génie attira bientôt vers ces beautés massives qui le distinguent, approuva beaucoup cette innovation, conseilla au grand-duc Côme Ier de la faire reproduire en d'autres constructions, et l'engouement s'en mêla jusqu'à faire donner aux églises chrétiennes, qui avaient leur style distinctif et dans chaque ogive une aspiration de plus vers le ciel, le style des temples païens avec son élégance froide et symétrique, avec ses cintres pesants, ses voûtes d'autant plus surbaissées, et ses fenêtres qu'on pouvait, avec tout le reste, donner à des théâtres, à des bains publics, à tout monument enfin dont la maison de Dieu ne serait plus distinguée. C'est une fatalité remarquable que l'Italie, dont la foi pouvait se retremper si souvent dans ce Tibre qui arro-

*Orcagna, et l'arcade grecque,*

*favorisée par Michel-Ange contre le style des constructions religieuses.*

sait Rome de ses limpides et fraîches eaux, ait donné l'élan à cette révolte de la matière contre l'esprit. Mais, hélas! les jurisconsultes et les lettrés avaient envahi le territoire, et commençaient contre la vieille Europe chrétienne cette croisade irréfléchie dont allaient jaillir l'émancipation de l'art... et sa mort!...

<small>Le style grec détruit le symbolisme catholique.</small>

Et comme la foi, en s'attiédissant, laisse toujours plus d'élan au règne de la matière et du sensualisme, on vit les églises nouvelles se rétrécir à la mesure du sentiment chrétien : plus de ces vastes dimensions dans lesquelles on avait si longtemps symbolisé la grandeur de Dieu. On devint mesquin et chiche pour tout ce qui relevait de son culte et de son honneur. Le suzerain de la terre, en se dégoûtant des basiliques, en fit passer le luxe dans son manoir. La commune, en conquérant des franchises et des libertés, construisit à grands frais son hôtel de ville et ses palais. Avec ces tendances que pouvait-on faire du symbolisme? Quelques singes grimaciers s'accrochaient encore aux portes ou aux croisées ; des chiens grognons supportaient bien quelques retombées d'arcades en compagnie d'oiseaux fantastiques à côté de quelques têtes de femmes ou de chevaliers ; mais c'était là du pur caprice, une malfaçon d'ouvriers formés au hasard, et qui se gardaient bien de dépenser leurs veilles à méditer, entre le pot et la coupe, le mysticisme d'une clef de voûte ou d'un tympan.

<small>La peinture en souffre moins tout d'abord.</small>

C'est dans ce vaste intervalle dont nous esquissons ici les rapides souvenirs que parurent des spécialistes restés grands par leurs œuvres d'art, en majeure partie détruites. Cependant que firent-ils comme architectes? Qui parle aujourd'hui des constructions de Cimabué, de Giotto, et même de Michel-Ange, avec sa grande basilique de Rome, dont les étonnantes dimensions n'ajoutèrent pas plus à la perspective qu'à la solidité (1)? Il en fut autrement de leur peinture ; et,

(1) On nous permettra de maintenir ici l'opinion si justement raisonnée qu'ont depuis longtemps établie les véritables principes de l'ar-

si le symbolisme y défaillit, au moins il n'y succomba point tout entier. Ce fut un service réel rendu à l'art que les améliorations données au dessin par Cimabué (1), qui, dégageant

Cimabué.

chitecture chrétienne, et qui feront toujours regretter que Saint-Pierre de Rome n'ait pas été construit au treizième siècle par les mains qui élevèrent les cathédrales de Paris et de Reims, d'Amiens et de Chartres, auxquelles la *vasteté* de la basilique romaine aurait ajouté une beauté de plus qui l'eût rendue sans égale. On sent cela aujourd'hui beaucoup moins encore qu'il y a trente ans, et depuis que les voyages, facilités à tout le monde, ont permis à un grand nombre de curieux d'aborder l'église-mère de la chrétienté. On s'y est laissé éblouir par des proportions grandioses, par la richesse des marbres, des peintures et des ornementations variées et combinées très-ingénieusement. Le sentiment chrétien lui-même y est saisi vivement, il est vrai, mais c'est surtout par les pieux et illustres souvenirs des Apôtres et des Martyrs, des Papes et des artistes dont la basilique universelle garde les précieuses reliques ou la mémoire vénérée. Toutefois ce ne sont là que des conditions peu *architecturales*, et, pour un monument, le plan architectonique est la première condition à tenir. Voilà ce qu'observent trop peu les visiteurs qui regardent une église grecque sans la comparer avec celles du moyen âge. Il manque tout simplement à ces demi-connaisseurs la moitié des éléments de la cause sans laquelle un juge prudent ne doit jamais se prononcer : et c'est cette judicieuse prudence qui se remarque surtout, à l'égard de cette question entre les architectures grecque et gothique, dans ce qu'en ont écrit un petit nombre d'écrivains spéciaux qu'il faut lire de préférence : voir, par exemple, l'abbé Laugier, *Observations sur l'architecture*, p. 55 et *passim*, in-12, la Haye, 1765. — Nous reviendrons bientôt sur ce point.

(1) Cimabué, dont la naissance à Florence date de 1240, mourut en 1310 : l'abbé de Fontenay (*Dictionn. des artistes*, t. I, p. 371, in-12, 1776) dit mal 1300. Il est fort remarquable qu'à cette époque où nos plus belles verrières conservent encore tout le caractère d'un dessin destiné à être vu de loin, l'artiste florentin ait compris de lui-même, et sans devancier, que la voie suivie à cet égard pouvait être modifiée à l'avantage de l'art dans les manuscrits, les fresques et les tableaux sur bois. Il signala dans ses ouvrages plus de force et de correction : c'était un acheminement à cette pratique plus raisonnée qui allait dégager la peinture de ses allures antérieures. Ce progrès permettrait de supposer que les exigences de la peinture sur verre, pratiquée alors depuis deux ou trois cents ans, avaient pu nuire à la perfection dont le dessin était susceptible; et si l'on observe, en effet, certaines miniatures du treizième et du quatorzième siècle décorant les grandes pages de nos manuscrits, on s'étonne de la finesse du dessin, de la vérité des perspectives et de la justesse des fonds qui les distinguent. Ces charmantes images étaient donc, dès la seconde moitié du treizième siècle, beaucoup au-dessus des fresques et des vitraux, ce qui prouve bien qu'on ne

avec hardiesse ses compositions de la raideur et de la rigidité des formes antérieures, leur prêta plus de souplesse et de vérité, sans atteindre cependant à ce que sut faire son disciple Giotto. Celui-ci trouva avec raison que le maître n'avait pas été jusqu'où son génie l'eût pu conduire, et il s'éloigna avec plus de succès des sécheresses de la vieille peinture byzantine. Et toutefois ceci n'eût rien été si l'artiste de Vespignano n'eût trouvé le secret de faire passer l'âme humaine sur ses figures avec ses affections variées, et ses aspirations chrétiennes, qui, à elles seules, remplaceraient si heureusement tout le symbolisme de l'ornementation décorative (1).

Mais après lui, après ce génie qui brille surtout à l'horizon de notre art moderne, et qui ouvre la carrière à une véritable renaissance, que dire de notre Bienheureux Ange de Fiésole, de sa sainte naïveté, de la grâce de ses poses encore si rare de son temps, de la beauté surnaturelle de ses Anges et de ses Saints, et de la suavité des coloris dans ses fresques

peut reprocher à ceux-ci qu'une inhabileté relative et souvent voulue par le peintre lui-même dont l'œuvre lui semblait avec raison devoir se prêter au style architectural qu'elle ornementait.

(1) Giotto est encore une des gloires du quatorzième siècle. Né en 1266, à Vespignano, près Florence, il fut élève de Cimabué et le surpassa en ajoutant son propre génie à celui de son maître. Celui-ci avait abandonné le style latin, froid et saccadé, pour les nouvelles formes byzantines, en qui ce double défaut était remplacé par plus de moelleux et de souplesse. En Giotto on trouve un style où viennent s'allier l'esprit et la vérité, la dignité des attitudes et la finesse des touches. Il devait ces avantages à l'application qu'il s'était faite, comme préliminaire de son art, à peindre les vignettes des manuscrits, et l'on cite de lui celles de la *Vie de S. Georges*, que le cardinal Stephanesco lui fit exécuter pour la bibliothèque du Vatican.—Les incertitudes des biographes sont grandes sur l'année où naquit Giotto, et cependant il importerait de la préciser, surtout si elle varie de 1240, comme le prétend M. Champollion-Figeac (*Moyen âge et Renaissance:* Peinture, f° IV), à 1276, selon Vasari (*Vite de' pittori*, 1760), et à 1266, selon Baldinucci et M. Bernhard (*Biogr. univ.* de Michaud, XVII, 419). La date de 1276 nous semble plus en harmonie avec l'âge de Cimabué lorsqu'il put donner ses leçons à Giotto, mort en 1336.— On voit aussi par ces dates que les progrès de la peinture, auxquels il avait beaucoup contribué, s'expliquent assez bien par la marche rapide qui faisait arriver l'artiste jusque vers le milieu du quatorzième siècle.

## SA DÉCADENCE. — ANGE DE FIÉSOLE.

et dans ses tableaux de chevalet? Voyez au Louvre ce beau *Couronnement de la Vierge*, dont tous les personnages ont un sentiment si profond et si pur : comme toutes ces pieuses et touchantes physionomies reflètent bien l'émotion religieuse dont le peintre vivait toujours! Pourquoi les peintres chrétiens n'étudient-ils pas sans relâche ces vives et attachantes allures de la sainteté? N'est-ce pas parce qu'avant de les mettre sur la toile il faudrait les sentir soi-même et, comme Fra Angelico, les imiter dans son cœur (1)?

Ainsi jetaient ses dernières lueurs l'astre aux vifs rayons qui fut si longtemps une des indéfectibles gloires de l'Église. En se grandissant, la peinture allait perdre ses traditions symboliques. L'architecture, de son côté, s'affaissait égale-

*Dernières lueurs de l'esthétique.*

(1) Né en 1387, Jean de Fiésole, que la douceur de ses habitudes et la sainteté de sa vie firent surnommer de son vivant *l'Angélique* et *le Bienheureux*, mourut en 1455. Il était dominicain à vingt ans et peignait déjà, ce qui explique le grand nombre de ses ouvrages. Comme ses devanciers, il commença par les manuscrits. Nous ne croyons pas qu'on puisse s'élever plus que lui jusqu'à l'intelligence des types de la sainteté humaine. Il ne peignait jamais sans avoir prié et ne travaillait à ses crucifix qu'à genoux! Son *Couronnement de la Vierge*, dont nous parlons ici, est sur fond d'or. C'est un modèle à étudier (et quel charme on y trouve!) pour les costumes, les poses, les airs de tête, la délicatesse des mouvements, la distribution des draperies, la légèreté aérienne des personnes et des choses. Toutes ses figures d'anges respirent un calme divin, et, quand il a prodigué à chacune d'elles tout ce que peut leur donner sa chaste et mystique pensée, on dirait qu'il réservait encore plus que cela à sa Vierge si douce, si aimable, dont tout le bonheur semble reposer dans sa modestie même, et contraster par son sourire enchanteur avec la noble et filiale majesté du Sauveur qui la couronne. Et parmi tant de personnages, pas un qui ressemble à un autre, sinon par ce que tous ont reçu d'éthéré, de lumineux et de surnaturel. Un art admirable a présidé aussi à la conception de ce beau idéal qui sépare la nature de la femme de celle de l'homme. S. Augustin et S. Laurent se devinent par le regard attentif du docteur ou l'énergique placidité du martyr, qui défie la cupidité du bourreau; et ces éloquentes expressions le cèdent néanmoins à la suréminence divine qui rayonne dans les traits mélancoliques du Sauveur. Ainsi cette page, toute resplendissante du génie de la peinture chrétienne, semble improvisée, sans travail, dans une de ces heures d'extase qu'on croit indispensable à de telles choses. C'est la réalité des plus belles imaginations artistiques, et le symbolisme du beau.

ment; et cependant cette science sacrée, cet art qu'elle avait grandi et qui expirait, vivaient toujours en des milliers de spécimens que le hasard, ou plutôt la main de Dieu, avait arrachés en Italie et en France, en Espagne et en Germanie, aux ravages de l'incendie et du fer. L'Europe restait une vaste école où pouvaient se prendre les grandes leçons du passé; et tant de beaux modèles eussent pu se reproduire et se perpétuer si le souffle d'autrefois n'eût pas manqué, si le feu sacré ne s'était pas éteint qui aurait pu ranimer ces cendres encore ardentes! Mais ces cendres, un fléau de plus vint les refroidir : ce fut le règne à jamais maudit de la prétendue Réforme.

*Apparition de Luther; — côté artistique de son caractère.*

On connaît à fond le docteur Martin Luther, ce génie dévoyé par l'orgueil, en qui la prédilection juvénile pour les études païennes engendra le dévergondage de la pensée et des mœurs, et plus que cela, hélas! l'apostasie, qui est le libertinage de la foi. Au milieu des égarements de son esprit, il conservait le sentiment de l'art. Il aurait voulu le protéger dans ses adeptes; mais une des premières punitions de sa révolte, à lui littérateur distingué, et par conséquent artiste de cœur et d'âme, devait être de voir employer contre ses plus chers sentiments cette autorité privée qu'il avait préconisée en lui-même contre le Pape et contre ses propres devoirs.

*Carlstadt et sa guerre aux images;*

Appuyé sur la doctrine du docteur, qui confiait à chacun le droit d'interprétation des saintes Écritures, Carlstadt s'imagine un jour de prendre à la lettre la défense de se tailler des images faite au peuple juif pour le prémunir contre ses penchants à l'idolâtrie (1); et voilà que l'énergumène s'empare de fanatiques aussi furieux que lui; il commence par une église de Wittemberg, et bientôt, suivi de disciples toujours trop prompts à imiter le mal, il brise, par lui-même ou par eux, dans tous les

(1) « Non facies tibi sculptile, nec similitudinem omnium quæ in cœlo sunt desuper, et quæ in terra deorsum, et quæ versantur in aquis sub terra. » (*Deuter.*, v, 8.)

sanctuaires les plus riches de l'Allemagne, toutes les statues et crucifix, déchire les tableaux, casse les verrières, efface les images murales, anéantit toutes les précieuses richesses accumulées par les plus hautes inspirations de l'esthétique et de l'art. On ne put supputer la valeur immense de ces trésors qu'anéantirent en quelques mois les nouveaux iconoclastes. En vain Luther s'indigna, déclama contre eux; inutilement il les rappela au devoir, anathématisa leur infernale manie de destruction, exposa le sens raisonnable du texte profané par eux. L'archidiacre félon répondait qu'on ne pouvait s'en rapporter à un homme contre la parole de Dieu; et sous l'impression de ce mensonge théologique invoqué naguère par Luther lui-même en faveur de sa rébellion à l'Église, Staupitz, Hottinger, Didyme, Zwingle et mille autres d'une foule égarée s'en allèrent dévastant les nefs, les sacristies et les châteaux des grands, et les maisons de la bourgeoisie. Pas même un crucifix ne resta dans ces temples où il doit régner, dans ces foyers où il console les âmes et leur enseigne la vertu! Luther s'y oppose en vain,

Luther en versa des larmes de sang. En 1522, sept à huit ans seulement après sa désertion, il écrivait à Spalatin que « le diable s'était glissé dans le troupeau de Wittemberg (1). » Hélas! il l'avait lancé lui-même contre un autre bercail d'où l'on ne sort pas sans rencontrer des abîmes! Son opposition ne servit à rien; il n'arracha même pas au fou qui détruisait tout ces manuscrits à miniatures qui avaient coûté à tant de mains monastiques des siècles d'études patientes et d'ingénieuse application. Les lettrés du temps, Érasme surtout, qui paraît avoir protesté avant tout autre contre ce vandalisme réformateur, s'indignaient à la fois et des commentaires insensés des sectaires et de leurs déprédations violentes, dont souffraient égale- aussi bien qu'Érasme. — Théorie de celui-ci sur le symbolisme;

(1) C'est le commencement de sa Lettre à Georges Spalatin du 7 mars 1522. — Cf. *Dr Martin Luthers Briefe*, t. II, p. 145, in-8°, Berlin, 1826.

ment les annales historiques, les plus belles productions de l'art et les plus savantes leçons du Christianisme. Érasme se plaignait amèrement que déjà (1522) les vitraux coloriés fussent victimes du marteau à Zurich et dans le Valais. Il affirmait la valeur morale des images et des symboles ; on y avait toujours vu d'élégantes parures, de pieux souvenirs et non des objets condamnables d'une adoration idolâtrique. « Est-ce que les scènes de la vie du Christ,
» disait-il, ne parlent pas toujours du Sauveur à la con-
» templation intime de notre âme ? Est-ce que de tels inter-
» prètes ne valent pas souvent mieux que la parole ? Est-ce
» que les figures d'hommes et d'animaux empruntés par
» nous aux temples des Juifs ont jamais fait tort au culte
» de Dieu ? Il faudrait donc bannir des nôtres ces statues
» de Samson qui soutiennent les chaires à prêcher, les
» anges qui les surmontent en sonnant la trompette évan-
» gélique, et le coq même qui domine la flèche du clo-
» cher (1). » Que dire de mieux, et toute la théorie du symbolisme n'était-elle pas en ce peu de mots ?

*celle d'Albert Durer. — Analyse de ses travaux.*

C'est qu'en effet les hautes intelligences ne l'avaient jamais ignorée ni perdue de vue. Ce siècle, qui tombait ainsi dans l'oubli de tout spiritualisme, voyait encore quelques hommes de grande valeur pratiquer les arts et mêler à leurs études d'architecture, de géométrie et d'autres sciences plus ou moins exactes la pratique de la peinture, de la gravure même, et agrandir le domaine de ces belles choses par des progrès réels dus à leurs vastes et attentives méditations. L'un de ces hommes remarquables fut Albert Durer, que Nuremberg avait vu naître en 1470, et qui, à l'aurore du seizième siècle, était dans la maturité de son talent. Ses études architecturales ne servirent à rien, croyons-nous, qui ait pu établir sa réputation. Graveur habile, on

---

(1) Cf. Erasmi Roterodam. opp., t. III, *Epist.* IV, lib. XXIX ; *Epist.* LIX, lib. XXXI ; Leyde, 1703 ; — Audin, *Hist. de la vie de Luther et de ses écrits*, t. I, p. 404 et suiv., in-8°, 1841.

ne lui reprochait que deux défauts importants : d'abord sa manière lourde, qui presque toujours nuit à la noblesse de ses figures, et sa négligence de la perspective aérienne, qui pourtant était bien connue à son époque. Le premier de ces défauts nous paraît imposé au grand peintre par le caractère physique de son pays, où le bizarre et le grotesque furent trop secondés par l'excessive obésité du tempérament national, qui aboutit bientôt à l'école préférée de Téniers et de Rembrandt, de Terburg, de Brauwer et de Breughel. Le second n'eut d'autre cause qu'un oubli personnel de l'observation, si nécessaire à un peintre.

Albert, en effet, ne regarda pas toujours assez à l'ensemble de ses compositions; il s'appliqua à faire de charmants détails, des objets dignes d'admiration, si on les examine isolément, et pourtant ressortant mal sur les fonds, faute des dégradations qui ménageraient les lointains, et qu'on aime tant dans les peintres et les graveurs renommés qui illustrèrent son pays un peu plus tard. Mais ce génie propre à qui il dut tout, ces succès continus au milieu desquels il entra sans guide, cette manière vive et délicate que secondent si énergiquement la vigueur et la précision de son burin, rachètent bien la noblesse qui manque à ses personnes, le moelleux qu'on voudrait à ses contours, la souplesse et le fini qu'ignorent trop souvent ses costumes. Par-dessus tout, nous le louerons d'avoir conservé dans son œuvre le sentiment de l'esthétique, dont l'influence sur son esprit se fait sentir presque toujours : ses biographes modernes, sans en excepter Émeric David, ne l'ont pas assez compris (1); et cependant c'est par ce côté qu'Albert Durer se rattache au moyen âge, lequel l'a peut-être inspiré en lui faisant préférer à la perfection des

<small>Défauts et qualités de ce peintre.</small>

---

(1) Voir Emeric David, *Histoire de la gravure*, p. 185, à la suite de l'*Hist. de la peinture au moyen âge*, in-12, Paris, 1842; — Auguis, *Biogr. univ.* de Michaud, XII, 360.

formes le mérite, préférable en effet, et sans contredit, du spiritualisme chrétien.

*Esthétique de sa Vierge au singe;*

Voyez, en effet, sa *Vierge au singe* : Marie est assise au milieu d'un paysage que parent des fleurs et des eaux. Sa figure modeste n'a point de beauté idéale, mais une teinte de mélancolie va bien à la situation qui lui est faite et aux pensées qui l'occupent ; car, pendant qu'elle soutient son Fils de sa main droite sur un de ses genoux, sa gauche repose sur un livre fermé. Elle regarde l'Enfant-Dieu qui joue avec un oiseau dont les pieds sont emprisonnés dans une de ses petites mains, tandis que de l'autre il l'agace de l'un des plis du voile de sa Mère. L'oiseau ainsi réduit agite ses ailes et becquette le linge qu'on lui oppose. C'est un jeu dans lequel, après tout, l'Enfant reste le maître, comme il l'est réellement de l'âme chrétienne, dont la nature doit toujours céder aux épreuves qui lui viennent de son Dieu (1). Mais que fait au-dessous de Lui ce singe enchaîné, à la posture contrainte, aux yeux ardents, aux traits méchants et sournois ? C'est l'ennemi soumis et abattu, le contraste de cette volatile qui se joue innocemment et se prête sans résistance à une captivité volontaire. Si l'on oppose cette bête disgracieuse au livre que la Vierge tient de son autre main, on devine sans peine que là se trouve une opposition évidente entre le mensonge et la vérité. Ici donc le symbolisme est en tout très-reconnaissable. Il est le résultat d'une théorie, d'un plan arrêté et bien senti.

*de sa Vierge au jardin ;*

En est-il autrement de cette autre Vierge debout, sou-

(1) Basan, dans son *Dictionnaire des graveurs*, t. I, p. 3, dit que dans cette gravure « l'Enfant Jésus lâche un oiseau. » — Rien n'est moins vrai. Nous décrivons ici d'après un exemplaire de notre cabinet que nous avons sous les yeux, et il est évident que Basan l'a mal vu : tout exprime, au contraire, très-bien qu'il s'agit d'un jeu d'enfant avec la petite créature qu'il serre visiblement et ne veut pas lâcher. Il est d'une haute importance à notre sujet, on le voit, que les descriptions soient fidèles, et les détails bien compris. Mais eût-il voulu le lâcher, n'eût-ce pas été la liberté rendue par le Sauveur à l'âme fidèle dont nous avons vu maintes fois que l'oiseau est le symbole ?

tenant d'un de ses bras le saint Enfant, et de l'autre rapprochant vers Lui une jeune fille svelte et gracieuse dont les mains jointes pour la prière, le regard doux et fervent, et la tête nimbée comme les deux autres concourent à nous donner l'idéal de la sainteté morale, peut-être même de cette virginale chasteté que symbolise parfaitement dans l'Écriture ce jardin fermé qu'on voit s'étendre derrière le groupe, et dont le treillis garni de rosiers en fleurs ne fait qu'ajouter à cette conjecture une probabilité de plus (1); — ou bien est-ce l'Église, toujours représentée chez les symbolistes par les figures également consacrées à Marie elle-même, et que l'auguste Mère présente à son Fils pour le mystique mariage qui en a fait son Épouse? et, dans ce cas, la jeune fille nimbée n'est-elle pas aussi cette Épouse que Jésus invite à l'aborder (2)?

Ailleurs, dans cette belle estampe de *La Mélancolie*, c'était bien remplir son sujet que de le personnifier dans cette femme assise qui, la tête appuyée sur une main, tenant de l'autre un compas, entourée de balances, d'un sablier et de divers instruments de la science humaine, reste ainsi, triste et morne sur la terre, dans une position inutile, comme ce chien qui dort à ses pieds, quand elle devrait s'élever jusqu'aux sphères célestes pour lesquelles elle a reçu des ailes qui se replient dans l'ombre sur ses épaules. Cette âme, qui mesure les petites choses de ce monde exigu, ne ferait-elle pas mieux de s'élancer vers ses destinées immortelles? C'est là une profonde et instructive philosophie

---

(1) « Hortus conclusus, soror mea, » dit le *Cantique* (VI, 1); — et S. Méliton : « Hortus, Ecclesia, casta anima...; » — et Pierre de Capoue : « In hoc horto hortulanus est ipse Christus. » — Voir *Spicileg. Solesm.*, II, 399.

(2) « Ecclesia dicitur *sponsa* in Patriarchis; *amica* in Prophetis; *proxima* in Apostolis; *columba* in Maria et Joseph; *formosa* in Confessoribus; *soror* in Virginibus. » (Pierre le Chantre, cité par Dom Pitra, *Spicil.*, ubi suprà, III, 119.) — « Sicut Ecclesia subjecta est Christo, ita et mulieres viris suis... Sacramentum hoc magnum est... in Christo et in Ecclesia. » (*Ephes.*, V, 27, 32.)

à la manière du Poussin, quoique moins noble sans contredit, et d'un crayon beaucoup moins attrayant.

<small>du *Cheval de la mort* ;</small>

Mais une réflexion ressort surtout de l'examen de ces œuvres et de tant d'autres créées par cette main originale : c'est qu'en tout cela nous ne trouvons de chrétien que les tableaux où le sujet principal exige forcément que le maître le devienne. *Le Cheval de la mort*, où nous voyons un cavalier accompagné d'un squelette vivant monté comme lui, allant aussi vite, et importunant ses regards d'une horloge

<small>de *La Boîte de Pandore*.</small>

de sable, pendant que le diable chemine à sa suite ; *La Boîte de Pandore*, tenue par une femme ailée dont l'autre main montre un mords, symbole de la tempérance et de la modération des désirs ; tant d'autres compositions enfin pleines du même esprit, sont des leçons dont la portée morale n'échappe à personne. Celles-ci, il est vrai, indiquent plutôt dans ce grand talent l'amour de l'allégorie au service de la sagesse humaine que le sentiment du symbolisme chrétien, dont les ailes s'appesantissaient déjà sous les froides fainéantises de l'art moderne (1). C'est qu'en effet

(1) Il faudrait faire une exception à cette nomenclature d'œuvres purement philosophiques, en faveur du *Cavalier de la Mort*, si, comme on le croit, Albert a voulu y faire allusion à ces nobles apostats qui, en si grand nombre, et y compris cet autre Albert de Brandebourg qui pilla la Prusse pour s'en faire une principauté héréditaire, ravagèrent l'Allemagne à leur profit sous l'égide des *immortels principes* (!) de Luther. Le Cavalier de la Mort serait le fameux Franz de Sickingen, dont la tête dévergondée mit son génie dévastateur au service de la prétendue réforme, mais surtout au sien. Ce misérable, parodiant les entreprises généreuses des derniers temps de la chevalerie errante, recruta dans les forêts douze mille bandits et envahit à leur tête l'archevêché de Trèves, où il partagea avec eux les sanglants résultats de ses vols, de son affreux libertinage et de ses cruautés. Ce guerrier, qu'on a osé célébrer comme un héros chevaleresque (voir *Le Magasin pittoresque*, qui n'a jamais beaucoup déguisé son protestantisme, IX, 51), est monté, dans notre estampe, sur un fort et fier quadrupède ; « il suit une vallée profonde située au pied de son château. » La mort et l'enfer s'offrent à lui sous des formes effrayantes et » bizarres, et veulent l'arrêter dans sa marche. Mais le terrible cavalier » continue son chemin avec une opiniâtreté pleine de rage. » — Ce serait donc, outre le fait historique, une sévère leçon donnée par l'ar-

le poison avait déjà gagné le cœur du malade. Ce soin d'idéaliser la matière, ce langage de l'âme toujours préoccupée des choses du ciel, n'étaient plus de mise sans beaucoup de concessions et de faiblesses chez ces peuples modifiés dans la simplicité naïve de leur vieille croyance jusqu'à hésiter entre Luther et le Pape, entre Rome et Genève, entre Calvin et S. François-Xavier.

Aussi voyons-nous la même stérilité, sous ce rapport, dans les deux hommes qui, au seizième siècle, rattachèrent leurs noms à tout ce que l'art peut signifier de plus sublime par l'intention, de plus beau par les effets. Michel-Ange et Raphaël, en arrivant à l'apogée du succès, se firent bien moins admirer par le spiritualisme chrétien, tel que la foi l'avait donné au moyen âge, que par les belles qualités qui purent, sous leur pinceau, animer la matière, charmer par le dessin et le coloris, étonner par la savante habileté de la composition. Tous deux architectes par l'étude théorique des plans, comme l'étaient alors ceux qui brillaient dans les arts d'imitation, comme presque tous ils construisirent peu ; on ne nous dit même pas que Sanzio s'y soit sérieusement appliqué ; et Michel-Ange, comme l'a fait observer judicieusement un critique de goût, n'a pas fait tous les monuments qu'on lui attribue, et dont le plus grand nombre ne portent son nom dans la postérité que parce qu'il en conseilla l'ordonnance ou en révisa les plans (1). Mais la gloire de sa vieillesse aurait eu assez des vues qu'il émit, après la mort de Bramante, sur la réforme et l'amélioration

*Michel-Ange et Raphaël, moins architectes que peintres.*

*Coopération du premier aux plans de Saint-Pierre de Rome.*

---

tiste à ces dévastateurs enragés qui, une fois lancés dans la voie de leurs spoliations criminelles, ne s'arrêtèrent plus que gorgés des biens des monastères et des villes catholiques. Hélas ! n'est-ce pas aussi l'image saisissante de ceux qui courent jusqu'au succès vers les ambitions désordonnées et les orgies coupables du luxe, de la mollesse et de la cupidité ? — Cf. Audin, *Histoire de Luther*, II, 216 ; — le vicomte de Bussières, *Histoire de la guerre des paysans*, I, 59 et suiv., in-8°, 1852.

(1) Voir Quatremère de Quincy, *Biogr. univ.* de Michaud, XXVIII, 586.

des plans de Saint-Pierre de Rome, et surtout dans l'exécution de sa coupole, dont il renforça les piliers et couronna les arcs par un entablement dont on admire toujours les proportions savantes et la belle ornementation.

*Défectuosités esthétiques de cette église.*

Et cependant ces grandes conceptions n'étaient que de la justesse d'application artistique ; elles constataient le judicieux accord des pensées dans un homme qui avait mieux que d'autres médité les moyens et les ressources relatives de son art ; et si c'était là une création, on n'y pouvait voir en réalité qu'une soudure ingénieuse commandée à un architecte de haute capacité par la faute même de ses prédécesseurs. Michel-Ange, pourtant, eût été digne par l'austérité de ses mœurs et la pureté de sa vie de tenter et de réaliser le vaste ensemble de ce qu'on appelle la première église du monde ; il y eût mis plus de sentiment religieux, ne se fût pas contenté d'y inscrire la forme de croix latine, eût voulu encore la relever par un cachet plus gothique, moins grec, et par conséquent moins étranger au spiritualisme chrétien. Car, il est bon de le redire, ce que nous voyons du Christianisme dans ce magnifique et grandiose intérieur, où l'art chrétien s'indique à peine par la forme crucifère, vient plus de ses richesses artistiques et de ses accessoires de haute valeur, que de sa propre structure, où tout semble avoir combattu contre les caractères qui seuls peuvent élever un monument à la hauteur du culte de l'Eucharistie et de la Croix (1).

(1) C'est là encore une idée que beaucoup d'*amateurs* improvisés en quelqu'une des fréquentes pérégrinations qui se sont faites à Rome depuis une vingtaine d'années ne voudront pas accepter sans conteste. Nous jugeons cependant d'après les principes souvent émis dans le cours de cet ouvrage, et nous pouvons nous appuyer sur d'assez respectables convictions professées depuis trente ou quarante ans par les plus célèbres organes de notre science archéologique. Nous invoquons surtout le sentiment de M. Renouvrier, qui parlait en 1839 et 1841 comme nous aujourd'hui, dans ses *Notes sur quelques monuments gothiques de quelques villes d'Italie* (Bullet. monum., VII, 325). — Nous-même l'avions établi sans réclamation, en 1857, dans le vingt-troisième volume de ce même recueil, p. 96 ; et ce sont ces mêmes idées que nous avons exprimées dans le premier chapitre de notre seconde partie, ci-dessus, t. II, p. 16.

L'œuvre de peinture où Michel-Ange aurait pu réunir plus de détails symboliques, celle qui fait sa renommée autant que sa fameuse coupole (qui, on le sait, a cependant manqué de solidité), c'est l'immense tableau du *Jugement dernier* dont il couvrit le fond de la chapelle Sixtine. Que n'a-t-on pas écrit de cette fresque, vaste travail de huit années, que l'artiste commença à cinquante-sept ans, et sur laquelle il jeta toute la verve de sa nature vigoureuse, toute l'ampleur de son caractère original et souverainement impressionnable ? Dire avec le commun des observateurs tout ce qu'une admiration outrée a valu à cette énorme page de louanges et d'admiration serait une tâche par trop longue (1). Mais à Dieu ne plaise que nous partagions ces sentiments d'une extase empruntée à l'amour de l'art profane, et que nous manquions jamais, sous la pression des opinions païennes, à ce que veut de nous l'art sacré que nous ne saurions trahir ! Disons donc qu'au point de vue religieux la peinture ne vaut pas mieux que le monument, si la chapelle vaticane mérite ce nom. Rien n'attire, en effet, l'attention dans ce grand salon quadrilatère aux fenêtres cintrées, aux parois couvertes de peintures, sinon ces peintures elles-mêmes, qui ne contribuent cependant en rien à l'accord des parties et à l'unité toujours voulue dans toute œuvre d'art. Michel-Ange n'a fait qu'ajouter une étrangeté de plus à toutes celles qui formaient ce vaste et riche intérieur ; il a prouvé supérieurement qu'en enlevant de là ces images de mérite, cet autel carré et ce trône pontifical avec ses tentures et ses broderies, en privant ces voûtes du retentissement du chant simple et digne de S. Grégoire qu'elles

*Jugement dernier de Michel-Ange.*

*Analyse de cette fresque célèbre ;*

*et d'abord de la chapelle Sixtine.*

(1) Tous ces éloges peuvent se résumer dans ces paroles de Pinaroli, qui, dans son recensement des richesses artistiques et monumentales de Rome, répète lui-même ce que tant d'autres avaient dit avant lui : « Il Giudicio finale di Michel' Angelo Buonarota, opera che l' hàreso immortale, et in genere di pittura ò uno de più preziosi tesori che racchiuda fra gl' altri senza numero questa citta. » (*Trattato delle cose più memorabili di Roma*, t. II, p. 66. Romæ, in-12, 1725.)

gardent religieusement, et la portion supérieure de ses murs latéraux des histoires sacrées de Mathieu de Leccia qui en décorent les lambris, on se procurerait un beau et convenable local pour toute autre destination publique que ce fût. Vous pourriez même y laisser le *Jugement dernier :* pas un ne devinerait que cette enceinte fût celle des grandioses cérémonies qui s'y renouvellent si souvent depuis Sixte IV.

<small>Faux principes d'où part le peintre,</small>

Enfin, entrons un peu dans l'analyse de cette page, et qu'on nous dise si, tout en louant sa vaste étendue et la disposition étudiée de ses plans, en reconnaissant tout d'abord une puissance d'invention qui révèle un esprit plein de hardiesse et de fermeté, on n'est pas plutôt saisi par ces conditions matérielles qu'instruit et édifié par le sentiment

<small>qui fausse le caractère du Sauveur et de Marie,</small>

qui en résulte? Le peintre, cédant au tempérament qui l'emporte, a pris pour base de sa pensée générale la terreur et l'épouvante. Son Christ est debout, dominant au milieu de la multitude des Saints et des damnés avec un geste de Jupiter Olympien à qui la foudre est seule refusée. On a trouvé très-beau que cette frayeur, justement inspirée par cette pose herculéenne et ce terrible regard, se communique jusqu'à la Vierge elle-même, qui, placée à la droite de son Fils, se retire derrière Lui, où elle semble se dérober à cette colère qui la trouble. Est-ce donc de cette Marie qu'il s'agit dans l'Apocalypse quand les damnés s'écrient, en prévision du dernier jour : « Qui nous garantira contre la colère de l'Agneau ? » Est-ce bien aussi cette placide association du cœur de Marie à la justice et à la sévérité du Juge suprême, autant que cette toute-puissante supplication que les Pères

<small>aussi bien que l'esprit du récit évangélique.</small>

lui ont supposée en cette circonstance ?... Est-ce là l'idée que les Livres saints, que Notre-Seigneur lui-même nous ont voulu donner de cette vengeance solennelle mais calme, de cette justice sévère mais majestueuse qui doit séparer, par quelques mots dignes et irrésistibles, les bons des mauvais, les boucs des brebis, les réprouvés des Élus? Eh quoi! ce n'était pas assez de ce merveilleux et tout divin spectacle prédit par le Fils de l'homme et raconté par les Évangélistes ? L'artiste eût craint de s'abaisser en rendant ces détails, pourtant si grandioses, mais en même temps si vrais, que nous ont révélés avec leur autorité infaillible les Évangélistes et les Prophètes ! Certainement le vingt-cinquième chapitre de S. Matthieu suffisait de reste à cette tâche ; en ne s'inspirant que de lui, et sans atteindre peut-être à la perfection de ce sujet, si difficile par lui-même, on eût évité ces poses affectées, ce mouvement généralisé à l'excès, ce malaise et ces contorsions qui s'emparent même des Justes, contrairement à toutes les notions de la théologie chrétienne et de la vérité?

Quant au côté païen, il s'en faut qu'on puisse le méconnaître ici : on y a sacrifié sans contredit au bonheur, inconnu jusqu'à la Renaissance, de faire du nu, au profit de la science anatomique. Et quel nu! et quelle anatomie ! aucun sexe n'en est exempt. A peine quelques robes jouent-elles la partie de leur rôle le plus essentiel; à peine quelques rares et inutiles draperies flottent-elles sur des épaules qui les céderaient volontiers à des nudités plus scabreuses. Ce combat de géants, cette gymnastique effarée, ces efforts à faire de l'étonnant à travers ces groupes jetés pêle-mêle dans l'abîme du premier plan ; ces échappés de cimetière, dont les uns s'élancent de la terre entr'ouverte jusqu'au plan supérieur qu'ils traversent dans l'espace, tandis que les autres, arrêtés par des diables à longue queue, retombent, serrés ou boxés par ces hideux bourreaux, dans les gouffres béants où commencent leurs supplices ; ce Caron, dont la barque, chargée de réprouvés qu'il pousse à grands coups d'aviron, déverse dans le Styx sa cargaison désespérée (1) ;

*Cette œuvre a d'ailleurs un côté païen ;*

*exagération de toutes ses données,*

(1) Ce Caron a semblé à l'ingénieux auteur de l'*Histoire de Léon X* (t. II, p. 291) autorisé chez Michel-Ange par une réminiscence de Dante, qui place aussi le nautonnier dans son enfer :

Eo ecco verso noi venir per nave<br>
Un vecchio bianco per antico pelo<br>
Gridando : guai a voi, anime prave !<br>
(*Inferno.*)

Mais il ne faut pas oublier ici que, Dante ayant introduit Virgile, la

ces sept Anges (enfin voilà un peu de l'Apocalypse !) jetant, bouffis et ébouriffés, à tous les vents, les éclats de leurs trompettes démesurées ; et ces deux hommes ouvrant, chacun de son côté, aux yeux des ressuscités et des perdus, le Livre du bien et du mal, dont l'unité traditionnelle se trouve doublée ici pour ne manquer en rien au système d'exagération qui domine partout : ne sont-ce pas là des choses bien touchantes et de belles trouvailles à mettre sous des regards chrétiens ?

*et défaut de dignité,*

Et remarquez que les Saints du ciel ne valent pas mieux que les damnés de l'enfer, quant à ces tours de force dont pas un n'est exempt. En tous, le même sentiment de peur s'exaspère jusqu'à l'hyperbole. De droite et de gauche, dessus, dessous la sphère centrale où le Christ se fâche à la manière et sous les traits d'un vieux dépourvu de dignité ; à côté de cette Mère qu'on n'a jamais tracée ainsi et qu'on jugerait à ses traits et à sa taille une grosse Flamande sans grâces ni tenue (1), les Apôtres s'échelonnent avec les attributs de leur martyre qui rivalisent de grotesque et de repoussant : tels S. Laurent, dont le gril produit le disgracieux effet d'une cage qui l'emprisonne, et S. Barthélemy, tenant d'une main le couteau qui l'a écorché, et de l'autre sa propre peau enlevée à son corps sanglant (2). S. Jean-Baptiste ne

mythologie paraît de mise avec lui ; et d'ailleurs le poème se prêtait naturellement à des imaginations plus ou moins justes. Mais Michel-Ange, le peintre chrétien, travaillant à l'embellissement d'une église, doit rester dans la théologie la plus sévère, et ne peut être lavé d'une telle hérésie. — Bien d'autres ont cherché à excuser le peintre sur ses relations de génie avec le poète : on peut leur répondre par cette même raison.

(1) Pour plus d'exactitude, nous décrirons ici d'après la belle gravure de Léonard Gauthier, reconnue par les artistes pour reproduire avec une vérité scrupuleuse celle que Martin Rota publia en 1569, lorsque la fresque de Michel-Ange n'avait encore souffert d'aucune dégradation. — Voir Basan, *Dictionn. des graveurs*, t. I, p. 204, et II, 414.

(2) Il est à remarquer que, par une de ces singulières distractions dont le génie même n'est pas exempt, Buonaroti donne ici à la peau du Saint la barbe qui en parachève la tête, toute fournie des cheveux enlevés avec le cuir. Quant au personnage lui-même, dont le crâne

ressemble pas mal à un Hercule garni de la dépouille du lion de Némée; S. Pierre, qui fait son pendant, n'a eu soin aussi de se draper que par le dos. Et ces Saints affolés dont les postures se le disputent d'excentricité, dont toutes les figures respirent l'effroi; et ces Saintes, peu ou point vêtues, tourbillonnant dans un désordre incomparable et qui ferait déserter le ciel, se jetant les unes sur les autres, allant jusqu'à s'embrasser de frayeur; et un certain nombre d'entre ces acteurs embarrassés dans les scies, les croix ou les roues de leurs anciennes souffrances dont on dirait qu'ils souffrent toujours! En un mot, des hommes façonnés sur l'antique sans en avoir les beautés, des femmes qui peuvent être à volonté des Dianes et des Junons, des Vénus et des Proserpines, dont la vue est une honte à la pudeur et pour lesquels on n'a trouvé ni une feuille de figuier ni un voile qui protége leur sainteté déshonorée!

Au reste, pas une tête nimbée, pas un costume caractéristique, pas une physionomie qui rende une impression personnelle. La peur fait la physionomie de tous. En tout cela Dieu effraie, et l'homme n'a que sa force matérielle et brutale. Il y a plus : vous trouverez, en cherchant bien en un certain coin qui n'est pas des plus obscurs, une tête très-expressive, qui est celle d'un cardinal dont les procédés avaient déplu à Michel-Ange; c'était une réminiscence d'André Orcagna, qui, à la fin du quatorzième siècle, donnant déjà dans son *Jugement dernier* de l'église de Sainte-Croix, de Pise, l'exemple de cette licence, peu digne de la peinture chrétienne, avait placé en Paradis tous les portraits de ses amis, et ceux de ses ennemis en enfer. De telles

qu'on peut reprocher aussi à Orcagna;

est parfaitement dénudé, comme on doit s'y attendre, pourquoi son menton garde-t-il si entière la belle barbe dont la cruelle opération du bourreau l'a dû priver si complétement? Ne voit-on pas ici, outre cette grosse faute, que le peintre manquait de théologie catholique, en représentant dans cet état de supplicié un corps devenu *glorieux* et repourvu de toutes les portions qui lui furent naturelles dans sa vie de la terre?

manies ne rendent pas un tableau sacré plus recommandable, et acheminent vers la caricature, dont Buonaroti, autant que personne, eût dû savoir se garantir (1).

Voilà ce *chef-d'œuvre* de la peinture chrétienne, partout vanté, exalté de tous..., excepté de ceux qui, ayant le sens des Écritures et le respect de la foi, se plaindront toujours que cette large fresque soit moins un tableau religieux qu'une mêlée de portefaix, et qu'un peintre assez oublieux de toutes les convenances pour nous donner un tel jugement ait prouvé qu'il en manquait beaucoup (2).

<small>enfin, absence de tout symbolisme,</small> Aussi faut-il dire, pour compléter ces renseignements, que l'œil ne trouve, au premier abord dans cet ensemble, qu'un effet des plus disgracieux : cet effet s'augmente, pour qui voit le tableau dans l'enfoncement qu'il occupe, de celui des couleurs, dont les tons mats et secs répondent trop aux rudesses générales du style, et dont les transitions forcées ne se rachètent même pas par l'entente et l'application des principes symbolistiques observés dans le livre de M. Portal. Si bien que Volaterra, quand il voulut, par les ordres de Paul III, voiler un certain nombre de figures qui paraissaient, avec trop de raison, trop indécentes à ce grand Pape, ne parut même pas s'égarer en donnant une robe verte à S$^{te}$ Catherine, que son double titre de vierge et de martyre eût dû revêtir de rose, mélange significatif

---

(1) André Orcagna vécut de 1329 à 1389. Il semble avoir préludé à Michel-Ange et peignit à Venise et à Florence des *Jugement dernier*, pour lesquels il s'était inspiré des sombres reflets que Dante a jetés sur son *Enfer*. Il a donné, comme Buonaroti, à *La Colère de l'Agneau*, si difficile à rendre, pour ne pas dire impossible, une expression forcée de rigueur ; mais, par un contraste qui n'a rien d'inconvenant, selon nous, il montre Marie s'apitoyant sur les transes et le malheur des réprouvés. Ce sentiment est bien plus naturel au cœur de Celle que l'Église appelle la *Mère de miséricorde*, et nous ne voyons pas, avec le R. P. Cahier, quelle *inconvenance* peut se trouver dans cette pensée du peintre. — Voir *Vitraux de Bourges*, p. 289.

(2) Cf. Pinaroli, *ubi suprà*; — Fontenay, *Dictionn. des artistes*, II, 752; — Alfred Michiels, *Le Moyen Age et la Renaissance*, t. V : Peinture, f° x.

du rouge de son sacrifice et du blanc de sa virginité (1).

Au reste, c'en était fait déjà des habitudes spiritualistes de l'imagerie chrétienne. Si bien qu'en ce même temps, Fra Bartholoméo lui-même, qui, religieux dominicain, avait dû s'adonner à l'étude de l'archéologie sacrée, tout en sculptant son beau *S. Marc*, destiné à Venise et qui se voit encore dans la galerie de Florence; tout en faisant de ce marbre un morceau d'élite qui a toutes les beautés de Michel-Ange sans aucun de ses défauts, ne faisait cependant que la statue d'un homme quelconque, sans un lion qui rappelle l'Évangéliste, sans un nimbe qui désigne un Saint (2). De sorte qu'avec son livre appuyé sur ses genoux, ses belles et élégantes draperies, sa pose paisible et son regard noble et doux, on prendrait très-volontiers S. Marc pour un de ces philosophes antiques venus jusqu'à nous sous les noms de Pythagore ou de Platon.

qu'oubliait aussi Bartholoméo,

Donc, de 1469 à 1517 se trouvait un artiste de grande valeur (et un religieux!) pour qui le symbolisme était mort...

Oh! cher Ange de Fiésole!... qu'étaient devenues vos pieuses et touchantes œuvres de Saint-Marc de Florence avec les charmantes et naïves figures de vos Saints adorateurs du

et que Fiésole n'avait jamais négligé.

---

(1) Sigalon, qui, en 1837, avait été envoyé à Rome pour copier la fresque de Michel-Ange, l'a jugée en des termes non moins sévères que nous. (Voir un fragment épistolaire de cet artiste dans l'article anonyme consacré à notre peintre nîmois par la *Biographie universelle*, t. LXXXII, p. 235.) — Ceci était écrit depuis longtemps quand cette appréciation du célèbre artiste nous a été connue. Il est facile de comprendre en la lisant qu'au moins nous avons eu pour nous un juge très-compétent dont nous pouvons nous appuyer contre ceux qui nous trouveraient trop sévère.

(2) La statuaire mobile ne comporte pas, il est vrai, de nimbe autour des têtes, parce qu'on n'a pas compris assez la nécessité de leur en donner. Mais nous insistons pour qu'un nimbe en zinc doré ou colorié soit appliqué sur le cou des personnages au moyen d'une incision qui permette d'enlever et de remettre à volonté cet appendice, dont on ne devrait jamais consentir à se passer. Nous avons maintes fois employé ce moyen si simple, au grand avantage des sujets sculptés ou des moulages.

Christ en croix (1) ? Où étaient passés le calme de vos scènes divines et la pure émotion que vous y versiez avec les douces *béatitudes* de votre cœur ? Et comment, en voulant s'inspirer de vous, pouvait-on s'éloigner si cruellement de votre beau *Jugement* d'Orvieto, avec son chœur des prophètes et son Christ foudroyant les réprouvés, sans affecter cet air forcené que lui donna un émule indigne de vous ? Ah ! vous, du moins, vous saviez croire, penser et sentir d'après le Christ ! Vous ne cherchiez pas votre gloire, mais la sienne ; pour vous l'art n'était pas un but, mais un moyen, et vous trouviez dans votre piété fervente les chastes et ineffaçables inspirations qui seules donnent à l'art chrétien sa vie intime et ses saintes limpidités (2) !

<small>Raphaël, d'abord imitateur de Michel-Ange,</small>

Contemporain de Buonaroti, Raphaël jeta sur les murs du Vatican ses fresques célèbres, où souvent se reproduit la manière forcée qui remplaçait trop la vérité par l'idéal. En dépit des amateurs du coloris et du mouvement, que nous aimons comme eux, nous remarquons ici le dessin rendant les formes avec distinction, le merveilleux agencement des détails et la sûreté d'un crayon ou d'un pinceau

---

(1) Cette belle et vaste fresque est dans la chapelle de Saint-Brice, à Orvieto ; elle a été décrite par M. de Montalembert, *Du Vandalisme et du Catholicisme dans l'art*, p. 98 et suiv., in-8°, Paris, 1839, et reproduite au tome V du *Moyen Age et la Renaissance*. C'est d'après cette copie qu'on l'a transportée avec succès sur un mur d'un des salons de l'évêché de Nantes.

(2) Nous exprimons ici avec notre opinion, qu'on appellera peut-être *un faible* pour Ange de Fiésole, celle bien plus autorisée de M. Henri Delaborde, dans son intéressant et judicieux travail sur cette matière qu'a donné la *Revue des Deux-Mondes*, décembre 1853, p. 1229 et suiv. — C'était aussi la pensée d'un critique anglais appréciant dans l'*Ecclesiologist* d'avril 1853 (remarquez cette coïncidence), les œuvres de la Renaissance, qu'il signale en général comme étant « la complète corruption morale de l'art religieux. » Le critique *anglican* n'hésite pas à dire que, lorsqu'on voudra recréer l'esthétique chrétienne, il faudra baser *sa renaissance* véritable « sur la grâce pure et sévère de Giotto ou d'Angelico. » Voilà donc que les juges les moins suspects reviennent à nous de ces contrées froides et païennes où les fatales tendances du naturalisme en ont laissé tant d'autres.

qui rend parfaitement ce qu'il invente. Mais l'invention est évidemment forcée dans ce Créateur lourdement drapé d'une longue tunique étirée, écartant les jambes démesurément en sens contraire, étendant ses deux bras sur le chaos dont les éléments se dispersent. Il y a là, et jusque dans les traits austères du Vieillard éternel, quelque chose de ravi à Michel-Ange, aussi bien qu'une certaine affectation dans ce manteau gonflé par l'air et qui s'arrondit symétriquement au-dessus des épaules toutes-puissantes. Nous aimerions mieux cet autre *Dieu* plus simple de facture et de pose, mais trop acteur aussi, dont les mains jettent dans l'espace, au-dessus du globe déjà créé, les disques du soleil et de la lune. J'admirerais volontiers cette *Création* des animaux au sixième jour, si je n'y voyais une raideur exagérée dans la taille trop étreinte du suprême Auteur de toutes ces bêtes qui s'agitent autour de Lui, et sur son visage l'air sombre d'un homme qui a peur de son opération.

<small>par l'exagération de la forme dans ses fresques de la *Création*.</small>

Transportons-nous, après cette visite, vers ces grandioses pages murales qui se développent au pied de la cathédrale de Chartres : autant nous avons rencontré à Rome de froideur et de recherché, de belles couleurs et d'étude du fini, autant nous retrouvons ici de compositions simples de pensée et de philosophie. La création s'y partage, sous le ciseau du sculpteur, en panneaux multiples comme les fresques du peintre. Mais comme c'est varié, comme c'est vivant, comme le génie biblique y abonde ! et cela parce qu'au lieu de faire du nouveau, de créer une nouvelle création, l'artiste s'en est tenu à sa Genèse et à la théologie qui en ressort. Là Dieu est doux et serein ; il est assis *(sedet)*, comme toujours les Écritures nous le représentent, ou debout *(adstat)*, car ces deux poses conviennent à un Être suprême qui *n'agit* pas tant qu'il ne *veut* dans la création ou dans ses actes providentiels. On ne lui donne ni une énorme barbe entortillée par les vents, ni une

<small>Le même sujet mieux traité à Chartres par le moyen âge.</small>

chevelure de lion qui vise à l'effet d'un Jupiter Olympien ; ses créatures sont posées, calmes et obéissantes, comme il convient à leur premier état avant la chute de l'homme, et non fuyantes ou effarouchées comme si déjà elles avaient des motifs de le craindre et de se soustraire à sa main. Et cependant il s'en faut que cette sécurité soit de l'inertie : vivantes, mouvementées, on les voit agir selon leur nature; oiseaux, poissons, quadrupèdes embellissent le monde dont ils sont devenus la vie sensible, l'harmonie et l'animation.

<small>Cette supériorité a son principe dans l'esthétique,</small> On le voit bien : il ne s'agit pas ici seulement d'*artisaner* un fait par des formes et des couleurs ; avant tout il faut donner à ce fait un langage spirituel qui force l'intelligence à laquelle on le destine à l'étude et à la réflexion. Il faut bien plus et bien mieux qu'un fade exposé, flegme comme un plan par terre, et absolu comme une estampe de romans : il faut de la méditation, de cet *esprit qui agite la masse* (1), et qui laisse apercevoir à l'imagination ce que le trait historique ou moral renferme sous son enveloppe extérieure <small>qui n'a pas échappé à Buffamalco.</small> d'instructif, d'attachant et d'inspirateur. C'est ainsi qu'à Pise, Buonamico Buffamalco peignit au Campo-Santo, avant 1340, une vaste fresque où l'action du Créateur et le système du monde physique sont représentés simultanément de façon à donner de l'un et de l'autre des idées aussi <small>Description du Monde créé de ce dernier.</small> dignes qu'exactes et convenables. « Le Créateur, haut de trois mètres, soulève l'énorme machine du monde qui vient, à sa parole, de sortir du néant. Au centre de ce cercle colossal est la terre divisée en ses trois parties alors connues : Afrique, Europe et Asie. Autour, dans douze cercles concentriques, les eaux, la mer, la lune, le soleil, les étoiles, les signes du Zodiaque, le tout suffisamment visible. Les cercles s'élargissent, et les neuf zones, qui enveloppent la terre et les constellations, sont peuplées par les neufs chœurs des Anges. Dieu, qui tient contre sa poitrine

---

(1) Mens agitat molem.
(Virg. Æneid., lib. VI.)

cette œuvre de sa parole, a l'apparence de Jésus-Christ ; son n'imbe n'est pas crucifère, parce que les Italiens du moyen âge ne s'occupaient guère plus des règles de l'iconographie chrétienne que ne s'en occupent nos artistes d'aujourd'hui (1), mais il est décoré d'une arcature. » Buffamalco, qui peignit cette représentation vraiment remarquable du Créateur et de la création, écrivit sous sa peinture un sonnet italien où il dit que « Dieu a tout fait avec amour, poids, nombre et mesure. »

Raphaël n'agit pas toujours assez d'après ce désintéressement chrétien qui inspire de telles œuvres. Il vint à une époque dont il accepta, comme tant d'autres et plus que beaucoup d'autres, les impressions mondaines. Pour lui, il s'est agi beaucoup trop de réputation, de gloire humaine, de rivalités, toutes choses dont l'orgueil s'accommode, mais dont s'arrange peu l'esprit chrétien, et par conséquent l'art religieux. S'il eût vécu cent ans plus tard, quand la foi s'était déjà affaissée dans les cœurs sous la fatale influence de l'hérésie qui se glissa partout, grâce à l'impure tolérance des grands, au lieu de tant de toiles d'églises le jeune artiste eût donné beaucoup de sujets de salons et bien moins de pages cherchées dans l'Histoire sainte. Sans oublier qu'il eut dans sa vie d'artiste

*Caractère des travaux religieux de Raphaël :*

---

(1) M. Didron, que nous copions ici (*Ann. archéol.*, IX, 182), nous semble s'exprimer un peu trop absolument sur ce point. Le nimbe n'a pas plus manqué à l'Italie qu'à la France et à l'Allemagne, où le moyen âge se garda bien de le négliger : témoin Cimabué, Ange de Fiésole. Là comme partout c'est la Renaissance qui a dépourvu les Saints de cet indice symbolique de leur sainteté. Albert Durer, Michel-Ange, Raphaël et leur école s'en sont trop souvent passés sans scrupule, ôtant ainsi pour le pittoresque et pour l'esthétique un des plus doux charmes de leurs têtes, parmi lesquelles, lorsqu'elles sont groupées, on ne distingue plus les Saints des profanes, les Martyrs des bourreaux, le Christ lui-même des pharisiens ou de ses Apôtres. Ce mépris d'un attribut jusque-là indispensable est un des plus graves reproches que l'art chrétien puisse faire aux maîtres de l'école moderne. C'est dès le quinzième siècle que l'Angleterre commença à le mériter, et, depuis lors, que de progrès dans la décadence !

des époques différentes et des manières diverses de rendre par des chefs-d'œuvre les types que son génie s'était dessinés ; sans contester ni cette pureté de dessin, ni cette grâce d'expression, ni cette composition charmante, ni ce fini des détails, ni cette grâce des physionomies que le type italien lui suscita très-heureusement, ni enfin cet air de jeunesse qu'il sait donner à tout en couvrant tout d'un coloris plein de vérité et de séduction, nous nous garderons pourtant de ce fanatisme trop commun à ses admirateurs, et qui leur ferme les yeux sur des exceptions nombreuses à

*il a plus d'art que de piété ;* ces belles qualités. Il n'est pas toujours exempt de recherche dans ses poses ; ses vierges si vantées, resplendissantes de fraîcheur et *peut-être* d'innocence, n'ont-elles jamais rien de commun et de maniéré ? Si l'on aime ses paysages avec leurs lointains corrects et leurs inimitables perspectives, et leurs ciels sereins et lumineux, n'a-t-il pas sacrifié beaucoup trop au désir de montrer l'art dans ses saints, dans ses saintes surtout, et pourquoi faut-il que cet art, trop inspiré par les découvertes des monuments anciens que Laurent de Médicis favorisa tant dès la fin du quinzième siècle, l'ait jeté, à la suite de quelques devanciers, dans ces nudités qui étalent l'anatomie des formes humaines jusqu'à en faire du

*les madones de Fiésole, supérieures aux siennes.* sensualisme et de la lubricité ? On a dit que, si Fiésole était le peintre des anges, Raphaël était le peintre des madones : c'est trop à l'avantage de celui-ci. Exceptons-en les madones de Foligno et de Dresde, et qu'on nous dise si le grand maître, avec toute sa science du beau, a jamais donné à ses vierges l'inimitable expression de Marie se penchant avec tant de modestie vers *la couronne* que lui donne son Fils dans le chef-d'œuvre conservé au Louvre. Nous osons l'affirmer : jamais le pinceau de Raphaël, qui aima d'ailleurs à emprunter souvent à l'admirable dominicain, n'a égalé le rayonnement de sainteté qui s'échappe de cette figure aimable, surnaturelle et pénétrante, si pieusement recueillie et si riante d'un bonheur qu'on croit goûter avec elle.

Hélas! une autre différence explique trop bien celle que l'artiste chrétien trouvera toujours entre ces deux génies, dont l'un rendit si bien la nature et l'autre aima tant ce qui la dépassait de si haut. Le religieux qui choisit ses sujets dans une sphère élevée au-dessus de notre vie mortelle se reconnaît à une virginité de touche que seconde la merveilleuse délicatesse de son pinceau. Il cherche moins, en traçant ses figures éthérées, à représenter les formes palpables d'un corps qu'à faire sentir une âme qui s'y enveloppe, et son dessin et son coloris se prêtent à ce mystère d'esthétique jusqu'à spiritualiser la matière même par la légèreté de ses formes et de ses tours. C'est pour tant de raisons que d'habiles critiques ont trouvé l'art de Giovani plus digne et plus pénétrant que celui de Sanzio. Celui-ci, au contraire, tout à lui-même, trop adonné à des passions qui déshonorèrent sa vie morale et, au dire du plus grand nombre, l'abrégèrent, ne put s'élever au-dessus de ces beautés qui se voient des yeux du corps. C'étaient elles qu'interrogeait son génie; à elles il demandait ses inspirations (1). Qui n'a vu au musée du Louvre, au bas d'un tableau fait par le peintre d'Urbino pour l'un des plus fri-

Cause morale de cette différence.

---

(1) La mort de Raphaël n'est pas attribuée par tous les biographes à la même maladie. Fornari de Reggio et Vasari furent en cela ses premiers accusateurs. Ce n'était peut-être pas une raison pour adopter l'accusation; Passavant, dans la *Vie* du grand peintre (t. I, p. 554), la réfute comme il peut, et ne parvient pas à nous convaincre; mais Quatremère de Quincy ne doute pas de l'inconduite de Raphaël, et y tient par deux fois, dans sa *Vie* imprimée en 1824 et dans la *Biographie universelle* (t. XL, p. 397). M. Audin (*Hist. de Léon X*) résume les assertions diverses sur ce point, et conclut pour une mort d'épuisement causé par le travail du génie dans une âme qui ne suffisait plus à le porter. — Ceci nous paraît très-poétique et peu concluant. Ce grave et docte écrivain s'est un peu trop épris de l'époque où vivent ses héros, et par conséquent du côté artistique de leur nature; et, s'il sait découvrir et avouer parfois ce qu'il y a de trop charnel dans le peintre d'Urbino, il flatte trop aussi la plupart de ses travaux, sous prétexte d'un spiritualisme qui, s'il y est à un certain point de vue, s'éloigne encore assez du sentiment chrétien, dans la plupart de ses ouvrages, pour qu'on l'y cherche vainement.

voles monarques de son temps, que « Raphaël, avant de peindre *La très-sainte Famille*, prenait modèle de son amie? » — C'est de cette page célèbre qu'un critique a pu dire naguère : « On reconnaît, en effet, ce beau visage de la Fornarina, à qui l'amour donna l'immortalité (1). » Cette immortalité, malheureusement, gâte un peu celle de l'amoureux. A côté de ses madones suspectes on trouve toujours trop le souvenir d'une femme perdue. Pouvons-nous trop le désapprouver d'avoir mis en vogue ce genre de profanation tant imité depuis, et auquel manque rarement aujourd'hui le moindre barbouilleur présomptueux qui reçoit la commande d'une vierge?

<small>Raphaël peu fidèle à l'histoire;</small>

Quand on sait combien ces vilaines habitudes préoccupèrent la jeunesse, c'est-à-dire la vie de Raphaël (il mourut à 37 ans), on s'étonne peu que son entraînement pour l'art, qui d'abord le fit vivre et qui bientôt l'enrichit, l'ait pu soustraire aux études sérieuses de l'art ancien, à la lecture des auteurs qui en traitèrent, et même à cette sage réserve qui, en lui laissant goûter le symbolisme biblique, eût quelque peu poétisé ses compositions, tout en l'éloignant des erreurs historiques, dont il ne semble pas s'inquiéter. Le caprice de sa pensée personnelle devient trop souvent sa règle. Ce n'est pas le moyen âge, l'époque hiératique, celle qui comprenait le mieux les sujets dont Raphaël s'est emparé, qui eût représenté sur une même toile les jeux enfantins du petit Jésus et de S. Jean-Baptiste, lesquels ne s'étaient jamais vus avant le baptême du Jourdain. Cimabué et tant d'autres se fussent bien gardés alors, dans cette magnifique scène où Jésus se soumet au plus grand des enfants des hommes, de poser celui-ci, avec sa peau de chameau qui le couvre à peine, en athlète nerveux dont la chair menteuse, avec sa vie exubérante et son modelé

<small>son *S. Jean-Baptiste*;</small>

---

(1) Voir, pour plus de détails, Didron, *Annales archéologiques*, XIII, 106.

irréprochable, joue peu le rôle exigé d'un anachorète, et près duquel le mouton n'intéresse pas plus la piété chrétienne que la croix mesquine, attachée à un tronc d'arbre desséché, et que rien ne livrait encore à l'adoration publique.— Le sombre Michel-Ange n'avait pas évité ces imaginations, et c'est encore un côté par lequel son riant contemporain lui ressemble.

Toutefois Raphaël n'abandonna pas entièrement le caractère du symbolisme chrétien, « qui visa toujours, comme l'a dit un symboliste fort entendu, à une sorte de consécration puisée dans quelque chose de traditionnel (1). » Çà et là, dans ses plus belles peintures, on sent revivre sinon toute l'impulsion de ce spiritualisme théologique, au moins certains traits qui rappellent à l'observateur instruit ses anciennes manifestations. Ainsi, dans la *Vierge au poisson*, quoique l'ange Raphaël, accompagnant le jeune Tobie qui tient un poisson, et S. Jérôme, aux pieds duquel paraît le lion qu'on en a rendu inséparable, puissent bien figurer comme patrons du personnage pour qui fut peinte cette belle toile, il est plus croyable, n'en déplaise à certains amateurs dont la science critique est mal appuyée, que c'est là une manière ingénieuse de symboliser les deux Testaments, représentés pour l'ancienne Loi par un de ses Saints les plus aimables offrant son poisson, et pour la nouvelle par l'un de ses quatre plus grands docteurs tenant le livre ouvert de la science divine : on les voit placés l'un et l'autre de chaque côté du Christ qui est venu réunir ces deux Lois en une seule (2). Et puis, ne savons-nous pas que

sa *Vierge au poisson*, plus symbolique;

---

(1) Le P. Cahier, *Vitraux de Bourges*, p. 238.
(2) « Vos qui aliquando eratis longe, facti estis prope in Sanguine Christi. Ipse enim est pax nostra, qui fecit utraque unum...; et evangelizavit pacem vobis qui longe fuistis, et pacem iis qui prope. » (*Ephes.*, II, 13 et seq.) — Si notre pensée n'est pas ici celle qu'a eue Raphaël, on avouera que ce que nous conjecturons est très-conforme à la méthode des Pères développée dans leur doctrine et exposée en cet ouvrage : mais nous croyons fermement que Raphaël, à qui nous re-

ce poisson, c'est le Christ lui-même qui, par sa vertu guérissante, préfigurait déjà, dans la touchante histoire de Tobie, le bon Samaritain qui n'est autre que le Sauveur? *Samaritanus, qui custodit*, dit S. Jérôme. — Remarquons encore que le poisson du grand peintre est bien un de ces ovipares quelconques, pêchés dans le premier venu de nos ruisseaux, dont le genre et l'espèce importent moins à sa signification symbolique, et au but qu'on s'y propose, que sa forme abstraite et que son nom générique, dans lequel se retrouvent les initiales du nom et des qualités du Sauveur (1). On sait d'ailleurs que l'animal du fleuve côtoyé par Tobie était de si forte taille qu'il s'élança sur le jeune homme pour le dévorer (2), ce qui devait le rendre tout différent de celui-là. Enfin, observons qu'aux pieds de S. Jérôme repose le lion, qui pour lui est l'image de la solitude et du désert préférés au monde, mais qui n'est pas moins celle du Lion de Juda : c'est toujours le même parallélisme des deux Lois divines.

*le S. Michel du Louvre;*

N'est-ce pas encore une bizarrerie rapprochant beaucoup trop le talent sérieux de Raphaël des caricatures de Calot que ce *S. Michel* qui, non content de fouler sous ses pieds le diable terrassé par son épée, l'entoure encore de

---

prochons des *Juvenilia* qui passèrent trop de sa conduite dans son talent, « avait encore un sentiment trop délicat de son rôle pour ne pas comprendre cette dignité de l'art ainsi entendu. » Nous appliquons à la *Vierge au poisson* cette réflexion du P. Cahier (*ubi suprà*), qu'il applique à toute autre chose.

(1) Ἰχθύς. — Voir ci-dessus, t. II, p. 18; IV, 80, 97.

(2) « Ecce piscis *immanis* exivit ad devorandum eum, quem expavescens Tobias clamavit voce magna, dicens : Domine, invadit me ! » (*Tob.*, VI, 2, 3.) — Quel qu'ait été ce poisson, sur l'espèce duquel les commentateurs varient beaucoup, et dont les caractères sont mal établis par eux, on voit bien à l'extérieur de celui donné par Raphaël que cette petite bête-là était moins propre à manger un homme qu'à être mangée par lui. L'essentiel était pour le peintre de donner l'idée d'un poisson, et non de faire de l'exactitude historique. Des symboles de ce genre ont mille fois suffi aux artistes des douzième et treizième siècles.

bêtes difformes, rampantes, cornues, hybrides, agonisantes, lesquelles sont très-certainement le cortége dégoûtant de la bête principale, frappé comme elle et expirant sous la justice de Dieu? Au loin, et sur d'autres plans, on ne reconnaît qu'à peine l'enfer et les damnés dans cette ville qui brûle, et vers laquelle s'achemine une procession qui semble sortir de terre; on se rend compte tout au plus de ces autres figures de personnages entourés de serpents dont quelques-uns leur dévorent le crâne. — Dante est sans doute encore, aussi bien que l'*Ortus deliciarum*, pour quelque chose dans ces étrangetés, qui furent le seul moyen de rendre l'idée abstraite de ces créatures déchues, toutes spirituelles par elles-mêmes, invisibles par conséquent, mais à qui il fallait bien que l'art donnât un corps et un visage.—On y voit bien aussi, quand on a étudié les époques de l'art chrétien, un reflet des imagiers qui les illustrèrent; mais quiconque est demeuré étranger à ces observations n'y voit rien que d'obscur, d'inexplicable, et même de bizarre : c'est qu'en effet c'est un des premiers jets de la jeunesse du peintre qui lutte déjà avec la nouveauté froide et naturelle contre les traditions hiératiques et leur symbolisme qui s'en va.

La *Vision d'Ezéchiel*, traitée par le grand peintre avec une supériorité digne de son génie, et qui orne la galerie de Florence, est une composition toute symbolique : elle ne pouvait ne l'être pas; mais avec son grandiose, la beauté mâle et la vie surnaturelle de son tétramorphe, on voit ce que Raphaël eût gagné à suivre les inspirations du génie biblique. On dirait qu'il s'élève à la hauteur du Prophète : c'est que là, en effet, le Prophète est tout entier, et tout seul, et n'a eu qu'à se montrer lui-même pour imposer un chef-d'œuvre à celui qui en a compris si nettement la magnifique simplicité.

la *Vision d'Ezéchiel*, mieux conçue.

Mais ne parlons pas de ces vierges plus ou moins coquettes qui, au nombre de plus de soixante, rivalisent entre elles de

Raphaël abuse de la coquetterie et du nu.

ce fini-humain et de cette beauté terrestre qu'on s'obstine à préconiser ; ni des Enfants-Jésus nus comme des vers, ni de ces filles de Loth qui sentent le mauvais lieu… — Ce genre scabreux, qui passera sans obstacle dans le cabinet d'un financier de joyeuse humeur, ou chez un amateur qui regarde plus à la forme qu'à la pensée, ne charmera jamais les âmes qui prient, qui méditent l'Évangile et qui veulent en adorer l'esprit dans toutes les expansions de l'art chrétien. Aux yeux donc du Christianisme, Raphaël, après lequel on n'a plus fait que de l'allégorie, au lieu du symbolisme que nous réclamerons toujours, aura eu le tort de mettre son génie au service d'un sentiment personnel et des tendances naturalistes de son siècle. Après lui, de rares traits, épars dans les grands maîtres, rappellent à peine çà et là de vagues souvenirs du moyen âge sur les quelques toiles religieuses dont les musées se parent plus que les églises ; et celles-ci, par une gradation descendante, qui est le côté fatal de toutes les mauvaises choses, en sont venues à n'avoir plus, pour ressources d'ornementation mobilière, que ces grands morceaux de toile imbibés de maladroites copies des grandes réputations. On n'y voit plus arriver que des compositions imaginées dans les ateliers de bas étage, où le pinceau se manie à la hâte, où l'esprit marche au hasard à la conquête des plus folles idées, et où des artistes d'occasion s'empressent à des tableaux dont le plus grand mérite est de les faire vivre… quelques jours.

*Autres abus, pires encore, de notre temps.*

*Poussin et sa Continence de Scipion.*

Ainsi, à partir des dernières années du seizième siècle, nous verrons du dessin correct, du coloris vrai et éclatant, de la lumière, de l'air et de la perspective, de la grâce et du sentiment ; mais le spiritualisme manquera. Quelques belles toiles feront rêver, aucune ne fera croire. Poussin nous attachera par la philosophie et la fraîcheur de ses paysages ; mais il abusera du paganisme jusqu'à grouper à ses côtés les surprenantes personnalités des dieux et des déesses de Zeuxis et d'Apelles. « Il est le peintre des gens de goût, » dit très-justement Voltaire; il devine parfaitement ce qu'il doit donner ou cacher; il varie l'austérité par la grâce; mais il s'aide très-peu des grands moyens de l'esthétique, et c'est à peine si, consentant à invoquer du moins l'allégorie, on le voit déposer sur la tête de Scipion, par les mains d'une femme qui doit être la *Continence*, mais que rien ne désigne comme telle, une couronne de laurier, que le héros a mieux méritée par sa vertu que par sa victoire (1).

Rubens sera un charmant coloriste. Il conserve aux monuments leur style, aux costumes leur richesse un peu théâtrale; mais, par une erreur de convenance que l'histoire ne lui pardonnera pas, il pousse à l'excès l'emploi de l'allégorie mythologique; il abusera du paganisme jusqu'à revêtir sa *Médicis* de l'armure de Minerve et d'une robe fleurdelisée; il groupera à ses côtés les inconcevables personnalités des dieux et des déesses de la mythologie antique. Il ne reculera même pas devant la fausse idée de faire paraître au *Projet des épousailles royales* entre Henri IV et Marie, Jupiter avec son aigle, Junon avec son paon: étranges patrons qui, environnés de *génies* très-ressemblants à des anges, doivent se demander pourquoi ils se trouvent là, et ce que ces anges peuvent y faire.

*Rubens, et son Histoire de Marie de Médicis.*

Lesueur nous attachera à la vie de S. Bruno comme à un poème plein de vie et d'impression; mais ses scènes du onzième siècle s'encadreront dans une architecture du dix-septième. Ses personnages si dignes de physionomie, de traits et de maintien, et qui seuls vaudraient le glorieux surnom de *Raphaël français*, auront des chevelures de hasard, coupées en rond ou flottantes sur les épaules, sans en excepter son héros, dont la tête n'a plus cependant, à partir

*Lesueur et son S. Bruno.*

(1) Nous avons rendu justice à Poussin pour son beau tableau de l'*Arcadie*, plein de philosophie et de sentiment, ci-dessus, t. I, p. 272.

de sa profession religieuse, qu'une légère couronne de cheveux; le mobilier sera orné de sphinx ou de figures tronquées, tels que nous les dépeignent Vignole et Vasari, et qui reportent des épisodes monastiques aux jours des Pharaons et de Périclès; et tout, jusqu'aux moindres détails, crucifix, chandeliers, mitres, costumes ecclésiastiques, représentera parfaitement les arts et les habitudes si différents du temps de Louis XIV. Et cependant vous remarquerez au chevet de Diocrès mourant, auquel un prêtre présente la croix à baiser, ce démon, très-reconnaissable à ses cornes et à ses ailes de chauve-souris, se penchant sur la figure du moribond et semblant épier son âme, absolument comme dans nos manuscrits ou nos vitraux du moyen âge. Ainsi, presque toujours, de la poésie, de la perfection, une admirable union de la grâce et de la justesse, mais aussi un mélange regrettable de mensonge et de vérité.

*L'art chrétien dégradé par la Renaissance.*

Si nous analysions ainsi les œuvres de nos grands maîtres de toutes les écoles depuis quatre cents ans, nous rencontrerions sur chacune de leurs pages les mêmes preuves que l'art avait abandonné la religion, tout en vivant d'elle, sous prétexte d'ouvrages *de sainteté*. Ainsi, ne l'oublions pas, c'est la prétendue Renaissance qui a ménagé au monde des arts cette révolution destructive. A cette fatale époque, si vantée de nos libres-penseurs, parce qu'elle était la première étape où se ravitaillait l'armée des envahisseurs hétérodoxes, on rompit avec le passé, on rejeta les styles que les beaux siècles de la piété catholique avaient conservés à tant de monuments de tous les genres, de toutes les dimensions, de tous les caractères. L'Italie, qui s'était ouverte la première aux fugitifs de Byzance, y perdit moins que nous. Ses longues agitations l'avaient forcée mille fois à relever ses monuments incendiés; elle avait renouvelé avec eux ses trésors artistiques, auxquels se trouvaient conviés à l'envi ses peintres, ses sculpteurs et ses architectes. Peu à peu l'esprit novateur s'était acclimaté sur les bords du Tibre et de l'Arno, et quand la Grèce s'y implanta, on n'y pouvait regretter que très-peu des églises primitives : le moyen âge n'y était presque plus.

Mais c'est surtout à la France que devint fatale cette importation subite des inspirations païennes. Ces Grecs, depuis si longtemps efféminés, en tombant dans les révoltes de Photius, s'étaient détachés à la fois du symbolisme catholique et de l'art qui l'exprimait si bien. Au lieu de nous apporter leurs belles naïvetés de l'École byzantine, ils voulurent appliquer au Christianisme les principes des maîtres vantés par Pline et par Élien ; les architectes ne voulurent plus que du Parthénon, les sculpteurs que des Minerves et des Jupiters ; on ne voulut, on ne fit plus que de l'antique..., moins le symbolisme et la beauté.

*La France en souffre plus que l'Italie,*

La littérature latine eut aussi sa part de ces funestes enchantements. De pieuse et de naïve qu'elle était dans nos chants d'églises, qui en si grand nombre valaient des poèmes, elle devint classique, c'est-à-dire encore païenne, prétentieuse : le rhythme d'Horace passa dans nos hymnes, le Père Éternel redevint le maître du tonnerre, Marie la reine de l'Olympe, les Saints furent des dieux immortels (1). C'étaient là des extravagances dont ne furent même pas exempts Vida dans son poème de *La Christiade* et Sannazar dans celui de *La Maternité de la Vierge*. Celui-ci surtout, à qui des poésies moins pures avaient déjà valu une réputation peu honorable, ne craignait pas d'entourer le berceau de l'Enfant-Dieu d'un cortége de Néréides. Érasme, l'humaniste vénéré de tous, s'en scandalisa avec raison, et reprocha au poète d'avoir traité une matière si sainte en un style qui ne l'était pas assez (2).

*aussi bien que la littérature, qui devient païenne.*

L'art chrétien descendait donc de plus en plus, et l'on

*Causes de cet entraînement.*

---

(1) Cf. Audin, *Histoire de Léon X*, passim.
(2) « Plus laudis erat laturus si materiam sacram aliquando tractasset sacratius. » (Erasmi *Ciceronianus*, Tolosæ, 1620, p. 90.)

eût dit qu'à Rome, et bientôt en France, où les guerres d'Italie l'avaient trop importé avec la licence des habitudes méridionales, l'air respirable s'était vicié des émanations sorties de ces fouilles savantes qui au Campo-Vaccino faisaient surgir tout à coup tous les dieux et déesses que le génie d'autrefois avait revêtus d'une robe de marbre. Et cependant les Papes, tout en favorisant le développement des lettres, en s'émerveillant des découvertes des manuscrits de Tacite et d'autres auteurs qui devaient enrichir notre temps des trésors littéraires du siècle d'Auguste, posaient la croix au faîte des obélisques, comme ils avaient rendu chrétien le Panthéon d'Agrippa (1). Mais qu'importaient ces efforts intelligents, contre la folie de l'intelligence humaine, éprise tout à coup des singularités de cette Renaissance à laquelle il semblait qu'un galant homme ne se pouvait refuser? Ils n'empêchaient pas les cicéroniens de passer en riant devant Érasme, leur mordant et énergique antagoniste; et le cardinal Bessarion, qui ne croyait certainement ni à Bacchus ni à la métempsycose de Pythagore, consacrait en ses *Épîtres* familières toutes les folies du langage de leur époque, dans l'unique but de réhabiliter la forme classique, au grand profit, croyait-il, de son âge et de la postérité (2).

Deux caractères éclatent particulièrement aux yeux de l'observateur qui s'efforce de comprendre cette période de

---

(1) Cf. Audin, *Hist. de Léon X*, t. II, ch. IV, où il raconte d'une façon très-attachante les soins que ce Pape se donna pour procurer à la bibliothèque du Vatican des manuscrits enfouis en d'autres dépôts.

(2) Cf. *Entretien sur divers sujets d'histoire, de littérature, de religion et de critique*, p. 386, Cologne, in-12, 1733.— Un autre savant cardinal, Bembo, ne pouvait consentir, non plus que beaucoup d'autres, à admettre, même dans le langage ecclésiastique, une expression qui ne fût empruntée de Cicéron, de Quintilien, d'Ovide ou d'autres illustrations de la grande époque romaine. La Sainte Vierge était *déesse immortelle*; l'excommunication se rendait par *l'interdiction de l'eau et du feu*.— Voir de Beaussette, *Vie de Bossuet*, t. II, p. 298, Paris, in-12, 1821; — et *Mém. de Trévoux*, janv. 1762, p. 139.

l'histoire intellectuelle du monde qu'on a décorée du nom mal choisi de la *Renaissance :* le culte de la nudité et la haine effrontée de l'art chrétien.

Le moyen âge ne s'était jamais permis le nu sans un but utile, sans une intention très-philosophique ; chez lui on le vit toujours autorisé, quand il dut l'employer, par la nature même de certaines compositions classiques, telles que le Jour et la Nuit dans un des groupes de la *Création* à la cathédrale de Chartres ; il ne l'avait admis décidément que dans l'enseignement de sa théologie morale et pour inspirer l'horreur des vices contraires à la pureté. Mais, il faut le dire aussi, l'artiste réussit peu dans ces tentatives, qui ne lui vont pas ; et le modelé, qui y manque aussi bien que la vie, atteste qu'il travaille moins pour la forme que pour l'esprit. Sortez-le de ces sujets, auxquels il ne touche qu'en si petit nombre ; voyez ses vierges, ses enfants, ses anges, ses âmes dépouillées de sexe : tout est noblement traité par le sentiment d'une pudeur qui ne se dément jamais. Le peintre des manuscrits ou des vitraux, le sculpteur des tympans ou des voussures, n'imaginent pas qu'on puisse mettre l'art au service des mauvaises passions : c'eût été s'abaisser au niveau de ce Parrhasius dont le pinceau se déshonora chez les Grecs en se trempant de préférence dans les plus détestables infamies. Au contraire, nos maîtres des douzième, treizième, quatorzième siècles, s'étudient à draper plus élégamment, selon que les progrès du dessin le leur rendent possible ; ils s'appliquent à donner plus d'expression et de grâce à leurs physionomies, à leurs poses, à l'action des scènes ; et au milieu de ces légendes si recherchées, rien dans la statuaire, dans la peinture dont puisse s'offenser la virginité de la pensée et des mœurs.

<small>Pourquoi l'art du moyen âge n'admet pas les nudités ;</small>

La Renaissance arrive : et avec elle on voit chanceler d'abord, et périr bientôt dans un scandaleux naufrage, cette sainte et austère prudence qui protége l'innocence du cœur par la chasteté du regard.

<small>la Renaissance le prodigue à l'excès,</small>

*inspirée par les études païennes.*

Et quel thème sert de prétexte à ce désordre que les lettrés divinisent ? Ils aiment Virgile et Homère, Ovide et Anacréon : ce sont quatre personnifications des beaux vers. En prose, ils ont les *Tusculanes* et le *Discours pour la Couronne*, Thucydide et Tite-Live, le divin Platon et ses belles rêveries de Sunium, Socrate qu'Érasme canoniserait sans façon jusqu'à lui demander son intercession près de Dieu (1). Après une littérature ainsi fondée, ne fallait-il pas dans l'art nouveau un reflet de l'ancien ? La poésie est inséparable de l'art, mais l'une et l'autre se doivent un mutuel appui pour créer la beauté et dorer de ses vifs rayons toute la vie humaine, toutes les productions du génie et de l'esprit. C'est ce mot qui séduit et entraîne. Le beau visible, la forme attrayante : voilà ce que veulent ces privilégiés de l'intelligence. Y seraient-ils parvenus ? Nous allons le voir, et nous n'en déciderons que d'après quelques esprits distingués de la Renaissance elle-même.

*Castiglioni sa théorie catholique du beau.*

Il s'agit ici de Baltazar Castiglioni, mort en 1529, après avoir mérité les faveurs de Léon X et de Clément VII, et qui unissait dans ses écrits, selon Jules Scaliger, le double caractère de Lucain et de Virgile par l'élégance du style et la dignité des conceptions (2). Castiglione est auteur d'un livre qu'il intitula *Le Courtisan*, et dans lequel, voulant donner l'idée d'un homme bien élevé, tel que la lui avaient inspirée ses fréquentations assidues des cours de l'Europe, mais surtout de l'Italie, il rend compte de celle alors si célèbre du duc d'Urbin et rapporte quelques-unes des cau-

---

(1) « Et multi sunt in consortio Sanctorum qui non sunt apud nos in catalogo. Proinde, cum hujusmodi quædam lego de talibus viris, vix mihi tempero quin dicam : sancte Socrates, ora pro nobis. Et ipse mihi sæpe numero non tempero quin bene ominem sanctæ animæ Maronis et Flacci. » (Erasmi *Colloquia familiaria* : « Convivium religiosum, » et Muller-Regiomont, p. 227.) — Érasme avait oublié de se peindre dans son *Éloge de la folie*.

(2) Jul.-Cæs. Scaligerii *Poetices*, Lugd. Batav., in-8°, 1581, lib. VII, p. 322.

series philosophiques auxquelles il s'était mêlé. Or, voulez-vous savoir ce qu'on y pensait de la nature du beau ? Avec S. Thomas d'Aquin, dont la philosophie, apparemment, n'est pas à dédaigner ; avec son disciple Savonarola, dont le beau génie et l'énergique doctrine eurent le seul tort de dépasser le bien jusqu'au delà des limites du mal ; avec cet admirable Bembo qui poussa jusqu'au ridicule un amour effréné du langage romain et de l'emphase mythologique, on reconnaissait que le beau n'habite qu'en Dieu, qu'on n'y arrivait point sans prier, et qu'enfin il était un cercle dont le bon est toujours le centre. Dans cette sphère, le bon et le beau sont donc inséparables autant que la forme circulaire et son milieu. Et l'on en concluait (peut-être un peu largement) que rarement une âme méchante habite un beau corps. Cette théorie se prouvait par les astres, au ciel, qui, en nous donnant la lumière, revêtent une double beauté de charmant éclat et d'indispensable utilité ; sur la terre, par les arbres, qui donnent presque toujours les plus beaux fruits après les plus belles fleurs ; sur la mer, par un vaisseau paré de tous ses agrès, et dont la forme élégante plaît aux regards des plus grossiers observateurs. Tout, dans l'univers, ajoutait-on, chante cette essence divine en qui la beauté ne se sépare jamais de la bonté. Peintres, poètes, orateurs, philosophes, pour atteindre à la beauté, doivent aller à Dieu. « La beauté est le triomphe de l'âme sur le corps (1). »

Nous voilà d'accord avec la Renaissance, autant qu'elle plaidera cette cause et proclamera ces principes. Mais ces principes, cette cause, n'est-ce pas ce qu'avait défendu le moyen âge depuis son apparition dans l'auréole fugitive de

<small>Comment les lettrés s'en éloignent,</small>

---

(1) « Dico che da Dio nasce la bellezza, ed è come circolo di cui la bontà é il centro... Però la bellezza é il vero trofeo della vittoria dell' anima, quando essa con la virtù divina signoreggia la natura materiale, e col suo lume vince la tenebra del corpo. » (Cf. *Il libro del Cortegiano*, II, 188, in-8°, Milano, 1803 ; — et Audin, *Léon X*, 1, 495.)

Charlemagne, à travers toutes les phases de sa glorieuse existence, et n'était-ce pas son dernier écho, sa dernière protestation que faisait entendre Castiglione dans cette page si exubérante de sens chrétien et de raison théologique ? Hélas ! sous les apparences traîtresses de cette doctrine orthodoxe, un germe de beauté qu'on n'y avait jamais trouvé osa se produire, réclama la place du beau chrétien et l'envahit. Les lettrés, sous la conduite de ce Bembo qui dans sa jeunesse professait la pure esthétique des Pères, et qui bientôt abdique leur latin pour celui d'une langue ennemie de la scolastique, les lettrés rêvèrent une régénération qui ne pouvait aboutir qu'à du paganisme ; les artistes, nourris de ces idées qui retentissaient chaque jour à leurs oreilles, durent chercher aussi les reproductions plastiques de l'antiquité que tant de beaux esprits leur prônaient ; et, au lieu de continuer à voir la beauté dans le spiritualisme, ils la prirent dans la matière, d'où le sensualisme ne devait pas manquer de surgir. Un énorme malheur fondit bientôt sur la vie artistique, par suite de ces licencieuses méprises : ce fut le mépris de la pudeur, lequel passa dès lors en une certaine littérature de bas étage que ne savent jamais se refuser les libertins. Cette espèce de gens ne manquent jamais aux époques de décadence, et ils y consacrent, dans ce que l'art et la littérature ont de plus hideux, les turpitudes des mœurs, toujours si proches de celles de l'imagination. Les obscénités d'Ulric de Hutten, puisées à la source de Luther, autorisèrent bientôt celles que Théodore de Bèze appelait ses *Juvenilia* ; et Rabelais, avec sa verve cynique devenue la joie de nos libres-penseurs, et, pour beaucoup d'honnêtes gens, l'objet irréfléchi d'une admiration inconsidérée, Rabelais, souillé à la fois d'apostasie et de libertinage, ne trouva que dans la Renaissance les saletés de son style et ses extravagances de baladin.

*et arrivent aux plus grossières imaginations.*

*Les artistes les*  De là aussi ces nudités dont eussent rougi nos pères ; de là ce droit au pinceau de ne plus rien ménager des plus saintes exigences de la vertu, cette audace qui pénétra jusqu'au sanctuaire, où d'abord le divin Crucifié fut dépouillé de cette tunique usitée si constamment du cinquième au quinzième siècle (1), et où bientôt sa sainte Mère fut avilie jusqu'à paraître sous les traits et le costume dévergondé d'une courtisane historique (2). Avec Raphaël, surtout, le nu devint un genre de beauté que chacun s'escrima à imiter ; mais le sien fut bien plus dangereux que celui de Michel-Ange, qui, sous des formes athlétiques, prodiguait plus d'étonnement que de séduction. Le peintre des madones s'appliqua bien plus, quoi qu'on en dise, à leur faire un spiritualisme d'emprunt que ce vrai caractère *céleste* qu'elles devaient avoir ; et, quand les critiques ont reproduit à l'excès cette fastueuse épithète, c'est qu'ils ne savaient eux-mêmes ni ce qu'ils disaient ni ce qu'ils auraient dû sentir.

*suivent et créent le nu.*

*En cela, Raphaël plus dangereux encore que Michel-Ange,*

Nous ne savons...; mais ce soin assidu de la chair fraîche, cet abus affecté de la forme et de ses plus scabreux détails ne peuvent annoncer dans l'artiste qu'il tint beaucoup à la chasteté, et laissent trop de prise à la censure de ses mœurs. Serait-il possible, en face de tels égarements, que cette dé-

*jusqu'à en faire déduire les égarements de sa vie morale.*

---

(1) Cf. *Bull. monum.*, XIV, 16 et 98.

(2) Tel, au musée d'Anvers, *la Vierge et l'Enfant Jésus*, de Jehan Foucquet, qui eut la sacrilège idée d'affubler du nom de Marie le véritable portrait d'Agnès Sorel, à la poitrine découverte, et tenant sur ses genoux un poupon potelé, dépourvu du moindre linge, et qui probablement était un bâtard de Charles VII. Là, évidemment, le peintre français a voulu faire du beau. Né vers 1415, il vécut au delà de 1474, dans les bonnes grâces de Charles VII et de Louis XI. Il en était digne ! — Ajoutons ici, cependant, que tout le monde n'attribue pas à Foucquet cette très-médiocre peinture du musée d'Anvers, non plus que les traits d'Agnès Sorel à la p. étendue vierge dont nous parlons.—Nous ne demandons pas mieux ! mais le morceau, de quelle main qu'il soit, n'en figure pas moins à côté de bien d'autres de cette époque très-capables de confirmer sa prédilection pour ces vilenies. — Voir le livre de M. Vallet de Viriville : *Jean Foucquet*, in-4°, 1867 ; — *Bulletin de la Soc. des antiq. de France*, 1870, p. 40, et *Le Moyen Age et la Renaissance*, t. V, où se trouve une copie lithochromiée de ce tableau.

votion à Marie qu'on lui attribue eût été aussi réelle qu'on semble le croire, et les preuves qu'il en voulut donner en lui léguant une chapelle après sa mort valent-elles bien le soin qu'il aurait dû prendre d'éviter dans ses travaux tant de contrastes qu'on lui reprochera toujours avec trop de raison? Cet entraînement aux licences de la pensée se révèle jusque dans son chef-d'œuvre de la *Transfiguration*, où l'on ne sait ce que fait, à côté de ce démoniaque aux affreuses contorsions, cette femme italienne dont les épaules découvertes et la pose théâtrale ne sont là que pour attirer l'attention, et la détournent certainement du sujet principal en proportion qu'elles captivent les sens, quand l'esprit et le cœur devraient s'élever de la terre avec Celui qui nous attire au ciel.

<small>L'art n'a rien gagné à ce désordre;</small>

Cet excès de prétention dans la personnalité de l'artiste, qui oublie Dieu pour construire le fragile édifice de sa propre gloire, a fait école, au grand mépris de ce que l'art a de plus élevé et de plus saint. Le but que se proposaient les égoïstes qui l'ont ainsi profané n'a pas d'ailleurs été atteint. Toutes ces imitations de la manière antique ont pu réussir à quelques génies de la couleur, du dessin et des formes plastiques; mais combien d'autres y ont échoué! et ceux-là mêmes à qui elles ont ménagé de beaux triomphes sont-ils parvenus à cette perfection qu'ils croyaient atteindre?

<small>il est resté bien au-dessous de l'antiquité,</small>

Qu'ont-ils de semblable aux chefs-d'œuvre restés inimitables qu'on appelle la Vénus de Milo, le Laocoon et l'Apollon du Belvédère? Que ces grandioses compositions éclatent de beautés réelles par la représentation fidèle de la vie et des sentiments divers qui s'y expriment, c'est incontestable, et voilà un genre d'excellence propre au temps et aux mœurs de Rome et de la Grèce. Mais par cela même c'est de l'art païen, très-conforme aux habitudes du ciel méridional et des tièdes atmosphères qui l'ont fait éclore, et très-opposé à nos idées chrétiennes, qui, même à Rome, quand l'art fut sorti de son enfance, et à Byzance dès l'apparition de Constantin, se gardèrent bien de montrer sans voile ce corps humain, purifié de ses concupiscences charnelles par le baptême, qui est un sceau de sainteté, et dont la retenue devait se conformer, pour rester digne de Dieu, à toutes les règles de ce que le chaste langage de l'Église a compris sous la suave appellation de *modestie* (1).

Non, la beauté n'est pas plus dans le libertinage de la forme que dans celui de la pensée. Elle ne consistait pas, d'ailleurs, dans toutes les œuvres antiques, à imiter au mieux les muscles et les artères, et les lignes et les contours de la charpente humaine, non moins difficile à rendre par son ensemble que par ses parties : il y avait aussi la pose

dont les idées sur le nu n'étaient pas aussi coupables,

---

(1) « Modestia vestra nota sit omnibus hominibus. » (*Philipp.*, IV, 3.) La modestie chrétienne est donc la gardienne de la chasteté, puisque, d'après la forme même de son nom (*modus*), elle est la retenue habituelle des sens et de la volonté à l'égard de tout ce qui peut attirer le sentiment de la concupiscence et faciliter aux passions honteuses l'accès de notre cœur. Tout cela est conforme, dit S. Bernard, aux exemples donnés par le Fils de Dieu : « Quid enim majus incongruum (dit ce Père, *Serm. in vigil. Nativ. Domini*) quam ut immoderate agat homo, conscius propriæ infirmitatis, quando quidem apparuit inter homines modestus Dominus majestatis ? » — Et ailleurs : « Magna est modestia individua, verecundiæ socia...; verecunda modestia, et modesta verecundia est... Hanc teneamus pueri, hanc diligamus, et ut eam semper habere possimus, fugienda est nobis familiaritas et confabulatio eorum qui turpiter et indisciplinati vivunt...; habet sane suos scopulos verecundia, non quos ipsa invehit, sed quos sæpe incurrit, si intemperantium incidamus consortia, qui *sub specie jucunditatis venenum infundunt bonis.* » (*De Ordine vitæ*, edit. Bened., II, col. 379.) — D'autres Saints vous en diraient autant en d'autres termes. Les philosophes païens avaient été d'avance de leur avis, tant il est vrai qu'il ne s'agit ici que d'une loi naturelle sanctionnée et commentée par le Christianisme ! N'est-ce pas Cicéron qui disait : « Modestia est pudici et honesti habitus cum laudabili profectu verecundiæ » (*De Rhetor.*) ? et Euripide : que « la modestie est le résumé visible de la vertu » (*In Medea*) ? On peut voir d'autres citations d'auteurs païens dans une excellente dissertation de M. Grimoard de Saint-Laurent, *Du Nu dans l'art chrétien*, insérée dans la *Revue* de M. l'abbé Corblet, t. III, p. 223 et suiv.— Cette morale des païens, de ceux que le sens philosophique n'avait pas abandonnés, n'est même plus de mise chez les peuples qui abdiquent les principes éternels de la loi divine comme trop gênants; et l'art s'en ressent jusqu'à n'être plus, ou presque toujours, qu'une perfide excitation à la débauche !

du corps, l'expression du visage, le jeu des étoffes, l'agencement des accessoires, et ce sont là, nous semble-t-il, des mérites que ne se refusèrent ni certains peintres exhumés à Herculanum, ni les statuaires dont on admira toujours les immortelles productions à Rome, à Naples et Paris. C'est pourquoi, sans contester que l'artiste doive représenter différemment les lutteurs antiques de la galerie de Florence et le Jupiter du palais Verospi, nous demandons si beaucoup de statues ou de personnages habillés n'ont pas un mérite d'exécution aussi remarquable que beaucoup d'autres qui ne le sont que peu ou point.

*et n'exilaient point de l'art la chasteté.*

Les anciens ne s'y méprenaient pas, et comme chez eux on ne se passait pas toujours complètement du péplum et de la robe, non plus que de la coiffure et du cothurne, ils se gardaient bien de faire du nu par plaisir ou par spéculation. Quoi de plus chaste, chez eux, que l'Apollon Musagète du Vatican, que la Vestale de la galerie de Florence, que les Muses de Tivoli et tant d'autres chefs-d'œuvre, dont les vêtements sont loin de compromettre la valeur ? Nos artistes modernes se sont-ils rabaissés quand ils ont conservé à leurs sujets cette dignité que beaucoup ont si bien comprise ? Canova sculpte son *Thésée vainqueur du Minotaure* ou sa *Madeleine* près de mourir devant la Croix qui la remplit d'espérance ; Guido Reni jette sur la toile son *Hercule tuant l'hydre de Lerne ;* Salvator Rosa nous montre son *Prométhée* victime désespérée du vautour qui le dévore éternellement : et dans ces poses difficiles on admire autant d'études consciencieuses, où le nu demeure chaste parce que de savantes draperies le voilent assez pour n'effaroucher aucune pudeur. Il y a plus : la chasteté artistique fut-elle nulle part plus scrupuleuse que dans cette belle *Danse des Muses* que donna au musée de Florence le pinceau de Jules Romain ? et Raphaël lui-même, dans son *Parnasse* de la *Segnatura*, ne semble-t-il pas s'être appliqué, non moins que dans son beau *Ma-*

*L'art moderne a aussi sa beauté, d'une chasteté irréprochable, riage de la Vierge*, aux règles de la plus délicate décence, autant qu'à cette délicieuse variété de tons et de mouvements que la beauté de son imagination ne sert pas moins que la pureté de son dessin ? Ces deux belles compositions sont empreintes d'un tel esprit de convenance, qu'à part le sujet, et sans considérer leur origine mythologique, personne certainement ne s'en scandaliserait dans une église. Si la Renaissance et ses adeptes, si l'art embelli par ses progrès dus à l'observation et à l'étude, n'avaient jamais dévié que sur ce point des traditions du moyen âge, l'Église les eût acceptés sans aucun doute, et se fût enrichie avec autant de gratitude que d'amour de ces filiales générosités et de ce pieux dévoûment. Mais ils trahirent à la fois la forme et la pensée ; ils luttèrent contre Elle en de communs efforts pour le beau sans esthétique et la forme orgueilleuse sans précautions. C'est là ce que nous devons répudier avec l'Église. Nous ne saurions trop condamner avec Elle cet art prétendu chrétien qui nous donne des Vierges plus laides et plus inconvenantes que des Vénus, pour venger sans doute le sensualisme en débauche des douces et aimables sculptures du treizième siècle à la cathédrale de Paris et au chandelier de Milan (1). Arrière ces Appelles qui n'aiment que les Phrynés; et ces Phidias qui ne croient même pas à Jupiter !

que l'Église ne répudierait pas.

Ainsi la manie trop favorisée par les libres-penseurs des quinzième et seizième siècles a perdu l'architecture chrétienne, dont toutes les créations abdiquèrent alors les prin-

La décadence du symbolisme coïncide avec celle du style ogival.

---

(1) Voir cette horrible femme à la figure stupide, aux formes à peine couvertes par de rares cheveux qui ne sont même pas du peintre original (on prétend que c'est Van Eyck ou Kemmeling), et que M. le comte de Mellet a fait graver dans les *Annales* de Didron, XIII, 242 et suiv.; — puis cette autre *Vierge aux anges* du tome VII, p. 200, qui est du quatorzième siècle; — mais surtout la magnifique ciselure du chandelier de Milan appelé *l'arbre de la Vierge* (même livre, XIII, 263). — Ces trois types donnent une série suffisante des distances qui séparent le Christianisme de l'art païen, lequel abrutit toutes les compositions.

cipes du grandiose et du symbolisme antérieurs. La disparition de l'ogive, forme aussi éloquente que gracieuse, amena graduellement cette décadence, et contribua, plus que toute autre innovation, à l'intrusion du style grec, qui ne pouvait s'en arranger ; et d'ailleurs, l'eût-on conservée, comme dans l'église de Brou, construite en 1500, et très-remarquable par le fini de ses sculptures gothiques, on y eût mêlé l'inévitable plein-cintre, et surtout le symbolisme en eût été chassé impitoyablement. Saint-Eustache de Paris ne doit son élégance qu'à son plan d'ensemble, qui est celui des églises ogivales ; et, si Saint-Apollinaire de Valence vaut encore quelque chose après sa reconstruction du dix-septième siècle (1604), c'est que, par une heureuse inspiration qui doit passer pour un phénomène sans égal à cette époque, le Chapitre exigea que les dégradations infligées par les huguenots fussent réparées d'après les dimensions primitives, et les sculptures et moulures quelconques retaillées d'après les dessins et les sujets antérieurs (1). Ces quelques efforts furent d'aussi courte durée qu'ils étaient rares, et de chute en chute on devait arriver de la Sainte-Chapelle de Paris, et d'Eudes de Montreuil, à Notre-Dame de Lorette et à M. Hippolyte le Bas (2).

*Heu mihi!... quantum mutatus ab illo*
*Hectore!...*

*Ce style remplacé par des sculptures de caprice,*

La légèreté du caractère français montra bien comment dans ce beau royaume, qui s'était fait une architecture nationale, on pouvait se consoler de la voir mourir, et même de prolonger son agonie. Il fallait bien une certaine dépense d'ornementation, et, si le symbolisme n'en fit pas les frais, du moins le maniéré s'en chargea, et une profusion de feuillages, de guirlandes et d'animaux moins signi-

(1) Cf. la belle description historique de ce monument par M. l'abbé Jouve, *Bullet. monum.*, XIV, 545.
(2) Voir Montalembert, *Du Vandalisme et du Catholicisme dans l'art*, p. 192.

ficatifs que grotesques se répandit autour des portes de nos églises, sur les monuments funéraires dont on meubla l'intérieur, et jusque dans les vitraux, lesquels n'eurent plus ni la gravité ni le charme de coloris qui en faisaient, deux siècles plus tôt, des mosaïques si remarquables. Il n'y eut pas jusqu'à la taille des pierres qui n'éprouvât ces prétentieux caprices, préférés par les novateurs aux règles du juste et du beau ; et le style *rustique*, avec ses coupes bizarres, ses entaillades disgracieuses et ses bossages vermiculés, qui passèrent pour des ornements, délecta le dix-septième siècle. Ainsi, et sous les auspices de ses architectes, français ou italiens, on vit la mode nouvelle envahir tout le territoire archéologique, et créer, sans distinction aucune de destination et de caractère, les palais et les hôtels de ville, les casernes et les hôpitaux, tous les grands édifices publics en un mot, et *par conséquent* les églises, comme Saint-Pierre d'Auxerre et l'ancienne prieurale de Montempuy, près Nevers.

et par le style *rustique*.

Ce dix-septième siècle fut celui de la littérature classique portée à son dernier degré de perfection en France, en Angleterre et en Italie. Pour ne parler que de nous, il est reconnu que rien ne dépassera jamais l'éclat et la portée de nos grands écrivains de cette époque. La langue avait trouvé un mélange de souplesse et d'énergie que Racine et Bossuet témoignent à eux seuls plus qu'aucun autre. La musique préludait encore, il est vrai, aux grands succès des Rossini et des Boïeldieu ; mais la peinture atteignait à l'idéal de sa perfection sur les toiles de Lebrun, de Van Dyck, du dominicain, des deux Carrache, de Mignard et de tant d'autres que nous avons nommés, comme la sculpture sur les marbres de Jean Goujon, de Pierre-Paul Pujet, de Girardon, de Bouchardon et de Coustou. Malheureusement nous voyons sous ces habiles mains naître fort peu de statues religieuses : ces compositions n'arrivent à certains frontons d'églises grecques, à quelques tombeaux de

Beautés classiques du dix-septième siècle.

morts illustres que comme des accessoires où la recherche du beau se fait sentir bien plus que le sentiment de notre foi.

<small>Mépris qu'on y professe pour l'architecture du moyen âge,</small>

En pouvait-il être autrement, quand nos grands esprits de cette ère glorieuse en étaient venus à mépriser de toute la hauteur du plus mauvais goût ce gothique et ce roman des plus beaux âges de l'Europe, auxquels ils préféraient les frontons grecs, les colonnes doriques ou toscanes, les arcades surbaissées, les fenêtres rectangulaires, et tant d'autres incomparables laideurs qui disposaient une église, dès sa naissance, à devenir, selon les circonstances, une fabrique, une grange ou un atelier? Lisez les voyageurs de ce temps dont la prose et les vers nous sont restés, et dites-nous si, en détaillant les belles curiosités qu'ils rencontrent, même dans ces vieilles églises où leur admiration s'arrête sur tant de chefs-d'œuvre artistiques de toutes les écoles, un seul d'entre eux s'occupe du monument lui-même et s'avise d'en décrire la vaste immensité, la

<small>jusqu'à en ignorer l'existence,</small>

savante disposition, les hardiesses architecturales? Nos historiens eux-mêmes ne se doutaient pas encore que l'histoire de l'humanité, comme celle d'un seul peuple, comporte nécessairement la notion de ses arts, de ses sciences et de ses monuments; ils semblaient ignorer, par exemple, qu'il y eût en France des cathédrales comme celles de Reims, de Chartres, de Paris, d'Amiens, de Rouen. On ne songeait pas le moins du monde, en parlant de Cluny et de Saint-Denys, de Cîteaux et de Saint-Maixent, de Fontevrault et de Saint-Savin, à mentionner leurs abbatiales, dont on ne

<small>ou l'interpréter de travers.</small>

savait même pas l'âge, ni la valeur; ou bien, s'il arrivait à quelques-uns de s'arrêter stupéfaits devant les sculptures symboliques de nos grandes façades, c'était pour y trouver des allusions mystérieuses au grand œuvre de l'alchimie, aux hautes combinaisons de l'astronomie ou de la cabale : ainsi, on prenait l'archange S. Michel pour un Mercure Teutatès, et nous savons que Dupuis, digne et infaillible successeur de ces doctes, ne faisait ni plus ni moins qu'un langage d'astronome de tout cet enseignement religieux. Nous avons, hélas! bien plus encore à reprocher à nos plus érudits théologiens du dix-septième siècle, à ceux qui marchèrent alors comme les princes de la science humaine, et dont l'érudition vint échouer cependant sur ces majestueuses pages de l'histoire de Dieu et des peuples chrétiens. A les entendre, et à en croire avec eux tous les dictionnaires spéciaux qui avaient défini le gothique, ce genre d'architecture n'avait ni goût ni proportions; il se distinguait « par des ornements chimériques : » c'était l'abus des principales règles, et l'on devait « aux architectes venus après le seizième siècle le retour à la simplicité, à la beauté véritable et à la justesse des proportions (1). »

*Égarements des plus savants sur ce point.*

Que si vous interrogiez Fénelon, à qui ses études des Grecs et de l'art antique étaient devenues funestes à ce point, il vous dira que « les premiers architectes gothiques s'étaient dû extasier sur la légèreté de leurs colonnes, l'élévation de leurs voûtes, les découpures de leurs fenêtres et de leurs roses à jour; » mais à tort, car leurs successeurs, plus sages et mieux avisés, s'étaient bornés, par la simplicité, la mesure et la justesse des proportions, à contenter la vraie raison par des édifices où rien ne paraît fort grand quoique tout le soit, et où pas un ornement ne serve qu'à orner l'ouvrage (2). » — Il est clair, par ces derniers termes, que les églises du sixième au quatorzième siècle n'avaient que faire de toutes ces inutilités qu'on appelle chapiteaux historiés, flore murale, modillons, ichnographie symbolique, etc., etc.!

*Opinion de Fénelon,*

---

(1) Voir, sur ce sujet, une intéressante dissertation de M. l'abbé Corblet, à qui nous avions pu offrir sur ce point quelques matériaux, et qu'à notre tour nous pouvons citer nous-même : *L'Architecture du moyen âge jugée par les écrivains des deux derniers siècles* (Revue de l'art chrétien, III, 68 et suiv.).

(2) *Lettre à l'Académie sur l'éloquence*, ch. x, n° 10. — *Discours de réception à l'Académie.*

de Bossuet,

Bossuet dédaignait nos admirables basiliques, préférant peut-être la sienne, dont les fréquentes reprises avaient défiguré le style roman primitif, mais qui, n'étant pas tout à fait gothique, devait lui paraître mériter un peu moins l'épithète de « barbare » qu'il donnait volontiers à tout ce qui était de ce genre.

de Fleury,

L'historien Fleury, qui trouvait dans ses idées gallicanes un penchant naturel à mortifier la théologie scolastique, traitait de « grossières » les histoires de Wilhardouin et de Joinville, « quoique utiles et plaisantes par leur naïveté, » et n'estimait point les monuments de leur temps, « si chargés de petits ornements, et si peu agréables, en effet, qu'aucun architecte ne voudrait les imiter ! »

de Rollin,

Rollin trouva que « les ornements chargés, confus, grossiers des anciens édifices gothiques, et placés pour l'ordinaire sans choix, contre les bonnes règles, et hors des belles proportions, étaient l'image des écrits des auteurs des mêmes siècles ! »

et de beaucoup d'autres,

Et nous en trouverions bien d'autres !... Montesquieu, J.-J. Rousseau, Helvétius, et, qui plus est, Godescart et Feller, Voltaire et Dupaty, parlent ce même langage ; et ce qui prouve fort peu leur compétence, c'est que tous s'accordent à charger les Goths de nos monuments du moyen âge, et à signaler ceux-ci comme absolument dénués de goût, d'élégance et de proportions (1)...

qui ne soupçon-

Voilà ce que c'est que les siècles qui se targuent de phi-

(1) Voir Mgr de Salinis, archevêque d'Auch, *Discours prononcé au synode de* 1858 ; — Fleury, *Cinquième discours sur l'hist. ecclés.*, n° 14 ; — Rollin, *Traité des études*, t. I, p. 73, in-12, 1765. — Il est surtout remarquable, dans ces appréciations dues à tant d'auteurs différents, que tous s'accordent à faire observer, comme l'un des principaux mérites des monuments grecs, « les belles proportions ; » ce qui prouve que tous se laissaient séduire par l'ensemble en négligeant d'analyser les détails. Est-ce donc que nos basiliques du moyen âge manquaient de proportions ? On aurait pu le nier ; mais au moins elles avaient leur esthétique, et nous ne voyons pas, dans aucun des auteurs ici allégués, qu'ils en eussent même le soupçon.

losophie. Quand cette philosophie va côte à côte dans les grands esprits avec des préoccupations de parti ou d'école, les hommes même de bonne foi acceptent les erreurs communes, de quelques points qu'elles leur viennent; et les générations s'abreuvent longtemps à ces sources, elles s'y empoisonnent d'autant, vivent dans les conditions viciées qu'elles se sont faites et finissent par s'y complaire, aveuglées en outre par l'ignorance et l'orgueil. Qu'on nous dise si, parmi ces intelligences élevées que nous venons de citer, une seule se soit jamais avisée de rechercher dans une étude attentive l'histoire de l'art monumental, sa naissance et ses développements; comment l'ogive avait succédé au plein-cintre; si le moyen âge n'avait pas fait preuve de goût en s'appropriant le chapiteau corinthien, et de science en rattachant ses corbelets à autant de chapitres de l'enseignement du Christianisme. C'est à quoi eût servi la lecture de S. Thomas, de S. Bonaventure, de Vincent de Beauvais et de tant d'autres. Mais qu'étaient devenus tous ces scolastiques ennuyeux? Heureusement, il en est de la science comme de ceux qui la préfèrent aux inepties et aux inutilités de ce monde : elle subit volontiers les préjugés du vulgaire, et marche néanmoins sans trouble vers le grand jour où elle se rira de ces vaines et aveugles persécutions.

*naient même pas le génie de cette époque,*

On comprend de reste comment, avec ce majestueux dédain de l'architecture ogivale, on vit les amateurs du style classique recourir aux inspirations nouvelles pour tout ce qui touchait au culte et à tous les accessoires de l'édifice sacré. Ce fut la décadence de toute l'ornementation catholique. Les sculptures, sans intelligence de leur ancien rôle, devinrent de purs enjolivements, ne parlèrent plus qu'aux yeux, et, par des étrangetés sorties de la seule tête de l'artiste, portèrent jusqu'au ridicule et au grotesque les poses, les expressions et les rôles variés de mille baladins et marmousets. Le peintre verrier se jeta dans les grands

*et assurent d'autant mieux le triomphe des nouveautés.*

*Dommage qu'en*

*éprouvent la peinture sur verre*

sujets en pied qui plurent à sa vanité, en consacrant dans l'atelier le culte de la forme, au lieu des médaillons où se lisaient les vieilles légendes des Saints et les mystères pieusement réunis de Jésus et de Marie. L'espace d'abord embelli par ces intéressantes leçons de la foi se garnit des étages superposés gigantesquement, des portiques, des pignons et des tours de l'architecture flamboyante. Bientôt cette parure translucide, réservée, à très-peu d'exceptions près, à la maison de Dieu, passa à celle des princes et des particuliers ; on y mêla des armoiries, des portraits de famille ; et l'on descendit aux fables d'Ésope et aux aventures de chevalerie et d'amour. Cette branche de l'art sacré s'affaissa donc jusqu'à n'être plus religieuse. Arrivée à la vie profane, et sécularisée d'autant plus à mesure qu'on l'y adopta davantage, elle se vit bientôt oubliée de tous ; les fabriques se fermèrent en France, et, au dix-septième siècle, quand l'architecture ogivale eut entièrement disparu, tous nos verriers s'étaient réfugiés en Suisse, en Hollande et en Angleterre, où, continuant d'être mieux compris, ils furent employés à conserver l'ornementation fenestrale des édifices que le protestantisme nous y avait pris (1).

*et toute l'ornementation picturale.*

Aussi le souffle de la prétendue réforme flétrit chez nous plus qu'ailleurs le beau artistique ; nos vitraux disparurent de l'économie ecclésiologiste, et, quand on en fut venu à n'y plus rien comprendre, quand les tableaux de genre inspirés

---

(1) Voir M. F. de Lasteyrie, *Hist. de la peinture sur verre d'après ses monuments en France*, in-f°, Paris, 1828 et ann. suiv. ; — Bâtissier, *Hist. de l'art monumental*, liv. XI, *sub fine*.— N'omettons pas de constater ici que le protestantisme se servit de ce moyen pour profaner les églises catholiques dans lesquelles il osa s'introniser. A Berne, *le magistrat* employa Frédéric Walter à ridiculariser la Transsubstantiation par une caricature où figuraient le Pape et les Évangélistes : ceux-ci étaient jetés par le Pape, muni d'une pelle, dans un moulin d'où sortaient des hosties à distribuer au peuple. (Voir Champollion-Figeac, dans *Le Moyen Age et la Renaissance*, « Peinture sur verre, » f° XII.) L'art *chrétien* affirmait bien là jusqu'à quel degré de bassesse l'artiste apostat pouvait le faire descendre !

par les écoles d'Italie eurent partout pris la place et les honneurs des verrières théologiques, peu à peu l'on vit cette dernière période de l'art disparaître dans l'oubli des traditions religieuses ; puis bientôt on recourut, comme plus simple, à la ressource radicale des vitres blanches, qui remplacèrent en tout ou en partie les émaux transparents et historiés de Reims, de Poitiers et d'autres basiliques de premier ordre ; on effaça même les fresques ou peintures murales qui décoraient les parois des édifices sacrés : de façon qu'une église, au lieu de l'histoire coloriée de ses patrons ou de ses propres annales, eut l'avantage, en se revêtant d'une belle robe de badigeon blanc, de « paraître toute neuve » et de ne plus rien prêter ni aux méditations des fidèles ni aux savants qui la visitaient. Vraiment, sauf la fureur de leur vandalisme fanatique, les huguenots n'avaient pas mieux fait sous la conduite de Coligny et de ses nobles assesseurs !

L'orfévrerie se fit aussi des vases sacrés à l'unisson de ces principes nouveaux. Les calices devinrent massifs, maussades, sans une idée symbolique et représentant de leur mieux une coupe dressée sur le pied d'un flambeau. On fit des mitres démesurées, des crosses dont la volute et la hampe furent stériles de la moindre pensée de foi ; en un mot, les symboles disparurent de partout. Ce fut peut-être une distraction de laisser une croix sur les chasubles dénaturées et de racheter par de lourdes bosses d'or et d'argent les délicates broderies qui les rendaient si dignes de leur auguste destination. *Décadence de l'orfévrerie sacrée,* *et des vêtements sacerdotaux ;*

La science archéologique, inséparable du mouvement artistique et de ses progrès, ne perdit pas peu à cette décadence de l'art. Personne ne s'occupa plus du Christianisme que pour l'insulter : c'était la conséquence infaillible du mépris qu'on avait fait de sa gloire et de ses bienfaits. Les savants, imbus dès l'enfance dans leurs colléges de la prose et de la poésie païennes, ignorant s'il y avait eu de par le *Déplorable influence de cet abandon sur l'esprit religieux,* monde des Pères de l'Église qui eussent porté l'éloquence jusqu'au sublime et des poètes qui eussent chanté harmonieusement les gloires de Dieu et de ses Saints, méprisaient *le clinquant du Tasse*, auquel ils eussent préféré Ennius, et ne goûtaient que *l'or de Virgile* avec les chansons d'Horace et les métamorphoses d'Ovide. Ils ne virent plus que la littérature, les monuments, les coutumes des Grecs et des Romains : si bien que dans les *Mémoires de l'Académie des Inscriptions et Belles-Lettres*, dit M. l'abbé Corblet, on ne trouve pas, de 1720 à 1800, un seul mémoire ayant trait à quelque idée chrétienne, sous quelque forme que ce soit (1). Il était devenu plus intéressant à cette France qui lisait Voltaire, Helvétius, Rousseau et Raynal de savoir le nom d'un roi de Perse et le sujet d'une médaille athénienne, les aventures de César ou des Curiaces, que les origines du Christianisme et la marche de sa vie et de ses arts à travers les dix-huit siècles qu'ils avaient glorifiés et instruits.

et sur la nouvelle architecture des églises.

C'est l'origine de cet autre fléau qui, pendant cette trop longue période, présida, sans vergogne aucune, aux restaurations des églises renversées par les malheurs publics ou par des accidents imprévus. Sans avoir égard à la diversité des styles, qui tous avaient leur autonomie, on superposa des pierres au hasard, on n'observa ni la coupe, ni l'étendue de l'appareil, ni les dispositions du plan primitif, ni la forme des baies. On ne pardonna pas même aux peintures *vieillies*, disait-on, non plus qu'aux verrières, et beaucoup de ces précieux restes de l'art chrétien disparurent pour toujours. On laissa mutiler ou dégrader jusqu'aux statues et aux inscriptions des façades, au détriment de l'histoire et de la chronologie des monuments, et le premier maçon venu fut trouvé digne d'entreprendre ces restaurations, devenues plus difficiles que les constructions elles-mêmes ne

(1) *L'Architecture jugée par les écrivains*, etc., ubi suprà.

l'avaient été pour leurs savants auteurs, car ceux-ci en voyaient l'archétype dans leur amour et dans leur foi.

Ainsi, à travers les majestés civiles de Louis XIV, les rocailles-Pompadour et les sanguinaires impiétés de 93, arriva le complet affaissement de l'art religieux ; ainsi durent s'écouler pour lui les trente premières années du dix-neuvième siècle. Tout se ressentit forcément, durant cette dernière période, des doctrines et des faits qui avaient révolutionné et saccagé l'Europe. Les arts n'étaient plus l'efflorescence du génie ; ils n'agissaient qu'autant qu'on les appliquait aux besoins matériels. La fonte des canons inspira peu sous l'Empire les beautés de la statuaire en bronze ; le marbre des édifices détruits par la guerre ne se changea pas en bas-reliefs, et la peinture ne se réconcilia guère avec l'esthétique sur les grandes toiles, où des batailles commandées par le vainqueur, et qui se ressemblent toutes, se remarquent surtout par les portraits en pied des maréchaux de France rayonnant autour de l'aigle impériale. En ces temps néfastes, le symbolisme fut tout dans l'illustre oiseau gelé à Moscou, et l'esthétique dans la conquête du monde, qui ne tarda pas à s'en venger.

<small>Caractère anti-symbolique de l'art français sous la Révolution et l'Empire.</small>

Toutefois, de ces grandes agitations militaires devait naître, comme toujours, une paix favorable aux occupations de l'esprit ; mais elle se fit attendre, car les quinze années que reprirent les Bourbons sur le trône de leurs pères furent encore, quoique exemptes de terribles guerres extérieures, traversées par des conspirations et des événements où les études solides rencontrent toujours de sérieuses entraves. Mais les gouvernements constitutionnels, dont notre époque a voulu absolument se munir pour arriver plus sûrement à des républiques, ont du moins, à côté de leurs plaies socialistes, cet avantage, acheté un peu cher, qu'en éveillant les ambitions de tous, en surexcitant l'orgueil des petits qui veulent monter et des grands qui ne veulent pas descendre, ils obligent les uns et les autres

<small>Comment la Restauration favorisa la régénération artistique.</small>

d'étudier l'histoire pour y comparer les moyens de gouvernement, y chercher les analogies avec les matières actuellement en discussion, et se ménager des succès à la tribune des législateurs ou des publicistes. Ce but implique sans contredit la connaissance des vieux titres originaux, et ce fut une des plus incontestables preuves de la bonne foi que le gouvernement des rois Louis XVIII et Charles X apportait au développement des études sérieuses que de créer l'École des chartes, destinée à former des archivistes et des paléographes aux yeux desquels se déroulassent avec leurs secrets historiques tant de parchemins dont la lecture était devenue impossible (1). On peut regarder ce premier élan vers l'étude du moyen âge comme la cause occasionnelle du retour aux recherches archéologiques. En compulsant les documents si longtemps négligés, on trouva plus que des titres et des faits : on porta son attention sur une foule de détails trop oubliés, sur les usages de la nation ou des familles ; la vie intime s'y dévoila aussi bien que les événements historiques, et, par les journaux, surtout par l'utile et si importante publication des revues, dans lesquelles s'accumulèrent bientôt les plus curieuses découvertes (2), on vit quels trésors de connaissances pouvait exploiter la légitime curiosité des érudits.

*Fondation de l'École des chartes,*

*première cause directe de la renaissance archéologique.*

*Classification des monuments du moyen âge par M. de Caumont;*

De ces derniers, nul ne comprit mieux que M. de Caumont le parti à tirer de cette véritable renaissance. On peut lui attribuer l'invention de l'archéologie monumentale,

---

(1) L'École des chartes, créée par ordonnance royale du 22 février 1821, fut modifiée et améliorée par trois autres ordonnances du 11 novembre 1829 et des 5 janvier et 31 décembre 1846.

(2) On connaît la *Bibliothèque de l'École des chartes*, recueil bimensuel fondé en 1839, sous le ministère de M. Villemain, et qui en est aujourd'hui (1872) à son trente-cinquième volume.— Les *Annales de philosophie chrétienne*, fondées en 1830 par M. Benetti, ont continué à donner depuis ce temps des dissertations de haute valeur sur les matières d'érudition qui intéressent le Christianisme, et où l'archéologie sacrée conserve un rôle très-élevé.— Ces deux recueils sont précieux pour les études symbolistiques.

dont il professa en 1828, dans sa ville de Caen, un cours où fut établie une sûre méthode de classification des monuments historiques. Ce cours fut publié et ouvrit la première voie au zèle d'investigation qui, depuis, s'est manifesté de toutes parts. Ce zèle devait être secondé par une autre publication devenue un recueil considérable : c'est le *Bulletin monumental*, que nous avons si souvent invoqué dans cet ouvrage, qui publie maintenant son trente-septième volume, et où se trouvent rapprochés par un commun lien tant d'érudits qui coopèrent encore à en faire une description générale de tous les monuments soigneusement étudiés, et de tous les objets que le hasard ou des fouilles fréquentes font exhumer de notre sol. La question symbolistique, traitée d'abord sous la forme de doutes, résolue parfois en des négations qui ne pouvaient durer, est parvenue enfin, dans cette grande collection, à briller, à force de recherches, du vif éclat qu'elle mérite, et que nous nous sommes efforcé de lui conserver par nos travaux. On a vu, par les nombreuses citations dont nous avons eu soin d'appuyer notre texte, que rien n'était plus vrai, ni plus ignoré, que le symbolisme : c'est maintenant une conviction acquise à quiconque veut étudier. Mais aussi la science ainsi divulguée ne doit pas rester à l'état de lettre morte; il faut qu'elle s'immisce dans la pierre et le bois, la toile et les métaux, l'émail et le verre, de façon à nous reconstituer un art chrétien qui vive, qui parle et qui fasse sentir comme autrefois.

son *Bulletin monumental*.

Réveil de la science symbolistique,

enfin reconstituée.

Maintenant donc, nous devons le dire, tout en concevant, en excusant même les tâtonnements et les maladresses qui ont signalé dans ce siècle les plus anciennes restaurations de nos monuments : ceux qui s'obstinent à les manquer toujours faute d'études préalables, et qui, restant fermes dans une ignorance volontaire qui devient une calamité publique, continuent à construire des églises d'après leurs propres idées, sans égard aux enseignements du passé et aux justes exigences des maîtres les plus compétents, ceux-là

Coupable dédain qu'en font encore certains artistes;

demeurent inexcusables et se chargent d'une responsabilité que devrait enfin leur rendre importune un sentiment d'universelle réprobation. Qu'ils doivent cette déplorable direction de leur esprit aux habitudes de dissipation qui envahissent chez eux ces belles premières années, pourtant toujours si précieuses pour l'avenir, ce n'est qu'une vaine excuse à la paresse qui les empêche d'étudier et de comprendre, comme le Pamphile de Macédoine (ils devraient au moins l'imiter, puisqu'il était païen), que pour un artiste l'érudition ne devrait jamais se séparer de l'art. Après tout, ils ne méritent pas seuls un si grave reproche. D'autres, en leur ouvrant la carrière, auraient dû la leur rétrécir assez pour leur éviter des écarts dont l'art religieux a trop souffert dans notre patrie. Nous sommes historien, et nous ne craindrons pas de dire une vérité historique devant des morts, puisque nous l'avons dite maintes fois de leur vivant : les gouvernements qui se sont justement effondrés depuis quarante ans ont trop fait de nos arts et de nos sciences, comme de nos monuments et de leur vie nationale, une chose gouvernementale, un moyen de prodiguer des places, presque toujours mal remplies, et de l'argent mal employé. Ils ont mal servi les diocèses en confiant leurs édifices à des favoris du budget, qui, pour la plupart, leur ont imposé de nouveaux stigmates sans guérir leurs blessures, et ont gaspillé contre eux des sommes énormes sans aucun des résultats que l'Église en attendait.

*fautes des gouvernements à cet égard.*

C'est que l'Église était moins l'objectif des distributeurs de ces grâces que les amis qu'ils voulaient servir. Et ceux-ci, habiles dessinateurs peut-être, mais sans la moindre intelligence du style et de l'esthétique du moyen âge, dédaignèrent de les étudier, d'en chercher les traces même dans les découvertes modernes, et parfois aussi, nous le savons, ils se concertèrent pour ne rien accepter, pour ne rien admettre dans leur pratique des révélations de la science et des plus légitimes doléances de la religion. Des

*Comment les architectes officiels en profitent,*

églises nouvelles se sont faites de toutes parts : la France, par ses populations, ses Fabriques, ses communes et ses départements, a pu réédifier le plus grand nombre d'entre elles. Il a toujours suffi que l'État allouât à ces entreprises une mince allocation pécuniaire pour que les architectes favorisés fussent officiellement chargés d'en faire ou d'en autoriser les plans. Sous ces protecteurs quelque peu équivoques, nous savons qu'il fut impossible de rien inspirer, de rien modifier à l'avantage d'un monument qu'ils bâtissaient, dans l'étroite sphère de leur incomplète spécialité, en contradiction avec son caractère sacré, avec les mystères dont ils ne soupçonnaient point l'importance. Tout leur était étranger dans ce qu'ils auraient dû savoir, et la forme des clochers et des contre-forts, et la fenestration et les voûtes, et la place normale de la chaire et des fonts baptismaux, et surtout la signification des sculptures, de l'orientation et de l'axe intérieur, et jusqu'à la convenance de la croix sur les tours romanes, symbole dont ils contestaient l'opportunité et l'existence historique au douzième siècle ! — Les restaurations ne valaient pas mieux : combien de fois a-t-on laissé sur le sol des modillons historiés, des chapiteaux séparés de leurs colonnes, des armoiries qu'on prenait pour des caprices dépourvus de sens ! et quand on a refait des murs latéraux condamnés dans toute leur vaste étendue quand certaines portions seulement eussent dû subir l'adjonction de quelques pierres nouvelles, quel soin se donna-t-on d'en reconstituer l'ornementation sculptée, d'en replacer les corbelets et les métopes et de raccorder les reprises avec l'œuvre principale ? N'a-t-on pas vu des verrières d'énormes dimensions, belles de légendes hagiographiques du treizième siècle, remplacer, grâce au zèle d'architectes faciles, un de leurs panneaux brisés par la fin d'une légende étrangère, et l'amphore de la Samaritaine par un bénitier à anses contemporain de François I<sup>er</sup> !

Et tout cela était placé sous la surveillance d'inspecteurs *mal servies par*

*pour fausser le caractère des constructions religieuses,*

*et de leurs restaurations,*

*les inspecteurs généraux des monuments.* généraux des monuments historiques, lesquels n'inspectaient rien, laissant leur tâche à des subalternes aussi peu entendus, dont les rapports, imprimés à grands frais par l'État, contenaient assez souvent de grosses bévues archéologiques, des appréciations fausses de l'âge des monuments, des renseignements hasardés, des traductions infidèles d'inscriptions locales, et ne manquaient pas de conclure par un gracieux éloge de leurs architectes, dont ils étaient toujours plus contents que les connaisseurs (1).

*Insuffisance scientifique des écoles d'architecture.* A quoi songe-t-on quand on prétend à tout prix confier le soin de nos monuments religieux à de jeunes laïcs, nous ne disons plus inexpérimentés, nous disons même habiles, et qui cependant, en sortant de l'école d'architecture, sont nécessairement encore dépourvus des notions élémentaires de cette partie si importante de leur art? Que leur a-t-on enseigné en plus que le *métier* proprement dit, qui est tout de matière, d'imitation instinctive, et qui ne sera jamais, pour la plupart d'entre eux, ni le génie qui invente, ni même le jugement qui analyse, ni le goût qui perfectionne, et, à plus forte raison, le sentiment qui seul peut élever à la hauteur d'un artiste, et sans lequel vous n'aurez jamais que des copistes adroits ou des maçons de première classe? Eh quoi! vous resteriez encore, après quarante ans d'archéologie monumentale professée en tant de livres et de tribunes; après l'examen minutieux des basiliques si souvent visitées par vous, et vantées de tous comme ayant dans chacun de leurs détails un langage mystérieux qui parle de Dieu et de ses Saints, de son action providentielle, de ses éternelles promesses, de ses beautés et des devoirs qu'il impose à l'homme; en face des charmants édifices élevés à Bon-Secours de Rouen, à Treïs-sur-le-Rhin et en

(1) Voir notre dissertation sur l'*Architecture religieuse et les architectes au dix-neuvième siècle* (Revue de l'art chrétien, III, 177), où nous avons développé ces trop justes griefs en les appuyant de faits nombreux que nous avons pu observer par nous-même.

tant d'autres lieux où ces rares exceptions devraient au moins servir de modèle ; quand vous avez pour guider vos peintres dans le sentier de l'esthétique religieuse cet Owerbech, ce Schraudoff, ce Géselschap qui honorent les ateliers de Dusseldorf, où le symbolisme reprend sa vie et la communique de nouveau à qui veut la prendre : vous, routiniers incorrigibles, vous resteriez dans l'ornière creusée par trois siècles d'ignorance et de mauvais goût ! vous en seriez à n'y rien comprendre et à douter si vous devez, en restaurant, vous soumettre au style général de l'édifice, et en construisant vous conformer à un siècle et non pas à tous, à des règles faites, aujourd'hui connues et exigées, et non à vos idées sans fondement, à vos prétextes inadmissibles de trouver du neuf et de ne pas enchaîner votre talent ! Fi donc ! ce sont là des aberrations déplorables, d'étranges prétentions, qui n'ont abouti qu'à multiplier les fautes, et à doter la France d'églises où rien de ce que vous avez fait ne parle de Dieu.

C'est que, et nous l'avons prouvé au long dans ce livre, il n'y a pas d'art chrétien sans symbolisme ; sans lui il ne faut pas plus d'habileté pour faire une église que pour élever une huilerie ou fabriquer un wagon. C'est un attentat contre Dieu que de le loger comme si on ne croyait pas à sa Présence Réelle, et nous comprenons comment le protestantisme, qui s'en est privé par l'apostasie, se contente presque partout de prêcher et de simuler une cène sacrilége dans un parallélogramme *à tout faire ;* et quand il a pu s'emparer des basiliques les plus splendides et n'en exiler que le tabernacle et le crucifix, il siége alors malgré lui en présence de ce symbolisme qu'il ne comprend pas, mais qui l'accuse et le condamne. On a donc la mauvaise grâce, quand on met la main à cette demeure divine, de vouloir rompre systématiquement avec toutes les traditions ecclésiastiques. Et quelle déplorable condition, en effet, de cette captivité imposée à l'Épouse de l'Agneau, de cette tutelle

L'étude du symbolisme inséparable de l'enseignement architectural,

sous peine de faire du protestantisme,

et probablement de l'impiété volontaire.

humiliante que lui ont faite les pouvoirs de la terre ! On la voit réduite le plus souvent à confier ses plus chers intérêts à des intelligences dévoyées, dont l'âme est sans croyance, dont la vie insulte à la foi venue du ciel, et qui assument sans rougir la double solidarité du vice effronté et de l'impiété finale ! En présence de cette royauté usurpée qui fait gouverner l'Église par des souverains de cette valeur, sommes-nous sûrs que cette ligue si énergiquement constituée n'est pas pour ces *frères maçons* un article du programme antichrétien donné par les ventes italiennes de 1819, et qui s'est, hélas ! si fidèlement accompli, grâce à la trop fidèle complicité des pouvoirs (1) ?

*L'influence du prêtre catholique, seul remède à ces abus,*

Il est temps d'ouvrir les yeux devant ce piège, si dissimulé qu'il puisse être ; et, puisque l'archéologie monumentale est devenue en Europe une science sacrée par ses rapports obligés avec la religion, le sceptre de cette science, la direction de son action et de ses moyens appartient évidemment au clergé. Ses lèvres, dépositaires officielles des graves enseignements de l'Évangile, doivent en laisser échapper la doctrine sous toutes les formes qu'elle s'est données ; il lui incombe avant tout autre d'en professer les règles et d'en maintenir l'exécution. Nos basiliques, les moindres églises de nos campagnes, les abbatiales qui les embellissent encore, portent l'empreinte des mains bénies qui ne les consacrèrent que parce qu'elles en avaient dressé le plan et disposé le pieux et magnifique ensemble. C'était la tâche du prêtre de prêcher le Christ, et son Auguste Mère, et ses Saints, par toutes les parties de cette maison de prière où le peuple contemplait avec ses naïves miniatures le livre ouvert des légendes et des commandements. Pourquoi n'en serait-il plus ainsi ? pourquoi ne reviendrions-nous pas à ce professorat pratique de l'art chrétien, quand nous seuls en avons l'esthétique mystérieuse et pouvons mieux que personne en glori-

(1) Cf. Crétineau-Jolly, *L'Église devant la Révolution*, t. II, p. 233 et suiv., in-8°, Paris, 1860.

fier l'élévation ? Et ici qu'on ne se récrie pas sur un prétendu exclusivisme qu'on nous attribuerait à tort. Dieu sait que nous ne refusons pas aux hommes du monde les abords de cette science : nous serions heureux de la leur faire partager avec nous ; c'est une eau trop douce, et trop précieuse aussi, pour que nous voulussions l'éloigner des lèvres qui aspirent à s'y désaltérer, du cœur qui voudrait s'y retremper et en goûter les merveilleuses saveurs. Mais nous conjurons ces hommes, si honorables en grand nombre, dont nous avons plus d'une raison d'estimer les belles qualités et les aptitudes supérieures, de bien considérer que parmi eux beaucoup se sont trompés, en des travaux d'ailleurs pleins d'érudition et de mérite, sur les questions vitales de théologie et d'esthétique chrétienne. Ne sont-ce pas eux qui ont tout d'abord nié carrément le symbolisme, se sont posés en antagonistes ardents de cette philosophie inconnue, ont pris les plus sérieux enseignements pour des immoralités, des énigmes pour des caricatures satiriques, les fabliaux sculptés pour des caprices ; ont faussé le sens de quelques pages des Pères prises au hasard, ont confondu les âges du symbolisme sans égard aux affaissements de la pensée humaine qui l'abaissait elle-même peu à peu, et ont formé, en présence même des progrès de la science, une école de dissidents qui continue encore plus ou moins à nier les vérités devenues si vives aujourd'hui ? Il faut bien reconnaître cet éclat, qui tous les jours dilate un rayon de plus ; c'est donc à cette lumière qu'il faut marcher et qu'il faut agir. Nous conjurons quiconque aime la foi et veut en seconder l'action sur un monde qui en a plus besoin que jamais, de s'associer dans ce but au clergé, à nous-même, et de nous aider à relever les ruines accumulées par la Renaissance. Ce sera marcher en commun vers le renouvellement et le triomphe de l'idée chrétienne, et concourir selon nos vœux les plus chers à rendre aux arts qui en dépendent leur couronne qui ne doit plus se ternir.

*non sans le concours utile des laïques,*

*instruits aux sources théologiques de l'art,*

*et décidés à les suivre.*

Mais, nous devons peu craindre de le dire, puisque c'est le corollaire obligé de notre travail : tout en provoquant cette utile et fraternelle alliance, nous n'abandonnerons aucun des priviléges inhérents à notre position, et qu'autorise notre droit d'aînesse. O prêtres, ministres et défenseurs-nés de l'Église, comprenons bien qu'en cela nous devons être absolus, sauvegarder les principes de notre philosophie artistique, et ne faire aucune concession quant au mysticisme de la forme et du fond, dès lors qu'il nous vient de nos Pères et de nos Docteurs. Ceux donc qui se seront faits nos amis autant que nos disciples, aussi dociles en cela que dans l'acceptation des doctrines de la morale et du dogme, appliqueront comme nous ces principes qu'ils auront étudiés et compris ; ils ne s'égareront pas plus que nous à la recherche de formes chimériques, ne consulteront que la vénérable antiquité, respecteront en tout la théologie de l'architecte, du peintre, du sculpteur ; et qui pourrait alors nous faire craindre une juste émulation, si digne d'être encouragée et bénie, quand elle voudra nous seconder et travailler avec nous au règne de Dieu et à l'extension de sa gloire ? En vain désormais on prétendrait que « le prêtre ne doit pas se mêler de cela (1). » Des paroles hautaines ne

---

(1) Un archéologue qui a fait beaucoup plus de bruit que de besogne, et qui essaya, sans y réussir absolument, de mêler dans sa vie littéraire quelques pages d'archéologie légère à des romans et à des drames d'une très-remarquable légèreté, osa tenir ce malveillant quolibet, en plein Comité des arts et monuments dont nous avions l'honneur de faire partie à titre de correspondant. C'est lui aussi qui en 1849, et à propos d'un livre scientifique récemment couronné par l'Institut, conseillait à un membre du comité chargé d'en faire son rapport « de tuer l'auteur du premier coup, afin qu'il n'en fût plus question. » Cette confraternité est touchante, et mériterait ici une mention honorable, si nous ne voulions conserver quelques égards pour la mémoire de l'illustre auteur. — Seulement, quelle étrange anomalie se commet dans les régions gouvernementales quand on met le soin des monuments religieux du quart de la France aux mains d'un homme qui s'était vanté de n'avoir aucune religion ; qui, s'il en eût voulu avoir, eût préféré, disait-il, celle des juifs, puisqu'il n'avait pas été baptisé ; qui s'était fait l'un des quatre ou cinq convives du fameux vendredi-saint de 1867 chez feu M. de Sainte-

prouvent rien, sinon que le prêtre aurait le droit, à plus d'un titre, d'y répondre par des arguments personnels. Le prêtre s'en mêlera, espérons-le, plus que jamais, et il aura toujours sur les savants du monde un immense avantage, qui lui vaut l'estime des académies qui le recherchent : c'est que, sans y rester inférieur aux plus doctes, il y apportera encore une somme de connaissances pratiques et d'études spéciales que seul il a pu acquérir. Ainsi on ne lui refusera jamais d'avoir, en archéologie monumentale, des solutions que d'autres n'auront que très-rarement trouvées avant lui : de là, nécessité de commerce et de relations scientifiques entre les hommes du sacerdoce et ceux *de la société* laïque. Nos libres-penseurs, s'il en existe longtemps, en devront prendre leur parti. Ils verront l'art, mieux compris et mieux aimé, invoquer les lumières de ses maîtres naturels avec d'autant plus d'empressement qu'on aura mieux reconnu leur compétence. Quiconque élèvera ses prétentions jusqu'à traiter des choses de l'art chrétien s'inspirera mieux des éléments sacrés, et le respect public viendra forcément, en dépit d'oppositions plus ou moins puissantes, faire justice de haineuses et trop longues préventions.

A l'œuvre donc, et tendons à ce but si digne de nos efforts, ministres du sanctuaire, adeptes préférés de la science divine, et ne vous laissez plus vaincre, sous l'œil de Dieu qui vous regarde, par de prétendus artistes qui dédaignent de vous regarder. Que nul mieux que vous n'entende le soin de vos églises. Il est des mains à qui vous devez laisser le mortier et la pierre : les vôtres doivent tracer ou rectifier les plans, ouvrir aux peintres des murailles et des verrières le livre où germent les sujets que vous exigez,

<small>De la part du clergé dans la pratique de l'art chrétien.</small>

---

Beuve, et qui enfin, dans sa dernière maladie, s'est abandonné aux soins exclusifs de protestants qui l'ont triomphalement enterré à leur manière ! — A tant de traits ne devine-t-on pas un savant fort au fait de l'esthétique chrétienne, et très-soucieux d'en conserver les traces aux pierres vénérées qu'il était chargé d'*inspecter* !

montrer au sculpteur les modèles de ses moulures intelligentes, de ses corbeilles historiées, de ses oiseaux de choix, de ses feuillages et de ses fleurs qui charment et qui guérissent. C'est de vous qu'on apprendra l'hagiographie du patron, les costumes et leurs exigences symboliques, la décoration de vos autels, les dimensions de vos vases sacrés et les embellissements qu'ils demandent ou permettent. C'est par vous que sera désigné l'emplacement de la chaire, celui des confessionnaux, des bénitiers, des fonts du baptême; vous indiquerez le nombre des marches de l'autel; vous veillerez à la forme et à l'ornementation des grilles et des balustrades, au coloris et à l'épaisseur de vos verres peints, à leurs cartons, à la force de leurs membrures de fer. Vous ne permettrez pas que des voûtes du quatorzième ou du quinzième siècle s'élèvent sur des murs qui porteront des indices du seizième, que des contre-forts renouvelés montent à l'origine de ceux qu'ils remplacent, qu'une tour romane domine un édifice gothique : et ce seront toujours d'intelligentes restaurations qui viendront, sous votre surveillance, affermir dans votre chère église les défaillances de son âge, ou cicatriser les maladroites blessures d'un grossier et maussade *refaiseur*.

<small>Nécessité d'un cours d'archéologie dans les séminaires.</small>

Et, pour obtenir ce beau et désirable succès, il faut, avant tout, que des cours sérieux d'archéologie sacrée se fassent et se maintiennent dans nos séminaires diocésains. Quelques-uns l'avaient entrepris, peu y ont persévéré ; on a trop regardé cet enseignement comme celui d'une matière superficielle qui n'importait que médiocrement aux études

<small>L'épiscopat y trouvera une force d'action pour le soin des églises.</small>

ecclésiastiques. Nous croyons avoir prouvé dans ce livre qu'au contraire cet enseignement tient de fort près aux notions de la théologie, à la liturgie, à la connaissance pratique de beaucoup de règles importantes du droit canon, et que les évêques trouveraient dans le fruit de ces cours assidus et solidement traités un gage de réussite pour le soin qui leur incombe en cette matière. Quand on saura bien que la religion est devenue inséparable de cette étude, que des preuves auront été données des conséquences pratiques et fructueuses que l'art y aura trouvées, les pouvoirs publics, accoutumés à n'écouter que leurs délégués immédiats, compteront avec l'autorité diocésaine devenue plus compétente que jamais à maintenir son avis, et l'on verra parmi ses plus belles églises un plus grand nombre mieux traitées, et beaucoup d'arbitraire et de négligences de moins.

C'est un des côtés par lesquels l'illustre prélat qui occupe aujourd'hui le siége de Carcassonne a fait valoir l'importance des études qui nous ont captivé si longtemps. « Le symbolisme, dit-il, touche à toutes les grandes choses de l'esprit et du cœur. Son application à l'art religieux est, à elle seule, une magnifique donnée. Parmi les réhabilitations importantes qui seront l'une des rares gloires de notre siècle, je ne doute pas que celle du symbolisme n'occupe un rang considérable... Sans lui on ne pénètre dans rien...; avec lui on explique le monde extérieur, on explique l'homme, l'Écriture, l'histoire sacrée; on explique enfin tout ce qui fait ici-bas l'objet de nos plus nobles investigations (1). »

*Opinion de Mgr de la Bouillerie, évêque de Carcassonne.*

Pour nous, qui terminons ici une longue et laborieuse tâche, pouvons-nous en attendre ce résultat dans l'application que nous en avons faite aux diverses ramifications de l'art chrétien? aurons-nous fait goûter les attraits de cette science intime du plus beau culte que les hommes aient jamais eu? Nous l'espérons; nous croyons même qu'on nous

*L'auteur croit avoir prouvé l'importance de sa matière,*

---

(1) Mgr de la Bouillerie, *Lettre à l'auteur*, du 1ᵉʳ septembre 1869. — Le docte prélat, qui, sur le simple aperçu de notre prospectus, avait si bien compris la question traitée par nous, et que nous remercions respectueusement pour ses encouragements et son souffrage, avait publié en 1864 son *Étude sur le symbolisme de la nature, interprété d'après l'Écriture sainte et les Pères*. C'est une démonstration puisée aux sources que nous avons interrogées nous-même, dans un but plus vaste, de l'admirable enseignement dogmatique et moral de la religion par les objets créés du monde physique.

rendra cette justice d'avoir tenu à ne rien exagérer des doctrines qui, on l'a vu, sont moins les nôtres que celles des plus illustres maîtres. Sans quitter jamais leurs traces vénérées, appuyant de leur autorité toutes nos opinions, nous avons cherché à former d'après leurs textes fidèlement exposés toutes les convictions de nos lecteurs. De quelques imaginations qu'on ait pu nous soupçonner d'avance en se persuadant que nous aspirions à donner une longue série d'explications hasardées sur des sujets encore obscurs ou ignorés, on voit, en arrivant à la fin de notre œuvre, que nous n'avons rien déduit que de principes sûrs, rien professé qui n'eût son origine et ses preuves dans les doctes et immortelles pages des Livres saints et de la tradition : heureux si nous avons trouvé dans notre amour filial pour l'Église le cœur et l'intelligence, sans lesquels on parlerait mal de sa beauté et de ses grandeurs !

*et ses rapports avec le bonheur social.*

Au reste, nous n'en doutons pas : en cherchant à ranimer le goût et à réhabiliter l'importance du spiritualisme artistique, nous avons, pour notre faible part, payé notre tribut d'écrivain à l'une des plus importantes exigences de notre société actuelle. Au milieu de ses symptômes de mort, ne voit-on pas qu'elle se décompose au contact de ce matérialisme qui atteint par ses excès aux plus funestes conséquences de son action délétère ? Est-ce en la laissant marcher sur cette pente perfide qu'on lui rendra sa vie et son honnêteté compromises ? Nous savons trop par une longue expérience que c'est augmenter au contraire, en le perpétuant jusqu'à une catastrophe irrémissible, le mal qui la dévore en la tuant. Qui pourra nier qu'après de si violentes secousses le monde ait besoin surtout de trouver le repos dans les doctrines que nous avons soutenues ?

*Inquiétudes et espérances de l'époque présente; son retour à la paix par des études sérieuses.*

Hélas! quand l'heure est venue de nous arrêter, nos souvenirs nous reportent à un autre livre, à notre *Histoire de la cathédrale de Poitiers*, qui fut, il y a vingt ans, comme un premier exposé de nos principes sur le symbolisme.

Triste et singulière coïncidence ! alors les factions s'agitaient dans notre patrie effrayée, nos dernières pages s'achevaient aux grondements du canon, aux hurlements des foules ameutées...; et aujourd'hui encore nous gémissons, en écrivant ces dernières lignes, sur les plus grands désastres que notre chère France ait jamais subis ! L'Allemagne hérétique, à un signe ambitieux de ses Brandebourgs aveuglés, s'est ruée avec ses hordes barbares sur la terre de Charlemagne et de S. Louis. Par le pillage, le meurtre et l'incendie, elle y a surpassé les ravages indescriptibles des Vandales, des Suèves et des Alains. Longtemps la moitié de nos provinces envahies n'a eu que des cris de détresse mêlés de larmes et de sang !... Et quand ces horreurs semblaient apaisées, quand la patrie vaincue dans son orgueil et sa force respirait à peine, encore étreinte sous ces masses de fer et de feu qui venaient d'écraser les hommes en effaçant les villages et les cités, d'autres orages s'élevaient non moins furieux, mais sacriléges cette fois, et le sang français, versé par des mains françaises, marquait par le meurtre, les flammes et la dévastation la dernière étape de ces stupides conquêtes des libertés modernes, dont la marche funeste ne s'est jamais signalée que par les ruines et la mort ! Fatales et inexplicables périodes dans la vie de ce peuple si longtemps le fils aîné de l'Église ! Il semble que depuis ses premiers soulèvements contre cette Mère, que ses maîtres nouveaux osent renier encore ; depuis cette proclamation insensée de ses prétendues libertés, toutes contraires aux droits de Dieu, il ne peut plus distancer que de vingt ans à peine les catastrophes qui le désolent ; et plus il est averti d'En-Haut, plus il s'endurcit à ne reconnaître que ses idées, à n'adorer que l'athéisme, à humilier son antique foi ! — Et au milieu de ces angoisses, par un surcroît de châtiments providentiels que l'œil humain ne sait plus reconnaître, les rois, qui s'abandonnent eux-mêmes, ont déserté les camps de la France qu'ils auraient dû secourir ; ils n'ont écouté que leurs égoïstes calculs ! Ils ne sont plus que des ravisseurs de territoire, depuis ce roi éphémère de l'Italie dérobant les modestes États de la Papauté martyrisée, jusqu'à cette Prusse qui commença au seizième siècle sa grandeur par une apostasie, et qui croit au dix-neuvième s'arroger impunément, par la violence des conquêtes iniques, l'empire de cet Occident révolutionnaire tombé victime avant tout de l'ineptie de ses princes ou de leur coupable lâcheté. Quand verrons-nous le fond de cet abîme ? quand le monde se reposera-t-il de ces secousses formidables ? quand abjurera-t-il enfin les doctrines farouches qui mettent en question les fondements mêmes de la société, et la menacent d'un abaissement sans retour ?...

Dieu le sait, et nous lui soumettons son avenir comme le nôtre. Ce que nous espérons toutefois, c'est un retour, pour le jour marqué par sa Providence, aux principes impérissables de la foi du Christ, à une restauration chrétienne qui les suivra. Alors on reviendra à des études trop négligées qui dégoûteront l'humanité, mieux instruite, des condamnables chimères qu'elle préconisa trop longtemps... Car nous ne pouvons oublier que ce Dieu si méconnu est souverainement bon et miséricordieux ; qu'Il peut encore nous sauver en faveur de son Église et de ses éternelles promesses ; qu'Il aime cette espérance du cœur humain élevant le nôtre jusqu'à Lui ; c'est pourquoi, en dépit des fatigues morales de la France, quoi qu'il en soit de ses accablements et de ses malheurs, nous attendrons avec confiance, après ces ténébreuses tempêtes, les clartés nouvelles espérées de beaucoup comme un infaillible *symbole* de consolation et de paix !

FIN.

# APPENDICE.

Les deux opuscules suivants, déjà publiés en deux recueils archéologiques, nous ont semblé résumer soit l'*Histoire* qu'on vient de lire *du Symbolisme* monumental, soit la *Théorie* que nous avons exposée de ses moyens pratiques, et les principes de son application aux édifices religieux. Chacun d'eux pourra donc, à ce double point de vue, grouper pour nos lecteurs l'ensemble des notions fondamentales de la matière : on verra dans l'un la marche et les développements des symboles employés par l'architecture chrétienne, de l'époque des catacombes à celle de Louis XII et de François I$^{er}$ ; l'autre indiquera, par une suite de curieux exemples, comment, à l'aide des remarques nombreuses empruntées aux symbolistes maintes fois cités dans notre ouvrage, on peut arriver à l'explication de ces faits plastiques restés si longtemps à l'état de mystères, et dont nous espérons qu'après l'étude de nos quatre volumes on n'aura plus aucune raison de nier la portée sérieuse et les concluantes démonstrations.

C'est de ces deux mémoires que M. de Caumont écrivait à l'auteur : « En relisant le premier, je le trouve plein de choses nouvelles, et je ne doute pas que le second ne soit lu avec autant de plaisir que de profit. »

# MÉMOIRE

Lu au Congrès scientifique de Chartres en 1869,

SUR

## L'ORIGINE, LE DÉVELOPPEMENT ET LES PROGRÈS DU SYMBOLISME DES MONUMENTS RELIGIEUX,

### DES PREMIERS TEMPS DE L'ÈRE CHRÉTIENNE AU XII° SIÈCLE,

Et sur les causes qui, à cette dernière époque, en modifièrent si puissamment l'iconographie.

---

Messieurs,

Vous avez indiqué au programme de votre section d'archéologie trois questions que j'ai accueillies comme le triple témoignage d'un progrès réel fait dans la science qui nous occupe ici plus spécialement. En reculant de vingt années vers le berceau de ces attrayantes études, nous ne trouvions à l'égard du symbolisme qu'une incrédulité presque générale, et, pour les esprits mieux éclairés qui en admettaient au moins la possibilité, il y avait sur la question elle-même tant de vague dans les idées, tant de doutes sur le principe fondamental, que le gros des archéologues n'en devisait que par grâce, et dans la conviction intime qu'on n'avait pas à les discuter sérieusement. Quelques-uns d'entre vous se peuvent souvenir qu'en 1847 je me fis, au Congrès scientifique de Tours, le premier champion de cette doctrine qu'on accusait S. Bernard d'avoir réfutée, parce que S. Bernard avait été tout simplement incomplétement lu, et partant mal compris. *Que les temps sont changés !* Pendant que, resté seul, ou à peu près, de mon avis, je m'occupais à des recherches dont le résultat minutieusement élaboré va se présenter aux savants sous la forme de quatre volumes in-8°, je voyais peu à peu des découvertes se multiplier, grossir mon propre bagage, exciter mon zèle de travailleur, et confirmer aux yeux du public lettré toutes mes données personnelles sur ce côté mystérieux de nos travaux les plus habituels. Et voilà qu'aujourd'hui nous voyons entrer dans le cadre de nos élucubrations l'énoncé de trois thèses qui, loin d'émettre encore la moindre indécision sur la réalité du symbolisme, attestent son existence, et s'ingénient à éclairer enfin certaines obscurités de son histoire. Vous avez demandé d'abord :

« Quelle filiation peut-on établir entre les sculptures symboliques des premiers siècles de l'ère chrétienne et celles du XIIe ? »

Puis :

« Comment expliquer l'apparition aux XIe et XIIe siècles d'une imagerie et d'une ornementation si différentes de celles qui avaient existé auparavant (1) ? »

Et enfin :

« Faire connaître les modifications subies par les sculptures symboliques dans l'architecture religieuse entre le Ve siècle et le XIIIe. »

Nous voici donc arrivés sur le terrain où cette partie si intéressante de la science archéologique a le droit de se présenter entourée du respect de tous, et peut se donner carrière sans s'effrayer, comme d'abord, devant les sourires du doute et les injustices d'une injurieuse réprobation...

Entrons, Messieurs, dans ce triple examen proposé à

(1) La Société française d'archéologie a mis à la disposition du Congrès une médaille d'argent pour être offerte, s'il y a lieu, à l'auteur du mémoire qui aura résolu cette question. (Note du programme.)

nos méditations; et pour procéder méthodiquement, faisons-nous de la première des questions inscrites à notre programme comme un chapitre à part destiné à former avec les deux suivants un ensemble aussi concluant que possible.

## I.

Quelle filiation peut-on établir entre les sculptures symboliques des premiers siècles de l'ère chrétienne et celles du XII$^e$ ?

Il est certain que, s'il existe une différence marquée entre le symbolisme chrétien des premiers siècles et celui du XII$^e$, la filiation de l'un à l'autre n'en est pas moins très-sensible à l'observateur qui la cherche. On trouverait cette parenté incontestable dans tous les détails de la liturgie, dans les cérémonies du Saint Sacrifice, par exemple; dans le plan des assemblées religieuses, dans la forme et la matière des sacrements, dans l'usage de l'encens, de l'eau bénite, du signe de la croix, et de bien d'autres choses dont le sens mystique a traversé les périodes intermédiaires pour arriver jusqu'à nous. Mais nous n'avons à interroger ici que l'architecture et son ornementation : car les deux sont inséparables, et chacune d'elles a son langage esthétique également plein d'éloquence et de profondeur. Ce n'est en effet que parce qu'on avait déjà trouvé un sens au monument lui-même dans son orientation normale imposée par les Constitutions apostoliques; dans la déviation de son axe, aussi ancienne que la liberté de l'Église; dans sa triple fenestration absidale et dans sa forme de croix qui ne remontent pas moins haut ; c'est par toutes ces causes que ces mêmes monuments, ayant à se parer des richesses d'un art plus ou moins développé, se virent couverts avec plus ou moins de profusion des motifs sculptés qui font le sujet de nos études. Or ces sujets durent tout d'abord se réduire à un petit nombre, le champ

*Filiation symbolistique du I$^{er}$ au XII$^e$ siècle.*

dans lequel on pouvait les prendre se trouvant relativement très-restreint.

<small>Symboles des catacombes;</small>

L'art chrétien a commencé dans les catacombes. Mais là on voit opérer le ciseau beaucoup moins que le crayon et les couleurs. Le symbolisme s'y borne à quelques représentations d'abord aussi énigmatiques, aussi obscures que possible du Christ et de sa sainte Mère, tantôt sous les traits d'Orphée jouant du luth ou d'une dame romaine, tantôt sous ceux d'un pasteur entouré de ses brebis ou d'une mère tenant un enfant qui se repose entre ses bras ; ou bien c'était Noé lâchant la colombe de l'arche, Jonas abrité sous le lierre miraculeux, ou vomi par la baleine... — Plus tard, il est vrai, le peintre dissimule moins les mystères chrétiens ; quand la Croix a triomphé avec Constantin, les cimetières sanctifiés par tant de martyrs ne cessent pas d'être honorés par le culte ; on les embellit de peintures plus expressives ; les épisodes du nouveau Testament s'y rapprochent des traits prophétiques de l'ancienne Loi ; la flore murale s'y épanche au milieu des lions, des colombes et des agneaux : tout cela avait sa signification évidente, et les moindres difficultés en étaient déjà résolues dans le *Clavis scripturarum* de S. Méliton, évêque de Sardes, mort à la fin du IIe siècle.

<small>ils en sortent pour orner l'architecture extérieure.</small>

Il n'est guère douteux que ces motifs d'enseignement se soient vus transportés des églises souterraines dans les basiliques élevées bientôt si nombreuses sur le sol. Nous ne pouvons penser non plus que beaucoup de sujets, symbolisant au fronton des temples païens quelques idées des sacrifices idolâtriques, n'aient passé en usage chez les chrétiens pour signifier dans leurs églises des idées identiques, et plus justement appliquées, puisqu'aussi bien on les empruntait à l'ancien temple de Salomon (1). De là à l'ornementation sculpturale il n'y avait qu'un pas, et nous croyons fermement que l'art n'aura pas tardé à le franchir.

(1) Voir le ch. VII du livre III des *Rois*.

Cependant où en trouver des preuves? Si rares qu'elles soient, ne les voyons-nous pas appliquées dès le IV<sup>e</sup> siècle au baptistère de Saint-Jean de Poitiers, où les poissons, figure du baptême et type mystique du Sauveur, nagent sur les ondes sculptées des chapiteaux du sanctuaire? Les symboles observés dans les cryptes de Jouarre, et qui ne remontent guère moins haut, se mêlent sur une surface composite à l'acanthe, dont la vertu émolliente signifie la douceur; à la feuille de fougère, symbole de l'humilité solitaire; à celle du chêne, qui exprime la force et la durée, par conséquent l'immortalité; et à beaucoup d'autres qui, faciles à rendre par une imitation plus ou moins réussie, sont choisies alors de préférence par des sculpteurs peu habiles, mais n'en ont pas moins leur vie symbolique, aussi bien que les béliers, les taureaux, les oiseaux buvant au même vase : toutes choses qui se rencontrent encore çà et là dans les débris de nos monuments primitifs, et qui ont avec le laurier, la rose, les palmettes, les dragons et autres animaux leur origine dans les catacombes.

A ces produits du terroir vinrent se joindre bientôt les images empruntées des Orientaux, lesquelles devinrent plus familières à l'Occident à mesure que les Pères de l'Église, tirant beaucoup de comparaisons de ce pays qu'ils habitaient ou qu'ils avaient visité, furent lus d'un plus grand nombre, et prêtèrent à l'art religieux un secours plus opportun et plus commode. C'est ainsi qu'au II<sup>e</sup> siècle S. Clément d'Alexandrie (1) explique par les sphinx et les chimères les mystères du Christianisme, qui, venant de Dieu, sont souvent toutefois enveloppés de nuages. Le sphinx, entre autres, est, dit-il, la chair soumise à l'esprit. Et, en effet, le symbolisme n'étant que le langage de l'esprit mis au service des objets métaphysiques, l'art d'exprimer

*Source de symboles dans les Pères grecs.*

---

(1) *Stromat.* lib. V.

des idées abstraites par des termes compris de tous et par des représentations qui les rendent visibles, on s'en prenait à tout pour saisir l'homme des vérités de la foi, et toutes les imaginations se traduisaient en pages d'iconographie. Les quelques rares spécimens qui nous restent des premiers essais de ce genre ne peuvent que nous donner une idée bien incomplète de la persistance qu'on mit certainement à les multiplier sous la main du sculpteur ou du peintre. Ils appartinrent à des monuments plusieurs fois détruits et relevés, et en si petit nombre qu'on les remarque dans nos musées lapidaires : on voit bien qu'ils y constatent une préoccupation artistique née d'une pensée surnaturelle. De là ces étoiles, ces croix, ces raisins, ces vases laissant épancher de côté et d'autre des plantes aquatiques dont l'aspect rappelle naturellement le baptême et la végétation spirituelle qu'y puise notre âme. Le règne animal s'y manifeste aussi par les dessins rudimentaires de bêtes aux formes hasardées, de figures grimaçantes, de physionomies quasi-humaines, trop grossières pour être reconnaissables, mais évidemment destinées à poser les éléments d'une démonologie qui ne tardera pas à se perfectionner. Et dans tout cela il faut bien voir des reflets des auteurs contemporains : vous en découvrez les traits beaucoup mieux établis dans les écrits de ces grands maîtres de la doctrine et de la morale chrétienne, dont la nomenclature serait interminable, mais que nous signalerons ici en ne citant que les plus célèbres : Hermas, Irénée, Justin, Denys l'Aréopagite, Cyprien, Jérôme, Hilaire de Poitiers, Augustin, Césaire, Grégoire, Isidore de Séville, Hugues de Saint-Victor, et tant d'autres jusqu'à S. Bernard, qui clôt la série des Pères proprement dits, mais à la suite desquels s'échelonnent, suivant la marche de chaque siècle jusqu'au xv$^e$, une élite de hautes intelligences, lesquelles, soit qu'elles partagent avec les premiers l'honneur que l'Église accorde à ses Saints, comme S. Thomas d'Aquin, S. Anselme et S. Bo-

*Les signes les plus simples et les plus rudimentaires sont les plus anciens;*

*tous empruntés, comme plus tard, aux écrivains ecclésiastiques,*

naventure, soit qu'elles aient mérité son respect par la double dignité de la vertu et du savoir, forment ce groupe imposant de grands hommes, de savants et de docteurs dont les écrits sont la substance et le développement de la théologie catholique, et par cela même l'expression par le symbolisme le plus élevé de tout ce que nos pères ont appris et aimé de plus séduisant dans l'ordre des choses surnaturelles.

Ainsi, dans cette longue période qui s'écoule, sept ou huit fois séculaire, des basiliques de S. Sylvestre et Constantin à celles de S. Bernard et de Philippe-Auguste, on voit se déterminer très-nettement la filiation des principes symbolistiques. Les mêmes idées, sans perdre aucun des symboles qui les exprimèrent d'abord, se reproduisent partout sous ces mêmes formes, sauf à leur en adjoindre d'autres non moins éloquentes, et à multiplier ainsi les ressources des artistes à mesure que la multiplicité des monuments et le développement de leurs dimensions appellent de plus vastes moyens d'instruire et catéchiser.

<small>et formant une suite d'idées ayant une même origine et un même but.</small>

On le voit donc, cette filiation est très-réelle ; ce n'est pas une chimère créée ici pour le besoin d'une cause douteuse : c'est la descendance effective et légitime d'une idée mère, se présentant avec sa physionomie de famille et réclamant ses droits à la plus légale des successions.

## II.

Comment ces droits eurent-ils à se faire valoir au XI$^e$ siècle et surtout au XII$^e$ ? en d'autres termes :

<small>Comment expliquer l'apparition aux XI$^e$ et XII$^e$ siècles d'une imagerie et d'une ornementation si différentes de celles qui avaient existé auparavant?</small>

C'est encore une question de notre programme dans la solution de laquelle il nous faut entrer maintenant.

*Malheurs de l'Europe du IV<sup>e</sup> au XI<sup>e</sup> siècle.*

On sait de quelles épreuves cruelles l'Europe fut tourmentée depuis la fin du IV<sup>e</sup> siècle. En 375, les Huns s'en emparent ; les Vandales y arrivent en 409, ravagent la Gaule et s'établissent en Espagne. Un an après, l'Italie et Rome sont pillés par les Visigoths, dont bientôt l'Espagne subit le joug. En 430, les Francs occupent la Belgique ; en 451 ils défont les Huns revenus aux bords de la Marne, et qui, repoussés en Italie, n'y finissent leur rôle qu'avec Attila, mort subitement après de nouveaux ravages dans cette malheureuse contrée. A peine les dynasties royales sont fondées en France, que leurs querelles de famille fomentent les plus tristes divisions, d'où suivent des guerres incessantes, des changements de maîtres, des partages du territoire, et, avec tant de troubles, des malheurs pires encore, l'incendie détruisant tout et sans espoir de retour, dans les cités comme dans les campagnes. Le règne glorieux de Charlemagne n'est qu'un trop court intervalle à tant de secousses funestes. Les Normans n'attendaient que sa mort, et, en 843, la France était envahie de toutes parts. Vous savez le reste, Messieurs, et, qui plus est, vous voyez sous les ruines qu'ils ont faites le secret de ce deuil longtemps gardé par notre architecture nationale, et qui ne cesse enfin qu'à l'avénement d'une nouvelle dynastie heureusement inaugurée par les règnes plus tranquilles d'Hugues Capet et de Robert.

*L'architecture en souffre, et le symbolisme avec elle,*

Pendant les agitations qui avaient ainsi tout perdu, on comprend fort bien qu'on s'adonnait peu à construire ou à refaire des monuments que le fer et le feu pouvaient démolir et brûler encore lorsqu'à peine ils eussent été inaugurés. C'est à ces craintes continuelles qu'il faut attribuer sans doute la méthode de construction employée plus fréquemment entre le V<sup>e</sup> et le XI<sup>e</sup> siècle : elle consistait à mêler de rares couches de briques, des moellons et des charpentes relativement assez solides à d'épaisses couches de mortier qui se durcissait beaucoup en séchant ; et c'est aussi à quoi nous devons attribuer la prompte restauration de tant d'églises qui, victimes de la guerre ou des accidents, se relevaient en moins d'une année, comme l'attestent maintes fois, dans les chroniqueurs, les dates certaines de leur ruine et de leur nouvelle consécration. Il est clair qu'en pareil cas on se préoccupait très-peu de sculpture, non plus que de fresque; et, dans ce silence de l'une et de l'autre, on trouve une raison toute simple de la rareté du symbolisme artistique aux façades et aux pourtours des monuments de cette époque ou des curieux débris qui nous en sont demeurés. La période carlovingienne, les 43 années du règne de Charlemagne surtout, apportèrent, il est vrai, quelque heureuse modification à cette pauvreté. Le grand prince qui veilla tant à réédifier les églises démolies, et qui les faisait rétablir selon l'usage et avec les matériaux dont nous parlions tout à l'heure, n'épargna pas cependant son trésor, pas plus que son zèle, à bâtir Notre-Dame d'Aix-la-Chapelle, où tout fut grandiose et digne de lui, quant aux belles pierres CARRÉES (*quadrato lapide*) et au luxe de l'ornementation. Mais quelles conclusions en pouvons-nous tirer pour notre sujet, quand cette belle basilique a été si souvent retouchée, quand les modillons simples et sans figures grimaçantes qui soutiennent ses corniches extérieures sont peut-être de quelque reprise faite plus tard en restaurant l'édifice (1)? Nous en pourrions dire autant de beaucoup d'autres églises de même origine aux bords du Rhin, dont l'aspect primitif a souffert des avanies de tant de siècles, et auxquelles on ne peut attribuer certainement l'ornementation sculptée qu'on y voit encore; pas plus qu'on ne sait quels caractères de symbolisme avaient pu y tracer les peintres grecs qui, au vııɪᵉ et au ɪxᵉ siècle, apportèrent en Europe le talent et les doctrines artistiques persécutés par les iconoclastes de l'Orient.

*même pendant la période carlovingienne;*

---

(1) Voir M. de Caumont, *Bulletin monum.*, III, 253.

*mais il se développe au XIe siècle,*

C'est vraiment au XIe siècle qu'il faut remonter, et non au delà, pour examiner nos plus anciens spécimens du symbolisme catholique : ils abondent, ils varient à l'infini leurs expressions, ils se montrent d'année en année plus parfaits de travail et plus philosophiques d'inspiration ; et voici à quoi est due cette renaissance, d'où viennent ces progrès qui amènent l'art, par une marche si rapide et si décidée, à tout ce que nous allons lui voir, au siècle suivant, de si noble, de si théologique et de si beau.

*déjà préparé par le Xe,*

Et d'abord, remarquons à quel point se sont égarés quelques écrivains qui se plaisent à nous montrer le Xe siècle comme un temps d'ignorance grossière et de complète obscurité de la pensée. Bien loin qu'il en fût ainsi, le clergé, seul dépositaire alors de la science, nous apparaît, si nous consultons les monuments littéraires de l'époque, livré autant que jamais aux études sérieuses ; entre ses mains vit toujours le feu sacré que le souffle des passions humaines éteint de toutes parts autour de lui. Les cloîtres avec leur paix, les moines avec cette persévérance d'habitudes simples et laborieuses qui symbolisait pour ainsi dire leur vocation, étaient soit l'asile du bien, soit les modèles respectés des vertus modestes qui rendent la vie utile et font le plus solide contrepoids aux entraînements contraires des civilisations agitées.

*grâce aux soins et aux études du clergé,*

C'est dans les monastères, dans les évêchés, dans les chapitres que se conserve le goût des arts et des lettres. Évêques, Chanoines, religieux n'ont rien abdiqué de la direction qu'ils avaient prise et retenue avec soin dès le commencement des constructions et des ameublements de leurs temples. Le mouvement monastique n'était pas entravé, ni les études trop compromises, quand se créaient, en 910, l'ordre de Cluny, bientôt illustré par les Odon, les Aimard et les Mayeul ; les monastères bénédictins de Saint-Gilles du Languedoc en 925, de Socilange en 928, de Saint-Benoît près Tours en 931, de Saint-Jean-d'Angély en 942, et, de 960 à 999, ceux de Saint-André de Villeneuve-lez-Avignon, de Saint-Aubin d'Angers, de Saint-Amand de Boixe, et tant d'autres qui constatent parfaitement, jusqu'au nombre de plus de cinquante, comment, dans cette seconde moitié du $x^e$ siècle, les terreurs de l'an 1000, si fermement attestées par des historiens irréfléchis, ne sont qu'une contradiction sans fondement avec cette ardeur architecturale que le clergé favorisait tant, qui se manifesta jusque dans l'érection de beaucoup d'églises rurales, et qui ne figure, à côté des protocoles de certaines chartes sur la fin du monde, qu'afin de faire mieux comprendre que ces expressions indiquaient moins la crainte d'une catastrophe prochaine que le sentiment d'une mort toujours possible, dont la pensée doit exciter celle des bonnes œuvres (1).

Quoi qu'il en soit, et sans savoir quels ornements et quelles moulures vinrent embellir ces monuments à une époque dont nous n'avons plus de vestiges incontestables, cet amour de l'art entretenait celui de la littérature chrétienne, c'était le temps où éclosaient les premières tendances à quitter le latin pour les langues vulgaires sorties de lui. Gerbert et Abbon de Fleury ranimèrent le goût et ressuscitèrent l'estime des travaux sérieux. L'attrait général fit revenir à l'Écriture sainte et aux commentateurs qui s'en étaient occupés. Remy d'Auxerre aimait à exposer le sens allégorique des pages sacrées. Notker, moine de Saint-Gall, fait aussi un traité sur les interprètes de la Bible, livre plein de savantes considérations et que nous trouvons bien moins à dédaigner que ne l'ont voulu faire croire certains critiques sans autorité. Si nous joignons à ces noms ceux d'Isaac de Langres, de Raban-Maur et de Rastier de Vérone, tous florissant pendant le cours de ce $x^e$ siècle, on s'étonnera de l'avoir vu

*qui se nourrit de la Bible et des Pères,*

---

(1) Nous avons développé cette conviction dans le troisième volume de notre *Histoire et théorie du symbolisme religieux*, p. 18 et suiv.

si décrié et de ne l'avoir observé que de son côté le plus défavorable. En lisant ces pages trop peu connues, écrites par des hommes spéciaux que leurs veilles familiarisaient continuellement avec les sources du symbolisme, on voit quel affectueux commerce ils entretenaient avec les Pères qui les avaient devancés ; et comme déjà leurs disciples restés obscurs, mais devenus alors les dignes collaborateurs de leurs œuvres, traduisaient leurs pensées dans la copie de leurs manuscrits par des miniatures, des lettres ornées et des entourages où figuraient les images coloriées des monstres hybrides, des fleurs emblématiques et des traits historiques de l'Apocalypse et des Prophètes, nous ne pouvons douter qu'ils préparassent ainsi les riches et curieuses parures que la sculpture allait bientôt prodiguer aux voussures des grandes portes, aux triples tympans des façades, aux modillons des nefs et aux métopes des latéraux extérieurs de nos grandioses basiliques.

*et y trouve une ample moisson de symbolisme.*

Donc, première cause du développement inattendu de l'iconographie chrétienne au $XI^e$ siècle : le retour aux études scripturaires et patristiques.

*Autre cause dans les progrès de l'architecture religieuse du $XI^e$ siècle ;*

C'est en de tels éléments, source profonde, inépuisable, de comparaisons ingénieuses consacrées à l'enseignement de la vérité, que le génie catholique du moyen âge trouva les innombrables motifs de son merveilleux symbolisme. Qui aurait pu ne pas comprendre, parmi ces hommes si appliqués, le parti qu'on pouvait tirer cette architecture plus solide, plus savante, et plus exigeante par cela même, qui vint succéder aux lourdes masses et aux lignes incorrectes des édifices lombards ? Dès les premières années de la troisième race, une immense rénovation se fait dans notre architecture nationale. « Les campagnes de la France, dit Radulfe Glaber, se couvrent d'une parure de blanches églises, » et nous savons, par le grand nombre qui nous en reste encore, de quelle façon la symbolique y figura. L'idée en est d'abord timide ; les chapiteaux se garnissent toujours de feuilles

*ses symboles, d'abord timides et grossiers,*

grasses, de losanges, de zigzags, de dents de scie, objets peu attrayants par eux-mêmes et dont l'esthétique, s'il y en a, n'est pas toujours saisissable. Les corbelets sont une série de têtes plates, de visages au caractère équivoque, mais significatif, presque toujours effrayant; les chiens, les chevaux, les bœufs, les béliers, les serpents forment au-devant des frontons une série peu gracieuse de sujets moraux auxquels viennent se mêler, comme au hasard et sans intention apparente, des motifs tirés de l'astronomie, des métiers de l'homme, de ses habitudes domestiques, de ses arts, de ses occupations guerrières ou champêtres. Très-certainement, il y a dans toutes ces images un sens et un enseignement : on ne peut plus le nier dès lors qu'on sait les hautes intelligences qui président aux moindres détails d'un monument où tout doit parler de Dieu et se rapporter à son culte. Mais cet art du tailleur d'images est resté si longtemps inactif, il tâtonne encore si maladroitement dans ses premiers essais, qu'il faut bien lui accorder le bénéfice des circonstances atténuantes. Il est d'ailleurs, quoique non moins grossier, du moins un peu plus heureux dans l'imitation de ses animaux, et, si l'on ne devine pas toujours au premier abord, on verra bientôt, à force de les regarder, que tel quadrupède est bien un cheval, en dépit de ses pattes, et que tel autre n'est pas un chat, mais un lion, grâce à sa longue queue enroulée, et peut-être à son nom qui figure naïvement tout près de lui. Mais le cheval, le lion et mille autres ont bien une signification mystique qu'il faut leur reconnaître, comme à tous les sujets de la gent animale : et déjà l'on voit qu'avec l'architecture nouvelle surgit une méthode plus large, empruntée à l'étude des théories esthétiques répandues dans les livres des docteurs.

Il y a plus : les histoires et les prophéties des deux Testaments commencent à poindre sur les tympans encore modestes, ou aux façades réduites alors à une fenestration parcimonieuse. Les légendes des Saints y hasardent quelques

se dessinent mieux à la fin de ce même siècle,

traits de leur vie ; on y lit cet antagonisme du bien et du mal qui se résume en des tentations plus ou moins acceptées, en des chasses où le lièvre et le cerf, le chasseur et les chiens symbolisent l'âme persécutée et l'éternel ennemi qui la poursuit. Ainsi se traduisent sur la pierre les comparaisons et les métaphores imagées dont le style des Pères se colore. D'abord indécis et lourd de formes et d'exécution, le faire ne manque pas de se dégrossir à mesure que s'exerce plus, dans le cours du xie siècle, la main d'ouvriers qui se font artistes ; et la fin de cette période prélude honorablement à tout ce que le siècle suivant nous léguera d'intelligent, de complet et de merveilleusement touché.

*et entrent dans l'esthétique* historiée.

Donc encore, seconde cause des progrès du symbolisme iconographié au xie siècle : l'architecture, qui se perfectionne, ouvre la voie à une ornementation plus active, plus étendue, et ce système décoratif s'emprunte aux sources plus abondantes des traités mystiques inspirés au clergé par le travail incessant de son enseignement spirituel.

Vous le voyez, Messieurs, j'ai déjà répondu en partie à votre troisième question :

Faire connaître les modifications subies par les sculptures symboliques entre le ve siècle et le xiiie.

Ce qui suit va compléter ma tâche, car il ne me reste plus qu'à vous parler de ce qui se passa dans les deux dernières centuries, où le symbolisme s'agrandit jusqu'à devenir une science et après lesquelles il ne déclina que pour s'affaisser.

## III.

Mouvement plus accentué encore du xiie siècle ;

En effet, les remarquables progrès que je viens d'esquisser n'avaient pas atteint leur dernier terme. Le xiie siècle apparaît : il est tout préparé à recevoir le fruit des théories antérieures. Ses basiliques développées en d'immenses proportions ; ses hautes tours affectant des formes et des élégances jusque-là inusitées ; ses porches aux vastes péristyles ; ses voûtes qui tantôt se courbent en berceaux, et tantôt se relèvent et s'élancent pour obéir aux audacieuses gracieusetés de l'ogive : voilà le champ spacieux, démesuré, où vont se presser, à côté des festons et des fleurs, des entrelacs et des feuillages, tous ces sujets bibliques, toutes ces merveilleuses scènes, toutes ces larges allégories qui se multiplient à l'infini, et que nous admirons encore comme la plus haute expression de la théologie et de l'art. En même temps, les études symbolistiques reçoivent une impulsion nouvelle et tout analogue. Hugues de Saint-Victor, l'une des lumières du temps, déclare que le sens mystique des Livres saints l'emporte de beaucoup sur le sens naturel (1). Alors se pressent en groupes serrés les plus illustres commentateurs de Méliton : Alain le Grand, Garnier de Rochefort, Pierre le Chantre, Pierre de Capoue, Thomas de Cantimpré, S. Bernard surtout, et, à sa suite, un grand nombre de belles intelligences formées à l'école toute récente de Clairvaux, enfin plusieurs écrivains de haute valeur, demeurés anonymes à l'ombre des cloîtres, et dont les œuvres n'en furent pas moins pour ces précieux asiles du savoir autant de glorieux souvenirs de leur action sur le monde moral.

*les études symbolistiques s'y élargissent.*

Nous avons surtout à remarquer, parmi les caractères symbolistiques de ce siècle, que, pour mieux servir cette science d'interprétation à qui la langue habituelle ne suffit plus, on se fait un langage nouveau, on invente des termes pour seconder l'exubérance du symbolisme qui envahit tout, et l'on vient à dire *mysticare* (au lieu de *mystice significare*) pour rendre plus succinctement cet art de parler à la pensée, et indiquer par un seul mot une méthode d'interprétation dont le retour devenait plus ordinaire que jamais (2). Ce mot revient assez fréquemment

*La langue s'enrichit par elles de mots nouveaux,*

(1) *Speculum de mysteriis Ecclesiæ,* cap. I.
(2) Voir le P. Cahier, *Monogr. des vitr. de Bourges,* p. 119 et 229.

dans Pierre de Riga et Hugues de Saint-Victor : le premier l'applique à une église matérielle, figure de l'Église, épouse de Jésus-Christ : *Ecclesiam mysticat illa domus* (1) ; le second le reproduit souvent dans son *Miroir des mystères de l'Église* (2), et le rend tout à fait synonyme de *significare*, *exprimere*, *ostendere*. Nous sommes prêt à reconnaître, toutefois, qu'un mot nouveau ne serait en lui-même qu'une preuve assez restreinte d'un mouvement général dans les esprits, s'il ne coïncidait pas avec une méthode d'interprétation jusque-là inusitée : ainsi voit-on s'introduire dans l'art, comme dans la littérature sacrée d'où il procède, de plus riches données qui, sans altérer le sens littéral du dogme ou de l'histoire évangélique, en exagèrent quelquefois la portée et l'étendent au delà du sens naturel, afin d'en élargir les conséquences mystiques au profit des âmes contemplatives. Nos symbolistes appellent cela le sens *superhistorique*, et en donnent pour exemple un vitrail de la cathédrale de Bourges où le peintre de la *Résurrection* représente la pierre du tombeau renversée au moment où Jésus-Christ en sort, quoiqu'en réalité ce fût l'Ange seulement qui l'en éloigna, pour montrer aux Saintes Femmes que le Sauveur n'y était plus. Au reste, ce mysticisme-là n'était pas nouveau sous la main de l'habile directeur des magnifiques verrières : dès le IXe siècle, *La Glose ordinaire*, attribuée par d'habiles critiques à Walafrid Strabon, expliquait l'ouverture du tombeau resté vide par la suppression de l'ancienne Loi et l'abrogation des figures antiques devenues *vides* et inutiles après l'accomplissement des prophéties. Nous voyons donc ce système d'exégèse passer dans le domaine de l'art ; outre son introduction dans les fenêtres

---

(1) Petr. de Rig., *In Leviticum*.
(2) Cap. I et VII : « Campanæ predicatores *mysticant*...; cancellus, humilior reliquo corpore ecclesiæ, *mysticat* quanta humilitas debeat esse in clero...; Sequentia (id est prosa) æternæ vitæ *mysticat* laudes..... »

coloriées, on la lui ménage dans les manuscrits, comme on le voit dans la *Bible moralisée* de la bibliothèque Richelieu, dans l'*Emblemata biblica* du même dépôt, et dans le beau recueil de l'abbesse Herrade de Hohenbourg (1). On le découvre aux tympans sculptés de nos portes monumentales, où le gouffre infernal prend la forme de l'horrible gueule d'un monstre, comme à la cathédrale de Poitiers. A Notre-Dame de la même ville, Nabuchodonosor siège avec son orgueil, cause de sa punition exemplaire, auprès d'Adam et d'Ève tentés par le serpent de devenir aussi savants que Dieu. Ce ne sont là que quelques exemples auxquels nous devons nous borner ici, et que nous avons multipliés à dessein dans notre grande *Histoire du symbolisme* (2); mais qu'ils nous suffisent à établir ce qu'il y eut d'ingénieux dans la littérature de ce siècle tout hiératique où l'artiste, sinon toujours le manœuvre, entendait parfaitement le sens surnaturel des sujets sacrés, et recevait du prêtre, quand il ne l'était pas lui-même, tout le programme spirituel de son travail.

Maintenant pourrions-nous oublier ces types aussi curieux que variés devant lesquels se sont mille fois arrêtés les regards scrutateurs d'archéologues déçus et découragés, réduits, après de vaines recherches, à se venger de ces logogriphes en leur jetant les qualifications décisives de bizarres, de ridicules, d'inexplicables? Ce n'étaient, disait-on, que des caprices du ciseau, des caricatures, des satyres; c'était la *Petite Presse* du temps, rendant comme elle pouvait aux évêques et aux moines le prix de l'oppression que le *pauvre peuple* subissait sans se plaindre il est vrai, mais en confiant au sculpteur sorti de son sein le soin de stigmatiser ces mille tyrans, en donnant à une tête mitrée, à un front

<small>Que le caprice n'a eu aucune part à de prétendues satires mal comprises.</small>

---

(1) *Ortus deliciarum*, victime dans la bibliothèque de Strasbourg, avec tant d'autres trésors littéraires, du bombardement prussien de 1871, et à jamais regrettable!
(2) T. II, ch. x.

dénudé par la tonsure, des corps de serpent, des pattes d'ours ou de lion, des carapaces de poisson, des becs d'aigle ou des crêtes de coq. On avait été jusqu'à rendre complice de ces reproches ou de cette ignorance S. Bernard lui-même, qui ne blâmait autre chose dans ces tableaux qu'une inutile profusion de sculptures coûteuses, peu convenables aux églises de gens qui faisaient vœu de pauvreté (1). Les sujets hybrides se prêtant mieux qu'aucun autre à exprimer dans l'homme les vices qui distinguent certains animaux, on en faisait l'application à toutes les conditions mauvaises de la vie. Les sculptures ainsi conçues devenaient autant de livres où se lisaient les devoirs de chacun ; c'étaient les *illustrations* des livres moraux de la Bible, ou de S. Grégoire le Grand, ou de tant d'autres ; et l'apparition, dans ces milieux très-philosophiques, de prêtres, d'évêques et de religieux prouvait bien moins un esprit satirique, impossible dans les auteurs de ces œuvres, qui tous étaient honorés du caractère sacerdotal, qu'une impartialité aussi religieuse qu'honorable à n'exempter personne de ces leçons. Quant aux sujets en eux-mêmes et à leurs formes, aussi utiles au fond que bizarres en apparence, ils avaient, comme tout le reste, Messieurs, comme ces *obscœna* eux-mêmes, qui ne furent jamais que la traduction de certaines prohibitions divines de la débauche des sens ; oui, ces prétendues bizarreries avaient une origine très-respectable, et dont le certificat nous est donné par les Pères de l'Église orientale (2).

Avec le XIIᵉ siècle s'ouvre l'ère des croisades. Ces grandes excursions établissent entre notre monde et les plages asiatiques des relations dont l'architecture profite. Comment les arts d'imitation n'en eussent-ils pas profité ? Le style byzantin adopté par l'Europe devait apporter ses orne-

---

(1) J'ai défendu S. Bernard sur ce point dans le même ouvrage, t. II, p. 591 et suiv., — et S. Nil, accusé aussi d'être opposé au symbolisme décoratif (même volume, p. 501 et suiv.).

(2) Voir *Hist. du symbolisme*, t. II, ch. XI.

mentations symboliques, dans lesquelles se retrouvaient toutes les imaginations de la Grèce, les natures hybrides, les animaux fantastiques, les griffons, les sphinx, les sirènes, les dragons et toutes les variétés si nombreuses de bêtes, d'arbres, de fruits, d'instruments quelconques dont se couvrirent les murs sacrés.

Il est très-rare qu'en France nous trouvions, antérieurement aux croisades, quelques-uns de ces motifs, dont peut-être certains types étaient venus s'y égarer, comme en Italie et en Espagne, à l'époque du Bas-Empire. On pouvait d'ailleurs les avoir empruntés depuis longtemps aux livres de Méliton et aux bestiaires que des *physiologues* en avaient tirés. Ce qui est certain, c'est que les oiseaux à tête humaine représentent dans l'humanité les vices ou les vertus dont ils sont l'emblème : le griffon, sorte de lion ailé, devint le symbole du Sauveur, *lion de Juda*, s'élevant par son vol mystique bien au-dessus de notre sphère périssable, et déchirant de ses ongles puissants le dragon, qui personnifie l'ange déchu. Les sirènes, démons de la volupté, attirent les âmes par leurs chants et les tuent, comme on le voit au cloître de Saint-Aubin d'Angers (1). Le basilic a le même caractère : c'est lui que le Psalmiste fait succomber sous les pieds du Juste qui le foule (2). Mais le lion a parfois une tête d'homme, et alors il prend le rôle de l'esprit tentateur : on en voit deux, entre autres, à un chapiteau de Saint-Agnan, à Cosne-sur-Loire, maîtrisant un homme jusqu'à le faire se jouer avec eux, et l'on sait ce que cette familiarité doit amener de funeste ; un chapiteau voisin montre un autre personnage coiffé d'une mitre, domptant d'une main un lion, de l'autre un griffon qui change de rôle et n'est plus qu'un ennemi par un système *d'opposition* qui prête, selon les circonstances,

C'est l'origine des hybrides.

Règle des *oppositions*.

---

(1) Voir, ci-après, p. 448.
(2) « Super basiliscum ambulabis. » (*Ps.*, xc.)

au même symbole deux significations *opposées* (1). S. Basile, S. Augustin ont des textes précis sur ces principes incontestables, et la plupart des sujets auxquels je m'arrête ici très-succinctement ont leur reproduction et leurs preuves dans votre *Bulletin monumental*, dont les tables feront aisément retrouver leurs traces.

<small>Connexion morale entre ces symboles et l'architecture chrétienne de tous les temps.</small> Après de telles études, qui se dégagent, on le voit, de tout système préconçu, et dont les déductions naissent très-naturellement des plus sûres données de l'histoire de l'art, comment s'étonner de voir le symbolisme envahir tous les côtés de notre architecture religieuse, s'accrocher pour ainsi dire à tous ses détails, et seconder le faire majestueux de l'architecte par l'opulente et philosophique profusion des conceptions iconographiques? Maintes fois ne sommes-nous pas restés immobiles, attentifs, et dans une sorte d'extase, devant ces immenses pages de pierre, qui préludent par de grandioses façades aux cathédrales de Chartres, de Beauvais, d'Amiens, de Poitiers, d'Alby, de Valence ou de Bayeux?... Que de secrets dans ces travaux, qui ne sont pas moins ceux de la pensée que de la main de l'homme! Que d'application pour en comprendre le mysticisme sérieux, la théologie élevée! et comme il existe une réelle filiation entre ces beaux monuments, dont les plus anciens ont inspiré ceux qui les suivent! Ainsi leur ornementation plus parfaite s'explique dans les progrès par ses analogies avec les types primitifs; nous voyons à tous les âges une architecture exclusivement religieuse, qui ne convient qu'à la prière et au sacrifice du chrétien; et, se prêtant à la parer, une imagerie à part qui, renfermée d'abord en un cercle étroit, et se bornant à répéter en tous lieux ses quelques sujets convenus, n'en arrive pas moins, par des manifestations successives, à se faire digne des plus magnifiques monuments, dont le style a également grandi à

---

(1) Voir *Histoire du symbolisme*, t. 1, p. 128, 300.

travers les variations de nos douze premiers siècles. Le génie humain s'est donc plu à faire marcher d'un pas égal ces deux magnifiques expressions de la pensée catholique : la construction architecturale et les arts du dessin que rien n'en pouvait séparer. Ce furent deux amis qui s'avancèrent ensemble dans la vie des peuples, qui se retrouvèrent avec amour quand des malheurs de famille les eurent parfois violemment séparés, et pour lesquels Horace semblerait avoir fait ce joli vers :

>....*Alterius sic*
>*Altera poscit opem res, et conjurat amice.*

Telles sont, Messieurs, les solutions que je crois pouvoir donner aux problèmes posés par vous sur cette intéressante matière. Je n'y pouvais arriver sans répondre, par cela même, à la troisième question, qui se trouve résolue à la fois, puisqu'en parlant de l'affinité supposée « entre les sculptures symboliques des premiers siècles et celles du xii$^e$, » il me fallait parcourir tout cet intervalle et m'y arrêter aux frappantes analogies comme aux différences sensibles qui y signalent les allures progressives de l'esthétique monumentale : heureux si, en projetant ici, d'après d'illustres devanciers trop peu connus, des lueurs nouvelles sur des obscurités qui se dissipent chaque jour davantage, il m'est donné de faire passer avec elles dans vos esprits des convictions d'autant plus profondes pour moi, qu'à la suite de patientes et laborieuses recherches elles sont devenues dans ma conscience une des formes de la vérité.

Poitiers, 8 août 1869.

# MÉMOIRE

## SUR DES SCULPTURES SYMBOLIQUES

### DES XIᵉ ET XIIᵉ SIÈCLES,

Réponse à une lettre adressée par M. DE CAUMONT,
à M. l'abbé AUBER.

---

Monsieur et cher Directeur,

Notre public du *Bulletin monumental* a pu s'étonner de mon silence après votre lettre insérée au 4ᵉ cahier de 1870 (1). Voici, en effet, douze mois bien comptés qu'elle a été publiée. Mais dans ce long intervalle, dans cette année, la plus *longue* à mon avis qui ait pesé sur le cœur de la France contemporaine, que de raisons engourdissaient nos plumes, arrêtées à la fois par les plus graves préoccupations, par les dérangements imposés à toutes nos provinces, et surtout par l'interruption des communications postales, grâce auxquelles tant de lettres n'arrivèrent à leur but que deux mois après leur date, plus heureuses encore que celles qui n'arrivèrent pas du tout !

Vous proposiez à mes réflexions de nombreux sujets d'iconographie épars aux frontons, aux tympans ou aux chapiteaux de nos églises. Ces spécimens portent avec eux, sur les bois qui les représentent fidèlement, des caractères d'originalité mystérieuse dont, effectivement, l'esprit et

*Cause et occasion de cet écrit.*

---

(1) P. 297 et suiv. du 36ᵉ volume.

l'imagination se trouvent tout d'abord étonnés. Mais on l'est moins soi-même quand de longues et sérieuses études ont fait retrouver en mille endroits des images identiques, soit peintes, soit sculptées, et que, nonobstant les variantes plus ou moins sensibles de leur faire, lesquelles viennent du plus ou moins d'intelligence de l'artiste, on y voit avec raison la traduction des nombreuses données symboliques jetées dans l'Écriture sainte, dans les Pères, dans les bestiaires ou la flore murale, ou les fabliaux enfin, quoique ceux-ci ne surviennent au plus tôt que pendant le XIII$^e$ siècle, pour se perpétuer jusqu'au XVI$^e$, où est la décadence du symbolisme.

*Marche progressive du symbolisme architectural.*

Vous avez pu voir, Monsieur et honoré maître, que, comblant le vide que vous signalez dans les études faites jusqu'à présent de l'iconographie chrétienne, je ne m'en suis pas tenu aux catacombes, sources primitives et fécondes de nos plus anciennes peintures sacrées. L'architecture romane des XI$^e$ et XII$^e$ siècles dut avoir et eut en effet son style iconologique parfaitement d'accord avec celui des monuments décorés par lui; et je suis parfaitement de votre avis sur l'ornementation mérovingienne qui les précéda : nous en avons des restes assez nombreux, quoique relativement rares, et assez bien examinés de notre temps pour démontrer que la décoration sculpturale sous la première race, et même sous la seconde, se rapprocha beaucoup de ce que nous a laissé le siècle de Philippe-Auguste et de Robert. Quant aux *nouveautés qui surgissent alors* sous la main des sculpteurs, vous me demandez « quels germes peuvent les avoir produites. » Ces germes sont tous, je l'ai dit (1), dans l'étude plus répandue des livres bibliques et des auteurs sacrés, dont le goût se ranima dans les cloîtres au souffle de la paix et au contact de l'art qu'elle servit à développer. Vous savez, toutefois, que ces premiers essais furent d'assez gros-

---

(1) *Congr. scient. de Chartr.*, p. 409, in-8°, 1870, — et ci-dessus, p 428.

sières ébauches : des plantes à peine dessinées, des têtes plates rangées en modillons, de rares parures maladroitement fouillées en chapiteaux historiés ; c'était tout, et cela ne vous a paru longtemps qu'une suite de grotesques et inexplicables bizarreries, quoique au fond il fallût y chercher un langage mystique dont le sens n'est plus douteux aujourd'hui. Mais ces *germes* n'en furent pas moins le point de départ de toute cette inestimable *Théorie* que je me suis attaché à développer dans mon *Histoire*, et j'y rattache forcément tous les sujets dont vous réclamez de moi l'explication motivée. Donc, en abordant la solution de ces problèmes, et pour leur donner aux yeux de nos lecteurs une clarté indispensable, je vais les suivre dans l'ordre indiqué par votre lettre, et j'essaierai d'en donner d'autant plus la démonstration et l'intelligence.

Et, d'abord, il n'est pas douteux que ces chapiteaux et autres motifs de décoration qui les accompagnent, au nombre de seize, soient tout à fait symboliques. Leur interprétation va le prouver.

Il procède certainement par des images.

## I.

Voici deux oiseaux hybrides : leurs pattes, leurs ailes, leur ventre, par conséquent tout le milieu de leur corps, sont d'un oiseau ordinaire : l'avant-corps, soit le cou et la tête, puis l'arrière-corps ou la queue, sont évidemment d'un serpent. Or ces natures mélangées de bien et de mal conviennent surtout au démon, qui s'en sert pour procéder à ses tentations ou pour accomplir ses malices avec le double bénéfice de sa méchanceté systématique et des formes hypocrites qui les font réussir. Disons en passant que, sans nier l'influence que peuvent avoir exercée certaines fables des naturalistes anciens sur l'imagination des artistes qui inventèrent les hybrides, ils purent bien aussi en puiser

Les âmes perdues abandonnées à Satan.

l'idée dans une des prohibitions du Lévitique classant la chauve-souris parmi les animaux impurs qu'il était défendu de manger, et ajoutant comme principe général qu'on suivrait la même règle à l'égard de tout quadrupède ailé (1). Il n'y avait pas loin de là à tout un système de symbolisme, créant au besoin des animaux auxquels on prêta toutes les mauvaises qualités de leurs mauvaises natures réunies : de là ces quadrupèdes ailés, ces volatiles à quatre pattes si souvent employés dans l'art chrétien. Mais ici que voyons-nous faire par ces oiseaux ? ils mangent deux têtes d'hommes. Chacun a la sienne, et ils semblent s'attaquer principalement à la partie supérieure du crâne. Ces têtes de morts font leurs délices, et ils mettent à dévorer cette proie une sorte d'acharnement. Ce sont bien là les caractères reconnus de l'ennemi des âmes dont S. Grégoire a dit que « la vie du pécheur est sa nourriture (2), » et Herrade, dans son *Ortus deliciarum*, « qu'il aime à *sucer* nos crimes : »

*Sic Satan æternum crimina nostra sugit.*

Que si nous consultons sur le symbolisme des oiseaux les mystiques du moyen âge, nous les voyons s'accorder sur le sens figuratif qu'il faut attacher soit aux oiseaux *purs* ou *impurs* que le Lévitique permet ou interdit aux Hébreux comme nourriture, soit aux oiseaux de proie ou à ceux dont les mœurs sont douces et innocentes. Ces derniers sont toujours pris en bonne part; les autres, au contraire, emportent toujours une idée de crime ou de persécution, de rapine ou d'assassinat. Ce sont ceux-là qui se nourrissent de cadavres, et servent par cela même, démons toujours prêts à mal faire, les justes vengeances d'En-Haut contre l'impie et le méchant. C'est ainsi que, dans le Deutéronome,

---

(1) « Comedere non debetis vespertilionem... Omne de volucribus quod graditur super quatuor pedes, abominabile erit vobis. » (*Levit.*, XIII, 20.)

(2) « Vita peccatoris cibus est serpentis. » (*Moralium* lib. I.)

on voit ce même supplice promis en propres termes à ceux qui provoquent la colère divine par les abominations de l'idolâtrie et des crimes qu'elle enfante (1). Ainsi encore on voit dans l'Apocalypse « les oiseaux du ciel appelés par un Ange à *dévorer les chairs* des rois, de leurs officiers et de leurs ministres, des hommes libres et des esclaves, des petits et des grands » qui dans le paganisme auraient persécuté l'Église et ses fidèles (2). Ainsi encore nous lisons dans un psaume les plaintes de Jérusalem désolée, se lamentant sur ses propres ruines, et accusant « les nations entrées dans l'héritage du Seigneur d'avoir exposé les corps morts de ses serviteurs et les chairs de ses Saints *pour servir de nourriture aux oiseaux* du ciel (3). » — Qui peut, en contemplant le chapiteau qui nous occupe, et connaissant ces textes prophétiques, ne pas reconnaître évidemment toutes ces notions traduites ici sur la pierre ? Pour peu qu'on ait observé la méthode habituelle de nos iconographes, on sait bien qu'afin de ménager l'espace et de simplifier le travail, l'artiste s'est borné le plus souvent à exprimer par des unités les multiples qui sont dans sa pensée : un arbre pour une forêt, un porc ou une brebis pour un troupeau, un chien et un animal fuyant devant lui pour une chasse. Le difficile est ici de distinguer si nos oiseaux de proie s'acharnent à des martyrs à titre de persécuteurs, ou à des chairs mortes dont ils se repaissent. Mais qu'importe ? ce qui est certain, c'est qu'ils sont d'une nature plus qu'équivoque ; c'est que ces têtes humaines sont bien là pour représenter

---

(1) « Provocaverunt me in diis alienis, et in abominationibus ad iracundiam concitaverunt : et *devorabunt eos aves morsu amarissimo.* » (Deuter., XXXII, 16, 24.)

(2) « Vidi Angelum..., et clamavit... dicens omnibus avibus : *Venite et congregamini ad cœnam* magnam Dei. » (*Apoc.*, XIX, 17.) — Cf. mon explication du symbolisme de l'Apocalypse, *Hist. du symb.*, t. II, p. 321.

(3) « Deus, venerunt gentes in hæreditatem tuam...; *posuerunt morticina servorum tuorum escas volatilibus cœli, carnes Sanctorum tuorum bestiis terræ.* » (Ps., LXXVIII, 2.)

l'humanité, et que la leçon donnée par une telle image dans une église chrétienne est bien de craindre le déprédateur infernal, *qui cherche toujours quelqu'un à dévorer parmi nous* (1), c'est-à-dire les conséquences d'une vie criminelle, après laquelle ce corps, si choyé pendant son existence terrestre au festin des mauvaises passions, pourrait bien devenir la proie du cruel ennemi qui l'aurait trompé.

## II.

La recherche du bien et la fuite du mal.

Autre chapiteau représentant une scène non moins symbolique. — Deux lions regardent en s'en détournant un arbre qui les sépare et qui n'est autre que le *Hom*, arbre sacré des traditions orientales perpétuant celle de l'*Arbre de vie* du Paradis terrestre. On sait que cet arbre était celui *du bien* et *du mal* : l'un ou l'autre peut donc s'être reproduit sous le ciseau, qui symbolise tantôt l'empressement des âmes à chercher le bien et la vertu, tantôt leur éloignement de ce qui est vicieux ou mauvais, et aussi parfois le sentiment contraire qui fait aspirer au mal et détourner de ce qui est bon. De là ce type où nous voyons les deux lions réalisant certainement une de ces idées, selon qu'on les prend en bonne ou en mauvaise part. Ainsi, en consultant *La Clef des Écritures*, de S. Méliton, évêque de Sardes au IIe siècle, nous voyons que cet animal est tantôt Jésus-Christ pour sa force, sa noblesse et sa générosité, tantôt le démon pour ses habitudes de cruauté et de rapine (2). Donc nous avons sous les yeux ou l'homme au caractère dur et irréligieux s'éloignant de l'arbre de vie, ou l'âme honnête et religieuse se détournant des fruits empoisonnés du mal. Dans le premier cas, ce pourrait être encore l'hérésie fuyant la nourriture sacrée, comme on la voit figurée souvent par

---

(1) « Leo... circuit quærens quam devoret. » (1 *Petr.*, v, 8.)
(2) Cf. *Spicilegium Solesmense*, du cardinal Pitra, in-4°, t. III, p. 51.

deux colombes se détournant de la coupe Eucharistique, tandis que non loin de là deux autres y puisent ensemble et à l'envi la force morale, la grâce de la vie chrétienne et la charité, dont le Sang divin est le plus touchant symbole. Vous avez pu remarquer ces deux sujets exprimés par de gracieux chapiteaux du XII<sup>e</sup> siècle au sanctuaire de Notre-Dame, à Chauvigny-sur-Vienne. Nous allons revenir à ce type en traitant bientôt le n° **V**.

### III.

À la cathédrale de Mayence, deux griffons, symbole de la vigilance que le Christianisme emprunta aux hiéroglyphes égyptiens, figurent aussi le Sauveur lui-même par leur double nature d'aigle et de lion. *Aquila : Christus...; leo : Christus*, dit S. Méliton. C'est une des exceptions faites, pour cause, au caractère général des hybrides (1). De leurs serres violentes chacun d'eux domine un dragon, symbole de Satan (*draco : diabolus*), dont la queue entrelacée est énergiquement serrée par le bec du terrible vainqueur : voilà la force morale triomphant du péché et des tentations souvent exprimées par ces entrelacs si nombreux dans notre sculpture, et qui signifient bien, en effet, les filets mystérieux dont le tentateur enlace les victimes qu'il veut dompter. Ici c'est la pensée du Psalmiste : *Tu confregisti capita draconis* (2). L'élégante facture de ce chapiteau, qui tient quelque chose du style byzantin, rend bien le sentiment de cette victoire toute-puissante.

*La force morale triomphant des tentations.*

### IV.

Mais voici une difficulté qui a prêté jusqu'ici à des conjectures savantes, sans se rapprocher assez, selon moi, de

*La méfiance contre les entraînements de la luxure.*

---

(1) Voir *Spicil. Solesm.*
(2) *Ps.*, LXXIII, v. 14.

la vérité, qui va toujours plus simplement, et que nous expliquent très-naturellement les données acceptées de tous sur les sirènes. Commençons par examiner ce chapiteau de l'ancienne abbatiale de Cunaud. C'est une scène de mer; un navigateur y est assis dans sa barque. Derrière lui un personnage debout sur le rivage, *et qui tient sur son bras droit une bouteille allongée*, semble retenir de cette même main l'élan du navire; puis, de la gauche, il signale au nautonnier, par un geste énergique, une sirène qui nage à sa rencontre en lui présentant deux poissons : de ses deux mains étendues vers le monstre l'imprudent voyageur s'empresse d'accepter ce funeste cadeau. Il suffit de jeter un regard attentif sur cette surface sculptée pour reconnaître l'exactitude de cette description. Le vénérable P. Arthur Martin, qui en disserta, en 1853, au congrès archéologique d'Arras (1), l'avait vue sous des aspects très-différents et en parla d'après son propre examen, d'après les persuasions incomplètes qu'il s'en était su faire. A l'entendre, l'homme placé derrière la barque, et dont il n'a pas remarqué la bouteille, pourtant fort distinctement dessinée, pousserait le fragile esquif vers l'Océan; et ce mouvement et cette action conviendraient bien à son thème. Il est toutefois évident que cette main ne pousse pas, mais au contraire semble retenir le vaisseau pour l'arrêter. Et voici pourtant l'idée du P. Martin : Ce serait là

« un épisode d'un poème finlandais, le *Calewaba*... Le dieu
» de la mer a demandé en mariage la fille d'une déesse de
» la mer, laquelle, sachant que le pouvoir de ce prétendant
» va finir par la prédication imminente de l'Évangile, se
» joue de lui et lui échappe sous la forme d'un poisson au
» moment où il va l'épouser. Dans son désespoir, il renonce
» aux contrées où il a régné, et l'on voit sa barque *poussée*
» vers d'autres rivages *par la main gigantesque* d'un person-
» nage *plongé dans la tristesse*... Notez, ajoute le P. Martin,

(1) Voir *Bullet. monum.*, XIX, 553.

» qu'il n'est pas étonnant de retrouver ces sujets reproduits
» sur les bords de la Loire, puisque, pendant cent ans, la
» Loire était le grand chemin que parcouraient presque
» sans interruption les terribles hommes du Nord... »

En conséquence, voilà bien de l'érudition pour installer une légende païenne dans un temple chrétien, quelque soin que prenne le docte archéologue de supposer que le chapiteau voisin, représentant l'Annonciation, lui oppose un des premiers mystères du Christianisme comme un de ces moyens de parallélisme souvent employés par l'iconographie symbolique. Pour moi, qui me rappelle comment M. Vergnaud-Romagnesi, et à sa suite M. Marchand, avaient découvert aux chapiteaux de Saint-Benoît-sur-Loire des scènes normandes évidemment tirées de l'Apocalypse (1), quand j'ai vu un savant ecclésiastique de Coutances reculer de deux cents ans la date, incontestable pourtant, de sa cathédrale, et appuyer sa thèse de documents historiques cherchés avec soin et développés avec des arguments aussi peu valables que spécieux (2), je me demande encore ce que les Normands ont à faire ici, comment on se serait plu à honorer par une sculpture tirée de leurs romans plus ou moins historiques les tristes souvenirs laissés par eux sur les plages témoins de leurs pillages et de leurs incendies. Se figure-t-on un curé de notre temps sculptant aux chapiteaux de sa nouvelle église un épisode emprunté à l'invasion de la France par les barons du Prince Noir? J'aime bien mieux rattacher ce curieux spécimen du XII<sup>e</sup> siècle aux idées qui dominaient l'art religieux de cette époque, et y voir une simple leçon proposée comme tant d'autres aux méditations des chrétiens de l'Anjou.

On sait, du reste, d'après les *physiologues* du moyen âge (3), que la sirène est un symbole du démon, moitié

---

(1) *Souvenirs historiques de l'abbaye de Saint-Benoît*, par Marchand, in-8°, Orléans, 1838.
(2) Voir *Bullet. monum.*, VIII, 374; et XI, 130.
(3) Cf. Thomæ Cantipratani, *De Naturis rerum*, ap. *Spicil. Solesm.*,

poisson et moitié femme, ayant la subtilité de l'un et toutes les méchantes ruses de l'autre, prise du mauvais côté de sa nature. Peu attrayante par les traits du visage, elle attire par les charmes de sa voix; elle rôde sur les mers, avide de faire sa proie des mariniers, qu'elle endort par ses chants et tue traîtreusement pendant ce sommeil. Les sirènes étaient connues dès le temps d'Isaïe. Ce prophète les prédisait à Babylone comme les seules créatures qui, avec les hiboux, dussent rester sur les ruines de ses palais, détruits en expiation de leurs criminelles voluptés (1) : c'était donc le démon des plaisirs impurs. « Les sirènes sénéfient les femes qui atraient les homes par lor blandissemens et par lor déchèvements a els, de lor paroles; que eles les mainent à poverté et à mort (2). » On conçoit que leur rencontre cause une grande frayeur aux matelots, qui n'ont contre elles d'autre ressource que de leur jeter des bouteilles vides et bouchées qui, surnageant à la mer, les occupent, tandis qu'eux-mêmes profitent de cette distraction pour leur échapper (3).

Ceci posé, voici, selon ma pensée, l'explication de la sculpture de Cunaud :

Les matelots, par cela même qu'ils flottent sur une surface mobile au gré des vagues et des tempêtes, sont, dit S. Eucher (4), le symbole des pensées déraisonnables qui

III, 427; — *Bestiaire* du XIIIe siècle, tiré de la bibliothèque de l'Arsenal, édité par les RR. PP. Martin et Cahier, dans leurs *Mélanges d'archéologie*, II, 172 et suiv. — Ce serait, ont cru les doctes auteurs, le Physiologue de Théobald, réédité dans notre troisième volume; mais, en le comparant à ce dernier, il est clair que ce qui manque le plus aux deux, c'est la ressemblance.

(1) « Et respondebunt ibi ululæ in ædibus ejus, et sirenes in delubris voluptatis. » (*Is.*, XIII, 22.)

(2) *Physiologue*, ap. *Mélang. d'archéol.*, ubi suprà, p. 173.

(3) « Multum timent, et tunc projiciunt eis lagenam ut ludant, et interim navis pertranseat. » (Adhelmus, *Fragmenta de naturis rerum* : Spicileg. Solesm., loc. cit.)

(4) « Nautæ, cogitationes hominem gubernantes. » (S. Eucherii *Formulæ minores*, ap. *Spicil. Solesm.*, III, 404.)

agitent l'homme : notre navigateur est donc un de ceux qui se laissent attirer par les pensées déréglées de la volupté, sirène perfide qui prétend le séduire par les deux poissons qu'elle lui offre ; car le poisson, qui est un mets délicat, symbolise les délices matérielles, l'un des plus grands périls de la vie présente, de notre navigation sur la mer de ce monde (1). Observons comme l'imprudent déjà embarqué reçoit avidement ce moyen de séduction, et comme celui qui s'efforce de retenir le navire, peut-être pour s'y embarquer avec lui, a su du moins se munir de la mystérieuse bouteille qui l'aidera à déjouer l'ennemi; car ce vase, qu'on n'a pas assez remarqué, et dont le rôle est pourtant d'une si haute valeur, est « la foi du baptême, *fides baptismi*, » d'après un moine anonyme de Clairvaux, qui fut, au XIV$^e$ siècle, un des commentateurs de S. Méliton (2). Donc notre chapiteau avertit le chrétien de se garer, dans sa traversée du temps à l'éternité, contre les entraînements de la luxure, et il rappelle au souvenir de son baptême comme un plus efficace moyen de résistance et de salut.

## V.

Le type du péché originel.

Au tympan de l'église de Marigny (Calvados) est, à n'en pas douter, une variante de notre n° **II**, qui en a bien d'autres éparpillées çà et là sur nos édifices chrétiens : preuve évidente du sens mystérieux qu'y attachèrent nos devanciers. Je fais remarquer dans mon ouvrage spécial (3) combien le *Hom* s'est prêté, par les diversités de ses formes, aux caprices et, pour ainsi dire, aux gentillesses du ciseau qui, en le dénaturant à plaisir, ne rend pas cependant méconnaissable l'intention du guide qui l'a inspiré. Ici c'est encore un

(1) Voir mon *Histoire du symbolisme*, t. II, p. 109 et 586; III, 86 et 87.
(2) *Ibid.*, II, 484. — *Spicil. Solesm.*, II, 174.
(3) T. I, p. 161.

arbre au tronc ferme et élevé, aux feuilles larges et luxuriantes. Quoi qu'en ait dit M. Lenormand, qui parfois se décidait un peu vite, ce ne sont point des lions qui en dévorent la tige, mais des animaux fantastiques, natures hybrides qui semblent tenir surtout de l'espèce chevaline, symbole de la vie désordonnée (1), et n'avoir du lion que l'extrémité de leur longue queue. Cet appendice, qu'on croirait uniquement dû à un autre amusement de l'artiste, et destiné seulement à plus d'effet, me semble avoir sa raison d'être. Ces bêtes réprouvées qui dévorent à belles dents la science du mal se l'assimilent tellement qu'on la voit se reproduire en elles dans la partie d'elles-mêmes où la ressemblance en est plus facile. Voyez comme ces queues reproduisent exactement les feuilles que nos bêtes absorbent dans leur gloutonnerie passionnée; eh bien! n'est-ce pas ainsi que la nature humaine s'est incarné le péché originel? Quoi de plus capable de le lui rappeler en lui montrant à quelle dégradation elle s'est condamnée?

## VI.

*Autre spécimen du même symbole.*

Un autre tympan du même type, et qui a le même but, orne, vous le savez, Monsieur, la porte de l'église de Colleville, non loin de Marigny (2). Plus élégant, d'un travail plus large et plus original, il représente des oiseaux à tête et à queue de dragon; l'arbre est remplacé par un entrelac fort capricieux, orné de feuilles rares et symétriques que les monstres engueulent avidement. Le thème seul est différent; il laisse voir sans aucun doute les mêmes éléments et la même intention; il peut s'interpréter, avec beaucoup d'autres, par la même idée, et renferme évidemment la même leçon.

(1) *Equus : lubrica vita*, dit S. Grégoire.
(2) Voir *Bullet. monum.*, XVIII, 492, 493.

## VII.

Voici encore un essai de démonologie instinctive; il décore la façade de l'église d'Authie, toujours dans cette belle Normandie, doublement riche des beautés de la nature et de l'art. Là deux lions, images accoutumées « des docteurs sévères » à défendre la doctrine sainte (1), remplissent le même rôle que Salomon leur avait assigné dans son temple, entre une suite de couronnes et d'entrelacs (2) : ce sont les gardiens de la vérité; car leur pose qui dirige leurs regards partout derrière eux, leur gueule menaçante, leurs yeux ardents, et le soin avec lequel ils semblent comprimer tout mouvement, toute action possible d'un personnage intermédiaire, n'en laissent plus douter. Or on reconnaît dans ce troisième personnage la figure d'un démon avec ses oreilles de faune, laquelle figure est répétée, non sans intention, aux chapiteaux des colonnes voisines servant de pieds-droits à la porte dont ce motif décore le fronton. Et quoi de plus convenable que d'avertir les fidèles entrant dans le temple d'éviter les pensées diaboliques, d'y abandonner toute connivence avec le mal, et d'être sûrs que c'est là cette maison de Dieu où le Juste trouve dans la science des choses surnaturelles un abri contre les hérésies si souvent symbolisées par Satan, et contre tous les égarements du cœur dont il est le fauteur et le principe ?

*La fuite des mauvaises pensées dans l'église.*

## VIII.

Vous avez vous-même deviné avant moi, cher monsieur le Directeur (3), le remarquable *Daniel dans la fosse*

*La constance du Juste persécuté.*

---

(1) « Leones : doctorum severitas... » (S. Melit., *De Bestiis*, ch. XXXVIII.)
(2) « Inter coronas et plectas leones, et boves, et cherubim exsculpta sunt. » (III *Reg.*, VII, 29.)
(3) Cf. *Statistique monumentale du Calvados*, I, 346, in-8°, 1846.

*aux lions*, sculpté sur le linteau d'une porte bouchée au côté sud de l'église de Cambes, non loin de Caen. Nous n'avons donc pas à hésiter sur ce point. J'ajouterai cependant que ce fait, entouré de tous ses détails historiques, est encore un symbole dont il ne faut pas méconnaître la portée significative. Nous voyons, en effet, le sculpteur rendre exactement le texte du Prophète, qui montre Daniel *assis* au milieu des lions lorsque le roi Évilmérodach vint à l'entrée de la fosse pour reconnaître s'il vivait encore (1). Or cette fosse contenait « sept lions auxquels on jetait chaque jour *deux corps* et deux brebis (2) ; » ces *deux corps*, après lesquels il est parlé d'un surcroît de nourriture consistant en deux brebis, ont paru aux commentateurs (3) être des corps d'hommes (esclaves ou condamnés à mort), ce qui explique les deux têtes de mort posées de côté et d'autre de Daniel. Les lions, qui ne sont ici qu'au nombre de deux et suffisent à préciser le fait, lèchent les mains du Prophète, comme il est souvent arrivé pour des martyrs des amphithéâtres, et, accroupis sur leurs quatre jambes, ils montrent par ce repos plein de respect qu'ils ont changé instantanément en douceur leur férocité naturelle. Mais que font ces têtes d'oiseaux de proie suivant, comme autant de modillons, la corniche supérieure du linteau ? Que ce soient des têtes de corbeaux, comme on le croirait pour la plupart, ou de quelques autres volatiles aussi mal famées (4), on comprend comment l'ouvrier n'a pas manqué d'accompagner son sujet principal de ces accessoires, qui indiquent très-bien l'influence de l'esprit diabolique dans les persé-

---

(1) « Venit rex ad lacum, et introspexit; et ecce Daniel sedens in medio leonum. » (*Dan.*, XIV, 39.)

(2) « In lacu erant leones septem, et dabantur eis duo corpora quotidie, et duæ oves. » (*Ibid.*, 31.)

(3) Voir Menochius, *in h. loc.*

(4) *Corvus : nigritudo peccatoris*, dit S. Eucher, déjà cité ; — et S. Méliton : *Corvi : dæmones*. — Le milan, le vautour n'ont pas une meilleure réputation chez les symbolistes.

cutions infligées aux Saints. Aussi Daniel est-il toujours le symbole du Juste persécuté, triomphant du mal par sa confiance en Dieu, et lui disant dans l'attente tranquille de sa délivrance « qu'au milieu même des ténèbres de la mort il ne craindra rien, parce que le Seigneur est avec lui (1). »

## IX.

A Hérouville, près de Caen, encore dans *notre* cher pays (vous savez, Monsieur, que j'y ai mes plus antiques souvenirs), l'église de Saint-Clair garde toujours, dans le mur latéral du sud, un linteau orné de deux hybrides s'efforçant, sous la forme de bipèdes à queues de serpent, de déraciner un arbre qui garde aussi toutes les apparences du *Hom*. Comme ce symbole était familier à nos ancêtres et revenait souvent à la pensée du prêtre, qu'il fût architecte ou sculpteur! Vous avez donc jugé avec beaucoup de raison que ce sujet est tout symbolique; et M. le chevalier Lopez, que vous citez, ne s'éloigne pas de la vérité en voyant dans ces monstres l'emblème du péché ou du malin esprit s'efforçant de déraciner l'arbre de la charité (2). Mais à la place de cet arbre, comprenez l'Église que l'hérésie, la libre-pensée et toutes les aberrations de l'esprit humain combattent ouvertement ou *en dessous*, c'est toujours la même figure et la même signification. Voyez-en la preuve dans la lettre d'un texte scripturaire. Le Psalmiste, dans une de ses plus belles inspirations, compare l'Église future à « une vigne que le Seigneur avait transplantée de l'Égypte, et dont les rameaux vastes et abondants avaient abrité toute la terre et la couvraient de leurs ombrages jusqu'aux lointains rivages de la mer. » Mais voici que tous les étrangers sont

L'Église attaquée par les hérétiques.

(1) « Nam etsi ambulavero in medio umbræ mortis, non timebo mala, quoniam Tu mecum es. » (*Ps.*, XXII, 4.)
(2) *Statist. monum. du Calvados*, I, 62.

passés par cette vigne, tous s'y sont arrêtés pour la ravager : « le sanglier de la forêt la saccage, et chaque bête sauvage *la mange* et la détruit à l'envi (1). » Ne dirait-on pas que notre sculpteur songeait à ce texte quand il promenait son ciseau sur cette pierre si docile à sa science des emblèmes ? Comme cet arbre est vaste et se répand aussi loin que ses limites permises ! Ce n'est point une vigne, il est vrai ; mais nous savons que la flore murale n'est pas encore devenue scrupuleuse au xii$^e$ siècle, comme elle le sera au xiii$^e$ et aux suivants. C'est la pensée qui domine à cette époque moins prétentieuse qu'hiératique ; et quand l'art songera plus à lui-même, il s'attachera moins au sens moral, et le symbolisme déchrra... En est-il moins vrai que nos deux animaux, fouillant de leur grouin à la racine de l'arbre, ont bien plus l'avant-corps d'un sanglier (*aper*) que de toute autre bête, et que la queue du serpent ne leur est donnée qu'afin de ne laisser aucun doute sur leur œuvre coupable et leur criminelle intention ?

## X.

*La bonne et la mauvaise communion.*

Nous voici dans la Manche : vous nous apportez un croquis d'une porte dans l'arceau de laquelle se trouve inscrit un espace carré surmonté de deux rampants, où boivent au même vase deux animaux d'espèce bien différente : l'un est un quadrupède, l'autre un oiseau. C'est toujours à l'entrée des édifices religieux que figurent ces sujets, et celui-ci appartient à l'église romane de Saint-Côme-du-Mont, dont vous avez entretenu M. Parker en 1861, sans lui citer cette curieuse image (2). Ici pourtant, et sans plus de détails, nous en avons assez pour deviner le fond de ce

---

(1) « Exterminavit eam aper de silva, et singularis ferus *depastus est eam.* » (*Ps.*, LXXIX, 14 et seq.)

(2) Voir *Bullet. monum.*, XXVII, 141.

dessin, qui est évidemment symbolique. En effet, mon quadrupède pourrait bien être un loup, d'après ses formes générales ; peut-être aussi un renard, si j'en crois sa large queue et ses courtes oreilles. Je pencherai même pour ce dernier, et je vais dire pourquoi. L'oiseau se laisse reconnaître pour une cigogne à son long cou, à ses hautes pattes (1). Quant à sa queue, fournie de larges plumes recourbées en panache, ce serait celle d'une grue, il est vrai ; mais on sait les affinités de ces deux échassiers, et aussi le peu de scrupule que se font les naturalistes du moyen âge pour arranger à l'effet de leur œuvre les détails accidentels du sujet principal. Ce qu'on voit clairement, c'est que deux bêtes de caractère très-dissemblable viennent s'abreuver au même vase. Or ce vase est un calice. Ce renard est le symbole de la malice rusée, du voleur hardi et cruel, s'appropriant les plus innocentes des bêtes domestiques ; Raban-Maur en fait le démon, suppôt de l'hérésie en quête de toutes les mauvaises raisons ; Pierre de Capoue voit en lui l'image des persécuteurs hypocrites ; rien de bon à son sujet dans aucun des interprètes de son nom (2). La cigogne, au contraire, est l'amie de l'homme, dit Thomas de Cantimpré ; elle déteste le serpent et lui fait la guerre ; elle le tue, et s'en nourrit sans participer à ce qu'il a de nuisible et de venimeux (3). C'est donc un oiseau pur et toujours pris en bonne part. Et quand ces deux sujets, si opposés de mœurs et de signification symbolique, prennent leur part au même breuvage, ce calice peut-il être autre chose que l'Eucharistie ? ces animaux autres que des communiants qui viennent avec des dispositions différentes, l'un *boire son jugement*, dit S. Paul (4), l'autre *recevoir le prix de sa*

(1) Ce n'est pas une raison pour chercher dans le choix un souvenir d'Ésope ou de Phèdre, qui n'étaient pas encore très-cultivés quand furent sculptés ces animaux.
(2) Voir S. Méliton, *De Bestiis*, ch. XLIX.
(3) *De Naturis rerum*, cap. X, ubi suprà.
(4) « Judicium sibi manducat et bibit. » (1 *Cor.*, XI, 29.)

bonne conscience (1) ? En un mot, c'est ce que chante encore l'Église dans l'admirable prose composée par S. Thomas d'Aquin :

> Sumunt boni, sumunt mali
> Sorte tamen inæquali
> Vitæ vel interitus.

## XI.

*Persécution des méchants contre la foi.*

Quant aux charmants chapiteaux que vous m'engagez à examiner à la page 207 de votre *Abécédaire* (2), et qui existent dans l'église de Neuwillers en Alsace, j'avoue qu'ils me paraissent trop peu caractérisés par la gravure pour me décider à me prononcer sur leur signification. Je les crois symboliques, attendu que c'est un résultat très-positif de mes longues et attentives études que *tout est symbolique dans l'iconographie chrétienne dès lors qu'elle nous présente des objets, isolés ou réunis, appartenant à l'un des règnes de la nature;* et cette déduction, qui n'exclut en rien les motifs d'esthétique tirés des livres bibliques et de leurs allusions morales, cette déduction, dis-je, naît sans restriction possible de l'ouvrage de S. Méliton, que j'ai cité déjà plusieurs fois, et de tous ses commentateurs des XI$^e$ et XII$^e$ siècles, qui sont précisément ceux dont vous me présentez les travaux si curieux. Malheureusement je ne vois sur les sculptures de Neuwillers ni si les oiseaux sont pourvus à la fois de deux natures, ce que l'oblitération des pattes ne permet guère de découvrir, ni dans quel endroit de l'église se posent les colonnes qui les supportent. Cette dernière observation a son importance, car on réserve assez ordinai-

---

(1) « Probet seipsum, et sic de calice bibat. » (1 *Cor.*, XI, 28.)
(2) La première édition, que je suis, n'indique qu'un seul des deux, à la page 90; mais je les trouve rapprochés dans le *Congrès archéologique de Strasbourg,* p. 115.

rement pour les recoins les plus obscurs des clochers, pour les plates-formes des escaliers, ou les étages supérieurs des tours romanes, ou les angles élevés des murs extérieurs, ces oiseaux de mauvais augure, qui, indépendamment de leurs formes parfois élégantes, sont pourtant de ceux dont parle S. Paul lorsqu'il donne au démon le titre de « prince de l'air (1), » et au péché le nom « d'œuvres des ténèbres (2). » Ce que je crois ici, sans bien saisir l'idée formelle de l'artiste, c'est qu'il s'est joué avec ces oiseaux au milieu de ces enlacements exagérés de fleurs plus ou moins reconnaissables, et que sous ce mystère il aurait bien pu se composer une dégénérescence de l'arbre oriental, de ce *Hom* que les mauvaises natures attaquent avec fureur. L'avidité des deux oiseaux qui mordent les feuilles, l'air peu aimable de ceux qui semblent vouloir dévorer quelqu'un qu'on ne voit pas, les rend suspects, à bien prendre, et me fait pencher à ne voir en eux qu'une portraiture de mauvais sujets.

## XII.

Voici qui est bien plus difficile en apparence, et qui cependant embarrasserait moins mon rôle de sphinx. Au milieu de feuilles éparses qui symbolisent l'*instabilité* du cœur (3), deux singuliers personnages se tournent le dos : ce sont des hommes qu'on s'est efforcé d'habiller en oiseaux fantastiques, dont le corps, recouvert d'une sorte de manteau serré, affecte les formes générales d'une volaille quelconque, quoiqu'il se termine par une large queue en feuillage et par deux pattes de solipède. Ce manteau remonte,

Le moine relâché.

---

(1) « Ambulastis secundum *principem potestatis aeris hujus*, spiritus qui nunc operatur in filios diffidentiæ. » (*Ephes.*, II, 2.)

(2) « Abjiciamus ergo *opera tenebrarum*. » (*Rom.*, XIII, 12.)

(3) « *Cecidimus* quasi folium universi. » (*Is.*, LXIV, 6.) — « Folium significat mobilitatem et inconstantiam. » (Anonym. Anglus, *Distinctionum monasticarum* lib. III, De Foliis.)

par un cou d'une longueur démesurée, jusqu'à la tête, qu'il recouvre étroitement en manière de capuchon ; et enfin cette tête est celle d'un vieillard à longue barbe, à l'air réfléchi et plongé dans une attentive méditation. Posé en intermédiaire et à la hauteur de ces deux têtes, un oiseau assez difficile à déterminer, mais dont l'air d'ensemble accuse une singularité peu favorable, semble d'un bec emmanché d'un long cou becqueter des feuilles dans un but quelconque. En dépit de ces obscurités, je crois qu'il faut voir dans les deux encapuchonnés (un seul eût suffisamment rendu la pensée : on n'a voulu qu'un parallélisme de décoration symétrique), il y faut voir, dis-je, un double type du moine mondain, qui, sous les apparences de son état par la physionomie et l'habit, n'en a pas moins des habitudes ou des opinions que sa règle condamne, et qu'indique de reste ce qui apparaît en lui de terrestre et d'animal. C'est cet homme peu spirituel dont S. Paul a dit qu'il ne comprend pas les choses de la piété chrétienne (1) ; c'est le symbole de la négligence des devoirs que la pauvre nature humaine laisse pénétrer jusque dans les parfaits, de ces religieux qui ne veillent pas à remplacer leurs défauts par des vertus, qui deviennent une charge pour leurs frères, ce qui faisait dire à S. Bernard que la plus grande et la meilleure des pénitences était de savoir supporter les inconvénients inséparables de la vie commune (2). Aussi ne serais-je point étonné que ce chapiteau, dont vous ne citez pas l'origine, ornât quelque église monastique ou un de ces cloîtres que le même docteur avait voulu voir moins riche de sculptures, trop chères pour des religieux, dont la plus grande richesse devait être dans la pauvreté (3). C'est une

(1) « Animalis homo non percipit ea quæ sunt Spiritus Dei. » (1 *Cor.*, II, 14.)
(2) « Maxima pœnitentia, vita communis. » (*De Considerat.*)
(3) J'ai traité du fameux texte de S. Bernard, si mal compris jusqu'à présent de la plupart des archéologues, dans le chapitre XVII du tome II de l'*Histoire du symbolisme*, p. 382 et suiv.

réponse aux archéologues trop hâtés qui voulurent voir jadis en ces figures incomprises la satire des mœurs cléricales, et jusqu'aux vengeances injurieuses d'ouvriers mécontents, de démocrates *de la veille* contre *les moines qui les opprimaient!* On n'oubliait, pour vulgariser ces jolies inventions, qu'un point de haute importance dans l'espèce : c'est qu'au xii$^e$ siècle les moines seuls, avec les Évêques et les Chapitres, présidaient encore, comme par le passé, à la construction et à la décoration des lieux sacrés ; que là ils ne se seraient pas moqués d'eux-mêmes, et que leur unique intention en plaçant çà et là ces figures austères était avant tout de rappeler au clergé, comme aux simples fidèles, leurs saintes obligations et le hideux côté de leur déchéance morale. Le xii$^e$ siècle, d'ailleurs, ne fut-il pas celui d'Abélard, de Gilbert de la Porée, d'Arnaud de Bresse, de Pierre de Bruys et d'autres moines célèbres qui tous, par les plus dangereuses hérésies, rompaient avec l'Église et manquaient contre elle à leurs solennels engagements ? Pourquoi les aurait-on épargnés ici, lorsqu'en peignant le Jugement dernier, on ne craignait pas d'y faire figurer, parmi les damnés, et les prêtres, et les religieux, et les évêques, et les rois eux-mêmes ? Ce n'était là que de l'équité chrétienne, qu'un juste sentiment de la condition universelle et un avertissement pour tous…

### XIII.

Un dragon ailé, le diable (*draco, diabolus*), dévore un petit homme nu qu'il serre de ses griffes par le milieu du corps, et qui fait de vains efforts pour protéger de ses mains sa tête, par laquelle le monstre commence à l'absorber. Ce petit bonhomme tire une langue démesurée. Une autre figure humaine suspendue à l'angle opposé du chapiteau, mais coiffée d'amples draperies, présente le même

<small>Le mensonge et le blasphème punis.</small>

phénomène, avec cette différence que l'ingénieux sculpteur, au lieu d'une seule langue, lui en a donné deux : c'est que nous avons ici un exemple de la punition dont Dieu a menacé le mensonge, le blasphème et les autres péchés de la langue, même le silence acheté qui fait un faux témoignage, ou qui cache par lâcheté une vérité utile. Les symbolistes sont pleins de telles figures, comme les moralistes de ces maximes qui les ont inspirées ; les monuments en ont multiplié la reproduction plastique (1). Notre image se résume donc ici par la mise en action de cet oracle des Proverbes : « La bouche des méchants se répand en paroles malignes, leur *langue* périra (2). » Ce que nous voyons ici du petit homme dévoré n'arrive qu'après sa mort, où commence le temps des punitions éternelles : c'est bien son âme, en effet, qui est là, comme nous savons qu'on la représente, sous les traits d'une personne sans sexe (3). L'autre, qui aura son tour, souille sa vie par ce péché qui a perdu tant d'impies ; il blasphème encore, et sa *double langue* descend hors de sa bouche jusqu'au-dessous du menton. N'est-ce pas lui dont la Sagesse a dit que « celui qui a la langue double tombera dans le mal (4) ? » Son dernier mal sera sa perte éternelle ; il a agi de façon à voir d'avance dans cette éloquente page de catéchisme où conduisent les mauvais discours.

## XIV.

*L'âme chrétienne poursuivie par le démon.*

Rien de plus simple que notre quatorzième spécimen. Le sagittaire, le centaure (c'est tout un), c'est le terrible

---

(1) Voir le livre de *Job*, ceux des Prophètes, l'*Épître* de S. Jacques ; — *Hist. de la cathédrale de Poitiers*, I, 241.
(2) « Os impiorum considerat perversa ; *lingua* pravorum peribit. » (*Prov.*, x, 31.)
(3) « Neque nubent neque nubentur. » (*Matth.*, xxii, 30.)
(4) Traduction de Sacy.— « Qui *vertit linguam* incidet in malum. » (*Prov.*, xvii, 20.) Et ailleurs : « Os *bilingue* detestor. » (*Prov.*, xviii, 13.) — Voir notre *Hist. du symbolisme*, t. II, p. 269.

chasseur, le démon en personne, traversant de ses traits insidieux et cruels l'âme innocente ou trop faible qui s'expose à sa rencontre (1). Ici cette âme est représentée par un oiseau tout effaré vers qui l'arc est tendu, la flèche déjà partie. Je note ici que ce sujet est une métope recueillie des anciennes constructions de notre belle basilique de Saint-Hilaire, et conservée à notre musée lapidaire de Poitiers. N'est-ce pas une réminiscence de Jérémie qui fait dire à Jérusalem abattue et mourante : « Les chasseurs m'ont prise comme un oiseau (2) ? » D'autres fois, l'oiseau sera remplacé par un cerf ou autre bête innocente : ce sera le même sens.

## XV.

Voici qu'un chat bien caractérisé nous apparaît ; il a l'air d'être chez lui, et pas du tout d'avoir été sculpté par un de ces Bourguignons qui, d'après M<sup>gr</sup> Crosnier, « faisaient porter devant eux, en envahissant les Gaules, l'image d'un chat, emblème de pillage et de liberté (3). » D'où vient celui-ci cependant ? je voudrais le savoir ; car, je l'ai déjà dit, il n'importe pas peu d'observer ces gens-là sur place et de les surprendre dans leurs fonctions. Un symboliste, l'un des derniers qui se soient occupés de la zoologie mystique, Wolfgang Franz (4), détermine les mauvaises qualités de cet animal de façon à faire de lui l'emblème de toutes. Si nous lisons les naturalistes, depuis le vieux Pline jusqu'à Buffon (et il est à observer que les autres *bestiaires* se taisent sur son compte), on le trouve ainsi maltraité : c'est l'astuce, la fourberie, la gourmandise, l'impudeur, la flat-

*Le démon trompant l'homme par ses feintises.*

---

(1) *Sagitta : insidiæ inimici, inspirationes diaboli*, dit Théodulphe, évêque d'Orléans au ix<sup>e</sup> siècle, dans son *Abrégé* de S. Méliton.
(2) « Venantes ceperunt me quasi avem. » (*Thren.*, III, 52.)
(3) *Bullet. monum.*, XIV, 308.
(4) *Animalium Historia sacra*, 1643, Amstel., in-12, p. 132.

terie basse qui cherche les caresses sans les rendre, dont l'apparente douceur est toujours intéressée, ne rendant rien de ce qu'on lui donne, volant tout ce qu'il peut, et ajoutant à ses coups de griffes un sans-gêne souvent importun et parfois nauséabond... Les anciens, au dire d'Artémidore, en faisaient le symbole de l'adultère (1). Enfin ses instincts de chasseur ont dû lui faire attribuer quelque côté du démon, le chasseur redoutable et le voleur habile s'il en fût. C'est probablement à ce dernier titre qu'il doit de se jouer ici dans ses contorsions hardies et de chercher à nous séduire par ses gambades ; méfions-nous en : c'est le loup feignant la brebis.

## XVI.

*Conséquences de la force ou de la faiblesse dans les tentations.*

Autres ravisseurs d'aussi mauvaise espèce. Ce chapiteau est d'un faire peu habile ; il faut deviner les sujets qui l'historient : il doit être du xi$^e$ siècle peu avancé. La surface totale se partage en deux scènes dont l'une semble exprimer la même idée que l'autre : c'est encore le diable jouant en partie double son rôle de chasseur audacieux : *aquila*, *diabolus*. Vous voyez donc cet aigle aux ailes déployées, prenant son vol et enlevant de ses puissantes serres un faible mouton, ou un taureau, car ici *les deux se disent;* un dindon semble attendre son tour, et il l'aura, car il n'a pas trop l'air de s'en méfier. Voyez cette stupide confiance des imbéciles victimes de Satan ! A l'opposite, c'est un basilic, reconnaissable à sa couronne, enlevant de la même façon un quadrupède quelconque, lequel du moins, plus valeureux quoique plus faible que les autres, se démène sous les ergots de son ravisseur. On voit qu'il pourrait bien s'échapper. Près d'eux, un autre hybride à tête de quadrupède se dresse sur un corps d'oiseau et pa-

---

(1) *Oneirocriticon,* lib. II.

raît guetter une proie que des feuillages lui cachent sans doute. Tout cela est la faiblesse de l'homme en face des tentations auxquelles il ne résiste point; c'est l'espérance qu'il doit avoir de s'y soustraire s'il aide la grâce, qui ne lui est jamais refusée, et l'active vigilance de l'ennemi, qui veille toujours pour ravir son âme.

Tels sont, Monsieur et honoré maître, mes réponses à vos questions, et ce que je crois des énigmes que vous m'avez proposées. Vous en avez, je pense, assez de preuves dans les courtes citations que j'aurais pu appuyer de tant d'autres, et que j'ai beaucoup restreintes pour abréger (1).

Maintenant, je ne négligerai point de faire observer, d'accord avec vous sur ce point, mais expliquant ainsi un de vos doutes, que, si l'architecture, comme je le prouve dans le second volume de mon *Histoire*, a eu son symbolisme bien arrêté depuis les premiers siècles pour la forme générale des édifices chrétiens et les détails inséparables de cette forme (comme les portes et la fenestration), les symboles n'en ont pas moins vécu dès le commencement, de manière à cheminer avec elle plus ou moins parfaitement, selon que l'art procédait avec plus ou moins de progrès. Je ne pense donc pas, avec M. Viollet-Leduc, qu'il faille attacher grande importance aux variantes symbolistiques de telle ou telle contrée, d'après les hordes étrangères qui vinrent s'y établir. Surtout, je crois très-peu, comme je l'ai dit ci-dessus, aux sujets scandinaves ou normands. Ces

*Conclusion : tout est chrétien e symbolique dans la sculpture de nos églises.*

---

(1) Ces preuves se trouveront facilement dans l'*Histoire du symbolisme*, pour peu qu'on cherche chacun des sujets ici exposés dans la table analytique et très-complète que j'y ai ajoutée à cette intention. Là se représentent groupés autour de chaque mot les détails qui s'y rapportent et les nombreuses relations qu'ils doivent avoir avec tous leurs analogues élaborés dans le cours de l'ouvrage. Ce sera désormais, je l'espère, une source aussi commode qu'indispensable à qui voudra deviner sans beaucoup de peine les énigmes que l'art s'est plu à inscrire depuis dix-neuf siècles sur la pierre, le bois et le parchemin.

peuples-là, en s'implantant chez nous, en y adoptant le Christianisme, se conformèrent à ses idées, loin de nous imposer les leurs. Ce qui dépasse les bornes de cette donnée tout à fait exceptionnelle serait si rare qu'on n'en peut rien conclure de régulier. Vous avez vu d'ailleurs, ci-dessus, que les prétendues légendes finlandaises s'expliquent bien mieux par des symboles chrétiens que par des fables qu'on eût placées dans nos églises à une époque où personne ne les y eût souffertes. Peut-être pourrait-on accorder à notre regrettable P. Martin que, si les artistes du XI$^e$ siècle, auxquels il attribue, par exemple, les singulières sculptures de la crypte de Frisingue (1), ont pu *par hasard* orner ses piliers des exploits mondains de leurs monstres et de leurs héros, c'est que les fidèles du temps y auraient pu voir une histoire allégorique du continuel antagonisme entre Satan et l'homme, entre les vices et les vertus. C'est là tout ce que je pourrais concéder, et encore resté-je convaincu que le savant Jésuite, s'il eût pu développer, avant de nous quitter, la thèse qu'il nous avait promise, n'aurait fait que sage de n'en pas publier les idées sans les avoir soumises à une discussion préalable, d'où aurait pu ressortir tout le contraire de ce qu'il croyait. C'est à quoi m'ont amené mes réflexions après la lecture attentive de ses écrits, et même après en avoir conversé avec lui en des rapports très-intimes.

Je finis, cher et honoré Directeur, en m'excusant, s'il en est besoin, de n'avoir pas été aussi bref que vous l'espériez dans ces réponses : elles ne sont, après tout, que des solutions ; il leur fallait des développements, sans lesquels il n'est jamais d'explications possibles en ces matières compliquées. Elles deviendront aussi, je l'espère, une explicite et amicale réfutation des difficultés que m'opposait votre lettre

(1) Cf. *Mélanges d'archéologie*, t. II.

du mois de juillet 1870 (1) sur mon Mémoire lu au congrès de Chartres, mémoire auquel la docte assemblée voulut bien accorder, sur votre demande, l'unique médaille d'argent qu'elle eût votée pour cette session.

Poitiers, 4 juillet 1871.

(1) Cf. *Bullet. monum.*, t. XXVI.

FIN DU IV<sup>e</sup> ET DERNIER VOLUME.

# TABLE.

## SUITE DE LA TROISIÈME PARTIE.

### DU SYMBOLISME ARCHITECTURAL ET DÉCORATIF.

#### CHAPITRE XIV.

**Peinture chrétienne : vitraux, manuscrits, tapisseries et mosaïques.**

La peinture, une des plus intimes affections de l'intelligence, 1; — ses effets sur les âmes chrétiennes, 2. — Elle n'a jamais interrompu son action sur l'embellissement de nos églises, 3. — Sa raison d'être est toujours sentie jusqu'à notre époque, 3. — Division de ce nouvel objet de notre travail : les vitraux, les manuscrits, les tapisseries, les mosaïques et les peintures murales, 4. — Ancienneté des vitraux peints, et leur symbolisme général, 5. — Premiers essais de ce moyen, 5, — et ses phases diverses et successives, 6. — Ses progrès au douzième siècle, 7, — moins calculés pour l'effet que pour l'expression symbolique, 7. — Sujets convenables aux grandes roses, 8. — Choix scientifique des couleurs, 8. — Principe absolu et nécessaire dont les peintres ne devraient jamais s'écarter, 11. — Exemples donnés par les meilleurs modèles, 12. — Le cheval en plusieurs endroits des Écritures, 12. — Le rouge et ses significations, 13. — Le bleu, 13. — Le jaune, le noir et le brun, 14. — L'*opposition* des couleurs observée comme chez les anciens, 14. — Ces mêmes règles appliquées aux gemmes et aux émaux, 15. — Haute théologie des verrières aux douzième et treizième siècles, 15. — La *Nouvelle Alliance* à Bourges, et son caractère hiératique, 16. — Le treizième siècle plus pur et plus élevé dans son esthétique, 16. — Belles entreprises, au douzième, de Suger pour son abbaye de Saint-Denis, 17. — Décadence de l'art aux quatorzième et quinzième siècles, 19. — Caractère inférieur de cette époque, 19, — dans le vague des ornements inutiles, 20, — et l'oubli du symbolisme des couleurs, 20. — Réapparition de cet art à notre époque, 21 ; —

ses défauts actuels et leurs causes, 21.— L'unité y manque surtout, aussi bien que le style, 22. — Ignorance des architectes sur ce point, 22.— Analogie entre les vitraux et les vignettes des manuscrits, 23.— Rareté des manuscrits antérieurs au neuvième siècle, 23.— Progrès de ce genre de peinture à travers les siècles, 24. — Rapports sensibles entre l'écriture des divers siècles du moyen âge et les styles de leur architecture, 25. — La même observation quant aux vignettes, qui s'impreignent de l'esprit de la Renaissance, 26.— Beauté artistique de ces charmantes peintures, et leurs détails symboliques, 27.— Esprit mondain et profane de la plupart de ces ornements aux quinzième et seizième siècles, 28.— Rôle fréquent donné au démon sous des formes grotesques, 28, — revêtues de leurs couleurs propres, 29, — et apparaissant partout avec une étonnante variété de poses et d'action, 30. — Manuscrit du roi René d'Anjou, 30.— Missel de l'abbaye de Sainte-Croix de Poitiers, 30 : — les dimanches de l'Avent et du Carême symbolisés, 31; — la sirène, 31; — la persécution de Satan, 31; — la tentation au désert, 31; — la Chananéenne, 32; — le dimanche des Rameaux; les Juifs et la synagogue réprouvés, 32.— Bréviaire d'une abbesse de ce même monastère, plus grave et non moins beau d'exécution, 33.— La gueule du Purgatoire, 34. — La fête de l'Ascension, 34. — Les ordinations simoniaques et l'abus des bénéfices, 34. — L'usage des vignettes se continue dans les premiers livres imprimés, 36.— Images, au seizième siècle, de S. Antoine, 36, — de S. Georges, 36, — de S<sup>te</sup> Marguerite, 36, — de S. Jean l'Évangéliste, 36, — et de S. Michel, 37.— Symboles nouveaux : le limaçon, image de la résurrection et de l'immortalité, 37. — Symbolisme des enseignes, 39, — et des armoiries des corps de métiers, 39.— Le symbolisme jusque dans la reliure des livres et des manuscrits, 40. — Beaux exemples de reliures au moyen âge, 41.— Autres analogies entre les vitraux et les tapisseries, 42.— Histoire de ce genre de décoration, 43, — son caractère symbolique, légendaire et héraldique, 43. — La tapisserie de Bayeux, 43. — L'Apocalypse à Saint-Florent de Saumur, 43.— Importance des tapisseries au point de vue historique, 44. — De l'emploi des mosaïques, 45. — Charmes de ce moyen d'ornementation, 45, — devenu très-rare en France, 46. — Pourquoi n'y reviendrait-on pas aujourd'hui, 47, — comme S. Paulin l'avait pratiqué au quatrième siècle, 47, — et au grand profit de l'enseignement symbolique ? 48.

## CHAPITRE XV.

### Peinture murale de l'église.

Premiers essais de peinture chrétienne dans les catacombes, 49 ; — leurs types symboliques les plus usités, 49. — Ils s'étendent en scènes plus vastes, plus ou moins dissimulées selon les temps, 50. — Importance qu'y attachaient les Papes et les Pères, 51. — Exemples de ce zèle, 51 ; — il s'étend sur toutes les portions de l'église, 52. — Preuve notable de ce fait dans l'abbatiale de Saint-Savin en Poitou, 53. — La peinture à fresque et la peinture à la cire, 55 ; — inconvénients de l'une et avantages de l'autre, 55. — Étroitesse de la plupart des conceptions actuelles quant au choix des sujets, 56. — Combien sont préférables les grandes scènes historiques, 56. — L'ornementation peinte aussi indispensable que négligée dans nos grandes églises, 57. — Devoir du clergé à cet égard, 57. — Ce qu'on pourrait faire dans les paroisses moindres, 58, — et dans les grandes églises, 58. — Quels tableaux conviendraient à celles-ci, 58, — et quel parallélisme historique il y faut observer, 59. — Études des peintres pour réussir dans ces effets, 60. — Que les monuments du moyen âge doivent être décorés de peintures plates, en harmonie avec le style architectural, 61, — et avec les verrières, 62. — La perspective conviendra mieux dans les édifices construits depuis le seizième siècle, 62. — Ces principes avoués aujourd'hui par la science, 63. — Ils doivent s'appliquer à la décoration des églises selon les Saints qu'on y honore, 63. — De quelle façon il faudrait créer pour les Saints de l'époque moderne un genre d'architecture qui se prêtât à leur époque, 64, — et à l'ornementation picturale de la nôtre, 64. — Application de cette théorie aux églises monastiques, 66. — Là encore, surveillance active et intelligente du clergé, 67. — Du Chemin de la Croix et des règles artistiques qu'il y faut observer, 67. — Abus actuels sur ce point, 68. — De quelle ressource seraient à cette composition les murs latéraux de nos basiliques, 68, — et ceux de la cathédrale de Poitiers en particulier, 69. — Importance des tableaux sur bois, 70. — La polychromie appliquée à la statuaire, 71, — dont elle est la vie et le succès, 71.

## CHAPITRE XVI.

### De la statuaire sculptée ou peinte et de l'ameublement.

La Trinité et ses représentations symboliques dans l'architecture, 73. — Occasion donnée à l'iconographie d'exprimer ce mystère, 75. — Tâtonnements motivés de l'enseignement des Pères sur ce point, 75. — S. Hilaire de Poitiers, 76 ; — S. Grégoire de Nazianze, 76. — Premiers symboles : le soleil, 76, — le triangle équilatéral, 76 ; — leur développement au douzième siècle, 77, — et surtout au treizième, 78. — Abus des moyens iconographiques réprimé par l'Église, 79, — qui détermine ce qui est permis et ce qu'il faut éviter, 80. — Variétés nombreuses et orthodoxes des siècles suivants, 81. — Le nimbe, 82. — La gloire, ou auréole, 82. — Variétés du nimbe, 83. — Nimbe carré, 84. — Antiquité du nimbe, 84. — Nimbe crucifère, 85. — Usage du nimbe, devenu indispensable à l'hagiologie artistique, 85. — Histoire de sa marche séculaire jusqu'aux temps de décadence : du quatrième au douzième siècle, 86 ; — du douzième au quinzième, 87 ; — du quinzième au seizième, 87 ; — et au seizième lui-même, 88.— Couleurs à donner au nimbe selon les personnages auxquels on l'applique, 89. — Couleurs à donner aux costumes des Saints, selon leur caractère et leur hiérarchie, 89. — Attributs généraux à donner aux Saints, 90 ; — autres plus spéciaux à chacun, 91. — Observation sur la nudité des pieds comme symbole de l'apostolat, 93. — Les sibylles, 95 ; — de leur autorité dans le paganisme, 95. — Comment les Pères ont adopté leurs prophéties, 96. — Leur rôle archéologique longtemps interrompu, 98. — Variantes des auteurs sur leur nombre, et sur le texte de leurs prophéties, 98. — Obscurités de leur histoire, 99.— Conjectures sur la valeur de leurs oracles, 100. — Importance des sibylles dans l'art chrétien, 100. — Comment leur action s'y rattache à celle des Prophètes et des sages de l'antiquité, 100. — Méthode à suivre pour leur emploi artistique, 101. — Notices sur chacune d'elles et sur leurs attributs : 1° la sibylle Agrippine, 101 ; — 2° la Cymmérienne, 101 ; — 3° la Cuméenne, 102 ; — 4° la Delphique, 103 ; — 5° l'Érythréenne, 103 ; — 6° l'Européenne, 104 ; — 7° l'Hellespontine, 104 ; — 8° la Libyque, 105 ; — 9° la Persique, 105 ; —10° la Phrygienne, 106 ;—11° la Samienne, 106 ;—12° la Tiburtine, 108. — Les sibylles doivent revivre dans l'iconographie chrétienne, 108. — Idée de leur costume et de ses accessoires, 109. — Règles à y suivre, erreurs à y éviter, 109. — La main bénissante et ses significations symboliques, 109. — Marches et variantes de ce symbole jusqu'à nous, 110. — Du tétramorphe et des principes qui le recommandent, 111. — Places normales de ses quatre animaux, 112. — Traits divers qui doivent compléter leur iconographie, 113. — Couleurs à donner à chacun, 114. — De l'ameublement de l'église et de ses rapports avec la peinture, 114. — Études nécessaires à cet égard, 114. — Abus à éviter et règles à suivre, 115. — Ne pas peindre les vieilles stalles, ni les sculptures en bois, 115. — Inconvenance des chaires en pierre, 116. — Des peintures abusives, 116, — et des lambris en bois sur les murs, 116.

## CHAPITRE XVII.

### Des images de Dieu le Père, du Sauveur et de la Sainte Vierge.

Sous quels traits et quelles couleurs doivent se représenter le Père éternel, 118, — et la Personne du Fils, 119. — L'unité indispensable, dans l'application des moyens décoratifs, à la statuaire, comme à l'architecture, 120. — La crucifixion; son histoire et ses caractères successifs, 121; — on l'évite dans les catacombes, 121. — Variétés à observer dans les formes du *peplum*, 122. — Couleur du *peplum* donné au Sauveur crucifié, 124. — Nombre des clous de la croix, 125. — Du *suppedaneum*, 126. — Formes diverses de la croix, 127. — Symbolisme de l'inclinaison du Corps divin sur la croix, 128. — Crucifix de l'arc triomphal des églises, 128. — Quel type de beauté ou de laideur est à donner au Christ crucifié, 129. — L'Église et la Synagogue aux côtés de la croix, 129. — Le serpent, 130, — et la tête de mort, 130. — De la Sainte Vierge assistante à la croix, et de ses types divers, 130. — Comment les artistes s'y sont égarés, faute de la comprendre, 130. — Marie aux catacombes, 131 : — Vierge Mère, 131, — accueillant les Mages, 132, — ou associée au buste du Christ, 132. — Développements successifs de son iconographie, 133. — Les Vierges noires, 134. — Conditions essentielles des images de Marie, 135 ; — comment elles ont été gardées au moyen âge, 135. — Des images de l'Immaculée Conception, 136. — On ne doit jamais en séparer l'Enfant-Dieu, 137. — Autres traits qui caractérisent nécessairement le dogme si glorieux à Marie, 138. — Ce dogme ne peut avoir d'autre type que celui indiqué ici, 139. — Description d'une statue analogue de l'église Saint-Lô d'Angers, 140. — L'Apocalypse, source de documents artistiques pour les diverses représentations de Marie, 141. — Encore l'arbre de Jessé, et ce qu'il doit être, 142. — Beau modèle

TABLE.

à imiter, 143. — Combien un tel sujet demande d'études, de réflexion et de sentiment chrétien, 143. — Importance du choix des couleurs, 145. — Sources à consulter pour les tableaux religieux, 145 : — Interian de Ayala et Molanus, 145 ; — le R. P. Cahier, 146. — L'arbitraire quelquefois possible aux symbolistes, 147.

## CHAPITRE XVIII.

### La liturgie catholique.

La liturgie aussi ancienne que l'idée de Dieu, 149 ; — entre nécessairement dans le catholicisme, 149, — dont elle devient la vie extérieure, 149. — Ses premières formes dans l'Apocalypse, 150. — Premières assemblées chrétiennes du temps de S. Paul, 150. — Première liturgie de la Messe, 150 ; — son symbolisme et celui des autres sacrements, 151 : — Le Baptême, 151. — La Confirmation, 151. — La Pénitence, 152. — L'Eucharistie, 152. — L'Extrême-Onction, 152. — L'Ordre, 152. — Le Mariage, 152. — La Messe est la liturgie par excellence, 154 ; — autour d'elle se groupent les plus éminents symboles religieux, 154. — Marche progressive de ce symbolisme à travers les siècles, 156. — L'Église a symbolisé tous les détails de ses cérémonies, 158. — La bibliographie symbolistique, 158. — Symbolisme du signe de la croix, 159, — du luminaire, 160, — de l'Épître et de l'Évangile, 160, — et de toute l'*action* du Saint Sacrifice, 161. — Des vêtements pontificaux et sacerdotaux, 161 : — La mitre, 162. — Les gants, 163. — L'anneau des évêques, des abbés et des chanoines, 163. — La crosse, 164. — Le pallium, 165. — La croix pectorale, 166. — Les sandales, 167. — Prières symboliques propres à chaque partie du costume sacré, 167. — Examen des vêtements propres au Saint Sacrifice, 168. — Le lavement préalable des mains, 168. — L'amict, 169. — L'aube, 169. — Le cordon, 169. — L'étole, 170. — Le manipule, 170. — La chasuble, la dalmatique et la tunique, 171. — Changements regrettables dans la forme de la chasuble, 172. — Étoffes des habits liturgiques, 172. — Quelques-unes des plus célèbres, 173. — Leur ornementation symbolique au moyen âge, 173. — Succès de l'Occident en ce genre, 174. — La chape de Charlemagne, 174. — Origine des armoiries sur les ornements ecclésiastiques, 175. — Symbolisme des couleurs liturgiques, 176 ; — comment elles se partagent les différentes fêtes de l'année, 177. — Raisons de quelques variétés en ce genre, 177. — Application occasionnelle d'autres couleurs à des cérémonies liturgiques, 178. — Symbolisme des fêtes chrétiennes, 179, —

et d'abord du dimanche, 179, — et des Offices en général, 180. — Observances symboliques aux fêtes de Pâques, 180, — de l'Ascension, 180. — Usages populaires, 180. — Des feux de la Saint-Jean, 181. — Utilité sociale des jours de fêtes, 181. — Étude des livres liturgiques et des usages locaux, 183. — L'Avent, 183. — L'Épiphanie et la procession de ce jour, 184. — Présentation du Sauveur au temple, 185. — Pâques, 186. — La Pentecôte, 187. — L'Ascension, 187. — La Dédicace, 188. — Parodies révolutionnaires de ces saints usages, 188. — Fête de Marat à Bourg-en-Bresse, 188. — La Fête de l'agriculture à Paris, en 1848, 189.

## CHAPITRE XIX.

### Les drames liturgiques.

Origine et raison du Drame liturgique, 190. — Le but du théâtre, essentiellement moral, 190. — Il se pervertit sous l'influence des mauvaises passions, 191. — Celui du moyen âge systématiquement dénigré par l'esprit moderne, 191. — Le *Christ souffrant* de S. Grégoire de Nazianze, 192. — L'Église faisait de ces récréations honnêtes un moyen d'enseignement, 193, — et secondait par lui l'action de son imagerie sacrée, 194. — Auteurs de notre temps qui ont compris cette intention, 195. — La Messe est réellement un drame sacré, 196. — C'en est un aussi que notre prose actuelle de Pâques, 197, — la communion générale du clergé au Jeudi saint, 197, — et le chant solennel de la Passion, 197. — Importance qu'on attachait à ces rôles, 198. — Ces drames sont la source de beaucoup de noms de famille, 198; — ils se jouaient souvent en plein air, 198, — et s'étendaient à presque toutes les fêtes de l'année, 199. — Les arts de cette époque en portent encore les traces, 199, — et surtout les manuscrits, 200. — Mauvaises critiques de certains auteurs, 200. — Abus condamnés par l'Église, 200. — Théâtre de Hroswita, 201. — Les Vierges sages et les Vierges folles, 202. — Développements du théâtre chrétien dans les quatre derniers siècles du moyen âge, 203, — mais surtout au quinzième, 203. — Les fêtes de René d'Anjou, 203, — de Gilles de Retz, 204. — Les drames servent de supplications publiques contre des fléaux, 204. — Causes qui ébranlent d'abord leur caractère purement religieux, 205. — La Passion de S. Quentin, 206, — et de S. Didier, 206. — La Fête-Dieu d'Aix, 206; — son symbolisme primitif, 207. — Sévérité judicieuse de Gerson, 207. — Faux jugements de quelques auteurs sur la *Fête* dite *de l'Ane*, 208; — sa justification par les faits, 208. — Titres de l'âne aux honneurs symboliques de l'Église, 209. — Origine des drames où il figure, 210, — d'abord à Rouen, puis à Sens, 210. — Description de la cérémonie de Rouen, 210; — personnages qui y figurent, 210 : — les Prophètes, 210, — entre autres : Daniel, 211, — Habacuc, 211; — Balaam et son ânesse, 211, — Virgile, 212, — Nabuchodonosor, 212. — La sibylle de Cumes, 213. — Comment les rôles y étaient distribués, 214. — Sens moral et instructif de cette représentation, 214. — Date probable de son institution, 215. — La même fête à Sens, 215. — Prose de Pierre de Corbeil : *Orientis partibus*, 215. — Analyse de cette poésie, 216. — Qualités de l'âne méconnues et réhabilitées, 217; — leur symbolisme chrétien exposé dans ce chant liturgique, 218. — Convenance de ce rhythme, 218. — L'âne est aussi un symbole du Sauveur, 219, — qui est l'Orient, 220, — et le peuple juif personnifié, 221. — Autres termes bibliques relatifs au Messie, 221. — Allusion à l'adoration des Mages, 222, — à la Passion et à la Pénitence divine, 223, — à la séparation éternelle des bons et des méchants, 223, — et au repos du Fils de Dieu dans sa gloire, 224. — Preuves de ce mysticisme, 225, — calomnié par les ennemis de la religion, 225; — ceux-ci réfutés par leur propre ignorance, 227. — Les mêmes remarques s'appliquent aux autres drames des *Innocents* et des *Fous*, 227, — dont le moyen âge lui-même n'a pas autorisé les abus, 228. — Influence que ces drames ont exercée sur le symbolisme artistique des quatorzième, quinzième et seizième siècles, 229, — et origine des figures grotesques dans la décoration des églises, 230, — qui se reflètent dans la *Nef des fous* de Sébastien Brandt, 232. — Avis à ceux qui ont confondu cette époque avec le vrai moyen âge, 233; — et dernière preuve que le symbolisme y a toujours vécu et agi, 233.

## CHAPITRE XX.

### De la musique sacrée.

Origine de la musique religieuse dans la prière, 235; — ses caractères primordiaux altérés par le polythéisme, 236. — Philosophie de la musique dans les Pères, 237, — reproduite dans l'art plastique de nos églises, 237. — Effets du chant religieux sur l'âme humaine, 238, — dus au symbolisme de son expression, 239. — Le symbolisme répandu dans tous les détails de la vie extérieure, 239. — Le calme et la gravité sont les plus antiques caractères du chant, 240, — et les conditions essentielles de ses effets, 241, — dont le symbolisme n'a disparu qu'avec eux, 241. — Symbolisme de la prière chantée, et son origine chrétienne, 242; — ses premières vicissitudes, 243; — elles motivent la réforme de S. Grégoire, 243. — Histoire de cette réforme, 244; — elle favorise le symbolisme du chant dans les antiennes, 245. — Comment ce symbolisme résulte de la méthode grégorienne, 246, — dans les antiennes, 246, — les répons, 246, — l'Introït, 246, — le *Kyrie*, 246, — le *Gloria in excelsis*, 247, — le Graduel, 247, — la Préface et le *Sanctus*, 247. — Variantes considérables éprouvées par le chant grégorien à travers les siècles, 247. — Travaux et découvertes du P. Lambillotte, 248. — Heureuse révolution opérée par Guy d'Arezzo, 249. — Décadence du chant grégorien, et ses causes, 250. — Le plain-chant, seul convenable à la liturgie catholique, 251, — par ses caractères mêmes, 251. — Cette vérité prouvée par la pratique de l'Église jusqu'au quatorzième siècle, 252. — Histoire du chant grégorien, et de ses progrès du dixième au douzième siècle, 252. — A cette dernière époque, il rend très-bien le mysticisme de la théologie et de l'art monumental, 253. — Le treizième siècle et l'Office du Saint-Sacrement par S. Thomas d'Aquin, 255. — Le *Dies iræ*, 255. — Relations morales entre le chant religieux et les périodes architecturales du moyen âge, 256; — le caractère de mélancolie chrétienne y est surtout remarquable, 257. — Souvenir, à ce sujet, des pèlerins de Saint-Jacques, 258. — Notions sur la plus ancienne musique d'accompagnement, 258; — le culte chrétien a dû s'en emparer, 260; — il lui a gardé religieusement son caractère de piété, 260. — De l'orgue : de ses commencements et de ses progrès, 261; — en quoi il convient exclusivement aux Offices ecclésiastiques, 262 : — on le profane donc en le mêlant aux concerts profanes, 263. — Son action diverse aux différents âges, 263, — favorise le symbolisme du chant, 263, — mais plus tard sa décadence, 264. — Lutte de l'Église contre les abus de la musique mondaine, 264. — Palestrina et sa messe du pape Marcel, 265; — ses succès bientôt oubliés pour de nouveaux abus, 266. — Pourquoi le plain-chant réussit seul dans les Offices de l'Église, 266. — Le clergé ne doit vouloir que lui, 266, — car il convient seul à la prière chrétienne, 267, — qui alterne entre les tristesses de la terre et les joies du ciel, 268. — Il a seul le symbolisme surnaturel, 269, — qui disparaît du chant mal exécuté, 269, — et de certaines improvisations de l'orgue, 270. — Les messes en musique, et leur physionomie profane, 270. — Le chant romain exclusivement acceptable, 272. — Équivoques de son existence actuelle, 272. — Sa méthode d'exécution le prive de son symbolisme, 273, — qui est surtout dans l'application juste des différents tons, 274. — En quoi la liturgie romaine pèche sur ce point, 274. — Longueur démesurée imposée à ses phrases musicales, 275, — et le même chant à des paroles de sens opposés, 276. — Rôle de l'orgue, et son symbolisme obligé, 279. — Nécessité d'un retour officiel aux principes esthétiques du chant religieux, 280, — et, pour l'opérer, ne vouloir dans l'Église que l'orgue et le plain-chant, 281.

## CHAPITRE XXI.

### L'orfévrerie sacrée.

Que l'art doit à la religion tout ce qu'il est, 283, — même dans le paganisme, 283, — quoiqu'il y fût moins riche de symbolisme et de sentiment, 284. — L'orfévrerie chrétienne traduit l'esprit de l'Église, 284 ; — elle comprend tous les métaux, précieux ou non, 285. — Phases diverses de son histoire, 285 ; — et d'abord, à peu près nulle pendant les trois premiers siècles, 285, — elle devient magnifique dès le temps de Constantin, 286. — Action concomitante du pape S. Sylvestre, 287. — Vases sacrés de cette époque, 287. — Le zèle de S. Sylvestre continué par ses successeurs, 288, — et surtout par le pape S. Symmaque, 288. — L'orfévrerie dans la France chrétienne, 289 ; — elle a aussi son symbolisme, 289. — Mabuinus, 290. — Chefs-d'œuvre du cinquième siècle, 290. — Les ateliers de Limoges et leur époque véritable, 291. — Beaux caractères de l'orfévrerie mérovingienne, 292. — S. Éloi, 293. — Le fauteuil de Dagobert II et son symbolisme, 293. — Fondation de l'école de Solignac, 295, — imitée de beaucoup d'autres, 296. — Emploi du filigrane dès l'époque franque, 297. — Les nielles, 297. — Les gemmes ou pierres précieuses, 298 ; — on y mêla parfois des intailles, 299. — Les cabochons et leur époque, 300. — Les émaux : leur composition et leur histoire, 300 ; — leur emploi dans l'art religieux, 301, — qu'ils désertent pour l'art profane de la Renaissance, 302. — Difficulté d'y revenir aujourd'hui, 302. — Époque de Charlemagne, 302 ; — caractère élevé de ce grand prince, 303. — Son zèle pour l'orfévrerie religieuse, 303. — Le trésor de Conques, 304, — et ses bijoux symboliques, 304. — Statue de S$^{te}$ Foi, 304. — Autels portatifs et leur riche ornementation, 305. — Splendeur de l'orfévrerie du quatrième au neuvième siècle, 506, — puis au dixième dans les monastères, 307. — Le onzième ajoute à ce mouvement, 307. — Rapports entre le style des monuments et celui de l'orfévrerie de chaque époque, 308. — Le douzième siècle plus beau de style, et d'un symbolisme plus fécond, 308. — La dinanderie appliquée à l'orfévrerie ecclésiastique, 308. — L'autel de Bâle, 309. — Châsse du musée de Bruxelles, 309. — Génie et travaux du moine Théophile, 310 ; — son

TABLE. 479

*Schedula diversarum artium*, 311. — Encensoir exécuté d'après son plan, 311. — Symbolisme de l'encensoir et de l'encens, 312. — Ornementation toute puisée dans le sens anagogique, 313. — Entrelacs mêlés d'animaux, 314. — L'encensoir de Lille, 314; — symbolisme de tous ses détails, 314. — Ange muni d'un disque, 315. — Le feu, symbole de Dieu, 315. — Animaux divers : allégories de leurs rôles, 316. — Richesse du symbolisme à cette époque, 316. — Travaux non moins remarquables de Suger, 318. — Portes en bronze de Saint-Denys, 318; — l'autel d'or de la basilique, 318; — la croix d'or et de pierreries, 318; — les vases sacrés, 319; — les pupitres et les aigles, 319. — Symbolisme de ces beaux meubles, 319. — Orfèvrerie du treizième siècle, conforme au style de l'architecture, 320. — Beauté du costume ecclésiastique de cette époque, 321. — Le symbolisme n'y est pas moins cultivé, 321. — L'autel et son caractère, 321. — Les chandeliers et la lumière sacrée, 322; — leur symbolisme et leurs détails variés, 323. — Le chandelier du cierge pascal à Saint-Jean de Latran, 325. — Les lampes, 326. — Les couronnes de lumières, 327. — Le crucifix de l'autel, 328. — Les calices, 329; — combien le symbolisme leur est indispensable, 329. — Motifs propres pour leur ornementation, 330. — Digression sur le symbolisme du calice, 332. — Groupe symbolique d'un calice de S. Ildefonse, 333. — Calices gravés sur les tombes ou déposés dans les tombeaux, 335. — Le calice le plus simple peut encore avoir son langage figuratif, 335. — Conditions essentielles de forme et de solidité, 336. — Ne pas y prodiguer les émaux, 336. — La patène, 337. — Ciboires en forme de colombe, 337. — Boîtes à hosties, 337. — Les ostensoirs, 338. — Les reliquaires, 338. — Les portes et les pentures, 339. — Les grilles de l'intérieur, 340.

## CHAPITRE XXII.

**Décadence du symbolisme ; sa renaissance au dix-neuvième siècle.**

### CONCLUSION.

Destinées identiques de l'art et des idées morales, 342. — Le bon inséparable du beau, 342. — La beauté architecturale prise dans le corps humain et dans la nature, 343. — Les études des quinzième et seizième siècles faussent l'esprit religieux du moyen âge, 343. — Les hérésies n'y contribuent pas moins, 344, — non plus que le mouvement littéraire de la Renaissance, 345. — Symptômes de la décadence de l'art ogival, 345, — et avec lui de l'esthétique, 345. — Causes multiples de cette révolution, 346; — ses caractères sensibles, 346. — Orcagna, et l'arcade grecque, 347, — favorisée par Michel-Ange contre le style des constructions religieuses, 347. — Le style grec détruit le symbolisme catholique, 348. — La peinture en souffre moins tout d'abord, 348. — Cimabué, 349. — Giotto, 350. — Ange de Fiésole, 350. — Dernières lueurs de l'esthétique, 351. — Apparition de Luther; côté artistique de son caractère, 352. — Carlstadt et sa guerre aux images, 352 ; — Luther s'y oppose en vain, 353, — aussi bien qu'Érasme, 353. — Théorie de celui-ci sur le symbolisme, 353; — celle d'Albert Durer; analyse de ses travaux, 354. — Défauts et qualités de ce peintre, 355. — Esthétique de sa *Vierge au singe*, 356; — de sa *Vierge au jardin*, 356; — de *La Mélancolie*, 357; — du *Cheval de la mort*, 358; — de *La Boîte de Pandore*, 358. — Michel-Ange et Raphaël, moins architectes que peintres, 359. — Coopération du premier aux plans de Saint-Pierre de Rome, 359. — Défectuosités esthétiques de cette église, 360. — *Jugement dernier* de Michel-Ange, 361. — Analyse de cette fresque célèbre, 361; — et d'abord de la chapelle Sixtine, 361. — Faux principe d'où part le peintre, 362, — qui fausse le caractère du Sauveur et de Marie, 362, — aussi bien que l'esprit du récit évangélique, 362. — Cette œuvre a d'ailleurs un côté païen, 363 ; — exagération de toutes ses données, 363, — et défaut de dignité, 364, — qu'on peut reprocher aussi à Orcagna, 365 ; — enfin, absence de tout symbolisme, 366, — qu'oubliait aussi Bartholoméo, 367, — et que Fiésole n'avait jamais négligé, 367. — Raphaël, d'abord imitateur de Michel-Ange, 368, — par l'exagération de la forme dans ses fresques de la *Création*, 369. — Le même sujet mieux traité à Chartres par le moyen âge, 369. — Cette supériorité a son principe dans l'esthétique, 370, — qui n'a pas échappé à Buffamalco, 370. — Description du *Monde créé* de ce dernier, 370. — Caractère des travaux religieux de Raphaël, 371 : — il a plus d'art que de piété, 372; — les madones de Fiésole, supérieures aux siennes, 372. — Cause morale de cette différence, 373. — Raphaël peu fidèle à l'histoire, 374 ; — son *S. Jean-Baptiste*, 374; — sa *Vierge au poisson*, plus symbolique, 375; — le *S. Michel* du Louvre, 376; — la *Vision d'Ézéchiel*, mieux conçue, 377. — Raphaël abuse de la coquetterie et du nu, 377. — Autres abus, pires encore, de notre temps, 378. — Poussin et sa *Continence de Scipion*, 378. — Rubens et son *Histoire de Marie de Médicis*, 379. — Lesueur et son *S. Bruno*, 379. — L'art chrétien dégradé par la Renaissance, 380. — La France en souffre plus que l'Italie, 381, — aussi bien que la littérature, qui devient païenne, 381. — Causes de cet entraînement, 381. — Pourquoi l'art du moyen âge n'admet pas les nudités, 383; — la Renaissance le prodigue à l'excès, 383, — inspirée par les études païennes, 384. — Castiglioni, et sa théorie catholique du beau, 384. — Comment les lettrés s'en éloignent, 385, — et arrivent aux plus grossières imaginations, 386. — Les artistes les suivent et créent le nu, 387. — En cela, Raphaël plus dangereux encore que Michel-Ange, 387, — jusqu'à en faire déduire les égarements de sa vie morale, 387. — L'art n'a rien gagné à ce désordre, 388 ; — il est resté bien au-dessous de l'antiquité, 388, — dont les idées sur le nu n'étaient pas aussi coupables, 389, — et n'exilaient point de l'art la chasteté, 390. — L'art moderne a aussi parfois sa beauté, d'une chasteté irréprochable, 390, — que l'Église ne répudierait pas, 391. — La décadence du symbolisme coïncide avec celle du style ogival, 391. — Ce style remplacé par des sculptures de caprice, 392, — et par le style *rustique*, 393. — Beautés classiques du dix-septième siècle, 393. — Mépris qu'on y professe pour l'architecture du moyen âge, 394, — jusqu'à en ignorer l'existence, 394, — ou l'interpréter de travers, 394. — Égarements des plus savants sur ce point, 395. — Opinion de Fénelon, 395, — de Bossuet, 396, — de Fleury, 396, — de Rollin, 396, — et de beaucoup d'autres, 396, — qui ne soupçonnaient même pas le génie de cette époque, 396, — et assurent d'autant mieux le triomphe des nouveautés, 397. — Dommage qu'en éprouvent la peinture sur verre, 397, — et toute l'ornementation picturale, 398. — Décadence de l'orfèvrerie sacrée, 399, — et des vêtements sacerdotaux, 399. — Déplorable influence de cet abandon sur l'esprit religieux, 399, — et sur la nouvelle architecture des églises, 400. — Caractère anti-symbolique de l'art français sous la Révolution et l'Empire, 401. — Comment la Restauration favorisa la régénération artistique, 401. — Fondation de l'École des chartes, 402, — première cause directe de la renaissance archéologique, 402. — Classification des monuments du moyen âge par M. de Caumont, 402 ; — son *Bulletin monumental*, 403. — Réveil de la science symbolistique, 403, — enfin reconstituée, 403. — Coupable dédain qu'en font encore certains artistes, 403 ; — fautes des gouvernements à cet égard, 404. — Comment les architectes officiels en profitent, 404, — pour fausser le caractère des constructions religieuses, 405, — et de leurs restaurations, 405, — mal servies par les inspecteurs généraux des monuments, 405. — Insuffisance scientifique des écoles d'architecture, 406. — L'étude du symbolisme inséparable de l'enseignement architectural, 407, — sous peine de faire du protestantisme, 407, — et probablement de l'impiété volontaire, 407. — L'influence du prêtre catholique, seul remède à ces abus, 408, — non sans le concours utile des laïques, 409, — instruits aux sources théologiques de l'art, 409, — et décidés à les suivre, 409. — La compétence du clergé n'en subsiste pas moins, 410. —

Injustice des prétentions opposées, 410. — De la part du clergé dans la pratique de l'art chrétien, 411. — Nécessité d'un cours d'archéologie dans les séminaires, 412. — L'épiscopat y trouvera une force d'action pour le soin des églises, 412. — Opinion de Mgr de la Bouillerie, évêque de Carcassonne, 413. — L'auteur croit avoir prouvé l'importance de sa matière, 413, — et ses rapports avec le bonheur social, 414. — Inquiétudes et espérances de l'époque présente; son retour à la paix par des études sérieuses, 414.

## APPENDICE.

### MÉMOIRE SUR LE DÉVELOPPEMENT DU SYMBOLISME DANS LES MONUMENTS RELIGIEUX.

Filiation symbolistique du I$^{er}$ au XII$^e$ siècle, 421. — Symboles des catacombes, 422; — ils en sortent pour orner l'architecture extérieure, 422. — Source de symboles dans les Pères grecs, 423. — Les signes les plus simples et les plus rudimentaires sont les plus anciens, 424; — tous empruntés, comme plus tard, aux écrivains ecclésiastiques, 424, — et formant une suite d'idées ayant une même origine et un même but, 425. — Malheurs de l'Europe du IV$^e$ au XI$^e$ siècle, 426. — L'architecture en souffre, et le symbolisme avec elle, 426, — même pendant la période carlovingienne, 427; — mais il se développe au XI$^e$ siècle, 428, — déjà préparé par le X$^e$, 428, — grâce aux soins et aux études du clergé, 428, — qui se nourrit de la Bible et des Pères, 429, — et y trouve une ample moisson de symbolisme, 430. — Autre cause dans les progrès de l'architecture religieuse du XI$^e$ siècle, 430; — ses symboles, d'abord timides et grossiers, 430, — se dessinent mieux à la fin de ce même siècle, 431, — et entrent dans l'esthétique *historiée*, 432. — Mouvement plus accentué encore du XII$^e$ siècle, 432; — les études symbolistiques s'y élargissent, 433. — La langue s'enrichit par elles de mots nouveaux, 433, — et de nouvelles théories, 434. — Le sens *superhistorique*, 434. — Cette méthode passe dans le domaine de l'art, 434. — Que le caprice n'a eu aucune part à de prétendues satires mal comprises, 435. — S. Bernard accusé à tort dans ce sens, 436, — aussi bien que les *obscœna*, 436. — Ce que le symbolisme doit aux croisades des XII$^e$ et XIII$^e$ siècles, 436. — C'est l'origine des hybrides, 437. — Règle des *oppositions*, 437. — Connexion morale entre ces symboles et l'architecture chrétienne de tous les temps, 438.

### MÉMOIRE SUR LES SCULPTURES SYMBOLIQUES DES XI<sup>e</sup> ET XII<sup>e</sup> SIÈCLES.

Cause et occasion de cet écrit, 441. — Marche progressive du symbolisme architectural, 442. — Il procède certainement par des images, 443. — Les âmes perdues abandonnées à Satan, 443. — La recherche du bien et la fuite du mal, 446. — La force morale triomphant des tentations, 447. — La méfiance contre les entraînements de la luxure, 447. — Le type du péché originel, 451. — Autre spécimen du même symbole, 452. — La fuite des mauvaises pensées dans l'église, 453. — La constance du Juste persécuté, 453. — L'Église attaquée par les hérétiques, 455. — La bonne et la mauvaise communion, 456. — Persécutions des méchants contre la foi, 458. — Le moine relâché, 459. — Le mensonge et le blasphème punis, 461. — L'âme chrétienne poursuivie par le démon, 462. — Le démon trompant l'homme par ses feintises, 463. — Conséquences de la force ou de la faiblesse dans les tentations, 464. — Conclusion : tout est chrétien et symbolique dans la sculpture de nos églises, 465.

FIN DU IV<sup>e</sup> ET DERNIER VOLUME.

# OUVRAGES DE M. LE CHANOINE AUBER.

**Histoire de la cathédrale de Poitiers.** — 2 volumes gros in-8°, ornés de 30 planches. — Poitiers, 1848-1849. — Couronné par l'Institut. . . . . . . . . . . . . . . . . . . . . . . 15 fr.

**Recherches historiques** sur l'ancienne seigneurie de la Roche-sur-Yon, nommée ensuite Bourbon-Vendée, puis Napoléon-Vendée. — Volume in-8°. — Poitiers, 1849. . . . . . . . . . 3 fr. 50

**Recherches historiques et archéologiques** sur l'église et la paroisse de Saint-Pierre-des-Églises, près Chauvigny-sur-Vienne. — 1 volume in-8°, planche. — Paris, Didron, 1852. — Couronné par l'Institut. . . . . . . . . . . . . . . . . . . . . . 3 fr. 50

**Mélanges** d'archéologie, d'histoire et de littérature. — 3 volumes in-8°. — Extraits des journaux et recueils scientifiques auxquels l'auteur a coopéré, tels que les Mémoires de plusieurs Sociétés savantes, le *Bulletin monumental*; celui du *Comité des Arts et Monuments*; la *Revue de l'art chrétien*; l'*Art en province*, et autres. — Épuisé. . . . . . . . . . . . . . . . . . . . 30 fr.

**Biographie** de Jacques de Hillerin, Poitevin et conseiller-clerc au Parlement de Paris. — In-8°. — Poitiers, 1850. . . . . . 2 fr.

**Biographie** de M. Guerry-Champneuf, avocat au barreau de Poitiers. — In-8°. — Poitiers, 1852. . . . . . . . . . . . 1 fr.

**Biographie** de Girouard, sculpteur poitevin. — In-8°. — Poitiers, 1841. . . . . . . . . . . . . . . . . . . . . . 1 fr. 50

**Recherches** sur la vie de Simon de Cramaud, Cardinal, Évêque de Poitiers. — 1 volume in-8°. — Poitiers, 1841, complétées (en 1857) par une relation de la découverte des restes du Cardinal dans la cathédrale de Poitiers. — In-8°. — Portrait. . . . . . . 4 fr.

**Instruction** de la Commission archéologique diocésaine établie à Poitiers, sur la construction, les restaurations, l'entretien et la décoration des églises, adressée par Monseigneur l'Évêque, Président, au clergé de son diocèse. — 1 volume in-8°. — Poitiers, 1851. . . . . . . . . . . . . . . . . . . . . 3 fr.

**Vies des Saints** de l'Église de Poitiers, avec des réflexions et des prières à la suite de chaque Vie. — In-8°. — Poitiers, 1858 (avec une Table générale analytique et raisonnée, imprimée seulement pour deux cents exemplaires). . . . . . . . . . . . 2 fr.

**Table générale**, analytique et raisonnée du *Bulletin monumental*. — 2 volumes in-8°. — Paris, Derache et Didron, 1846 et 1861. — Ouvrage couronné par la Société française d'archéologie. 12 fr.

**Histoire de S. Martin**, abbé de Vertou et de Saint-Jouin-de-Marnes, et de ses fondations en Bretagne, en Vendée et dans les pays adjacents. — 1 volume in-8° de vi-223 pages, avec 3 planches. — Poitiers, 1869. . . . . . . . . . . . . . . . . . . 3 fr. 50
— Deuxième édition, in-18 de 300 pages. . . . . . 1 fr. 50

**Notice** sur un reliquaire de l'époque romane. — In-8°, planches. — Poitiers, 1845; Amiens, 1860. . . . . . . . . . . . . 1 fr.

**Notice** sur un poignard du xvi<sup>e</sup> siècle, et sur la famille de Blac-Wood. — Poitiers, in-8°, 1843, avec une planche. . . 1 fr. 50

**Comme quoi la fameuse Mélusine** n'est autre chose que Geneviève de Brabant. — In-8°. — Poitiers, 1842. . . . . . . . . 1 fr.

**De la Signification du mot** *leuru*, et du sens qui lui revient dans les inscriptions votives du Vieux Poitiers, d'Alise et de Nevers. — Poitiers, in-8°, 1859, avec 2 planches. . . . . . . . . 2 fr.

**Essai de Critique** littéraire, théologique, politique, historique et grammaticale sur un *volume* de 56 pages in-8°, de M. Poupot, pasteur, ayant pour titre : Lettre à M. l'abbé Auber, en réponse à trois articles sur Calvin insérés dans le *Journal de la Vienne*, etc. — In-8°. — Poitiers, 1842. . . . . . . . . . . . . . 1 fr.

**Adolphe et Mélanie**, ou de la Persévérance après la première communion. — 1 volume in-18. — Paris et Poitiers, 1835; 2<sup>e</sup> éd., 1841. 1 fr. 50

**Les Trois Vocations**, lettres dédiées aux mères chrétiennes. — 1 volume in-12. — Paris, Gaume, 1837. . . . . . . . . 2 fr.

**Vingt Examens particuliers** sur les principaux exercices de la perfection chrétienne. — 1 volume in-32. — Poitiers, 1837. . 60 c.

**Aventures de Télémaque**... Édition classique, réimprimée sur les plus correctes qui ont paru jusqu'à ce jour, à l'usage des collèges, séminaires et pensionnats des deux sexes, avec un discours sur l'usage de ce livre dans les classes; des notes sur l'histoire, la mythologie, la géographie comparée; la distinction, en caractères italiques, des maximes les plus importantes du texte; une table des discours, descriptions, narrations et portraits qui peuvent servir de modèles de compositions françaises, et un résumé, au commencement de chaque livre, des principes moraux qui en découlent.— 1 volume in-12. — Paris et Lyon, 1838, 1844, et plusieurs autres éditions. . . . . . . . . . . . . **1 fr. 50**

**Consolations du Sanctuaire**, ou Méditations avant et après la Communion, tirées des offices de l'Église, de l'Écriture sainte et des SS. Pères, pour les prêtres et les fidèles. — Dédiées à Monseigneur de Beauregard, évêque d'Orléans. — 2 volumes in-18. — Paris et Lyon, 1839. . . . . . . . . . . . . . . . . **3 fr.**

**Un Martyr**, ou le Sacerdoce catholique à la Chine, poëme en cinq chants, tiré des *Annales des Missions étrangères*.— 1 volume in-12. — Paris et Lyon, 1839. . . . . . . . . . . . . . . . **2 fr.**

**Dissertation sur l'*Ascia*.** — In-8°.— Poitiers, 1860. . . . . **1 fr.**

**Histoire et Théorie du Symbolisme religieux.** — 4 vol. in-8°. . **24 fr.**

**Étude** sur les historiens du Poitou depuis ses origines connues jusqu'au milieu du XIX<sup>e</sup> siècle.— 1 volume grand in-8°, tiré à 100 exemplaires. — Niort, Clouzot, 1871. . . . . . . . . **10 fr.**

# TABLE GÉNÉRALE

### ET ANALYTIQUE

## DES MATIÈRES CONTENUES DANS LES QUATRE VOLUMES

DE

# L'HISTOIRE DU SYMBOLISME

## A

A et Ω. Raison de ce nom donné au Messie, I, 303. — Symbole de l'éternité et de la divinité du Verbe, II, 148, 357 ; — de Jésus-Christ lui-même, 361, 395, — qui le porte sur le pennon de l'Agneau, 405. — **L'A** de Charlemagne au trésor de l'abbaye de Conques, IV, 304. — (Voir CHRISME.)

AARON. Couleurs symboliques de son costume, I, 309 ; — II, 315, 317. — Figure du sacerdoce de l'ancienne Loi, I, 368, — et de celui de la nouvelle en Jésus-Christ, II, 58, 78, 317. — Symbolisme de sa robe et de ses autres ornements, 93 et suiv. — C'est la figure de tout l'univers 95. — Comment les peintres doivent le représenter, 315 ; — IV, 211.

ABADDON, l'*Exterminateur*, nom grec de Satan, II, 204.

ABBÉS, chefs des monastères ; devenaient quelquefois évêques et formaient leur Chapitre des moines de leur abbaye. Soin qu'ils prirent des arts et des églises, III, 48. — Ont pour attribut un livre fermé, IV, 90 ; — portent la crosse et l'anneau, 163, 164.

ABBESSES, religieuses gouvernant un monastère de femmes ; portent un livre fermé, IV, 90.

ABBON (S.), abbé de Fleury, contribue à relever les études au Xe siècle, II, 538 ; — prêche contre les fausses terreurs de la fin prochaine du monde, III, 19.

ABBON, habile monétaire de Limoges au vii⁰ siècle, maître de S. Éloi, IV, 293.

ABEILLE, symbolise l'homme industrieux, I, 202 ; — III, 85. — Prise dans un sens spirituel ou allégorique, II, 499 ; — III, 85. — Autres significations symboliques, 547.

ABEL. Symbolisme de ce nom, I, 39. — Sculpture symbolique de sa mort par Caïn, à l'abbaye de Saint-Gilles, III, 369.

ABIME, nom donné à l'enfer dans l'Apocalypse, II, 199, 200. — (Voir *Enfer*.)

ABLUTIONS ; leur symbolisme, I, 319.

ABRAM et ABRAHAM. Significations distinctes de ces deux noms, I, 40. — Porta l'arithmétique en Égypte, 97 ; — adora la Sainte Trinité sous la figure des trois Anges, 101 ; — II, 86 ; — IV, 75 ; — symbolisa le Sacrifice du Calvaire par celui de son fils, I, 229 ; — II, 563 ; — et l'Église par Sara, 51. — Un des ancêtres du Sauveur, 60, 319. — Ce que c'est que le *sein d'Abraham* dans l'iconographie chrétienne, 339, 354, 355. — Comment le patriarche est distingué du Père Éternel, dont il a quelquefois certaines fonctions, 354. — Associé à la sibylle Agrippine dans la peinture chrétienne, IV, 101.

ABRE (S⁺⁰), fille de S. Hilaire de Poitiers. Lettre symbolique, à elle adressée par son père, sur la virginité, II, 492.

ABSALON, figure de l'âme révoltée, II, 52.

ABSIDE ou *Chevet*, l'un des caractères particuliers à l'église chrétienne ; a son origine dans les catacombes, III, 6. — On l'exige dès les premiers temps, 9, 205. — Symbolisme des trois absides terminales, 29, 35, 205, — des absides triangulaires, 110. — L'abside, seul lieu de l'autel jusqu'au xii⁰ siècle (du moins dans les églises rurales), 168. — Siége, dans les cathédrales, de l'Évêque et du clergé, et plus bas de voûte que les autres travées ; raison de cette inégalité, 182, 205. — Bel effet de perspective causé par l'abside terminale, 208. — (Voir CHANCEL, CHAPELLE.)

ABSINTHE, nom symbolique d'une étoile malfaisante, II, 193, 195.

ABSOLUTION sacramentelle. Un de ses rites emprunté des Juifs, II, 99. — Se donne avec imposition des mains, et pourquoi, 534.

ACANTHE, principal élément du chapiteau corinthien, III, 330. — Son emploi dans la sculpture chrétienne, 525, 536. — Symbole de la douceur, IV, 423.

ACROTÈRE, ornement terminal des pignons ; symbole des aspirations supérieures de l'âme, III, 214.

ACTES DES APÔTRES. Histoire de l'Église naissante ; caractère de ce livre, II, 45. — Scènes liturgiques de ce nom jouées au xiv⁰ siècle, IV, 194.

ADAM donne des noms convenables et symboliques à tous les animaux, I, 29, 32 et suiv., 39, 46 ; — II, 10. — Il préfigure Notre-Seigneur

Jésus-Christ, 413, 435, 445, 493; — IV, 132. — Enseveli sur le Calvaire, II, 459; — IV, 130. — Symbolisé par un vase de terre dans S. Paulin de Nole, II, 492, — par un pâtre à moitié nu, 493. — Son mariage figure l'union de Jésus-Christ et de l'Église (voir *Mariage*). — Sens super-historique donné à la naissance d'Ève, 560. — Histoire d'Adam, sculptée aux chapiteaux de Fleury-sur-Loire, III, 333. — Chasteté primitive des premiers époux, moins naïve après leur péché, 405. — Son travail dans le paradis terrestre, 516. — Adam, figure de l'aveugle et du paralytique guéris par Notre-Seigneur, IV, 132. — Le *vieil Adam*, ou homme déchu, représenté par le démon sous les pieds de Marie, 139, 140.

ADAM de Prémontré, symboliste du xii<sup>e</sup> siècle; son mérite, II, 536.

ADAM de Saint-Victor, symboliste et poète chrétien du xii<sup>e</sup> siècle; charmes de ses *Proses*, II, 569 et suiv.

ADHELME (S.), évêque de Sherborn. Son traité *Du Septenaire*, I, 133.

ADON (S.), archevêque de Vienne au ix<sup>e</sup> siècle. Symbolistique de ses écrits, II, 534.

ADRIEN I<sup>er</sup> (Le pape) envoie à Charlemagne un *graduel* copié sur celui de S. Grégoire le Grand, IV, 248. — Beau pavé dont il dote l'église de Saint-Laurent à Rome, III, 153.

ADRIEN (L'empereur) fait beaucoup de mal aux Juifs, II, 186, 192, 193.

ADULTÈRE, symbolisé par un chat, I, 188, — IV, 464, — par une prostituée, II, 104. — Explication de l'épisode évangélique de la femme adultère, 73. — L'adultère ne pouvait parer son doigt d'une émeraude, 366. — Tentation d'adultère, III, 371, 423. — Il a toujours été un grand crime chez tous les peuples, 471.

AFFRE (M<sup>gr</sup>), archevêque de Paris. Son tombeau sans esthétique ni convenance religieuse, III, 98.

AGAR, figure de la Synagogue ou de l'ancienne Loi déchue de son héritage, II, 51.

AGATE, pierre précieuse; inspirait la joie, II, 366.

AGLAOPHON, peintre grec; symbolise les jeux pythiques et olympiques dans son tableau du Couronnement d'Alcibiade, I, 282.

AGNEAU, symbole du Sauveur adoré, I, 368; — III, 45; — IV, 16. — Figuré d'abord seul près de la croix, II, 439 ; — IV, 47. — Agneau sacrifié, II, 98, 171, 179, 392, 441; — III, 448. — Agneau pascal; détails de sa manducation appliqués à la vie chrétienne, II, 539. — Innocent, 99; — III, 290; — doux, II, 100, 171, 677; — III, 290; — sans tache, II, 315. — Temple de Dieu dans la Cité mystique, 385. — Lumière du ciel, 386; — IV, 314. — L'Agneau pascal et celui de S. Jean-Baptiste, II, 112; — III, 45, 290; — IV, 80. — Agneau portant la croix, II, 149. — Modèle de patience, 677. — Aux fonts baptismaux, III, 290. — Au pied de la croix, IV, 328. — Agneau hypocrite, feignant les miracles et la doctrine du

Sauveur, II, 249 et suiv. — Agneau vainqueur des ennemis de l'Église, 256, 291. — Les noces de l'Agneau, 312, 313. — Lui seul peut ouvrir le Livre de vie, 388. — Offert pour le rachat du premier-né, 531. — Agneau symbolique de S. Clément, 659. — Sur les crosses, III, 180. — Attribut de Sᵗᵉ Agnès, IV, 92. — (Voir Jésus-Christ, Nimbe.)

Agnès (Ste). Pourquoi elle a un agneau pour attribut, IV, 92.

Agnès Sorel, indigne parodie de la Sainte Vierge au musée d'Anvers, IV, 387.

Agni, dieu du feu chez les Hindous, symbolisé par la couleur bleue, I, 315.

Agricola, évêque de Châlon, fait construire les superbes cloîtres de sa cathédrale, III, 50; — la décore de mosaïque, IV, 46.

Ahrimane, dieu du mal chez les Perses. Sa mythologie, I, 165.

Aigle, l'un des symboles de la Trinité païenne de Jupiter, I, 81, 169. — Symbolise la domination, 82, 233, 286; — II, 196; — IV, 174; — le Soleil, 93. — Sur les médailles d'Alexandre le Grand, I, 264. — Oiseau immonde, au Deutéronome, II, 196. — L'aigle de S. Jean l'Évangéliste, 44, 177; — III, 145. (Voir *Tétramorphe*.) — Celui de l'Apocalypse, symbole du Sauveur, et du démon par opposition, II, 195. — Notes sur plusieurs symboles qu'il exprime, 196; — III, 483 et suiv.; — IV, 319, 464. — Armoiries où figure l'aigle, II, 540; — IV, 175. — Aigle servant de lutrin, III, 211, 223; — IV, 319. — L'aigle est tantôt Notre-Seigneur Jésus-Christ, tantôt le démon, III, 353, 354, 448, 483; — IV, 175, 464. — Symbole de la rapacité violente, III, 446; — IV, 464; — du rajeunissement de l'âme chrétienne, III, 483; — de la fidélité au Sauveur, 668. — Préjugés des anciens à son sujet, 470, 483.

Aigue-Marine ou *béryl*, pierre précieuse; symbolise la tribu de Benjamin et l'apôtre S. Thomas, II, 381, — puis la parole divine, 381.

Air, symbolisé par le bleu-ciel, II, 315; — II, 403. — Symbole lui-même du Saint-Esprit et de la vérité, I, 315. — Pris pour l'étendue du monde physique, II, 278. — Exprimé dans les vitraux par la couleur rouge dans les portes et les fenêtres ajourées, I, 308, — IV, 13, — et même dans la peinture murale, 54. — (Voir Vent.)

Aire symbolique de l'Évangile; figurant Marie, II, 421, — l'Église, 423.

Aix en Provence. Le roi René y institue des jeux et des drames sacrés, IV, 203. — Belle procession de la Fête-Dieu; son caractère symbolique, 206 et suiv.

Akiba, rabbin, inventeur des fausses traditions du Talmud, II, 195.

Alaric bouleverse l'empire romain, II, 261, 291. — Son rôle providentiel, 295, 302.

Albert, duc de Lorraine en 1037. Ses armoiries, II, 540.

Albert Durer (voir Durer).

# TABLE GÉNÉRALE. 493

ALBERT LE GRAND, philosophe du XIIIᵉ siècle, combat les idées de ses contemporains sur quelques assertions de zoologie, III, 473.

ALCUIN. Son influence sur les études bibliques, II, 553.

ALLEMAGNE. Ses idées rationalistes répandues par Straus et Salvador, II, 56.

ALEXANDRE Iᵉʳ (S.), pape de l'an 109 à 119 ; ordonne de mêler de l'eau au vin du Saint Sacrifice, II, 434 ; — IV, 156.

ALEXANDRE LE GRAND, symbolisé par un aigle sur les médailles, I, 264, — par un léopard dans Daniel, II, 245.

ALEXIS COMNÈNE, empereur des Grecs ; envoi que lui fait le pape Innocent III de son allégorie des deux glaives, II, 619.

ALFONSI (Pierre), symboliste du XIIᵉ siècle. Ses écrits contre les Juifs, II, 561, — et sur le symbolisme des animaux, 561.

ALGÈBRE (voir MATHÉMATIQUES).

ALI, quatrième calife. Son sabre, emblème de la puissance musulmane, I, 206 ; — son turban vert, 318.

ALLÉGORIE, grand symbole agissant au moyen de symboles secondaires, I, 282. — Ce qui la distingue du symbole proprement dit, 285. — Les artistes la font servir tour à tour ou à outrager la morale, 287, — ou à l'honorer, III, 373. — L'allégorie ne doit être prise parfois que par son côté principal, 72. — Elle remplace mal le symbolisme, plus philosophique et plus élevé, IV, 358.

ALLELUIA, chant de joie des Élus, II, 310. — Interdit pendant le carême, 525, — par S. Grégoire le Grand, IV, 158.

ALLIANCES. Signes symboliques usités pour les exprimer chez les Velauniens, I, 5. — Alliance de la Synagogue et de l'Église symbolisée, II, 371, 378, 394 ; — sa rupture figurée par le déchirement des habits sacerdotaux de Caïphe, 499.

ALOUETTE. Idées symboliques qu'y attache S. François d'Assise, II, 677.

ALPHABET. Son origine et ses variations, I, 16 et suiv. — Ses signes deviennent autant de symboles, 22, 37, 38, 148. — (Voir ÉCRITURE.)

ALPHONSE, frère de S. Louis, augmente l'éclat des Rogations de Poitiers, IV, 204.

AMANDIER, symbole de la douceur morale, III, 214.

AMAZONE symbolique sur les monnaies de Smyrne, I, 264.

AMBON (voir JUBÉ).

AMBRE, symbole de la parole de Dieu, II, 618.

AMBROISE (S.). Ce qu'il dit du nombre des psaumes, I, 122, — et des autres nombres arithmétiques, I, 130, 143, 149 ; — II, 537. — Douceur de sa parole symbolisée par un essaim sorti de sa bouche, 658. — Ce qu'il dit de la Sainte Trinité, IV, 75, — du chant des psaumes dans l'Église de Milan, 238, 242.

AME, souffle de Dieu, II, 84. — Conséquence morale de cette origine, 85. — Les âmes symbolisées par les étoiles, 153 ; — représentées par des personnes sans sexe, et pourquoi, 313, 338, 344, 402 ; — III, 371, 424, 431 ; — IV, 481 et suiv. — Ames dans le sein de Dieu ou d'Abraham, II, 339, 354. — Ames reçues, soit par un Ange, soit par le démon, de la bouche des mourants, 459 ; — III, 371. — Les âmes pesées dans une balance (voir *Pésée des âmes*). — Ames représentées dans les drames du moyen âge par des enfants ou des oiseaux ; l'âme de S. Étienne, IV, 194, — de Néron, 195.

AMÉRIQUE, habitée au $x^e$ siècle par des chrétiens, I, 224.

AMÉTHYSTE, pierre précieuse ; préservait de l'ivresse, II, 366, 383. — Symbolise le patriarche Zabulon et l'apôtre S. Matthias, *ibid.*

AMEUBLEMENT de l'église. Soins qu'il faut prendre de sa confection et de sa conservation ; y être sobre de décorations et de peinture, IV, 114 ; — y conformer tout au style du monument, 114 et suiv., 326. — (Voir les différents noms des meubles : AUTEL, CHAIRES, FONTS, etc.)

AMICT, partie du vêtement sacré de l'évêque et du prêtre. Son sens symbolique, IV, 169.

AMIENS. Beautés sculpturales et symboliques de sa cathédrale, III, 570 ; — IV, 38, 136.

AMOUR physique, symbolisé par la mandragore, III, 342.

AN 1000 (L'). Fausses données répétées à tort d'une prétendue attente de la fin du monde ; cause de cette erreur, et sa réfutation par l'histoire monumentale, III, 18 et suiv. — Aucun monument n'est resté de cette terreur, 26.

ANAGLYPHES, moulure sculptée se détachant d'une surface plate, III, 308.

ANANIAS. Signification symbolique de ce nom hébreu, I, 45.

ANASTASE (S.), solitaire du Mont-Sinaï au $vii^e$ siècle. Son opinion sur les signes du Zodiaque, III, 451.

ANASTASE LE BIBLIOTHÉCAIRE. Idée de ses *Vies des Papes*, et de l'utilité de ce livre pour l'ecclésiologie, III, 237 ; — IV, 306. — Ce qu'il raconte du zèle de S. Sylvestre et des générosités de Constantin à enrichir les églises de vases sacrés, 287. — Son influence sur l'art chrétien ; recueil de ses ouvrages, 306.

ANCRE, symbole de l'espérance, II, 483, — et du salut assuré, III, 303.

ANDRÉ (S.), apôtre, symbolisé par le saphir, II, 379. — Ses autres attributs iconographiques, III, 144.

ANDROMÈDE. Son histoire est celle défigurée de Jonas, III, 469.

ANE, symbole de l'ignorance, I, 95 ; — comparé à Issachar dans la prophétie de Jacob, II, 109, 461. — L'âne qui flûte, 22, — IV, 29, — qui pince de la harpe, 22, 462 ; — III, 448 ; — IV, 29, 232. — Anesse de la Synagogue, et, à ce propos, symbolisme des bonnes et mauvaises qualités de cet animal, II, 461 et suiv.; — IV, 209, 217, 227. — Ane jouant de la vielle, II, 462, — portant une chape, 462; — IV, 29. — Symbole de la gentilité, II, 462, 478. — Ane laissé au bas de la montagne pendant le sacrifice d'Isaac, 563. — L'âne d'Argentan, III, 327. — Oreille d'âne donnée à Notre-Seigneur par les Romains, 378. — Examen, défense et explication de la *Fête de l'âne* au XIIe siècle et plus tard, IV, 208 et suiv. — Cause de ce nom, 211, 215. — Différence entre l'âne de Balaam et celui de Bethléem, 216. — Symbole du Sauveur, pour ses bonnes qualités, 217 et suiv., 223. — (Voir ONAGRE.)

ANGELICO (Fra) de Fiésole. Charme de ses compositions artistiques, II, 608; — III, 251; — IV, 351. — Sa piété en peignant, IV, 130; — son *Couronnement de la Vierge*, 351, 372; — son influence sur le XVe siècle, 30, 350. — Caractère de son talent, 350 et suiv., 367 et suiv.; — indiqué par un *Anglican* comme le meilleur maître parmi les peintres religieux, 368.

ANGERS. Belle statue de la Sainte Vierge à l'église de Saint-Lô, IV, 140.

ANGES. Leurs noms divers et les fonctions qu'ils expriment, I, 41 et suiv.; — II, 170. — Comment leur culte dénaturé favorisa l'idolâtrie, I, 77, 81 et suiv.; — III, 105. — Les trois Anges reçus par Abraham figuraient la Sainte Trinité, I, 101; — II, 96; — III, 375; — IV, 75. — Folies des cabalistes, qui font des Anges autant d'étoiles, I, 176. — L'Ange symbolique de S. Matthieu, II, 44, 457. (Voir *Matthieu*.) — Ceux de l'Apocalypse, figure des évêques des sept Églises, 151, 163, 402. — Anges des sept sceaux, 170, 190, 362. — Ils chantent les louanges de Dieu et de l'Agneau, 173; — III, 127. — Leur beauté originelle, 375. — Envoyés de Dieu et ministres de sa volonté, II, 185, 206, 362, 534, 615; — IV, 317. — Anges des sept trompettes du jugement, II, 190, 258 et suiv., 345, 362; — de l'encens et de la prière, 191, 402; — IV, 317, 318. — Anges gardiens, II, 286, 534; — des peuples et des villes, même idolâtres, 206, 207; — IV, 312; — de l'Église et des éléments, II, 207, 267; — IV, 313. — Les Anges séduits par Satan, II, 230, 235. — Anges revêtus de robes blanches ou rouges et de ceinture d'or, 263, 354, 404. — Anges des sept coupes de la colère de Dieu, 264 et suiv. — Anges aux ailes violettes, comme la robe du Sauveur qu'ils accompagnent, 404. — Anges recevant l'âme du Juste expirant, 459; — III, 132, 365; — effaçant d'un livre les péchés du pénitent, II, 534. — Anges dans les armoiries, 546. — Apparitions d'Anges plus fréquentes aux âges de foi, 662. — Églises dédiées aux Anges sur les hauteurs, III, 104. — Les Anges n'ont jamais de chaussures, 375. — Mauvais Anges (voir *Démonologie*). — Les couleurs symboliques données aux Anges, 386. — Ils ne doivent pas être nus, comme le pratique l'art moderne, 420. — Les bons Anges, parure convenable de la rose orientale d'une église, IV, 8. — Anges tenant près de la croix les attributs de la Passion, 119; — armés de la lance et du bouclier et commis à la garde de Jérusalem, 313.

ANGILBERT (S.), abbé de Saint-Riquier. Plan triangulaire de son abbaye, III, 53.

Animaux, reçoivent tous des noms symboliques, I, 32 et suiv., 40. — Ces mêmes noms donnés par la même raison à de certaines personnes, 40. (Voir *Noms propres.*) — Objet de fausses appréciations symboliques, 49. — Animaux figurant sur les médailles nationales, 264 et suiv. — Animaux évangéliques (voir *Tétramorphe*). — Caractères de certains animaux reproduits en de certains hommes, II, 498 et suiv.;— III, 389, 468, 513.— Nécessité de connaître les mœurs des animaux et leurs caractères pour bien entendre l'Écriture, II, 496, 505 ; — III, 441 et suiv. — Emploi des animaux comme symboles dans l'art chrétien, II, 506, 511; — III, 132, 325, 370, 374, et tout le chapitre xii. (Voir aussi IV, 316.) — Animaux parlant à l'oreille d'un homme, symboles de la tentation, III, 132, 371. — Animaux purs et impurs de la Loi ancienne, 325, 442 et suiv.; — ceux de la *Tentation de S. Antoine*, symboles du vice et des distractions de l'esprit, 373. — Que les démons revêtent les caractères de certains animaux, 374; — IV, 28, 29. — Les animaux servant la justice de Dieu contre l'homme pécheur, III, 378 ; — exorcisés pour leurs maladies, 391. — Ils sont les symboles des vices ou des vertus, III, 439 et suiv., 570. — Leur orientation dans la sculpture chrétienne fondée sur cette distinction, 441, 447. (Voir *Orientation.*) — Les *bêtes* et les *animaux*, différents par leurs attributs, 444. — Union de plusieurs animaux pour rendre un seul fait, 448. — Les animaux révoltés contre l'homme après son péché, 517.— Animaux jouant des instruments, II, 22, 23; — III, 248; — IV, 32, 232, 237; — mordant des fleurs entrelacées; leur symbolisme, I, 161; — III, 364 ; — IV, 314, 316. — (Voir Physiologue, Tétramorphe, Zoologie.)

Anneau, orné d'un scarabée; symbole de la fidélité au serment, I, 94. — Les quatre anneaux d'or envoyés par le pape Innocent III à Richard Cœur-de-Lion, II, 616.— Les quatre anneaux de l'arche d'alliance, figure des quatre évangélistes, 645, 646. — Anneau de Gigès, 366. — Anneau des époux, IV, 152 ; — des Évêques et des Chanoines ; leur histoire et leur symbolisme, 163 et suiv. — Anneau symbolique de S<sup>te</sup> Radégonde, du vi<sup>e</sup> siècle, 290.

Année. Comment Numa la règle d'après le symbolisme des nombres, I, 115. — Année climatérique, 116. — Variantes sur le mois qui ouvrait l'année, III, 456. — Explication de ses douze mois par les signes du Zodiaque relatifs à chacun, 457 et suiv.

Annonciades. Raison de leur costume gris, blanc et rouge, I, 347.

Annonciation, représentée par Charles VI dans les supports de son écu, II, 540. — Pourquoi la fête en est placée au printemps, 644. — Sa coïncidence avec Pâques devait-elle annoncer la fin du monde? III, 19. — Comment y représenter la Sainte Vierge, IV, 91, — prédite par la sibylle Agrippine, 101.

Anonymes : de Cîteaux, moine anglais du xiii<sup>e</sup> siècle, auteur des *Distinctions monastiques* (voir *Distinctions*); — de Clairvaux, symboliste du xiv<sup>e</sup> siècle, II, 482.

Anselme (S.), archevêque de Cantorbéry au xii<sup>e</sup> siècle, auteur de la méthode scolastique; son mérite littéraire, II, 554. — Son *Elucidarium*, et ses autres écrits, 555, 578. — Il établit la distinction des quatre sens du texte sacré, *ibid.* — Il délivre un obsédé par le signe de la croix, 662.

ANTECHRIST. N'a pas encore paru, II, 153. — Dépeint sous les traits de la Babylone apocalyptique, 288, — de la bête à sept têtes, 323 et suiv. — (Voir DÉMONOLOGIE.)

ANTÉROS, l'amour du mal chez les Grecs; ses caractères symboliques, I, 339.

ANTHROPOMORPHISME, méthode d'iconographie symbolique appliquée à la représentation des trois Personnes de la Trinité sous des figures humaines; commence au XIII° siècle, IV, 78. — Abus qu'il fallut y réprimer, 79.

ANTIENNE, phrase musicale chantée après chaque psaume et s'y rapportant. S. Grégoire y met du symbolisme, IV, 246. — C'est encore une espèce d'hymne chantée ordinairement sur le même ton et sans partage de strophes, comme le *Salve Regina*, l'*Ave Regina cœlorum* et autres. Beauté du chant de ces compositions, tout symbolique, 274. — Le chant de l'antienne *Sancta Maria, succurre miseris*, mal réussi, et pourquoi, 275.

ANTIGNY, village du Poitou (Vienne). Peintures funéraires de son église, *Les trois vifs et les trois morts*, III, 90.

ANTIPENDIUM ou devants d'autel; comment les traiter, III, 278. — Leur variété, 279.

ANTIPHILE, peintre égyptien du temps d'Apelles, peint par celui-ci dans son tableau de *La Calomnie*. Son *Gryllus*, symbole du ridicule, I, 289.

ANTIPODES, découvertes avant Magellan et Christophe Colomb, II, 622.

ANTOINE (S.), patriarche des Solitaires d'Orient. Allégories de sa tentation si célèbre. Callot en a emprunté l'idée à S. Athanase, III, 372, 373. — Battu par le démon, IV, 36. — Pourquoi on lui donne un pourceau pour attribut, 92.

ANTONIN-PIE (L'empereur). Variantes mythologiques de ses médailles à emblèmes, I, 267.

ANUS D'OR chez les Philistins, III, 409.

AOUT, mois des moissons. Comment symbolisé dans le Zodiaque, III, 459.

APELLES, peintre grec, excelle dans la ressemblance des portraits, I, 280. — Ses belles qualités d'artiste, et son tableau de *La Calomnie*, 281, 289. — A trop favorisé le matérialisme dans l'art, 284.

APIS, bœuf dont les Égyptiens s'étaient fait un Dieu. Symbolisme des vingt-cinq années de son âge, I, 148.

APOCALYPSE. Explication de son symbolisme dans ses détails et son ensemble, I, 140 ; — II, 197, 47, 140 et suiv. jusqu'à 406 ; — IV, 150.— Multiplicité de ses commentateurs, et erreurs de beaucoup, II, 143 et suiv. — Holzoœr, 143. — La religieuse de Naples, 161 (la même qui a travaillé sur le *Cantique*, p. 13). — S. Victorin, évêque de Poitiers, 486. — Tableau de Constantin le Grand sur le triomphe de la Croix, 488. — S. Isidore de Séville, l'un des meilleurs interprètes de l'Apocalypse, 525. — Ce livre nous donne le premier type des églises chrétiennes, III, 6. — Caractère de ce livre et beauté de ses descriptions, II, 47, 188, 303 et suiv. — But que l'Esprit-Saint s'y propose, 283, 357. — C'est une révélation de Notre-Seigneur lui-même, 141 et suiv., 147, 283, 615, — s'appliquant surtout aux quatre premiers siècles de l'Église, 143, 162, 193, 214, 237, 150, 266, 394, — et déjà étudiée au troisième, 230 ; — IV, 157. — La plupart de ses images sont symboliques, II, 80, 143, 161, 189 ; — IV, 150. — Exactitude de ses dates, II, 145, 214, 248, 267, 289. — Le sens de beaucoup de figures faussé par les protestants, 144, 243, 276, 399, 405, — et par M. Mérimée, IV, 54. — Belles verrières de l'ensemble de ses scènes, à Bourges, II, 121, 152, 153. (Voir *Bourges*.) — Opinion de S. Augustin sur le fond historique de l'Apocalypse, 145 ; — c'est celle de Bossuet, 145 ; — celle de Wouters, 288. — Tapisserie de Saint-Florent de Saumur, 602. (Voir *Anges, Jean l'Évangéliste*.) — Ce livre est une source féconde pour l'art chrétien, 146, 162. — Tapisserie d'Angers, 174, 178, 220. — Sculptures de Saint-Benoît-sur-Loire, 180 ; — III, 132 ; — du chevet de l'église de Beaulieu, près Loches, en Touraine, II, 196. — Peinture du xiie siècle en Poitou, 241. — La bête à dix têtes dans une miniature du xiiie siècle, 248. — La Babylone abandonnée, 287. — Manuscrit de Poitiers, 320, 324, 325, 355. — Le Sauveur refoulant le démon dans l'enfer, 337. — Le jugement dernier toujours inspiré aux artistes par l'Apocalypse, 348 ; — III, 142. — Tympan de la cathédrale d'Angers, représentant l'ensemble de l'Apocalypse, 401, — et à Sainte-Praxède de Rome, 401. — Plan et divisions de l'ouvrage, 146, 147, 161, 402. — Sa concordance avec les autres livres bibliques (voir *Tobie, Daniel*). — Fécondité de ses images et de ses enseignements, 242, 287, 303 et suiv., 351, 401 et suiv., 405, 406. — Respect que le Prophète demande pour sa prophétie, 395 ; — menaces à ses infracteurs, 399.

APOLLON. On lui donne pour attributs : la lyre, I, 83, 170, 233 ; — l'épervier, 93 ; — le corbeau, 170 ; — le laurier, 233. — Ses rôles sont les mêmes que ceux de l'Horus des Égyptiens, 90. — Son temple placé près du théâtre, 227. — Apollon à tête radiée, 267, — aux cheveux d'or, 293, 302. — Type dégénéré du Verbe divin, 302. — Vêtu de violet chez Admète, 334. — Ses multiples rôles, qui se résument tous au soleil, III, 73.

APOLLONIUS DE THYANE, imposteur prédit par l'Apocalypse, II, 250.

APOSTASIE, symbolisée par la chute des étoiles, II, 230.

APÔTRES. Leur inspiration dans le sens à donner à beaucoup de textes bibliques, II, 60 et suiv. — Sont, avec Notre-Seigneur et les Pères, les seuls interprètes infaillibles de l'Écriture, 80, 467, 470. — Leur douze siéges pour juger avec Jésus-Christ, 166. — Fondateurs de la liturgie, 500; — IV, 154, 156. — Symbolisés par les douze étoiles brillant au front de l'Église, II, 225., — III, 177, — par les douze animaux de Théobald, 480, — par douze colombes, IV, 48. — Envoyés de Jésus-Christ pour convertir les nations, II, 317, 370. — Raison de leur vocable donné aux églises, 370. — Ils sont les douze fondements de la cité de Dieu, qui est l'Église, 370, 377; — III, 43, 111, 178; — IV, 188. — Symbolisés par douze pierres précieuses, II, 370 et suiv., 378 et suiv., — et les douze Prophètes, III, 299. — Relations mystiques entre les douze Apôtres et les douze tribus d'Israël, II, 370, 378 et suiv.; — III, 299. — Ils sont les douze portes de la Cité céleste, II, 385; — III, 142. — Portent tous un livre ouvert, ou fermé, II, 450; — III, 142 — IV, 90, et rouge, 13. — Valeur des traditions apostoliques, II, 470. — Les *Constitutions* apostoliques, et leur importance dans l'Église; époque de ce recueil canonique, III, 8; — ses diverses prescriptions, 9, 42; — IV, 156. — Iconographie générale des douze Apôtres et celle de chacun en particulier, III, 142 et suiv., 179; — IV, 90. — Ils accompagnent Jésus-Christ, III, 142. — Ordre à suivre dans leur placement d'ensemble, 143, 146, 147. — Article du symbole attribué à chacun, 142 et suiv., 179. — Erreur à remarquer dans cette attribution, 146, 148, — qui n'a pas toujours été la même dans toutes les églises, 149. — Représentés par les douze croix de consécration des Églises, 178; — IV, 188. — Envoyés deux à deux pour symboliser la charité, III, 185. — Représentés sur les autels entourant le Christ, II, 166; — III, 276. — Promesse du Sauveur de les protéger, 374, 520. — Sont-ils symbolisés par les douze signes du Zodiaque ? 441; — ils le sont par le bélier, 462. — Branches de la vigne, qui est Jésus-Christ, 520, 523. — Ils doivent avoir les pieds nus, II, 324; — IV, 94, 95. — (Voir LES NOMS DE CHAQUE APÔTRE.)

APPAREIL des murailles de l'église; son symbolisme, III, 112 et suiv. — Époque où s'emploie d'abord le grand appareil, IV, 427.

APULÉE, cité, d'après sa *Métamorphose*, comme favorable au symbolisme, I, 76, 287.

ARABES. Leurs idées symboliques, I, 206, 222.

ARAIGNÉE. Description de son travail; elle symbolise la méchanceté des persécuteurs, périssable comme eux, III, 496, — et l'avare, *ibid.* et suiv.

ARBRES. Arbre de vie, planté sur le courant des eaux, II, 391, 395, 479; — III, 518, 519. — Symbolisme général des arbres, II, 392, 393, 479; — III, 339, 341, 518 et suiv. — Arbre de Jessé (voir *Jessé*); — du bien et du mal aux façades des églises, 36, 530. — Arbres dont le symbolisme convient mieux aux cimetières, 82, 523. — Symbole des Justes, 339, 341, 518. — Homme sculpté au milieu des branches d'un arbre, 340 et suiv. — Arbre déraciné par deux hybrides, 374; — IV, 455. — Arbre de la Vierge (voir *Chandelier*). Arbre restant où il est tombé, III, 442; — arraché par un sanglier, 446; — IV, 496. — Arbres greffés en mars dans les zodiaques du moyen âge, III, 456, 458. — Arbre de Nabuchodonosor, 518. — Les arbres toujours symboliques dans l'art chrétien, 519 et suiv.,

500        HISTOIRE DU SYMBOLISME.

531 ; — IV, 458. — Parabole du bon et du mauvais arbre sculptés à la cathédrale d'Amiens, III, 571. — Arbres généalogiques, 571. — (Voir BOTANIQUE, FLORE MURALE, et les noms des différents arbres.)

ARCADE, considérée comme type caractéristique du style monumental. L'arcade en plein cintre prise des catacombes, III, 5. — Arcades murales des églises, images des portiques de la Cité divine dans l'Apocalypse, 173. — La triple arcade et l'arc trilobé, symboles de la Trinité, IV, 74. — Arcades ogivales supportant les voûtes gothiques, III, 174. — Arcade triomphale entre la nef et le chœur, 222 et suiv.; — IV, 128 et suiv.

ARC-EN-CIEL, signe de bonheur chez les Scandinaves, I, 179; — donné par Dieu même dans ce but, 296, 321; — II, 10, 85; — entourant son trône, 163, 403, — et un de ses Anges, 210.

ARCHANGES, au nombre de sept; ne quittent jamais le trône de Dieu, II, 163.

ARCHE D'ALLIANCE. Son symbolisme dans le temple de Salomon, II, 164. — Figure de l'Église, III, 3. — Surmontée d'une croix pour indiquer qu'elle prophétise le Christianisme, IV, 18.

ARCHE DE NOÉ. Ses détails et ses mesures symboliques, III, 2 et 3, — développés par S. Isidore de Séville et appliqués à l'Église, 166, 167. — L'arche est la figure de l'Église, 166, 167, 303 ; — son bois incorruptible représente le corps du Seigneur dans l'Eucharistie, IV, 50.

ARCHÉOLOGIE, science devenue indispensable à la théologie, I, 9 et suiv.; — III, 534; — IV, 413. — Sérieuses études qu'elle exige, I, 171, 360 ; — II, 22, 472. — Elle tire tout son charme du spiritualisme, 2. — Erreurs de quelques archéologues sur des monuments chrétiens faussement attribués par eux au paganisme, III, 107. — Autre système sur des symboles peu compris, 172, 192 et suiv., 284. — La théologie indispensable en une certaine mesure aux archéologues, 172, 193 et suiv., 534. — Comment quelques archéologues louent parfois un système faux sur la réputation de son auteur, 534. — Que les développements de la science archéologique servent utilement l'art chrétien, IV, 341. — Combien elle manque aux ennemis du Christianisme, et trop aussi à ses amis, 394. — Sa Renaissance au XIXe siècle, 402 et suiv. — Doit être enseignée dans les séminaires, 412.

ARCHIMÈDE, employé aux constructions navales du roi Hiéron I, 240; — inventeur d'un orgue clepsydre, décrit par Tertullien, IV, 261.

ARCHITECTES, ont été au moyen âge, et jusqu'au XIIIe siècle, dépendants du clergé, ou très-souvent des clercs eux-mêmes, II, 561; — III, 192. — Les laïques ignoraient les principes symbolistiques, 199 et suiv. — Modestie du plus grand nombre des architectes restés inconnus, 59, 60, 19, 200. — Les architectes des églises doivent être choisis par l'évêque, 67. — Symboles convenables au tombeau d'un architecte, 88. — Pourquoi les architectes ont pris S. Thomas pour patron, 146. — Ceux de la Renaissance laissent peu de traces honorables, IV, 348. — Peu intelligents aujourd'hui des besoins de l'art chrétien, qu'ils n'étudient pas, III, 158, 181, 193, 320, 322, 437, 565; — IV, 22, 44. — L'architecte ordonnait tout au moyen âge, monument et ornementation, III, 244. — Vaines recherches d'un art nouveau qui puisse remplacer les données chrétiennes par un éclectisme impossible, 252, 255. — Institution regrettable des architectes diocésains, 323; — IV, 22 et suiv., 404 et suiv. — Quelques-uns ne craignent pas de se faire peindre ou sculpter *au naturel* dans les églises qu'ils décorent, 232.

ARCHITECTURE CHRÉTIENNE, affecte des formes symboliques, témoin l'Escurial de Madrid, I, 228. — Le collége de la Sapience à Rome, 228. — Le spiritualisme est l'âme de l'architecture d'autrefois comme d'aujourd'hui, 245, — et l'idéal de la beauté plastique, 245, 355; — on le néglige trop dans les écoles d'architecture, IV, 406 et suiv. — Variété de ses données esthétiques, I, 355; — III, 191; — IV, 24. — Elle s'applique à l'ensemble de l'édifice sacré et à ses détails, contrairement à l'architecture païenne, I, 359, — dont elle n'a pris en rien les inspirations, III, 6, — Style des premiers siècles, IV, 426. — Sa marche successive depuis la basilique romaine jusqu'au XVI$^e$ siècle, II, 12; — III, tout le chapitre I$^{er}$. — Magnificence architecturale du XIII$^e$ siècle, II, 13, 36 et suiv.; — III, 198. — Phases diverses de l'architecture, dirigée tantôt par le clergé, tantôt par les laïques, II, 25; — III, 51 et suiv., 193 et suiv., 200, — et toujours par le clergé jusqu'au XIII$^e$ siècle, II, 561; — III, 41 et suiv., 52, 54, 191, 200, 313; — ce qu'il faudrait encore, IV, 408. — Ses premiers types dans les catacombes, III, 5, 106, 188, — et non dans les basiliques romaines, 6, 106. — Les miniatures des manuscrits rendent très-bien l'architecture de leur époque, IV, 24, — qui participe même, par son style, du caractère de leur écriture, 25, — et de celui de la musique sacrée, 253. — L'architecture chrétienne incomplétement étudiée si on la sépare de l'esthétique et de la liturgie, III, 6, 193 et suiv. — L'Église y a imprimé sa théologie, 191, 200. (Voir *Théologie*.) — Ses imperfections du IV$^e$ au X$^e$ siècle, 14. — Renaissance des XI$^e$ et XII$^e$ siècles, et activité architecturale de cette époque, 20 et suiv., 243. — Ses causes morales, 23, 25, 194, 248 et suiv.; — IV, 430 et suiv. — Si la crainte de la fin du monde l'a entravée alors, III, 18 et suiv. — Apparition du grand appareil, 25, 51; — IV, 427. — Malheurs de l'architecture au moyen âge, 426. — Progrès du XII$^e$ siècle et de l'époque de transition, III, 29, 34, 187, 256; — ceux du XIII$^e$, 36 et suiv. — Ce que les constructeurs du VII$^e$ siècle ont emprunté aux Visigoths, 51. — Caractères de leurs constructions, IV, 25. — Époque ostensible des écoles d'architecture, III, 57. — Pourquoi le moyen âge n'a rien écrit sur les règles de l'architecture religieuse, 60; — IV, 24. — Que le style des constructions civiles diffère beaucoup, et en quoi, du style des monuments religieux, III, 62 et suiv. — Celui-ci trop peu observé dans S. Pierre de Rome, IV, 349 et suiv., 360. — Fausse histoire de la franc-maçonnerie du moyen âge, III, 196 et suiv. — Décadence du style ogival, IV, 345 et suiv., 347. — Fausse persuasion qui ferait chercher un genre d'architecture mieux accommodé pour les églises aux exigences symboliques des nôtres, III, 252 et suiv., 255. — Plans à essayer cependant, IV, 63 et suiv., 65. — Accord à rechercher entre le monument et son ornementation, III, 255. — Les progrès ou la décadence de l'architecture décident la marche des autres arts, IV, 19, 20, 25, 303, 397. — Cette décadence commence dès le xv<sup>e</sup> siècle, 207 et suiv. — Rapports entre le style monumental et celui de l'orfévrerie, 308. — Différence entre le style architectural des xii<sup>e</sup> et xiii<sup>e</sup> siècles, 313. — Décadence de l'architecture chrétienne, et ses derniers efforts au xvi<sup>e</sup> siècle, 392. — Mépris systématique professé contre l'architecture du moyen âge par les savants du xvii<sup>e</sup> siècle, 394 et suiv., — qui cependant avait fait preuve d'un beau génie, 397. — Comment elle s'efface et s'annule aujourd'hui encore aux mains d'architectes ignorants, 399 et suiv., 404 et suiv. — Services rendus par M. de Caumont, par la classification des époques monumentales du moyen âge, 402. — Que les laïques ne doivent se mêler d'architecture sacrée que moyennant des études d'esthétique, 409. — (Voir ÉGLISES.)

ARCHITECTURE PAÏENNE. Symbolisme de l'Inde dans ses temples, I, 162. — Origine de l'architecture, 218. — Génie de l'architecture, 219. — Idée des premiers temples païens, 222. — De l'architecture orientale ancienne, 223. — Symbolisme des *Ordres*, 224 ; — III, 329. — Ils ne valent pas les *styles* de l'art chrétien, 254. — Le symbolisme presque nul dans l'architecture païenne, I, 359 ; — III, 14, 329. — Tendances malheureuses de nos architectes modernes vers l'imitation de l'art païen pour faire des églises chrétiennes, 254 et suiv.

ARGENT, symbolisé par la lune, I, 60. — Ses autres significations symboliques, II, 548 : — de l'éloquence évangélique, IV, 41, — de la parole, 111.

ARIANISME, donne occasion au développement par les Pères du dogme de la Trinité, IV, 75.

ARINGHI. Intérêt qu'offre à la science symbolistique son *Roma subterranea*, II, 500, 505 ; — III, 86, 88.

ARISTOTE. Ce qu'il pense des nombres et de leur influence sur les choses humaines, I, 111, 113. — Ses préjugés sur les gemmes, II, 366. — « Patriarche des hérétiques, » 631 ; — IV, 344. — Sa méthode syllogistique appliquée à la théologie, III, 632 ; — IV, 344. — Aristote se faisant quadrupède sur un chapiteau, II, 23 ; — III, 311. — Ce qu'il dit du théâtre, IV, 190. — Le xv<sup>e</sup> siècle abuse de sa philosophie païenne, 344.

ARITHMÉTIQUE (voir MATHÉMATIQUES).

ARITHMOMANCIE. Traité de Del Rio sur ce sujet, I, 58, 115. — Principes des anciens, 114, 115.

ARMAGÉDON OU MAGEDDON, lieu symbolique, rendez-vous de Satan et de ses satellites, II, 275.

ARMOIRIES (voir *Blason*).

ARNAUD (de Bresse), hérétique du xii<sup>e</sup> siècle ; comment symbolisé par S. Bernard, II, 601 et suiv.

ART (L') a besoin du symbolisme, I, 12, 162, 348, 363 ; — II, 607 et suiv.; — III, 361. — Les arts remontent au berceau du monde, I, 17; — ils s'emparent de toute la vie humaine, quoique plus ou moins compris de chacun, 213; — II, 101; — IV, 2. — Ils n'existent pas sans le symbolisme, I, 214, 219, 221 et suiv. — Nombreux exemples du succès de ce moyen, 261 et suiv., 348; — III, 524. — Enchaînement et filiation des arts libéraux, I, 215. — Les Grecs plus distingués dans les arts que les Romains, 259, 262, 278. — Les idées morales doivent présider à l'art, 287 et suiv.; — III, 252. — Les arts, même dans l'antiquité païenne, doivent leur philosophie à l'esprit chrétien donné au monde dès le commencement, I, 348, 354, 362; — IV, 100. — Le but de l'art est de plaire, 115. — L'art inspiré toujours par Dieu ou par le démon, I, 355; — dans ses œuvres symboliques, II, 101; — III, 361. — Comment l'Église favorise les arts au point de vue de son enseignement, I, 363, 364; — II, 12 et suiv., 503, 561; — III, 149, 187, 361; — IV, 2, 200, 201, 206, 264, 268. — Causes morales de la décadence de l'art, II, 15; — III, 40, 98; — IV, 344. (Voir *Renaissance*.) — Motifs empruntés à la Bible, II, 101, 503; — III, 361. — Aspirations de l'art vers Dieu, IV, 100. — L'art chrétien accusé à tort de caprices inintelligents, II, 505, 561; — III, 40 et suiv., 62, 64, 241. (Voir *Clergé*.) — L'art n'est jamais plus près de sa chute que lorsqu'il atteint son apogée, III, 34, 39; — IV, 25. — Ce qu'on a gagné à vouloir de l'*art pour l'art*, III, 187, 278; — IV, 124, 268. — Harmonie des effets à chercher dans l'art, aussi bien que l'unité, III, 253; — IV, 113 et suiv. — Charlatanisme du prétendu art chrétien moderne, III, 278, 440; — IV, 268. — Emprunts faits par l'art chrétien à l'art antique pour la décoration des églises, III, 524. — Combien l'art était riche et savant au moyen âge, IV, 40 et suiv., 42. — L'histoire de l'art inséparable de celle de l'homme, et réciproquement, 234. — L'art doit tout au Christianisme et n'existerait pas sans lui, 283. — Comment le moyen âge excella dans les arts par son esthétique, 311. — Beaucoup de procédés y étaient pratiqués, qu'on a cru plus modernes, 311. — La morale inséparable de l'art, 342. — Chasteté de l'art au moyen âge, 383. — (Voir Clergé, Évêques.)

Artistes, doivent se former par l'étude de la philosophie spiritualiste, I, 349; — IV, 342; — commettent beaucoup de fautes par ignorance de leurs sujets, II, 436, 561, 634; — III, 277, 322; — IV, 22, 67, 120, 132, 135. — Ceux du moyen âge ou prêtres ou dirigés par les prêtres, II, 561; — III, 51 et suiv., 59, 327, 336. — En quel sens on doit entendre la liberté qui leur était laissée, et qui ne dégénérait jamais en caprice, 55, 149, 299, 327, 335, 344, 418, 529; — IV, 109, 147. — Refusant trop d'étudier, aimant mieux travailler par routine, 58, 72, 131. — Études indispensables à leurs travaux religieux, 59, 114, 144 et suiv. — Leur ingratitude envers la religion, à qui ils doivent tout, 283. — Devraient s'inspirer pour leurs sujets religieux des sentiments et du faire d'Ange de Fiésole, II, 608; — III, 251; — IV, 130, 350, 367 et suiv. — Ce qu'ils font au contraire, 378, 403 et suiv.

Arum, plante qui a donné son nom à la famille des aroïdes. Erreurs de M. Woillez dans l'application qu'il en fait à certaines idées symboliques, III, 532 et suiv. — Description de cette plante, 535.

Ascension de Notre-Seigneur. Dragon symbolique porté à la procession de ce jour en divers lieux, III, 391. — La procession des Rameaux en est une représentation symbolique, 563. — Autre image de ce fait dans un manuscrit du XVe siècle, IV, 34.

Ascia, symbole mystérieux des sépultures antiques; les chrétiens ne l'ont pas employé, III, 84.

Aser, fils de Jacob, symbolisé par les poissons du Zodiaque, II, 110.

Aspersion du sang des victimes dans l'ancienne Loi, symbole du sang de Jésus-Christ dans la nouvelle, II, 93. — (Voir Bénitier, Eau bénite.)

Aspic, sorte de serpent, symbole du démon, III, 361, 449.

Assomption de la Sainte Vierge. On y bénissait au XIIIe siècle des branchages nouvellement cueillis, II, 647. — Époque de l'institution de cette fête, III, 459.

Astaroth, nom symbolique du démon des richesses, III, 366.

Astrologie judiciaire, science spécieuse qui a peut-être inspiré quelques détails de la sculpture chrétienne, III, 349.

Astronomie, symbolisée ingénieusement sur le tombeau de Képler, I, 54. — Incertitudes sur son origine, 57. — Ses signes symboliques, 58; — ses relations et affinités avec la chimie, 61; — ses rapports avec le culte d'Isis, 89. — Soumise à l'influence des nombres, 111. — Son rôle dans la religion des Hindous, 169; — chez les Scandinaves, 181. — Était fort avancée chez les Hébreux, II, 110, 111; — inspire l'orientation des tombeaux, III, 79.

Athéisme. C'est par le symbolisme que le monde en a été préservé, I, 365.

Attila, repoussé par les Francs en Italie, où il meurt, IV, 426.

Attributs des Saints. Leur importance comme symboles, IV, 90. — A quelles sources puiser pour les connaître? IV, 92. — Les attributs servent à distinguer les Saints de tout autres personnes, et d'autres Saints, 95. — (Voir Cahier, Couleurs, Dieu, Nimbe, Trinité.)

Aube, tunique sacerdotale. Son histoire, ses conditions, son symbolisme, IV, 169. — Donnée à Moïse et à Aaron, 210, 211.

Aubépine fleurie, symbole du printemps, I, 208.

Auber (L'abbé), auteur de ce livre, a combattu longtemps pour le sujet qu'il y développe, I, 9; — II, 23; — IV, 419. — Son *Histoire de la cathédrale de Poitiers*; il en a fait une histoire de l'art au moyen âge, III, 258, 305; — IV, 414. — On a combattu ses principes d'esthétique, aujourd'hui admis de tous, I, 355; — II, 590, 591; — IV, 420; — et autorisés de tout temps par les érudits, II, 604 et suiv.; — III, 305, 533. — Attaqué à tort par M. Lenormand, dont il réfute les sophismes, I, 177; — III, 533 et suiv. — Comment il veut que la Sainte Vierge immaculée ne soit jamais représentée sans l'Enfant Jésus, IV, 137. —

Son but en écrivant ce livre ; ses espérances sur ses résultats, 413 et suiv.—Ce que pense M. de Caumont de ses travaux sur le symbolisme, 417. — Lettre à ce dernier en réponse à ces questions sur la marche du symbolisme du v<sup>e</sup> au xiii<sup>e</sup> siècle, 441.

AUGUSTE (L'empereur). Inutilité de ses efforts pour illustrer son règne par les arts, I, 260.

AUGUSTIN (S.) ne croit pas qu'on puisse connaître le sens de l'Écriture sainte sans la connaissance de l'hébreu, I, 46 ; — II, 470, 495. — Son estime du symbolisme et emploi qu'il en fait, I, 46, 119, 123 ; — II, 495 et suiv.— Belles qualités de son esprit, I, 122 ; — II, 494 et suiv. — Son traité *De la Musique*, I, 123, 129. — Ce qu'il dit du symbolisme des nombres, 125, 129, 138, 144, 146, 151, 487, 497. — Sa *Doctrine chrétienne*, II, 495. — Ne veut pas qu'on cherche le symbolisme dans les caprices de l'imagination, 96. — Son commentaire sur le *Lévitique*, 97. — Ce qu'il dit du *Cantique* de Salomon, 118, — de la durée des temps prédits par l'Apocalypse, 144 et suiv., — du jugement dernier, 183. — Il regarde Marie comme type de l'Église, 227, 234, 421. — Ses pensées sur la virginité et ses priviléges dans le ciel, 257. — Sa description de la sécheresse de l'an **396**, 267.— Son livre de la *Cité de Dieu*, 281, 283. — Son opinion sur le Paradis, 355, — sur le symbolisme du rocher de Moïse, 360, — sur les rapports symboliques entre l'Église et la lune, 437. — Ce que le pape S. Célestin I<sup>er</sup> pense de ses opinions individuelles, 469. — Comment il explique les six jours de la création, 470. — Ce qu'il dit des traditions apostoliques et des croyances de l'Église, 470, — et du serpent, 496. — Il reconnaît toujours dans l'Écriture Jésus-Christ sous l'écorce de la lettre, 516 ; — III, 3, 4. — Ce qu'il dit des phénomènes physiques de l'Eucharistie, 336, — et de l'Incarnation, 414.

AULU-GELLE, cité pour le symbolisme des nombres, I, 116.

AUMÔNE, symbolisée par le pélican, III, 211.

AURÉOLE (voir *Nimbe*).

AUSONE cité sur le nombre *neuf*, I, 117.

AUTEL ardent, symbole de Vesta, I, 58. — Les autels profanés, détruits jusqu'à la dernière pierre, 238. — Autel des holocaustes, II, 191. — Autel de bois de Séthim, III, 265, 266. — Autel chrétien, symbole de Jésus-Christ, II, 179 ; — III, 67, 68, 227, 266, 267 ;— toujours muni de reliques des martyrs, II, 179, 187, 197, — III, 262, — IV, 157, ou de parcelles de l'Eucharistie, 263 ; — figure de l'Église, II, 615 ;— III, 227.— Raison des cinq croix sur la pierre consacrée, II, 642.—Symbolisme du nombre impair des degrés de l'autel, III, 67, 68, 265 et suiv. — Il doit être en pierre, 68, 265 ; — conditions de cette pierre, 266, 267, 269. — Autels des cimetières, 84. — Le tabernacle doit être inséparable de l'autel, sauf de rares exceptions, 226 et suiv.—Détails de l'autel des églises, tous symboliques, 225 et suiv., 273 et suiv. — Autels fixes, 262. — Autel sculpté de Fontgombaud, orné des douze apôtres, II, 166. — Origine de l'autel chrétien, III, 262. — L'autel placé dans l'abside jusqu'au xii⁰ siècle, 168; — multiplicité des autels motivée à cette époque, 195, 268. — Son orientation normale, 226; — respect dont il est digne, 228. — Ses dimensions se sont progressivement augmentées, 229. — Autels portatifs, 264, 271; — IV, 305. — Sépulcre de l'autel, III, 264. — Autel ou confession de Saint-Pierre à Saint-Jean de Latran, 265. — Cérémonies symboliques de la consécration des autels, 267 et suiv. — Symbolisme de leurs *parements*, 268, 278, 289. — Simplicité primitive des autels et leurs richesses au moyen âge, 269, 275. — Autels de Mazerolles en Poitou, 270. — Le marbre peu convenable aux autels, et pourquoi, 273. — Conditions des autels d'orfévrerie, 272, — et de leur symbolisme, 273 et suiv. — Autels de Saint-Florent des Bois et d'Avenas, 276. — Autel des fonts baptismaux, 296 et suiv. — Quand on commença à placer l'image du Crucifix sur les autels, IV, 122. — Autel d'or de Bâle en Suisse, 309; — celui de Saint-Denys donné par Suger, 318. — Quel genre de beauté réclame l'autel catholique, 321 et suiv. — Devants d'autels, et industries à leur appliquer, 322. — (Voir ORFÉVRERIE, TABERNACLE.)

AUTBIE, village de Normandie; démonologie du portail de son église, IV, 453.

AUTPERT (Ambroise), écrivain symboliste du viii⁰ siècle. Sa vie et son caractère, II, 530; — ses *Discours monastiques*, et leur esprit symbolique, 531.

AUTREVILLE, village des Vosges. Son église et son curieux tabernacle, III, 280.

AUTRUCHE, a un nom symbolique, I, 35. — Symbole du démon, II, 519. — Image des déprédateurs, III, 446.

AVARICE. Symbolisée par une femme dont un crapaud ou un serpent dévore la poitrine, II, 272. — Avare puni par le démon, III, 379.

AVENAS, village de Bourgogne. Bel autel du xii⁰ siècle dans son église, III, 276.

AVENT, symbolisme de ses Offices, II, 138; — IV, 31. — Anciennes coutumes d'Auxerre et de Clermont, 183.

AVEUGLE de Jéricho, symbole de la nature aveuglée par le péché, IV, 132.

AVRIL. Ses caractères symboliques dans le cycle zodiacal, III, 458.

AXE longitudinal des églises. Sa déviation symbolique (voir *Églises*). — Nombreux exemples de ce symbolisme, III, 171. — Exagération de ce moyen, et fausses conséquences qu'en tirent quelques archéologues, 172. — Ne pas le négliger dans les constructions modernes, IV, 65, — ni dans la crucifixion, 128.

AYALA (Interian de), religieux espagnol, auteur du *Pictor christianus eruditus*, livre à étudier par les peintres, IV, 145.

AYZAC (Mᵐᵉ Félicie d') promet un livre sur les nombres, I, 155. — Ses travaux sur les physiologues du moyen âge, II, 246; — sur le symbolisme d'Hugues de Saint-Victor, 568.

AZARIAS. Signification hébraïque de ce nom, I, 44.

AZUR ou couleur *bleue* du blason. Ce qu'il signifie, II, 548.

# B

BABEL. La construction de sa tour suppose déjà un grand développement des arts primitifs, I, 17.

BABYLONE dépeinte avec ses désordres sous le nom de Rome païenne, II, 218, 244. — Punie providentiellement et ruinée pour ses crimes, 258 et suiv., 283 et suiv., 294 et suiv.; — III, 370. — Raisons de ce nom donné à la cité la plus coupable de l'Occident, II, 285 et suiv. — Symbolisée sur un chapiteau de Chauvigny-sur-Vienne, 287; — IV, 332. — Causes morales et matérielles de sa chute, II, 299.— Détails de cet événement, 303.

BACCHUS a pour attributs le thyrse et une couronne de pampre ou de lierre, I, 84. — On place ses temples près des théâtres, 227. — Ses statues faites du bois de la vigne, 268. — Son thyrse changé en balai dans la cabale moderne, III, 397. — Usages impurs de son culte, 397, 409.

BACON (Roger), inventeur de la poudre et des effets de la vapeur, II, 622; — conçoit la première idée du calendrier grégorien, II, 678.

BADIGEONNAGE, ne doit pas s'appliquer aux meubles plus qu'aux monuments, IV, 114.

BAGAVADAM, livre sacré des Hindous. Singulières explications qu'en tire M. Portal, I, 341.

BAILLET, hagiologue du XVIIe siècle. Ses tendances jansénistes contre les miracles, et ses injustices contre Jacques de Varaze, II, 648, 657.

BAISER DE PAIX, observé entre les fidèles dans la primitive Église, III, 205.

BALAAM, faux prophète; prédit l'étoile qui sortira de Jacob, II, 156, 397. — A le même caractère chez le peuple de Dieu que les sibylles chez les païens, IV, 96. — Représenté aux catacombes, 131. — Son rôle dans le drame liturgique de la Circoncision, dite *fête de l'âne*, IV, 211 et suiv.; — que ce rôle a fait donner le nom à la fête, 215.

BALAI, employé aux scènes de la cabale. Origine de cet usage, III, 397.

BALANCE (La) du Zodiaque. Son signe symbolique, I, 58. — La prophétie de Jacob en fait le symbole de Dan, II, 109. — Symbole de la justice, 177; — III, 87, 463. — Indique la famine, II, 177. — Satan pesant les âmes dans une balance (voir *Pesée des âmes*).— Symbole de l'égalité des jours et nuits, III, 460.

BALDAQUIN (voir CIBORIUM).

BALEINE. Son nom symbolique, I, 34. — Contes des physiologues à son sujet, III, 498 et suiv. — Symbole du démon, *ibid.* — Sa gueule.

figure de l'enfer ou du purgatoire, 499. — C'est le Léviathan de Job, *ibid.*

BANC D'ŒUVRE dans les églises. Sa destination; ses conditions convenables, III, 217.

BANDE, pièce de blason. Ce qu'elle représente, II, 545.

BANNIÈRE brisée, attribut de la Synagogue, II, 448.

BAPTÊME. Le triple baptême de l'eau, de la pénitence et du feu symbolisé par les trois nuances de la couleur bleue, I, 314. — Baptêmes musulmans, 318. — Symbolisme du baptême catholique, II, 20, 167, 360, 394, 527, 534, 645; — III, 119, 131; — IV, 74, 151. — Donné par immersion jusqu'au XIII$^e$ siècle, II, 167, 645; — IV, 151, 296, 297; — et alors aussi par infusion, II, 403. — A été symbolisé par la mer de verre ou les nuages posés sous les pieds du Sauveur, 341; — par l'eau du rocher de Moïse, 360; — par l'eau que donne à Élie la veuve de Sarepta, 517; — par celle sortie du côté percé de Notre-Seigneur, 522, 645; — par les trois aspersions des murs dans la dédicace des églises, IV, 74; — par les anneaux de l'Arche d'alliance, II, 645; — par la Circoncision, III, 299; — par la mer d'airain de Salomon, *ibid.*; — par l'immersion de Naaman dans le Jourdain, *ibid.* — Comment le baptême ensevelit le fidèle avec Jésus-Christ, II, 527; — III, 296. — Ses effets spirituels symbolisés dans la légende de S. Genès, II, 534. — Réservé, au XIII$^e$ siècle, pour les samedis veilles de Pâques et de la Pentecôte, 645; — cérémonies bien plus anciennes qui s'y pratiquaient, IV, 180. — Baptême des cloches, III, 124 et suiv. — Symbolisme du baptême par immersion, 296, 297. — Baptêmes du centurion Corneille et du philosophe Craton représentés sur des fonts baptismaux, 299. — Le baptême symbolisé par une bouteille; pourquoi, IV, 450 et suiv. — (Voir ABLUTION, BAPTISTÈRE, FONTS BAPTISMAUX.)

BAPTISTÈRES. Les plus célèbres de l'Italie ravis aux païens et devenus des églises chrétiennes, III, 108. — Baptistères octogones, et leur raison symbolique, 294. — (Voir FONTS BAPTISMAUX.)

BARBE, signe de deuil, comme les cheveux longs ou courts, selon les usages de divers pays, I, 197 et suiv. — Symbolisme des visages imberbes, III, 145; — IV, 120. — La barbe, indice de force morale, III, 145; — IV, 120. — Quand elle est donnée ou non à Jésus-Christ, 120; — aux Prophètes, 210.

BARBE-BLEUE (voir *Retz*).

BARCHOCHÉBAS, *fils de l'Étoile*, imposteur qui se prétend le Messie, II, 194.

BARD (Le chevalier), liturgiste incomplet. Ses erreurs archéologiques, III, 117.

BARDES. Symbolisme de leurs poésies, I, 181.

BARIL, symbole du vin eucharistique sous forme de modillon. Son rôle dans la consécration des évêques et au sacre des rois de France, III, 130.

BARNABÉ (S.), apôtre, nommé après l'Ascension du Sauveur, et pour cela mentionné au *memento* des morts dans le canon de la Messe, III, 148.

BARQUE de S. Pierre, symbole de l'Église, II, 430; — III, 190; — expliquée par S. Hippolyte d'Ostie, II, 431.

BARRE, pièce de blason. Ce qu'elle signifie, II, 545, 546.

BARTHÉLEMY (S.), apôtre, symbolisé par la sarde, II, 380. — Controverse sur ses attributs iconographiques, III, 147. — Comment la *Légende dorée* établit le rôle du démon dans le martyre du Saint, 366.

BARTHÉLEMY (M. Anatole de). Son *Essai sur l'origine des armoiries féodales*, II, 541.

BARTHOLOMÉO (Fra), peintre et sculpteur italien de la Renaissance, dominicain; sculpte un saint Marc dépourvu de tout symbolisme, IV, 367.

BASAN, auteur du *Dictionnaire des graveurs*; se trompe sur une estampe d'Albert Durer, IV, 366.

BASILE (S.), Père grec du IVᵉ siècle. Ce qu'il dit du travail, et du bœuf qui le symbolise, III, 452. — Emprunt qu'il avoue des préjugés zoologiques des anciens au profit du symbolisme, 471. — Ses charmantes réflexions sur la rose et ses épines, 517.

BASILIC. Sa description d'après Pline, I, 93. — Oiseau et serpent, III, 466. — Symbole de l'éternité, 1, 63, — de la royauté, 188, — de la trahison, II, 601, — du démon, III, 361, 449; — IV, 437. — Dompté par un évêque, III, 466.

BASILIQUES, n'ont pas été, comme on l'a cru et redit, le type primitif des églises chrétiennes, III, 6 et suiv., 105. — Elles manquaient du symbolisme chrétien, 8; — comment on l'y compléta en les adoptant, 9 et suiv., 133. — Quelques basiliques romaines avaient jusqu'à cinq et sept nefs, 176.

BASTARD (M. le comte Auguste de). Analyse de son beau recueil: *Peintures et ornements des manuscrits du Vᵉ au XVIᵉ siècle*, II, 454. — Sa dissertation sur la crosse émaillée de l'abbaye *de Tiron*, 455; — III, 340 et suiv., 381; — IV, 163. — Son *Rapport sur l'histoire de la cathédrale de Poitiers*, IV, 38, 334.

BATHILDE (Sᵗᵉ), reine de Neustrie, femme de Clovis II. Beau calice qu'elle fait confectionner par S. Éloi pour son abbaye de Chelles, IV, 293. — Elle pourvoit magnifiquement à la sépulture de ce Saint, 295.

BATISSIER, auteur de l'*Histoire de l'art monumental*; se trompe sur l'action symbolistique des couleurs dans la peinture chrétienne, IV, 10.

BAUME, liqueur produite par l'arbre de ce nom et qui entre dans la composition du saint chrême, III, 361.

BÉATITUDES (Les huit), représentées par des étoiles à huit rayons, II, 152; — III, 109 et suiv. — Symbolisme de leur nombre, 294.

BÉATRICE, symbole de la théologie dans la *Divine Comédie* de Dante, II, 665. — Erreur de Balbo sur ce point, 667. — Caractère de cette beauté idéale, 669. — Béatrice, femme de l'empereur Frédéric Barberousse, III, 110.

BEAULIEU, de Niort. Extrait de son *Mémoire* sur l'origine de la musique, I, 64.

BEAUTÉ artistique ; idée que s'en faisaient les anciens, I, 258. — Le beau est la parure de la vérité, 349, — IV, 385, — et ne se trouve qu'en elle, II, 4. — L'unité est sa première condition, III, 253 et suiv.; IV, 120. — Théorie catholique de Balthazar Castiglioni sur le *beau* et le *bien* philosophiques, 385. — Fausse théorie du beau qui le fait consister dans la perfection de nudités déshonnêtes, 389 et suiv. — La beauté artistique ne vient pas seulement des formes du corps, mais de tous les agencements qui lui conviennent, 390.

BECCARIA. A quelles conséquences conduit son système contre la peine de mort, II, 85.

BÈDE (Le V.). Ce qu'il dit des symboles de la numération, I, 56, 135, 138 ; — de son application aux sciences, 98, 134. — Un des premiers symbolistes, II, 20, 523, 526. — Ses œuvres sont une encyclopédie des sciences de son temps, I, 134 ; — II, 522.

BÉHÉMOT, nom symbolique du démon dans Job, III, 361.

BELHET (Jean), liturgiste du XIIIe siècle, symboliste éminent, II, 20. — Ses livres de liturgie et d'exégèse, 579 et suiv.

BÉLIER (Le) du Zodiaque. Signe qui le symbolise, I, 58 ; — II, 110. — Pourquoi donné au mois de mars, III, 458. — Est le symbole des sacrifices antiques, I, 369. — Symbolise Notre-Seigneur, II, 86, 99 ; — III, 462. — Bélier vu en vision par Daniel, II, 88 et suiv. — Il symbolise aussi les Apôtres et les chefs des peuples, III, 462.

BEMBO, cardinal de la cour de Léon X, chef des cicéroniens. Ridicules prétentions de son latin, IV, 382.

BÉNÉDICTION, signe de la puissance souveraine du sacerdoce, II, 346. — Mystère de la bénédiction de Jacob sur Éphraïm et Manassé, 452 et suiv. — Les évêques bénissent seuls jusqu'au VIe siècle, 346. — Depuis quand la bénédiction est donnée par le prêtre à la fin de la messe, 346. — Bénédiction latine, III, 334 ; — IV, 110. — (Cette bénédiction se fait par une main dont l'index et le doigt du milieu sont étendus, et les deux autres baissés et serrés contre la main : c'est un symbole de la Trinité. — La bénédiction grecque, bien plus compliquée, s'efforce de représenter par le jeu des cinq doigts les lettres I par l'index allongé, le C par le *medium* recourbé, le X par l'annulaire croisé sur le pouce, et le dernier C, par le petit doigt recourbé.)

BÉNÉFICES. Abus des bénéfices ridiculisé dans une vignette du XVe siècle, IV, 34.

BÉNITIER. Son histoire, son but dans les églises ; détails de son ornementation symbolique, III, 209 et suiv.— Bénitier de Spire et ses images symboliques, II, 511. — (Voir Eau.)

BENJAMIN, fils de Jacob, symbolisé par le Capricorne du Zodiaque, II, 110.

BENOÎT (S.). Pourquoi a partagé en sept parties l'Office canonial, I, 131.— Il ordonne le travail manuel dans ses monastères, III, 46 , — où l'on cultive les lettres dès le commencement, 47. — Trait de sa vie ressemblant à un trait de la vie de S. Jean l'Évangéliste , IV, 37, 92. — Pourquoi le corbeau est son attribut spécial, 92. — Pourquoi S. Benoît a une clochette brisée, *ibid*. — Prescriptions symboliques de sa règle, 180.

BENOÎT XIV (Le pape) interdit certaines images peu convenables de la Sainte Trinité, IV, 80.

BÉRENGOSE, symboliste du XIIe siècle. Ses écrits, II, 562.

BERGIER (L'abbé). Comment trompé par les encyclopédistes voltairiens sur ses articles de théologie, IV, 96, 226.

BERNARD (S.), évêque de Hildesheim. De quelle habileté il fut dans tous les arts, III, 57.

BERNARD (S.), abbé de Clairvaux. Ce qu'il pense du symbolisme des nombres, I, 137. — Mal compris sur un célèbre passage de ses écrits relatif au luxe des églises monastiques, II, 23, 139, 501, 583 et suiv. — Examen de ce passage, 593 et suiv.; — III, 33, 154, 378; — IV, 433, 436. — Son commentaire sur le Cantique de Salomon, II, 132. — Date précise de cet écrit, 133. — Ce qu'il dit de l'Apocalypse sur la Sainte Vierge , 240. — Caractère général de ses écrits et beauté de son génie, 582 et suiv. — Variété de ses travaux, 583 et suiv.— Comment il traite l'Écriture par la méthode symbolistique, *ibid*. — Sa parabole des sept pains, 586. — Emploie le symbolisme des bestiaires contre Arnaud de Bresse, 601, 602,—III, 344, — et en d'autres cas, 154 ; — ce symbolisme bien plus ancien que lui, 378. — Le dernier des Pères de l'Église au moyen âge, II, 606. — Il délivre une femme du démon à Nantes, III, 426. — Son traité *Vitis mystica*, ou Des plantes et fleurs symboliques, 570.— N'est pas l'auteur de l'hymne *Lætabundus exsultet*, IV, 254.

BERNARD (Dom), abbé de la Trappe de Thymadeuc en Bretagne. Son éloge, II, 604.

BÉROSE, historien grec. Sa statue à la langue dorée, I, 269.

BESAN, monnaie sarrasine. Sa signification héraldique, II, 545.

BESSARION, cardinal de la cour de Léon X ; un des chefs cicéroniens du langage païen dans les choses saintes, IV, 382.

BESTIAIRES (voir PHYSIOLOGUES).

BÊTE symbolique de l'Apocalypse, figure de Rome païenne et de ses fureurs contre les chrétiens, II, 218, 337. — Son nom applicable à Dioclétien par le nombre **666**, 252 et suiv. — Vêtue de rouge, 284.— Explication de ses sept têtes, 289; — III, 359, 52. — Elle signifie l'Antechrist, 323 , 456; — 370. — Ses satellites, II , 324. — Sa punition, 336 et suiv. — Ses sept têtes comparées aux sept péchés capitaux, III, 527. — (Voir *Animaux*.)

BEURRE, symbole biblique de la sagesse et de la richesse spirituelles, I, 304.

BÈZE (Théodore de), a calomnié le *Cantique des Cantiques*, II, 115.— Ses *Juvenilia*, impardonnables recueils de gaudrioles obscènes, IV, 386.

BHAVANI, déesse hindoue de la nature, I, 160.

BIBERON, attribut de la sibylle Cymmérienne, IV, 101.

BIBLE. Elle donne les origines les plus raisonnables des choses humaines, I, 29, 297; — III, 441; — IV, 239. — Ses histoires ont droit à notre croyance, I, 30 et suiv. ; — II, 33. — Comment les écrivains sacrés traitent le symbolisme des nombres (voir *Nombres*). — Liberté d'interprétation laissée par l'Église quant au *sens spirituel* des Livres saints, et ses avantages, I, 106 ; — II, 81, 82, 93, 107. — Symbolisme des deux Testaments, I, 135, 216; — II, 5 et suiv., 10, 11, 37, 38, 39, 48, 394, 526, 535; — III, 299. (Voir *Parallélisme*.) — Ils s'expliquent l'un par l'autre, II, 58 et suiv., 67, 78 et suiv., 156, 186, 378, 466, 535. — Les Livres sapientiaux, I, 187; — II, 40. — Les plus anciens commentaires symbolistiques, dans S. Méliton, 479. — L'Écriture, source de la vie éternelle, 60. — Le Nouveau Testament contenu en germe dans l'Ancien, 466, 467. — Étude attentive, nécessaire pour l'interprétation de la Bible, I, 326, 327, 331, 340, 342, 344 ; — II, 32, 36, 44, 55, 56, 67, 121, 400, 495 et suiv. ; — III, 441, 450. — Caractères différentiels des deux Testaments, II, 42, 43, 449, 526 — Charmes du symbolisme catholique étudié dans la Bible, I, 369; — II, 11, 31, 134, 135, 173, 188, 415, 463; — III, 361; — IV, 16, 17 ; — et inspirant l'art plastique, 369. — La morale des peuples formée et entretenue par la lecture des Livres saints, II, 30. — L'histoire sainte s'est perpétuée et reproduite dans l'architecture chrétienne, 31, — dans les manuscrits, 31, — dans les verrières, 121. (Voir *Bourges, Poitiers, vitraux*.) — La Bible, principale source du symbolisme et des vérités catholiques, 31, 32, 33, 44, 48, 93, 170, 173, 415, 466 ; — III, 361, 441. — Comment S. Bernard a symbolisé le Cantique des Cantiques, II, 134 et suiv. (Voir *Cantique*.) — Authenticité des Livres saints, d'après le Concile de Trente, 36. — Ses règles d'interprétation, 33, 36, 50 et suiv., 57 et suiv.; — l'Église seule peut nous les donner, 33 et suiv., 55. — Sens littéral, et exemples, 50; — abus à y éviter, 56, 58, 79, 107, 495.— L'esprit et la lettre, 129, 495, 499. — Sens allégorique ou figuré, 51, — le plus usité, 58, 79, 80, 115 ; — indiqué souvent par Jésus-Christ et les Apôtres, 60, 61; — ne peut être adopté qu'à leur suite, 80, 81, 469, 470 ; — souvent mêlé au sens littéral, 81, 86, 102, 107, 633. — Sens moral ou tropologique, 52; — quel emploi l'Église en sait faire, 227, 555; — employé surtout par S. Augustin, 97, 145, 495, 515 et suiv. — Sens anagogique ou spirituel, 53, 64, 161, 184, 282, 536; — III, 199; — IV, 433. — Sens accommodatice, II, 54, 646; — règles pour n'en point abuser, 55. — Sens superhistorique, 238, 428, 463, 517, 559; — nombreux exemples de ce moyen,

560, 565; — III, 335. — Application de ces quatre sens au seul mot de Jérusalem, II, 54. — Caractères de l'inspiration divine dans les saintes Écritures, 33, 58, 59, 60, 84, 93, 104, 173, 416. — Quelles erreurs possibles à ceux qui refusent à l'Église le droit d'en maintenir le sens réel, 34, 35, 36, 56, 117, 399. — Analyse de tous les livres de la Bible, d'après S. Jérôme et autres docteurs, 36 et suiv. (Voir *au nom de chacun des livres bibliques.*) — Prééminence du Nouveau Testament sur l'Ancien, 67, 449, 573. — Concordance de l'un et de l'autre, 69, 107, 108, 156, 164, 565; — IV, 16, 17, 50, 375. — Ouvrages capables de guider sûrement dans l'étude de l'Écriture sainte, II, 56 et suiv., 94, 132, 174, 526, 553. — Tout converge à Jésus-Christ dans l'Écriture, 58, 60, 78, 82, 107, 498, 499; — IV, 17. — Symbolisme des faits historiques de la Bible, 178 et suiv., II, 409, 413, 498; — IV, 50, 132. — Règles pour les bien comprendre, II, 79; — IV, 16. — Symbolisme des *Idiotismes* bibliques, I, 34; — II, 73, 319, 342, 364, 411. — Vivacité de son style tout oriental, 121, 125. — Passages expliqués par l'Esprit-Saint lui-même, 94, 448. — Certains livres de la Bible ne peuvent être lus qu'avec prudence et précaution, 116, 126, 135 et suiv. (Voir OBSCŒNA.) — Travaux d'Alcuin continués après lui pour la révision du texte de la Vulgate, 553. — Traductions des XVIe et XVIIe siècles, et leur naïveté, III, 415 et suiv. — Zoologie biblique, 441, 465 et suiv. — (Voir PARALLÉLISME.)

BIEN (Le) moral, inséparable du bon et du beau, IV, 385.

BISOMUM et TRISOMUM. Sens de ce mot dans les sépultures, III, 87.

BISTRE ou *Tanné*, couleur mixte; donné en signe néfaste, I, 306, 338, 339, 343. — La théorie de M. Portal un peu obscure, 338. — Dragon roux de l'Apocalypse, 339. (Voir DÉMONOLOGIE.) — Cheval roux, II, 176. — Le bistre, couleur de la pénitence, I, 345, — de la guerre et de toutes ses analogies, II, 176. — Employé pour rendre certains objets selon leur couleur naturelle, et alors dépourvu de symbolisme, IV, 14.

BLANC (Le), ville du Berry (Indre). Son église Saint-Génitoux; déviation de son axe, III, 171.

BLANC, couleur symbolique donnée à l'Espérance, I, 293, — aux candidats pour les charges publiques, 293, — aux ailes de la Victoire, 293. — Pierre blanche pour les suffrages des assemblées populaires, 293; — II, 155. — Le blanc est un des signes symboliques de la Divinité, I, 297, 298. — Symbolise le jour, 296, 297, 298, — le sacerdoce, 299, 309, 345, — IV, 210, — la raison et la sagesse, I, 345, — II, 157. — Le blanc consacré dans certaines fêtes publiques des Romains, I, 298, 299, — et d'autres peuples, II, 157, — et, par analogie, à toutes les idées du bon et du beau, I, 299, 300, — II, 181, 315. — Son *opposition*, IV, 12. — Robes blanches des Saints, II, 157, 160, 181, 187, 312, 315, 316, 338, — des Anges, 263, 298. — Cheval blanc, symbole de Notre-Seigneur en plusieurs livres bibliques, 174 et suiv.; — IV, 12. (Voir CHEVAL et JÉSUS-CHRIST.) — Fêtes chrétiennes dont le blanc est le symbole, II, 315; — IV, 176, 179. — Robe blanche de l'Église, II, 448.

BLASON, un des plus anciens usages des *armes parlantes*, I, 48. —

514    HISTOIRE DU SYMBOLISME.

Origine du blason et des armoiries, II, 540, 541 et suiv., 545, 547; — leurs développements, 541, 543, 544; — IV, 174. — Les devises ou cris de guerre, II, 540. — Les symboles, 543. — Les pièces du blason sont autant de symboles, 541; — IV, 33. — Sa déchéance au xv⁰ siècle, II, 549; — IV, 33. — Les couleurs héraldiques ne viennent pas des Arabes; elles ne leur doivent que leurs noms, II, 542, 547, 548; — appelées du nom général d'*émaux*, 542, 546. — Armes parlantes, 546; — IV, 39, 175. — Écu de France, I, 312. — Écus donnés aux vertus chrétiennes et refusés aux vices à la cathédrale d'Amiens, II, 543. — Armes *à enquerre*, 543 et suiv. — Pièces *honorables*, 545. — Meubles, 545, 549. — Merlettes, 545. — *Supports* ou *tenants*, 546. — Pièces *accompagnées* ou *cantonnées*, 546. — Les couleurs *au naturel* ne datent que du xiv⁰ siècle, 547. — Les hachures, 548. — Les *métaux* et leur signification, 548. — Les *fourrures*, 549. — Les couronnes, 549. — Armoiries des villes, des communautés et corporations; leur utilité, 550. — Sens général des pièces mises sur les écussons, 551; — IV, 33, 39. — Les pièces les plus simples indiquent les familles les plus anciennes, II, 551; — le contraire applicable aux plus modernes, 552. — Traité à faire sur le langage symbolique des familles nobles, 552. — Armoiries des Papes à Rome dans le pavé d'églises restaurées par eux, III, 153. — Les armoiries moins employées au moyen âge comme types d'orgueil nobiliaire que comme marques distinctives des familles, 301. — Armoiries de la famille d'Orfeuille en Poitou, IV, 33. — Armoiries mutilées ou détruites par des architectes ignorants, 44. — Armoiries sur les étoffes des vêtements sacrés; raisons de cette parure, 175. — *Importance de l'étude des armoiries féodales*, par M. Anatole de Barthélemy, II, 541. — (Voir ENSEIGNES.)

BLASPHÈME, symbolisé par une langue tirée, II, 269. — Sa punition, IV, 461. — (Voir LANGUE.)

BLÉ, symbole de l'Eucharistie, I, 208; — IV, 211. — Moulu par S. Paul II, 573; — IV, 18. — Autres acceptions symboliques, I, 328. — Épi de blé donné à Daniel pour attribut, IV, 211.

BLEU, couleur symbolique de la dignité royale en France, I, 312. — Autres attributs, 313. — Donné aux Élus, II, 338; — pourquoi, IV, 13, — à Jésus-Christ, à la Sainte Vierge et à quelques Saints, 13. — Figurant au fond des vitraux les saphirs mentionnés dans l'Exode, 18. — Couleur bleue donnée aux Dieux secondaires de la mythologie, I, 314; — IV, 13. — Diverses teintes du bleu, et degrés du bien qui leur correspondent, I, 314, 317. — N'est pas soumis à la règle des *oppositions*, 316, 317; — exceptions à cette singularité, 317, 318, 248. — A peut-être remplacé le noir à cause de sa teinte plus foncée, 316. — Nimbes bleus donnés aux dix têtes du dragon apocalyptique, II, 248. — Couleur bleue; donnée au démon, 325, 338; — était admise au xiii⁰ siècle dans les ornements sacerdotaux, 643.

BLUET, symbole des désirs du ciel; trouvé dans un tombeau, I, 199.

BŒUF, a un nom symbolique, I, 35; — figure les ministres catholiques, II, 99, — III, 448, — ou le sacrifice de soi même, II, 100, — III, 136.

— Un des animaux du Tétramorphe, II, 176. — Image des Juifs, III, 135, — du démon, *ibid.*, — des appétits terrestres de l'avarice, 135. — Autres emblèmes favorables, 136, 452. — Figurait au temple de Salomon, 136, 299. — Servant de piédestal à des statues, 136. — (Voir TAUREAU.)

BOIS sacrés, consacrés aux faux dieux, I, 229.

BOISMORAND, seigneurie du Poitou. Son ancienne chapelle funéraire, à peintures symboliques, III, 90.

BOISSÉRÉE, auteur de la *Description de la cathédrale de Cologne*; entend bien le symbolisme, III, 127, — mais s'y égare quelquefois, 185 et suiv.

BOISSY (Desprez de). Ses *Lettres sur les spectacles* condamnent trop exclusivement ces représentations, qui ne sont pas mauvaises de leur nature, IV, 193.

BONAVENTURE (S.), cardinal, écrivain du XIII$^e$ siècle. Caractère de ses écrits mystiques, II, 638.

BONIFACE (S.), évêque de Mayence au VIII$^e$ siècle. Son poème *Des Vertus* et ses autres écrits symboliques, II, 529.

BONIFACE VIII (Le pape) donne la robe rouge aux cardinaux; pourquoi, IV, 177.

BONNEAU, sculpteur distingué, auteur de la façade de l'église Saint-Jacques, à Châtellerault, III, 322.

BONNE-FOI, vêtue de blanc, I, 293.

BORDEAUX. Sa belle église de Saint-Seurin, et ses riches symboles funéraires, II, 358; — III, 189. — *Obscœna* prétendus de l'église Sainte-Croix, 428.

BOSSUET. Il explique l'usage de la parole donnée à l'homme pour distinguer les animaux par des noms symboliques, I, 31. — Ce qu'il pense du symbolisme des nombres, 140. — A refuté Jurieu et Newton sur l'Apocalypse, II, 142. — Ce qu'il dit des temps prédits par ce livre, 144 et suiv. — Force un peu le sens spirituel quelquefois, 168; — découvre le nom de Dioclétien dans le chiffre **666** de la bête apocalyptique, 253, 255. — Ses étranges idées sur la valeur de l'architecture romane ou gothique, IV, 396.

BOTANIQUE, soumise, comme la zoologie, à beaucoup d'erreurs chez les anciens, III, 528.

BOUC, symbole de l'impureté, II, 100; — III, 363, 445; — des pécheurs et des réprouvés, 134, 135, 363. — Satan à tête de bouc sur des crosses, 381. — Le bouc émissaire, II, 460. — Symbole du Sauveur, par *opposition*, 99. — Les boucs placés à la gauche du souverain Juge, 460, 637; — III, 447. — Le *Pilosus* d'Isaïe, 363.

BOUCLIER *rond* donné par les peintres des croisades aux Sarrasins, et *long* aux chrétiens de l'Occident, IV, 147.

BOUILLERIE (M$^{gr}$ de la), évêque de Carcassonne. Sa haute intelligence du symbolisme, et ses travaux sur cette science, IV, 413.

BOUILLON (Le P. J.-B.), capucin. Son *Esprit du Saint Sacrifice*, IV, 196.

BOULE surmontée d'une croix, symbole de la planète de la Terre, que les âges chrétiens ne supposaient pas sans le Christianisme, I, 58. — Boule du monde donnée quelquefois au Sauveur Enfant, et confondue avec la pomme d'Adam, IV, 132, 133.

BOURBON (Charles, Connétable de). François I$^{er}$ fait peindre la porte de son château en jaune, comme signe de félonie, I, 305; — IV, 15.

BOURGES. Belles verrières de la cathédrale, où se voit l'Église nourrissant les Élus de son lait, II, 121. — Le bon Samaritain, 176, 314; — IV, 12. — L'enfant prodigue, I, 346; — II, 176; — IV, 12. — La correspondance des deux Testaments, II, 186, 201; — IV, 16, 17. — Le hibou tentateur, II, 302. — Le mauvais riche et Lazare, 339, 354. — Trois verrières résumant l'ensemble des scènes apocalyptiques, 401 et suiv., 448. — La résurrection du Sauveur et ses détails *superhistoriques*, 559. — Les cornes de Moïse, 634. — Les cinq portes de la façade de la basilique, III, 161.— Détails sur les beautés esthétiques de toutes ces verrières, IV, 9 et suiv. — *La Nouvelle Alliance*, 16 et suiv.

BOUTEILLE, ou vase de verre, qu'on peut boucher et qui flotte sur l'eau quand elle y est vide; comment elle est le symbole du baptême, IV, 450 et suiv.

BRAHM (voir BRAHMA).

BRAHMA, une des personnes de la trinité indoue, I, 156, 162.

BRAMANTE, architecte italien du XVI$^e$ siècle; fait le plan de Saint-Pierre de Rome, que Michel-Ange rectifie, IV, 359.

BRANDT (Sébastien), poète allemand du XV$^e$ siècle. Idée de sa satire de la *Nef des Fous*, et influence de son livre sur l'iconographie de cette époque, et réciproquement; particularités bibliographiques qui se rattachent à cet ouvrage, IV, 233.

BREBIS, image du peuple, I, 202, — des chrétiens fidèles, II, 99, 637; — III, 135. — Brebis tondue, symbole de la pauvreté volontaire, II, 493. — La brebis figure aussi l'innocence et la douceur, 498.

BRETAGNE. Singularités des ornements architectoniques de ses églises, III, 307.

BRÉVIAIRE romain, jugé au point de vue de ses légendes, II, 658. — Est une source de symbolisme, IV, 183.

BRIQUE. Dessins ou écritures symboliques tracés sur la brique, par Ézéchiel, II, 103.

BROU, petite ville de Bourgogne (Ain). Sa charmante église gothique bâtie en **1500**, IV, 392.

BRUNON D'ASTI (S.), symboliste du XII$^e$ siècle. Ses écrits, II, 556.

BRUYÈRE, symbole de l'humilité, III, 484.

BUFFAMALCO (Buonamico), peintre italien du XIV$^e$ siècle. Son *Monde créé* au Campo-Santo de Pise; esthétique de cette belle composition, IV, 370.

Buffle, taureau sauvage. (Voir Taureau.)

Burettes d'argent pour la messe; on s'en servait dès le v<sup>e</sup> siècle, IV, 290.

Byzantin (style), signalé avec ses variantes symbolistiques; donne un nimbe d'or à Satan, II, 242, — et dix autres à la bête de l'Apocalypse, 248. — Ses traditions identiques pour la représentation des mêmes sujets partout et toujours, 341. — Époque de l'arrivée des artistes byzantins en Europe, IV, 427.— Richesse de ses ornements et de ses costumes, II, 458; — III, 247, 325. — Beaucoup d'objets d'art passent pour byzantins et n'en ont que le style, II, 577. — Durée de la période byzantine de l'art monumental, III, 58; — IV, 427. — Caractères des églises byzantines du iv<sup>e</sup> au vii<sup>e</sup> siècle, III, 13, — du xii<sup>e</sup>, II, 35, 249, 465. — Caractères de l'ornementation byzantine, III, 16, 42, 331, 465; — IV, 350. — Qu'il ne faut pas attribuer toutes les œuvres artistiques de caractère grec à des ouvriers de Constantinople, comme on le fait trop souvent pour des peintures du moyen âge, 53. — Les Vierges assises sont d'origine orientale, 134.

# C

Cabale, prétendue science. Ses symboles, I, 175 et suiv. — Sa nouveauté relative, quoi qu'en disent ses adeptes, 177. — Philosophie occulte des Juifs, III, 348 et suiv. — A donné naissance aux scènes démoniaques du *sabbat*, 395.

Caducée, attribut de Mercure, I, 169.

Cahier (Le P.), jésuite. Ce qu'il dit de la science philosophique des nombres, I, 108, — de chapiteaux chrétiens qu'il croit d'origine scandinave, II, 9, — de Gog et Magog, 330. — Sa perspicacité archéologique, 402. — Comment il explique le bouc placé entre les bras de la Synagogue, au pied de la croix, 460, — et les rouleaux ou phylactères des Prophètes, 461. — Sa traduction du *Bestiaire* ou *Physiologue* de Tatien, 484. — Comment il explique et admet le sens superhistorique donné par certains artistes à des faits de l'histoire sainte, 559. — Ses *Caractéristiques des Saints*, IV, 93, 146; — ses utiles données sur le théâtre du moyen âge, 228.

Caillère (La), village du Poitou (Vendée). Étroitesse singulière des bas-côtés de son église romane, III, 175.

Caïn. Sa signification symbolique, I, 39.

Caïphe. Signification de ses vêtements déchirés en présence du Sauveur, II, 499.

Caladès, caricaturiste grec. Comment il peint un général souvent battu, 1, 289.

Calandre, oiseau qui guérissait de la jaunisse en regardant ceux qui l'avaient, III, 473.

HISTOIRE DU SYMBOLISME.

CALEB, nom symbolique du chien en hébreu, I, 40.

CALENDRIER, pourvu de signes symboliques chez les Romains, III, 454. — Variantes quant à l'ouverture de l'année, 456.

CALICE, orné de l'image du Bon-Pasteur dès le temps de Tertullien, II, 18, — IV, 286 ; — recevant le Sang divin au pied de la croix du Calvaire, II, 448. — Ce calice tenu par l'Église ou par des Anges, surmonté d'une hostie à la cathédrale de Strasbourg, *ibid*. — Attribut de l'apôtre S. Jean, III, 145. — Pourquoi sa coupe d'où sort un serpent, *ibid*. — Calice auquel boivent des colombes, 332, — IV, 333, — ou des animaux hybrides, III, 333. (Voir HYBRIDES.) — Calices de verre et de terre employés au IVe siècle, IV, 286, 289; — calices à anses pour la communion du Précieux Sang, 288, 290, 293 ; — autres qui n'étaient que de parure, 288. — Beau calice orné par S. Éloi de symboles chrétiens, 289, 293 ; — autre donné par Ste Bathilde à son abbaye de Chelles, 293. — Calices ornés de filigranes, 207. — Mauvais goût des calices du XIVe siècle, 329 et suiv. — Idée d'un calice à confectionner selon les inspirations d'un symbolisme convenable, 330. — Symbolisme du calice en lui-même, et ses diverses significations mystiques en bonne ou en mauvaise part, 332. — Calice de S. Ildefonse, et symbolisme dont il s'entoure au VIIe siècle, 333 et suiv. — Calice sculpté sur la tombe des prêtres ou dans leur tombeau, 335. — Conditions de formes, de solidité et d'ornementation d'un calice, 335 et suiv.; — n'y pas prodiguer les émaux, et pourquoi, 336.

CALIXTE (Le pape S.) fonde la première église qui ait succédé aux catacombes à Rome, III, 44.

CALLOT a dû s'inspirer pour quelques-uns de ses dessins démonologiques de certaines miniatures du moyen âge, II, 338. — Sa *Tentation de S. Antoine* empruntée à S. Athanase, III, 372.

CALMET (Dom), savant interprète de la Bible. Citations de son commentaire sur la Victime *sans défaut*, I, 299. — Ne semble pas bien comprendre un passage de Tobie et de l'Apocalypse, II, 163 ; — se tient plus volontiers au sens littéral, 167, — et quelquefois trop, 319.

CALOMNIE. A des ailes noires dans Silius Italicus, I, 293. — Comment elle est symbolisée dans un tableau, 281, 289.

CALVAIRE, situé sur le tombeau d'Adam, II, 459.

CANCER ou ÉCREVISSE, signe du Zodiaque. Sa représentation symbolique, I, 58. — Pourquoi comparé à Zabulon dans la prophétie de Jacob, II, 109. — Pourquoi placé au mois de juin, III, 458. — En quoi il symbolise le démon, 462, — et la Synagogue, IV, 33.

CANOPE, vase égyptien, surmonté d'une tête d'homme ou d'oiseau, I, 87.

CANOVA. Son tombeau symbolique du pape Clément XIII, III, 134. — Beauté chaste de son *Thésée* et de sa *Madeleine*, IV, 390.

CANTIQUE DES CANTIQUES de Salomon, II, 40. — D'où lui vient ce nom, 135. — Son ensemble ne peut être pris que dans le sens figuré, 80,

115, 117, 118, 131. — Les plus célèbres impies ont soutenu le contraire, 115, 117. — Contradiction de Voltaire sur ce point, III, 410. — N'est qu'un épithalame sous la forme d'une pastorale poétique, II, 116, 117, 129. — Caractère moral de cette composition, 116, — reconnu de tous les Pères, 117, 118, — et de Bossuet, 118, 131. — Plan et détails de cette églogue, 118 et suiv., 125. — On y voit la figure de Jésus-Christ et de l'Église, 119 et suiv., 537. — Rapprochements entre ce livre et beaucoup de traits bibliques qui lui semblent empruntés, 120, 127. — Style vif et coloré de cette littérature, 121 et suiv., 124. — Mauvaise foi des calomniateurs de ce livre ; comment il faut donc le juger, 128, 131, 135 ; — III, 405. — Imitation allemande du Cantique, II, 129 et suiv. — Idée du Commentaire de S. Bernard, 132 et suiv. — Cette lecture ne va qu'aux âmes pures, 134 ; — III, 415. — Exposition par une religieuse napolitaine, II, 139.

Cantiques scripturaires, pleins de beautés littéraires et de symboles. Cantique de la victoire de S. Michel sur le démon, II, 235 et suiv.—Des cent quarante-quatre mille vierges de l'Agneau, 257, — de Moïse et celui de l'Agneau chanté par les Élus, 263.

Capricorne (Le) du Zodiaque. Comment symbolisé, I, 58. — Ce qu'il y symbolise lui-même, III, 461, 464. — Classé parmi les animaux impurs du Lévitique, II, 444. — Hybride avec un griffon, IV, 38.

Cardan. Ses écrits sur les sciences occultes, I, 98.

Cardinaux. Raison de leur habit rouge, I, 310 ; — IV, 177. — Origine probable des noms de famille *Cardinal* ou *Cardinaux*, 198. —Les cardinaux Bembo et Bessarion, chefs des cicéroniens au XVIe siècle, 382.

Carême. S. Grégoire le Grand y interdit le chant de l'*Alleluiâ*, IV, 158. — Pourquoi le sous-diacre n'y prend pas sa tunique habituelle, 171. — Les ornements violets y sont un signe de pénitence, 176. — Le Carême avait ses drames liturgiques, 199.

Caricature, chez les anciens ; avait son côté symbolique et moral, I, 289. — Erreur de certains archéologues croyant reconnaître des caricatures et des satyres dans quelques sculptures des églises chrétiennes, II, 10, 22, 26, 27. (Voir Clergé.)— Le meunier des stalles de Mortain, 27. — Caricature de Notre-Seigneur Jésus-Christ faite par les Romains et retournée contre eux par Tertullien, III, 378. — Satire exercée par l'art chrétien contre le démon et les impies, II, 28. — Que jamais les artistes du moyen âge ne s'en sont permis contre le clergé jusqu'au XVe siècle. —(Voir Artistes, Clergé.)

Carlstadt, l'un des premiers iconoclastes du protestantisme, IV, 352. — Ses excès en dépit de Luther, 353.

Carmel, montagne, symbole de la tempérance, III, 102.

Caron, nocher mythologique des enfers, introduit par Michel-Ange dans son *Jugement dernier*, IV, 363.

Carré, symbolise les perfections de Dieu, II, 372. — Cette forme donnée à la Cité céleste dans l'Apocalypse. Raison qui l'a fait donner à quelques villes du moyen âge, 373, — et qui peuvent le faire donner à la piscine baptismale, III, 296.

CART (Mgr), évêque de Nîmes. Son tombeau remarquable dans la cathédrale de cette ville, III, 303.

CARTES à jouer, n'ont qu'un symbolisme conjectural, II, 549.

CASTIGLIONI (Balthasar), poète et philosophe chrétien de la Renaissance. Son livre du *Courtisan*; sa théorie catholique du *beau* et du *bon*, IV, 384 et suiv.

CASTILLE, un des anciens royaumes de l'Espagne. Ses armoiries parlantes, IV, 175.

CATACOMBES. Elles eurent des peintures symboliques dès qu'elles furent ouvertes aux chrétiens, II, 148, 358, 499.—Variété de ces images, 360, 483, 499 et suiv.; — III, 86, 303, 309, 331, 469, 521, 522;—IV, 3 et sv., 49 et suiv., 421. — Elles ont déterminé les règles symboliques des âges suivants, II, 439, 452, 468, 505; — III, 174, 188, 331, 336, 469.—Idée du livre d'Aringhi, *Roma subterranea* (voir ARINGHI). — Autres auteurs plus modernes, II, 505. — Les catacombes sont le premier type des églises chrétiennes, III, 4, 5, 6, 7, 174; — ouvrages publiés sur ce sujet, 5, 6.— Le symbolisme architectural à peine sensible dans les catacombes, 331; — comment la chasteté n'y est pas blessée par les nudités des peintures, 412. — Images du Sauveur, des Apôtres et des Justes, 521, — IV, 50, 84, 94, 121 et suiv., — et de Marie, 131. — Époques de ces peintures, et leurs caractères différents selon les temps, 50, 421.— On n'y trouve pas de symboles de la Trinité; pourquoi, 75. — On y voit le nimbe autour de la tête de l'Enfant Jésus, 84, 86. — Adoration des Mages, 132. — L'orfèvrerie sacrée y était ignorée, 285 et suiv.

CATALANI, liturgiste italien. Son interprétation du *Cérémonial des Évêques* et du *Pontifical*, IV, 159.

CATÉCHISME. Ce qu'on y enseignait sur l'usage des peintures murales et des vitraux coloriés au XVIIe siècle et bien avant, III, 321, 387 et suiv; — IV, 3 et 4.

CATHÉDRALES. Celle de Marseille rebâtie en 1856 sur les fondements de son premier baptistère et les débris d'un temple de Diane, II, 113. — Leurs enseignements iconologiques, 343.

CAUMONT (M. le comte de), fondateur de l'Institut des provinces de France. Sa classification des monuments du moyen âge, point de départ de la science architecturale de notre temps sur le moyen âge, IV, 402 et suiv. — Son *Bulletin monumental*, 403. — Utilité de ce recueil, 438. — Ce qu'il écrit à l'auteur de ses travaux sur le symbolisme, 417. — Lettre de celui-ci en réponse à plusieurs questions de M. de Caumont sur l'Histoire de l'imagerie symbolique, 441.

CAVALIER des médailles gauloises et des tympans des églises romanes, signe d'indépendance et de la victoire des Gaulois,— et de l'Église chrétienne, I, 266; — II, 175, 457, 489; — III, 34, 162 et suiv. — Cavalier roux de l'Apocalypse, I, 306; — II, 176.—Cavalier blanc, 314, 315, 323.

— Les cavaliers *des trois vifs et des trois morts*, III, 90. — Le *Cavalier de la mort*, d'Albert Durer, IV, 358.

CAYLUS, n'a pas compris la Table Isiaque, I, 86. — Appréciation de son caractère scientifique, et de son *Recueil d'antiquités*, 280.

CÈDRE. Son bois incorruptible devrait le faire préférer à la pierre pour les tabernacles; il symbolise Notre-Seigneur, l'Église et les Justes, III, 558; — IV, 90.

CEINTURE d'or, symbole de la chasteté, II, 150, 263. — Ceinture ou cordon du prêtre, se revêtant pour célébrer les saints mystères; son symbolisme, IV, 169. — Agabus s'entoure les pieds de la ceinture de S. Paul, II, 103.

CÉLESTIN I<sup>er</sup> (S.), pape. Ce qu'il dit de quelques opinions individuelles des Pères, II, 469, — du symbolisme de la liturgie, 500.

CELSE. Idée de son *Véritable Discours* contre le Christianisme, réfuté par Origène, I, 60.

CELTES. Leurs rapports avec les Scandinaves et les Calédoniens pour l'usage des symboles, I, 180. — Orientation symbolique de leurs sépultures, III, 79.

CENDRE, symbole de pénitence et de deuil, II, 305; — III, 267.

CÈNE du Jeudi saint, préfigurée par Salomon dédiant le temple de Jérusalem, I, 238. — La Cène des noces de l'Agneau, II, 312, 313, — symbole de la gloire céleste, 323.

CENTAURE, symbole de l'habileté des cavaliers gaulois, I, 266. — Démons définis et symbolisés par S. Grégoire, II, 519; — III, 363, 469. — Le centaure Chiron est-il le sagittaire du Zodiaque? 460. — Origine mystique du centaure, et sa raison dans l'art chrétien, IV, 13. —(Voir SAGITTAIRE.)

CENTULE, abbaye de Picardie, fondée par S. Riquier en 625, sur un plan triangulaire, en l'honneur de la Sainte Trinité, IV, 73.

CERCLE, figure de géométrie; symbole de Dieu, I, 53 et suiv., — du soleil, 60, — de l'or en métallurgie, 60, — de l'année, 303.

CÉRÈS, symbolisée par une faucille, I, 58, 83, — ou une gerbe, 83, 300. — Son temple s'élevait dans les campagnes, 227. — Immoralité de ses mystères, 252 et suiv. — Vêtue de noir, 292; — ayant un dauphin et une colombe, 292. — On lui élevait des temples ronds, 360. — Dupuis en fait la sainte Vierge Marie, 367. — Sa corne d'abondance, II, 74. — Est-elle la vierge du Zodiaque? III, 459.

CERF. Signification symbolique de son nom, I, 34. — Symbole de Diane, 264. — Sa valeur dans le blason, II, 546. — Apparaît à S. Jean de Matha, 619. — Son rôle dans la symbolique chrétienne, III, 126, 290, 303, 363, 380, 448, 469, 493. — Légendes des physiologues, 492 et suiv. — Le cerf au pied de la croix; ennemi du serpent, *ibid.*; — IV, 328.

CÉSAIRE (S.), évêque d'Arles au VII<sup>e</sup> siècle, explique le symbolisme du bâton d'Élisée ressuscitant l'enfant de Sunam, II, 106, 516 — Il a la manière de S. Augustin, 515, 516.

Chaînes, symbole de captivité, I, 203. — Envoyées dans ce sens par Jérémie aux rois d'Édom et de Moab, II, 103. — Agabus s'entoure de la ceinture de S. Paul, 103.

Chaire a prêcher. Sa place normale dans l'église ; ses conditions ; erreurs à ce sujet ; son histoire, III, 215 et suiv. — Inconvenance des chaires de pierre, 217 ; — IV, 116. — Chaires de Saint-Paul à Salonique et à Corinthe, III, 215. — Comment orner les chaires sans manquer aux convenances du goût et du savoir, IV, 116. — Quelques-unes supportées par un Samson, 354 ; — surmontées d'un Ange sonnant de la trompette, 354.

Chaise-Dieu (La), abbaye d'Auvergne. Description de la *Danse macabre* de son église, III, 93 et suiv.

Chalcédoine, pierre précieuse, gage de succès dans les entreprises, II, 366. — Symbolise la charité, et par cela même le patriarche Joseph et l'apôtre S. Jacques le Majeur, 379.

Chaldéens. Leurs signes dactylologiques, I, 55. — Ont-ils inventé l'astronomie ? 57, — et les sciences superstitieuses ? 98.

Chalembron, ville du royaume de Toujaour, dans l'Inde. Symbolisme de son temple, I, 162.

Chalon-sur-Saône. *Mystères* représentés dans cette ville pour conjurer la peste de **1497**, IV, 204.

Chalumeau d'or ou d'argent, destiné à aspirer le Précieux Sang du calice, IV, 288.

Cham, fils de Noé, regardé comme le premier fauteur de l'idolâtrie, I, 79. — Les nègres sont sa postérité, et le type du démon, III, 366.

Chameau. Pourquoi on en a fait le symbole du Sauveur, IV, 221, 222.

Champollion jeune. Ses savants travaux sur les symboles égyptiens, I, 21, 91. — Comprend mieux qu'aucun autre la Table Isiaque, 86, 87, 88.

Chancel ou Table de communion, ou, dans quelques auteurs, espace entre le chœur et le sanctuaire. Son symbolisme, III, 224. — Lieu ordinaire de la sépulture du curé, 225.

Chandeleur (La), (voir Présentation).

Chandelier à sept branches de Moïse ; ce qu'en fait Dupuis, I, 367. — Symbole du Saint-Esprit, IV, 326. — Symbolisé par ceux de l'Apocalypse, II, 150, 197. — Pourquoi on en met sept à la messe épiscopale, 149 ; — IV, 323. — Les sept chandeliers de l'Apocalypse, II, 150. — Symbolisme de la lumière évangélique, 153, 197, 215, 402 ; — III, 86, 135, 229. — Les deux chandeliers symbolisant les deux témoins du Seigneur, II, 213. — Les couronnes de lumières, et *arbres* des XIIe et XIIIe siècles, 600 ; — IV, 327, 328. — Couronne de lumières d'Aix-la-Chapelle, III, 109 ; — IV, 327, 328. — Les chandeliers, symbole des docteurs de l'Église, III, 230. — Histoire des chandeliers de l'autel, 229 ; — IV, 322 et suiv. — Chandeliers à symboles démoniaques, III, 380. — L'*Arbre de la Vierge* à Milan, 419; — IV, 327, 391. — Formes variées et toutes symboliques des chandeliers à diverses époques, 324 et suiv.—Celui du cierge pascal et ses formes artistiques, 325. — Effets disgracieux des souches en fer-blanc, 326.— Pauvreté des lustres en cristal comparés aux chandeliers du moyen âge, 328.

CHANT grégorien. Son symbolisme dans la prière ecclésiastique, III, 223; — IV, 239, 241, 260, 269.— Comme le chant s'identifie au cœur humain, 255, — dont il est inséparable, 236. — Son origine dans la plus antique expression musicale de l'homme, 236, 259. — Il en déchoit sous l'influence de l'idolâtrie, 236.— Bel effet du chant religieux par des voix alternées, 239, 260.— L'Église s'est toujours opposée, pour ses cérémonies, à l'emploi de la musique profane, 264 et suiv. — Symbolisme de la *prose des Morts* « Dies iræ, » II, 636; — IV, 255. — Vains efforts de la *musique* pour en dépasser l'effet, II, 637. — Le chant de la Passion dans la Semaine sainte, IV, 197; — celui de la *Préface* et du *Pater*, 240, 247, — du *Veni Creator* et du *Pange lingua* de la Passion, 241, — du *Kyrie*, 246, — et des plus beaux chants devenus populaires, 274. — Comment ce symbolisme s'est effacé, 242, 250, 263 et suiv. — Vicissitudes successives de son exécution liturgique, et leurs causes multiples, 243. — Le chant réformé par S. Grégoire le Grand; histoire de cette réforme, 244 et suiv., 247. — Le plain-chant seul convenable à la liturgie catholique, 245 et suiv., 250 et suiv., 254, 266, 267 et suiv., 272. — Il a subi beaucoup de modifications et en reçoit encore trop aujourd'hui, 247, 248, 273. — Travaux modernes pour le reconstituer, 248 et suiv. — Histoire de la réforme de Guy d'Arezzo, 249 et suiv., 253, — et de la décadence actuelle, 250 et suiv., 260, 269, 273, 274, — due à l'intrusion dans l'église de la musique profane, 254, 264 et suiv., 269. — Caractère mélancolique du chant au moyen âge, conservé jusqu'à nous dans les hymnes liturgiques, 257 et suiv. — Que ce caractère, alors généralisé, doit être plus varié aujourd'hui, 258. — Déplorables abus de l'exécution actuelle du plain-chant par des chantres sans éducation ni piété, 269, 281. — Que ce chant n'a plus aujourd'hui ni mélodie ni unité, 273 et suiv. — Dans quels tâtonnements il s'est jeté de nos jours sous prétexte de revenir *au romain*, 273 et suiv. — Convenance du chant et des paroles, indice d'une composition fort ancienne, 274, 276. — Défaut du chant moderne, dont le symbolisme disparaît de plus en plus, *ib.* et suiv., 279. — Abus du même chant imposé à des hymnes sans analogie entre elles, et, à ce sujet, prétentions peu raisonnables du *Directorium chori*, 278, 279. — (Voir MUSIQUE.)

CHAPE, vêtement de cérémonie ecclésiastique. Son origine, ses usages, sa signification symbolique, IV, 168.—Chape de Charlemagne à Aix-la-Chapelle, 174.

CHAPELLES latérales des églises et celles de l'abside. Époque de leur multiplication dans les églises; cause de leur grand nombre, III, 174, 268. — Réfutation du faux système de M. Delécluse à cet égard, 194. — Chapelles des fonts baptismaux; leurs conditions symboliques; motifs de leur tenue décente et respectueuse, 293, 295. — Leur décoration picturale, 299.

CHAPITEAUX. Gracieux effets de leurs symboles variés, III, 177, 330. — Symbolisent l'Écriture sainte par leur ornementation, 178, 333. — Chapiteaux peu symboliques de l'art païen, 329; — ceux de l'art chrétien, immense ressource pour l'esthétique, 330, 440, 523. — Leur origine, 331.— Caractère du chapiteau corinthien, 329 et suiv., 334, 354, 336, — du dorique, 331. — Progrès de l'ornementation des chapiteaux, selon les époques de la sculpture, 332 et suiv. — Leur belle filiation, 336, 357. — Explication de leurs feuillages et enroulements, 527. — Sauterelles de l'Apocalypse à Chauvigny, à Saint-Savin et à Vézelay, II, 205.— La Babylone abandonnée, à Chauvigny, 287.— L'âne d'Argentan, III, 327. — Sujets multiples à reproduire par la sculpture chrétienne, II, 604. — Chapiteau légendaire de Rolduc, III, 189. — Les chapiteaux mieux traités en se rapprochant du sanctuaire, 335, 337; — pourquoi, 343. — Variété de leur démonologie, 348, 355.

CHAPITRES. Leurs origines, III, 47. —Comment ils entrent au x$^e$ siècle dans le mouvement artistique, 57, 58. — Leur office canonial, rétabli en France par le concordat de 1802, doit être entouré de recueillement, 221 et suiv. —Doivent concourir avec l'Évêque au soin matériel de leur cathédrale, 302. — Les membres des Chapitres cathédraux ont le droit de porter l'anneau, IV, 163 et suiv.

CHARDON, symbole de la pénitence, III, 182, 567.

CHARITÉ, vertu théologale représentée par la mauve, I, 208, — par l'or, II, 372, — par la colombe, 531, 532 (voir COLOMBE), — par le grenat, 617, — par le platane, III, 214. —Sainte Charité, II, 657.

CHARLEMAGNE. Il inspire à Paul Diacre son *Homiliaire*, II, 528. — Lueurs peu durables de son règne sur la littérature contemporaine, 533. — Son tombeau à Aix-la-Chapelle, III, 109. — Sa chape toute couverte de fleurs et d'animaux symboliques, IV, 174. — Auteur du *Veni Creator*, 241. — Travaille en France à introduire le chant grégorien, 245, 248. — Il favorise l'orfévrerie sacrée, 302 et suiv., 305.

CHARLES VII, roi de France, abolit en 1445 la *fête des Fous*, IV, 228.

CHARLES BORROMÉE (S.). Idée de son livre d'*Instructions pour la construction des églises*, III, 238, 284, 295 et suiv. — Il veut qu'on isole les clochers de leurs églises, sans en donner de raison, 120. — Ses prescriptions à l'égard des fonts baptismaux, 295, 297.

CHARLES LE CHAUVE. Son goût pour l'orfévrerie sacrée, IV, 305.

CHARROUX, ville et abbaye du Poitou (Vienne). Ses beaux reliquaires du XIII$^e$ siècle, IV, 321.

CHARTRES. Description de l'*Arbre de Jessé*, pris dans une des verrières de sa cathédrale pour une histoire de Brahma, I, 341. — Sa belle crypte, III, 189. — Clôture sculptée du chœur, 432. — Sa statuaire, IV, 38; — sa Vierge noire, 134. — L'Église de Chartres chante encore des répons de son évêque du XIe siècle, S. Fulbert, 253. — Beauté de sa statuaire ; *La Création*, 369, 383.

Chasse, symbole de la persécution du démon contre les âmes justes, II, 429, 503 ; — III, 462, 504. — Sa valeur symbolistique dans l'iconographie, II, 506, 507, 511 ; — III, 126, 363 ; — IV, 463. — Comment l'art chrétien s'en est maintes fois emparé, II, 508, 602 ; — III, 126, 128. — Chasse sur un reliquaire, II, 508, — sur des tombeaux chrétiens, 457, 509, — III, 88, — et sur un bénitier, II, 511 ; — dans les sculptures des églises, 126, 127, — dans leur pavé, III, 155. — La qualification de chasseur presque toujours prise en mauvaise part dans l'Écriture, II, 510 ; — IV, 463. — La *Chasse-Gallery*, II, 27. — La chasse, un des caractères du mois de juin dans les zodiaques sculptés ou peints du moyen âge, III, 458, — et du mois d'octobre, 460.

Châsses (voir Reliquaires).

Chasteté, symbolisée par la corneille, I, 93, — la colombe, 93, — II, 531, — III, 505, — la licorne, 251, 459, — l'ivoire, 503. (Voir Nénuphar, Lis). — La chasteté du langage moins scrupuleuse dans les peuples primitifs ou dans les écrivains sacrés qui prêchent l'horreur du vice, II, 126, 127, 129, 130 ; — III, 405, 406. — Celle des costumes au moyen âge, 420. — Symboles différents de la chasteté chez les païens et les chrétiens ; plus parfaite chez ces derniers, 250 et suiv., 407 et suiv., 410, 412. — Terrassant un porc à Montoiré, 251. — Éloge de la chasteté dans les Livres saints, 406, 411. — La décadence des mœurs impose plus de réserve au langage, 407, — et aux habitudes, 408, 409 et suiv., 411, 412, 416. — Crimes sociaux des anciens sur ce point, 410, 412. — Comment les Pères traitaient hardiment les impudiques de leur époque, 412 et suiv., 424. — Traduction de la Bible des XVIe et XVIIe siècles, 415. — Style des prônes gardé bien plus tard dans sa naïveté, 416. — Comment le moyen âge a enseigné et protégé cette vertu, 424, 427 ; — IV, 378, 387, 389. — La modestie, gardienne de la chasteté, 389.

Chasuble, vêtement sacré de l'évêque et du prêtre offrant les Saints Mystères. Son histoire et son symbolisme, IV, 171 et suiv. — Variations malheureuses de sa forme, 172.

Chat, symbole de l'adultère, I, 188, — IV, 464, — de l'adresse perfide, III, 446, — IV, 464. — Fouetté par un singe, 29. — Symbole de l'hypocrisie, 33, 38, 464. — Image du démon saisissant sa proie, 232. — Ses défauts naturels le font toujours prendre en mauvaise part chez les symbolistes, 463 et suiv.

Chateaubriand. Singulière phrase de son *Atala*, II, 613.

Chatellerault, ville du haut Poitou. Description des modillons de la façade de l'église Saint-Jacques, représentant les articles du Symbole, III, 319.

Chauve-souris, symbole de l'idolâtrie, III, 446 ; — IV, 444.

Chauvigny-sur-Vienne. Sculpture de sauterelles de l'Apocalypse dans sa belle collégiale, II, 203, 205 ; — III, 336 ; — de la Babylone abandonnée, II, 287 ; — III, 336 ; — de Daniel, 138, 336,— et des autres mystères évangéliques, 337.

CHAVIN DE MALLAN a bien écrit du symbolisme, sauf quelques erreurs, II, 515.

CHEF, terme de blason. Sa signification symbolique, II, 545.

CHEMIN DE LA CROIX, dévotion chrétienne. Son origine et son but, III, 157; — IV, 67. — Abus qui se commettent dans son iconographie, 68, 69, 70 ; — ressources qu'on trouverait pour elle dans les vastes surfaces murales des églises, 69. — Beaux types à prendre dans l'art du moyen âge, 69.

CHÊNE, symbole de la force, I, 207, 209, — III2, 14, 564, — de l'immortalité, 82, 85, 564, — IV, 423. — Consacré à Jupiter, I, 230, 239, 268. — Sa feuille parfaitement imitée au XIIIe siècle, III, 537. — Le chêne doit être préféré pour les meubles de l'église, tant pour son symbolisme que pour sa durée, IV, 116.

CHEVAL; symbolise la majesté, I, 202, — l'indépendance, 226. — Cheval blanc des triomphateurs à Rome, 298 ; — II, 314. — Chevaux de l'Apocalypse ; le feu de leurs narines, I, 340.— Cheval blanc, 201 ; — II, 174, 175, 344 ; — IV, 12. — Cheval noir, II, 174, 177. — Cheval roux, 176 ; — pâle, 178. — Opposition symbolique de leurs différents rôles, 178 ; — IV, 12. — Chevaux hybrides portant la mort devant et derrière eux, II, 208. — Cheval blanc du Samaritain, IV, 12. — Cavales de Salomon, II, 122. — Cheval blanc de l'Apocalypse ; ses différentes significations, 174, 175. — Cheval noir, symbole du péché, 174. — Légende du cheval volé, dans une crypte de Rolduc, en Belgique, III, 189.— Le cheval, symbole de la majesté souveraine en Chine, I, 202.—L'Occident le prend pour celui de la luxure et des emportements désordonnés, IV, 12, 452, 498.

CHEVALERIE. Elle a fait naître l'art héraldique, II, 540. — Ordres de chevalerie religieuse, 550. — Romans de chevalerie les plus célèbres au moyen âge, 675. — Les vertus symbolisées par des chevaliers, III, 427. — Décadence de la chevalerie au XVe siècle ; efforts de René de Provence pour la soutenir, IV, 204.

CHEVET des églises (voir ABSIDE).

CHEVEUX, symbole des choses du monde et de ses plaisirs, I, 203 ; — II, 205.— Cheveux des Juifs habituellement roux, I, 344 ; — ceux de l'Epouse des Cantiques semblables à un troupeau de chèvres, II, 122.— Cheveux blancs de Jésus-Christ, 150, 205. — Cheveux de femme, faiblesse et mollesse, 203, 205 ; — cheveux d'homme, force et dignité, 205.

CHÈVRE, symbole de l'indépendance, II, 123, 124, — des gentils convertis à Jésus-Christ, 512, — III, 464, — de l'âme solitaire, *ibid*.

CHEVREAU, symbole de Notre-Seigneur, IV, 221.

CHEVRON, pièce héraldique. Sa signification, II, 545, 546.

CHIB, symbolisé par un buffle, I, 161.— Caractère de ce dieu égyptien, III, 408.

CHIEN, symbolise la bassesse et la méchanceté, I, 195, 396, — III, 127, 258, 445, — l'adultère, I, 202, — et l'impudeur, II, 396, — la fidélité, I, 207, — III, 81, 301, 447. — Opposition de ses qualités et de ses défauts, I, 359, 397. — Image des mauvaises passions, II, 512. — Le lévrier, symbole de l'activité, 546, — et de la fidélité conjugale, III, 301. — Le chien donné souvent dans l'iconographie comme un accessoire des personnes nobles, 81, 91. — Image de Satan poursuivant les âmes, 126. — Chien dévorant le pain des Anges, 128. — Chien hybride, personnification de Satan, IV, 30.

CHIFFLET (Jacques). Son système sur les abeilles d'or trouvées dans le tombeau du roi Childéric I$^{er}$, qu'il prend pour des fleurs de lis, III, 547 et suiv. — Conflit scientifique à ce sujet, 548; — IV, 292.

CHIFFRES. Antiquité de leur découverte, I, 51, 97, 98 et suiv. — Leur usage chez tous les peuples, et leurs formes variées, 52, 55. — Ne semblent pas avoir servi de symboles, 55. — Chiffres des Hébreux, et leurs notions d'arithmétique, 100; — chiffres des Grecs, 108.

CHILDÉRIC I$^{er}$, roi des Francs. Découverte de son tombeau à Tournay; si les abeilles d'or qu'on y trouve peuvent passer pour des fleurs de lis, III, 547. — Richesse des autres bijoux de cette sculpture, IV, 292.

CHIMÈRE, animal fantastique; symbole de la vigilance, I, 235, — et des mystères chrétiens, IV, 423.

CHIMIE. Son antiquité et sa marche à travers les siècles jusqu'à nous, I, 59, 60; — ses rapports avec l'astronomie dans les rêveries des anciens, 61.

CHINOIS. Symbolisme de leur écriture, I, 23 et suiv. — Ils le tiennent de peuples plus anciens, 24. — Tombeau symbolique de Paul Hu à Nankin, 201. — Symbolisme de leurs navires, 243 et suiv., — de leurs couleurs, 300. — Laideur calculée de leurs idoles, II, 336.

CHŒUR de l'église. Sa voûte abaissée symboliquement au-dessous des autres travées, III, 182, 222. — Sa clôture doit être entourée d'autant de recueillement que possible; ses particularités symboliques, 220 et suiv., 223.

CHOU, ornement en acrotère couronnant les sommets d'une église ou d'un pignon au XIV$^e$ siècle, III, 131, 537; — employé en chapiteau au XV$^e$ siècle, 566.

CHOUETTE (voir HIBOU).

CHRÊME, symbole de la royauté; appliqué aux autels dans leur consécration, III, 267, — aux rois, aux baptisés et aux prêtres; sa composition, son symbolisme, 560 et suiv.

CHRISCHNA, dieu hindou, incarné pour sauver les hommes, I, 313. — Bleu céleste, 314.

CHRISME, monogramme et symbole chrétien. Son histoire, II, 148, 149, 155, 357; — ses variétés, 358; — son symbolisme, III, 16, 85, 86, 87.

CHRISTIANISME. A adopté, en les sanctifiant, beaucoup de pratiques des païens : les bois sacrés, I, 230, — les ablutions, 318, — les initiations (voir *ce mot*). — A bâti ses églises sur les ruines des temples d'idoles, II, 114, — et remplacé les faux dieux par ses Saints, III, 105. — Le Christianisme, régénération nouvelle par la charité, I, 320. — Il a inspiré, comme principe de toute vérité sociale, les arts et toutes les données de la civilisation païenne, 348, 354; — IV, 283. — Il était préparé par l'ancienne Loi, I, 352. — Il a purifié l'art des souillures du paganisme, 366; — III, 105; — IV, 284. — Adopte le symbolisme comme moyen de propagande, II, 3, 4, 5 et suiv., 8, — III, 188 et suiv., — et, dans ce but, jusqu'aux usages des païens, II, 12. — Son rôle providentiel dans le monde, 295. — Appelant les rois et les peuples, 388, 399. — Sa philosophie sur la mort, III, 95, 96, 97. — Il faut dater du $1^{er}$ siècle son apparition dans la France occidentale, IV, 291.

CHRONIQUE DE NUREMBERG. Sa description de la *danse macabre*, III, 96. Titre complet de l'édition de 1493.

CHRYSOLITHE, pierre précieuse, symbolise la tribu d'Éphraïm et S. Matthieu, II, 380. — Vigilance et sagesse suprême, 381.

CHRYSOPRASE, pierre précieuse; symbole de la sagesse énergique, du patriarche Issachar, et de l'apôtre S. Jude, II, 382.

CIBOIRE, vase sacré destiné à conserver la Sainte Réserve. La forme de colombe lui est fort ancienne, IV, 337. — (Voir COLOMBE, EUCHARISTIE.)

CIBORIUM, dais ou pavillon élevé par quatre colonnes au-dessus du tabernacle dans les églises chrétiennes. Ses conditions liturgiques, II, 355 et suiv.; — III, 231. — Abus à y éviter, *ibid.*, et 232, 287.

CICÉRON. D'où lui venait ce nom, I, 48.

CICÉRONIENS, *secte* littéraire du XVIe siècle. Ridicule de ses prétentions appliquées à la littérature de l'Église, IV, 382.

CIEL. *Fermé* par la main de Dieu, II, 216. — Séjour des Élus, 350 et suiv. — Est donné gratuitement par Dieu, 361. — Quels pécheurs en sont exclus, 361, 396. — Comparé à une perle, 366.

CIERGES liturgiques, cités par S. Jérôme, II, 489. — Le cierge pascal brûlant toute la nuit de Paques, 525. — Symbole de la résurrection, et du Sauveur lui-même, III, 135; — IV, 325. — Symbolisme de la cire, III, 228; — IV, 324. — Le cierge de Ste Geneviève, éteint par Satan, III, 372. — Celui de la sibylle Libyque symbolisant la lumière chrétienne, IV, 105. — Institution de la procession des cierges au jour de la Chandeleur, par le pape S. Gélase, 185. — L'*Exsultet*, chant de la bénédiction du cierge pascal, attribué à S. Augustin, 325.

CIGOGNE, oiseau sacré des Égyptiens, I, 87. — Oiseau pur et toujours pris en bonne part, IV, 457.

CIMABUÉ. Sentiment chrétien de sa peinture, II, 608; — IV, 349 et suiv. — Il se donne le tort de donner trois clous aux mains et aux pieds du Sauveur crucifié, au lieu de quatre, 125. — N'a laissé aucun souvenir de son architecture, quoiqu'il fût architecte, 348. — Modifie le premier les imperfections du dessin architectural, 349. — Plus fidèle que Raphaël aux conditions historiques dans ses compositions, 374.

Cimetières. Leur orientation réglée, I, 232; — III, 79 et suiv. — Leur chapelle dédiée à S. Pierre ès Liens, 81, — ou à S. Michel, *ib.*, *ibid.* — Plantés d'arbres symboliques, 82, 522. — Symboles sculptés sur les tombes, 84, 87, 522. — La pensée chrétienne y introduit l'art du peintre et du sculpteur, 89 et suiv. — Inconvenances du cimetière du Père-Lachaise, 98. — Les cimetières chrétiens *consacrés* comme les églises mêmes, 99. — Profanés par l'autorité civile, 304. — (Voir Danse macabre; Dict des trois morts.)

Cimon de Cléone, peintre grec, varia les poses des têtes, I, 278, — et l'agencement des draperies, 285.

Circoncision. Règlement donné par l'archevêque de Paris Eudes de Sully pour les drames liturgiques joués à cette fête, IV, 196. — Autres détails, 199, 214.

Cire liturgique (voir Cierges).

Cité céleste, ou la Jérusalem symbolique décrite par l'Apocalypse, II, 268 et suiv. — (Voir Jérusalem.)

Cîteaux, abbaye de Champagne. Histoire de ses démêlés avec Cluny sur le faste et la simplicité des églises monastiques, II, 591 et suiv. — Elle se règle enfin d'après les pensées plus rigides de S. Bernard, 603 — Beaux produits de son école architecturale, III, 58.

Claire (Ste). Traits de sa légende, II, 657, 677.

Clefs, symbole de la puissance chez les Scandinaves, I, 180. — La clef de David dans l'Apocalypse, symbole de la puissance de Jésus-Christ, II, 157, 327, 328. — Clef de l'enfer, 199, 328. — Les clefs données par le Sauveur à S. Pierre, 327. (Voir S. Pierre.) — Sujet d'un beau tympan à la cathédrale de Poitiers, 427, — et à Bougy (Calvados), 427. — Double signification des deux clefs, 427.

Clefs de voutes (voir Voutes).

Clément (Le pape S.). Le Sauveur lui apparaît sous la forme d'un agneau, II, 659.

Clément (S.) d'Alexandrie. Ce qu'il dit des mystères et initiations antiques, I, 74. — Son *Pédagogue*, II, 482. — Ses réflexions sur la création de l'homme, III, 314. — Ce qu'il dit du sphinx, IV, 423.

Clément XIII (Le pape). Son tombeau symbolique, par Canova, III, 134.

Clément (Félix), habile musicien. Ses recherches sur la *fête de l'Ane* au moyen âge, et comment il la justifie contre les attaques de la critique, IV, 209 et suiv., 216, 217, 219.

Cléopatre prétend communiquer son amour par une perle dissoute dans le vinaigre, II, 267.

Cléophante, peintre de Corinthe, emploie l'un des premiers plusieurs couleurs, I, 278.

Clergé catholique, a toujours dirigé l'architecture et les autres arts qui se rattachent au culte chrétien, I, 13; — II, 8, 23, 25, 430; — III, 44 et suiv., 48, 94, 173, 245, 326, 336, 346 ; — IV, 296 et suiv., 344. — Il sauva l'art et les lettres au xᵉ siècle, III, 56 ; — IV, 428 et suiv. — Comment il s'applique à tous les travaux artistiques, III, 57, 238 ; — IV, 301. — Preuves de ce fait dans les sculptures mêmes de nos églises, III, 58, 61, 80, 149, 192, 199, 336, 424 ; — IV, 430 et suiv.— Comment il y comprenait l'esthétique chrétienne, III, 94, 191, 200, 429 ; — IV, 16 et suiv., 431. — N'a même plus la liberté de traiter ses monuments chrétiens, livrés, à leur grand préjudice, aux entreprises des architectes officiels, III, 193. — Fausse histoire faite par M. Vitet de la franc-maçonnerie et de ses envahissements dans l'architecture religieuse, 197, 356, 357, — acceptée dans les *Bulletins* des Antiquaires de l'Ouest, 199 ; — IV, 344. — Que le zèle du clergé doit agir par la science ecclésiologique contre l'action maladroite de travailleurs incapables, III, 239, 319 ; — IV, 57, 67. — Le clergé lui-même inscrivait ses propres devoirs dans l'imagerie des églises, III, 428 et suiv., 430, — IV, 459, — et dans ses écrits, 34, 502, 503. — Zèle qu'il doit avoir pour l'étude du symbolisme, 183. — Ne s'oppose pas assez aux envahissements dans l'église de la musique profane, 266, 267, 270. — Qu'il doit user de toute son influence sur la construction et la restauration des églises, 408, 411, — avec le concours de laïques compétents, 409. — Le clergé a sauvé les lettres et les arts aux époques tourmentées du moyen âge, 428 et suiv. — (Voir ARCHITECTES.)

CLOCHE. Symbolisme de la cloche et de tous détails, exposé par Hugues de Saint-Victor et Jean Béleth, II, 581. — Son histoire et ses origines, III, 121 et suiv. — Estime qu'en fait l'Église, et vertus mystérieuses de leur son, 123, 124. — Belle liturgie de la bénédiction des cloches, 124, 391. — Les cloches du *Te Deum* et du *Magnificat*, IV, 183.

CLOCHERS. Leur symbolisme, III, 115 et suiv. — Diversités de leurs formes et de leur emplacement, 119. — Les règles négligées sur ce point à partir du xivᵉ siècle, 120. — Qu'ils doivent toujours être surmontés de la croix, 181. — Riche ornementation des clochers gothiques, 319.

CLOCHETTE brisée : pourquoi un attribut de S. Benoît, IV, 92.

CLOPINEL (Jean), dernier auteur du *Roman de la Rose*, II, 676.

CLOTILDE (Ste), reine de France. Sa générosité à pourvoir les églises de bijoux sacrés, IV, 292.

CLOUS dont on perça les mains et les pieds du Sauveur sur la croix. Ne furent pas moins de *quatre*, II, 440 ; — III, 169 ; — IV, 105, 125. — Prédits par la sibylle Hellespontine, 105. — Symbole des quatre vertus cardinales, 126.

CLOVIS prend le lis comme emblème de la pureté baptismale, 1, 205. — Donne un riche vase à S. Remy, qui le lègue à son Église de Reims, IV, 289.

CLUNY, abbaye de Bourgogne. Son zèle pour les églises fastueuses condamné par S. Bernard et par les moines de Cîteaux, II, 591 et suiv. — Beauté de son école architecturale, III, 58 ; — avait au xiiᵉ siècle la plus vaste église du monde, 194.

Cœur, symbole des pensées élevées, III, 277. — Sculpté sur les tombeaux ou les épitaphes; sens de ce symbole, 540.

Colère, péché capital symbolisé par une femme dont un serpent ronge le cœur, II, 272. — Calmée par le rubis, 366.

Colleville, village de Normandie. Tympan de son église décoré du *hom*, III, 530; — IV, 452.

Collier de fer, indice de captivité, I, 203.

Collyre, symbolisant la vue intérieure de la conscience, II, 160.

Colombe, symbole de la fidélité conjugale, I, 93.; — III, 250. — Attribut de Vénus, I, 169, — de la piété catholique, IV, 333. — Présage de paix, II, 10, 558; — IV, 50. — Symbole de l'Eucharistie, II, 12; — III, 231, 284 et suiv., 332; — de l'humanité et de la divinité du Sauveur, II, 99; — de la simplicité, 100, 601; — III, 285; — IV, 141. — Colombe au nimbe timbré d'une croix est le Saint-Esprit, II, 169. — Symbole de l'Esprit-Saint, 532, — IV, 187, — des douze Apôtres, 48, — quelquefois de la tiédeur morale, 334. — Celle de l'Arche, parallèle à celle du Jourdain, II, 112; — IV, 50. — Charmant symbole de la résurrection des morts, II, 220; — III, 85; — de l'innocence, II, 358; — IV, 141; — de toute la vie chrétienne, II, 483; — IV, 50, 141; — du sacrifice par la mortification des sens, 531; — de la charité, 351, 532, 558, 601; — de la vie religieuse et de sa solitude, 566; — III, 343. — Colombes hybrides sculptées dans les églises, II, 601; — IV, 334. — Colombe servant de tabernacle, III, 284 et suiv., — ou de ciboire, IV, 337. — Motifs symboliques de cet usage, III, 285. — Buvant au vase eucharistique, II, 12; — III, 332, 448, 468; — IV, 333, 334, 447. — Méditant dans le feuillage, III, 343. — S'abandonnant comme type d'obéissance à l'Enfant Jésus, IV, 141, 356. — Lâchée dans l'église au jour de la Pentecôte, 187.

Colonnes, sont le type différentiel des *styles* d'architecture ancienne. Symbolisme de la colonne ionique et de la colonne toscane, I, 226. — Symbole de la stabilité physique et morale, II, 158, 159. — Les douze colonnes d'une église, symbole des douze Apôtres, III, 43, 176, 178. — Symbolisme de quatorze colonnes, 177, — ou de sept, *ibid*. — Leurs formes diverses aux différentes époques du moyen âge, 177. — Symbolisme de leurs bases, 178, — des petites colonnes posées aux angles montants des fenêtres, 179. — Colonnes entourées d'une vigne grimpante, 523. — Figurent dans nos églises des palmiers destinés à en soutenir les voûtes, 563, 564.

Commode (L'empereur). Triste état de l'Empire sous son règne, II, 242.

Communion eucharistique. La communion générale du clergé au Jeudi saint, vestige des drames liturgiques du moyen âge, IV, 197. — Quand et pourquoi est abolie la communion sous les deux Espèces, 288. — Types symboliques de la bonne et de la mauvaise communion, 457.

Complies, dernière partie de l'Office divin, ne remontent guère qu'au XVe siècle dans le Bréviaire séculier. C'est proprement la *prière du soir*, IV, 279.

CONCILES. Ce que le concile de Trente dit de l'authenticité des Livres bibliques, II, 36, — et des règles d'interprétation, 55, — de la justice distributive de Dieu, 71. — Ses décrets sur les images, III, 433, 434, — Le concile de Constantinople *in Trullo* permet d'attacher l'image du Sauveur à la croix, II, 440. — Fausse interprétation du concile de Francfort sur l'adoration des images, III, 247, — et du deuxième de Nicée, IV, 172. — Le quatrième de Tolède, et ses prescriptions liturgiques, II, 325. — Les conciles exigeant des évêques une surveillance des constructions d'églises, III, 45 et suiv., — en particulier le deuxième de Nicée, 53 et suiv., 433. — Le premier de Verneuil, en 755, sur les baptistères, 290. — Ceux du XVIe siècle contre la musique profane dans les églises, IV, 265.

CONFESSEURS, titre donné aux Saints qui ont brillé par la pratique des vertus communes en dehors de l'apostolat et du martyre. Symbolisés par la violette, II, 641.

CONFESSIONNAL. Sa place normale dans l'église, III, 212. — Son histoire; formes et ornements qu'il faut lui donner, 213 et suiv., 567.

CONFIRMATION, sacrement de l'Église chrétienne. Symbolisme de l'huile et des onctions qui s'y emploient, IV, 151.

CONFRÉRIES, formées au moyen âge pour la construction des églises, III, 59. — En quoi elles diffèrent des francs-maçons, et si elles eurent des *secrets*, 60.

CONGO. Coutumes de ce pays aux funérailles, I, 202.

CONOPÉE, voile d'étoffe tendu autour du tabernacle de la Sainte Réserve. Son but, son origine; abus qu'on en fait, II, 355 et suiv.;—III, 280 et suiv.

CONQUÉRANTS, fléau de Dieu, souvent punis de leurs propres conquêtes, II, 294 et suiv.; — IV, 413.

CONQUES, village et abbaye du Rouergue. Richesse de son trésor d'orfévrerie sacrée, IV, 304.

CONSÉCRATION, rite symbolique des sacrifices juifs, reproduit dans la messe et dans l'absolution, II, 98, 99. — Des églises (voir DÉDICACE).

CONSTANTIN le Grand place le Christ dans le Labarum, II, 148. — Son triomphe sur tous ses ennemis, 184, 202, 325. — Rend la paix à l'Église, 220, 221, 236. — Symbolise la victoire de la Croix, 309, 330. — La vérité sur son baptême, 659. — Sa part dans la construction de la basilique Vaticane, III, 69, — et de Saint-Jean de Latran, 268, 290. — Ses générosités aux églises, IV, 287.

CONSTANTINOPLE punie de ses crimes par un des fléaux de l'Apocalypse, II, 269. — Sa destruction au XVe siècle, l'une des causes de la décadence du sentiment chrétien en Europe, IV, 345.

CONSTITUTIONS APOSTOLIQUES (voir APÔTRES).

CONTRE-FORTS des églises, symbole de la force et de l'espérance chrétienne, III, 114.

Coq, symbolise la hardiesse brutale et la vigilance, I, 195, 209, — III, 446, — IV, 31, — la chute et le repentir de S. Pierre, II, 427. — Son rôle au-dessus des clochers, et symbolisme de tous les détails qui s'y rattachent, III, 117 et suiv. — Ce qu'en dit Durant de Mende, 119. — Passait chez les anciens pour n'avoir pas peur du lion, 471. — Ce qu'en disait Érasme, IV, 354.

Corbeau, consacré à Apollon, I, 170. — Corbeau de l'arche de Noé, symbole des âmes mondaines, II, 566.— Pourquoi attribut de S. Benoît, et, à ce propos, ses caractères défavorables, IV, 92. — Symbole du démon, *ibid.*, 454.

Corbeil (Pierre de), archevêque de Sens aux XII$^e$ et XIII$^e$ siècles, compose la *prose de l'Ane*, IV, 215 et suiv.

Corbelets (voir Modillons).

Cordon ou ceinture du prêtre se revêtant pour les Saints Mystères ; sa signification mystique, IV, 169.

Corinthiens. Leurs vices stigmatisés par S. Paul, III, 415, 425.

Cornaline, pierre précieuse ; avait la propriété d'égayer, II, 366.

Corne, mot symbolique souvent employé dans la Bible, et en quel sens, II, 74, 75, 171, 290, 633. — Démon à dix cornes, 228, 229, 290, 294. — Autre à deux cornes, 249, 250. — Corne d'abondance, attribut de la sibylle Cymmérienne, IV, 102. — (Voir Moïse.)

Corneille, centurion, baptisé par S. Pierre, III, 299.

Corneille, oiseau, symbole de la fidélité conjugale, I, 93.

Corse (Ile de). Usages qui y symbolisent la vengeance, I, 204.

Cortus (Louis), jurisconsulte du XVI$^e$ siècle, se fait inhumer par des jeunes filles vêtues de vert, I, 320.

Costumes donnés par le moyen âge aux personnages de son imagerie ; leur convenance et leur chasteté, III, 421.—Cet anachronisme n'est plus de mise aujourd'hui, et pourquoi, IV, 64. — Couleurs symboliques à donner toujours aux costumes selon le caractère ou le rôle des personnages, 89, 90, 210 et suiv. — Costumes des acteurs dans les drames liturgiques, 211.

Couleurs. Elles ont toutes leur symbolisme, qui doit rester inséparable de la peinture, I, 291 ; — IV, 14, 89. — Ce symbolisme toujours usité, I, 294, 335 et suiv.; —IV, 9 ; — négligé dès le XV$^e$ siècle, III, 92 ; — IV, 20, 21, 89 ; — peu apprécié aujourd'hui ; l'était beaucoup plus des anciens, I, 291 et suiv. ; — II, 348. — Homère semble être le premier qui ait adopté ce moyen, I, 292, — sinon les Hébreux, 294. — Analyse du *Traité des couleurs symboliques* de M. Frédéric Portal, 294 et suiv. (les ch. XII et XIII). — Fondements et utilité de la théorie des couleurs dans la peinture artistique, 295 ; — III, 42, 92 ; — IV, 9 et suiv., 14. — Combinaison des couleurs pour symboliser des qualités ou affections diverses, I, 302, 306, 318 ; — IV, 9, 89, 124. — Théorie des couleurs et de leurs effets divers sur la vue, I, 314 ; — IV, 10, 11. — Couleurs nationales de l'islamisme, I, 318. — Couleurs mixtes ; théorie de leur symbolisme, assez douteuse, 325, 332, 333, 337 et suiv., *passim* ; — IV, 14. — Application du symbolisme de couleurs dans la *Sapho* de M. Delaval, I, 348. — Causes multiples de l'altération des couleurs dans les monuments de l'antiquité et du moyen âge, 338 ; — IV, 53, 55. — Cuirasses des Perses de diverses couleurs symboliques, II, 208. — Couleurs à significations favorables données aux vêtements des Élus, 338, 404 ; — IV, 89. — Application des couleurs symboliques aux sculptures des monuments, II, 348 ; — IV, 89. — Comme le xiii<sup>e</sup> siècle a bien su les comprendre et les employer, II, 402, 403, 404 ; — IV, 12, 19, 124. — Les couleurs propres aux grands personnages données aussi à ceux qui en dépendent, II, 404 ; — IV, 9, 13. — Couleurs données par ordre de Dieu aux étoffes du premier tabernacle, III, 42. — Couleurs données au démon selon ses fonctions iconographiques, 386 ; — IV, 29 et suiv. — Les mêmes couleurs toujours attribuées aux mêmes personnages d'une légende, 9, 29, 30. — Opposition des couleurs, ou leur sens symbolique diversifié pour des objets divers, 14 et suiv., 29 et suiv., 178. — Leur symbolisme appliqué aux pierres précieuses, 15. — Leur merveilleux effet dans l'art chrétien, 48, 72 et suiv. — Couleurs des habits sacerdotaux à suivre pour la parure des solennités et des autels, 90, 176, 177 et suiv., 179. — Soin que doivent prendre les peintres d'étudier et d'appliquer le symbolisme des couleurs, 145. — (Voir *le nom de chaque couleur*; puis Blason, Fresque, Opposition, Peinture, Tableaux.)

Coupe, symbole de multiplicité et d'abondance, II, 259 ; — des vengeances de Dieu, 264, 278 et 280, 325.

Coupoles, annexe d'origine byzantine aux églises du xii<sup>e</sup> siècle, III, 35. — Leur symbolisme, 43, 169.

Couronne, symbole du pouvoir ou du triomphe, I, 203 ; — II, 163, 228 ; — des fausses vertus, 203. — Couronne de fleurs, symbole de la sibylle Cymmérienne, IV, 102. — Couronne de créneaux, symbole des villes, I, 209 ; — de Jérusalem, II, 456. — Couronne rostrale, I, 242. — Couronnes des armoiries, II, 549. — Couronnes de lumières (voir Chandeliers). — Couronne d'épines (voir Épines). — Couronne de fleurs donnée aux enfants de chœur de l'Église de Saintes, de l'Ascension à la Saint-Pierre, IV, 187.

Cousin (Le philosophe) accorde trop à Platon sur la Trinité, I, 146. — Vanité de son système du beau, du vrai et du bon séparé du principe chrétien, II, 4. — (Voir Castiglioni.)

Coutumes locales de la liturgie. Combien précieuses à conserver dans l'intérêt des traditions symboliques, IV, 153 et suiv., 178, 181, 183, 185, 186.

Crapaud (voir Grenouilles).

Craton, philosophe converti par S. Jean l'Évangéliste. Son baptême par l'Apôtre, représenté sur la cuve de Notre-Dame-des-Fonts, à Liége, III, 298 et suiv.

Création. Opérée par les trois Personnes de la Trinité, II, 160. —

Dieu symbolise le nombre 7, 171. — Description des beautés physiques qui peuvent symboliser le bonheur moral des Élus, 358. — Symbolisme des six jours, 533, — et des mille objets de la création sur les modillons de nos églises, III, 314 et suiv., 441. — Le dimanche, action de grâces pour la création, IV 182. — Défauts de *La Création* de Raphaël au Vatican, 369 ; — celle bien préférable de Buffamalco, 370.

Crèche de Bethléem, donnée pour symbole à la sibylle de Samos, IV, 106 ; — exposée à Rome le jour de Noël, 184. — Crèches symboliques à la même fête en quelques églises, *ibid.*

Crédence des églises. Son histoire, son usage et son symbolisme, III, 235 et suiv.

Cristal, symbole de la sagesse et de la pureté ; origine du feu et de l'amour divin, I, 298 ; — II, 365. — Symbole de la vision intuitive, 367, 385, — du baptême, 367. — Estime qu'en avaient les anciens, 368. — (Voir Mer de verre.)

Crochets, ornements donnés aux chapiteaux du XIIIe siècle, III, 537. — Deviennent le point de départ d'autres parures sculptées, 565 et suiv., 569.

Crocodile. Signification symbolique de ce nom, I, 34. — Il symbolise le Nil, 183, — la ville de Nîmes, 266. — Pleurait pour attirer les enfants et les dévorer, III, 471.

Croisades. Ont contribué aux développements de l'art héraldique, II, 544, — et de l'art monumental, III, 248, 325 ; — IV, 436. — Comment les peintres de leur époque distinguaient dans leurs œuvres les chrétiens des infidèles, 147. — Elles ont importé en Europe les belles étoffes orientales à sujets symboliques, 163. — Symboles iconographiques venus d'Orient à cette époque, 436 et suiv.

Croissant, symbole de la lune comme élément imparfait, I, 60. — Pièce héraldique ; sa signification, II, 545.

Croix, signe de salut chez plusieurs peuples païens de l'antiquité, I, 223 et suiv., — III, 85, 530, — chez les chrétiens, II, 186. — Ce qu'en dit le pape Innocent III, 186. — Symbolisée par la verge dont Moïse frappe le rocher, 360 ; — par le bois que recueille la veuve de Sarepta, 517 ; — par l'arbre de vie, 521 ; — par le bois du sacrifice d'Isaac, 563. — Se peint en vert par symbolisme, I, 320. — La croix dans les catacombes, IV, 50, 122 ; — sur les monnaies romaines, 122. — Divers signes prophétiques de la croix du Sauveur : le bois porté par Isaac, II, 86 ; — le bâton d'Élisée, 106 ; — le *Tau* d'Ézéchiel, 185, 201 ; — IV, 127. — C'est sa forme primitive, II, 439 ; — IV, 127. — Peinte en rouge sur les portes des Israélites, 16. — Histoire des transformations de la croix et du crucifix, II, 439 et suiv., 452 ; — III, 16, 43, 144 ; — IV, 47, 106, 127 et suiv. — Croix de Malte, symbole des huit béatitudes, II, 152. — Origine du signe de la croix, 201. — Son histoire et son symbolisme, IV, 159. — Constantin en consacre le triomphe, II, 309, 330. — La croix triomphale du Sauveur ornée d'un nimbe rouge croisé de blanc, 338. — Toujours gravée sur les tombeaux, III, 85, 87. — Les Apôtres ont planté la croix par tout le monde, II, 370 ; — III, 16. — La croix, arbre de vie, 341. — Semis de croix sur les murs des églises au vᵉ siècle, II, 503, 512. — Croix de leur consécration, III, 160, 178 ; — IV, 188. — Croix diverses figurant sur des armoiries, II, 540, 545. — Serpent au pied de la croix, IV, 130, 328. — Croix plantée sur l'emplacement où devra être le grand autel d'une église, III, 66, 68 ; — déterminant la forme générale du monument, 105, 169. — Origine de ce symbolisme dans l'architecture, 105 et suiv. — Différence entre les croix grecque et latine, 105. — La croix de S. André, 144 ; — de S. Philippe, 147. — Croix de résurrection, symbole de la sibylle Phrygienne, IV, 196. — La croix a toujours dominé les clochers, III, 181. — Croix triomphale des églises, I, 222 et suiv. ; — celle de l'autel, indispensable au Saint Sacrifice, III, 228 ; IV, 122. — Son histoire, 328. — La croix a son rôle dans toute la liturgie, III, 229. — Croix lumineuse figurant la Vérité évangélique, IV, 48. — Croix pectorale des évêques ; son origine et son symbolisme, 167. — Mystère des dimensions de la croix, d'après S. Paul, 167. — Magnifique croix d'or et de gemmes donnée au xiiᵉ siècle par Suger à S. Denis, 318. — (Voir CRUCIFIX.)

CROSNIER (Mgʳ). Son *Iconographie chrétienne*, I, 155. — Sa dissertation sur le coq des églises, III, 117. — Se trompe à propos de la déviation de l'axe longitudinal des églises, qu'il refuse à l'époque romane, 170.

CROSSE des évêques et des abbés. Sa signification, II, 427 ; — III, 16 ; — IV, 164. — Leurs sujets symboliques les plus habituels, III, 380 ; — IV, 164. — Crosse abbatiale de Tiron, III, 381 ; — IV, 164. — Crosse supportant une tour ou une colombe de la Sainte Réserve au-dessus de l'autel, III, 282. — Ce fait méconnu par un archéologue quant à son sens symbolique, 283, 284. — La crosse privée, depuis la Renaissance, de toute ornementation symbolique, IV, 399.

CRUCIFIX, image peinte ou sculptée de Jésus-Christ attaché à la croix. Ne remonte pas plus haut que le vɪᵉ siècle, II, 439 ; — mais était dès le ɪvᵉ dans les catacombes, 440. — Histoire des détails dont on l'a entouré, 440, 442, 447, 451. — Description d'un crucifix du ɪxᵉ siècle, 441. — L'image du Christ fut d'abord remplacée sur la croix par un agneau, 439 ; — IV, 47. — S. Pierre et S. Paul à côté de la croix ; raison de la place de chacun d'eux, II, 451 et suiv. — Crucifixion peinte par l'abbesse Herrade, au xiiᵉ siècle, et description des attributs symboliques qui l'entourent, 454 et suiv. jusqu'à 465. — Raison mystique des objets placés à gauche ou à droite du Christ, 464. — Le soleil et la lune, 438, 439, 441, 464. — Le Tétramorphe, IV, 328. — Comment l'Église représente la crucifixion du Sauveur, III, 168 et suiv. — Inclinaison de la tête sur l'épaule droite, 170 ; — IV, 128. — Crucifix de l'arcade triomphale dans les églises, 222 et suiv. — Crucifix suisse coiffé d'une perruque, III, 433. — Histoire du crucifix et de ses détails iconographiques, IV, 121 et suiv., 329. — Détails symboliques sur la personne du Sauveur crucifié, sa pose, son orientation, 128.

CRYPTES, églises souterraines. Leur histoire et leur symbolisme, III. 187 et suiv. — Belles cryptes pratiquées au xɪᵉ siècle, 26.

Cugnières (Pierre de), avocat général au Parlement de Paris. Sa punition symbolique pour avoir attaqué l'indépendance du Saint-Siége, III, 356.

Cuirasse, entêtement, passion entêtée, II, 204.

Cuisse, nom écrit sur la cuisse du Sauveur. Symbole attaché à ce mot dans l'Écriture, II, 319.

Cuivre, métal que ses propriétés ont fait attribuer à Vénus, I, 60.

Culhuacen (voir Palenqué).

Culte de Dieu. Comment, étant nécessaire ici-bas, il ne l'est plus dans le ciel sous les mêmes formes, II, 386 et suiv. — Application de l'art chrétien au culte par le symbolisme, 680.

Cunaud, village et abbaye de l'Anjou. Son chapiteau à la sirène expliqué par l'auteur de ce livre, autrement que par le P. Martin, IV, 449 et suiv.

Cunning (Le docteur). Interprétation burlesque de cet Anglican sur l'Apocalypse, II, 276.

Cybèle. Ses temples de forme ronde, I, 360.

Cynocéphale, animal égyptien. Symbole de la lune, I, 74, 94.

Cyprès, arbre de deuil. Symbole d'immortalité, I, 196, — III, 82, 523, — de bonne réputation, II, 588.

Cyprien (S.), évêque de Carthage. A quelle occasion il écrit son livre *De la Mortalité*, II, 265. — Il expose très-bien le symbolisme du IIIᵉ siècle, 484.

Cyrille d'Alexandrie (S.), Père du vᵉ siècle. Son *Commentaire sur le Pentateuque*, II, 498.

Cyrille de Jérusalem (S.). Ce qu'il dit des noms prophétiques de Jésus-Christ, II, 58, — de la prééminence de la nouvelle Loi, 69.

# D

Dactylologie, ou l'art de former des chiffres ou des signes avec les doigts, I, 55, 56, 134.

Dagobert II, roi de France. Fauteuil symbolique fait pour lui par S. Éloi, IV, 293 et suiv.

Daim, animal, symbolisé par son nom même, I, 35. — Symbole de Jésus-Christ, IV, 221.

Dalmatique, vêtement du diacre assistant le prêtre à l'autel. Son histoire; son symbolisme, IV, 171. — Donnée par le moyen âge aux grands comme habit d'honneur, 211.

Dalmatius, évêque de Rodez. Son zèle à bâtir sa cathédrale, III, 50.

Dan, fils de Jacob; symbolisé par la balance dans le Zodiaque, II, 109, — par l'hyacinthe, 383.

DANIEL (Le prophète). Symbolisme du nombre **4** expliqué par lui, I, 148. — Sa vision sur la suite de l'empire d'Alexandre, II, 88, — sur la destruction de l'empire chaldéen, 106, — et des autres absorbés par Rome, 245. — Sa concordance avec l'Apocalypse, 164, 243, 244. — Son rôle dans les peintures des catacombes, 500, — à Saint-Porchaire de Poitiers, III, 138, — à Chauvigny et à Tonnerre, *ibid.*, 335. — Emblème de l'âme nourrie de l'Eucharistie, 336. — Symbolise le Christ dans les catacombes, IV, 94. — Pourquoi on lui donne une robe verte, 211, — et un épi de blé, *ibid.* — Représenté dans la fosse aux lions comme type de l'innocence persécutée et confiante en Dieu, 454, 455.

DANJOU, habile musicien, auteur de la *Revue de musique religieuse*, vulgarise le chant de la *prose de l'Ane*, IV, 219.

DANSE. Son symbolisme; comment elle a dégénéré de son caractère primitif simple et religieux, I, 71 et suiv.; — IV, 260. — Danses immorales des réunions cabalistiques, III, 400. — Danses macabres, histoire et description de ces moralités symboliques, 92 et suiv.

DANTE. Sa *Divine Comédie*, II, 21, 663, 664, 671. — Époques diverses de ses poèmes; il les remplit du symbolisme connu avant lui, 663, 664 et suiv. — Erreurs politiques du poète, 665, 669, 672. — Songe symbolique de sa mère, 668. — Occasion de son poème, 669. — Allusions symboliques à ses personnages, 669, 673. — Comment il s'est inspiré de l'iconographie architecturale, 670, 674. — Allégorie des trois bêtes féroces qui sert d'introduction à la *Divine Comédie*, 671. — Comment la sculpture s'est inspirée de lui, III, 354. — Dante est toujours resté catholique, 355. — Chaire créée à l'Université de Florence pour expliquer son poème, 355 et suiv. — Dante mal évoqué par Raphaël dans son *Saint Michel*, IV, 377.

DARIUS. Symboles qu'il reçoit du roi des Scythes, I, 185.

DAUPHIN, poisson, symbole du chrétien ou du baptême, III, 291, 292. — Préjugés des anciens sur son amitié pour l'homme, 472.

DAVID, roi d'Israël, image du règne et du sacerdoce de Jésus-Christ, II, 39. — Beautés de ses *Psaumes*, 40, 491; — III, 315, 513. — Figure de Jésus-Christ, II, 494. — Sous quels emblèmes il le représente, III, 467. — En quel cas on peut l'associer à la sibylle Hellespontine, IV, 105, — et à celle de Samos, 107.

DAVID (Émeric), se trompe sur une décision du concile de Constantinople *in Trullo*, II, 440; — outre de beaucoup ce qu'il faut penser du petit nombre des peintures des catacombes, 499 et suiv.; — juge mal de l'époque de certains monuments chrétiens, III, 52, 55; — traduit mal Grégoire de Tours, 187.

DÉAMBULATOIRE, espace tournant dans une église entre l'abside et l'autel; ne remonte qu'au XII$^e$ siècle, III, 168.

DEBAY, sculpteur contemporain; son tombeau de Mgr Affre, privé d'esthétique et de convenance religieuse, III, 98.

TABLE GÉNÉRALE. 539

Décalogue. Symbolisme de sa vertu législative, I, 121. — Symbolisé par le nombre **10**, III, 177.—Sa nécessité au point de vue de la moralité sociale, 405, 438. — Les *obscœna* des églises sont l'enseignement du VI° précepte, 422, 438.

Décembre. Occupations de ce mois dans les calendriers et zodiaques, III, 461.

Dédicace ou consécration des temples anciens, I, 237, 239. — Celle du temple de Salomon, 137 et suiv., 361. — Du second temple par les Machabées, 238. — Les temples profanés, puis rebâtis, détruits au préalable jusqu'à la dernière pierre et rétablis sur les mêmes fondements, 238, 239. — Dédicace des églises catholiques, 362; — IV, 74. — Ce qu'en disent S. Anselme, II, 555; — S. Augustin, 572, 587; — S. Bernard, 587. — L'encensement des croix de consécration au jour de la fête, IV, 188.

Degrés où marches de la nef au chœur, et du chœur au sanctuaire, doivent être en nombre impair de trois ou de cinq, III, 208, 222, 224.— Aucunes conditions pour les degrés du trône épiscopal, 232.

Delaval, peintre. Son tableau de *Sapho*, où il a appliqué la théorie du symbolisme des couleurs, I, 348.

Delécluse, académicien. Ses fausses idées sur l'architecture du moyen âge, dont il méconnaît l'esthétique, III, 192 et suiv.

Delpit (M. Jules). Esprit antichrétien de sa prétendue réfutation du livre de M. L. Veuillot sur *Le Droit du seigneur*, III, 422.

Déluge. Ses ravages ont fait de l'eau un signe de malheur, II, 237.

Démonologie. Le démon représenté en Égypte sous le type de Typhon, auteur du mal, I, 87, 89, 299, 306. — Raison de sa forme de serpent, 174; — II, 271, 272; — III, 359, 380. (Voir Serpent.) — De sa couleur rousse, I, 306, 338, 344; — II, 176, 227, 242. — En satyre, 338. — Symbolisé par le paon, 668.— De sa forme d'oiseau de proie, 300 et suiv.; — de hibou, 300, 302; — de lion, 309, 601;— III, 135, 258. — Son intervention dans les songes, I, 188. — Faux ange de lumière, II, 194; — III, 375. — De l'existence des démons, I, 247; — III, 359, 361, 383, 391. — De leur action sur la vie morale de l'homme, I, 248; — II, 154, 242, 300, 302; — III, 104, 209, 337, 360, 367, 385. — Croyance de tous les peuples au démon, I, 249, 297, 299, 338. — Grande peur qu'en avaient nos pères, III, 360. — Il est le type des idoles, I, 251; — III, 362, 387. — Son culte favorise toutes les dissolutions païennes, I, 252 et suiv.; — III, 377; — IV, 28 et suiv.— On lui consacre la couleur noire, I, 299; — III, 386; — remplacée parfois par le bleu foncé, I, 317; — II, 325, 338, 330, 348; — IV, 29.— Diable à corps bleu et face rouge, I, 317; — II, 338.—Diable vert, I, 323; — II, 324;—III, 386.— Le démon, inspirateur de l'art profane, qui prend son caractère, I, 355; — III, 381 et suiv. — Ses images et ses actes aux modillons, aux chapiteaux et aux gargouilles de nos églises, I, 355; — II, 154, 301, 527; — III, 126, 127, 132, 209, 257, 258, 262, 275, 277, 563; — IV, 443 et suiv., 459.— Figure en de certaines légendes où on ne le voit pas assez, II, 28, 300, 364, 375; — III, 391. — La « synagogue de Satan, » II, 154. — Le cavalier roux, 176; — III, 386.— L'étoile

540                HISTOIRE DU SYMBOLISME.

Absinthe, II, 194; — III, 72.—Est le prince de l'air, II, 199, 301, 336; — III, 104,123,257,377; — IV, 459.—L'exterminateur, II, 204.—Son combat contre S. Michel, 234, 241; — III, 104, 335, 359, 382; — IV, 8, 37.— Cantique de sa chute, II, 235, 235. — Symbolisé par la grenouille, 271, 274; — III, 377. — Sa place le plus souvent au côté nord des monuments, II, 206, 443; — III, 72, 127, 220, 236; — ou à l'occident, 72, 230, 441; — IV, 8; — et au pourtour extérieur, II, 213, 301; — III, 376; — IV, 459; — ou sous le porche, III, 209, — et les angles des tours, IV, 459. — Dragon à sept têtes, type des sept persécuteurs de l'Église, II, 228, 229, 242, 323; — III, 359. — Serpent (voir *ce mot*). — Les sept démons chassés par Jésus-Christ, II, 228, 229, 300; — III, 383. — Antagonisme du Sauveur et de Satan, II, 231, 232, 299, 429; — III, 398, 563; — IV, 31. — Satan, chef de voleurs, II, 275. — Puissant chasseur (voir CHASSE). — Il aime les lieux déserts, 299 et suiv.; — III, 104. — Origine de nos légendes de sorciers, II, 300. — Il arrache la vérité des âmes, 301, 425; — III, 391; — est enchaîné et vaincu par Jésus-Christ, II, 329, 330; — III, 132, 257. — Symbolisé par le Béhémot de Job, II, 339; — III, 361; — par Léviathan, 361.— Singe de Dieu, II, 652; — III, 363, 379, 446; — IV, 13. — Symbolisé par des bêtes féroces, II, 662; — III, 374, 378; — IV, 31. — L'Église lui oppose l'eau bénite, I, 199; — III, 209, 390. — Beaucoup de ses figures prises à tort pour des caprices inexplicables des artistes, 258, 375. — Satan persécutant la Sainte Famille, 334; — obligé de supporter le faîte des églises, 337, 348, 384; — chassé à l'aide de la mandragore, 342. — Combien répandu dans l'archéologie chrétienne, 358, 362 et suiv., 401.— Ce qu'en disent les Apôtres et les Prophètes, 359. — Côté moral de son iconologie, 360, 379, 380, 389. — Ce qu'en enseignent les Pères, 360, 377, 378, 445 et suiv.; — IV, 443 et suiv. — Nié par les libres-penseurs, III, 391, 393. — Ses noms variés et symboliques, 359, 360, 361, 366, 385. — Son horrible laideur, 360, 366, 379, 389, 563; — IV, 31. — Pourquoi nommé *Légion*, III, 361. — Son rôle d'ange tombé dans la tentation d'Ève au Paradis terrestre, 365, — et de Jésus-Christ au désert, IV, 31. — Son portrait dans la *Légende dorée* et ailleurs, 366, 375, 376; — au jugement dernier, 366, 431; — au chevet du mourant, III, 366, 371.— Les figures humaines répandues sur tout son corps, 342, 367, 368; — IV, 28. — Philtres diaboliques des sorciers, III, 342, 367, 393. — Satan à trois têtes, trinité du mal, 367, 368; — à oreilles de satyre, 368.— Dragon dévorant Caïn après son crime, 369. — Tentant le pécheur de désespoir, 370; — s'insinuant à l'oreille de ses victimes, 371. — Joue de la viole au bal d'Hérode, 372. — Il lance des flèches contre le ciel, 376. — Tourments des démons révélés à quelques Saints, 374, 379.— Le diable nimbé de noir, 376. — Ses yeux remplis de points de charbon, 377. — Porte les attributs de l'hérésie et de la luxure, 377.— Il anime les idoles païennes, 362, 377, 385, 387, 466; — se fait l'adversaire infatigable de l'homme, 378 et suiv., 490 et suiv., — qui le lui rend bien par les rôles qu'il lui assigne dans l'art religieux, 380, 382, 384, 385, 395; —IV, 28 et suiv., 32. — Son rôle aux fonts baptismaux, III, 381. — Laideur symbolique donnée par les païens à ses images, 381, 382. — Comment représenté dans les exorcismes du moyen âge, 386, 390. — Battu par S. Apollinaire et S. Boniface, 382. — Ressources contre lui dans la liturgie catholique, 382 et suiv., 385. — C'est lui qui inspire la négation de son existence, 384, 391, 393, 394.—Couleurs diverses selon ses fonctions, 386; — IV, 29, 30. — Gargouilles symboliques portées aux processions, III, 391.— Description d'une estampe démoniaque du xvi⁰ siècle, 394 et suiv. — Démons répandus dans l'orfévrerie chrétienne, 380, 419. — Démon incube chassé par S. Bernard, 426. — Démons de l'impureté terrassés par la force et la prudence, 427; — IV, 450. — Histoire de la sirène d'un chapiteau de Cunaud, 448 et suiv. — Les Pères ont classé Satan parmi les bêtes, III, 445, 446. — Nommé *Zabulus*, et pourquoi, 490, 493. — Symbolisé par le scorpion, 460, — par le cancer, 462.—La chute des mauvais anges très-convenable dans la rose occidentale des églises, IV, 8. — Scènes drôlatiques où Satan est ridiculisé aux marges de quelques manuscrits, 28 et suiv. — Tentation au désert, et portrait de Satan dans ce rôle au xvi⁰ siècle, 31.— Possession de la fille de la Chananéenne, 32.— Démon à tête de dragon, 36.— Foulé sous les pieds de Marie, 139, 140.— Les démons se tenant à la porte de l'église pour inspirer les distractions à l'intérieur, 453 ; — cherchant à séduire par des feintises et des hypocrisies, 463.—(Voir Dragon, Enfer, Magie, Pesée des Ames, Purgatoire, Serpent.)

Dendérah, ville ruinée de la haute Égypte. Découverte et histoire du Zodiaque recueilli par les voyageurs français, III, 449 et suiv.

Denis (Ferdinand). Son livre *Le Monde enchanté*, II, 629. — Ses erreurs dans *Le Moyen âge et la Renaissance*, III, 395.

Dents. La calomnie, morsure de la parole, II, 203, 204.

Denys (S.) l'Aréopagite, Père de l'Église au I⁰ʳ siècle. Ses livres, et l'emploi qu'il y fait du symbolisme, II, 475 ; — III, 314.

Denys, moine du Mont-Athos, auteur du *Guide de la peinture* au xiii⁰ siècle, III, 62.

Désert, symbole des âmes perdues et des méchants desseins de Satan, II, 284, 299 ; — III, 464. — Origine des légendes des ruines et des lieux retirés, II, 300.

Dessin, très-correct au moyen âge dans les miniatures, et ne visant qu'à l'effet dans les verrières destinées à être vues de loin, II, 447;— III, 14; — IV, 53. — Le dessin bien plus correct dans la statuaire que dans la peinture, et pourquoi, 59 et suiv. — (Voir Peinture, Sculpture.)

Deucalion est le Noé de la fable païenne, I, 83.

Deuil. Ses signes dans tous les temps; porté en noir dès le temps d'Alexandre le Grand, I, 196; — en blanc quelquefois, 299; — en vert, 322; — en violet, 334; — IV, 176. — Arbres qui symbolisent le deuil, I, 196.— Pourquoi la cendre était un signe de deuil chez les Hébreux, 339.

Deutéronome, le cinquième des livres de Moïse. Son but et son contenu, II, 37.

Diamant, symbole de la sagesse et de toutes les vertus, I, 298, —

du royaume des cieux, II, 366. — Préjugés des anciens et du moyen âge sur le diamant, 366.

Diane. Pourquoi comparée au nombre **2**, I, 144. — Honorée dans des bois de laurier, 230. — Figure de la nuit, 262, 267. — Les débris de son temple à Marseille donnés pour fondements à une nouvelle cathédrale, II, 114. — Chasses représentées dans son temple du Mont-Aventin, 508.

Dict des trois vifs et des trois morts (Le), scène funèbre peinte dans les chapelles funéraires du XIII<sup>e</sup> au XVI<sup>e</sup> siècle, à Antigny (Vienne), III, 90, — à Jouhet (Vienne), 90 et suiv., — à Fontenay-le-Marmion (Calvados), 92. — (Voir Danses macabres.)

Didron, fondateur des *Annales archéologiques,* paraît se tromper sur l'âge d'un ivoire sculpté du XIV<sup>e</sup> siècle, II, 442. — Bons principes de son *Histoire de Dieu*, IV, 77, 79. — Se trompe sur une image de la Trinité qu'il prend pour celle de Dieu le Père, 84, — sur l'usage et la valeur du nimbe, 86. — Comment il a bien compris le moyen âge, 195. — Découvre en Italie le chant noté de la *prose de l'Ane*, 219. Son résumé de l'orfévrerie sacrée, 310. — Il se trompe sur le nimbe et son emploi en Italie, où il n'a pas plus manqué qu'ailleurs au moyen âge, 371.

Dieu. Ses noms en diverses langues exprimant tous une supériorité universelle, 1, 38, 156, — ou ses divers attributs, 45 et suiv., 159; — IV, 118 et suiv. — Figuré symboliquement par un triangle équilatéral, I, 53, 114, — III, 110, — IV, 73, 77, — par un carré, I, 114, 147, — par un cercle, 54, — IV, 77, 78, 79, — par le nombre **3**, I, 126, 149, — par un point géométrique, 55. — Comment oublié jusqu'à être remplacé par les idoles et par les fables de la mythologie, 76 et suiv., 179. — Ses attributs passent presque tous dans le Jupiter des Grecs, 80 et suiv., 93, 297. — L'épervier, symbole de Dieu chez les Égyptiens, 93. — Dieu a pu tout faire de rien, 112. — Il est l'unité par essence, 112, 114, 144. — Figuré par le nombre **4**, et pourquoi, 147. — Notions mêlées de vrai et de faux que s'en est faite l'idolâtrie hindoue, 156, 157. — Dieu, symbolisé par le fruit du lotus, 159. — Dieu suprême, au-dessus de tous les autres dans les croyances septentrionales, 179. — Esthétique des prophètes bibliques dans ce qu'ils disent de l'image de Dieu, 285, 297, 302; — II, 151, 163, 354; — souvent symbolisée par eux au moyen des couleurs, I, 302; — II, 163; — vert chez les Musulmans, I, 318; — ses cheveux blancs dans l'Apocalypse, II, 205; — IV, 119; — environné d'une majesté toute céleste dans l'Apocalypse, I, 321, — II, 163, — et ailleurs, IV, 118, 119. — Dieu, inspirateur des arts, I, 355; — III, 30; — législateur, II, 91. — Symbolisé par une main étendue ; origine de ce symbole, 5, 401, 534; — III, 132, 138. (Voir Main.) — Sa justice distributive bien comprise, II, 71. — Dieu se sert des méchants pour punir les infidélités des bons, et les punit ensuite de leur orgueil, 102. — Dieu, siégeant comme juge, et ses attributs, 163 et suiv. — Sa justice est une vengeance légitime et indispensable contre les méchants, 179. — Il est la récompense des Saints dans le ciel, 188, 354. — Sa sagesse et sa puissance dans la création, 498; — III, 314. — Tenant le globe, IV, 81, 117. — Ses noms hébreux pris, par chacune de leurs lettres, pour des nombres qui déterminent les dimensions des parties principales de l'église, III, 165. — On ne doit pas donner à d'autre qu'à Dieu des attributs qui ne conviennent qu'à Lui, 172. — Son action créatrice représentée sur les modillons de nos églises, 314 et suiv. — Vêtement à lui donner, IV, 118, 119. — Son repos éternel figuré par sa position assise, 118. — Punit les nations qui méprisent leurs devoirs envers sa Providence, 415, — et revient à elles quand elles reviennent à Lui, 416.

Dieux païens, toujours assis dans la statuaire antique, I, 268, 285. — Faits de préférence avec le bois dont ils aiment l'arbre, 268. — Symbolisme de leur iconographie, 284. — Les dieux juvéniles ont des cheveux d'or, 293. — Le premier jour de leur semaine consacré au soleil, IV, 179.

Dimanche. Sa raison symbolique, II, 19; — IV, 179. — Son repos, figuré du bonheur éternel, II, 53; — IV, 179, 181; — établi par les Apôtres, 150, 155. — Ses cérémonies décrites par S. Justin, 155, 179. — Symbolisme du dimanche des Rameaux, III, 563; — IV, 33. — (Voir Rameaux.)

Dimas, nom traditionnel du bon larron. Son rôle près de la croix, II, 459, 464.

Dinanderie, ouvrages en cuivre ou tout autre métal commun. Son application à l'art chrétien; fonts baptismaux, III, 298. — Histoire de cette industrie et de ses beaux produits, IV, 308 et suiv.

Dioclétien. Sa persécution, comment symbolisée dans l'Apocalypse, I, 145; — II, 227. — L'ère des martyrs occupe un tiers de son règne, 212, 213, 214, 224, 242, 243, 244. — Punition que Dieu lui inflige, 217. — Inscription en Espagne sur sa prétendue destruction du Christianisme, 220. — Symbolisé par un lion, 245. — Servi par les sophistes, 249. — Son nom symbolisé par le nombre **666**, 252.

Distinctions monastiques. Liste de symboles d'un moine anonyme du XIII° siècle, cité, II, 173. — Ce qu'il dit du jaspe, 367, — du lis et de son symbolisme, III, 541.

Docteurs, écrivains catholiques dont la doctrine est autorisée par la déclaration solennelle ou la tradition universelle de l'Église. Ils sont les interprètes fidèles de l'Écriture, II, 35, 230, 469. — Symbolisés par les chandeliers de l'autel, III, 230, — par un livre fermé, IV, 90, — par les lions, IV, 453.

Dogme, vérité théologique reçue de Jésus-Christ, et par cela même immuable, II, 469.

Dolmens, partout orientés, III, 79.

Doré (Gustave), un des dessinateurs de notre temps à qui manque dans ses œuvres le sentiment chrétien incompatible avec le succès des genres opposés, IV, 147.

Dragon à trois têtes, symbolisant le monde physique, I, 81.—Rôle du dragon dans la mythologie scandinave, 180, 244.— Figure de la royauté, 188. — Dragon roux de l'Apocalypse, 339; — II, 227. — Ses efforts contre l'Église, 228, 237, 241, 270; — s'y fait adorer, 247. — Est enchaîné, 328. — Sa défaite représentée sur un tableau de Constantin le Grand, 488. — Le dragon mentionné fréquemment dans les traditions orientales, 546. — Dragon, animal fantastique, symbole du démon, 519, 601; — III, 145, 334, 355, 359, 361; — IV, 30, 32, 37, 447, 461. — Pris par S. Louis pour support de ses armes, II, 546. — Dragon sortant d'une coupe tenue par l'apôtre S. Jean, III, 145; — IV, 36, 447. — Dragons sacrés adorés dans l'Orient, III, 362. — Deux dragons attaquant un homme qui serre leur tête de ses mains, 374. — Dragons sur les crosses épiscopales, 380.— Tué par S. Georges et par Ste Marguerite, IV, 36, — et par S. Michel, 37. — Son rôle astucieux en fait le symbole du démon, III, 445; — IV, 447. — A sa part dans le plus grand nombre des hybrides, 30.

Drames liturgiques. Leur origine et leur raison, III, 93; — IV, 190. — *Le dict des trois vifs et des trois morts*, III, 90, 92. — *La danse macabre* au XVe siècle, 93. — Côté moral et esthétique de ces peintures, 94, — et des représentations théâtrales du moyen âge, IV, 193, 199, 214. — *Les trois Marie* du jour de Pâques à Amiens, 187, — à Rouen, 215. — *La Passion du Christ*, de S. Grégoire de Nazianze, 192. — *Suzanne*, de S. Jean Damascène, 192. — Ces pièces et toutes les autres étaient un enseignement de la foi et des mœurs, 193 et suiv., 202. — Elles faisaient comme partie intégrante de certains Offices, 196, 199. — La prose de Pâques en est un vestige, 197 (voir Pâques), — et la communion du clergé au Jeudi saint, *ibid*. — Grande part que le peuple y prenait, 198, — et le clergé, 215. — Les drames joués souvent en plein air, 199, 203. — Leurs traces restées encore dans la sculpture des églises, 199, 200, 208. — Idée de la glose qu'y ajoutaient les auteurs pour faciliter l'intelligence de la représentation, 200. — Désordres qui s'introduisent dans ces scènes populaires, et efforts de l'Église pour les réprimer, 200, 201, 206 et suiv. — Appréciations peu sûres du théâtre du moyen âge par M. Louandre, 203. — Drames liturgiques représentés pour obtenir la cessation des fléaux, 204. — Cause de leur modification morale et de leur décadence, 205 et suiv., 207, 208. — Exposition, défense et véritable sens moral des *fêtes de l'Ane* à Rouen et à Sens au XIIe siècle et plus tard, 208 et suiv.

Drapeau (voir Pavillon).

Dreux-Duradier. Cité pour ses ouvrages, I, 96.

Droit canonique. Consacre les sept parties de l'office canonial, I, 131.

Droit (Côté), est toujours la place d'honneur, II, 420. — Exception à ce principe, 452. — Différence mystique entre la droite et la gauche, 441 et suiv; — III, 207; — IV, 333. — Pourquoi S. Pierre est à gauche et S. Paul à droite de la croix ou du crucifix, II, 451 et suiv., 645. — Raison de ces places différentes données à divers personnages ou objets,

464; — IV, 333. — Quelle est la droite et la gauche réelle dans une église, et comment il faut l'entendre, III, 208.

Ducange. Ce qu'il dit, et en quoi il s'est trompé, sur la *fête de l'Ane* dans son *Glossaire*, IV, 210, 212, 213, 226.

Duguet (L'abbé). Analyse de son livre des *Règles pour l'intelligence de l'Écriture*, II, 57, 58, 70.

Dulaure, auteur d'une *Histoire de Paris* où il calomnie la *fête de l'Ane* avec tant d'autres pratiques du Christianisme, IV, 225, 226.

Duméril, auteur des *Origines latines du théâtre moderne*; éloge de ce livre, IV, 195, 197.

Dumont, musicien en vogue pour l'emploi du chant grégorien moderne; s'est dévié du plain-chant pour une méthode qui tend à le faire oublier, IV, 278.

Dupuis. Son système de dénigrement contre le Christianisme, I, 90; — III, 449. — Valeur réelle de cet antagonisme, I, 91. — Ses erreurs sur quelques symboles antiques, 170, 171. — Allégorie polythéiste contre le Christianisme, capable de prouver le contraire de sa thèse de l'*Origine des cultes*, 367, 369. — L'un des rationalistes modernes qui dénaturent le plus l'Écriture sainte, II, 56. — Son système sur les zodiaques, III, 450. — Ses calomnies contre la *fête de l'Ane*, IV, 227, — et son archéologie en défaut, 393 et suiv.

Durant (Guillaume), liturgiste du XIII$^e$ siècle, II, 20. — Se trompe sur le livre à donner comme attribut aux Apôtres, 450. — Comment il explique la différence de la liturgie appliquée au culte des Saints, 477. — Son nom véritable; analyse de son *Rational*, 639 et suiv. — Il exagère parfois le symbolisme, mais bien moins qu'on le dit, 640 et suiv.; — III, 55, 123. — A suivi les traces de beaucoup de ses devanciers, II, 639; — III, 123, 167. — Mérite de son livre, l'un des premiers imprimés, II, 643. — S'est-il trompé en attribuant à certains des Apôtres des articles du *Credo* qu'ils n'auraient pas composés? III, 146. — Fausse interprétation d'un passage de Durant sur la liberté laissée aux artistes, 327. (Voir *Artistes*.) — Sicardi a beaucoup emprunté à Durant: preuve que le symbolisme était une science acquise, IV, 162. — Ce que dit Durant des chaînes de l'encensoir, 317.

Durer (Albert), architecte, graveur et peintre des XV$^e$ et XVI$^e$ siècles, Ses défauts et ses qualités, IV, 354 et suiv. — Il maintient le sentiment de l'esthétique, abandonné par son époque, 355. — Sa *Vierge au singe*, 356. — Sa *Vierge au jardin*, 357. — Sa *Mélancolie*, 357. — Le *Cavalier de la mort*, 358. — La *Boîte de Pandore*, 358. — Albert stigmatise le protestantisme par son talent, 358.

# E

Eau. Partout honorée sous mille formes, I, 84. — Principe de la création, 313, — de la régénération, 318, — de la purification, IV, 187.

— Eau du désert, figure du baptême, II, 63. — Eau bénite, figurée par la mer d'airain du temple de Salomon, 165. — Son origine et son but, III, 260, 267, 558. — Usage de l'eau bénite dans les sépultures, I, 199. — Son origine et ses effets, III, 209, 390. — Eau, symbole du bonheur éternel, II, 188, 311. — *Se désaltérer aux sources du Sauveur*, 358, 359. — Eaux amères, symbole de l'hérésie, 195. — Eaux changées en sang, 217, 237. — Les eaux, figure de grands malheurs, 237, 238, 241. — L'Église et l'Écriture sainte, 381. — L'eau, symbole des agitations des peuples, 238, 293, — des peuples eux-mêmes, 257, 284, 292, 311, 381, 484; — IV, 156. — Eaux dormantes et tous leurs analogues, symbole de l'abîme infernal, II, 349. — Divers symboles bibliques de l'eau, 359, — soit naturels, soit d'*opposition*, 390, 391; — III, 257. — OEuvres nuisibles, sagesse mondaine, 157 et suiv. — L'Église née sur la croix de l'Eau et du Sang sortis du Côté percé du Sauveur, II, 433. — Exposition de ce mystère, 434. — Eau, figure du baptême, 434, — III, 292, — des larmes de la pénitence, 267; — mêlée au vin du Saint Sacrifice dès le commencement du IIe siècle, II, 434. — Symbolise la purification de l'âme dans le baptême, 534; — III, 210. — Les étangs, symbole de la vie solitaire, II, 586. — L'eau du lavement des mains, à la Messe, espèce de baptême, IV, 168. — (Voir ÉTANGS, FLEUVES, MER.)

ECCLÉSIASTE, livre de Salomon, l'un des Sapientiaux, II, 40.

ECCLÉSIASTIQUE, l'un des Livres bibliques, emploie les allégories symboliques, I, 187. — Auteur et but de cet ouvrage II, 40.

ÉCHECS. Symbolisme de ce jeu, et son origine, I, 164.

ÉCLIPSE, observée à la mort du Sauveur, II, 442, 445.

ÉCOLE DES CHARTES. Sa création, sa marche et ses publications depuis 1821, IV, 402.

ÉCREVISSE (voir CANCER).

ÉCRITURE, supplée à certaines impuissances de la parole, I, 2. — Elle aussi les siennes, auxquelles on supplée par les signes, 2 et suiv., 16, 51, 58. — Ses formes originelles et ses progrès, 16 et suiv. (Voir *Égypte, Hiéroglyphes*.) — Est un des procédés les plus anciens de la civilisation, 17, 57. — Exemple curieux de ce procédé dans les inscriptions juives du Sinaï, 18. — Écritures secrètes par les chiffres, et autres, 52, 59. — S. Paul appelle les Corinthiens *une lettre écrite par Jésus-Christ*, II, 159. — Que le Zodiaque n'est pas un recueil de zoologie écrit en caractères égyptiens, III, 450. — Rapports curieux entre l'écriture des manuscrits de chaque période séculaire du moyen âge et le style architectural de ces mêmes périodes, IV, 25 et suiv.

ÉCRITURE SAINTE (voir BIBLE).

ÉDEN ou Paradis terrestre. Ses quatre fleuves, symbole des quatre Évangélistes et des vertus cardinales, I, 132; — IV, 48. (Voir *Fleuves*.) — L'Éden est la figure de l'Église, *id., ibid*.

ÉDOUARD II, roi d'Angleterre au XIVe siècle. Son trône orné de lions symboliques, III, 134.

ÉDUCATION. Comment symbolisée, I, 95.

ÉGLISE catholique, adopte le symbolisme dans son enseignement et sa liturgie, I, 11, 141, 363; — II, 317, 465, 640 et suiv.;—III, 42; — IV, 260, 264.— Son caractère et sa définition, II, 408 et suiv.—Elle favorise le développement et l'étude des symboles comme un principe de vérité, I, 369 et suiv.; — II, 407, 465, 679; — III, 1 et suiv., 29, 193.— Elle régénère ainsi la philosophie du monde païen, II, 7, 351; — IV, 296. — Ses malheurs, cause première d'une décadence artistique et de l'oubli des symboles, II, 24; — III, 193; — IV, 344 et suiv.— Seule dépositaire de la vérité dogmatique et morale, II, 34, 67, 68, 407.— Sa prompte diffusion dans le monde aux premiers siècles, 187. — L'Église symbolisée par les deux tribus restées fidèles à Roboam, 39;—par Sara, 51, 409;—par un chandelier, 153; — par la Jérusalem céleste, 351, 364, 368 et suiv., 416; — III, 56, 151, 161; — IV, 312; — par la lumière, II, 387; — III, 71; — par la lune (voir *Lune*). — Par quels traits lui convient le titre d'Épouse de Jésus-Christ, II, 120 et suiv., 133, 226, 311, 351, 362, 405, 409, 417, 419, 535, 537, 585; — III, 190. — Ses divers ennemis dès les premiers temps, II, 162, 212. (Voir *Hérésie*.) — Son triomphe prédit après les persécutions, II, 222, 329, 330, 350, 357. — Ses combats, et son nimbe de douze étoiles, 224. — Traitée dans l'Écriture parallèlement à la Sainte Vierge, 226, 227, 229 et suiv., 419 et suiv., 449; — III, 542.—Elle a toujours son gouvernement visible, II, 233, 437.—L'Église militante souvent indiquée par le *Ciel* dans les écrivains sacrés, II, 234; — III, 151. — Unie à l'Église triomphante dans la gloire éternelle, II, 311, 364. — Liberté de l'Église symbolisée par l'éclat du grand jour, 312. — N'est jamais entravée qu'au détriment de la vérité et de l'art, III, 193. — Son autoritée fondée sur les promesses de Jésus-Christ, II, 408; — sur ses vertus propres, I, 437.—Sa maternité universelle à l'égard des âmes, II, 409 et suiv., 417, 419.—Sa naissance sur la croix du Côté percé de Jésus-Christ, 433, 445.— Figures scripturaires de l'Église dans la Synagogue et dans quelques femmes bibliques, 409 et suiv., 413 et suiv. (Voir *Synagogue*.)— Elle est une vigne, 217, 418,—III, 529,— un jardin, IV, 357,— un grain de senevé devenu un grand arbre, II, 427, — III, 520, — une barque, II, 430, 483, — une tour, 432, 433, —III, 115 et suiv.—Nimbée et couronnée au pied de la croix, II, 447, 456; — IV, 130. — Son costume et ses attributs en cette occasion, II, 448;—IV, 130.—Sa couronne murale, II, 456.— Munie d'un étendard ou pennon, 456. — Assise sur le Tétramorphe, 456.— Son autorité doctrinale, 470. — Figurée par Suzanne, 479; — par le soleil, comme l'Empire par la lune, 620; — par un champ fleuri, 641; — III, 542; — par les clochers, 116; — par l'arche de Noé, 166, 167; — par l'arche d'alliance de Moïse, 177, 190; — par l'Église matérielle, 188, 190. — L'Église inébranlable par la perpétuité de sa doctrine à travers les obstacles de tous les temps, 300; — IV, 344. — A toujours dirigé les conceptions et la pratique de l'art chrétien jusqu'au XVe siècle, II, 561; — III, 41 et suiv., 52, 54, 191, 200, 313; — IV, 344. — Char de l'Église traîné par un griffon, III, 354.— L'Église recevant le Sang du Sauveur dans un calice, au pied de la croix, IV, 27, 130.— Unité de l'Église figurée par les Pères grecs écrivant en latin, à côté des Pères latins écrivant en grec, 147. — Son zèle à favoriser l'art chrétien et en réprimer les abus, 200, 201, 206, 265, 270. — La vie mystique de l'Église représentée sur l'encensoir de Théophile, 312 et suiv. — Autres symboles tirés des Livres saints, 357.

ÉGLISES (ou diocèses), déjà distinguées dans l'Apocalypse. Les sept Églises de l'Asie, et leurs évêques, II, 149 ; — comment symbolisées, 151.

ÉGLISES, temples catholiques. Symbolisme de leur construction et de ses détails, I, 361, 362 ; — II, 572 et suiv.; — III, 8, 9, 42, 101 et suiv., 151 et suiv., 154. — Elles sont le symbole de l'Église de Jésus-Christ, 3, 4, 9, 42, 73, 151. — Les temples païens convertis en églises, II, 7 ; — III, 105, 108. — Apparences modestes de quelques églises au IV° siècle, 7, 10. — Beauté et splendeurs de quelques églises des premiers temps, 44 et suiv. — Description, par le poète Prudence, de toutes les parties de l'église, 8. — L'Église symbolisée en toutes ses parties : la nef, II, 17 ; — III, 9, 42 et suiv., 114, 119, 168 ; — IV, 74 ; — la première pierre, II, 370 ; — III, 68, 111, 190, 391 ; — les fondements, 111 ; — le plan par terre, II, 17 ; — III, 9 ; — la forme de croix, 10, 13, 30, 43, 105 et suiv., — qui caractérise le monument chrétien, 107. — Les façades, II, 169 ; — III, 40, 139 et suiv., 149 ; — IV, 74 ; — le mobilier, II, 17 et suiv.; — III, 262 et suiv. — Richesse de la basilique de Saint-Denys au XII° siècle, II, 572 et suiv. — Abus de l'ameublement, III, 187 ; — IV, 68, 115 et suiv. — Églises à nef unique et sans forme de croix, III, 106. — Le parvis, figure des hérétiques, II, 213 ; — III, 133. — Le pavé, 152 ; — IV, 65 ; — les cryptes, III, 187 et suiv.; — les toitures et leurs gargouilles, II, 336 ; — III, 114, 377 ; — IV, 74 ; — les murailles, III, 112 et suiv., 158, 173, 190, — IV, 74, — souvent élevées sur les débris de temples païens, II, 113 ; — le chœur et le sanctuaire, III, 222. — Sept églises autour d'un homme qui est S. Jean l'Évangéliste, II, 170. — Églises bâties de préférence sur les lieux élevés, II, 363 ; — III, 67 ; — raisons de cette règle, III, 102 et suiv. — Symbolisme des vocables d'Apôtres, II, 370, 385. — Arc triomphal, III, 222 et suiv.; — IV, 128 et suiv. — Nécessité des églises pour le culte, II, 385 et suiv. — Les portes, III, 133, 160 et suiv., 174, 222 ; — IV, 74. — Ornementation picturale des églises au V° siècle, II, 502 et suiv. — Histoire de leur peinture à toutes les époques, IV, 52 et suiv. — Chapelles disposées le long des nefs dès le V° siècle, II, 503 ; — III, 174, 195 ; — aux catacombes, 5. — Traités spéciaux sur le symbolisme des diverses parties de l'église par Hugues de Saint-Victor, II, 566. — Que les églises monastiques devraient être plus simples d'ornementation que les églises séculières, 594 et suiv., 598. — Forme de vaisseau prescrite aux églises, III, 9, 42, 43, 166, 169, 190. — Description de l'extérieur de l'église, III, tout le chapitre III ; — de l'intérieur, *ibid.*, tout le chapitre IV. — Déviation de l'axe longitudinal, datant au moins du IV° siècle, III, 10, 170, 171. — Ne jamais négliger de le reproduire, IV, 165, 127. — Les églises toujours rebâties sur leurs premiers fondements, III, 7, 8, 46, 77, 111.

Caractères des églises gallo-romaines, III, 11, 246. — Une église du vᵉ siècle, décrite et symbolisée par S. Nil, 202. — De celles de l'ère mérovingienne, 12, 14, 52, 179, 185, 315, — IV, 25, 129, — de l'époque de Charlemagne, III, 12, 309 et suiv., — du Saint-Sépulcre, 188; — de celles du style roman fleuri; leur unité symbolique, 36; — IV, 25. — Apparition et rôle artistique de l'ogive opérant une révolution architecturale, III, 37, 241. — Leur luxe d'ornementation symbolique, 39 et suiv., — surtout au xiiᵉ siècle, 241. — L'ogive au ixᵉ siècle, IV, 24. — L'église figurant dans sa forme générale le corps du Sauveur cruxifié, III, 43, 119, 168; — IV, 128, 343. — Soins préliminaires de la construction, III, 66. — Ses symboles de la Trinité, IV, 74. (Voir *Trinité*.) — Les églises ne doivent pas être démolies sans la permission de l'évêque, III, 77. — Signification d'une petite église portée dans la main d'un saint ou d'un architecte, 88. — Convenance des sépultures dans les églises, 97 et suiv., 155, 302. — Que tout dans nos églises annonce leur destination religieuse, 101 et suiv., 106. — Importance de leur isolement de toute autre construction, 103. — Églises de Saint-Michel et des Saints-Anges bâties sur les hauteurs, 104. — Églises circulaires; leur histoire, 107 et suiv., 166. — Octogones, 108 et suiv., 166. — Hexagones, 110; — IV, 188. — Églises fortifiées aux xvᵉ et xviᵉ siècles, 346. — Raison de leurs croix de consécration, III, 160. — Des églises ont-elles reçu dans leurs dimensions des nombres symboliques? 164. — Ces nombres sont-ils tirés parfois des noms symboliques de Dieu? 165. — Dimensions symboliques à donner à une église, 166. — Explication mystique des dimensions en hauteur, longueur et largeur, 168. — Comment on doit y symboliser le calme de la prière par les demi-jours, 189. — La chapelle de la Sainte-Vierge, et son côté occupé par les femmes, 205. — Les hommes placés dans la nef du sud, 205. — Les églises balayées par les énergumènes, aux premiers siècles, 257. — Obligations des évêques et des abbés quant à la peinture des basiliques, IV, 52. — Nécessité de n'y pas négliger ce moyen d'ornementation, 56, 57. — Églises à bâtir pour le culte des Saints canonisés depuis la fin du moyen âge, et comment on y modifierait le style architectural en vue de l'unité artistique, 62 et suiv., 66. — Harmonie à garder entre le style de l'architecture et celui de l'ornementation, 66, 407 et suiv. — Que les architectes doivent savoir le symbolisme et y conformer la construction des églises, 407.

Égypte (L') semble être la patrie de l'écriture hiéroglyphique, I, 17. — Divers caractères de cette écriture, 26. — Haute antiquité de son industrie et de ses arts, 17. — Par quels symboles on représente l'Égypte, 74, 265. — Ses savants imbus de l'immortalité de l'âme, 75. — L'adoration du Nil, 84, 368. — Résumé des croyances religieuses de l'Égypte dans la Table Isiaque, 84 et suiv., 89. — Études et mystères de la numération appliquée au symbolisme, 99. — Usage des allégories et des énigmes, 186, 357. — Spiritualisme de ses arts, 219 et suiv. — Le symbolisme catholique n'a pas dédaigné d'accepter quelques données du sien, II, 5. — Mauvaise philosophie qui attribue aux Égyptiens les lois cérémonielles des Juifs, 91. — Caractère symbolistique de la statuaire égyptienne, III, 245, 382. — Ses superstitions à propos du dieu Chib, 408. — (Voir Écriture, Hiéroglyphes, Isis.)

Eichkoff, membre de la Société asiatique. Idée de son livre : *Parallèle des langues de l'Europe et de l'Inde*, I, 73.

Éléphant. Symbolisme de son nom, I, 34.—Figure de la sagesse chez les Hindous, 163, — de l'esprit au Congo, 202. — Symbole du grand pécheur, III, 155, — de l'orgueil, 443. — Son rôle dans le symbolisme, et son histoire dans l'art chrétien, 502 et suiv. — Ne figure guère dans l'iconographie symbolique avant le ix$^e$ siècle, 503.

Élie (Le prophète) ressuscite le fils de la veuve de Sarepta, II, 105, 517, 518 ; — IV, 16. — Son retour prédit vers la fin du monde, 145. — La pluie qu'il obtient du ciel, symbole de la parole évangélique, II, 517.

Élisée (Le prophète). Histoire des sept flèches symboliques de Joas, II, 104. — Ressuscite le fils de la Sunamite, II, 105, 516.

Éloi (S.). Son habileté comme orfèvre, IV, 289, 293. — Travaille le premier à l'orfévrerie en Limousin, 291.— Ses succès en ce genre; discussion sur le fauteuil qu'il fit pour Dagobert, IV, 293 et suiv. — Magnifique sépulture que lui procure la reine Ste Bathilde, 295. — Fonde l'abbaye de Solignac pour en faire une école d'orfévrerie, 295. — Ses souvenirs artistiques, 297.

Élus (voir Saints).

Émaux champlevés. Ce que c'est, II, 544. — Émaux des armoiries, 541, 542, 546 et suiv.— Emploi des émaux dans l'orfévrerie chrétienne, et choix de leurs couleurs symboliques, IV, 15, 300 et suiv. — Émaux byzantins traités par S. Éloi, 293. — Verres cloisonnés pris quelquefois pour des émaux, 293. — Histoire de l'émaillerie, et de son emploi dans l'art religieux, 300 et suiv. — Comment elle passe dans l'art profane, 302. — Qu'il n'en faut pas trop user aujourd'hui dans l'orfévrerie sacrée, et pourquoi, 302, 336.

Émeraude, pierre précieuse de couleur verte, signe d'espérance et de miséricorde divine, I, 321.— Traditions fabuleuses, 322 ; — II, 366.— Symbolise la tribu de Juda et S. Jean l'Évangéliste, 379.

Empédocle. Son système des nombres, I, 110.

Empire (voir Romains).

Empire, époque signalée en France par le gouvernement de Napoléon I$^{er}$. L'art y est dépourvu d'esthétique, aussi bien que l'État de morale et de religion, IV, 401.

Empyrée (voir Air).

Encens, prières des Saints, II, 173, 191, 615. — Encensement de l'autel au commencement de la Messe, 615. — Symbolisme de l'encens, IV, 312.

Encensoir allumé et surmonté d'un cœur; symbole de l'Égypte, I, 74. — Ceux du temple de Salomon, figures des vases d'or des vieillards de l'Apocalypse, II, 173. — Encensoir d'or de l'Ange de l'Apocalypse, 190, 615. — Description de celui du moine Théophile, IV, 311 et suiv.— Symbolisme de l'encensoir, 312. — Encensoir de Lille, ouvrage du moine Reigner ; symbolisme de tous ses détails, 314 et suiv. — Symbolisme des trois chaînes, 317.

Encyclopédistes du moyen âge ; caractères de leurs travaux ; le V. Bède, II, 523 ; — III, 60. — S. Isidore de Séville, II, 525, 621. — Raban-Maur, 535. — Herrade de Hohenburg, 574 et suiv., 577. — Vincent de Beauvais, 621 et suiv.; — III, 60. — *Le livre de Clergie*, II, 629.

Encyclopédistes du XVIII<sup>e</sup> siècle, rationalistes zélés contre le catholicisme, II, 70, 485, 578, 621 ; — III, 79, 450. — Leurs mensonges contre la *magie* et les *sibylles*, IV, 96, — et contre la *fête de l'Ane*, 226.

Énée. Sa descente aux enfers symbolyse l'initiation d'Auguste à Athènes, I, 75. — Erreur de ceux qui nient sa venue en Italie, II, 244.

Énergumènes. Pourquoi on leur faisait balayer l'église aux premiers siècles, III, 257, 383. — Leur robe violette à Bourges, 386.

Enfant prodigue. Son costume et ses couleurs symboliques dans un vitrail de Bourges, I, 346 ; — II, 176, 187 ; — IV, 12.

Enfants dans la fournaise (Les trois), (voir *Fournaise*).— Les enfants persécutés de préférence par les Juifs, et pourquoi, III, 399.

Enfants de chœur. Raison et histoire de leur soutane rouge, I, 310 ; — IV, 177. — Leur rôle liturgique à Auxerre au premier dimanche de l'Avent, 183.— Couronnés de fleurs depuis l'Ascension jusqu'à la Saint-Pierre dans l'Église de Saintes, IV, 187.

Enfer des Scandinaves, I, 179. — L'enfer véritable personnifié dans l'Apocalypse, II, 178, 204. — Ses tourments variés, 259, 424 ; — III, 387, 388 et suiv.; — dans la tapisserie d'Angers, II, 178. — Tour enflammée, *ibid*. Gueule de monstre pleine de flammes, 179, 324, 337, 325, 339. — Origine de ce motif, 339 ; — IV, 435.— Ses variétés, *ibid*.; — III, 132, 388, 499. — Symboles multiples de l'enfer dans la Bible, II, 349 ; — III, 388. — La clef de l'enfer, II, 199. — Les réprouvés, objet de larmes pour l'Église, 211. — Fournaise de feu et de soufre, 324, 337. — L'enfer et son éternité, 337, 614. — Étang de feu, 324, 337, 345, 346, 349.— Puits de l'abîme, 199, 200, 346 ; — III, 360.—Ténèbres extérieures, II, 424. — L'enfer peint par Dante, 672 ; — III, 387. — L'enfer des religieuses à Sainte-Marie-des-Châses, 430. — (Voir Purgatoire.)

Énoc, patriarche. Son retour prédit vers la fin du monde, I, 145.

Enseignes, toutes empeintes de symbolisme au moyen âge, IV, 39.— Enseignes des corps et métiers : la limace chez un libraire, 39 ; — le bœuf et le porc chez les bouchers, *ibid*.; — le compas, etc, chez les charpentiers, *ibid*.; — un mouton pour les lainiers, *ibid*.

Entrelacs des sculptures romanes. Leur origine et leur signification, I, 161 ; — III, 232, 332, 343 et suiv., 527 ; — IV, 453. — Animaux mordant des entrelacs de fleurs, III, 344 ; — IV, 314, 316, 453.

ENVIE, péché capital symbolisé par une femme dont un serpent dévore le cœur, II, 272.

ÉPÉE, symbole de la guerre, I, 203, 209; — II, 176. — Le sabre d'Ali, I, 206. — L'épée du comte de Paris, 209. — Épée à deux tranchants sortant de la bouche de Jésus-Christ, II, 151, 317, 325, 402. — Allégorie des deux glaives exprimant la puissance unie du Sacerdoce et de l'Empire, 619. — Une épée, attribut de la sibylle Érythréenne, IV, 103, — de l'Européenne, 104, — de la Samienne, 106.

ÉPERVIER, oiseau sacré des Égyptiens, I, 87. — Symbole de l'Être divin, I, 93.

ÉPHÈSE. Cerf symbolique de ses médailles, I, 264. — Une des premières Églises chrétiennes; son évêque S. Timothée, II, 153. — Éloge qu'en fait S. Paul, 159.

ÉPHRAÏM, petit-fils de Jacob. Sa tribu symbolisée par la chrysolithe, II, 380. — Mystère de la bénédiction qu'il reçoit de Jacob, 452, 453.

ÉPI de blé, symbole de l'Eucharistie; donné à Daniel, IV, 211.

ÉPINAY, *Spinetum*, lieux-dits indiquant un ancien cimetière gallo-romain, ou d'anciens bois, III, 83.

ÉPINES, symbole de la pénitence ferme et énergique, I, 329; — III, 567. — Celles du buisson où s'empêtre le bélier d'Abraham, figure de la couronne de Notre-Seigneur, II, 86; — IV, 103. — Cette couronne préfigurée par les épines imposées à la terre en prévision du péché d'Adam, 521; — III, 517. — Épine dans le pied, symbole du péché originel, 318. — De quelles épines fut formée la couronne du Sauveur, et comment on pourrait le découvrir, 567, 568. — Cette couronne, un des attributs de la sibylle de Delphes, IV, 103, — et de la Samienne, 106. — Couronne d'épines tenue par un ange au pied de la croix, 119, — ne doit pas être omise dans l'image du crucifix, 127.

ÉPIPHANE (S.), évêque de Salamine. Ce qu'il dit des initiations païennes, I, 76. — Réfute les erreurs des Alogiens sur l'Apocalypse, II, 142.

ÉPIPHANIE, mystère des présents offerts par les Mages, II, 490. — Procession symbolique de la fête, IV, 185. — Drames liturgiques, 199.

ÉPITAPHES. Combien modestes et simples au moyen âge, III, 301. — Pourraient aujourd'hui, incrustées dans les murs des églises, y suppléer aux monuments funèbres, 303 et suiv. — Exemple de ce soin dans l'église de Montierneuf de Poitiers, 304.

ÉPÎTRE de la Messe. Sa signification spirituelle, IV, 160.

ÉRASME. Extrait de ses *Adagia* sur la prétendue stupidité de l'âne, IV, 217. — Ce qu'il dit du symbolisme des images contre les excès des iconoclastes protestants, 353, — et de la poésie païenne du poète chrétien Sannazar, 381.

ÉRIGONE. Dupuis en fait la Sainte Vierge Marie, I, 367.

ERMITES, symbolisés par les cryptes des églises, III, 188.

Eros, divinité de l'amour du bien chez les Grecs. Ses caractères symboliques, I, 339.

Erwin de Steinbach, architecte du xiv$^e$ siècle, n'est pas l'instituteur des frères maçons, plus vieux que lui de deux cents ans, III, 60.

Ésaü. Symbolisme de sa couleur rousse, I, 339.

Escarbot (voir Scarabée).

Esclaves, marqués au front chez les anciens, II, 251.

Esculape. Son effigie symbolise la ville de Myrina, 1, 264.

Esdras, auteur des Paralipomènes. Symbolisme de son nom, II, 38. — Rebâtit le temple, 42.

Espérance, vertu théologale, symbolisée par l'aubépine fleurie, I, 208. — L'espérance soutenant contre la tentation du désespoir à Vézelay, III, 370. — Vêtue de blanc chez les anciens, 1, 293, 299, — de vert, et pourquoi, IV, 211. — Symbolisée par une ancre, II, 483. — S$^{te}$ Espérance, 654.

Esprit-Saint, symbolisé par l'air, et par la couleur bleue mêlée de rouge, I, 315, 335, — par le feu, IV, 81, 82, — par le rouge, 177, — par un fleuve d'eau vive, II, 5, 391. — Une colombe au nimbe timbré d'une croix, 169, 532. — Autres figures de la colombe, IV, 77, 78, 80, 81. — Son image dans celle de la Trinité, 77, 78, 80. — Inspirateur des écritures bibliques, II, 34, — et de la prédication apostolique, 467. — Ne doit pas être représenté sous les traits humains, IV, 81.

Esther, image de l'Église et de Marie, II, 39.

Esthétique (voir Philosophie de l'art).

Étain. Pourquoi ce métal est consacré à Jupiter, I, 60.

Étangs, symbolisant la vie solitaire, II, 586. — Étang de feu (voir Enfer).

Étendard (voir Pennon).

Éternité, symbolisée par le serpent roulé en anneau, 1, 54, 93.

Étoffes. Ont apporté chez nous de l'Orient des spécimens nombreux de bêtes hybrides, III, 528, 529. — Histoire des étoffes employées aux vêtements sacrés, IV, 172 et suiv.

Étoile d'une médaille de Julia Domna, I, 153 ; — des Mages, 153 ; — II, 397 ; — III, 335 ; — de l'Apocalypse, symbole des Anges, II, 151, 398, 402 ; — III, 72 ; — des âmes, II, 153, 193, 198, 398, 405 ; — III, 72 ; — à huit branches, symbole des huit béatitudes, II, 152, 153. — Rôle des étoiles sculptées aux chapiteaux et modillons des églises, 153 ; — III, 177, 335. — Jésus-Christ, étoile du matin, II, 156, 397 ; — III, 71 ; — de Jacob, *ibid.*, 397. — Étoiles du mal, par opposition, II, 398 ; — III, 72. — L'étoile *Absinthe*, II, 193, 218. — Celle de Théodote de Byzance, 198. — Le tiers des étoiles entraîné par Satan, 230, 398. — Les étoiles, symbole des Docteurs de la vérité, 198, 230, 398, — des Apôtres, 225. — Les douze étoiles de Marie, 225, 399. — Raison de leur multiplicité dans l'ornementation chrétienne, 231, 405.

Étole, vêtement sacré du prêtre et des diacres à l'autel. Son symbolisme, IV, 170.

Eucharistie, a toujours été entourée de tous les respects dus à la présence réelle du Sauveur, IV, 156. — Symbolisée par les colombes buvant au calice, II, 12; — III, 332; — par du froment moulu par S. Paul, II, 573; — IV, 18; — par le déchirement du voile du temple à la mort du Sauveur, II, 70; — par Daniel, III, 336; — IV, 211; — par la manne du désert, II, 112, 154; — par un épi, IV, 211; — par le Tabernacle de la Loi ancienne, II, 353; — par le sang sorti sur la croix du Côté percé du Sauveur, 434, 435; — par les pains de proposition, 573, 586; — par les sept pains du désert, 586. — La mauvaise communion symbolisée par un chien mangeant une hostie consacrée, III, 129. — L'Eucharistie nommée *Margaritum*, 282. — Les vierges ont un droit particulier à l'Eucharistie, II, 491. — Elle est *la Table* du Seigneur, 491. — La Sainte Réserve conservée en chaque église dans un seul tabernacle, III, 195. — Symbolisme du pain et du vin, IV, 152. — Parcelles de l'Eucharistie renfermée dans l'autel consacrée, au lieu de reliques, III, 262. — Ses nombreux symboles à employer dans l'art chrétien, 286, 332, 338; — IV, 18, 78, 337. — Foi du moyen âge dans l'Eucharistie, III, 4. — La Trinité opère dans ce sacrement, IV, 78. — Gardée dans des vases de cristal ou d'osier, 286. — Ridiculisée par le protestantisme dans une verrière de Berne, 398. — (Voir Communion, Messe.)

Eucher (S.), évêque de Lyon au v$^e$ siècle. Citations de ses *Petites Formules* symboliques II, 172, 192. — Son rôle actif dans le symbolisme du moyen âge, 482.

Eudoxie, femme de Théodose II, empereur de Constantinople au iv$^e$ siècle, envoie un plan d'église en forme de croix à S. Porphyre, évêque de Gaza, III, 105.

Eulogies, symbole de charité. Ce qu'en dit S. Paulin de Nole, II, 492.

Euphrate. Les quatre anges de ce fleuve, II, 207. — Son rôle dans la Prophétie apocalyptique, 269. — Un des quatre fleuves du paradis terrestre, IV, 48.

Eusèbe, écrivain ecclésiastique du iv$^e$ siècle. Sa description d'un tableau symbolique de Constantin, II, 488.

Évangelistes. Beauté de leurs récits, pleins de symbolisme, II, 43. — Source de conceptions artistiques, 44. — Ont un livre pour attribut, IV, 313. — Ils sont les hérauts de la doctrine chrétienne, II, 174; — la lumière du monde, 299. — Figurés dans certaines verrières au lieu du Tétramorphe, 403; — sur un bénitier avec les quatre fleuves du paradis terrestre, 511; — IV, 48. — Leurs places normales quand on les représente en groupe, II, 645, 646; — IV, 313. — Au pied de la croix, IV, 318.

Évangile. Pourquoi se lit vers le nord pendant la Messe, II, 443; —

IV, 160. — Cierges allumés (dès le IVe siècle) pendant qu'on le chante à la Messe, II, 489.

Ève ou Hève, *la mère des vivants*, I, 39. — Comment elle préfigurait l'Église, II, 413, 435, 445, 461, — et la Sainte Vierge, 520, 565. — Sens superhistorique attaché à sa naissance par Adam, 561. — Prédiction de la victoire de la femme sur le serpent, III, 467.

Évêques, portent le violet en signe de deuil, I, 335.—Représentants de Jésus-Christ, II, 150, 151, 152, 197. — Eurent d'abord une demeure commune avec le clergé, III, 47. — Représentés par les vieillards de l'Apocalypse, II, 167,—par les colonnes des églises, III, 178.—Ont converti le monde à la civilisation chrétienne, II, 292.—Obligés de surveiller les constructions d'églises, III, 45 et suiv., 56, 68, — mais avec le concours des chapitres et des fabriques, 302. — Ont droit d'en choisir l'architecte, 67. — Travaillant de leurs mains à l'embellissement de leurs églises, 48, 58, — à la confection des vases sacrés, 48, 49. — Siége épiscopal des cathédrales (voir *Trône*).—Doivent diriger leur diocèse dans les choses de l'art chrétien, IV, 137, 412. — Symbolisme de leurs vêtements sacrés, 161 et suiv.

Évreux, en Normandie. Belles verrières de sa cathédrale, IV, 136.

Exode. Ce que contient ce livre historique de la Bible, II, 36 ; — IV, 161.

Exorcismes, exercés par Notre-Seigneur et les Apôtres. Leur utilité et leur succès, III, 383. — Comment représentés dans l'art du moyen âge, 385 et suiv., 426. — Ministres ecclésiastiques destinés à opérer les exorcismes dès les premiers temps, 390. — Tous les objets employés à des usages sacrés exorcisés d'abord, 390 et suiv., 560.

Extase. Ce qu'est cet état surnaturel de certaines âmes chrétiennes, II, 362.

Extrême-Onction, sacrement dont l'huile est la matière et symbolise la guérison spirituelle de l'âme, III, 560 ; — IV, 152.

Ezéchias, roi de Juda. Raison symbolique de son nom, I, 44.

Ézéchiel prophétise la loi de grâce, II, 41.— Réflété dans l'Évangile, 43. — Ses animaux symboliques dans notre art chrétien, 101 ; — III, 467. — Son livre mangé, II, 103. — Son plan de Jérusalem sur la brique, 103.

# F

Fable (voir Mythologie).

Fabliaux, ont servi quelquefois de légendes symboliques dans l'art chrétien, III, 364 ; — IV, 231.

Fabriques des églises, ont leur action légale sur la construction et l'ameublement de ces églises, III, 302.

Façades des églises. Magnificence de leur plan; symbolisme de leur ornementation, III, 140 et suiv., 149. — Leurs cavaliers, 162 et suiv. — Elles ne sont jamais ornées que de sujets tirés de sources sacrées, 163. — Types de beaux tabernacles, 286.

Face humaine sur le ventre et autres parties du corps de Satan, III, 342, 367, 368.

Famine, la deuxième plaie de l'Apocalypse. Ses divers signes symboliques, II, 177, 178. — Celle de l'an **396**, et la sécheresse qui la cause, 267.

Farine tirée du blé moulu par S. Paul, symbole de l'Eucharistie, II, 573; — IV, 18.

Fasce, sens de ce terme de blason, II, 545.

Faucille, symbole de Cérès, I, 58, 83.

Faucon, oiseau symbolique du droit de chasse, et par cela même de la noblesse, III, 90, 91. — Emblème de la rapacité violente, 446.

Faunes, genre de démons selon S. Grégoire, II, 519.

Fauteuil de Dagobert II, fait pour ce prince par S. Éloi. Ses symboles discutés, IV, 293.

Faux, symbole du temps, I, 84, 169, — de la mort, I, 200. — Armant Jésus-Christ au jugement dernier, II, 260.

Feillée (La), compositeur de motets en plain-chant dit *figuré*. Comment il a contribué à amener dans l'église les sensualités de la musique profane, IV, 269, 278.

Félix (S.), pape de 269 à 274, établit l'usage de placer des reliques des martyrs sous les autels, IV, 157.

Félix de Valois (S.) fonde la Rédemption-des-Captifs, II, 618.

Femme montée sur une tortue, symbole de l'Égypte, I, 74. — Relations symboliques entre le corps de la femme et la colonne ionique, 224. — Caractère chrétien de la femme, symbolisé par sa formation originelle, II, 85. — Femme rongée par des serpents ou des crapauds, 272, 273, — au cloître de Moissac, 274, — III, 365, — et ailleurs, *ibid*. — Femme impure personnifiant Rome païenne sous le nom de Babylone, II, 258 et suiv., 283 et suiv. — Les villes symbolisées par des femmes, 284, 352. — Femme allaitant les fidèles, comme type de l'Église, 121, 404. — Femme vertueuse, type de Marie et de l'Église, 419. — Esthétique de la femme chrétienne dans la statuaire et la peinture, III, 251. — Son rôle supérieur dans les opérations magiques de la cabale, 395 et suiv., 398. — Femme-lion, effronterie et impudeur, 465.

Fénelon. Ses singulières idées sur l'art chrétien du moyen âge, IV, 395.

Fenêtre des églises, au nombre de trois dans l'abside, et trilobées pour symboliser la Sainte Trinité, III, 35; — IV, 74. — Bel effet et symbolisme de la fenêtre orientale, III, 152; — IV, 74. — Les fenêtres, symbole des Écritures sacrées, et pourquoi, III, 184. — Symbolisme de leur évasement intérieur, 184, 185, — de leurs barres de fer, 185.

— Faux symbolisme imaginé pour elles par M. Boisserée, 185. — Celui de leur demi-jour, 187. — La fenestration plus ample du XIIIᵉ siècle, cause probable du perfectionnement de la sculpture, 537.

Fer, emblème métallurgique du dieu Mars, I, 60.

Festin évangélique, symbole du Ciel, II, 187, 312, 313, — de l'Église, 423.

Fête-Dieu à Aix. Son caractère symbolique, IV, 206 et suiv.

Fêtes chrétiennes. Leur convenance avec les époques où on les célèbre; l'Annonciation, II, 644; — Noël, IV, 177, 184, etc. (Voir *le nom de chaque fête*.) — Zèle de l'Église à les embellir, 182. — Leurs drames liturgiques, 199. — Couleurs symboliques rattachées à la célébration de chaque fête, 176 et suiv., 179. — Combien les fêtes se prêtent au symbolisme, 179 et suiv., 182, 183 et suiv. — Leur utilité sociale, 181 et suiv. — Elles sont des dates et des époques des principales relations humaines, 182. — Fêtes dites *de l'Ane* à Rouen et à Sens, 210 et suiv. — Pourquoi ainsi nommées, 211, 215. — Date de cette institution, 215; — son caractère tout symbolique, 225 et suiv. — Calomniées par les ennemis de l'Église, 226, 227. — Ridicule ignorance de ces critiques, 287. — *La fête des Fous* doit être justifiée par les mêmes raisons que celle de l'Ane, 227 et suiv. — L'Église en a toujours réprimé l'abus, 228.

Fétis, habile musicien de notre temps. Observations tirées de son *Résumé* de l'histoire de la musique, IV, 241.

Feu (Le) symbolise Dieu lui-même avec sa charité, I, 238, 308; — II, 615; — III, 228; — IV, 173, 315; — le Saint-Esprit, I, 309, 315. — Image de la colère divine, II, 191; — IV, 316. — Symbole de l'âme humaine, II, 251. — Feux de la Saint-Jean, leur raison d'être; erreur de M. Portal à ce sujet, I, 310; — II, 644. — Le feu, pris en mauvaise part, I, 340, — sortant de la bouche des martyrs, II, 216. — Feu sacré de la liturgie catholique, III, 228. — (Voir Agni, Cierges, Lampes, Lumières.)

Février. Caractère de ce mois dans la zoologie zodiacale, III, 458.

Fiésole (voir Angelico).

Figuier. Parabole du figuier stérile, II, 72. — Symbolise l'onction par la saveur de ses fruits, III, 564.

Filet jeté dans la mer, symbole de l'Église, II, 424.

Filigrane, fil d'argent ou d'or servant d'ornement dans l'orfèvrerie du moyen âge. Histoire de son emploi, IV, 297.

Fin du monde (voir *Millénaires*), prédite par le Sauveur, II, 330, 342. — Ses caractères, et dernières violences du démon, 332, 334. — Terreurs de la fin du monde au XIᵉ siècle, et ce qu'il faut en croire, III, 18 et suiv.

Flambeau, symbolisant S. Pierre et S. Paul, I, 145. — Flambeau renversé, symbole païen de la mort, trop employé chez les chrétiens, 200, 262.

FLANDRIN, peintre chrétien de notre siècle. Comment il a employé le symbolisme à Saint-Vincent de Paul de Paris, III, 206.

FLÈCHE, symbole de Mars, I, 58, 169, — de la guerre, 203, 204', — II, 104, — des victoires de Dieu sur les méchants, III, 464.

FLEUR DE LIS (voir LIS).

FLEURS, parure de la virginité, II, 493, 557; — III, 522, 542. — Leur symbolisme général, 521 et suiv., 568, 569. — Symbole des vertus, 570. — Doivent décorer les murs et les chapiteaux des petites églises, de préférence aux larges végétations, 566, 567. — Fleurs capricieuses déroulées aux marges des manuscrits du XIII° au XVI° siècle, IV, 28. — Pourquoi une fleur des champs s'attribue à la sibylle Érythréenne, 104. — Couronne de fleurs aux enfants de chœur en certaines églises, 187.

FLEURY, historien ecclésiastique, décrit les premières assemblées chrétiennes, II, 197. — Ses partialités jansénistes contre les auteurs du moyen âge, 566, 621, 648, — contre le style gothique, IV, 396. — Ce qu'il dit de S¹° Claire, II, 657.

FLEURY-SUR-LOIRE (voir SAINT-BENOÎT-SUR-LOIRE).

FLEUVES. Les quatres fleuves du paradis terrestre, symbole des vertus cardinales, I, 132, — et des quatre Évangélistes, IV, 48, 329; — représentés sur un bénitier à Spire, II, 511, — au pavé de la cathédrale d'Aoste, III, 155. — Les fleuves, symbole des provinces, comme la mer est celui de l'empire, II, 266, 293, 390; — des prédicateurs, 185, 586.

FLORE, déesse des fleurs. Le style corinthien propre à ses temples, I, 225. — Symbolisme de sa corne d'abondance, II, 74.

FLORE MURALE, fleurs symboliques cachées dans des tombeaux, I, 199; — III, 523. — La botanique du Cantique de Salomon, II, 125; — III, 555, 556. — Origine de la végétation symbolique, 332, 340. — La flore murale au v° siècle, II, 512; — IV, 423. — Les fleurs sont la végétation spirituelle de l'âme, III, 16, 36, 210, 337, 518. — Marche progressive de la flore symbolique dans l'art chrétien, 332, 525. — Beautés données au symbolisme monumental par la flore du XII° siècle, 35, 154, 259, 527, 555, — et du XIII° siècle, 40 et suiv., 518, 567 et suiv., — IV, 459. — Symbolisme des arbres et des plantes en général, III, 337, 567, 568, 571. — Les fleurs aquatiques, symbole du baptême, 210, 295, 526, 569. — Ses têtes humaines au milieu des feuillages ; leur origine et leur signification, 332 et suiv. — Les feuilles, symbole de l'instabilité, IV, 459. — Harmonies de la végétation des plantes et du cœur de l'homme, III, 515, 518. — Les fleurs et les plantes moins agréables à l'homme après le péché originel, 517, 518. — La verdure employée de tout temps avec les fleurs pour la décoration des églises, 523, 524, 554. — Histoire de la flore murale et de ses développements dans l'art chrétien, 524 et suiv., 565 et suiv., 568 et suiv., 571; — IV, 456. — Plantes aquatiques plus abondantes dans la sculpture des monuments voisins des rivières, III, 526. — Flore murale appliquée à la théologie, 527,

570; — sujette, comme la zoologie, aux erreurs des savants et à leurs fausses appréciations, 528. — Remarque sur les animaux dont la queue représente une branche où une feuille de l'arbre dont ils se nourissent, 531; — IV, 452. — Un arbre souvent exprimé par une ou deux seules branches ou fleurs, III, 532, 535, 536; — IV, 445. — Arbres de convention, III, 532; — IV, 456. — Faux symbolisme des aroïdes imaginé par M. Woillez, III, 532. — Irrégularités normales de certains spécimens de la botanique du moyen âge, 536, 537; — exception pour la feuille de chêne au XIIIe siècle, 537. — Gracieux usage que le moyen âge fait de la flore mystique dans la poésie et les monuments, 555 et suiv.; — son immixtion à la liturgie, 557, 561. — Choix à faire des arbres et des plantes pour une décoration raisonnée du lieu saint, 564, 566, — IV, 62, 65; — n'y en admettre que de symboliques, 564, 566. — Flore admirable des cathédrales de Reims et d'Amiens, 569 et suiv.

FLORENCE (Ste), jeune Phrygienne du IVe siècle, honorée à Poitiers. Fragment d'une hymne symbolique composée en son honneur au XIe siècle, II, 556; — III, 542 et suiv.

FOI, vertu théologale, symbolisée par la passiflore, I, 208. — La foi, principe de toutes les vertus chrétiennes, II, 312, — nous est donnée de Dieu avec le baptême, 527. — Symbolisée par une règle d'or, 372.

FOI (Ste), martyre à Agen, II, 654. — Stes Foi, Espérance et Charité, 654; — IV, 202. — Beau reliquaire de Ste Foi à Conques, IV, 304 et suiv.

FONDEMENTS des églises. Idées symboliques qui s'y rattachent, III, 111.

FONTAINES profanées par Julien l'Apostat pour priver d'eau les chrétiens, II, 252. — Fontaine jaillissante pour S. Clément exilé, 659.

FONTENAY-SUR-ORNE (Calvados). Ancienne abbaye, chapelle funéraire avec peinture murale des *Trois vifs et des trois morts*, III, 92.

FONTGOMBAUD. Abbaye de trappistes en Berry; verrières coloriées de son église, exécutées par des peintres de valeur différente, IV, 23.

FONTS BAPTISMAUX. Leur place normale dans l'église, III, 212. — Leur histoire aux premiers siècles et au moyen âge, 290 et suiv. — Magnificence du baptistère de S. Jean de Latran, 290. — Règles à suivre pour les fonts baptismaux dans les églises de notre temps, 292 et suiv., 567. — Tenue scandaleuse de quelques-uns, 293. — Sujets à préférer pour le tableau de l'autel, 296 et suiv. — Fonts à imiter du moyen âge, 298, 299; — IV, 77. — Décoration picturale de la chapelle, III, 299, 567. — Le rôle du démon dans l'ornementation des fonts, 381. — Procession de la veille et de l'octave de Pâques aux fonts baptismaux; sa signification, IV, 180.

FORCE, une des vertus cardinales, symbolisée par le chêne, I, 207, 209, — par l'ivoire, III, 503, — le lion, I, 209, — par les travaux d'Hercule chez les anciens, et à la cathédrale de Limoges, III, 350 et suiv.; — terrassant les vices avec la Prudence, 427.

FORNARINA. Raphaël s'en est trop inspiré, IV, 374.

FORTUNAT (S.), évêque de Poitiers au VIᵉ siècle. Son exègese symbolistique ; caractère élevé de sa littérature poétique, II, 520 et suiv. — Ce qu'il dit des voûtes des églises de son temps, III, 180. — Est-il l'auteur du *Pange lingua* de la Passion ? IV, 241. — Ce qu'il dit de l'orgue et de la musique instrumentale de son temps, 260 ; — et des lumières multipliées dans une église de Ravenne, 327.

FOUCQUET (Jehan), peintre du XVᵉ siècle. Son indigne parodie de la Vierge Mère au musée d'Anvers, IV, 387.

FOUDRE, attribut de Jupiter, I, 169.

FOUET, attribut de la sibylle Samienne qui a prédit les circonstances de la Passion, IV, 106, — et de celle de Tivoli ou Tiburtine, 108.

FOUGÈRE, un des éléments primitifs de la flore murale, III, 525. — Symbole de l'humilité solitaire, IV, 423.

FOURMI, symbole de la prévoyance, I, 95 ; — II, 498 ; — III, 4 ; — du vol, I, 202. — Son symbolisme dans le *Physiologue* de Théobald, III, 488 et suiv.

FOURNAISE. Les trois Enfants dans la fournaise de Babylone, figure de la Rédemption par le Sauveur, II, 500 ; — représentés par cette raison aux fêtes de la Circoncision pendant le moyen âge, IV, 212, — sur l'encensoir du moine Reigner, 314 et suiv. — Idée symbolique des trois Enfants, 315.

FOURNIER-VERNEUIL. Idée de son *Tableau moral et philosophique*, et comme il y dénature l'esprit du Christianisme et la *fête de l'Ane*, IV, 226.

FOURRURES. Sens de ce terme en blason, II, 549.

FOUS. La fête des Fous ; son esprit, ses abus, son interdiction à diverses époques du moyen âge, IV, 227, 228, 231.

FRANCFORT-SUR-MEIN. Concile de 794 : n'a pas eu l'influence qu'on lui a trop attribuée sur l'état de l'imagerie au IXᵉ siècle, III, 247.

FRANC-MAÇONNERIE, a adopté pour ses allures secrètes les pratiques des initiations antiques, I, 74, 76. — Ce qu'il faut penser des Confréries associées pour les constructions du moyen âge, III, 59, 60. — Leur influence funeste sur l'art chrétien depuis le XIVᵉ siècle, 312. — Histoire romanesque et systématique qu'en fait M. Vitet dans l'intérêt de ses opinions erronées sur le moyen âge, 196 et suiv. — La franc-maçonnerie, comme société secrète, ne remonte pas au delà de l'abolition des templiers, 197, 199. — Prétendu secret de ces bâtisseurs, embrouillé dans les obscurités de conjectures inadmissibles, 201, 202. — Elle s'introduit au XIVᵉ siècle dans la construction des églises, 359.

FRANÇOIS D'ASSISE (S.). Tableau symbolique, au Louvre, où il présente à Jésus des roses rouges et des roses blanches, I, 329. — Symbolisé par un chien portant un flambeau, 359. — Son amour du symbolisme, II, 677.

FRANÇOIS DE NEUF-CHATEAU juge mal la *Légende dorée*, II, 655, 656.

François de Sales (S.) admet naïvement une foule de préjugés scientifiques du moyen âge qui font le charme de sa pensée et de son style, III, 472.

France. Ses malheurs aux VIIIe et IXe siècles, III, 17; — au XIXe, conséquences de l'abaissement de tous les principes sociaux, IV, 415.

Francs, affectaient dans la guerre d'adapter à leurs armes des images démoniaques, III, 382; — envahissent la Gaule Belgique en **430**, IV, 426.

Franz de Sickingen (voir Sickingen).

Franzius (voir Wolfgang).

Frauenlob (Henri). Idée de son imitation allemande du Cantique de Salomon, II, 129; — III, 415.

Frédéric, évêque de Liége au XIIe siècle. Son épitaphe, II, 558.

Fresque, genre de peinture murale usité au moyen âge. Ses avantages et ses inconvénients, IV, 55. — Belles fresques de Saint-Savin-sur-Gartempe, 54.

Fuite en Égypte de la Sainte Famille, prédite par Osée à huit cents ans de distance, IV, 104.

Fulbert (S.), évêque de Chartres, rebâtit sa cathédrale en **1021**, III, 26.

Fulgent (S.), évêque de VIe siècle, Père de l'Église. Comment l'auteur lui donne un attribut distinctif, IV, 91.

Fumée, symbole du mal et d'opposition à la vérité, I, 306; — II, 199.

Funérailles. Leur symbolisme chez les anciens, I, 196 et suiv. — Inhumation et crémation des corps, I, 197. — Usages symboliques observés aux funérailles et aux sépultures, 198. — Les graines de fleurs dans les tombeaux chrétiens, 199. — Autres objets symboliques de la piété chrétienne, 199. — La couleur rouge, 312, 316, — la bleue, 312, 316; — la rose, et ses emplois divers, 328. — Griefs de S. Jean Chrysostome contre le luxe dans les funérailles, II, 603.

# G

Gabriel : *force de Dieu*; ange mentionné dans l'Apocalypse, II, 170. — Envoyé à Marie pour lui annoncer l'Incarnation, devient le symbole de S. Matthieu (voir *Matthieu*). — Rôle à lui donner avec la sibylle Agrippine, IV, 101. — Annonce à Daniel les soixante-dix semaines, 103.

Gad, fils de Jacob, symbolisé par le Sagittaire dans le Zodiaque, II, 109, — par le jaspe, 378.

Gaîté. Inspirée par l'agate, II, 366, — par la cornaline, 367.

Gallicanisme, a souvent interprété l'Écriture sainte pour le besoin de sa cause, II, 55. — Servilité de Pierre de Cugnières punie symboliquement, III, 356.

Gange, fleuve adoré par les Indiens, I, 84.

Gants, partie du costume épiscopal. Leur signification symbolique, IV, 163.

Ganymède. Ses rapports prétendus avec le verseau du Zodiaque, III, 458.

Gargouilles, symbole des démons, princes de l'air, II, 336; — III, 257, 307, 377. — Etymologie, 256. — D'origine fort ancienne et fondée sur quelques légendes locales nées du dogme chrétien, 259; — IV, 44. — Portées aux processions sous diverses formes pour y symboliser le triomphe de la Croix, III, 391. — La Grand'Goule de Poitiers, 391, 393; — IV, 44.

Gauche (Côté), (voir Côté droit).

Gaule. Symbolisme de ses dolmens et autres monuments, I, 221, — de ses médailles nationales, 265, 266, — de ses monnaies chrétiennes, II, 149.

Gavanti, liturgiste italien. Indication de ses ouvrages pour l'intelligence des rubriques du Bréviare et du Missel, IV, 159.

Gélase (Le pape S.) établit la procession de la Chandeleur, et dans quel but, IV, 186.

Gelboé, montagne de Palestine, symbolise le séjour des démons, III, 102.

Gémeaux (Les) du Zodiaque. Symbole qui les représente, I, 58; — III, 458. — Pourquoi comparés aux enfants de Jacob: Siméon et Lévi, II, 109. — Ce qu'exprime par eux le zodiaque chrétien, III, 462.

Gemmes, ou pierres précieuses. Leur symbolisme très-répandu dans l'art chrétien, I, 321. — Celles du rational d'Aaron, II, 94, 378, 380, — du trône de Dieu, 165; — Leur composition chimique, 365; — IV, 298. — Leurs titres à symboliser l'âme chrétienne avec l'éclat de ses vertus, II, 365; — IV, 15, 41. — Idées symboliques des anciens sur les gemmes, transmises au moyen âge, II, 366. — L'anneau de Gigès, 366. — Gemmes merveilleuses citées au moyen âge, 366 et suiv. — Application de tous leurs attributs à la Sainte Vierge dans un poème du moyen âge, 368. — Leur incorruptibilité, 376. — Les gemmes symbolisent les Apôtres et les douze tribus d'Israël, 370, 378 et suiv., 618. — Raison mystique de ces rapprochements, 384. — La connaissance des pierres précieuses et de leurs propriétés nécessaire à bien comprendre l'Écriture sainte, 496. — Leur symbolisme expliqué par S. Brunon d'Asti, 556, — et par le pape Innocent III, 617. — Symbolisent l'élévation des dignités dans les vêtements de la statuaire, III, 247. — Rôle des pierres précieuses dans l'ornementation des autels, 289, — dans la reliure des livres, IV, 41, 42, — dans les vêtements sacerdotaux, 299. — Emploi des pierres fausses, 298, — relativement moderne, 299, — l'un des principaux ornements de l'orfévrerie, 300. — Les cabochons,

300. — Qu'il faut bien distinguer les époques des diverses espèces de pierres précieuses, *ibid.*, — et les employer sagement dans l'orfévrerie sacrée, 336.

Genès (S.), martyr. Son baptême, et les symboles du récit qu'en fait S. Adon au ixe siècle, II, 534.

Genèse. Idée de ce premier livre de la Bible, II, 36. — N'était lu des Hébreux qu'après l'âge de trente ans, 116.

Geneviève (Ste). Sa lumière éteinte par le diable, III, 372. — (Voir Gudule [Ste].)

Génitoux (S.), honoré au Blanc, en Berry. Erreur d'un archéologue sur son hagiographie, III, 173. — Autre en Touraine, confondu avec celui-ci, *ibid.*

Gennadius, écrivain ecclésiastique du ve siècle, dont les livres sont perdus; quelques fragments conservés dans l'*Ortus deliciarum* d'Herrade, abbesse de Hohenburg, II, 576.

Gentils ou *païens*. Leur vocation à l'Église ; symbolisés dans Simon le Cyrénéen, II, 523 et suiv.

Géométrie. Son invention, I, 101. — Les anciens géomètres divisaient toutes leurs lignes en six parties, 150. — La méthode géométrique appliquée à la théologie par S. Thomas, II, 632. — (Voir Mathématiques.)

Géon, un des quatre fleuves du paradis terrestre. Noms des trois autres, IV, 48.

Georges (S.). Comment représenté, IV, 36.

Gérard de Lairesse, peintre hollandais. Son *Hercule entre la Volupté et la Vertu*, I, 288.

Gerbert, savant du xe siècle, devenu le pape Sylvestre II, une des lumières du xe siècle, II, 538.

Germains, envahisseurs de la Gaule, représentés dans les églises sous la figure des démons, III, 385.

Germigny-des-Prés, village de l'Orléanais. Son église du viie siècle, et sa mosaïque absidale, IV, 46.

Gerson, savant ascétique du xve siècle, II, 21. — S'élève contre les abus qui s'introduisent dans les drames liturgiques, IV, 207.

Gestes. Ils ont leur symbolisme, I, 2 et suiv. — Quintilien y attache beaucoup d'importance, 56. — Ils sont l'accompagnement de la musique primitive, 65, 71.

Gibelins, partisans de la maison de Souabe, opposés aux Guelfes qui suivaient le parti des Papes de 1070 à 1495. Les uns et les autres cèdent à l'action du cardinal Malabranca, IV, 256.

Gigès. Son anneau enchanté, II, 366.

Giotto. Son genre de peinture chrétienne, II, 608; — III, 251; — IV, 350. — Son influence sur le xve siècle, 30. — Architecte; n'a laissé aucun souvenir remarquable en architecture, 348. — Incertitude sur sa biographie, 350.

Gistas, nom du mauvais larron. Son rôle sur la croix, et son iconographie, II, 459, 463, 464.

Glabert (Radulfe ou Raoul). Ce qu'il pense des nombres dans leurs rapports providentiels avec le monde physique, I, 114. — Ce qu'il dit de la renaissance architecturale du xi$^e$ siècle, III, 22, 24.

Glaive (voir Épée).

Gloria in excelsis de la Messe. Symbolisme de son chant, IV, 247.

Glose ordinaire (voir Walafrid Strabon).

Gnostiques, symbolisés par le scorpion, II, 200. — Fausse supposition qui garnit certains chapiteaux des symboles de leurs erreurs, III, 347. — Ce que S. Épiphane dit de leurs impuretés peut cependant le laisser croire, 413, 423. — Tatien avait donné dans leurs erreurs, 475. — On a pu les représenter sur certains modillons comme type de l'hérésie, 533, 534.

Godineau de la Brétonnerie, architecte distingué de l'église Saint-Jacques de Châtellerault, III, 320.

Gog et Magog. Symbolisme de ces deux personnages dans l'Apocalypse, II, 332 et suiv. — Signification de ces deux noms, 335, 336. — Leur position sur la toiture des églises, III, 377.

Goguelin, être fantastique des récits de bord, II, 336.

Goths, accusés par les savants du xvii$^e$ siècle d'avoir donné à la France l'architecture *gothique*, IV, 396.

Gourgé, bourg du Poitou (Deux-Sèvres). Description de sculptures symboliques de la mauvaise communion, III, 129, — des passions honteuses, 427.

Gourmandise, symbolisée par un poisson, I, 95, — par une femme dont un serpent ou un crapaud dévore l'estomac, II, 272.

Gout, symbolisé par une langue, I, 95. — Le goût dans les arts doit s'éclairer des règles intrinsèques de l'objet qu'ils traitent, II, 356.

Graal (Saint-). Ce que c'est; légende qu'en a faite le moyen âge, II, 675. — Détails qui s'y rattachent dans l'art chrétien, 448. — Poème de *Titurel*, III, 39. — Vignettes de ce poème dans un manuscrit du xv$^e$ siècle, IV, 29.

Grace sanctifiante, a toute son efficacité en Jésus-Christ, II, 236. — Grâce prévenante, symbolisée par la Jérusalem céleste descendant sur la terre, 353.

Graduel de la messe solennelle. Symbolisme de son chant, IV, 247. — *Graduel de Saint-Gall*, copie faite au ix$^e$ siècle de l'autographe de S. Grégoire, 248.

Grand'gueule, serpent symbolique, image du démon vaincu par la Croix; portée aux processions pour signifier le triomphe de la religion, III, 391, 392.

Granville, ingénieux dessinateur d'une œuvre musicale pleine de symbolisme, I, 65.

Gratien, canoniste du XII<sup>e</sup> siècle, collecteur et interprète des *Décrétales*; ce qu'on y trouve sur les abus qui s'étaient glissés dans les drames liturgiques, IV, 201.

Grecs. Ils ont mis de l'allégorie partout, I, 190, 217 et suiv., 268, 269. — Spiritualisme de l'art grec, 220, 262. — Son caractère national, III, 245.

Grégoire III (Le pape S.). Ce qu'il dit des sujets bibliques peints dans les églises, IV, 2.

Grégoire IX (Le pape) réforme les désordres introduits dans les drames liturgiques, IV, 201.

Grégoire XIII (Le pape), réformateur du calendrier, II, 678.

Grégoire de Nazianze (S.). Ses difficultés à rendre le dogme de la Trinité sensible par des symboles, IV, 76. — Son drame : *La Passion du Christ*, 192.

Grégoire de Tours (S.), le plus ancien des historiens français. Idée de ses *Chroniques*, II, 650. — Fait rebâtir et peindre la basilique de Sainte-Perpétue, IV, 51.

Grégoire le Grand (S.), pape de 590 à 604, symbolise le nombre **1000**, I, 132, — et d'autres, 146, — II, 482. — Son explication de la parabole du semeur, 66, — de la robe d'Aaron, 93, — de la résurrection des Saints, 181, — des cheveux des femmes, 205, — du retour des juifs au Christianisme, 446. — Protège ceux-ci contre les sévérités des chrétiens, 447. — Caractère de ses écrits exégétiques, 518 et suiv. — Ce qu'il dit des faunes et des centaures, 519, — de l'Évangile prêché à toute créature, III, 316. — Établit à la Messe le chant du *Kyrie eleison*, IV, 157 et suiv., 246. — Exclut du carême le chant de l'*Alleluia*, 158. — Ajoute au canon une prière pour la paix, *ibid.* — Réforme le chant liturgique, qui prend son nom, 244, 246, 247. — Son *Graduel*, retrouvé, sert de base aux travaux modernes sur le chant liturgique, 248.

Grêle, symbole des fléaux providentiels, II, 282. — Grêle phénoménale tombée à Constantinople après l'exil de S. Jean Chrysostome, 282.

Grenade, symbole de la charité, II, 94.

Grenat, pierre précieuse de couleur rouge, symbole de la charité, II, 617.

Grenouille, symbole d'ignorance et d'imperfection, I, 95 ; — des démons, II, 270, — et pourquoi, 271, 272 ; — III, 364 ; — de l'avarice, II, 272 ; — de la luxure, 272 ; — III, 377 ; — des méchants et des insulteurs, 273. — Ses cendres employées dans la magie, II, 273 ; — III, 395. — N'a pas d'*opposition* favorable dans son symbolisme, 365, 445.

Gretzer, savant jésuite, auteur du livre *De sancta cruce Christi*. Son éloge, III, 169.

GRIFFON, animal fantastique tenant du lion et de l'aigle, symbole du Dieu Mithra, I, 167, — et d'Osiris, 168, — IV, 447, — de la vigilance, I, 235, — III, 465. — Figure du démon; son rôle à Saint-Marc de Venise, 135. — Deux griffons attaquant un homme qui s'en défend, 374. — Symbolise Jésus-Christ dans le poème de Dante, 354. — Mystère de son existence inconnue et cependant mentionnée au Lévitique, 444. — Souvent reproduit par l'art chrétien, 465. — Représenté par opposition tantôt Jésus-Christ, tantôt le démon, 465 ; — IV, 36, 337. — Terrassant deux dragons, *ibid.*, 447. — Uni à un capricorne, 38.

GRILLES des églises à ne faire que dans les proportions relatives des espaces qu'elles doivent limiter. Leur ornementation symbolique, IV, 340.

GRIS, couleur mixte, symbole du bien mêlé de mal, I, 345, — du demi-deuil, 346, — de l'innocence calomniée, 346, — du repentir, 346, — de la résurrection, 346. — Donné à Jésus jugeant les hommes, 347.

GROTESQUES de la sculpture chrétienne, mal compris. Leur raison d'être, III, 345, 351. — Garnissant les marges des manuscrits du XVI$^e$ siècle, IV, 30, 31 et suiv.

GROTIUS a calomnié le Cantique des Cantiques, II, 115.

GRYLLUS, personnage satyrique ridiculisé par Antiphile, est probablement l'un des compagnons d'Ulysse, I, 289.

GUDULE (S$^{te}$). Sa lampe éteinte par le diable, III, 372.

GUÉRANGER (Dom), abbé de Solesme, auteur des *Institutions liturgiques*. Ce qu'il y dit de l'hymne *Lætabundus*, attribuée à S. Bernard, IV, 254, — du chant grégorien aux XI$^e$ et XII$^e$ siècles dans son *Année liturgique*, 255.

GUERRE. Symboles divers, I, 203, 204 ; — II, 176. — Guerre, première plaie de l'Apocalypse, 176.

GUEULE, couleur rouge dans le blason, II, 542, 548.

GUIDE DE LA PEINTURE, ouvrage de l'école byzantine du moyen âge où sont consignés les principes de l'iconologie religieuse du XII$^e$ siècle, II, 341.

GUIBERT (M$^{gr}$), évêque de Viviers, actuellement archevêque de Paris. Ce qu'il dit à son clergé de l'étude du symbolisme, IV, 183.

GUIDO RENI ou le Cnide, peintre bolonais du XVI$^e$ siècle. Chasteté de son *Hercule* tuant l'hydre de Lerne, IV, 390.

GUILLAUME, abbé de Saint-Thierry de Reims au XII$^e$ siècle. Occasion de la lettre apologétique de S. Bernard sur le symbolisme des sculptures des églises, II, 593.

GUILLAUME IX, comte de Poitou au XII$^e$ siècle. Caractère mélancolique de ses compositions musicales, IV, 257. — Ce caractère venu jusqu'à nous dans les hymnes du chant romain, 258.

GUILLAUME DE LORRIS, premier auteur du *Roman de la Rose*, II, 675.

Guillaume de Malmesbury, historien anglais, signale la paix existant en Angleterre et en Normandie au xie siècle, III, 23.

Guillaume le Normand, trouvère du xiie siècle, auteur d'un *Physiologue*, II, 462; — III, 475; — édité par M. Hippeau, 476.

Guy d'Arezzo, bénédictin du xie siècle, invente la gamme diatonique. Révolution qu'il produit dans la science musicale, IV, 249, 253.

# H

Habacuc, prophète, portant un repas à Daniel; combien mal interprété par quelques archéologues, III, 138. — Son costume symbolique au moyen âge, IV, 211.

Habit mi-partie de Pierre de Beaumont, I, 206. — (Voir Costumes, Vêtements.)

Habron, peintre grec. Son tableau de *La Concorde et l'Amitié*, I, 288.

Hadrien (L'empereur). Ses médailles allégoriques, I, 265.

Hagiographie, aidée, quant à son sens mystique, par le *Rational* de Durant, II, 643. — Source des sculptures historiées de nos églises, III, 259. — (Voir Saints.)

Hallam, auteur de l'*Europe au moyen âge*. Son erreur sur l'invention de l'ogive, III, 199.

Hammer (De). Examen de ses idées sur le culte de Mythra, I, 165 et suiv.

Harmonie, une des premières conditions de l'art. En quoi elle consiste, III, 253, 255.

Harpe, symbole des passions gouvernées par l'amour de Dieu, II, 169, 172, 257, 497. — Par opposition, symbole des plaisirs mondains, 172. — Instrument de joie des Élus, 263.

Harpies. Leur symbolisme dans l'art ancien, I, 334.

Hauts lieux, choisis de préférence pour les temples païens ou les simples adorations, I, 227, 229. — Cette préférence observée aussi par la vraie religion, 229.

Hécate, déesse des funérailles, couronnée de roses à cinq feuilles, I, 149, 328.

Hélène (Ste), mère de Constantin. Symbolisme de son église du Saint-Sépulcre, à Jérusalem, III, 42.

Héliotrope, symbole de la ferveur chrétienne, I, 199.

Herbe : jeunesse, espérance, succès, quand elle est *verte*, II, 192; — efflorescence des enfants de Dieu, 418.

Herculanum, caractère des peintures qu'on y a découvertes, I, 475.

HERCULE, symbole de la force. Winkelman suppose une ressemblance tout idéale entre sa tête et celle du taureau, I, 49. — Symbolisme de ses temples, 225. — Sa statue faite en fer, 268. — Tableaux allégoriques du demi-dieu, 288. — Le symbolisme chrétien en a fait l'image de la force morale, II, 7 ; — III, 350 et suiv.

HÉRÉSIE, incapable de rien créer de durable pour la morale ou pour les arts, II, 3. — A toujours amené à la négation de toute religion, 30, 199, 399. — Condamnée par toute la tradition, III, 300. — Ennemie de l'Église dès son berceau, II, 162, 337 ; — III, 74. — Symbole de la victoire qui la terrasse dans le Cavalier des façades orientales, II, 175. (Voir *Cavaliers*.) — L'hérésie, eau amère ; ses fruits empoisonnés, 195. — Les premières hérésies venues des Juifs, 198, 204. — Symbolisée par des sauterelles, 200, 203. (Voir *Sauterelles*.) — L'hérésie dépeinte par Tertullien, 203. — Exclue de l'Église, 213. — Ingénieusement symbolisée par une miniature du XIIIe siècle, 229. — Figurée par les reptiles, 271, — III, 337, — par la bête de l'Apocalypse, II, 337. — Acharnée à dénigrer l'Église et ses doctrines, 405 ; — III, 74. — Symbolisée par les entrelacs de certains chapiteaux, 543 et suiv., 345. — Cause des aberrations de beaucoup de demi-savants, 345. — Impuretés des hérétiques stigmatisées en beaucoup de modillons de nos églises, 412 et suiv., 422, 423. — L'hérésie, ennemie mortelle de l'art, IV, 236. — Les hérésies ont commencé avec l'Église : les nicolaïtes, II, 151. — Hérésies indiquées par des monstres hybrides, IV, 333. — Troubles que l'esprit hérétique jette dans les études et l'action du XVe siècle, 344. — Les hérétiques du XIIe siècle motivent en grande partie les figures de prêtres, d'évêques et de moines condamnés au jugement de Dieu, 461.

HÉRIC d'Auxerre, symboliste du IXe siècle. Son *Poème de la vie de S. Germain* ; ce qu'il y dit des six jours de la création, II, 533.

HERMAN CONTRACT, moine de Richenau au XIe siècle, auteur de l'*Alma Redemptoris*, IV, 253.

HERMANN DE WERDEN, bénédictin du XIIe siècle. Idée de son *Hortus deliciarum Salomonis*, III, 555, 556.

HERMAS, disciple de S. Paul. Son livre *Du Pasteur*, où il symbolise l'Église sous la figure d'une tour, II, 432. — Idée de l'ensemble de ce livre, 373.

HERMINE, une des deux *fourrures* du blason, II, 549.

HÉRODE Ier persécute la Sainte Famille, II, 240 ; — III, 334. — Tenté par le démon, 371, — qui joue de la viole au bal où danse Hérodiade, 372. — Comparé au renard, 467, 491. — Prédit par la sibylle Européenne, IV, 104.

HERRADE DE HOHENBURG, abbesse du XIIe siècle. Beauté et prix de ses travaux, III, 61. — Son histoire et celle de son *Ortus deliciarum*, II, 245, 454, 574 et suiv. ; — III, 475, 555. — Son iconographie symbolique de la crucifixion, II, 454 et suiv. — Connue de S. Thomas d'Aquin, 457. — Sculptée à la cathédrale de Worms, 457. — Ce qu'elle dit de la fourmi, III, 489. — Son image de la Trinité, IV, 77. — Ses idées sur le théâtre et ses abus, 228.

Hervée, évêque de Troyes de 1207 à 1223. Calice d'argent trouvé dans son tombeau, IV, 335.

Hésiode. Son poème *Des Travaux et des Jours*, I, 218.

Hexagone. Sa signification mystique, III, 110.

Hibou, attribut de Minerve, symbolisait la méditation, I, 233, 286. — Son symbolisme dans l'art chrétien, II, 301 ; — IV, 450.

Hiérarchie. Le traité *De la Divine Hiérarchie*, de S. Denys, II, 475, 476.

Hiéroglyphes. Première écriture mystérieuse des Égyptiens, I, 17, 73, 148. — D'autres peuples en font usage, 19 et suiv. — Hiéroglyphes curiologiques, 58. — Comment les hiéroglyphes se compliquent de difficultés qui en obscurcissent la simplicité primitive, 74, 93 et suiv. — Garnissaient en Égypte la surface de tous les monuments, 74. — Leur emploi n'a pas créé les erreurs mythologiques du monde ancien, 76. — Analyse du livre des symboles d'Horus Apollon, 91 et suiv. — Le *Discours* de Langlois de Belestat, 96. — Ses *Tableaux* sur le même sujet, 96. — Les hiéroglyphes ont dû admettre des chiffres, 98. — Beaucoup ont été empruntés par le Christianisme, II, 5. — (Voir Égypte.)

Hilaire (S.) de Poitiers. Ce qu'il dit du nombre 7, I, 121, — de la meule tournée par une bête de somme, II, 310, — de l'Église sous les traits d'une Épouse vertueuse, 419. — Beauté de son génie et de ses écrits, 490, 491, 494. — Ce qu'il dit de la *Table* eucharistique et des fidèles qui l'entourent, 492. — Défend la Trinité contre les ariens, mais n'y emploie aucun symbole, IV, 76. — Manuscrit de S. Hilaire légué au Ve siècle par S. Perpétuus à son Église de Tours, 290.

Hildebert, évêque du Mans au XIIe siècle, n'est pas l'auteur du *Physiologue* de Théobald, III, 476.

Hildefonse (S.), archevêque de Tolède au VIIe siècle. Symboles qui entourent son calice, IV, 333. — Son *Traité de la virginité perpétuelle de Marie*, 334.

Hincmar, archevêque de Reims au IXe siècle. Son *Ferculum Salomonis*; idée de ce livre, II, 538.

Hindous. Leurs dieux puisés dans les notions bibliques, I, 156 et suiv. — Comment ils personnifient la nature, 160. — Autres détails de leurs croyances, 161 et suiv. — Leurs arts tout empreints de symbolisme, 162.

Hippocrate. Ce qu'il pense des nombres dans leurs rapports avec la santé, I, 114.

Hippolyte (S.), Père de l'Église au IIe siècle. Sa méthode symbolistique, II, 478.

Hippopotame, symbole du génie du mal, I, 87.

Histoire. Elle raconte beaucoup de faits aussi peu prouvés que certaines légendes, II, 660. — Dénaturée à plaisir aujourd'hui au service de la libre pensée, III, 196, 199, 201.— Les assertions fautives de l'histoire doivent être combattues, 201.— Combien l'histoire de l'Église doit servir la peinture chrétienne, IV, 59. — L'histoire de l'art, inséparable de celle de l'humanité, et réciproquement, 234.

HISTOIRE NATURELLE. Erreurs accréditées par Aristote et Pline, I, 332, — et par beaucoup d'autres, sur le hibou, II, 301, — sur beaucoup d'autres animaux (voir le *Physiologue de Théobald*), III, 480, 508. — Utilité d'un *Dictionnaire symbolistique d'histoire naturelle*, 151, 511.— Une des plus abondantes sources du symbolisme; a été acceptée à ce point de vue par les Pères et les doctes du moyen âge, sans la dégager, et pour cause, des préjugés populaires ou scientifiques, 470, 471, 472, 473, 510 et suiv. — Ses erreurs dues aux moyens plus restreints de communication et de voyages des siècles passés, 473.

HOLZAUZER (Barthélemy), un des derniers interprètes de l'Apocalypse, I, 105; — II, 143.

HOM, arbre mystérieux de l'Orient, dégénérescence de celui du paradis terrestre, I, 161; — III, 528; — IV, 446.—Figure dans les tympans des églises romanes, *ibid.* — Son histoire et ses transformations, III, 528. — Ses rapports avec la croix de la Rédemption, 529 et suiv. — Sculpté aux tympans des églises : à Marigny et à Colleville (Calvados), III, 531; — IV, 451, 455. — Significations opposées de ce même type, *ibid.*, 446, — sur des étoffes orientales, 173, 451, 455, 459. — Variétés infinies de ses types, 453.

HOMÈRE nous donne de nombreux détails sur les croyances religieuses de l'antiquité, I, 75. — Son bouclier d'Achille, 191 et suiv.— L'*Iliade* est-elle une imitation du siège de Gabaa? 194. — Elle n'est qu'un symbole de l'union des petits royaumes de la Grèce, 190 et suiv., et des allusions morales aux vertus de la vie humaine, 217. — Valeur de l'*Odyssée* au point de vue symbolique, 217. — Prétendu siège d'Homère à Scio, 235. — Il a le premier observé le symbolisme des couleurs, 293.

HOMME. Symbolisé par le triangle scalène, I, 53. — La face humaine donnée à l'image de Dieu comme plus convenable, 81.—Les cinq sens de l'homme, 132. — La triple faculté de son âme fait de lui l'image du Créateur, 147.—En quoi il participe de toutes les créatures, III, 316. — Homme sculpté au milieu des branches d'un arbre, 340 et suiv. — Application de la zoologie aux mœurs de l'homme; son caractère divin altéré par ses penchants charnels, 468 et suiv.; — IV, 12. — L'homme est un petit monde, III, 506, 507;— un instrument de musique, IV, 237.— Merveilles de sa création qui lui constituent une beauté providentielle, 342. — Qu'on a déterminé par sa forme corporelle la forme générale et les détails de nos édifices religieux, III, 168, 169; — IV, 343.— En quoi la chasteté de l'art chrétien fait respecter le corps de l'homme, 389.

HONORIUS, écolâtre d'Autun, symboliste du XIIe siècle. Ses écrits, II, 564 et suiv., 578, 579.

HORACE, cité sur le nombre **9**, I, 117.

HORAPOLLON, auteur d'un Traité des symboles égyptiens. Analyse de ce livre, I, 91 et suiv. — Époque où il fut écrit, 93.

HORTUS (ou plutôt *Ortus*) DELICIARUM (voir HERRADE, qui l'a écrit ainsi).

HORUS, fils d'Isis et d'Osiris. Ses rôles dans la mythologie égyptienne, I, 87, 88.— C'est l'Apollon des Grecs et des Latins, 90,— et le soleil, 92.

HOSTIE ou Pain d'autel; était au XI° siècle un simple disque timbré d'une croix transversale, III, 129. — Des débris d'hostie jetés symboliquement du haut des voûtes au jour de la Pentecôte en certaines églises, IV, 187. — Hostie surmontant un calice dans une sculpture de la cathédrale de Strasbourg, II, 448, — Boîtes à hosties du moyen âge en métal émaillé, IV, 337.

HROSWITA, religieuse de Gandersheim, en Saxe. Idée de son *Théâtre sacré*, traduit par M. Magnin, IV, 201 et suiv.

HUGUES CAPET. Prophétie de Saint-Valery sur le règne de ses descendants, I, 151.

HUGUES DE SAINT-VICTOR, symboliste du XII° siècle. Ce qu'il pense des nombres, I, 137, 143.— Ses ouvrages et leur caractère littéraire, II, 20, 36, 566, 668. — Ce qu'il dit du *Livre de vie*, 343, — de la colombe et du corbeau, 567,— de la cloche et de ses détails symboliques, 581,— du sens spirituel de l'Écriture, préférable selon lui au sens naturel, IV, 433.

HUILE D'OLIVES, emblème de paix, I, 204; — II, 124; — III, 559; — symbole des Justes, II, 177, — de la prudence, 215, — du martyre, 430. — *Saintes huiles*; liturgie de leur confection, III, 76, 560.— Huile de la lampe du sanctuaire, 84. — Pourquoi exorcisée, 390, 560.— Sa signification mystique dans les sacrements, 559, 560.

HUMILITÉ, symbolisée par les îles, II, 281, — par l'abaissement de l'abside des églises au-dessous des autres travées, III, 183.— Entre dans nos âmes avec la lumière évangélique, 185. — Symbolisée par la violette et l'hysope, 556.

HUNS. Leurs ravages dans l'Europe occidentale au IV° siècle; repoussés en Italie avec Attila, IV, 426.

HUPPE, oiseau, symbole de la sottise orgueilleuse, III, 446.

HUTTEN (Ulric de), un des premiers adeptes de Luther. Ses écrits obscènes, IV, 386.

HYACINTHE, couleur mêlée de bleu et de rouge, symbole de la charité condescendante, I, 332.— Doutes et incertitudes d'interprétations sur ce point, 332, 333, 334, 337.— Pierre précieuse, de la couleur de la fleur de ce nom, symbole de la condescendance, 332. — Erreurs des naturalistes à son sujet, 332, 333. — Chassait l'insomnie, II, 366. — Symbolise la tribu de Dan et l'apôtre S. Paul, 383.

HYBRIDES, animaux formés de deux ou plusieurs espèces. Leur signification et leur origine orientale, III, 464 et suiv. — Une jument à tête de femme, I, 172, 528; — IV, 423. — Les sauterelles de l'Apocalypse, II, 203, 205. — La bête léopard-ours-lion, 244, 245; — III, 344. — Le faune et les centaures, 519. — Démons hybrides, III, 367, 370, — IV, 30, 32, — déracinant un arbre, III, 374. — Vaines objections contre leur présence dans l'art chrétien, II, 589 et suiv., 593; — IV, 443. — Spécimens variés des hybrides du XII$^e$ siècle, II, 597, 601; — III, 344 et suiv.; — du XIII$^e$ siècle, 258, 345. — Ce qu'Horace en disait avant le Christianisme, 464. — Hybrides bizarres du XVI$^e$ siècle, IV, 30, 31, — mais bien caractérisés, 33. — Chimères hybrides du XV$^e$ siècle dans la sculpture des églises, IV, 232. — Hybrides du VII$^e$ siècle, 333. — Ceux du XII$^e$ siècle venus de l'Orient, 437, 443.

HYMNES de la liturgie catholique; leurs beautés littéraires et musicales. L'*Ave, maris stella*, II, 520. — Hymne de S$^{te}$ Florence, 556, — III, 542; — du Saint-Sacrement, par S. Thomas d'Aquin, II, 634; — III, 557. — Le *Veni Creator*, IV, 240 et suiv. — L'hymne de S. Jean-Baptiste *Ut queant laxis*, dont le chant est une mélopée grecque antérieure de quatre cents ans à Jésus-Christ, 249.

HYPOCRISIE, animal à tête d'homme, II, 203, 205.

HYSOPE. Propriétés symboliques de cette plante, II, 496.

# I

IBIS, oiseau sacré des Égyptiens, 1, 87.

ICONOCLASTES. Leurs manœuvres au deuxième concile de Nicée, II, 513; — III, 54. — Ce que l'art chrétien souffrit de leur persécution, 247. — Le protestantisme renouvelle leurs excès, IV, 352.

ICONOGRAPHIE chrétienne, ne peut s'interpréter qu'à l'aide de la science symbolistique, II, 21, 341, 405; — III, 33. — Tout y est symbolique de ce qu'elle emprunte à la nature, IV, 458. — Usage de n'exprimer qu'une partie pour l'objet entier, II, 341; — IV, 109, 110, 431 et suiv., 445. — Types généralement adoptés par les artistes pour un même sujet, II, 348; — III, 389. — Puise beaucoup dans l'Apocalypse, du III$^e$ au XVI$^e$ siècle, II, 405. — Caractères de l'iconographie du XIII$^e$ siècle, III, 312, — et du XV$^e$, IV, 229 et suiv. — Elle sert de catéchisme pour l'enseignement chrétien, III, 321, 387 et suiv.; — IV, 3, 436. — S'est toujours soumise, durant le moyen âge, à l'action directrice de l'Église (voir *Artistes*, *Clergé*), — qu'elle abandonne, aux XIV$^e$ et XV$^e$ siècles, pour les caprices d'une liberté nuisible, IV, 229. — Origine des grotesques dans la décoration des églises, 250.

IDIOTISMES bibliques, devenus autant de symboles (voir BIBLE).

IDOLATRIE. L'adoration des idoles, niée par Voltaire, est un fait historique de l'antiquité, I, 166. — Origine du culte des idoles, 246 et suiv., 250; — III, 377. — L'idolâtrie des trois premiers siècles, cruelle contre l'Église, II, 200. — Caractère détestable de ce crime, 243, 244. — Théodose obligé de sévir contre lui en Asie, 443. — Sa personnification dans la bête de l'Apocalypse, III, 359, 424. — Les idoles animées par le démon, 377. — Elles ne sont que des caricatures, au jugement des Pères, 378. — Les païens faisaient très-laides les images du démon, 381, 382. — Comparée à la prostitution, 424. — Comment la Loi divine s'efforça d'en détourner les hommes, 443. — Ses symboles variés, 446. — Quelques-uns empruntés par le Christianisme, 529. — (Voir Mythologie.)

If, symbole d'immortalité, I, 196 ; — III, 82.

Iles, image de la vie mondaine agitée par les tempêtes, II, 281, — des âmes humbles, 281.

Images, résultat nécessaire de l'intelligence et de la parole, I, 3. — Images des ancêtres portées aux funérailles, I, 197. — Images nécessaires au Catholicisme et gardées par lui contre les erreurs des artistes, III, 54. (Voir Clergé.) — Erreur sur un canon du concile de Francfort touchant l'adoration des images, 247 ; — autres décrets, 433. — Elles furent au moyen âge le livre de ceux qui ne savaient pas lire, 402, 430, 434, 436 ; — IV, 50, 51, 354. — Leur effet sur le cœur chrétien, 51, 354. — Violences du protestantisme contre les images, 352 et suiv., — en vain défendues par Luther lui-même et par Érasme, 353. — (Voir Iconoclastes, Iconographie.)

Immortalité, symbolisée par la couleur verte de certains arbres, I, 196. — Symboles païens à rejeter dans le Christianisme, 200. — L'immortalité symbolisée par un limaçon, IV, 37, 38. — Immortalité de l'âme selon Scipion et Macrobe, I, 320. — Puisée dans notre mort même, 328 ; — IV, 37.

Imposition des mains (voir Pénitence, Ordre).

Imprimerie (voir Presse).

Impureté, réduit l'homme à l'état de brute, d'après les Apôtres et les Pères, III, 468.

Incarnation du Verbe divin, dénaturée par les Hindous, I, 156. — A pour symbole un bouton de rose blanche, IV, 104.

Incubes, démons, les mêmes que les faunes, II, 519.

Inde, pays superstitieux où le diable joue un grand rôle iconographique, III, 382.

Index, tribunal ecclésiastique chargé de signaler les livres contraires à la foi catholique. Sa raison d'être, II, 35.

Infidèles (voir Hérésie).

Initiations, ne furent d'abord que des assemblées religieuses en Égypte, I, 74 et suiv., 310, 312, 314, 325. — Furent adoptées par le Christianisme, 74, 319 ; — II, 19. — Les initiations païennes dégénérèrent en impiétés, I, 75, 76, 356. — Sources pour l'histoire de cette franc-maçonnerie antique, 76, 77.

Innocence, symbolisée par la robe nuptiale, II, 423.

INNOCENT III (Le pape). Ce qu'il dit de la Croix, II, 186. — Ses écrits ; défense de sa méthode symbolistique, accusée à tort d'exagération, 611. — Son traité *Du Mépris du monde*, 613, — *De la Messe*, 615 ; — IV, 178. — Ses quatre anneaux d'or envoyés à Richard Cœur-de-Lion, II, 616. — Fonde l'ordre de la Rédemption-des-Captifs, 618. — *Allégorie des deux glaives*, 619. — Auteur du *Veni Sancte Spiritus*, 621 ; — IV, 254. — Ce qu'il dit des animaux servant la justice divine contre l'homme pécheur, III, 378, — des quatre clous du crucifix, IV, 125. — Compose le *Stabat ?* II, 621 ; — IV, 254.

INNOCENT VI (Le pape) établit la fête de la Sainte Lance, II, 435.

INNOCENT VIII (Le pape), auteur du *Pontifical romain*, III, 76.

INNOCENTS (Les Saints), massacrés par Hérode : la sibylle Européenne l'avait prédit, IV, 104.

INSCRIPTIONS antiques, preuves authentiques des assertions de l'histoire : celle du Sinaï en hiéroglyphes égyptiens, I, 18. — Inscriptions d'autels, III, 270. — L'inscription de Pilate ne doit pas être omise dans l'image du crucifix, IV, 127.

INSOLENCE, symbolisée par une mouche, I, 95.

INSPECTEURS (voir MONUMENTS).

INTAILLES, ou pierres précieuses gravées : symboles relatifs à la navigation des anciens, I, 242. — On mêle souvent les intailles, durant le moyen âge, à l'orfèvrerie sacrée, sans discernement de leur origine et de leur iconographie païenne, IV, 299, 304.

INTROÏT de la Messe. Son but et son symbolisme dans le chant grégorien, IV, 246.

IRÉNÉE (S.), évêque de Lyon, Père du II$^e$ siècle, ce qu'il dit des paraboles évangéliques, II, 477.

IRIS, est l'arc-en-ciel symbolisé, I, 296.

ISAAC symbolise Jésus-Christ, I, 229 ; — II, 86, 562, 633. — En quoi on peut l'associer à la sibylle Cymmérienne, IV, 102.

ISAAC, évêque de Langres au IX$^e$ siècle, explique l'imposition des mains dans la pénitence, II, 534.

ISAÏE, un des grands Prophètes, II, 41. — Semble avoir vu d'avance ce qu'il dit du Sauveur, 61, 62. — Prédiction de la paix universelle à son avènement, III, 467, — et de la Sainte Vierge, II, 61. — Ses actions symboliques comme Prophète, II, 103. — Doit être représenté les pieds nus, IV, 94. — Adjoint dans l'iconographie à la sibylle Tiburtine, 108,

ISCARIOTE. Sens de ce nom, I, 43.

ISIDORE (S.), évêque de Séville, pratique le symbolisme des nombres, I, 136 ; — II, 526. — Ce qu'il dit de l'auréole des Saints, I, 303. — Son analyse des Livres bibliques, II, 36, 524 et suiv., 563. — Son éloge par les savants, 525, 526. — Autres idées symboliques tirées des choses naturelles, 99, 100, — ou appliquées à la passion du Sauveur et à ses conséquences morales, 100. — Il est un des Pères qui entendent le mieux la science symbolistique, 526.

Isis. Pourquoi toujours couverte d'un voile, I, 82. — Résumé de son histoire dans la Table Isiaque, et histoire même de ce monument, 84 suiv. — Relations entre l'Isis des Égyptiens et la Junon des Grecs, 88. — Ses fêtes dégénèrent en libertinage, 90. — Pourquoi couronnée de lotus, 159. — Symbolisée par une vache, 161. — Son temple s'élevait dans le forum, 227. — Mystères d'Isis, et leurs dissolutions révoltantes, 252. — Bobe d'Isis, aux couleurs de l'arc-en-ciel, 296. — Isis noire, symbole d'abondance et des douleurs, 300. — Dupuis en fait la Sainte Vierge Marie, 367.

Islamisme (voir Mahomet).

Isle (Guillaume de l'), chancelier de l'Église de Rouen au XIVe siècle, fonde une stipendie pour les deux chanoines dont le rôle aura été mieux rempli dans les *fêtes de l'Ane*, IV, 215.

Israel. Sa signification symbolique, I, 43.

Issachar, fils de Jacob, symbolisé par le taureau du Zodiaque, II, 109, — par la chrysoprase, 382.

Italie. A quoi attribuer le peu d'architecture ogivale qui s'y rencontre? IV, 380.

Ivoire, symbole de la pureté, III, 282. — Images du crucifix préférables en ivoire, 505; — IV, 329. — L'ivoire ciselé, employé à la couverture des livres, 41, — à la crosse des évêques, 164.

Ivraie, symbole des méchants dans l'Église, II, 425.

# J

Jacob (Le patriarche) naît avec son nom symbolique, I, 40. — Noms symboliques donnés par lui à ses douze enfants, 44; — II, 108 et suiv.; — III, 441. — Mystère de ses mariages avec Lia et Rachel, II, 409 et suiv., — de sa bénédiction sur Éphraïm et Manassé, 452, 453, 565; — IV, 16. — Consacre la pierre de Béthel, III, 267. — Associé à la sibylle de Cumes, IV, 103.

Jacopone (Le B.), auteur du *Stabat?* II, 621; — IV, 254.

Jacques le Majeur (S.), apôtre, symbolisé par la chalcédoine, II, 379. — Témoin de la Transfiguration; symbolisme de son nom, 532; — celui de ses attributs, III, 145.

Jacques (S.) le Mineur. Son *Épître catholique*, II, 45. — Comment il y définit la philosophie humaine, 249. — Symbolisé par la topaze, 382. — Il représente l'espérance, 673. — Son iconographie, III, 145.

Jamblique, philosophe platonicien du Ve siècle, emploie le mot *symbole* dans le sens de l'auteur, I, 5.

Jansénisme, a souvent interprété l'Écriture sainte selon le besoin de sa cause, II, 55. — Ses erreurs sur la grâce, 68. — Ses injustices contre les légendes, 648, 649.

Jansénius. Son *Commentaire sur le Pentateuque*, II, 95.

JANSSENS (Hermann). Son *Herméneutique sacrée*, II, 56.

JANVIER. Explication du signe zodiacal qui s'y rapporte, et des travaux qu'on y fait, III, 457.

JARDIN, symbole de l'Église, IV, 357. — Jardin fermé, symbole de Marie et de sa virginité, *ibid.*

JASPE, pierre précieuse dont la couleur verte symbolise la nature divine toujours florissante, I, 321, — II, 163, 165, — et l'espérance à cause de sa couleur, 166. — Elle guérissait les maladies de langueur, 366, 667. — Exprime la durée de la vie éternelle, 367, 376, — la foi, la tribu de Gad et l'apôtre S. Pierre, 378. — Raison de cette dernière signification, 616, — III, 289.

JAUCOURT, encyclopédiste voltairien, dénature le beau caractère des Pères de l'Église, II, 485, — et des sibylles, IV, 96.

JAUNE ou *Or*, couleur symbolique du soleil ou Apollon, et de la Divinité suprême, I, 302 ; II, 381. — Ses significations néfastes, I, 305, 317, 323 ; — ses règles d'opposition, 306, 323 ; — IV, 9, 14, 15.

JAVELOT ensanglanté, signe de guerre déclarée, chez les Romains, I, 204.

JEAN-BAPTISTE (S.). D'où vient son nom ? I, 40, 46 ; — III, 290. — Feux de joie usités à sa fête, 310, — II, 644 ; — IV, 105, 181. — Sa statue ou ses images dans les baptistères, III, 290, 291, 296 et suiv. ; — IV, 93, 94. — Baptise le philosophe Craton, III, 299 ; — prêche le peuple juif, 300. — Pourquoi sa tête est rouge dans un vitrail de Bourges, IV, 13. — Un de ses attributs est la nudité des pieds, 93, 94. — Associé, et pourquoi, à la sibylle Libyque, 105. — L'hymne de S. Jean *Ut queant laxis*, chantée encore sur l'air d'une mélopée grecque du IV$^e$ siècle avant Jésus-Christ, 249.

JEAN CHRYSOSTOME (S.), Père du V$^e$ siècle, grand symboliste, II, 501. — Ce qu'il dit du démon, III, 360,— de l'homme, comparé à un instrument de musique, IV, 237.

JEAN DAMASCÈNE (S.). Son drame de *Suzanne*, IV, 192.

JEAN DE MATHA (S.) fonde la Rédemption-des-Captifs, II, 618.

JEAN DE MEUNG, second auteur du *Roman de la Rose*, II, 675 ; — III, 311.

JEAN L'AUMÔNIER (S.) envoie des secours en Palestine pour rétablir les églises détruites en 615 par les Arabes, III, 51.

JEAN L'ÉVANGÉLISTE (S.), apôtre, vêtu d'une robe verte, symbole de la charité, I, 320 ; — II, 355. — Son costume complet, 403, 450. — Symbolisé par l'émeraude pour la même raison, 379. — Raison de son aigle symbolique, 44 ; — III, 145 ; — IV, 319. — Caractère de ses trois *Épîtres*, II, 46, — de son Apocalypse, qui est l'histoire prophétique des trois premiers siècles de l'Église, 47, 141, 224. — Représenté entouré de sept églises, 170. — La mort de Domitien finit son exil à Pathmos, 212. — Assistant au Jugement dernier, 347. — Sa charité, 347, 450. — S. Jean baptisant, 403. — Rapport entre son costume et celui du Sauveur, 403. — Au pied de la croix, 448, 450, 451 ; — IV,

139 ; — mal rendu ainsi en quelques tableaux du xvi° siècle, II, 451.
— Symbolise la charité dans le *Paradis* de Dante, 673. — Près de Jésus-Christ, III, 45. — Son iconographie, 145 ; — IV, 36, 319. — Il est l'aigle des lutrins, 319, 320.

JEHAN (PRESTRE), légendaire du xii° siècle. Ses traditions merveilleuses, II, 367.

JÉHOVAH, nom de Dieu en hébreu. Sa représentation symbolique, I, 53.

JÉRÉMIE prophétise les douleurs de Jésus-Christ et les malheurs de Jérusalem, II, 41. — Ses chaînes symboliques envoyées aux rois, 103. — Associé à la sibylle Cymmérienne, IV, 102. — Son costume au moyen âge, 211.

JÉRÔME (S.). Ce qu'il dit du symbolisme des nombres et des signes dactylologiques, I, 56, 121, 145, — du jour du Sabbat, 150, 151, — du symbolisme en lui-même, II, 6, — des cierges liturgiques, 489. — Son *Prologue* sur tous les livres bibliques, 36 et suiv. — Sa science scripturaire, 95, 96, 489. — Ce qu'il dit des cierges, 489, — de Notre-Seigneur comparé à Jonas, III, 467. — A un livre pour attribut, IV, 91, 375, — et un lion, 376. — Représente la nouvelle Loi dans la *Vierge au poisson* de Raphaël, 376.

JÉRUSALEM. Quadruple allégorie qui se rattache à ce nom, II, 54. — Prise dans un sens symbolique, 80. — Est la figure de l'Église, 112, 351, 368 et suiv., 414 et suiv.; — IV, 213 et suiv. — Avait eu quinze évêques jusqu'à l'empereur Adrien, II, 186. — Figure symbolique du ciel, 351, 388 ; — III, 161. — Description merveilleuse qu'en fait l'Apocalypse, II, 368 et suiv. — Ses dimensions symboliques, 374, 375. — Son intérieur, 385 et suiv. — Église du Saint-Sépulcre, et son symbolisme, III, 42.

JESRAEL : *sans miséricorde* ; nom prophétique, II, 194.

JESSÉ, confondu avec Wichnou par M. Portal, I, 340. — Histoire comique de cette confusion dans une verrière de Chartres, 342 ; — autre bévue, IV, 142. — Symbolisme de l'*Arbre de Jessé* dans une prose d'Adam de Saint-Victor, II, 570. — Mal compris dans une verrière du xvi° siècle, III, 277, 278, — mieux dans une autre du xii°, IV, 18. — Opposé au péché originel, III, 318. — Ses spécimens remarquables, 572, — IV, 142. — Beau modèle à imiter, 143.

JÉSUS-CHRIST accepte le nom symbolique de Samaritain, I, 44 ; — II, 176, 314, 315. — Figuré par Jonas, I, 120, — II, 495, — III, 309, — IV, 5, 116, 422, 469, — par Joseph, II, 633, — par le nombre 7, I, 152, — par Salomon, II, 633, — par Noé, III, 2, — IV, 122, — par Isaac, I, 229, — II, 86, 409, 563, 633. — La pierre du désert, 5, 69, 360. — Autres symboles qu'il revêt, 11, 38, 69, 86, 99, 260, 384, 501. — Son costume dans l'Apocalypse, 150, 210, 260, 298, 402, 404. — Ses noms prophétiques, 58, 156, 170, 194, 315, 318, 397, 437, 456. — Couronné d'or, 260. — Arbre de vie, 392, 395. — Revêtu de blanc, I, 298, — II, 260, 298, 340, 404, — IV, 12, — quelquefois de noir, par opposition, I, 301 ; — de jaune ou d'or, 302, 303 ; — manteau violet, II, 338, 355, 402. — *Alpha* et *oméga*, I, 303 (voir

T. IV. 37

*Alpha*); — III, 311. — Vêtu de blanc et de rouge après sa résurrection, I, 309, 315, 355, — d'une robe bleue pendant sa prédication, 315, — IV, 13, — brune et violette pendant la Passion, I, 316, 335, 336, 344, 404, — verte pendant son enfance, 335, — IV, 9, 149, — bleue et rouge dans sa vie humaine, I, 335, 336, — II, 338, 355, — IV, 13. — Sous la forme d'un Ange dans l'Apocalypse, II, 240, 298, 337, 371. — Jésus au tombeau, d'après un bréviaire de Salisbury du XVᵉ siècle, I, 312, 316. — Lumière du monde, IV, 106. — Jésus-Christ, grand initiateur des vérités éternelles, I, 319; — II, 159, 364, 388, 499; — IV, 94. — N'est pas *né dans le péché*, I, 344. — Domine justement toutes les religions, d'après Dupuis, 368. — Tout vient de Lui et s'y rapporte dans la religion par les symboles nombreux qui l'y expliquent, II, 11, 18, 54, 82, 106, 107, 231, 315, 364, 385, 410, 498, 516, 535; — III, 442, 467. — Ses ancêtres bibliques sont autant de symboles de sa personne, aussi bien que beaucoup d'autres personnages célèbres, II, 38, 159, 160, 397, 494, 535. — Il se montre lui-même dans les écrivains sacrés, 59 et suiv., 64, 81, 150, 388; — III, 467; — IV, 376. — Ne rien croire de Lui que d'après les Apôtres et les Pères, II, 81. — Quelques actions symboliques de la vie du Sauveur, 72, 410. — Pierre angulaire de l'Église, 370; — III, 111; — IV, 80. — Son antagonisme avec Satan, II, 231, 324, 337; — III, 374. — Figures bibliques du Sauveur sacrifié, II, 99, 171. — Pourquoi nommé *Fils de l'homme*, 150. — Symboles de son humanité, 151; — III, 483; — IV, 12. — Type futur de tous ceux qui sauvent Israël dans l'ancienne Loi, II, 516; — III, 309. — Nimbes variés dont on le pare selon les circonstances, II, 338, 346, 404, 458. — Son auréole elliptique, 153, 299, 404; — IV, 82. — Caractère de sa Divinité, II, 314, 316, 388; — III, 334 et suiv. — Son *nom inconnu* dans l'Apocalypse, II, 155, 158, 185, 315, 316, 318, 340, 353. — Étoile du matin, 156, 397. — Clef de David, 153. (Voir *Clef*.) — Agneau immolé, ouvrant seul le Livre des sept sceaux, 171, 450. — Vainqueur des ennemis de l'Église, 266, 291, 315, 324, 338. — Un avec son Père, 171, 173, 187. — Homme-Dieu, 172, 393. — Sa prescience, 172, 388. — Les sept attributs de sa sainteté, 173, 174. — Son triomphe sous les traits du cavalier de l'Apocalypse, 174 et suiv., 315, 316. — Arbre mystique, III, 519. — Verbe de Dieu, II, 316. — Orient, III, 442; — IV, 105, 124, 219, 220. — *Époux de sang*, II, 456. — Il est le bonheur des Saints dans le ciel, 185, 188, 404; — essuie leurs larmes, 355. — Opposition du démon à sa naissance dans les âmes, 231. — Son sceptre *de fer*, 231, 317. — Ses deux natures, symbolisées par le lion et l'agneau, IV, 18. — Jésus-Christ est l'Orphée des catacombes (voir *Orphée*). — Juge du dernier jour, II, 260, 313, 336, 340, 346; — III, 141. — Sa croix triomphale nimbée de rouge croisé de blanc, II, 338; — IV, 106. — Poisson symbolique (voir *Poisson*). — Pourquoi il mesure la Cité sainte du ciel, II, 371. — Il est la porte du royaume éternel, 384; — III, 133, 286. — Lumière de son corps glorieux, II, 386 et suiv., 404. — Ouvre seul le Livre de vie, 388, 450. — Ce Livre mis presque toujours en ses mains, 450; — IV, 120. — Sa fuite en Égypte, III, 334; — IV, 104. — Son cœur frappé de droite à gauche par la lance de Longin, II, 436, 456, 458, 565. — Conséquences symbolistiques de ce fait, 561. — Comparé à un ver de terre; pourquoi, 491. — Prédit d'avance dans la personne du prophète Élisée, 516, — et dans celle d'Élie, 517 et suiv. — Lumière éternelle, III, 71 ; — IV, 105, 184. — Son image devant le palais des rois, III, 133, — et aux façades des églises, 141. — Lion de la tribu de Juda, 134, 453, 481. — Griffon, 354, 466. — Répandant la lumière sur les Apôtres, 142 ; — IV, 105. — N'est plus respecté, même dans les églises, III, 287 et suiv. — Vrai Dieu et vrai homme, 414. — Type artistique de l'Enfant Jésus, 420 et suiv. — Jésus-Christ symbolisé par la panthère, 507, — par l'âne, pour les bonnes qualités de cet animal, IV, 217. — Pourquoi il a pris parfois les traits d'un laboureur ou d'un jardinier, III, 452, — et du Bon Pasteur, 469. — Autres types nombreux, 467, 519 ; — IV, 12, 80, 94. — Son costume et ses attributs habituels dans l'art chrétien, 119, 120, 141. — Barbu ou imberbe, 120. — A-t-il un type de laideur convenue ou de beauté surnaturelle ? 129. — Type de sa face nimbée, aux catacombes, 132. — A quelquefois, quoique enfant, les traits de l'âge mûr symbolisant la raison parfaite, 140. — Coïncidence de sa nativité avec la course ascensionnelle du soleil, 184. Autres types nombreux, 218, 221. — Comment est symbolisée sa vie pénitente sur la terre, 223. — Son caractère de juge faussé par Michel-Ange, 362, — et par Orcagna, 365 et suiv. — Il est le bon Samaritain. (Voir AGNEAU, CAVALIER, LION, LUMIÈRE, MESSIE, NIMBE, ORIENT, SAMARITAIN.)

JEUDI SAINT. La communion générale du clergé y est un reste des drames liturgiques du moyen âge, IV, 197.

JEÛNE, symbolisé par les nombres **4** et **40**, I, 126.

JÉZABEL, symbole de la persécution antireligieuse cruelle et obstinée, II, 156.

JOACHIM, époux de Suzanne, figure de Jésus-Christ, II, 479.

JOB, l'un des livres bibliques. Objet de ce livre ; Job symbolise les douleurs et la patience du Sauveur, II, 39. — Expliqué par S. Grégoire dans ce sens, 102, 518, 519. — Avait des connaissances astronomiques, 111. — Image des Justes persécutés par Satan et gardés par Dieu, 236 ; — IV, 30. — Adjoint à la sibylle Phrygienne pour ce qu'il dit de sa propre résurrection, IV, 106.

JOINVILLE (Le sire de), historien de S. Louis. Ce qu'il dit de S. Louis et de sa peur du diable, III, 360.

JONAS, figure de Jésus-Christ, I, 120 ; — II, 495 ; — IV, 16, 106, 469. — Son image date des temps primitifs aux catacombes, 500 ; — III, 46. — Adjoint à la sibylle Phrygienne, 106.

JOSEPH (S.), époux de la Sainte Vierge. Convenance de lui consacrer la chapelle absidale du côté sud dans nos églises, III, 207. — Tient la bride de l'âne dans la fuite en Égypte, 334. — A un lis pour symbole, 544.

JOSEPH (Le patriarche). Signification symbolique de ce nom, I, 44. — Vendu par ses frères, allégorie de Jésus-Christ, II, 51 ; — IV, 103. — Symbolisé par la *vierge* du Zodiaque, II, 110. — Sa vision symbolique, 110. — Figuré par la chalcédoine pour sa miséricorde, 379.

JOSÈPHE, historien juif, utile pour l'histoire des symboles de sa nation, II, 95, 108.

JOSUÉ ou OSÉE signifie *sauveur*; pourquoi, I, 44; — II, 58, 521. — But et contenu de son livre historique dans la Bible, 37.

JOUARRE, abbaye de la Brie; crypte du IVᵉ siècle. Ses poissons symboliques, III, 331, — et ses autres motifs, IV, 423.

JOUG, symbole de captivité, I, 203; — de Jésus-Christ, puis de soumission et d'obéissance morale, II, 231.

JOUHET, village du Poitou (Vienne); ancienne chapelle funéraire. Ses peintures du *Dict des trois vifs et des trois morts*, III, 90. — Sépulture des Moussy de La Contour, 91.

JOUR. Comment il doit être symboliquement ménagé dans les églises, III, 189.

JOURDAIN, fleuve de Palestine; symbolisé dans la *prose de l'Ane*, IV, 221.

JOVINUS, général chrétien des armées de Julien l'Apostat au IVᵉ siècle. Description d'une chasse symbolique sculptée sur son tombeau à Reims, II, 509; — III, 88.

JUBAL, inventeur de la musique instrumentale, I, 65. — Autres personnages auxquels cette invention est attribuée, IV, 259.

JUBÉ. Son histoire; ses positions diverses, III, 217. — Jubés symboliques de Ravenne, 218; — celui de Saint-Étienne-du-Mont, à Paris, 219. — Souvenirs symboliques qui se rattachent aux jubés, 219. — Utilité de les rétablir dans les églises modernes, 219.

JUDA, fils de Jacob, symbolisé par le Lion du Zodiaque et par Jésus-Christ, II, 109, — par l'émeraude, 379.

JUDAS ISCARIOTE. Sens allégorique de ce nom, I, 43, — de sa robe jaune ou bleue, 305, 317, — de ses cheveux roux, 307.

JUDE (S.), apôtre, autrement THADDÉE, auteur d'une des Épîtres catholiques. But et caractère de cet écrit, II, 46. — Symbolisé par la chrysoprase, 382. — Ses attributs iconologiques, III, 148.

JUDITH, sainte femme. Son histoire, objet d'un des livres de la Bible; figure de la Sainte Vierge, II, 39, 54.

JUGEMENT de Dieu contre les ennemis de l'Église primitive, II, 165, 182. — Jugement du Sauveur traduit sur les façades des églises, 169, 191, 343 et suiv., 638. — C'est aussi le jugement dernier, 183. — Prophètes qui en ont parlé, 183, 260. — Description par l'Apocalypse, 260, 313, 343 et suiv. — Toutes les conditions de la société y sont représentées, 344; — III, 141; — IV, 461. — Le jugement figuré en diverses paraboles, II, 423, 424, — aux modillons des églises, III, 318. — Comment Satan y figure à la cathédrale d'Amiens, 366. — Comment Michel-Ange en a dénaturé le caractère solennel, IV, 362, 364. — Celui d'André Orcagna, 365, 366; — celui d'Ange de Fiésole, 368.

Juges, dénomination générale donnée aux grands et aux princes chez les Juifs, II, 28.— Nom de l'un des livres historiques de la Bible; son objet et son symbolisme, 37.

Juifs, acceptent la science des noms symboliques comme venant de Dieu, I, 99.— Les Juifs modernes ; idée de leur Talmud, 173 et suiv.;— II, 96.— Leurs anciens usages, 189.— Leur influence sur la philosophie de Pythagore, 279. — Usaient du symbolisme des couleurs, 294.— Ont gardé l'esthétique divine aux autres peuples, 348. — Ensemble de leur histoire dans les livres de l'Ancien Testament, II, 36 et suiv.— Aveuglés par leur orgueil sur Jésus-Christ et sa venue, 67, 70. — Leurs connaissances astronomiques, 110. — S'opposèrent tout d'abord à l'Évangile, 154.— Ce que le Christianisme a gardé de leur Loi abolie, 164.— Leur ruine prédite dans l'Apocalypse, 176.— Juifs convertis; mêlés de toutes les nations, 186.— Accablés de maux sous Trajan et Adrien, 192, 193, 194.— Fauteurs des premières hérésies, 198 et suiv. — Toujours opposés par aveuglement au Christianisme, 410, 446. — Leur conversion présumée à la fin des temps, 445, 452, 563.— Toujours haïs des chrétiens, 446. — Leur répudiation prédite par Job, 489. — En quoi ils préfiguraient le Sauveur, IV, 221.

Juillet. Comment désigné dans le Zodiaque, III, 458.

Juin. Ses caractères dans les zodiaques chrétiens, III, 458.

Julien l'Apostat. Sa guerre au Christianisme, II, 148, 247, 251. — Son caractère, *ibid*. — Aidé des sophistes de son temps, 249, 250, 251, 252, 254, — et des magiciens, 271, 274. — Sa mort malheureuse, 277.

Junker. Son traité des *Divinités ailées*, I, 286.

Junon. Convenances symboliques de ses temples, I, 225, 227,— et de leur pose exceptionnelle, 285.

Jupiter. Origine et étymologie symbolique de son nom, I, 80, 308;— IV, 13. — Fausse donnée de Winckelmann sur la ressemblance de sa tête et de celle du lion, I, 49. — Pourquoi on lui attribue l'étain comme symbole, 60. — Origine de son surnom d'Ammon, 79 et suiv., 314. — Comment le paganisme lui donne tous les attributs du Dieu unique, 81. — Son image antique revêtue de tous les symboles qui le caractérisent, 82, 169, 368. — Ses rapports avec l'Osiris des Égyptiens, 88. — Symbolisme de ses temples, 226, — en divers lieux, 229. — A l'aigle pour attribut, 81, 169, 233. — Analyse du Jupiter Olympien de Phidias, 256. — Jupiter Sérapis, 267. — On lui consacra le chêne, 268. — Esthétique de sa statuaire chez les Grecs, 285. — Peint d'une carnation tirant sur le brun, 293. — Fête commémorative de son triomphe sur les Titans, 298. — Le rouge, une de ses couleurs, 308.

Justes de l'ancienne Loi (voir Saints).

Justice, vertu symbolisée par le nombre 6, I, 150. — Justice de

Dieu sur les méchants; comment symbolisée, II, 264. — La justice féodale rendue dans le parvis des églises, III, 133, 134.

JUSTIN (S.), apologiste du IIe siècle. Ce qu'il dit du dimanche et du baptême, II, 20. — Idée de son *Apologie à Antonin*, et du caractère symbolistique de ce livre, 477. — Il décrit la messe du dimanche, IV, 155, 179.

JUSTINIEN (L'empereur) indique dans ses *Novelles* diverses particularités de la construction normale des églises, III, 68.

# K

KÉPLER. Son tombeau symbolique à Ratisbonne, I, 54.

KIRCHER (Le P.). Son interprétation supposée de la Table Isiaque, I, 86.

KYRIE ELEÏSON, introduit dans la liturgie de la Messe par le pape S. Grégoire le Grand au VIe ou VIIe siècle. Sa raison symbolique, IV, 157. — Symbolisme de sa notation, 246.

# L

LABARTE (M.), auteur de l'*Histoire de l'orfèvrerie* dans *Le Moyen Age et la Renaissance*; mérite de cette œuvre, IV, 296, 307.

LABARUM, étendard de Constantin, II, 148. — Julien l'Apostat en efface le Chrisme pour y mettre sa propre image, 251.

LABYRINTHE, ornement symbolique du pavé des églises au moyen âge. Son histoire, son but, et comment remplacé, III, 156 et suiv.

LACROIX (M. Paul), dit le *bibliophile Jacob*. Sa singulière interprétation d'une gravure de l'arbre de Jessé, III, 278. — Sa coopération peu théologique au livre *Le Moyen Age et la Renaissance*, 395.

LAÏCISME. Les prétentions des laïques dans les affaires de l'Église sont une des causes de la dégradation de l'art chrétien; preuves et raisons de cette vérité, III, 192, 193 et suiv., 196 et suiv., 198, 278; — IV, 229, 230, 231. — Exceptions honorables, III, 238. — A fait beaucoup de mal à l'Église par les bénéfices et la simonie, IV, 35 et suiv.

LAIDEUR, ne peut être donnée systématiquement au type facial du Christ que par un faux système qu'il faut éviter, IV, 129.

LAINE. Ses symbolismes variés, III, 233, 269.

LAMARTINE (Alfonse DE). Comment il cherche à symboliser, en 1848, les fêtes de la révolution, IV, 189.

LAMBILLOTE (Le P.), de la Compagnie de Jésus. Ses travaux sur le chant grégorien, dont il retrouve la notation dans des manuscrits du moyen âge, IV, 248, 249. — S'est servi d'un antiphonaire de Guy d'Arezzo, 250.

Lampes. Sept lampes allumées devant le trône de Dieu, II, 163. — La lumière de Dieu, lampe du ciel, 386. — Lampe de bronze, barque de S. Pierre, 430. — Lampes symboliques des sanctuaires, III, 84, 228; — IV, 160, 326.

Lance, symbole de Pallas, I, 58. — La Sainte Lance solennisée par l'Église en souvenir d'une des scènes les plus significatives de la Passion, II, 434, 435. — Symbolisme de ce mystère, 522.

Lanfranc, abbé du Bec au XIe siècle. Ses travaux sur la Vulgate, II, 553.

Langage (voir Parole).

Langlois (L'abbé), chanoine honoraire de Rouen. Ses recherches sur la bibliothèque de la métropole de cette ville, IV, 213 et suiv.

Langlois de Bélestat, Loudunais. Ses ouvrages sur le symbolisme, I, 96.

Langue séparée de la bouche, symbole du goût, de la sapidité, I, 95. — Langue tirée d'une bouche grimaçante, symbole du blasphème, II, 269, — et de mensonge, III, 368; — IV, 461. — Triple langue donnée à Satan, et pourquoi, *ibid*. — Langue double, symbole de perfidie, 462.

Langues parlées, ont un genre de symbolisme qui s'exerce par la plupart de leurs substantifs, I, 27, 34 et suiv., 38 et suiv. — Conformité de l'hébreu et des autres langues orientales, 35. (Voir *Noms propres*.) — La plus ancienne langue est sans doute la langue hébraïque, 36. — Symbolisme de l'alphabet hébreu, 37 et suiv. — *Parallèle des langues de l'Europe et de l'Inde*, 36 et suiv. — La confusion des langues contribue à l'établissement de l'idolâtrie, 77. — Le don des langues fait aux Apôtres selon le besoin de leurs missions, II, 34, 467. — L'Église a dû se faire une langue à elle pour le besoin de son enseignement théologique, 472, 473; — III, 406. — Commencements de la langue française au Xe siècle, II, 538. — Comment la langue latine s'enrichit au XIIe siècle de termes devenus nécessaires à l'expression du symbolisme, 558; — IV, 431, 433. — Les langues moins chastes d'expression aux époques plus pures dans leurs mœurs, III, 405, 406, 415. — Nécessité d'une technologie absolue pour les sciences et l'hygiène, 406. — Les langues mortes moins timides quant à la chasteté du discours, 413. — Spécimen du langage français de 1790, appliqué au symbolisme révolutionnaire, IV, 188.

Lanternes des morts. Ce que c'est; fausses opinions réfutées, III, 83. — Lanterne, attribut de la sibylle Libyque, IV, 105, — et de la Persique, *ibid*.

Laodicée, une des sept Églises de l'Apocalypse, II, 159, 275.

Larrons crucifiés auprès de Jésus-Christ. Leur iconographie, II, 459, 463. — Images des Juifs et des Gentils, des justes et des pécheurs, 459. — Pourquoi sont sur la croix sans clous ni autres attaches, 464.

LATINI (Brunetto), maître de Dante. Idée de son *Tesauretto*, et de son symbolisme, II, 671.

LAURENT (Frère), dominicain du XIIIe siècle. Sa *Somme des péchés capitaux*, fondée sur le symbolisme de la flore murale, III, 527.

LAURIER, symbole de la prudence, I, 209, — de la gloire poétique, II, 668, — de l'immortalité chrétienne, III, 85, 523 ;— consacré à Diane, I, 230,— à Apollon, 233, 268.— Couronne de laurier donnée à la sibylle Erythréenne, IV, 103.

LAVATER. Son système de physiognomonie appliqué au symbolisme, III, 446.

LAZARE symbolise par sa résurrection le pardon donné à l'âme pénitente, II, 534. — Figuré sur une épitaphe des catacombes, III, 86.

LEBRUN, peintre français. Histoire de son chardon, I, 277. — S'est inspiré des traditions du moyen âge dans son *Baptême du Christ*, III, 297.

LECANU (M. l'abbé), auteur de l'*Histoire de Satan*, nie l'enseignement mystique des sculptures symboliques de nos églises, III, 123.

LÉGENDES. Leur origine, II, 26, 300, 650, 653, 654. — Sources où en étudier l'esprit, 644, 646. — Qu'on ne les trouve pas dans l'iconographie religieuse aux XIe et XIIe siècles, IV, 449, 465. — Abus que font de leur emploi dans l'art chrétien les artistes des XIVe et XVe siècles, II, 26 et suiv. — L'Église n'exige pas qu'on les croie de la même foi due à l'Évangile, 656, 658. — Mal interprétées fort souvent par nos littérateurs modernes, 27, 651 et suiv. — Le meunier de Mortain, 27. — La Chasse-Gallery, 27. — Les sorciers et revenants, 300. — Les sept dormants, 653. — Les Stes Foi, Espérance et Charité, 654. — S. Paul, ermite, 658. — S. Ambroise, 658. — S. Barthélemy, III, 366. — S. Taurin, évêque d'Évreux, 369. — La Vierge fleurie de S. Joseph, 543. — La *Légende dorée*, hagiographie de Jacques de Varaze ; idée de ce livre, II, 647 et suiv.; — défendue contre les *naturalistes* du XVIIe siècle et de notre temps, 650. — Ses premiers critiques, 652. — Sa traduction par M. Brunet, 655. — Quelques légendes peuvent n'être que des visions de Saints, 661. — Légende du cheval volé, sur un chapiteau de Rolduc, III, 189 ; — de Ste Gudule et de Ste Geneviève privées de leur lumière par le démon, 372 ; — de la Grand'Goule de Poitiers, 391, 393 ; — IV, 44. — Les légendes, source fréquente des sculptures historées, III, 259, 372, 373. — L'art ne peut s'en passer, 545. — Elles inspirent souvent les drames du moyen âge, IV, 202.

LENORMAND (Charles), membre de l'Institut. Ses fausses idées sur l'emprunt des symboles chrétiens aux sectes hérétiques, I, 177, — II, 5, — sur la prétendue anarchie monumentale du XIe siècle, III, 28. — Ses rapprochements erronés entre l'auteur et M. Woillez à propos du symbolisme des aroïdes, 533. — N'a pas été infaillible dans ses opinions archéologiques, 534 ; — IV, 452. — Ce qu'il pense du symbolisme du fauteuil du roi Dagobert, 294.

LÉON, un des anciens royaumes de l'Espagne. Ses armoiries parlantes, IV, 175.

LÉON X (Le pape). Son amour des arts et des lettres, IV, 382.

LÉON LE GRAND (S.), Pape et Père de l'Église au v⁰ siècle. Caractère symbolistique de ses écrits, II, 499. — Pourquoi il interdit provisoirement l'orientation des églises suivie jusqu'à lui, III, 68.

LÉON l'Isaurien. Ce que lui écrit le pape S. Grégoire II sur les saintes images, IV, 51.

LÉOPARD. Son symbolisme, II, 245, 246. — Sa queue entrelacée, III, 344. — Léopard hybride de l'Apocalypse, II, 244 et suiv. — Le même animal que la panthère, III, 506, 507. — (Voir PANTHÈRE.)

LÈPRE, maladie, symbole du péché; pourquoi, III, 360.

LESUEUR, le Raphaël français. Son *Saint Bruno*; beautés et défauts de cette célèbre composition, IV, 379.

LEVANT (voir ORIENT).

LÉVI, autrement MANASSÉ, un des fils de Jacob; symbolisé par les gémeaux du Zodiaque avec son frère Siméon, II, 109, — par la sardoine, 379. — Mystère de la bénédiction qu'il reçoit de Jacob, 452, 453.

LÉVIATHAN, nom symbolique du démon dans Job, III, 361. — C'est aussi la baleine, 499.

LÉVITIQUE. Ce qu'est ce livre historique de la Bible, II, 37, 97, 98. — Sa distinction symbolique des animaux purs et impurs, III, 442.

LÉVRIER (voir CHIEN).

LÉZARD, symbole de l'idolâtrie, III, 446, — et du démon; pourquoi, IV, 324.

LIBAN, montagne, symbole de la chasteté, III, 102.

LIBERGIER, architecte de la cathédrale de Reims. Symboles gravés sur son tombeau, III, 88.

LICINIUS persécute le Christianisme, et y succombe, II, 238, 239, 246.

LICORNE. Sa valeur héraldique, II, 546. — Symbole de la chasteté, III, 155, 251. — Se réfugie entre les bras d'une vierge, 459; — IV, 41.

LIER ou DÉLIER. Sens symbolique de ce mot appliqué au sacrement de Pénitence, II, 534.

LIERRE, attribut de Bacchus, I, 84. — Symbole de la jeunesse éternelle et de la charité constante, III, 564. — Employé surtout au xiv⁰ siècle, 566.

LIÈVRE, symbole de la faiblesse, I, 258, — de la timidité, II, 511 et suiv., — de l'âme prudente fuyant devant les tentations, III, 126.

LIGUGÉ, village près Poitiers, premier séjour de S. Martin de Tours, II, 493.

LIMAÇON, symbole de la résurrection, IV, 37, 38, 39.

LIMBES, lieu mystérieux où les Saints de l'ancienne Loi attendaient pour aller au ciel, la venue de Jésus-Christ, et où vont les enfants morts sans baptême, II, 355.

LIMOGES, capitale du Limousin, n'a guère travaillé à l'orfévrerie que depuis le temps de S. Éloi, IV, 291, 293. — Réputation de ses ateliers à partir de ce temps jusqu'à la fin du XVIII<sup>e</sup> siècle, 292.

LIN. Sa blancheur symbolise la pureté : il est donc donné pour vêtement à Dieu, I, 297, — à Jésus-Christ (voir *ce mot*), — à l'Église, II, 312, 313, — au sacerdoce, I, 299, — II, 315, — III, 269, — IV, 169, — aux autels, III, 269, — IV, 157. — Il symbolise la terre, II, 95. — Indispensable à certains linges de l'autel ou du prêtre, IV, 169.

LINAS (M. DE), archéologue artésien. Son avis sur le calice de Chelles, donné par S<sup>te</sup> Bathilde à cette abbaye, IV, 293.

LINTEUM (voir PERIZONIUM).

LION. Winckelmann fait à tort de la tête de cet animal le type du Jupiter Olympien, I, 49, 234. — Symbolisme du lion zodiacal, 58, 95, 235 ; — III, 458, 462. — Exprime la force et la royauté, I, 81, 201, 202, 209 ; — III, 134, 382 ; — IV, 175, 294. — Ses significations hiéroglyphiques chez les Égyptiens, I, 95, 235, 236. — Ce qu'il fait à la porte des temples anciens, 234, 237, — et des églises, 236 ; — III, 133, 134 ; — IV, 453. — Supportant des colonnes, I, 235 ; — III, 134, 135, — et des chandeliers, IV, 325. — Sur les tombeaux, III, 81, 134, 301. — Symbole de la vigilance, I, 235, — III, 463, — de la force, I, 258, — de l'orgueil, II, 671, — de la justice, III, 133, — IV, 294. — Ornant les trônes et les sièges royaux de Salomon, I, 236, — III, 134, 136, — et d'autres, 382, — IV, 294. — Les lions de Chéronée et de Waterloo, I, 268 ; — celui de S. Marc, II, 44, 174, — IV, 80, — de Samson, III, 34, 448. — Jésus-Christ est le Lion de la tribu de Juda, II, 109, 171, 210 ; — III, 134 ; — IV, 16, 18, 80, 437. — Traits de ressemblance avec Jésus-Christ, d'après Théobald, III, 481. — Le lion, figure de la férocité sanguinaire, II, 245, 246, 294, 498, 601, — III, 369, 446, — du démon, II, 309, 601, — III, 34, 135, 344, 361, 382, — IV, 326, — de l'âme forte, III, 126. — Symbolisme du lion d'après les physiologues, 463, 481 ; — IV, 453. — Toujours pris en bonne part dans les armoiries, II, 540, 546 ; — III, 134 ; — IV, 175. — Sous les pieds des rois, III, 134, 301. — Écrasant un serpent ou un bouc, 134. — Servant de piédestal à des statues, 136, 301. — Adorant le *hom* ou arbre sacré, 530 ; — IV, 173. — Sens de la formule *inter leones*, III, 136. — Lions forçant des hommes à se jouer avec eux, IV, 437. — Lions léchant les pieds d'un homme ou introduisant leur langue dans les oreilles, symboles des tentations diverses, III, 138, 139. — Queues de lions entrelacées, 344. — Les attributs symboliques du lion dans le petit poème de Théobald, 480 et suiv.; — IV, 294. — Comment ils conviennent au Sauveur, III, 483 ; — IV, 80, 294. — Symbole héraldique du royaume de Léon, 175. — Le lion confondu parfois dans l'Écriture avec la panthère, 294. — Pourquoi il est l'attribut de S. Jérôme, 376. — Lion terrassé par un évêque, 437. — (Voir JÉSUS-CHRIST, ZOOLOGIE.)

Lis, symbole de pureté, I, 205 ; — II, 588, 641 ; — III, 543, — de Marie, II, 647 ; — III, 36, 540, 541, 542 ; — IV, 90. — Image du Juste, 340, — de Jésus-Christ, 541, 542, — de l'Église, 542, — de S. Joseph, 543. — Origine de cette fleur sur les armes de France, I, 205 ; — III, 545 et suiv. — Controverses à ce sujet, 546 et suiv. — Employé avec profusion comme ornement, III, 540 ; — IV, 175. — N'a jamais eu pour principe les formes de la pomme de pin, III, 532, 540, — ni pour but de représenter un *obscœna*, 533. — N'a pas d'*opposition* à ses significations, toujours favorables, 541.—Combien ces significations sont nombreuses, 541.—La fleur de lis ornant la couronne de Frédégonde et le sceptre de Dagobert Ier, 548 et suiv., — et de Charles le Chauve, 549. — Louis VII les met sans nombre sur son écu, 550, — aussi bien que S. Louis et Philippe-Auguste, IV, 175. — Charles VI les y réduit à trois, *ibid.* — Symbole de loyauté et de bravoure, *ibid.* — Variations de ses formes aux diverses époques de la monarchie, III, 550 et suiv. — La fleur de lis passe des écussons armoriés aux objets d'art et à ceux du culte; raison de cette extension, 551 ; — IV, 175. — Les pétales latérales formées de deux dauphins, III, 552. — On doit reproduire les fleurs de lis dans la sculpture monumentale d'après la forme de leur époque, *ibid.* — Grossières persécutions que la stupidité révolutionnaire lui a imposées, 553. — Le lis symbolise la virginité, IV, 90.

Littérature biblique. Son style original, vif et coloré, I, 63, 216 ; —II, 121 et suiv., 414. — Ses développements dans les écrits des Pères, 470. — Au XIe siècle et au XIIe, III, 248 et suiv.; — IV, 218. — Littérature française; influence de son action au moyen âge sur l'art plastique, III, 346. — Licences données à la poésie par la création de mots nouveaux ou de constructions originales, 487, 493, 509. — Ridicule des cicéroniens du XVIe siècle, et abus de la littérature païenne dans le langage de l'Église, IV, 381, 382, 384.—Beautés classiques du XVIIe siècle, 393. — La littérature reçoit de la Renaissance un caractère profane et irréligieux, 399 et suiv.

Liturgie catholique, est pleine de symbolisme, I, 141, 330 ; — II, 11 et suiv., 317, 368, 428, 476, 500, 641. — Ses origines, IV, 149. — Liturgie des premières assemblées chrétiennes, II, 197, 468, 500, 505 ; — IV, 149, 150, 154 et suiv., 156. — Ses origines dans celle des Juifs, III, 42, 561 ; — IV, 149. — Fondée par les Apôtres, 155, 156. — L'Église a utilisé beaucoup de symboles païens pour la liturgie, II, 509 ; — III, 554. — Liturgie païenne, souvent incomprise des prêtres eux-mêmes, I, 193. — Celle des Juifs avait toujours ses enseignements mystérieux, 193 ; — II, 90, 93, 97, 98, 107 ; — III, 42. — Sa raison d'être, II, 91, 477. — Liturgie romaine, pourrait être perfectionnée en beaucoup de points, 68, 686 ; — a souvent varié, 643 ; — IV, 153. — Origine de l'usage d'étendre les bras en priant, II, 92 ; — importance de ce symbole, 486. — Aveu des protestants sur la liturgie, 107, 383 ; — IV, 149. — Le voile étendu sur les mariés, 153. — Origine de la liturgie espagnole ou mozarabique, II, 525. — La procession des Rameaux, III, 562. — La procession des baptisés aux fonts, le jour de Pâques, II, 395. — Le cierge pascal, 525. —Bénédiction de la rose d'or, I, 330, — IV, 179, — de la première pierre des églises (voir *Églises*). — Le signe de croix, II, 201. — De l'encensement de l'autel au commencement de la Messe, 615. — Beautés de la *prose des Morts*, 72. — Détails et analyse; son auteur, 636 et suiv.; — IV, 107.— Prose ou séquence de la Sainte Vierge, qu'on y compare aux pierres précieuses, II, 368; — celle de la Dédicace, 388. — Les sept chandeliers à l'autel de l'évêque, 150. — Choix du côté nord pour certaines cérémonies, 442. — Beautés littéraires de l'ancienne liturgie française, 450. — Cierges pendant le chant de l'Évangile au IVe siècle, 489. — Office du Saint-Sacrement, et ses beautés, 634; — III, 557. — L'*Alleluia* aboli pour le temps du Carême, II, 525. — Proses de la Messe trop oubliées dans l'Office romain, 569, 570. — Affinités de la liturgie et du symbolisme, 581; — III, 42, 431; — IV, 153. — Cordon du costume sacerdotal, II, 662. — Livres liturgiques, sources de symbolisme : *Pontifical romain*; notions sur ce livre, III, 76; — IV, 158; — *Cérémonial des Évêques*, III, 195, 225, 226 ; — IV, 158.— Leurs interprètes, 159. — Livres d'Offices, eucologes, séquences, etc., III, 353 et suiv.; — IV, 183. — Beautés symboliques de leurs reliures, 40 et suiv. — Beauté des prières liturgiques pour la bénédiction des cimetières, III, 99, — pour celle de la première pierre, 111, 391.— Origine et raison mystique des octaves des fêtes, 109. — La Sainte Réserve conservée en un seul tabernacle dans chaque église, 195.— Comment la flore mystique pare les tabernables et les autels, 557. — Ordre gardé entre les hommes et les femmes dans l'église, 205. — Consécration des autels, 263 et suiv., — du Saint Chrême, 560 et suiv. — Pourquoi le signe de la croix est si usité dans la liturgie; son symbolisme, IV, 158 et suiv.— Prières symboliques pour chaque partie des vêtements épiscopaux ou sacerdotaux, 167 et suiv. — Couleurs liturgiques de ces vêtements pour chaque fête, 176 et suiv., 178 et suiv. — Regrettables modifications introduites dans la liturgie, qu'on n'a pas assez respectée en France dans ses usages antiques, 178, 185, 277, 320. — Divisions de la hiérarchie liturgique dans l'Office romain et dans l'Office français, 178 et suiv. — Réformes désirables dans le chant liturgique, dénaturé du chant grégorien, 273 et suiv. — Écoles de liturgistes laïques voulant tout reporter aux usages de l'Église primitive, sans égard aux décisions rendues dans le cours des siècles, 323. — Chant de l'*Exsultet* pour la bénédiction du cierge pascal, attribué à S. Augustin, 325. — Influence de la poésie païenne de la Renaissance sur la poésie liturgique depuis le XVIe siècle, 381, 382. — (Voir CHANT GRÉGORIEN, CLOCHES, DÉMONOLOGIE, EXORCISMES, FÊTES, VÊTEMENTS SACERDOTAUX.)

LIVRE symbolique où s'écrivent les bonnes et mauvaises actions, II, 72, 342, 346, 450, 637. — Livre mangé par Ezéchiel, 103. — Livre écrit dedans et dehors dans l'Apocalypse, 170. — Un livre ouvert toujours placé aux mains des deux premières Personnes de la Trinité, 197, 402, 450; — IV, 90. — Livre doux à la bouche et amer au cœur, II, 211. — Livres portés par des disciples de Satan, 229. — Différence symbolique entre le livre *ouvert* ou *fermé*, 347, 450; — IV, 90. — Livre de vie, II, 388. — Livre scellé sept fois de l'Apocalypse, 402. — Les Élus munis du Livre de la vérité, 405 ; — IV, 356. — Livre donné aux Apôtres, II, 450 ; — IV, 90 : — doit être rouge, 13 ; — à la Synagogue, II, 460, — aux solitaires, IV, 91. — Livres où sont effacés les péchés de S. Genès au moment de son baptême, II, 534. — Les premiers livres imprimés imitent les vignettes des manuscrits, IV, 36. — Reliures des livres, leurs parements symboliques, 40 et suiv. — Richesse de cette ornementation, 42, 290. — Le livre peut devenir une ressource pour l'attribuer à un Saint qui n'en a pas de particulier, 91.

Livres sapientiaux. Leurs auteurs, leur caractère et leur but, II, 40. — Expliquant beaucoup de symboles bibliques, 94.

Locher (Jacques), traducteur latin du *Navis stultifera*, de Sébastien Brandt, au xv$^e$ siècle, époque véritable de sa première édition, contre MM. Guizot et Marron, IV, 233.

Loi mosaïque, renversée avec la Synagogue au pied de la Croix, II, 449, 451, 460. — N'en subsiste pas moins dans toute sa valeur morale pour le Christianisme, 467. — Symbolisée par le nombre **10**, III, 177.

Longchamps (L'abbé de), critique sans valeur du xviii$^e$ siècle, II, 478, 479.

Longin, nom du centurion qui perça de sa lance le côté du Sauveur crucifié, II, 346. — Ce fait devient le symbole de la naissance de l'Église sur la croix, 433 et suiv. — Pourquoi Longin doit se tenir à droite du Crucifix, 436. — Son iconologie, 436, 458 ; — IV, 119.

Lotus ou Lotos, fleur célèbre dans la mythologie égyptienne ; la même que le nénuphar. Symbole de la fécondité du Nil, I, 86, — de la clarté du regard de Dieu, 157. — Motifs du respect qu'en avaient les Égyptiens, 158. — Symbole de la chasteté, 159 ; — III, 526 ; — du monde sorti des eaux, I, 159, 161 ; — de l'abondance, 160. — Singulier rôle que lui donne M. Portal dans une verrière de Chartres, 341, 342. — Les Gaulois symbolisaient par lui la puissance souveraine, III, 545. — Ses rapports avec la fleur de lis, 546, 547. — Peint ou sculpté sur les fonts baptismaux, 567.

Louandre (M.). Ses appréciations peu théologiques sur le théâtre du moyen âge, IV, 203.

Louis IX ou S. Louis. Combien il avait peur du diable, III, 360. — Offrait pendant la messe, au jour de l'Épiphanie, les mêmes présents que les Mages, IV, 185.

Louis XIV. Ses médailles avec la devise symbolique : *Lilia non laborant neque nent*, I, 205.

Louis le Débonnaire protège l'orfèvrerie sacrée, IV, 305.

Loup, symbole du mercenaire, II, 602, — du démon, 662, — IV, 31, 175, — de l'avarice ambitieuse, II, 671. — Sur des crosses, III, 384. — Emblème de la perfidie hypocrite, 446 ; — IV, 174.

Loyer (Le). Ses idées singulières sur Ésaü et les Angevins, I, 83.

Luc (S.), le troisième des Évangélistes. Raison de son taureau symbolique, II, 44.—Auteur des *Actes des Apôtres*, 44. — Peintre et inspirateur des types du Sauveur et de Marie dans les catacombes, IV, 132.

LUCIEN, philosophe du IIᵉ siècle. Ce qu'il dit de la magnificence des églises chrétiennes, III, 44.

LUMIÈRE. Son symbolisme, I, 145. — Elle symbolise Jésus-Christ, 303, 360, 386 et suiv., 563 ; — III, 84, 228, 380 ; — IV, 80, 105, 160, 183, 184, 323, 325 ; — et les Justes, I, 303 ; — II, 230, 360, 386. — L'Évangile et la parole de Dieu, 298, 394 ; — III, 372 ; — IV, 105. — Couleurs symboliques opposées à la lumière, I, 300, 306 ; — celles qui l'indiquent, II, 450. — La lumière, symbole de la participation de l'âme élue à la nature de Dieu, 364, 365, 386.—Attribut des corps ressuscités, 365, 386, 387 ; — III, 135. — Lumière liturgique, figure du Christ, II, 489 ; — III, 135, 223, 228 ; — IV, 184. — Exprimée par le rouge dans les vitraux et les miniatures, I, 308 ; — IV, 13. — Lumière symbolique portée par un enfant de chœur au premier dimanche de l'Avent, 183, 184. — La cire seule doit être employée aux cierges, 324.

LUMLEY-DAVIDS (Arthur), savant anglais. Relations qu'il découvre entre les noms des enfants de Jacob et les douze signes du Zodiaque, II, 108 et suiv.

LUNE, élément d'imperfection ; représentée par un croissant ou par un orbe, I, 60, — par un cynocéphale, 74. — C'est l'Isis des Égyptiens, 88. — Ses phases symboliques, 143. — La déesse *Bhavani* des Hindous, 160. — Symbolisée par une corne de taureau, 169. — Comment la science et la littérature chrétienne en ont fait le type de l'Église, II, 436 et suiv., 464. — Règle d'opposition qui lui est applicable, 438, — et en fait le type du monde et de la Synagogue, 439. — Symbole de la seconde puissance (l'Empire), soumise à la première (le Sacerdoce), qui est le soleil, 620.

LUPERCALES, fêtes païennes que le pape S. Gélase remplaça par la Chandeleur, IV, 186.

LUTHER, prétendu réformateur du catholicisme. Pour y parvenir il a dénaturé le sens des Livres saints, II; 21, 25, 30, 31, 35. — Il en a nié l'authenticité, pour autoriser sa doctrine, *ibid*. — Ne peut arrêter l'élan du mal qu'il a déchaîné contre la religion et contre l'art chrétien, IV, 352, 353. — Ses obscénités inspirent celles de ses adeptes, 386.

LUTRIN formé par un aigle en dinanderie, III, 211, 223. — Raison de ce symbole, IV, 319.

LUXE, une des principales causes de la perte des nations, II, 298, 303 et suiv. — Condamné par l'Église, 603 et suiv.

LUXURE, péché capital, symbolisée par une femme dont un serpent ou un crapaud dévore la poitrine, II, 272 et suiv.; — III, 365. — Autres images symboliques, 371 ; — un porc, 251 ; — un crapaud, 377 ; — une sirène attirant les navigateurs, IV, 448.

LYRE, attribut d'Apollon, I, 83 ; — II, 47. — Symbole des harmonies entre l'homme et l'Esprit-Saint, 483, — des concerts éternels, III, 303.

# M

Mabuinus, orfèvre français du Ve siècle. Ses travaux d'orfévrerie faits pour l'évêque de Tours S. Perpetuus, IV, 290, 291.

Machabées. Objet de ce livre biblique, II, 42.

Mac'Pherson a restitué à Ossian son existence contestée, I, 181.

Madeleine (Ste). Symbolisme du parfum qu'elle répand sur les pieds du Sauveur, II, 587. — Sa statue à Saint-Maximin-du-Var, III, 420.

Magasin pittoresque, publication à gravures dont le texte est imbu de l'esprit protestant, IV, 358.

Mageddon (voir Armagédon).

Mages. Mystère de leur triple offrande au Sauveur, II, 490; — IV, 185, 222. — Symbolisme de leur fuite de la cour d'Hérode dans la procession de l'Épiphanie, 185. — Symbolisés par les Madianites, 222.

Magie. La magie a un rôle très-marqué chez les philosophes païens des trois premiers siècles, II, 270; — III, 390. — Ses philtres composés de cendres de serpents et de crapauds, II, 273. — Les magiciens poussent les empereurs à de nouvelles persécutions, 274. — Punition de ces imposteurs par une mort violente, 277, 278. — L'anneau de Gigès, 366. — La magie niée audacieusement depuis le protestantisme, III, 384. — Ce qu'en ont pensé les siècles de foi, 392 et suiv. — Elle a préparé les révolutions modernes, 393. — Les juges qui l'ont condamnée n'ont pas pu se tromper toujours, 394. — La magie dénaturée par les encyclopédistes du XVIIIe siècle pour le besoin de leur cause, IV, 96. — (Voir Démonologie, Sabbat, Sorciers.)

Magnin, de l'Institut. Éloges de ses *Origines du théâtre moderne*, IV, 195, 196. — Sa traduction du *Théâtre* de Hroswita, 201.

Magog (voir Gog).

Magot posé sur une fleur, symbole de la beauté profanée, IV, 29. — A tête humaine surmontée d'une tête de dragon, personnification de Satan, 30.

Mahomet a rempli son Coran de symboles, I, 172, 173, 296, 318. — N'admet aucune figure humaine dans les images, 173. — Ses couleurs islamiques, 318. — Origine symbolique des ablutions mahométanes, 318.

Mai. Caractères de ce mois dans le zodiaque chrétien, III, 458.

Main. Mains croisées, signe d'alliance, I, 196, — de puissance et d'autorité, IV, 110. — Main divine sortant d'un nuage pour symboliser l'assistance de Dieu, II, 5, 401, 534; — III, 132, 138, 181, 299, 334; — IV, 47, 109, 110. (Voir *Bénédiction*.) — Au-dessus de la croix, II, 441. — Nimbée, IV, 109, 110. — Ses variantes dans l'iconographie chrétienne,

109 et. suiv.— Main ou gant donné pour attribut à la sibylle Tiburtine, 108. — Imposition des mains (voir *Pénitence*, *Ordre*, sacrements). — Lavement des mains à la Messe, 158.

MAISON, symbole du corps humain dans les épitaphes chrétiennes, III, 86, 87, 522. — Pourquoi l'Église bénit les maisons des fidèles, 391.

MAIRÉ (Saint-Junien de), abbaye du VIe siècle, en Poitou, bâtie par les moines eux-mêmes, III, 47.

MALABRANCA, cardinal, auteur au XIIIe siècle de la *prose des Morts*, II, 636. — Cette prose tronquée mal à propos par le Missel de Paris, IV, 107. — Sa beauté poétique et musicale, 255. — Vains efforts des musiciens pour en approcher, 256.— Détails sur la vie et le caractère de cet auteur, *ibid*.

MALACHIE, un des petits Prophètes, annonça l'Incarnation du Verbe; associé pour cela à la sibylle Agrippine dans l'iconographie, IV, 101.

MALESPAINES (Léonard DE), protestant déguisé dans ses règles d'interprétation de l'Écriture sainte, II, 57, 58, 70. — Son *Essai sur les hiéroglyphes égyptiens*, I, 20.

MALOU (Mgr), évêque de Bruges. Ses idées inadmissibles sur la représentation iconographique de l'Immaculée Conception, IV, 137.

MALTE (Ordre de). Sa croix, symbole des huit béatitudes, II, 152.

MAMERT (Claudius), écrivain ecclésiastique du Ve siècle, passe pour l'auteur du *Pange lingua* de la Passion, IV, 241.

MANASSÉ (voir LÉVY).

MANASSÈS, roi de Juda. Raison symbolique de ce nom, I, 44.

MANDRAGORE. Vertus et attributs de cette plante; son usage symbolique dans l'iconographie chrétienne, III, 342, 367, 368.

MANICHÉENS. Leur dogme fondamental des deux principes professés avant eux par Zoroastre, I, 165. — Motivent l'interdiction de l'orientation des églises, III, 68, 74. — Impuretés que leur reproche S. Cyrille de Jérusalem, 413.

MANIPULE, une des pièces du vêtement sacerdotal, symbole de la componction du cœur. Son histoire; singularité d'une sculpture qui en donne deux à S. Pierre, II, 428, 430; — IV, 170.

MANNE (voir EUCHARISTIE).

MANTEAU, a sa couleur symbolique pour le Sauveur, II, 338, 355, 309, 315. — (Voir JÉSUS-CHRIST.)

MANUSCRITS du moyen âge. Quelles notions ils offrent pour l'histoire de l'art, II, 454; — IV, 26, 27. — Élaborés assidûment dans les monastères, II, 532. — Leur beauté d'exécution, 574 et suiv.; — IV, 28, 33, 40. — Ont suppléé par leurs images aux livres techniques sur l'art, III, 352, — d'où vient à leurs miniatures le nom de vignettes, IV, 23. —

On a peu de manuscrits antérieurs au ixe siècle, 23, 24. — Les manuscrits et leurs peintures, source abondante de symbolisme et de notions artistiques, 24. — Rapports curieux entre l'écriture des manuscrits et le style architectural de chaque siècle, 25 et suiv. — L'exécution des manuscrits et de leurs vignettes, plus mondaine vers l'époque de la Renaissance, 28 et suiv. — Symboles de leur reliure, 40 et suiv. — Comme leur dessin était plus régulier que celui des peintures architecturales, 349.

Marat devient en 1790, à Bourg en Bresse, l'objet d'une fête sacrilége, IV, 188.

Marbre. Comment et pourquoi remplacé en France par la pierre de liais au xiie siècle, III, 156, 271. — Mal employé au pavage des chœurs et des sanctuaires, 157, — et à la confection des autels, 269, 271.

Marc (S.), le deuxième des Évangélistes, symbolisé par un lion, II, 44.

Marches (voir Degrés).

Marguerite (Ste). Son iconographie, IV, 36, 92.

Mariage. Ses symboles chez les Scandinaves, I, 180 ; — chez les autres peuples du Nord, I, 202. — Symbole chrétien de l'union des époux avant le Christianisme, II, 84, 409, 535. — Cérémonies symboliques chez les Hébreux, 126. — Le mariage symbolisé par l'union de Jésus-Christ et de l'Église, 351. — Conditions caractéristiques du mariage chrétien, 351, 352. — Le mariage au-dessous de la virginité, 493. — Bénédiction du lit nuptial, III, 391. — Symbolisme de l'anneau des époux et du voile étendu sur leur tête ; origine de celui-ci, IV, 152 et suiv. ; — son histoire, 153. — Faux zèle de la liturgie en ces derniers temps, nuisible à des usages respectables, 153 et suiv.

Marie ou la Sainte Vierge, mère de Notre-Seigneur Jésus-Christ. Son monogramme symbolise la *vierge* du Zodiaque, I, 58. — Vêtue de blanc, 299. — Vierge noire de Chartres et autres, 301, 302 ; — II, 123 ; — IV, 134. — La prophétie de son apparition dénaturée par les païens dans Cérès, la bonne déesse, etc., I, 302. — Le bleu consacré à ses fêtes jusqu'au xviiie siècle, 317 ; — IV, 13. — Le vert la revêt comme symbole de sa maternité, I, 320. — Le rose symbolise sa douceur et sa chasteté, 329 ; — IV, 104. — Le bleu et le rouge s'associent à son Fils, I, 336 ; — II, 609 ; — IV, 13 ; — aussi bien que le violet, I, 336. — Souvent traitée dans l'Écriture parallèlement avec l'Église, II, 226, 419 et suiv., 449. — Son type dans l'Apocalypse, 225 et suiv. ; — IV, 142. — Dupuis la regarde comme étant la même que Cérès, Érigone et Isis, I, 367 ; — il la fait cependant dominer tous les cultes avec son Fils, 368. — Chasteté de sa pose et de son costume au moyen âge, III, 420 ; — IV, 131, 140. — Respect qu'en avaient les peuples, et leur confiance, III, 4. — Ses images aux catacombes, IV, 131, 132, 133. — Comment on peut la représenter entourée de ses symboles bibliques ; Vierge Mère, I, 369 ; — III, 4 ; — IV, 131, 132, 137. — Symbolisée par les saintes femmes de la Bible Ruth et Judith, II, 38, 39 ; — par la toison de

Gédéon, 88, 421. — Caractère de sa royauté, 421, 447; — IV, 138. — Elle est l'Épouse du Cantique, II, 123, 129, 130. — La Femme aux douze étoiles, foulant de ses pieds le disque de la lune, 225, 226, 398. — Arche d'alliance, 421; — pourquoi, IV, 50. — Jardin fermé, II, 421; — IV, 356 et suiv.— Le type de l'Eglise, 226, 227, 231, 234, 368, 419 et suiv., 449, 451; — III, 116; — IV, 130. — Comparée à la lune, II, 438. — Persécutée par Hérode, 240. — Assiste au jugement dernier, 346; — IV, 136. — Dévotion du moyen âge envers Elle, II, 347; — III, 4; — IV, 134, 135, 192. — La nouvelle Ève, II, 520; — IV, 132, 133. — Poème d'un anonyme allemand où Marie est comparée à toutes les pierres précieuses, II, 368. — Vers de Sédulius, 450. — Marie au pied de la croix, 448, 449; — IV, 129, 130 et suiv. — Auteur de l'*Ave maris Stella*, II, 520. — Circonstances symboliques de la purification de Marie, 531. (Voir *Purification*.) — Idée du *Sigillum Mariæ* d'Honorius d'Autun, 565. — Quelles fleurs la symbolisent, 588, 609, 647; — IV, 104. — Doit avoir les pieds chaussés, 95, 140. — Rose mystique, II, 609, 610, 647; — IV, 357. — Louée par Dante sous ce titre, II, 665. — Symbolisée par le clocher des églises, III, 116. — Quel côté de l'église est convenable à sa chapelle, 207, 208, 209. — Esthétique de toute sa personne, IV, 131. — Représentée, au porche des églises, terrassant le dragon, III, 209. — Tour d'ivoire, 282, 283. — Opposée, dans la fleur de Jessé, au péché originel, 318. — *L'arbre de la Vierge*, chandelier merveilleux de la cathédrale de Milan, 419. — Caractère hiératique des Vierges-Mères du moyen âge, 420, 421; — IV, 192. — Les statues de la Vierge affublées de draperies et d'étoffes par la Renaissance, III, 433; — IV, 135. — C'est elle qui, pour les populations du moyen âge, représentait au mois d'août la *vierge* des zodiaques, III, 463. — Bévues des peintres dans son imagerie, 67, 79, 95; — IV, 131, 132, 386, 391. — Sa tête gravée sur des anneaux symboliques, 132. — Antithèse des Pères sur Marie et Ève, 133. — Histoire de son iconographie, 133, 136, 138, 140. — Son culte développé par les croisades, 134. — Quelles conditions d'esthétique et de piété chrétienne conviennent aux artistes qui veulent rendre ses images, 135. — Sa pose assise est une tradition orientale, 134. — Quels beaux caractères lui a donnés le moyen âge, 135, 136, 140, 391. — Discussion sur le type artistique de l'Immaculée Conception, 136 et suiv., 141. — Ne doit jamais être sculptée ou peinte sans son Fils, 137 et suiv., 139. — Type japonais de la Vierge Immaculée, 140; — autre type français du XIVe siècle, foulant le démon et tenant le petit Jésus, 140 et suiv. — Arbre de Jessé (voir *Jessé*). — Types à choisir, et soin qu'on doit se donner de ne faire de Marie que des images dignes d'elle, 144. — Elle est toujours associée à l'action rédemptrice de Jésus-Christ, 192. — Faux caractères que lui donne Michel-Ange dans son *Jugement dernier*, 362. — S'apitoie sur la réprobation des pécheurs, 366. — La Renaissance prostitue sa sainteté dans ses images, 386, 391.

Marie Égyptienne (Ste). Sa légende; chasteté de ses détails, III, 420.

Marigny (Jean de), évêque de Beauvais au XIVe siècle. Son allusion au lis des rois de France, I, 205. — Marigny, village de Normandie; tympan de son église décoré du *hom*, III, 530; — IV, 446, 451.

Mars, planète symbolisée par une flèche, I, 58. — Le dieu Mars a le fer parmi ses emblèmes, 60. — Conditions symboliques de ses temples, 225, 227. — Mars casqué, 267, — enchaîné, 268. — Le mois de mars, et son symbole zodiacal, III, 458.

Martial (S.), apôtre de l'Aquitaine, consacre à Bazas une église à la Sainte Vierge, IV, 136.

Martin (S.), évêque de Tours. Ses allusions symboliques sur tous les objets de la nature, II, 493. — Un trait de sa mort, 662.

Martin (Le P. Arthur), jésuite, l'un des auteurs de la *Monographie des vitraux de Bourges*. Sa description de la couronne de lumières d'Aix-la-Chapelle, III, 109 et suiv. — Son explication peu acceptable d'un chapiteau de Saint-Aubin d'Angers où figure une sirène, IV, 448 et suiv., — et des sculptures de la crypte de Frisingue, 466.

Martyrs. Pourquoi sous l'autel de l'Agneau dans l'Apocalypse, II, 179, 187; — III, 188. — Origines des églises dédiées aux martyrs, II, 180. — Énergie de ceux-ci, 215, 216. — Désignés sous l'image de *deux témoins*, 215, 219. — Par quels fléaux Dieu vengea leur mort, 216. — Mystère de leur résurrection, qui est celle de l'Église, 219, 331 et suiv. — Prières des Saints pour que la mort des Justes soit vengée, 222. — Triomphe des martyrs jugeant leurs persécuteurs, 331. — Privilège de leur résurrection, 331. — Symbolisés par la rose, 641. — Ensevelis d'abord dans les catacombes, III, 188. — Leurs reliques doivent nécessairement se placer dans la pierre des autels consacrés, IV, 157.

Massacre des saints Innocents (voir Hérode, Innocents).

Matérialisme dans l'art, le prive de sa vie morale; trop favorisé par Apelles, I, 284.

Mathématiques. Symbolisme de leurs chiffres et de leurs figures, I, 52, 54, 55, 102. — Importance qu'y attache S. Augustin, 133.

Matthias (S.), apôtre, symbolisé par l'améthyste, II, 382. — Observations sur le rang qu'il occupe parmi les Apôtres, III, 148. — A pour attribut une cognée ou hache, instrument de son martyre, 149.

Matthieu (S.), le premier des Évangélistes. Son symbole distinctif n'est pas un homme, mais un Ange, II, 44, 176, 457. — Symbolisé aussi par la chrysolithe, 381. — Ses attributs iconographiques, III, 147.

Maurienne, ancienne comté de la Sardaigne, dans la vallée de son nom. Ses armoiries, IV, 175.

Mauve, symbole de la charité, I, 208.

Maxime le Sophiste, complice de Julien l'Apostat dans sa guerre au Christianisme, II, 250.

Maximin (II) Galère, symbolisé par un ours, II, 245. — La sixième tête de la bête apocalyptique, 246, 289.

Maximin (I$^{er}$) Hercule. Sa persécution contre les chrétiens prophétisée dans l'Apocalypse, II, 237, 238. — Symbolisé par un léopard, 245, 289.

Mayeul (S.), abbé de Cluny. Son amour de l'étude, II, 539.

Mazerolles, village du haut Poitou (Vienne). Autel des premiers temps du moyen âge dans son église, III, 270.

Mazure (Adolphe). Sa *Philosophie des arts du dessin*, I, 49; — III, 186.

Médailles (voir Numismatique).

Méduse (Tête de). Sa signification symbolique, I, 234.

Mélanthe, peintre de Sicyone. Son tableau du *Triomphe d'Aristrate*, I, 283.

Melchisédech. Son sacerdoce, symbole et prophétie de celui du Sauveur, II, 78. — Comment il doit être représenté, 315.

Méliton (S.), évêque de Sardes au IIe siècle, écrit sa *Clef des Saintes Écritures*, II, 18, 82, 172, 479 et suiv. — Analyse, comme Durant de Mende, les moindres détails de son objet, 172. — Théodulphe d'Orléans a fait un abrégé de sa *Clef des Écritures*, 192. — Édition nouvelle du cardinal Pitra, 480. — Ses nombreux commentateurs, 438, 479, 557, 588; — IV, 433. — Sa biographie, I, 35, 155, 479. — Son *Apologie pour les chrétiens* à Marc-Aurèle, II, 479. — Sa méthode symbolistique, 481 et suiv.; — III, 307. — Distingue les *bêtes* des *animaux*, 444.

Mélopée (voir Musique).

Mer. La mer de verre (ou de cristal) sous les pieds du Juge souverain, II, 163, 367. — C'est le baptême ou la pénitence, 167, 168, 403. — La nature humaine spiritualisée, 262. — Marchepied des Saints, 262. — Mer d'airain, symbole de purification dans le temple de Salomon, 165. — Mer changée en sang, 216, 217. — Symbole de la guerre, 266. — La mer symbolisant l'empire, et les fleuves les provinces, 266. — La mer, image des âmes agitées, 281. — Desséchée à la fin du monde, 351. — La mer, symbole du monde, 586.

Mercure, planète. Comment symbolisée, I, 58, 60, 267. — Dieu de l'éloquence, messager de l'Olympe, dieu du commerce et des voleurs; ses attributs à tant de titres, 84, 169. — Présidait au quatrième jour du mois, 147. — La tortue faussement attribuée comme attribut de ce dieu, 170. — Conditions symboliques de ses temples, 227; — III, 104. — Symbolisme de son cube, I, 259. — Porte une étoile sur la tête, 267. — Le culte de S. Michel opposé au sien par le Christianisme, III, 104 et suiv. — Mercure n'est qu'une transformation de l'idée primitive des Anges; il est plus adoré aujourd'hui qu'on ne semble le croire, 105.

Mérimée (Feu Prosper), de l'Académie française. Ses erreurs nombreuses en archéologie, III, 337; — elles viennent de son manque de sens chrétien, 345, 422; — IV, 410, — et se manifestent surtout dans son livre des *Peintures de l'église de Saint-Savin*, 53 et suiv.

Mérovingien (Style), (voir *Églises*). — Les guerriers de cette époque affectionnent les images diaboliques dans leur armure, III, 382. — Beaux caractères de son orfèvrerie, IV, 292, 293.

MESSE (La sainte). Forme de l'imposition des mains sur l'Hostie, empruntée des consécrations judaïques, II, 99. — La Messe est la liturgie par excellence ; histoire de ses rites, IV, 154, 156 et suiv., 168 et suiv., 246. — La prière au nom des martyrs en montant à l'autel, II, 180, — portée par l'Ange de l'Apocalypse au pied du trône de Dieu, 191. — Bénédiction du prêtre à la fin de la Messe, 346. — Mélange du vin et de l'eau, union de Jésus-Christ et du peuple chrétien, 485.— Extension des bras après l'Élévation, 486.— Livres sur le symbolisme de la Messe, 565 ; — IV, 158, 196. — Le *canon* porte des traces du IVe siècle, III, 143. — Les mains du diacre ou la poitrine des martyrs servant d'autel, 265. — Ce qu'était la Messe dans les catacombes, 281, — et aux premiers siècles de l'Église, IV, 150 et suiv., 154 et suiv.— L'Épître et l'Évangile, 160 et suiv. — Le diacre et le sous-diacre au *Sanctus*, 161.— La Messe est un véritable drame liturgique, 196.— *Analogie des cérémonies de la Messe avec les Mystères de la Passion*, par le P. J.-B. de Bouillon, 196.— Raison et variété des prières de la Messe et de leur chant, 246 et suiv.— Abus scandaleux des messes en musique, 270 et suiv.

MESSIE, annoncé par Zacharie sous le nom d'Orient, II, 107.

MESURES du temple de Jérusalem dans Ézéchiel et dans l'Apocalypse, II, 213, 371, 375. — Symbolisme de la règle d'or qui sert à les déterminer, 372. —Mesures des églises, établies d'après des symboles, 213, 372 ; — III, 31 et suiv.

MÉTALLURGIE. Superstitions liées à cette science longtemps illusoire, I, 59, 60. — Symboles des sept métaux, 60, — et des sept planètes, 61.

MÉTOPES, sujets enveloppés dans des arcades saillantes s'alternant avec les modillons ou corbelets, III, 310.

MEULE submergée pour symboliser de grands et irrémédiables malheurs, II, 307 et suiv., 309. — S. Paul moulant le blé de la nouvelle Alliance, 573, 574 ; — IV, 18. — Symbolisme de la meule employée par S. Hilaire, II, 574.

MICHEL (S.), Archange. Son combat contre Satan, II, 234 ; — III, 104, 132, 209 ; — IV, 8, 37. — Peint au XIIe siècle à l'abside de Saint-Pierre-des-Églises, II, 241, — et à Saint-Savin-sur-Gartempe, 242.— Ses églises bâties de préférence sur les lieux élevés, 363 ; — III, 104. — Pèse les âmes dans une balance, 209. — Patron des chapelles de cimetières, 81. —Opposé à Mercure par le Christianisme, 104.—Défend l'Enfant Jésus contre Satan, 334, 335. — Mauvais style du *Saint Michel* de Raphaël, IV, 376.

MICHEL-ANGE BUONAROTI approuve André Orcagna dans ses innovations contre l'ogive, IV, 247.— Caractère de son *faire* artistique exagérant les formes et ignorant l'esthétique chrétienne, 347. — Ce qu'il faut penser de ses travaux à Saint-Pierre de Rome, 348 et suiv., 359. — Il est moins architecte que peintre, 359 et suiv.— Sa réputation morale, 360.— Son *Jugement dernier*; description et critique de cette fameuse fresque au point de vue de l'art et de l'esthétique, 361 et suiv.— Le nu poussé à l'excès dans cette peinture, 365, — et l'absence de tout respect de la foi, 366. — Son nu est cependant moins dangereux que celui de Raphaël, 387.

Michée, un des petits Prophètes, associé à la sibylle de Cumes, IV, 102.

Michelet. Son faux système sur la distinction sexuelle des types de l'architecture, I, 254.

Midi, point cardinal, symbolisant au besoin soit le bien, soit le mal, II, 443 ; — mais plus souvent orné des symboles du bien dans les églises où à leur extérieur, III, 127, 442.

Miel, symbole de la sagesse et de la richesse spirituelle, I, 304.

Milan, oiseau de proie, symbole de la rapacité violente, III, 446, — du démon, IV, 454.

Millénaires. Fausse persuasion qu'ils se font de la fin du monde, II, 328, 329 ; — III, 18 et suiv. — Comment Estius entend les mille ans de l'Apocalypse, II, 334.

Minerve, stérile, et symbolisée par le nombre **5**, I, 149. — Conditions symboliques de son temple, 225, 226. — A pour attribut le hibou, 233. — l'olivier, 268. — Principe de la sagesse, 262, 304. — Symbole de la ville de Myrina, 264. — Peinte de couleur verte, 318. — La rose lui est consacrée, 327. — Comment les Grecs symbolisaient sa chasteté, III, 250.

Miniatures des manuscrits. Combien précieuses pour le symbolisme, II, 205, 248, 320 ; — IV, 24. — Mérite du recueil de M. le comte Auguste de Bastard, intitulé : *Peintures et Ornements des manuscrits*, II, 453 et suiv. — Les miniatures ont pu suppléer, pour la divulgation des règles architecturales, à l'absence de toutes théories écrites, III, 61 ; — IV, 24. — Leurs relations d'existence avec la peinture sur verre, 24. — Leur caractère esthétique s'altère en approchant de la prétendue Renaissance, 27. — Analyse de missels et bréviaires du XVe siècle, et de leurs vignettes symboliques, *ibid.* et suiv. — L'esprit mondain y domine, quoiqu'avec des réminiscences du symbolisme religieux, 28.

Minutius Augurinus, sénateur romain. Honneurs symboliques qui lui sont rendus, I, 269.

Miracles. Faux miracles effectués par le démon pour tromper les hommes, II, 270. — Quelles preuves apportent contre les miracles leurs antagonistes systématiques, 650, 651 — Que penser de ceux des magiciens de Pharaon ? 652. — Véritable esprit de l'Église sur la croyance due aux miracles qu'elle approuve, 656 et suiv., 658, 660 et suiv.

Mirville (De), auteur du livre *Des Esprits et de leurs manifestations*. Idée de ce livre, III, 391.

Mithra. Ses doctrines introduites dans la philosophie romaine, I, 60, 168. — Son nom composé de lettres numérales, 99 ; — son caractère mythologique, 163. — Description d'un bas-relief romain où sont exposées les doctrines mithriaques, 167, 168, 368. — Erreurs théologiques de quelques critiques sur la valeur de ce culte, 168, 368. — Ses prêtres appelés *coraces*, 170. — Impudicité de ses mystères, 170. — Comme toutes ces grandes choses viennent de peu, 171. — Son culte, pratiqué par des philosophes païens, motive au IVe siècle l'interdiction de l'orientation des églises, III, 74.

Mitre épiscopale. Son origine; sens symbolique de ses détails, IV, 162. — Exagération de sa forme au XVIe siècle, 163. — Mitre juive donnée à Aaron, 211. — La forme des mitres exagérée depuis la Renaissance, 399.

Mobilier de l'église (voir Ameublement).

Modestie, réserve des paroles et des actions en faveur de la chasteté. Qu'elle est une vertu naturelle recommandée par le Christianisme comme la sauvegarde des bonnes mœurs, IV, 389.

Modillons, ou corbelets. Motifs chrétiens de leurs formes les plus bizarres en apparence, I, 177; — II, 476; — III, 128, 129, 307. — Ce sont autant de données sur le double principe du bien et du mal, de Dieu et du démon, I, 355; — II, 527; — III, 313 et suiv., 440. — Empruntés à Ézéchiel, II, 101, — à Job et aux Psaumes, 294, — aux démons et aux Juifs, III, 308. — Têtes de démons, 126, 325, 385. — Semblent désignés par une phrase de S. Denys l'Aréopagite, II, 476. — Les modillons rares dans l'intérieur des églises en Normandie, III, 58. — Ils se suivent maintes fois par une alliance d'idées corrélatives, 59, 184, 317, 319, 321. — Types innombrables distribués sur les édifices sacrés, 127 et suiv., 313 et suiv., 384 et suiv., — et mieux sculptés aux approches du sanctuaire, 182. — Motifs variés à étudier d'après les sciences humaines et sacrées, 259. — L'auteur passe pour en avoir expliqué le premier le symbolisme, 305 et suiv. — On n'en peut plus nier la théorie, 306, 313. — Leur origine, 307; — leur marche progressive, 309. — Caractères des modillons carlovingiens, 310, 315, — aux XIe et XIIe siècles, *ibid.*, 324, 325. — Têtes de démons mangeant des hommes, II, 294, 527, — IV, 443, — supportant les corniches de l'église, III, 307, 355, 384. — Zoologie variée des modillons, II, 304, 589; — III, 325, 445, 446 et suiv.; — très-souvent allégorisant les supplices des démons, 375. — Les *têtes plates*, 310. — Le poulet de l'église de Saumont, 328. — Tous les modillons, considérés isolément, explicables par l'Écriture ou les Pères, 313 et suiv.; — leur sens moral et didactique, 317. — Sujets divers à orienter selon leurs caractères esthétiques, 320. — Comment des monuments peuvent se trouver parés de modillons plus ou moins anciens qu'eux, 324. — Ce qu'il faut penser de prétendus portraits historiques sculptés sur les modillons, 326. — Ils conservent des traces des drames liturgiques, IV, 199 et suiv.

Moïse a droit d'être cru à titre du plus ancien historien que l'on connaisse, I, 30, 31. — Antagonisme du philosophisme contre lui, III, 450. — Signification de son nom, I, 43. — Son *Pentateuque*, 36, 37; — son cantique de la mer Rouge, et sa poésie symbolique, 63, 216. — A pu étudier les sciences religieuses dans les colléges égyptiens, 75. — Tout ce qu'il a écrit prophétise Jésus-Christ, II, 59, 60, 360; — III, 505; — et lui-même en est la figure, II, 112; — IV, 18. — Souvent représenté dans les catacombes, II, 360. — Pourquoi on lui a donné des cornes en quelques images, 75, 633. — Levant ses bras sur la montagne, 92. — Changeant les eaux en sang, 217. — Symbolisme de l'eau tirée du rocher, 360. — Sa Loi finit quand vient celle du Sauveur, 449. — Symbolisme de son mariage avec l'Éthiopienne, 585. — Il doit avoir les pieds nus, IV, 94. — Comment on le représente au moyen âge, 210.

Moisson, symbole de l'humanité fauchée par la mort, II, 260.

Molan ou Molanus, auteur de l'*Historia sacrarum imaginum*. Ce qu'il dit des peintures inconvenantes condamnées par le concile de Trente, III, 437. — Apprécie mal la tradition du bâton fleuri de S. Joseph, 545, — et celle des quatre clous du Sauveur crucifié, IV, 125, 126. — Son livre curieux cependant et d'une étude utile aux peintres, 145.

Molina, prêtre espagnol, auteur de l'*Instruction des prêtres*, livre plein de conseils judicieux pour l'ecclésiologie, III, 238.

Monastères. Leurs usages ne vieillissent pas; soutenus par la règle, I, 199. — Vicissitudes de leur existence au moyen âge, II, 532. — Que la crainte de la fin du monde n'a pas entravé leur création aux $x^e$ et $xi^e$ siècles, III, 18 et suiv. — Services rendus par eux aux lettres et aux sciences, II, 536, 538 et suiv., 575 et suiv.; — III, 46, 47, 57, 64; — IV, 296, 428. — Les monastères et autres communautés pourvus d'armoiries, II, 550. — Leur abnégation de toutes les choses terrestres, 594, 595, 596. — Caractères symboliques des édifices monastiques, 52. — Pourvus de symboles décoratifs, grâce aux études qu'ils abritent, IV, 430. — Les moines, maîtres de l'œuvre, ne s'y épargnent pas à eux-mêmes les leçons sévères de la Loi divine et des jugements de Dieu, 460 et suiv.

Monde physique, représenté par un dragon à trois têtes dans la mythologie d'Orphée, I, 84, — et dans celle des Hindous, 164; — allégorisé par un temple, 186. — Sa destruction au jour du jugement dernier, II, 350, 357. — Fausses données attribuées au $x^e$ siècle sur la fin prochaine du monde, III, 18 et suiv. — Symbolisé par un cercle ou une roue, 108, — ou une boule partagée en deux hémisphères, IV, 118, — mais qu'il ne faut pas confondre avec la pomme d'Adam donnée à l'Enfant Jésus, 132. — *Le Monde créé* de Buffamalco au Campo-Santo de Pise; belle esthétique de cette composition, 370.

Monnaies (voir Numismatique).

Montagnes, symbole des âmes contemplatives, II, 281, — de l'Église triomphante, 364, — et aussi des âmes présomptueuses, 281, 282. — Autres symboles nombreux d'après ces deux idées, 363, 364; — III, 102. — Noms symboliques de montagnes célèbres dans l'Écriture, 102.

Montfaucon, savant bénédictin, attribuerait à tort la tortue à Mercure comme un de ses attributs, I, 170. — Son ingénieuse explication de Psyché, dont le char est traîné par deux Amours, 286. — A pris l'octogone de Montmorillon pour un temple de druides, III, 108.

Montmorency, illustre et ancienne famille de France. Origine de ses armoiries, II, 551.

Montmorillon, ville du Poitou (Vienne). Église Notre-Dame : déviation de son axe longitudinal, III, 171.

Monuments historiques. Leur classification par M. de Caumont, IV, 402. — Mauvais système des gouvernements dans la création de leurs architectes officiels et de leurs inspecteurs généraux, 405, 406, 411. — Style hasardé des premiers siècles, et difficulté d'y reconnaître des caractères bien distincts, 426 et suiv.

Morale chrétienne, allégorisée par la zoologie, III, 477 et suiv., 480.

Moréri analyse mal ce que dit Ducange sur la *fête de l'Ane* au moyen âge, IV, 210, 213, 226.

Mors, symbole de la tempérance et de la modération, IV, 358.

Mort, symbolisée par le nombre **13**, I, 149. — Funestes conséquences de l'abolition de la peine de mort, II, 85. — La première et la seconde mort, 331, 332, 346. — Le *Cheval de la mort*, d'Albert Durer, IV, 358. — Sa personnification dans une vignette du XVIᵉ siècle, I, 38. — Tête de mort au pied de la croix ; son symbolisme, 130.

Mosaïque, employée par S. Sylvestre dans les églises bâties par lui, III. 44 ; — IV, 45. — Beaux pavés qu'elle forme dans les basiliques, III, 153 et suiv. ; — IV, 47. — Belle mosaïque à Saint-Apollinaire de Ravenne, III, 207. — Les mosaïques remplaçant les peintures dans l'ornementation des églises, 291 ; — IV, 46. — Leur ancienneté, 45. — On les emploie beaucoup en France, 46. — Cause de leur abandon, 47. — Belle mosaïque de S. Paulin, évêque de Nole au IVᵉ siècle, 47. — Mosaïque d'or de la basilique de Cologne, 290.

Mouche, symbole de l'insolence, I, 95.

Mousson, village de Lorraine. Ses fonts baptismaux du XIIᵉ siècle, IV, 77.

Moyen age. Ses magnificences en tout genre au XIIIᵉ siècle, II, 13 ; — III, 418. — Chasteté des arts au moyen âge, IV, 383. — L'Europe n'y formait réellement qu'une seule nation chrétienne, II, 16, 676, — détruite aujourd'hui par le travail révolutionnaire, III, 150. (Voir *Révolution*.) — Malheurs de l'Europe du IVᵉ au XIᵉ siècle, IV, 426, 427. — Beautés énergiques de sa théologie et de sa littérature, II, 472 et suiv., 568, 569, 570 ; — III, 29, 418 ; — IV, 385 et suiv. — Pureté des idées artistiques à cette époque, III, 419, — et leur ensemble tout religieux, IV, 254, 257. — *Le Moyen Age et la Renaissance*, recueil d'iconographie et de dissertations d'une science généralement peu sûre, III, 394 ; — IV, 146, 203 ; — exceptions à cette remarque, 296. — Moralité du théâtre du moyen âge, opposée aux immoralités de notre temps, 190 et suiv., 226, 228. — Ce qu'étaient les arts du moyen âge d'après le *Traité* du moine Théophile, 210 et suiv., — et comment on doit les traiter aujourd'hui dans tous les objets du culte, 339. — Erreur qui fait regarder le Xᵉ siècle comme étranger aux études, 428. — Le moyen âge, calomnié par l'ignorance des uns et l'hostilité systématique des autres, I, 8 ; — II, 22 et suiv., 485, 607, 621, 622 et suiv. ; — III, 192. — Charité mutuelle des gens de lettres à cette époque, II, 535. — Plus chaste dans ses mœurs et plus naïf dans le langage, 130. — Étude du symbolisme et des écrivains de chaque siècle du moyen âge : du Iᵉʳ siècle, 466, 475, — du IIᵉ, 477, — du IIIᵉ, 484, — du IVᵉ, 487, — du Vᵉ, 494, — du VIᵉ, 515, — du VIIᵉ, 522, — du VIIIᵉ, 528 ; — causes de sa stérilité littéraire, 532 ; — du IXᵉ : caractère et esprit de sa littérature, 533 et suiv. ; — ses célébrités scientifiques, 537 ; — du Xᵉ siècle : études de ce temps, 538, — III, 18 ; — du XIᵉ, II, 554, — III, 240, 525 ; — du XIIᵉ, 557 ; — ses études du symbolisme, 558 et suiv., 368 et suiv.; — du XIIIᵉ, de la page 606 à la fin du volume. — Le XIIIᵉ siècle développe la science humaine avec la sainteté, II, 607, 611, 676. — Beauté et élégance de ses conceptions architecturales, III, 33, 38. — Il ne vaut cependant pas le XIIᵉ, sortant des règles plus sérieuses tracées par celui-ci, 34. — Le moyen âge n'a presque pas eu de livres didactiques sur les théories de ses arts, 62. — Décadence du symbolisme aux XIVᵉ et XVᵉ siècles, IV, 19. — Époque hiératique du moyen âge, du XIIᵉ au XIIIᵉ siècle, II, 522, 557, 561 jusqu'à 606 ; — IV, 53. — Théorie chrétienne des sciences et de leur enseignement au XIIᵉ siècle, II, 577 ; — III, 28. — Ses richesses artistiques puisées dans le symbolisme, 33 et suiv., 90, 240. — (Voir ARCHITECTES, ARCHITECTURE, ARTISTES.)

MULET, symbole de l'entêtement stupide, II, 462.

MURAILLES et appareil des églises. Leurs conditions et leur symbolisme, III, 112 et suiv., 158. — On ne doit pas cacher leurs lignes cimentées, qui ont leur signification mystique, 159. — Parées quelquefois d'une arcature triple en l'honneur de la Trinité, IV, 74. — Ne pas les revêtir de lambris en bois menuisé, 117.

MURATORI, auteur italien du recueil *Scriptores rerum Italicarum*. Science de cet ouvrage, IV, 306.

MUSÉES, héritiers illégitimes des églises pour une foule d'objets sacrés usurpés sur celles-ci, IV, 301, 303, 337.

MUSIQUE, a ses symboles dans ses notes. Son histoire et l'exécution de ses créations chantées ou jouées, I, 61 et suiv., 68, 70 ; — IV, 236, 238, 239, 259. — Incertitudes et conjectures sur son origine, I, 63, 65, 215 ; — IV, 236, 259. — Le peuple a une véritable musique vocale dans l'accentuation de son langage, I, 63 et suiv. — Origines de la musique instrumentale, 65 ; — IV, 259, 260. — Sa puissance sur le cœur humain, I, 67, 68, 70 ; — IV, 233, 238, 260. — Symbolisme de Pergolèse et de Steibelt, I, 68. — *Le Crépuscule* d'Eugène Moniot, 69. — *Le Bengali* de Pascal Gerville, 69. — Sens que S. Augustin attache à ce mot dans son *Traité de la musique*, 133. — Chants et musique du ciel d'après l'Apocalypse, II, 169, 172, 173, 311 ; — IV, 183, 238. — Musique infernale d'une scène cabalistique de la Renaissance, III, 400. — Animaux musiciens : la truie qui file, etc., IV, 32, 237. (Voir *Animaux*.) — Musique unie au chant, symbole de joie dans les fêtes de l'Église, 183, 239. — Origine de la musique religieuse dans la prière, 235, 238, 242, 259, 260. — Elle se mêle aux premières habitudes de tous les peuples, 236, 240. — Premiers tâtonnements de l'harmonie naturelle, 240, 259. — Ce qu'était la mélopée des Grecs, 240, 241, 242, 247, 249. — On la retrouve dans quelques chants de la liturgie actuelle, 240, 241, 249. — Symbolisme du plain-chant, 241 et suiv. (Voir *Chant grégorien*.) — Idée de la première notation et de ses modifications par Guy d'Arezzo, 244. — La musique profane et ses envahissements dans l'Église, 250 et suiv., 264 et suiv. — La belle musique est bonne partout, excepté là : par quelles raisons, 254, 280. — Zèle mal écouté de l'Église contre ces abus, qu'on ne pourra détruire que par une réforme radicale et l'expulsion de la musique mondaine, 280 et suiv., 282. — Parallélisme et relations symboliques au moyen âge entre la musique sacrée et le caractère des monuments religieux, 253. — Caractère de mélancolie chrétienne dans la musique du moyen âge, 257 et suiv. — Elle était digne et noblement exécutée, 260. — Détestables abus des *messes en musique*; leur caractère profane, et impiété de leurs programmes, 270 et suiv. — Idée et analyse d'un *Concert religieux* exécuté dans une église sans un seul morceau religieux, 271 et suiv. — L'auteur, en blâmant ces excès, s'appuie des plus vénérables autorités ecclésiastiques, 281, 282.

MYRINA, ville d'Asie, symbolisée par une tête de Minerve, I, 264.

MYRTE, symbole de la compassion, III, 567.

MYSTÈRES, ou fêtes secrètes du paganisme. Leurs immoralités révoltantes, I, 252. — Époque des mystères orphiques, symbolisée par l'œuf d'où sort le monde, 368. — MYSTÈRES chrétiens, ont tous un sens figuré, II, 527. — Symbolisés par le sphinx et la chimère, IV, 423. — Mystères ou *drames liturgiques* (voir DRAMES).

MYSTICISME, art de surnaturaliser la partie littérale des Saintes Écritures au profit du symbolisme. Son origine dans l'enseignement chrétien, II, 468.

MYTHOLOGIE. Ses causes et ses origines polythéistes, I, 76, 77. — Elle favorise toutes les passions du cœur humain, 77, 81, 84 ; — III, 410. — Est née en Égypte sous l'influence de Cham, I, 79, 88, 156. — Comment ses dieux ont reçu des notions de leur existence toujours progressives, 80. — Nombreux rapprochements entre les traditions bibliques et la fable, prouvant que cette dernière est une dérivation de l'autre, 82, 83, 161, 313 ; — II, 508 ; — III, 330, 554. — Mythologie des Hindous, I, 157, 160, 161 ; — celle des Romains puisée partout et portée partout, 170. — Charmants symboles de la mythologie grecque sur un vase antique du musée du Capitole, 262. — Les divinités secondaires émanant des divinités primitives, 313. — La mythologie primitive n'est qu'un dérivé des principes monothéistes, et une annonce de plusieurs mystères chrétiens, 319, 365. — Le Christianisme reprend sur la mythologie antique ce que celle-ci lui avait emprunté en le dénaturant, II, 7, 12, 500, 508, 509 ; — III, 406 et suiv. — Usage qu'a pu faire de la fable le symbolisme chrétien, II, 614, 655 et suiv. ; — III, 350 et suiv., 460, 461 et suiv., 466, 554 ; — IV, 13, 231, 232. — Froideur de l'art païen comparé à celui du Christianisme, III, 244. — Singularités de Rubens, de Poussin et de Lesueur, mêlant le paganisme à leurs compositions chrétiennes, IV, 378 et suiv. — La chasteté méconnue des beaux génies de l'antiquité, III, 410, 412.

# N

Naaman, lépreux de l'Ancien Testament. Son immersion dans le Jourdain, symbole du baptême, III, 299.

Nabuchodonosor, symbole de l'orgueil dans l'iconographie du xii<sup>e</sup> siècle, II, 560; — IV, 435. — Symbolisme de l'arbre auquel il est comparé dans Daniel, III, 518. — Son rôle dans la *Fête de l'Ane* au moyen âge, IV, 212. — Son esthétique sur l'encensoir de Lille, 316.

Naïades. Le style corynthien donné par Vitruve à leurs temples, I, 225.

Namatius, évêque de Clermont au vi<sup>e</sup> siècle, bâtit une église toute symbolique par ses détails; sa femme, retirée du monde, s'y applique aussi, III, 50, 106, 187; — IV, 51.

Nappe d'autel. Sa signification symbolique, II, 356. — Elle doit être de lin, et pourquoi, III, 268; — IV, 157.

Narthex, ou porche des églises. Son usage liturgique, et détails qui s'y rapportent, III, 119, 131. — Beau narthex de Saint-Benoît-sur-Loire, 132.

Nature. Symboles qui l'expriment chez les Hindous, 1, 160.

Navigation, a dû faire inventer l'astronomie, I, 97.

Navire, symbole de la ville de Paris, I, 209. — Symbolisme des constructions navales, 240. — Un navire, symbole de l'Église, II, 483, — de la Trinité, IV, 74.

Néalcès, peintre grec. Son ingénieuse manière de symboliser le Nil, I, 283.

Nectaire (S.), (voir Victorin), qui est le même que lui.

Nef des églises. Son symbolisme, II, 17; — III, 9, 42 et suiv., 114, 119. Renflement de la nef par le milieu, symbolisant la pause du corps du Sauveur sur la croix, 168, 169; — IV, 343. — La forme de navire imposée par les canons apostoliques, III, 168, 169, 170. — Nefs secondaires ou bas-côtés; leur symbolisme, 174; — IV, 65. — Combien on y tenait dès le xi<sup>e</sup> siècle et même au iv<sup>e</sup>, III, 175. — Églises à cinq ou sept nefs, 175 et suiv., — à deux nefs chez les dominicains, et leur raison probable, 176. — La nef, image, par rapport au chœur et au sanctuaire, du monde inférieur des simples fidèles, 222. — Reçoit parfois trois travées en l'honneur de la Trinité, IV, 74.

Nef des Fous (voir Brandt).

Néhémie, auteur présumé du ii<sup>e</sup> livre d'Esdras. Symbolisme de son nom, II, 38. — Rebâtit le temple, 42.

Nemrod, chasseur biblique, figure du démon, II, 510.

Nénuphar (voir Lotus).

Nephtali, fils de Jacob, symbolisé par le bélier du Zodiaque, II, 110. — Signification de ce nom, symbolisé par le saphir, 379.

Neptune, symbolisé par un trident. On lui sacrifie un taureau noir, I, 300.— Le dieu bleu (*cæruleus*) des anciens, et pourquoi, IV, 13.

Newillers, petite ville d'Alsace. Chapiteau symbolique symbolisant la persécution des méchants contre la foi, IV, 459.

Nicéarque, peintre grec. Son *Hercule confus de ses faiblesses*, I, 288.

Nicolaïtes, hérétiques, sectateurs de l'un des premiers diacres, infectent l'Église de Pergame, II, 151, 154.

Nielle, filets métalliques noircis par le soufre et formant de minces dessins sur des plaques d'or, de cuivre ou d'argent dont ils complètent l'ornementation ; employée à la reliure des livres, IV, 41.—Son histoire artistique, 297 et suiv.

Nil, adoré par l'Égypte. Son image symbolique, I, 84, 95. — Son nom se composait de lettres numérales exprimant les jours de l'année solaire, 99.— Symbolisé par un crocodile, 283. — Contrée des oiseaux du Paradis, II, 627.

Nil (S.), solitaire du v$^e$ siècle. Discussion sur une de ses Lettres et sur les opinions qu'il y exprime à propos des peintures symboliques des églises, II, 501 et suiv. jusqu'à 515 ; — IV, 51. — Caractère de ce Saint, II, 513. — Ne pas le confondre avec S. Nil *le jeune*, du x$^e$ siècle, 502. — Sa Lettre à Némertius, où le symbolisme est pleinement appliqué, III, 200 ; — IV, 513. — Rapports entre lui et S. Bernard dans l'esprit de quelques archéologues trompés, 602.

Nimbe, ou gloire, ou auréole ; différence entre ces trois termes, II, 299, 387 ; — IV, 82, 83 ; 85. — Leur origine, I, 303 ; — II, 75, 153, 297, 342 ; — IV, 83, 84, 86. — Variétés du nimbe, 83, 84, 85, 86, 119, 331. — Indispensable à l'art chrétien, 82, 85. — Ses modifications du IV$^e$ siècle au XVI$^e$, 86 et suiv. — Ses couleurs symboliques, 1, 316 ; — II, 248, 338, 402 ; — IV, 89. — Nimbe elliptique du Sauveur, II, 153, 299, 404 ; — IV, 82, 138 ; — rouge, croisé de blanc, II, 338, 355 ; — III, 334 ; — croisé d'or, II, 402, 405.— Auréole elliptique de la Sainte Vierge, IV, 85. — Le nimbe abandonné par les artistes de la Renaissance, 88, 371. — Les Grecs donnent un nimbe d'or au démon, II, 242, 248, — et même les Occidentaux, III, 375. — Ce n'est donc pas toujours un signe de sainteté, mais de puissance et de force, II, 248 ; — III, 376 ; — IV, 54. — Les Anges munis d'une *gloire*, II, 297. — Ange dans un disque d'or, 320. — Le nimbe crucifère du Sauveur, 338, 346, 355, 458 ; — IV, 85, 110, 119, 138, 371. — Aux trois Personnes de la Trinité, III, 172 ; — IV, 82, 84, 85, 110, 119 ; — aux statues sculptées, 87 ; — aux sibylles, 108. — Nimbe carré donné aux *quatre* vertus cardinales, 331. — Le nimbe abandonné par la Renaissance, 365, 367, 371. — Nimbes donnés au Tétramorphe, II, 458. — Nimbe simple donné aux Saints de l'ancien Testament, comme à ceux du Christianisme,

354. — Paon nimbé, 401. — Nimbe des Élus refusé aux réprouvés, 405. — Nimbe à arcature, IV, 371. — Les artistes commencent à le négliger parfois vers le XIVe siècle, II, 441. — Le nom du personnage nimbé inscrit dans le nimbe dès le XIIe siècle, III, 143. — Comment donner le nimbe aux statues mobiles, IV, 367.

Nîmes. Son amphithéâtre à sculptures symboliques, I, 233. — Symbolisée sur ses médailles par un crocodile et un palmier, 265.

Noces de l'Agneau, synonyme de cène et de festin pour exprimer la possession du Ciel méritée par les Élus, II, 312. — Noces mystiques entre le Sauveur et l'âme fidèle, 498.

Noé. Son arche suppose déjà de son temps une industrie avancée, I, 17. — Raison symbolique de son nom, 40. — La dispersion de ses enfants date de l'origine de l'idolâtrie, 76 — Preuve générale de son déluge, 83. — Il est le Deucalion de la Fable, 83. — Type biblique de Jésus-Christ, III, 2; — IV, 150, 122. — Nombres et dimensions appliqués à l'arche, III, 2, 3. — L'invention du Zodiaque ne remonte pas à son époque, 450.

Noel, symbolisme de cette fête, IV, 177, 181. — On y jouait des drames symboliques, 209, 210. — Combien est regrettable la prose de Noël *Votis Pater annuit* de l'ancienne liturgie française, 219.

Noheuta, nom symbolique chez les Hébreux, I, 40.

Noir, couleur symbolique donnée à Cérès, I, 292, — à la calomnie, 293. — Fort peu employé comme symbole, et pourquoi, IV, 14. — Symbole de la nuit, I, 297, 298, 299, — et de tout ce qu'il y a de mauvais chez tous les peuples, 300; — des souffrances du Christ, 316; — de la mort, et pourquoi, IV, 134. — Le noir, par opposition, donné à la chevelure de l'Époux des Cantiques, I, 304; — remplacé quelquefois par le bleu foncé, 317. — Signe d'expiation, 345, — des passions honteuses, 345, — de la famine, II, 177. — Vierges noires; leur raison d'être, I, 301, 302, II, 124; — IV, 134. — Le noir prend le nom de *sable* dans le blason; pourquoi, et sa signification symbolique, II, 349.

Nombres. Ils ont leur vie symbolique reconnue des Pères de l'Église, I, 56, 57, 105, 107, 101, 108, 119, 120, 121 et suiv., 134, 151, 287; — II, 526, 565. — On ignore l'époque de leur invention, qui doit remonter à celle du monde, I, 97, 155; — II, 37. — Ouvrages des savants qui en traitent, I, 98, 114, 115, 133 et suiv. — L'arithmomancie, 98. — Réalité de leurs rapports avec la vie humaine, 99, 154; — II, 496. — Quel usage raisonnable en font les Juifs, I, 99, 100 et suiv., 114. — Les chrétiens combattus cependant en cela par des écrivains sans études suffisantes, 100, 102; — II, 496; — III, 30. — Les nombres *ronds* dans les prophètes et les historiens sacrés, I, 102 et suiv.; — II, 214. — Le symbolisme des nombres, autorisé par Dieu même, I, 103, 107, 109; — II, 252; — et dans sa nature, I, 125, 136; — II, 104. — Importance des nombres impairs, I, 115, 117, 521; — III, 30, 67, 222, 224. — Le nombre dans le style ou l'harmonie de la phrase, I, 124. — Superstitions attachées à certains nombres, 142, 149. — Nombres symboliques des Hindous, 163, — des cabalistes, 176. — Le livre biblique des *Nombres*, très-symbolique, II, 37. —

Symbolisme des nombres : **1**, I, 107, 112, 114, 130, 144, 145, 151. — Nombre **2**, I, 113, 114, 128, 130, 132, 144, 146; — II, 215, 219. — Nombre **3**, I, 107, 117, 120, 126, 130, 135, 141, 146, 149, 151, 308; — II, 104, 537; — III, 53, 161, 175. — Nombre **4**, I, 110, 114, 126, 130, 132, 135, 142, 143, 147, 148, 151, 154, 287, 646, 617; — III, 69, 113, 177, 296. — Nombre **5**, I, 114, 118, 132, 148. — Nombre **6**, I, 104, 130, 136, 140, 149; — II, 533; — III, 109, 110, 166, 541. — Nombre **7**, I, 104, 105, 107, 115, 116, 120, 121, 130, 131, 133, 135, 138, 150, 151, 152; — II, 105, 152, 170, 171, 173, 190, 228, 262, 285, 405; — III, 177, 290. — Nombre **8**, I, 130, 153; — II, 152; — III, 108, 109, 294. — Nombre **9**, I, 116, 117, 141, 142; — IV, 157. — Nombre **10**, I, 107, 110, 126, 130, 132; — II, 228, 229, 290; — III, 177. — Nombre **11**, I, 1. — Nombre **12**, 130, 136, 142, 145; — II, 374. 375; — III, 481. — Nombre **13**, I, 142, 145, 149, 200. — Nombre **14**, III, 177. — Nombre **15**, I, 107. — Nombre **16**, III, 109. — Nombre **17**. — Nombre **18**. — Nombre **19**. — Nombre **20**, I, 135. — Nombre **21**. — Nombre **22**. — Nombre **24**, 130; — II, 167. — Nombre **30**, I, 107, 136, 141. — Nombre **40**, 126, 127, 128, 130, 135; — II, 497. — Nombre **50**, I, 121, 122, 135; — III, 166. — Nombre **100**, I, 56, 130, 133. — Le nombre **100**, d'après S. Jérôme, 56. — Nombre **140**, III, 177. — Nombre **150**, I, 121 et suiv. — Nombre **200**. — Nombre **666**, appliqué à Dioclétien, II, 252 et suiv. — Nombre **1000**, I, 130, 132 ; — II, 328. — L'an **1000** et les erreurs qui s'y rattachent dans les historiens, III, 18, 26. — Nombres déterminés pour signifier des quantités indéterminées, I, 104, 133, 151, 153, 374; — II, 208, 215, 228, 329. — Les **38** années du paralytique, I, 127. — Les **24** Vieillards de l'Apocalypse, 130. — Les **5** sens, 132. — Les **42** générations d'Abraham à Jésus-Christ, 136. — Le nombre **2** réputé impur, 145. — Théologie des nombres sacrés employés dans la Bible, II, 173, 496; — III, 177. — Les **144,000** Élus de l'Apocalypse, II, 186, 256, 257, 374. — Le tiers pris pour une portion indéterminée, 193, 195, 207, 229. — Les **1600** stades inondées du sang des réprouvés, 261. — Les nombres appliqués par Dieu aux mesures de l'arche de Noé, III, 2, 3. — Les nombres sont-ils entrés dans les tendances de certains architectes quant aux plans de leurs églises ? 30 et suiv., 164. — Nombres symboliques observés dans les mesures de la cité de Dieu, II, 213, 371, 375, 32. — Importance de l'explication de ces symboles, *ibid*. — L'unité employée souvent par les artistes pour exprimer des objets multiples du texte biblique, 139. — Remarques sur les nombres parfaits, 177.

NOMBRES (Le livre des), quatrième du Pentateuque de Moïse. Son objet et son symbolisme, II, 37.

NOMS PROPRES de personnes ou de lieux, ont tous leur signification symbolique, I, 27, 50. — Exemples tirés de la langue hébraïque, 34 et suiv., 38 et suiv., 45 et suiv.; — II, 37, 38, 194, 335, 482, 510, 521, 524, 532 ; — du grec et du latin, I, 47, 48 ; — de l'allemand et autres langues germaniques, 49, 181. — De certaines ressemblances avec des animaux, 50. — Les noms des Bons écrits dans le Ciel (voir *Livre*); — ceux des méchants sur la terre, II, 72. — Noms propres des enfants de Jacob symbolisés par des faits de leur histoire à venir, 108 et suiv. — Nom du Sauveur écrit au front des Élus, 155, 158, 185, 186; 256 (voir *Jésus-*

*Christ*), — sur sa cuisse, 318.— Noms de blasphème inscrits au front des persécuteurs, 244, 251, 285. — Origine de beaucoup de nos noms propres dans ceux des acteurs des drames liturgiques du moyen âge, IV, 198.

NORD, côté des édifices où sont sculptés, de préférence, les images démoniaques, II, 206; — III, 127. — Raison mystique de ce choix, II, 442, 443; — III, 72, 127, 207, 444; — IV, 128. — Conséquences de ce principe dans les plus anciennes données de l'art chrétien, II, 452 et suiv.; — III, 72. — C'est aussi le côté des vices et de leurs symboles, 127, 441, 445, 446.

NORMANDS, causent la ruine des arts au IXe siècle, III, 17, 24; — IV, 426. — Singulière opinion de M. Michon à cet égard, réfutée par des monuments contemporains, III, 23. — Occasionnent par leurs ravages un grand nombre de translations de reliques, 24. — Le Christianisme se venge d'eux en leur donnant dans la sculpture des églises les traits de natures démoniaques, 385, 425. — Que leurs légendes n'ont jamais été sculptées sur les chapiteaux des églises chrétiennes, IV, 449, 465.

NOTKER (Le B.), moine de Saint-Gall au Xe siècle. Son *Traité* sur les interprètes de l'Écriture, II, 539.

NOVION (Paultier de), évêque d'Évreux, refuse de consacrer une église non orientée, III, 77.

NU (Le) dans les arts, trop usité chez les Grecs, très-peu chez les Romains, I, 261; — III, 250. — Chasteté du nu au moyen âge, II, 344, 368; — III, 419, 420. — Raison de certaines nudités, et des personnages représentés sans sexe, 420, 421, 431, 432. — Nudité affectionnée par la Renaissance, IV, 124, 363, — qui la reçoit des libertinages du protestantisme, 386 et suiv. — Comment Michel-Ange en a abusé sans pudeur, 363. — L'*Agnès Sorel* du musée d'Anvers y avait préludé, 387. — Le nu plus dangereux dans Raphaël que dans Michel-Ange, 387. — L'art n'a rien gagné à ce désordre, qui ne l'a même pas mis au niveau de l'art antique, 388. — Le nu, qui est le libertinage de la forme, naît de celui de la pensée, 389. — Exemples nombreux de chefs-d'œuvre dont la chasteté est renommée, 390 et suiv.

NUAGE, symbole de la majesté de Dieu, II, 256, 264, 341, 347.

NUDITÉ, symbole de la pauvreté de l'âme, II, 160, 275, — moins onéreuse à la pudeur avant les chutes plus fréquentes des passions, III, 404. — Comment la comprendre et l'analyser dans l'iconographie chrétienne, 431. — Nudité des pieds (voir *Pieds*). — Nudité du Sauveur sur la croix; comment les artistes en ont abusé, IV, 122 et suiv.

NUMA régla les jours de l'année d'après le symbolisme des nombres, I, 115. — Interdit toute image de la Divinité, 279.

NUMISMATIQUE, a sa part dans l'histoire du symbolisme, I, 153, 205, 263. — Symbolise les villes par des femmes, II, 284. — Ce qui est de l'authenticité de la médaille dite *Miraculeuse*, IV, 137. — Les orfèvres sont d'abord chargés de la confection des monnaies, 284, 293, 295.

NYMPHÉA (voir LOTUS).

## O

Obélisque de Luxor. Sens de ses inscriptions hiéroglyphiques, I, 20. — Elles comportent des chiffres, I, 98.

Obscœna, objets honteux en réalité ou en apparence, assez répandus dans l'iconographie symbolique; sont plus philosophiques qu'odieux dans les images antiques, I, 171; — III, 325, 409 et suiv., 417. — Doivent être jugés d'après les idées d'époques plus chastes que la nôtre, II, 129, 130, 405, 422. — Calomniés par des archéologues prévenus, III, 336, 404, 422, 437. — Ne doivent pas être employés aujourd'hui, 436. — L'Église n'a pu s'en servir que pour le bien, 405, 413, 417, 418, 436; chasteté de ses arts au moyen âge, IV, 383. — Ils ont leur motif dans l'Écriture, les Pères et les théologiens les plus illustres, III, 409, 412, 417, 418, 438; — IV, 436. — Sont un moyen d'enseignement, III, 422, 436. — Les vices des Romains, des Grecs, des Barbares et des Normands stigmatisés par certaines sculptures de nos églises, 425. — Époque où on les emploie, 428. — Prétendus *obscœna* mal étudiés, 428. — Les conciles qui ont réformé l'iconologie religieuse dans les églises n'ont rien décrété contre les *obscœna*, 434, 435, 437. — Erreur qui ferait un *obscœna* du fruit de l'arum, 533.

Occident, côté où figurent quelquefois les sculptures démonologiques dans l'architecture chrétienne, III, 72, 441. — Convenance de la chute des mauvais anges dans la rose occidentale des églises, IV, 8. — Côté vers lequel fut tourné le Sauveur crucifié, 28.

Ochion, peintre grec. Son *Mariage de Roxane*, I, 275.

O'Connel. Son bureau paré de sculptures symboliques, I, 207.

Octave des fêtes catholiques. Sa raison d'être, toute symbolique, III, 109.

Octobre. Comment symbolisé dans les calendriers et zodiaques du moyen âge, III, 460.

Octogone, forme donnée à quelques églises. Sa raison mystique, III, 108, 109.

Odile (S⁽ᵉ⁾), abbesse d'Hohenburg au VII⁰ siècle, bâtit une chapelle à S. Jean-Baptiste, III, 297.

Odile (Sainte-), monastère d'Alsace, illustré par l'abbesse Herrade. Sa fondation et ses travaux, II, 575 et suiv.

Odin, génie du bien chez les Scandinaves, I, 178.

Odon de Cambrai. Ce qu'il dit du symbolisme des nombres, I, 149, 152.

Œil symbolique de l'Agneau, dans l'Apocalypse, II, 171. — Les yeux de Satan, dont la prunelle est un point noir de charbon, 377.

Œuf, symbole de la création. Mythologie qui s'y rattache, I, 89, 165, 356, 368.

T. IV.

OFFICE de l'Église, pourquoi partagé en sept parties, I, 131; — IV, 156. — Largement expliqué par Durant de Mende, II, 643. — S'est constitué graduellement et sans unité, IV, 276. — Symbolisme des prières pour les morts, I, 141. — Origine apostolique des Heures canoniales, IV, 156, 157. — L'Office canonial rétabli en France par le concordat de 1802; il a besoin du recueillement ménagé symboliquement dans le chœur, III, 221 et suiv. — Symbolisme général de l'Office divin, 224 ; — IV, 176 et suiv., 180. — Division hiérarchique des Saints et de leurs fêtes, 178. — Abolition regrettable de beaucoup de détails de l'Office divin lors de la dernière introduction de la liturgie romaine en France, 178. — Offices auxquels des empereurs du moyen âge prenaient une part liturgique, 184. — Raisons qui privent l'Office romain actuel de l'*unité*, qui est une première condition des œuvres d'*art*, 273.

OGIVE, mêlée au plein-cintre au XIIe siècle, III, 29, 35. — Elle date au moins de 1010 en Poitou, 36. — Symbolisme de sa forme ternaire, 37, 38. — Son histoire et son rôle dans l'art chrétien, 37, 38 et suiv., 241; — IV, 347. — Son apogée et sa décadence, III, 39 et suiv.; — IV, 345. — Attribuée sans preuve à l'Allemagne par Hall et Hallam, III, 199. — L'ogive figurant en des miniatures grecques du IXe siècle, IV, 24. — La décadence du style ogival coïncide avec celle du symbolisme, 391 et suiv., 397.

OISEAU, symbole d'immortalité, I, 86, — de la rapidité, 185, — de l'orgueil (parce qu'il s'élève), 258, — des âmes spirituelles, II, 99, 323, 512, — III, 521, — IV, 141, 356, — des esprits frivoles, II, 322, — du démon ravisseur des âmes, quand il pêche, 493, — ou quand on le revêt de caractères hybrides, III, 463, — IV, 443 et suiv.—Oiseaux dressés à un rôle pour les drames du moyen âge, où ils figuraient une âme, 194. — Symbole de l'innocence persécutée par le démon sous les traits du sagittaire, 463. — Oiseaux de proie dévorant des hommes, II, 294, 322 et suiv., 326; — IV, 92, 443 et suiv., 454; — leurs caractères, qui en font le symbole du démon, II, 300 et suiv., 326, 493; — III, 446, 465, — IV, 444, 454. — Oiseaux appelés à dévorer les chairs des impies, II, 321; — III, 465; — IV, 445. — Oiseaux *purs* ou *impurs* du Lévitique, II, 321, 322; — IV, 444. — Théorie de leur emploi symbolique, et système d'opposition qui leur est applicable, II, 321 et suiv., 323, 531; — III, 499; — IV, 444. — Leur rôle dans la sculpture architecturale des églises, II, 326; — IV, 459. — Oiseau du Paradis, II, 627; — III, 292. — Oiseaux sur des crosses, 381, — sur des arbres autour du Sauveur, 521; — fixés près du *hom*, 530; — IV, 459. — Oiseaux obéissant aux Saints, 92, — s'abandonnant à l'Enfant Jésus, 141, 356.

OLIVIER, symbole des apôtres S. Pierre et S. Paul, I, 145, 203, — de la charité, III, 228, 559. — Consacré par les anciens à Minerve, I, 268. — Symbole de paix, II, 10, 496, 558, — III, 85, 559, — de la bonne conscience, 214.— Parabole de l'olivier sauvage et de l'olivier franc, II, 72. — Vision des deux oliviers, 215.— Symbole d'abondance, 410, 419, — de la fécondité des familles, 491, — III, 340, 518. — La montagne des Oliviers symbole de la miséricorde, 102. — Allusion à l'olivier apporté par la colombe de Noé dans la liturgie du Saint Chrême, 561.

OLLIER (Le vénérable), prêtre de Saint-Sulpice, a beaucoup contribué à conserver, au XVIIe siècle, le zèle bien entendu de l'art chrétien, III, 238.

OLYMPIODORE (voir *S. Nil*), symboliste du IVe siècle, commentateur de S. Méliton, II, 508 ; — IV, 51.

ONAGRE, ou âne sauvage ; symbole des esprits hérétiques, III, 446.

ONÉIROCRITIQUE (voir SONGE).

ONOCENTAURE, animal hybride, tenant de l'âne et de l'homme. Ce qu'en disent les physiologues, III, 478 et suiv., 500. — N'est point un animal marin, 501.

ONYX, pierre précieuse. Symbolisme des deux onyx du vêtement d'Aaron, II, 95,

OPPOSITION (Règle d'). Ce que c'est, et son importance dans la science du symbolisme, I, 128, 149, 160, 300, 301 et suiv., 359 ; — II, 282, 438 ; — IV, 437. — Elle est très-sensible dans l'emploi des couleurs, I, 300, 303 et suiv., 317, 358 ; — II, 208, 242, 338, 339 ; — III, 386 ; — IV, 9. — Règles pour s'en servir sans abus ni confusion, I, 305, 306, 307, 324 ; — III, 387. — Couleurs mixtes, I, 325. — Oppositions pour l'aigle, II, 196, — le hibou, 301, — les eaux et tous leurs analogues, 349, — III, 257, — le lion, 135, — le paon, 292, 446, 448, — le démon, 367, — et dans toute la zoologie, 446, 448. — Exemples d'opposition dans les hybrides, 465 et suiv., — dans les fleurs, 522.

OR, représenté par un cercle, symbolise le soleil, I, 60, 303. — Couleur symbolique de la chevelure des jeunes dieux, 293. — Parure de Minerve, 304. — Symbole de la sagesse, 304 ; — II, 160, 371, 616 ; — IV, 41. — Équivalent au jaune, et plus employé que lui, I, 304 ; — IV, 14. — Règle d'or pour la mesure du Temple juif et de la Cité céleste, II, 371. — Symbole de la charité, 371, — IV, 141, — de la pureté, II, 376, 385, — de la justice, 548. — Mélange d'or et d'argent, symbole de la pureté et de la charité, IV, 141.

ORACLES des anciens, inspirés par le démon, I, 188 ; — II, 251.

ORANGÉ, couleur mixte ; formé du rouge et du jaune, d'un symbolisme assez équivoque, I, 337.

ORANGER. Sa fleur symbolise la chasteté conjugale, I, 201.

ORCAGNA (André), architecte de Florence, remplace l'ogive par le plein-cintre dans les constructions religieuses, IV, 347, 391, 397. — Mauvais goût de son *Jugement dernier*, 365 et suiv.

ORDRE, arrangement et organisation, une des conditions indispensables du bonheur, II, 372.

ORDRE (Sacrement de l'). — La matière et la forme symboliques de ce sacrement, IV, 152. — Ordinations simoniaques ridiculisées dans une vignette d'un manuscrit du XVe siècle, IV, 34.

ORDRES (Les quatre) de l'architecture. Leur application symbolique aux différents édifices sacrés chez les anciens, I, 224 et suiv. — Restent bien au-dessous de nos *styles* chrétiens quant à l'effet et au symbolisme, III, 254, 329.

Ordres religieux. Raisons de la couleur de leur costume, I, 345, 347. — Soin à garder dans la construction de leurs églises, et pourquoi elles ne devraient pas être d'un style plus ancien que leur propre institution, IV, 64, 65, 66. — Comment y choisir les sujets de peinture, 66. — Origine de la vie érémitique, II, 232 et suiv. — Ordre de la Rédemption-des-Captifs; symbolisme de son costume, 618, 619.

Ordres de chevalerie, tous symboliques.— Notre-Dame du Chardon, I, 322.

Oreb ou Horeb, montagne de l'Arabie; symbole de l'abstinence, III, 102.

Orfeuille (Jeanne d'), abbesse de Sainte-Croix de Poitiers. Bréviaire fait pour elle au xv<sup>e</sup> siècle; armoiries de sa famille, et leurs variantes, IV, 33.

Orfèvrerie. Comment s'expliquent, dans l'orfèvrerie chrétienne, tous les symboles démoniaques qu'on y emploie, III, 380, 419. — *Arbre de la Vierge*, chandelier de la cathédrale de Milan, 419. — *Dictionnaire d'orfèvrerie chrétienne* de l'abbé Texier, IV, 15. — L'orfèvrerie chrétienne inséparable de l'art monumental et de la liturgie, 283 et suiv. — Combien elle se prête au symbolisme religieux, 284, 321. — Le sens de ce mot embrasse tous les métaux employés au culte divin, 285. — Histoire de cet art du III<sup>e</sup> au XVI<sup>e</sup> siècle, 285 et suiv., 293, 306 et suiv., 320.— *Histoire de l'orfèvrerie*, par M. Labarte, 296.— Écoles monastiques d'orfèvrerie fondées par le clergé et les monastères au moyen âge, 296 et suiv. — Emploi du filigrane et des nielles, 297, 320,— des pierres précieuses et des intailles, 298 et suiv., — des cabochons et des émaux, 300, 301. — Belle expansion de l'orfèvrerie religieuse sous Charlemagne, 303.— Résumé d'un traité complet d'orfèvrerie religieuse, par Didron, 310. — Richesses d'orfèvrerie données au XII<sup>e</sup> siècle par Suger à son abbaye de Saint-Denis, 318 et suiv. — Celle du XIII<sup>e</sup> siècle imite les formes architecturales de l'époque, 320. — S'applique aux vêtements sacrés, 321, — et aux vases de l'autel, 335 et suiv. — Soin qu'on doit prendre de symboliser les formes et les accessoires de tous les objets du culte, 339 et suiv.— Le protestantisme, qui tue l'art chrétien à son apparition, cause la décadence de l'orfèvrerie sacrée, 399.

Orgue. Sa place dans l'église; ses moyens d'ornementation artistique, III, 236 ; — IV, 264. — Histoire de l'orgue, 261 et suiv. — La convenance liturgique ; variantes de son jeu à différentes époques, 263, 264. — Livre de *L'Orgue; sa connaissance, son administration et son jeu*, par M. Régnier, 263. — Symbolisme de l'orgue, doit seconder celui du chant, 264. — Abus qu'on en fait par des improvisations frivoles et sans caractère religieux, 270, 280.

Orgueil, caractérisé dans le premier évêque de Laodicée, II, 160.— Symbolisé par un serpent dévorant la tête d'une femme, 272,— par les montagnes, 281, — par un âne jouant d'un instrument, ou chapé, 462.

Orient, nom prophétique donné à Jésus-Christ par Zacharie, II, 156; — IV, 220, — et par les Pères, IV, 184. (Voir *Jésus-Christ*.) — Point cardinal, toujours symbolique chez tous les peuples, III, 70. — On tourne vers lui les symboles du bien et de la vertu, 442, 447; — IV, 8.

Orientation exigée pour les temples anciens, I, 230; — III, 69, 70. — Exceptions à la règle, I, 231; — III, 68, 70, 73 et suiv. — Orientation des tombeaux ou des sépultures, I, 231, — III, 78, — et des cimetières, 79, et suiv., 206. — Orientation du Sauveur sur la croix, et ses raisons mystérieuses, II, 442; — III, 71, 171; — IV, 128. — Orientation des églises motivée et observée au Vº siècle, II, 442, 503, — III, 71, — et dès les temps apostoliques, II, 505, — III, 9, 69, 73; — et au VIᵉ siècle, où elle est ordonnée par Justinien, 68; — et toujours et partout, IV, 74. — Règle normale de l'orientation des églises, III, 73 et suiv. — Rien n'excuse la négligence de ce principe, 76, 77. — Erreurs du philosophisme moderne contre l'orientation et autres conditions des sépultures chrétiennes, 79. — Quelles causes en pourraient dispenser, 206. — Orientations diverses des objets symboliques, conforme à l'esthétique chrétienne (voir Orient).

Origène dévoile les superstitions des doctrines mithriaques, I, 60. — Ce qu'il dit du nombre des psaumes, 122. — Ses erreurs sur le sens de l'Écriture sainte, II, 55, 79, 485. — Sa belle interprétation du Cantique des Cantiques, 115. — Symbolisme de ses études bibliques et de ses *homélies*, 485, 494.

Ornements sacerdotaux (voir Vêtements).

Oromaze, dieu du bien chez les Perses. Sa mythologie, I, 165.

Orphée avait appris l'immortalité de l'âme des prêtres égyptiens, I, 75, 92. — Son symbolisme du monde physique, 81, 89. — Son poème *Sur les pierres*, 298. — Orphée est un type dégénéré du Sauveur des hommes, 303; — il en redevient un symbole chrétien, II, 7; — III, 469. — Sa figure peinte dès les premiers temps dans les catacombes, II, 500; — comme symbolisant le Bon Pasteur, 505; — IV, 94. — Il est l'*enchanteur* des âmes, III, 309, 523.

Osée, prophète, symbolise l'infidélité de Jérusalem, II, 104, 194. — Prédit, huit cents ans auparavant, la fuite de la Sainte Famille en Égypte, IV, 104.

Osiris. Ses divers rôles dans la mythologie égyptienne, I, 87, 88, 90, 159. — (Voir Isis.)

Ossian, poète scandinave, n'est point un personnage fictif. Symbolisme de ses chants, I, 181.

Ostensoir, vase sacré réservé à la Sainte Hostie. Son histoire; symbolisme à y appliquer, IV, 338.

Ours, symbole de la brutalité féroce, II, 245, 246, 579, — III, 155, — de l'orgueil violent, 370. — Introduits dans les armoiries, II, 546. — Ours s'embrassant, III, 448.

OWERBECK, fondateur de l'école d'iconographie chrétienne de Dusseldorf. Beaux modèles artistiques de sa collection, IV, 146.

OZANAM a défendu l'orthodoxie de Dante, injustement attaquée, III, 355.

# P

PAGANISME. Il existait encore dans les campagnes du vi<sup>e</sup> au ix<sup>e</sup> siècle, IV, 201. — Les livres des païens contribuent à la décadence de l'esprit religieux à la fin du xv<sup>e</sup> siècle, 205. — Employé par le roi René à symboliser la victoire du Christ sur le démon, 206 et suiv. — Vocation des gentils, symbolisée par le champ ensemencé du Père de famille, 224. — La Renaissance ramène l'art au paganisme, 363.

PAIN apporté à S. Benoît par un corbeau, IV, 92.

PAIX, symbolisée par l'olivier, I, 145, 203, 204, — par le pain et le sel, 204.

PAL, pièce de blason. Sa signification, II, 545.

PALANQUÉ, ou CULHUACEN, ville ruinée du Mexique où se retrouvent des preuves d'une ancienne adoration de la Croix, III, 530.

PALESTRINA, virtuose et compositeur italien du xvi<sup>e</sup> siècle. Sa *Messe du pape Marcel*, IV, 265.

PALLAS, planète, symbolisée par une lance, I, 58. — (Voir MINERVE.)

PALLIUM, ancien manteau d'honneur, devenu une simple bande de laine faisant partie du costume sacré des archevêques et de quelques évêques, IV, 165 et suiv.

PALME, symbole du triomphe, I, 203; — II, 187, 197; — III, 36, 85.— Les Apôtres portant une palme aux funérailles de la Sainte Vierge, II, 647. — S<sup>te</sup> Claire et sa palme toujours verte, 677.

PALMIER, symbole de l'Égypte sur les médailles de Nîmes, I, 265, — de la justice des Saints, II, 388, 479, 489, — IV, 90, — de la gloire éternelle, II, 401, — III, 45, — de la conversion, II, 647. — Autres et nombreuses idées symboliques qui s'y rattachent, III, 562, 564.

PAN. Son temple au milieu des forêts, I, 227. — Ses *lupercales* changées en une fête chrétienne de la Chandeleur par le pape S. Gélase, IV, 186.

PANDORE. Comment représentée par Albert Durer, IV, 338.

PANTHÈRE, symbole de la férocité, I, 202, — de la luxure, II, 671. — *Opposition* symbolique de ces vices dans le symbole que les physiologues en ont fait du Sauveur, III, 506 et suiv. — Confondue avec le lion dans certains passages bibliques, IV, 294 et suiv.

PAON, symbolise l'immortalité, I, 233, 286, 401, 668; — III, 154, 291, 292. — Ses couleurs symboliques, I, 308. — A tête nimbée, II, 401. — Signifie la vigilance, 618; — III, 448. — Ses *oppositions* symboliques,

II, 668; — III, 446, 448.— Les paons confondus parfois avec des perroquets, 292, — symbolisent les sots orgueilleux, 446.

Papes. Pourquoi le Pape vêtu de blanc, I, 299, 345. — Roi-Pontife de toute l'Europe au moyen âge, II, 16. — Symbolisme de son intronisation, 617. — Son infaillibilité dans les décisions doctrinales, 35. — Les protestants en ont fait l'Antechrist, 144.— Représentant de Jésus-Christ, 150. — Sa primauté d'honneur et de juridiction indiquée par l'art chrétien du XIIIe siècle, 404, 426. — Résume en sa personne toute l'Église, 426, 621. — Les Papes ont toujours protégé les juifs contre la haine justifiée des chrétiens, 446. — On ne leur a contesté leur pouvoir supérieur qu'au grand détriment du repos des peuples, 620 et suiv., — et par quels moyens de fraude astucieuse, 665; — III, 194.— Que leur prétendu empiétement n'a pas été la cause des développements de l'art chrétien au XIe siècle, 194. — Les *Vies des Papes*, par Anastase le Bibliothécaire, 237; — IV, 287. — Zèle des Papes pour la décoration artistique des églises, III, 338; — IV, 80 et suiv., 287 et suiv.— Eux seuls ont déterminé les rites successifs de la liturgie de la Messe, 156 et suiv. — Ont adopté certains usages païens pour les sanctifier à l'usage des peuples, III, 209, 267, 558; — IV, 186.

Papillon, symbole de l'âme, I, 262; — III, 397.—Charmantes allégories des anciens, I, 287.

Paques. Observances symboliques de la liturgie pascale en quelques Eglises, IV, 180, 186, 197, 215.

Paraboles, et leur signification symbolique. Symboles en action, II, 64, 422; — IV, 50. — Pourquoi l'obscurité apparente de quelques-unes? II, 65, 66. — Règle nécessaire à leur intelligence, 71, 422, 423, 477. — Paraboles du nouveau Testament relatives à l'Église, 422 et suiv. — Enseignement du Sauveur, souvent éclairé par des paraboles, 422, 467 : — Le trésor caché, 518.— Les dix vierges, 65. — Paraboles : du semeur, 66, — des ouvriers de la dernière heure, 71, — du figuier stérile, 72, — du bon Samaritain, 176, 314 et suiv., — de l'enfant prodigue, 52, 176, 187, 423. — La salle du festin, 187. — La bonne et la mauvaise semence, 301.— Le serviteur infidèle, 422.— L'aire purifiée, 421, 423.— Le festin, 423. — Les poissons choisis ou rejetés, 424. — Les brebis et les boucs, 424, 602. — Le froment et l'ivraie, 425. — Le grain de senevé devenu un grand arbre, 427, 466; — III, 520. — La vraie vigne, II, 521. — Le Bon Pasteur, 602; — IV, 50. — Le bon et le mauvais arbre, III, 571.

Paradis, lieu du bonheur des Saints. Ce qu'en dit S. Augustin, II, 355. (Voir *Ciel*, *Jérusalem*, *Saints*.) — Paradis terrestre, image du bonheur éternel, 391, 392, 393. — Sa position à l'orient, III, 71. — Ce qu'en ont dit les Pères de l'Église, 515. — Sa splendeur diminuée par le péché, 517. — Pourquoi nommé *Éden*, 517.— Paradis terrestre (voir Eden).

Paralipomènes, livres bibliques faisant suite aux deux livres *des Rois*, II, 38.

Parallélisme des deux Testaments, ou événements qui, dans l'ancien, sont la prophétie du nouveau, II, 112, 156, 287, 413, 466, 467; — IV, 16 et suiv., 58 et suiv.—Comment on peut l'employer avantageusement dans l'ornementation artistique, III, 299; — IV, 58 et suiv., 376. — *La Nouvelle Alliance*, aux vitraux de Bourges, 16, 18. — Les sibylles avec les Prophètes, ou les Apôtres, ou les Patriarches, 101, 108. — Utilité et méthode de ces rapprochements, 107.— Rapprochements curieux entre les formes de l'écriture et le style architectonique de chaque siècle, 25 et suiv. — Même observation relativement à la musique sacrée, 253, 256, — et à l'orfévrerie, 308.

Paralytique de l'Évangile, symbole de l'impuissance de la nature déchue, IV, 132.

Paresse, péché capital, symbolisée par un crapaud ou un serpent dévorant les pieds d'une femme, II, 272.

Paris, capitale de la France; symbolisé par un navire, I, 209. — Sa Sainte-Chapelle et ses belles peintures à la cire, IV, 55.

Paris (Paulin), de l'Institut, adopte la primosécularité des Églises de France, après l'avoir niée, I, 356.

Parole. Rôle de la parole dans la vie morale de l'homme, I, 1 et suiv. — A besoin d'être suppléée par les signes, 2, 13, 51.— Histoire de l'origine et des développements du langage, 15, 27 et suiv.— La parole est une véritable musique accentuée par le peuple, sans qu'il s'en doute, 63 et suiv.

Parrhasius, peintre grec connu par son rideau, I, 276.

Parricides. Leur supplice symbolique à Rome, I, 195.

Parthenay, ville du Poitou. Belles peintures à la cire de son église Saint-Laurent, IV, 55.

Parthenon d'Athènes. Nombreuses allégories qu'y sculpta Phidias, I, 233. — Esthétique de sa *Minerve*, 257.

Parthes, combattaient même en fuyant, II, 209.

Parvis des cathédrales et collégiales. Leur emploi et leur symbolisme, III, 133. — Symbolisent les hérétiques, II, 213.

Pascal (L'abbé), auteur des *Institutions de l'art chrétien*. Ses faux systèmes sur beaucoup de questions traitées par lui, III, 297, 545; — IV, 93, 137.

Paschase Ratbert, savant du IX$^e$ siècle, II, 537.

Passereau, symbole de l'amour de la solitude, III, 114, — de la solitude pénitente, et pour cela attribut de David, IV, 28.

Passiflore, ou *fleur de la Passion*; symbole de la foi, I, 208.

Passion. Les instruments du supplice de Jésus-Christ peints en vert, I, 320. — Symbolisme de chacun d'eux, d'après S. Fortunat de Poitiers, II, 521, 522, — et d'autres, III, 214.—La passion du Sauveur symbolise notre passage de la vie mondaine à la vie de la grâce, II, 528. — Pré-

TABLE GÉNÉRALE. 617

dite par les sibylles dans la plupart de ses circonstances, IV, 101, 103, 105, 106, 108. — Effet puissant du chant liturgique de la Passion au Vendredi saint, reste des anciens drames du moyen âge, 197. — Ce qu'était le drame de *La Passion*, 198.

PASTEURS. Mauvais pasteurs, II, 512. — Les bons pasteurs et leurs modèles parmi les Saints, 588. — Pasteurs des peuples, d'après S. Bernard, 602. — Symbolisés par le coq des clochers, III, 118. — Jésus, le Bon Pasteur, IV, 80.

PATÈNE, vase sacré de la Messe, sur lequel se dépose la sainte Hostie, comme le précieux Sang dans le calice. Ses conditions, IV, 337.

PATRIARCHES, ont exercé la première royauté, I, 77. — Dépositaires des promesses de la rédemption, II, 78, 86, 98. — Leur familiarité filiale avec Dieu, 87. — Chacune de leurs actions est un signe prophétique de l'avenir, 111. — Représentation anticipée du Fils de Dieu, 484, 565. — Figurent dans les poèmes de Dante, III, 354. — A quelles sibylles quelques-uns d'entre eux sont ou peuvent être associés dans l'art chrétien, IV, 101 et suiv., 107.

PATRICE (S.), évêque d'Armach en Irlande. — Son *Purgatoire*, III, 387. — Prend la feuille de trèfle pour symbole de la Trinité, IV, 74.

PAUL (S.), apôtre des nations. Caractères de ses *Épîtres*, II, 45, 63, 113. — Ensemble de sa doctrine, 61, 63, 68. — Emploie beaucoup le symbolisme, 108. — Comment il est un *vase d'élection*, 77. — L'un des plus dignes interprètes de la Bible, 113. — Symbolisme de son épée, 151 ; — III, 144. — Il compare l'Église à une épouse parfaite, II, 351. — A eu un avant-goût de la vision béatifique, 360, 363. — Mieux symbolisé par l'hyacinthe que par le saphir, 379, 383. — Accompagne souvent S. Pierre, 431. — Symbolise la Synagogue, 451 et suiv. — Pourquoi à la droite de Jésus crucifié, ou assis, parallèlement à S. Pierre qui occupe la gauche, 451 et suiv., 645 ; — III, 45, 144. — Loup ravissant, II, 453. — Moulant le blé eucharistique apporté par les Prophètes, 573 ; — IV, 18. — Ce symbole parodié par le protestantisme à Berne au XVIe siècle, 398. — Ensemble de ses attributs symboliques, III, 144. — Ses chaires à Salonique et à Corinthe, 215. — Comparé à l'ivoire, 503. — Ce qu'il dit des rites de la Messe observés de son temps, IV, 154.

PAUL (S.), ermite, nourri par un corbeau, II, 658.

PAUL III (Le pape) fait couvrir les nudités placées par Michel-Ange dans son *Jugement dernier*, IV, 366.

PAUL HU, mandarin chrétien. Son tombeau à Nankin, I, 201.

PAUL WARNEFRIDE, ou PAUL DIACRE, symboliste du VIIIe siècle. Son *Homiliaire*, II, 528.

PAULIN (S.), évêque de Nole, Père des IVe et Ve siècles. Ce qu'il dit des eulogies et des vases de terre, II, 492. — Sa description en trois vers d'une image de la Trinité, IV, 77.

PAVÉ des églises. Règles à suivre pour le symbolisme de leur ornementation, II, 595 ; — III, 153 ; — IV, 65. — Ses significations mystiques, III, 152. — *Opus Alexandrinum*, 153.— Fécondité de ce moyen d'ornementation, 153. — Pavés émaillés et très-symboliques du XIIe siècle, 157.

PAVILLONS des différentes nations, symboles des souverains, I, 243.

PÊCHE, représentée comme symbole de l'apostolat, II, 503, 583. — Sa valeur esthétique dans l'iconographie chrétienne, 506, 507, 508. — Oiseaux pêcheurs, symbole du démon, 493. — Les pêcheurs, presque toujours pris en bonne part comme symbole, 510, — mais quelquefois aussi image du démon, 585.

PÉCHÉ ORIGINEL, personnifié dans le Typhon des Égyptiens, I, 89, — dans l'Ymer des Scandinaves, 178. — Idée d'une régénération reproduite dans toutes les religions antiques, 317. — L'arbre de vie opposé au péché originel, II, 392, 393. — Ce péché exprimé par une épine dans un pied, III, 318. — Le péché symbolisé par la lèpre; pourquoi, 360; — par la cécité et la folie, 361. — Comment le symbolisme en a exposé les effets par des animaux qui s'assimilent les feuilles d'un arbre, IV, 452.

PÉCHÉS CAPITAUX, souvent sculptés dans les églises, II, 23, — et de préférence au côté nord, comme tous les symboles néfastes, III, 127.— Leur symbolisme dans l'art chrétien, II, 229. — Figurés par les feuillages et entrelacs de quelques chapiteaux, III, 527. — Les péchés remis par l'imposition des mains, II, 534.

PÊCHEURS. Leur punition éternelle, II, 260, 262. — Les titres de leur réprobation, 361. — Figurés par l'ivraie, 425, — par la Synagogue, 460.

PEIGNÉ-DELACOURT. Son écrit sur *Les Normands dans le Noyonnais*, intéressant au point de vue des ravages subis par les populations du IXe siècle, III, 24.

PEINTURE, plus populaire que la sculpture, I, 270. —Raison de cette popularité, 271; — IV, 1. — Elle a son symbolisme, I, 273, 277, 280, 348; — III, 373. — Inférieure chez les anciens à la sculpture, I, 274 et suiv., — et bien incomplète quant à l'art des détails et des scènes générales, 275 et suiv.— Le *Sacrifice d'Iphigénie*, de Timanthe, 275.— Le *Mariage de Roxane*, par Ochion, 275. — La *Calomnie* d'Apelles, 276, 281. — Histoire de l'origine et des progrès de la peinture ancienne, 278. — Subit les influences de la philosophie de Pythagore et de Numa, 278 et suiv. — En quoi consista l'esthétique de la peinture et de la sculpture antique, 284. — La *Sapho* de M. Delaval, peinte avec des couleurs symboliques, 348. — Les principes symbolistiques appliqués toujours et partout dans la peinture chrétienne, 336; — II, 341, 608; — IV, 49. — Les Byzantins soumis aux mêmes principes que les Occidentaux, I, 336; — II, 341. — *Les Peintures et Ornements des manuscrits du Ve au XVIe siècle*, par M. le comte Auguste de Bastard, ouvrage d'un grand secours pour l'histoire de l'art durant cette longue période, 454 et suiv. — Églises peintes à grandes scènes symboliques dès le Ve siècle, 502 et suiv., 514, — IV, 50, — à renouveler de notre temps, 56, 58 et suiv.; — deviennent un grand moyen d'instruction populaire, 60. — Sujets pris des deux Testaments pour l'ornementation des églises, II, 503; — III, 275; — IV, 48 et suiv., 58 et suiv. — Ce que les Pères pensaient de la peinture chrétienne, 51, 52. — La peinture usitée dans les églises sous la seconde race, et remplaçant souvent la sculpture, III, 17; — IV, 3 suiv.; — employée aussi au IV<sup>e</sup> siècle par le pape S. Sylvestre, III, 45. — Distinction, parfois difficile, entre les deux écoles grecque et latine, 62. — Ce que S. Grégoire III dit des scènes bibliques, IV, 2, — et S. Grégoire de Nysse, 50. — Peinture appliquée aux autels, III, 275; — IV, 115. — Abus de ce moyen employé sans discernement, 114, 116. — *Traité des arts*, et particulièrement de la peinture murale, par le moine Théophile, III, 62, 352 et suiv. — Le *Lumen animæ*, écrit dans le même but, 353. — Le *Guide de la peinture*, par un moine byzantin, II, 341. — La *Tentation de S. Antoine*, empruntée par Callot à un récit de S. Athanase, III, 373. — Formes multiples de la peinture chrétienne et de ses moyens d'ornementation; importance de les bien étudier, IV, 4, 173, — et de bien méditer les restaurations, 56. — Variantes de la peinture au moyen âge et à la renaissance fondées sur la déchéance du sens esthétique et moral, 27. — Sa décadence, 399. — Ne pas confondre la peinture de la statuaire avec un badigeonnage, 114, 116. — Histoire de la peinture chrétienne depuis les catacombes, 49 et suiv., 173. — Obligations des évêques et des abbés quant à la peinture des basiliques, 52. — Fresques des XI<sup>e</sup>, XII<sup>e</sup> et XIII<sup>e</sup> siècles, dans l'abbatiale de Saint-Savin en Poitou, 53 et suiv. — Peinture à la cire, bien préférable, et pourquoi, 55; — son histoire, *ibid.* — Principe à suivre dans les compositions picturales, 56, 59. — Grandes scènes historiques préférables pour l'ornementation murale, 56. — Sujets à choisir, 58. — Peinture plate, exigée des monuments du moyen âge, 59 et suiv. — Abus des tableaux sur toile, 65. (Voir *Tableaux*.) — La polychromie, indispensable à la statuaire, 71 et suiv. — La peinture n'a rien de religieux aujourd'hui parce qu'elle se ressent des mœurs, 378.

PEINTURE SUR VERRE (voir VITRAUX).

PÉLICAN, symbole du Sauveur nourrissant ses petits de son Sang, III, 448. — Lutte entre lui et le démon, II, 429; — III, 374. — Forme de pélican donnée au lutrin, 211, — et au tronc des aumônes, 212. — Symbolise la méditation de David sur la Passion du Sauveur, IV, 16. — La charité du Christ au-dessus d'une croix, 27.

PELLETIER (M. Victor), chanoine d'Orléans, prend la défense de l'auteur sur l'iconographie de l'Immaculée Conception, IV, 147.

PÉNITENCE, sacrement. Symbolisme de l'imposition des mains, II, 534. — Symboles de pénitence à employer comme ornements du confessionnal, III, 214. — Comment ce sacrement est le symbole des souffrances morales du Sauveur, IV, 152.

PENNON porté par l'Église dans l'iconographie de la crucifixion, II, 456; — et par la Synagogue, 461.

PENTATEUQUE, ensemble des *cinq* livres de Moïse. Son analyse; caractères et objets de chacun d'eux, I, 36 et suiv. — Il atteste l'emploi du symbolisme dès les premiers jours du monde, IV, 239.

PENTECÔTE, symbolisée par le tonnerre du Sinaï, II, 112. — Sa manifestation se fit un dimanche, IV, 179.—C'est la fête des Langues ; pourquoi, II, 466. — Ces langues vinrent de l'Orient, III, 71.— Le sacrement de la Confirmation en est un symbole, IV, 152. — Pourquoi on s'y sert de vêtements liturgiques rouges, 177.— Usages symboliques de quelques Églises, 187, 204.

PENTURES des portes. Ornementation qu'elles peuvent recevoir, IV, 340.

PEPLUM (voir PERIZONIUM).

PÈRES DE L'ÉGLISE, sont pleins de renseignements pour l'histoire du symbolisme, des croyances et des usages de leur temps, I, 155 ; — II, 469 et suiv. jusqu'à 705 ; — IV, 424. — Leur beau caractère littéraire et moral, II, 470, 472.— Ils adoptent le symbolisme des nombres, I, 56, 57, 105, 107, 108, 119, 120, 155, 487. — Ne sont pas autant platonistes qu'on l'a dit, 119, 472. — Se sont inspirés des auteurs juifs dans leur interprétation biblique, 189, 361, — II, 58, 64 , — et quelquefois de la philosophie des anciens, 480 et suiv., — III, 350, 469. — Charmes du symbolisme catholique dans leurs écrits, I, 369, 431. — Ils le préconisent et le recommandent, II, 6, 471, 472, 476, 498, 518.— C'est en eux qu'il en faut chercher la tradition à travers chaque siècle, 16, 19, 20 et suiv., 64, 82, 408, 472 ; — IV, 423. (Voir *Moyen âge*.) — Interprètes autorisés de l'Écriture, II, 35, 408, — dont le sens ne peut être adopté que d'après eux, 81, 469, — mais n'est pas toujours expliqué par une inspiration divine, 82, 469. — Leur mysticisme, 360, 468. — Conforment leurs discours à l'intelligence de leurs auditeurs, 530.— Unanimité de leur doctrine théologique, 421, 469, 472, 473 ; — III, 314.— Épuisent souvent toutes les ressources du symbolisme dans les moindres détails d'un objet, II, 431. — Revue des Pères symbolistes du IIe au XIVe siècle , 466 à 705 (voir *les noms de chacun*); — III, 314, 350, 469.— Les écrivains ecclésiastiques, glorieux de marcher d'après les Pères et leur doctrine, II, 606 et suiv. — Les Pères ont adopté les préjugés des naturalistes de leur temps comme moyens symboliques, 626 ; — III, 350, 469 et suiv., 472.— Les Pères grecs représentés écrivant en latin, et les latins en grec, pour signifier l'unité de l'Église, IV, 147. — C'est des Grecs que nous sont venus beaucoup de symboles hybrides, 423, 424.

PERGAME, l'ancienne Troie, une des premières Églises apostoliques. Symboles qui s'y rattachent dans l'Apocalypse , II, 154.

PERIZONIUM, ceinture donnée au Sauveur sur la croix. Ses variantes, II, 440, 441, 464 ; — IV, 119. — Violet, en signe de deuil, 9, 124 ; — ou bleu, par honneur, 119.— A d'abord été un *peplum* ou robe complète, 119. — Donné aussi aux deux larrons , II, 464. — Variétés séculaires du *peplum*; quelles couleurs lui donner, IV, 123 et suiv. — Pourquoi la Renaissance l'abandonne, 387.

PERLES. Préjugés des anciens sur les perles, II, 367. — Symbole du royaume des cieux, 366, 384, 385, 387.

PERPETUUS (S.), évêque de Tours au Ve siècle. Belles pièces d'orfèvrerie qu'il lègue à son Église , IV, 290, 337.

PERSÉCUTIONS (voir *Romains*), symbolisée par un tremblement de terre, II, 183. — Leur terme dans l'Église, et joie des Élus à ce sujet, 258. — Les sept persécuteurs, de Dioclétien à Licinius, 285, 289. — Leurs figures sculptées aux modillons des églises, III, 385. — Philippe le Bel, persécuteur de la Papauté, IV, 177.

PERSES. Leur théologie pleine de symbolisme, I, 165, 296. — Leurs sépultures, 198; — leur culte du feu, 226; — III, 529; — leurs rois et leurs sept officiers, II, 163. — Ils persécutent le Christianisme, 274. — Leurs autels du feu, ou pyrées, toujours accompagnés de deux lions ou léopards, III, 529.

PERSPECTIVE, non inconnue, mais négligée méthodiquement par les artistes du moyen âge, II, 447; — IV, 61. — C'est pourquoi on doit l'employer dans les peintures des églises de la Renaissance, 62.

PESÉE DES AMES, symbole des mauvaises influences du démon sur les âmes, II, 429; — III, 90, 142, 209, 336, 367, 463.

PESTE de dix années sous Volusien et Gallien, prédite par l'Apocalypse, II, 265; — conjurée au XVe siècle par la représentation de *mystères* dramatiques, IV, 204.

PEUPLE (Le). Comme le moyen âge le traitait mieux que notre époque de prétendue liberté, IV, 198.

PEUPLIER, symbole du Juste puisant aux eaux de la grâce, III, 564.

PHÉNIX, oiseau, symbole de la longévité, I, 95; — II, 499, 500; — III, 448.

PHIDIAS. Analyse de son *Jupiter Olympien*, I, 256, — de sa *Minerve* du Parthénon, 257, 290.

PHILADELPHIE, une des sept Églises de l'Apocalypse, II, 157, 353.

PHILIPPE (S.), apôtre, explique du Sauveur un texte d'Isaïe, II, 61. — Lui-même le reconnaît aux prédictions conservées par les Juifs, 62. — Symbolisé par la sardoine, 379. — Ses attributs iconographiques, III, 147.

PHILIPPE LE BEL, roi de France. Sa persécution contre le Saint-Siége détermine le pape Boniface VIII à donner aux cardinaux leur robe rouge, IV, 177.

PHILIPPE DE VALOIS, roi de France, réfute la thèse de Pierre de Cugnières contre l'indépendance du Saint-Siége, III, 357.

PHILISTINS. Idée de leur temple de Dagon, I, 222. — (Voir ANUS.)

PHILON, historien juif. Ce qu'il dit des usages symboliques de sa nation, I, 189.— Son livre *De Monarchia*, où il explique le symbolisme de la Bible, II, 94.

PHILOSOPHIE humaine, devenue un prétexte d'incrédulité, symbolisée par l'Apocalypse et définie par l'apôtre S. Jacques, II, 249. — Endurcissement de ses adeptes contre les punitions divines, 267, 268, 282. — Ceux de notre époque, et leurs doctrines systématiquement impies, 369, 564, 678; — III, 79, 89, 192, 345, 391. — Ils font tout venir de la terre, et le Christianisme tire tout du ciel, II, 578. — Ils détestent le moyen âge pour son esprit chrétien, 608, 628 ; — III, 79 ; — IV, 208, 396. — La théologie doit diriger la philosophie, II, 630 ; — III, 193. — Philosophie très-élevée du Christianisme dans ses rapports avec les hommes, IV, 162. — La philosophie des libres penseurs dénature l'histoire pour le service de sa cause, III, 192, 337 et suiv., 345, 421, — IV, 200, — et se refuse aux démonstrations les plus évidentes, III, 391 ; — IV, 216, 226. — Ne comprend pas la foi parce qu'elle ne l'a jamais étudiée, III, 402, 404. — Les philosophes anciens plus raisonnables et de meilleure foi, IV, 100. — Attaques injustes contre les drames liturgiques, 100 et suiv., — et les *Fêtes de l'Ane* en particulier, 208 et suiv., 216. — Le *vrai* et le *beau* inséparables de l'art, dont ils sont l'esthétique nécessaire, 342. — Que la philosophie du XIX$^e$ siècle est en opposition avec l'art chrétien, *ibid.*, 397.

PHILOSOPHIE DE L'ART sur une urne grecque du Capitole, représentant la *Création de l'homme par Prométhée*, I, 262. — Dans l'*Arcadie* de Poussin, 272. — Comment cette philosophie procède chez les anciens, 277. — La *Calomnie* d'Apelles, 281. — La fable de Psyché, 286 et suiv. (Voir *Psyché*.) — Définition de l'esthétique, ou philosophie de l'art, IV, 370. — L'art, fait pour la morale et non pour le vice, I, 287 et suiv.; — IV, 342, 385. — Comment il s'est purifié dans l'esthétique chrétienne, I, 366 ; — III, 33, 323, 346. — Ses dernières lueurs à la Renaissance, IV, 354, 385. — Charmants exemples de ce sentiment dans la *Tapisserie d'Angers* sur l'Apocalypse, II, 220 ; — dans les crucifix du XII$^e$ siècle, 456 ; — dans la *Danse macabre* de la Chaise-Dieu, III, 94. — L'esthétique préférée aux effets artistiques par les artistes du moyen âge, II, 447 ; — III, 92, 242 ; — IV, 343, 370. — Unité de plan dans les églises, symbole de l'unité de Dieu, III, 36. — Absence du sentiment esthétique dans une sculpture de l'Arbre de Jessé, 276. — Comment Castiglioni entendait l'union du *beau* et du *bon* dans la philosophie chrétienne et dans l'art qu'elle inspire, IV, 385.

PHILTRES, opérations magiques usitées dans le culte du démon, III, 342, 367. — Type curieux de ces sortes d'opérations, 395.

PHISON, l'un des quatre fleuves du Paradis terrestre. Noms des trois autres, IV, 48.

PHOCÉE. Symbole de ses médailles, I, 264.

PHOQUE, symbole de la ville de Phocée, I, 264.

PHYLACTÈRE, bande de parchemin chargée d'une inscription et mise aux mains d'une statue peinte ou sculptée ; préférable aux mains des Prophètes, comme le livre fermé pour les Apôtres, IV, 90, 211, 313. — Ne doit pas manquer aux animaux du Tétramorphe, 112.

PHYSIOGNOMONIE, science conjecturale, mais servant le symbolisme zoologique, III, 446.

PHYSIOLOGUES, ou Traités symboliques sur les animaux, II, 21. — Quelques traits de leur méthode, 246, 323 ; — III, 472, 474, 510. — Figurent en un grand nombre de manuscrits enluminés, II, 579. — Celui de

Guillaume le Normand, 462; — celui de Tatien, 484, 561, — III, 474, — de Pierre Alfonsi, II, 566, — de Théobald, en entier, III, 475 et suiv., — et autres du moyen âge, 475. — Sources de l'imagerie du moyen âge, II, 604 ; — III, 475.

PHYSIQUE du moyen âge, admettait que l'air était le principe du feu, IV, 13.

PIC DE LA MIRANDOLE a donné dans la cabale et les sciences occultes, III, 349.

PIE IX (Le Pape). Prie-Dieu symbolique que lui offre le clergé de la province de Tours, I, 208. — Sa magnifique défense du pouvoir royal dans sa conduite personnelle contre la Révolution, II, 666.

PIEDS. Les pieds de feu d'un Ange, II, 210. — Pieds nus des Apôtres, 324 ; — IV, 94 ; — des Anges, III, 375 ; — IV, 94. — Pied blessé d'une épine, exprimant l'humanité blessée par le péché originel. III, 318. — Pieds nus de Notre-Seigneur, IV, 93, 94. — Principes symbolistiques à suivre sur la nudité des pieds dans la peinture chrétienne; leur histoire, leur cause et leur importance, 93, 94, 119. — Pieds nus à S. Jean-Baptiste, 93, 94 ; — pourquoi à Isaïe et à Moïse, 94. — Graves erreurs de certains artistes sur ce point si important, 95, 137. — Les sandales n'empêchent pas la nudité symbolique des pieds, 137, 138.

PIEL, habile architecte dominicain. Ses travaux sur le symbolisme des nombres dans l'architecture, III, 30.

PIÉRIUS VALÉRIANUS, ou Bolzoni. Ce qu'il dit des chiffres chaldéens, I, 55. — Un peu outré dans son enthousiasme des anciens, 55. — Traducteur des œuvres symbolistiques d'Horus Apollon, 92, 96.

PIERRE (S.). Son nom changé, et pourquoi, I, 41 ; — III, 63, 425, 532. — Prince des Apôtres, vêtu de vert et de jaune, I, 323, — de rouge, 324. — Premier interprète du sens des Écritures sur la Rédemption, II, 34, 467. — But et caractère de ses deux *Épîtres*, 45. — Il prouve Jésus-Christ par les prophéties, et aussi sa vocation au gouvernement de l'Église, 62, 63. — Grand nombre d'églises sous son vocable, 426. — Sa mort reprochée à Rome figurée par la *bête* apocalyptique, 218. — Il reçoit les clefs symboliques; sens de ce symbole, 327, 404, 426 ; — III, 141, 143. — Figuré par le jaspe, à cause de la fermeté de sa foi, II, 378. — A le front chauve dès le XIIIe siècle, 403. — Occupe dans l'assemblée des Apôtres un siége plus élevé, 404. — Pourquoi accompagné du coq, 427 ; — III, 143. — Symbolisme de sa barque, II, 430, 431. — Souvent accompagné de S. Paul, 431. — Il est la figure de l'Église, 451. — Raisons symboliques de le placer au côté gauche de la croix ou du crucifix, 451 et suiv., — ou même de Notre-Seigneur assis, 452. — Antiquité de ce symbole, 453, 454 ; — III, 45. — Dante fait de lui le type de la foi, II, 673. — Le *S. Pierre* de Vézelay, type symbolique de la beauté morale, III, 39. — S. Pierre ès Liens, patron symbolique des cimetières, 81, 83. — Défendant le chrétien contre le démon, 128. — Ouvrant aux Justes la porte du Ciel, 141. — Ses attributs iconographiques, 143. — On lui attribue la loi de la tonsure ecclésiastique,

143. — Baptême de Corneille par l'Apôtre sur des fonts baptismaux, 299.

Pierre Chrysologue (S.), évêque de Ravenne, Père du v<sup>e</sup> siècle. Son symbolisme dans ses *Expositions* de l'Écriture, II, 497, 499; — III, 191.

Pierre Damien (S.), évêque d'Ostie au xi<sup>e</sup> siècle. Ce qu'il dit de la place relative donnée auprès de la croix à S. Pierre et à S. Paul, II, 452. — Ses sermons, et son esprit symbolistique, 554.

Pierre de Capoue, savant cardinal, symboliste éminent du xiii<sup>e</sup> siècle. Sa *Rose alphabétique*, et ses autres ouvrages, II, 609 et suiv.— Légat en France, il s'applique à abolir les désordres introduits dans les drames liturgiques, IV, 200 et suiv.

Pierre de Riga, symboliste du xii<sup>e</sup> siècle, II, 482.

Pierre-des-Églises (Saint-), église rurale du Poitou. Ses peintures de l'Apocalypse, II, 241. — Elle est de l'époque gallo-romane, III, 12.

Pierre, symbole de la fermeté, II, 426, — du poids du péché sur la conscience, 534. — Pierre de liais remplace le marbre au xii<sup>e</sup> siècle dans l'ornementation des églises, III, 156. — Est la seule matière possible des autels chrétiens, 269. — Jésus-Christ, pierre angulaire, IV, 80.

Pierres précieuses (voir Gemmes).

Pigalle, sculpteur français du xviii<sup>e</sup> siècle, a manqué d'esthétique chrétienne dans son tombeau du maréchal de Saxe, III, 98.

Pignoria, antiquaire de Padoue au xvii<sup>e</sup> siècle. Son explication incomplète de la Table Isiaque, I, 85, 86.

Piliers (voir Colonnes).

Pilon (Le Saint-), pilier soutenant, à Saint-Maximin-sur-Var, une statue de S<sup>te</sup> Madeleine, III, 420.

Pionius (S.), martyr du iii<sup>e</sup> siècle, reproche à ses bourreaux de réaliser un symbole de l'Apocalypse, II, 230.

Pisandre, général lacédémonien; pourquoi surnommé l'*Ane de Cnide*, IV, 217.

Piscine des églises. Ce que c'est; son usage, son symbolisme, III, 233. — Piscine baptismale; son ornementation symbolique, 294, 296.

Pitra (S. Ém. le Cardinal). Idée de son beau *Spicilége de Solesme*, I, 328; — II, 83, 520. — Sa *Clef de Méliton*, 82, 83, 480; — III, 475.

Plaies ou fléaux envoyés sur Rome en punition de ses impiétés, II, 265 et suiv.

Plain-chant (voir Chant grégorien).

Planètes. Leurs signes symboliques, I, 58, 148. — Comment Celse établit le symbolisme de leur rotation autour du soleil, 60.

Plantier (Mgr), évêque de Nîmes. Son discours contre les envahissements des églises par la musique profane, IV, 267.

Platane, symbole de la charité, III, 214, — de l'élévation morale, 526.

TABLE GÉNÉRALE.   625

Platon n'a pas vu la Trinité aussi clairement qu'on le prétend d'ordinaire, I, 146 ; — II, 577. — Son influence dans les écoles païennes, 631.

Pline le Naturaliste. Idée qu'il donne des peintres anciens et de leurs œuvres, I, 273, 275, 278. — Ses opinions personnelles sur l'art, 277, 284. — Il en exalte toujours le côté moral, 288. — Ses préjugés sur l'histoire naturelle des pierres précieuses, II, 366.

Plomb, métal que son poids a fait attribuer à Saturne, I, 60.

Pluche (L'abbé) s'est trompé sur la date du Zodiaque, III, 450.

Plutus (au lieu de *Pluton*, imprimé par erreur). Symbolisme de sa corne, II, 74.

Poésie. Ses origines et ses moyens symboliques, I, 215. — Beauté de l'*Ave, maris Stella*, II, 520 ; — des *Proses* d'Adam de Saint-Victor, 570 ; — III, 354. — Injustes reproches à la poésie du moyen âge, II, 571 ; — III, 355. — Distiques appliqués par Suger à tous ses ornements de l'abbatiale de Saint-Denys, II, 572, 573 ; — autres pour les manuscrits à miniature de l'abbesse Herrade, 579. — La poésie symbolisée par Virgile dans la *Divine Comédie* de Dante, 665 ; — III, 355. — Elle s'élève jusqu'à la théologie par sa nature même, quand elle conserve sa dignité, 666. — Poésies symboliques du moyen âge, II, 674 ; — celles de la *Danse macabre*, III, 95, 96, 97. — L'éloge du coq, 118. — Distique d'un bénédictin symbolisant le lion et le bœuf contre son abbé, 136. — Éloge par le poète Prudence des fleurs en mosaïques décorant les églises de son temps, 154. — Le *Physiologue* en vers de Théobald, réédité en entier, 475 et suiv. — Vers techniques sur le Zodiaque et les occupations attachées à ses douze signes, 456 et suiv. — Charmant petit poème de Théobald *De Turture*, 504. — Hymne de S<sup>te</sup> Florence au XI<sup>e</sup> siècle, II, 556 ; — III, 542. — Le jardin de Salomon, par Hermann de Werden, 555, 556. — Distique sur le symbolisme de l'encensoir, IV, 212.

Poètes. Ceux de l'antiquité ont laissé de nombreux détails sur les croyances et les usages de leur temps, I, 75. — Caractère élevé de la poésie chrétienne ; comment elle se prête au symbolisme, II, 494.

Poil, symbole du péché qui se hérisse sur la conscience, II, 519.

Points cardinaux (voir *les noms de chacun*).

Poisons végétaux. Leur origine, III, 518.

Poisson, signe du Zodiaque. Comment symbolisé, I, 58. — Pourquoi donné au mois de février, III, 458. — Comparé à Aser par Jacob, II, 109. — Symbole de la voracité, I, 95, — de la timidité, 258, — de Notre-Seigneur Jésus-Christ, II, 18, — VI, 80, — des chrétiens, II, 424, 483, 585, — III, 85, 332. — Origine de ce symbole, IV, 97, 375, 376. — Poissons purs et impurs du Lévitique, II, 586. — Symbole des dangers de la vie présente, III, 86, 87, 331, — IV, 451, — et des délices matérielles, *ibid*. — Poissons affrontés de Jouarre, III, 332, — du baptistère de Saint-Jean à Poitiers, 332. — Quel était le poisson de Tobie dans la *Vierge au poisson* de Raphaël, 375 et suiv.

T. IV.   40

POITIERS. Sa *cathédrale*; curiosités symboliques de son architecture et de son ornementation : la fleur du lotus, I, 159 ; — les modillons, 355 ; — II, 269, 326 ; — III, 249, 318, 447 ; — ses voûtes, 224; — la gueule de l'enfer, II , 339 ; — les nuages servant de marchepied au Juge souverain, 342, 347 ; — le Jugement dernier, 343 et suiv., 346 et suiv.; — la tradition des clefs, 427. — Ses vitraux, III, 223 ; — IV, 124 ; — ses tableaux sur bois, 70 ; — ses usages liturgiques, 185, 186. — Critique irréfléchie de M. Ch. Lenormand contre ces données symboliques, I, 177 ; — II, 5. — Gargouilles, III, 258. — Ses ornements bleus du XVI° siècle, I, 317. — Autres détails artistiques, III, 249, 260, 371, 428 ; — IV, 44. — Époques diverses de sa construction, I, 360. — Beauté de son appareil, III, 159, — de ses stalles, 220, 363. — S. Victorin, ou Nectaire, évêque de Poitiers, II, 166. — Relations architecturales entre la crypte de *Sainte-Radégonde* et les catacombes, III, 5, 188. — Ses modillons, 318. — Ogive du XI° siècle dans cette église, 36. — Daniel et les lions, 138. — Autres détails, IV, 44, 55, 78 ; — III, 423. — Le temple *Saint-Jean*; observations sur son architecture du IV° siècle, 11, 12. — Déviation de son axe, 170. — Ses trois nefs, 175 ; — son époque, 290 ; — ses peintures murales, 291 ; — ses sculptures, 332. — Église *Saint-Porchaire* et sa formule *inter leones*, et description des sculptures de sa façade, 137. — Celle de *Saint-Hilaire*, à sept nefs, 175. — Ses cryptes, 188. — Arbre de Jessé à *Notre-Dame*, 277. — Lutrin en aigle de cette église, IV, 319. — Épitaphes remplaçant les monuments funèbres dans l'église de *Montierneuf*, III, 304. — Beau manuscrit de de la *bibliothèque* de Poitiers, IV, 24, 30, 31 et suiv., 36. — L'imprimerie à Poitiers au XVI° siècle, 36. — Beau tétramorphe de l'église *Saint-Saturnin*, 112. — Rogations de Poitiers au XIII° siècle, 204.

POLYCARPE (S.), évêque de Smyrne ; l'un de ceux dont il est mention dans l'Apocalypse, II, 147.

POLYGNOTE de Thasos, peintre grec, élève la taille humaine pour symboliser la dignité de sa nature, I, 280 ; — excelle dans les draperies, 285.

POLYTHÉISME (voir MYTHOLOGIE).

POMME D'OR remplie de cendre, symbole de la fragilité du titre impérial, II, 618. — Pomme symbolique tenue par l'Enfant Jésus, prise pour la boule du monde par quelques peintres, IV, 132, 133. — Mordue par Satan, 139.

POMME DE PIN, figurée souvent dans la flore murale du moyen âge pour les raisins d'une vigne, III, 532, 538. — Prise à tort pour l'origine de la fleur de lis, *ibid.* — Cause possible de son emploi si fréquent dans la flore murale, 540.

POMONE, déesse des fruits. Symbolisme de sa corne, II, 74.

PONTIFICAL ROMAIN. Notions sur la date, l'auteur et certaines prescriptions de ce livre liturgique, III, 76 ; — IV, 158.

PORC, symbole des passions honteuses, II, 493, — de la gourmandise, III, 445. — Terrassé par un homme à coups de hache, 448, 461. —

Pasteurs de porcs dans l'iconographie du moyen âge, 461. — Qu'est-ce que ne pas jeter des perles aux pourceaux ? 467. — Porc jouant de la cornemuse, IV, 32.

PORCHE (voir NARTHEX).

PORPHYRE (S.), évêque de Gaza au IVe siècle, construit une église en forme de croix, III, 105.

PORPHYRION, espèce de poule d'eau ; symbole de la fidélité conjugale, III, 471.

PORTAL (M. Frédéric). Analyse de son traité *Des Couleurs symboliques*, I, 294 et suiv. — Éloge de ce livre, 295, 314, 347 ; — II, 69. — Ses erreurs sur le sens de plusieurs textes d'Écritures saintes, I, 299, 304, 311, 339, 340 ; — contre l'impeccabilité de Jésus-Christ, 301, 344 ; — sur la couleur rouge, 308, 309, — sur les feux de la Saint-Jean, 310, — sur le rose, la rose et la rosée, 326, — sur la rose blanche, 328, — sur l'hyacinthe, 331, — sur le violet, 334, — sur l'orangé, 337, — sur le roux et le tanné, 338, — sur l'*Arbre* de Jessé, 340 et suiv., — sur le gris, 346. — Son livre peut être très-utile aux artistes, lu avec discernement, 347 ; — IV, 11. — Il accorde trop à l'influence de l'Inde et de l'Égypte sur l'emploi des couleurs symboliques dans la peinture chrétienne, 11.

PORTES, symbolisent la puissance et la propriété sur la ville ou la maison, I, 203 ; — II, 158 ; — le Sauveur, 384 ; — III, 133, 152 ; — les Apôtres, II, 385 ; — III, 161 ; — le royaume des cieux, II, 384. — Portes des églises ; leur côté normal, III, 131 ; — s'ornent d'archivoltes et de symboles au XIe siècle, 27. — Leur nombre symbolique, et leurs détails mystérieux, 271, 140, 160, 161, 169. — Pourquoi ce nombre est quelquefois dépassé, 161. — Les portes étroites, 162, 286. — Portes en bronze doré de la basilique de Saint-Denys au XIIe siècle, IV, 318. — Soin qu'eut le moyen âge d'ornementer les portes de ses églises ; peintures à leur donner, 339 et suiv. — (Voir FAÇADES, TRUMEAUX, TYMPANS.)

POURPRE, couleur des hautes dignités, I, 309. — Incertitude de son symbolisme, 333. — Le pourpre, couleur symbolique du blason ; ce qu'il signifie, II, 549.

POUSSIN. Symbolisme philosophique de son *Arcadie*, I, 273 ; — IV, 358. — Ses fausses données sur le baptême du Sauveur par S. Jean, III, 297. — Abuse du paganisme dans ses compositions, IV, 378. — Sa *Continence de Scipion*, 379.

PRÉDESTINATION (voir SAINTS).

PRÉFACE de la Messe solennelle. Beauté de son chant, calqué sur l'ancienne mélopée grecque, IV, 240, 247.

PRÉSENTATION de Notre-Seigneur au Temple. Symbolisme de l'offrande des tourterelles, II, 531. — Jésus présenté par Marie à l'âme fidèle comme pain eucharistique, III, 336. — Signification des cierges portés à la procession, IV, 185.

628    HISTOIRE DU SYMBOLISME.

Presse, employée surtout contre l'Église et son histoire par le rationalisme moderne, III, 196.

Prêtres, portent le noir en signe de deuil, I, 335.

Prévoyance, symbolisée par la fourmi, I, 95.

Priape. Ses fêtes impures, I, 170. — Ses temples au milieu des forêts, 227. — Ses statues en bois de figuier, 268.

Prières symboliques récitées par l'Évêque et par le Prêtre en se revêtant des habits sacrés, IV, 167 et suiv. — La musique dans la prière (voir Musique).

Processions. Leurs significations diverses dans le culte catholique ; celles de la veille et du jour de Pâques aux fonts baptismaux, II, 395, — IV, 180, — des Rameaux, III, 562, — de l'Ascension, 391, 563, — IV, 180, — de l'Épiphanie, 184 et suiv. — La procession de la sacristie à l'autel, en chantant l'*introït* de la Messe, 246.

Procus, chasseur de l'antiquité. S'est-il glissé dans le Zodiaque sous les apparences du Sagittaire ? III, 460.

Prométhée. Belle composition symbolique de sa *Création de l'homme* sur une urne du Capitole, I, 262, 263.

Prophètes de l'ancien Testament, ont *tous* annoncé et préfiguré Jésus-Christ, II, 41, 59, 67, 78, 107, 484. — Ils sont les Apôtres de l'ancienne Loi, III, 299 ; — IV, 313. — Beau caractère de leur poésie et de leur style, II, 41, 117, 183, 188, 306, 342, 414. — Leur méthode de description, 185. — Sont d'une grande utilité à l'Église, 42, 62, 495. — Leur parfaite concordance, 391, 415. — Confirmés par Jésus-Christ et par les Apôtres, 59, 60, 67 ; — III, 142. — Associés aux sibylles par le symbolisme chrétien, IV, 100 et suiv. Leurs visions symboliques, II, 101, 103 et suiv., 142, 495. — Ils sont les préparateurs de l'Évangile, 573, III, 142 ; — II, 573 ; — IV, 18, 313. — Se servent beaucoup du symbolisme des signes, II, 103, 104. — Leur inspiration divine nous révèle des sciences déjà très-avancées de leur temps, 111. — L'obscurité des prophéties est un but de la Sagesse divine, 142, 408, 414, 518. — Prophéties méconnues des libres penseurs, 144, — mais que les Pères n'ont pas dédaignées, 145, 484, 495 ; — dénaturées par les hérétiques, 195. — Les Prophètes procèdent par un rapide exposé des faits, dont ils reprennent ensuite les détails, 224, 243, 265, 283, 518. — Le don de prophétie très-commun dans la primitive Église, 307. — Faux prophète de l'Apocalypse, et sa punition ; de qui il était le symbole, 337. — Les Prophètes ont souvent pour attributs des phylactères de parchemin ou des rouleaux ; symbolisme de cet objet, 461 ; — IV, 313. — Prophètes apportant à S. Paul le blé qui doit produire la farine eucharistique, II, 573 ; — IV, 18. — Le moyen âge leur donne une belle barbe, 210.

Propitiatoire, plaque d'or ou d'argent servant de pierre sacrée aux autels portatifs, III, 265.

Proserpine. Conditions symboliques de ses temples, I, 225. — Immoralité de ses mystères, 252.

PROSES, ou *Séquences*, chants liturgiques très-fréquents au moyen âge. Celles d'Adam de Saint-Victor, II, 569, 570. — La *Prose des Morts*, III, 636 ; — tronquée par les missels français, IV, 107. — La *Prose* de Pâques est un reste des drames liturgiques, 197. — *Prose de l'Ane* ; son texte, sa traduction et son commentaire, 218 et suiv. — Combien est regrettable dans la liturgie gallicane la *Prose* de Noël *Votis Pater annuit*, 219.

PROTESTANTISME. Ses injustices envers le catholicisme, I, 142 ;—II, 21, 25.— Incapable de rien créer de durable pour la morale ou pour les arts, 3. — Il a profané les Livres saints en violant leur sens, 30, 34, 35, 144, 276. — Est arrivé peu à peu à nier toutes les vérités fondamentales, 57, 107. —Ses commencements, 199, 200.— A ouvert la voie au rationalisme de notre temps, 648, 649. — Arrivé jusqu'à l'athéisme, III, 384. — A voulu d'abord ramener à la primitive Église, qu'il abandonne aujourd'hui, 191, 383. — Ses cruautés envers les populations et l'art chrétien, IV, 21, 352.— Ses affinités avec la Révolution, 26. — Ses premiers hérauts donnent dans le libertinage, 386. — Il profane dans ses impiétés la peinture sur verre, transportée de France en Suisse, 398.—(Voir HÉRÉSIES, LUTHER, RENAISSANCE.)

PROTOGÈNE, peintre grec, symbolise son œuvre dans les Propylées d'Athènes, I, 290.

PROVERBES, l'un des Livres sapientiaux, emploie souvent les allégories symboliques, I, 187 ; — II, 40.

PRUDENCE, une des vertus cardinales ; symbolisée par le laurier, I, 209, — par un serpent, 209. — Terrassant les vices avec la force, III, 427.

PRUDENCE, poète chrétien du IVᵉ siècle. Description de toutes les parties d'une église de son temps, III, 8 ; — des fleurs en mosaïques dont on les pare, 154.

PSAUMES. Remarques de S. Hilaire de Poitiers sur leur nombre mystérieux, I, 121. — Quelques interprétations de ce Père, II, 491. — Différence entre le psaltérion et la harpe dont s'accompagnait le chant des psaumes, 497. — Symbolisme de leur mélopée, IV, 243.

PSYCHÉ, symbole de l'esprit dans l'homme, I, 262 ; — charmante allégorie du péché originel, et de l'âme tantôt victorieuse des sens, tantôt vaincue par eux, 286.

PUITS DE L'ABÎME (voir ENFER).

PUPITRE (voir LUTRIN).

PURETÉ, symbolisée par l'eau ou le feu, I, 95,— par la rose blanche, 329.

PURGATOIRE, décrit par Dante, II, 673 ; — III, 387. — Son iconologie au moyen âge, 387 et suiv. ; — IV, 34.— Purgatoire de S. Patrice, *ibid.* — Gueule de la baleine remplie de flammes, 499.

PURIFICATION de la Sainte Vierge. On s'y est servi d'ornements bleus, I, 317.

Pyramides d'Egypte, autrefois couvertes d'inscriptions, I, 21. — On y trouvait des dates, 98. — Symbole d'immobilité, 369.

Pyrée, autel du feu chez les Perses, III, 529.

Pythagore, philosophe grec du VIe siècle avant Jésus-Christ. Ses disciples emploient les symboles dans notre sens, I, 5. — Il tenait sa doctrine des prêtres égyptiens, 75, 144. — Son système sur la fonction des nombres en philosophie, 108, 110, 112, 118; — accepté par S. Augustin, 125. — Ses principes de géométrie symbolique, 150, — sur l'adoration de Dieu en esprit, 278.

## Q

Queues entrelacées d'animaux symboliques, III, 344.

## R

Raban-Maur, savant symboliste du IXe siècle, II, 482. — Ses écrits, 535 et suiv. — Continués par Walafrid Strabon, 537.

Rabbins. Leurs rêveries sur des pierres du rational d'Aaron, II, 96.

Rabelais, l'un des bouffons de la prétendue réforme. Caractère peu honorable de sa vie et de ses écrits, IV, 386.

Racine (Jean). Sa belle traduction de Tobie sur les destinées futures de l'Église, II, 415.

Raisin, symbole de Jésus-Christ, II, 124, — de l'âme *pressurée* par la pénitence, III, 214. — L'humanité tombant sous les coups de la mort, II, 260, 261. — Les raisins de convention, pris souvent pour des fruits de l'*arum*, III, 532. — Leur forme convenue de pomme de pin n'empêche pas de les reconnaître, 538.

Raison. Par quels symboles l'Église en rappelle à l'homme le respect et l'usage, III, 513. — Est très-sympathique à la foi, qui ne veut pas se séparer d'elle, 514.

Rameaux. Procession du dimanche des Rameaux, symbole de l'Ascension de Notre-Seigneur, III, 562; — IV, 34. — Autres particularités symboliques, 209.

Rancé (De), abbé et réformateur de la Trappe au XVIe siècle, veut la simplicité dans les églises monastiques, II, 598, 604.

Raoul-Rochette, académicien, dénigrant par système l'art ogival, III, 37, 174.

Raphael (L'Ange). Raison symbolique de son nom, et de ceux qu'il prend dans ses rapports avec Tobie, I, 44.

Raphael Sanzio. Son plus grand mérite est le vrai moral dans les peintures de genre, I, 282; — IV, 372. — A beaucoup plus aimé sa gloire que le côté religieux de l'art, 371, 372, 378. — Caractère de ses *Loges* ; II, 608 ; — IV, 368, 369. — Fausses données de son *Baptême de Jésus-Christ*, III, 297. — Ses défauts au point de vue de l'esthétique, IV, 372, 374, — qu'il n'abandonne cependant pas entièrement, 375, 387. — N'a été architecte, comme tant d'autres de son temps, que pour subordonner ce titre à celui de peintre, 359. — Adopte d'abord la manière de Michel-Ange, 368, — dans sa *Création*, 369. — Défauts de ses madones, 372, 377 et suiv., — inférieures à celles de Fiésole, 372 ; — causes morales de cette infériorité, 373. — Que faut-il croire des mœurs et de la mort de Raphaël ? 373, 274, 388. — Il fut trop peu scrupuleux sur la vérité historique, 374. — Il fait jouer à tort S. Jean-Baptiste enfant avec l'Enfant Jésus, 374. — Fait un athlète de *S. Jean-Baptiste*, 374 et suiv. — Sa *Vierge au poisson*, mieux comprise, 375. — Son *S. Michel* et les souvenirs de Dante, 376. — Raphaël a deux manières, dont l'une vaut mieux que l'autre, 377. — La *Vision d'Ézéchiel*, belle de symbolisme et de travail, 377. — Il adopte trop le nu, 372, 387. — Comment concilier ce travers avec sa dévotion prétendue à Marie ? 388. — Sa *Transfiguration* elle-même s'en est ressentie, 388 ; — et cependant rien de plus chaste que son *Parnasse* et son *Mariage de la Vierge*, 390 et suiv.

RASTIER, évêque de Vérone au xe siècle. Ses *Sermons* utiles aux symbolistes, II, 539.

RATIONAL d'Aaron. Symbolisme de cet ornement, II, 94, 95. — Ses douze pierres précieuses, 378.

RATIONALISME moderne, s'attaque surtout à dénaturer l'Écriture sainte, II, 56, — et à dénigrer les vérités religieuses et l'histoire de l'Église, III, 196.

RAYNAL. Erreur fondamentale de sa philosophie historique, I, 220.

REBECCA. Symbolisme tout divin de sa conduite, II, 87, 409.

RÉDEMPTION-DES-CAPTIFS (voir ORDRES RELIGIEUX).

RÈGLE D'OR (voir MESURES).

RÉGNIER (M.). Son livre de *L'Orgue ; sa connaissance, son administration et son jeu* ; éloge de cet ouvrage, IV, 263.

REIGNER, moine orfèvre du xie siècle. Son bel encensoir dit *de Lille*, IV, 314 et suiv.; — inscription en vers dont il le charge, 317.

REIMS. Beautés de la flore murale de sa basilique, III, 569.

REINS, symbole des passions charnelles, III, 277.

RELINDIS, abbesse de Sainte-Odile de Hohenburg au xiie siècle. Ses travaux ; illustration de son monastère, II, 575.

RELIQUAIRES (ou châsses). Comment disposés sur les autels ; ornementation à leur donner ; vase convenable aux reliques de la table d'autel, III, 230. — Pourquoi ornés de symboles démoniaques, 380. — Symbolisme de leur parure de pierres précieuses, IV, 15, 41, 305. — Statue de Ste Foi au trésor de Conques, 304 et suiv. — Châsse en forme d'église au musée de Bruxelles, 309 et suiv. — Que les reliquaires doivent toujours avoir des formes et des accessoires marqués au coin du symbolisme, 339.

RELIQUES. Pourquoi nécessairement dans les autels, II, 179, 180; — III, 262; — IV, 157. — Quel vase on devrait leur y donner, III, 230, 231. — Translations nombreuses du temps des Normands, 24. — Pourquoi des lampes sont allumées devant les reliques des Saints, IV, 160.

RELIURE (voir LIVRES).

REMY (S.), archevêque de Reims. Calice curieux donné par lui à l'évêque de Laon, III, 49. — Donne à son Église un vase précieux, cadeau de Clovis, IV, 289.

REMY d'Auxerre, symboliste du $x^e$ siècle. Sa méthode d'interprétation scripturaire, II, 539.

RENAISSANCE du $xvi^e$ siècle (La) n'a été que la décadence de l'art monumental, I, 13; — II, 15, 680, — et de l'art chrétien tout entier, I, 222, 331; — II, 26 et suiv.; — III, 92, 244, 432, 434; — IV, 19, 87 et suiv., 194, 363. — Rêveries de la cabale adoptées par les plus illustres savants, I, 176; — III, 347 et suiv.; — et la magie, 393, 394. — Ses prétentions aux formes classiques, II, 441; — III, 433; — IV, 124, 142, 205, 380, 381, 382, 384, 386. — Néglige le symbolisme, et atténue ainsi la portée morale de l'art religieux, II, 451; — III, 197, 301, 345; — IV, 19, 21, 26, 348; — y introduit les scènes païennes, II, 655; — III, 350; — IV, 124. — Protège la débauche et l'impiété, 402, 421. — La décadence du symbolisme chrétien au $xv^e$ siècle, 179, 440; — IV, 20, 27, 87, 148, 205, 344 et suiv., — et dès le $xiv^e$ siècle, II, 655; — III, 311; — IV, 20 et suiv., 27, 79, 368. — La véritable renaissance de l'art chrétien est au $xi^e$ siècle, III, 22, 240. — Paganisme dans les monuments funéraires du $xvi^e$ au $xix^e$ siècle, 301, 350; — dans les peintures des grands maîtres, IV, 363, 378 et suiv. — Beauté esthétique de ces mêmes monuments au moyen âge, III, 301 et suiv.; — IV, 370. — Confusion à éviter entre les sujets frivoles en apparence et ceux qui le sont réellement, III, 351. — Le $xvi^e$ siècle a continué d'admettre beaucoup de préjugés scientifiques admis avant lui, 473. — Comment décorer de peinture les églises de cette époque, IV, 62 et suiv. — Abus de la musique profane, qui s'efféminent comme le reste, 264 et suiv. — Efforts inutiles de Palestrina pour ramener la musique aux règles du sentiment chrétien et du goût artistique, 265. — Côtés vicieux de cette époque, et ses influences funestes sur la foi, les mœurs et les arts, 314 et suiv., 348, 363, 380. — Comment elle traite les Saints sans convenance ni dignité, 363. — Elle corrompt l'art chrétien, au jugement d'un protestant anglais, 368. — Elle abandonne le nimbe des Saints, 371. — Elle est plus funeste à la France qu'à l'Italie, et pourquoi, 380, 381. — Infeste la littérature de paganisme, 381, 382. — Elle a pour double caractère le culte du nu et la haine de l'art chrétien, 383, 391.

RENAN. Ses efforts contre l'existence du Sauveur réfutés par leur absurdité même. I, 91; — II, 56; — contre la sainteté du Cantique de

Salomon, 115. — Son mauvais livre contre Jésus-Christ convertit M. Delécluse, qui meurt chrétien, III, 196.

Renard qui prêche des poules, II, 23 ; — III, 351, 364 ; — IV, 231. — Emblème de la ruse cruelle, II, 498 ; — III, 364, 467 ; — IV, 457 ; — de la persécution contre l'Église, III, 355 ; — du démon ; allégorie de ses ruses appliquées à Satan par les physiologues, 490 et suiv. ; — IV, 457. — Fausse étymologie donnée à son nom, 491. — Sculpté avec le corbeau dans les églises des XIVe et XVe siècles, 232.

René, roi de Sicile et comte d'Anjou. Manuscrit à vignettes de la bibliothèque de Poitiers qu'on lui attribue, IV, 30. — Fêtes qu'il institue à Aix pour la procession du Saint-Sacrement, 203 et suiv. — Abus qui s'y introduisent, 206. — Son zèle à lutter contre la décadence de la chevalerie, 204. — Ses *OEuvres* publiées par M. Quatrebarbes, 207. — Il abolit la *Fête des Fous* pour ses abus, 228.

Répons, chant qui suit les leçons dans l'office liturgique. Comment S. Grégoire en prit bien l'esprit, IV, 246.

Reptiles, symbole toujours pris en mauvaise part, II, 512. — (Voir Serpent.)

Restauration, époque signalée en France par le gouvernement des Bourbons, de 1814 à 1830. Elle favorise la régénération artistique, IV, 401 et suiv.

Restauration des monuments et des peintures, assez mal comprise trop souvent, IV, 22, 56. — Comment il faut y procéder, et quelle est sa condition essentielle, 114.

Résurrection, symbolisée par le nombre 8, I, 153, 154. — Sa description poétique dans l'Apocalypse, II, 342, 343, 344. — Le Christ venant de l'Orient pour la résurrection des morts, III, 71. — Comment s'expliquer le tombeau resté vide du Christ ressuscité ? par l'abrogation des figures de l'ancienne Loi, IV, 434. — Résurrection de Lazare, et ses détails symboliques, II, 534. — La résurrection du Sauveur, symbolisée par le cierge pascal, III, 135. — La résurrection, symbolisée par un limaçon, IV, 37, — par une croix à étendard, 106.

Retables, ornements plastiques appliqués au-dessus des gradins de l'autel quand celui-ci est adossé au mur, III, 276. — Son origine, ses conditions, 276 et suiv., 278.

Retz (Gilles de Laval, seigneur de), dit *Barbe-Bleue*, organise une procession symbolique pour l'accompagner à son supplice, IV, 204.

Reuchlin. Ses livres sur les sciences occultes, condamnés à Rome, III, 349.

Revenants. Origine de leurs légendes, II, 300.

Révolution, renversement de toutes les idées morales, fille du protestantisme, IV, 26. — Elle parodie les fêtes de l'Église et reproduit le symbolisme païen en 1790 et en 1848, 188. — Elle pille les églises et y détruit les objets d'art, 319. — Son influence déplorable sur l'art chrétien, qui tombe avec le principe d'autorité, 401. — Elle invente le constitutionnalisme pour arriver plus sûrement à l'anarchie, 401. — Elle persécute l'Église et s'oppose à son action sur l'art et sur les personnes, 408. — Le spiritualisme professé dans ce livre est un obstacle à lui opposer, 414.

RHINOCÉROS. Symbolisme de son nom, I, 34.

RICHARD CŒUR-DE-LION. Symbolisme des quatre anneaux qu'il reçoit du Pape Innocent III, et signification de chacun de leurs détails, II, 616.

RIO (DEL). Ses écrits sur l'arithmomancie, I, 98.

ROBE, insigne des grandes dignités, II, 150, 157, 163, 404. — Les personnes de distinction en portaient toujours deux, 181. — La robe blanche des Anges, 263, — des âmes innocentes, 160, 275, 311, 316, — des baptisés, 396. — Robe nuptiale, 423. — Symbole de la charité, 518. — Robe d'or à la Sainte Vierge, 420 ; — verte à S. Jean et à la Synagogue, 451. — Robe de Jésus-Christ lavée dans le sang, 478.

ROBERT, roi de France, contribue généreusement à la renaissance de l'architecture chrétienne et des autres arts au XI<sup>e</sup> siècle, III, 24 et suiv. ; — IV, 307. — Ce bien se continue par ses successeurs, 26.

ROBERT LE FRISON, comte de Flandre. Ses armoiries, II, 540.

ROBERT (Cyprien). Idée de sa *Philosophie de l'art*, I, 147.

ROBERTSON. Citation de son *Histoire de l'Amérique*, sur la danse, I, 71.

ROBIN (L'abbé), auteur des *Recherches sur les initiations* ; cité sur la danse, I, 71.

ROGATIONS. Dragon porté à la procession de ces prières solennelles ; symbolisme de cet usage, III, 391 ; — IV, 204.

ROIS (Les quatre livres des) dans la Bible. Auteurs et but de cet ouvrage historique ; leur symbolisme, II, 38. — Les rois soumis au Christianisme, comme leurs peuples, 387 ; — symbolisés par le bélier, III, 462.

ROISIN (DE), habile archéologue, symboliste de mérite, III, 127.

ROLDUC, ville de Belgique, près Bruxelles. Crypte de son église très-remarquable, III, 189.

ROLLIN, auteur du *Traité des études*. Ses idées sur l'architecture du moyen âge, IV, 396.

ROMAIN (JULES), peintre italien, élève de Raphaël ; chasteté artistique de sa *Danse des Muses*, IV, 390.

ROMAINS. Leur attention au langage des signes, I, 193 et suiv. — Le *monde* de Romulus, 194. — Supplice symbolique des parricides, 195. — Les Romains s'attachent moins aux arts que les Grecs, 260 et suiv., 279. — Leur rôle de persécuteurs contre l'Église, II, 176, 179, 182, 209, 243, 245. — Leur abjection morale de **180 à 312**, 202. — Prédiction de la chute de l'Empire, 210, 211, — de la fin malheureuse des persécuteurs, 216. — Période des trente tyrans, 221.

Romans allégoriques du moyen âge : *Chansons de gestes*, la *Table-Ronde*, le *Roman du Renard*, le *Saint-Graal*, le *Roman de la Rose*, II, 675.

Rome ancienne. Divers symboles de sa puissance, I, 264.— Personnifiée dans la Bête de l'Apocalypse, II, 218, 244, 284. — Sa chute, punition de ses indignités, 258, 261 et suiv., 265 et suiv., 278, 288, 297. — Invasion des Barbares, 261 et suiv., 279, 280.— Rome, le trône de la Bête, inondé de la colère divine, 268. — Pratique la magie, 274. — Saint-Pierre de Rome, moins beau que nos belles cathédrales gothiques, 16. — Prédiction de la gloire de Rome chrétienne, 222.— Symbolisme de ses sept collines, 285, 289. — Comment la Rome païenne a les caractères de la Babylone antique et en mérite le nom, 285 et suiv., 295, 297 ; — III, 425. — Sa persécution contre les martyrs ; sensualisme de sa vie, II, 286 et suiv. — Causes morales de sa chute, 299. — Détails de cette ruine par les Wisigoths, 303 et suiv. — Son exaltation nouvelle par le Christianisme, 308. — Comment les Papes y ont reproduit les détails apocalyptiques de la Cité céleste, 269 et suiv.; — IV, 382. — Pourquoi beaucoup d'églises n'y ont pas l'orientation normale, III, 74.— Comment on y supplée, 76. — Caractère esthétique de ses arts, 245 ; — IV, 348. — Rome veut que les autres églises respectent leurs traditions, 178. — Quel mal ont fait à Rome chrétienne la Renaissance et ses excès, 348. — Jugement sur le mérite de Saint-Pierre de Rome comme architecture chrétienne, 349 et suiv., 360. — La chapelle Sixtine, peu religieuse par sa construction, 361.

Romulus. Son *monde* symbolique à Rome, I, 194, 264.

Ronce, symbole de la pénitence, III, 567.

Rond. La forme ronde donnée aux églises, symbole de l'expansion de l'Église dans l'univers, III, 107.

Rosaces ou Roses. Fenêtres affectant cette forme dans les croisillons des églises depuis le xiiie siècle, ou dans leur abside, ou dans leur façade occidentale, III, 220. — Continuer leur emploi dans les nouveaux monuments, IV, 65. — Quels sujets seraient convenables au levant et au couchant des églises, 8.

Rose à cinq feuilles, couronne d'Hécate, I, 149, 328. — Rose, consacrée à Vénus et à Minerve, 327, 359. — Rose, symbole de la virginité et de la pudeur, 201, — de l'amour pur, II, 588, — du martyre, 641 ; — du premier degré de l'initiation, I, 325, 327. — Symbolisme de tous ses détails, II, 609. — Comment la rose blanche devint rouge, I, 327. — Symbole de la rose blanche, 329 ; — III, 566 ; — IV, 104. — Ses oppositions symboliques, I, 329, 359, 610. — La rose d'or du quatrième dimanche de Carême, 329 ; — IV, 179. — La rose, emblème de Marie, II, 647, — III, 36, — IV, 104, — de la pénitence joyeuse, avec ses épines, III, 214, 517. — Le *Roman de la Rose*, II, 675 ; — III, 311 et suiv.— La rose rouge, emblème du martyre, 566.— Le bouton de la rose blanche, symbole de l'Incarnation, IV, 104.

Rose (La couleur), couleur mixte. Son symbolisme, I, 325. — Sa règle d'opposition, 327; — II, 324. — Peu employée au moyen âge, I, 331. — Donnée à un satellite de Satan, II, 324. — Aux vêtements sacerdotaux, par exception, IV, 179.

Roseau, symbole du Juste vivant des eaux de la grâce, III, 526, — de la grandeur humiliée, 567.

Rosée, symbole de l'éducation, I, 95. — Son étymologie, 326. — Parole de Dieu, II, 217.

Rosière de Salency. Symboles qui accompagnent sa fête, I, 211.

Rossi (Le chevalier de). Ses travaux sur les peintures des catacombes, IV, 133.

Roswita (voir Hroswita).

Roue de fortune, symbole ingénieux des inconstances de la vie humaine, incrusté dans le pavé de la cathédrale de Sienne, III, 155.

Rouen. Comment on célébrait dans son église métropolitaine la *Fête de l'Ane*, IV, 210. — Notes relatives au jubé, aux archives et à la bibliothèque de cette église, 214, 215. — Autres fêtes liturgiques de la même époque, 215.

Rouge, ou pourpre; couleur symbolique de la royauté, de la grandeur généreuse et des idées analogues, I, 292, 307; — IV, 9. — Pourquoi celle des cardinaux, 177. — Donnée à Bacchus, I, 292, — à Jupiter, 308, — aux Euménides, 312. — Couleur des martyrs, IV, 13, 177, — de la charité, et de l'Esprit-Saint, 177. — Image du feu : on lui en communique tous les attributs, I, 308; — II, 176, 404. — Cette couleur donnée à tous les dieux de l'antiquité païenne, I, 308, — au Souverain Pontife d'Héliopolis, 309, — aux cardinaux et aux enfants de chœur, 310, 335, — IV, 177, — aux Élus dans le ciel, II, 338, — à des Anges, 404. — Symbole de la guerre, 176, — de la lumière, 450, — IV, 13, — de la charité, II, 616, — IV, 9. — Règle d'opposition relative au rouge, I, 311 et suiv., 249; — IV, 13. — Le rouge employé dans les funérailles comme couleur de deuil, I, 312, 316. — Donné au démon, II, 249, — IV, 13, — et par cela même à la Bête montée par la prostituée de Babylone, II, 284. — Robe rouge de S. Jean l'Évangéliste, 450. — Pourquoi les baies ajourées des édifices sont fond rouge aux vitraux des XIII$^e$ et XIV$^e$ siècles, I, 308; — IV, 13. — Le rouge appelé *gueule* dans le blason, II, 542, 548.

Rousseau (J.-J.). Ses erreurs sur l'origine du langage, I, 28, — sur le sens de l'Écriture, II, 56, — sur la distinction de la musique *naturelle* et *imitative*, 67. — Ses idées justes sur l'emploi et l'importance des signes dans le langage humain, I, 184 et suiv., 193.

Roux (voir Bistre).

Ruben, l'un des fils de Jacob, symbolisé par le Verseau du Zodiaque, II, 109, 237, — par la sarde, 380.

Rubens. Caractère de sa peinture historique, et abus de la mythologie adaptée aux personnages les plus récents de notre histoire nationale, IV. 379.

Rubis, pierre précieuse, calmait la colère, II, 366.

Rudbek (Olaüs). Son système sur l'origine des fables mythologiques, I, 82.

Rupert (Le B.), abbé de Deutz, en Belgique, au XIIe siècle. Ce qu'il dit du symbolisme du nombre **3**, I, 146.— Mérite de ses autres écrits, II, 566.

Russes, peut-être destinés au rôle de Gog et de Magog contre l'Europe occidentale, II, 335.

Ruth. Signification symbolique de ce nom ; charmante églogue de l'ancien Testament, II, 38.

## S

Sabbat, est le principe du respect des juifs pour le nombre **7**, I, 150, 152. — Sabbat des cabalistes; une de ces scènes dans une gravure du XVIe siècle, III, 395. — Étymologie de ce nom, 397. — Le sabbat bien antérieur au Christianisme, 397. — Impudicités de ces réunions, 400. — Scènes drôlatiques du sabbat sur les marges d'un bréviaire, IV, 28.

Sable, ou noir, une des couleurs du blason, II, 549.

Sablier, insigne païen de la mort, I, 200.

Sacerdoce chrétien, a les pouvoirs de Jésus-Christ, II, 232.

Sacrements, symbolisés par certaines cérémonies de l'ancienne Loi, II, 91 ; — III, 564.— Leurs signes sensibles et leur matière sont autant de symboles, 559 ; — IV, 151.— N'ont jamais manqué à l'Église, II, 233. — Leur source est dans le sang de Jésus-Christ, 434, 435 ; — III, 290, 559 ; — IV, 151.— Symbolisés par les sept étoiles de l'Apocalypse, III, 177.— Symbolisme de chaque sacrement en particulier, IV, 151 et suiv.

Sacrifices. Ceux de l'ancienne Loi figuratifs de celui de Jésus-Christ, II, 172, 173, 562. — Mystère de l'imposition des mains sur la victime, 534.— La punition des impies est comme un sacrifice éternel, agréable à Dieu et aux Élus, 259.

Sacristie. Son premier modèle dans les catacombes, III, 5.— Variations que les siècles lui font subir, 308.

Sagesse, symbolisée par l'or, I, 304 ; — II, 160, 371, 372.

Sagittaire, signe du Zodiaque. Sa représentation symbolique, I, 58. — Son origine, III, 460. — Autrement nommé le *Centaure*; comparé à Gad, dans la prophétie de Jacob, II, 110. — Figure du démon, III, 126, 363, — IV, 462, — et du Christ victorieux de ses ennemis, III, 464.— Le chasseur Procus est-il le Sagittaire du Zodiaque ? 460.

Saint-Benoît-sur-Loire, abbaye de bénédictins, nommée encore Fleury-sur-Loire au VIe siècle. Son beau narthex, III, 132. — Ses beaux chapiteaux historiés, 333 et suiv., 423.— Histoire de ce monument, mal pensée, 424 ; — IV, 449. — On le décore de mosaïques au IXe siècle,

46. — Bâtie sur un plan triangulaire en l'honneur de la Trinité, 73.

SAINT-DENYS, ville et abbaye de bénédictins, près Paris. Soins que prend de l'église abbatiale l'abbé Suger au XIIᵉ siècle, et symbolisme de ses travaux d'art, II, 571 et suiv.; — IV, 18. — Bel et riche ameublement de la basilique, 318.

SAINT-ESPRIT (voir ESPRIT-SAINT).

SAINT-FLORENT-DES-BOIS, village du bas Poitou (Vendée). Bel autel de son église en style du XIIᵉ siècle, III, 276.

SAINT-GILLES, prieuré du Languedoc. Nombres symboliques de ses dimensions, III, 31. — Sculptures de sa façade, 369.

SAINT-JURE (Le P. DE), jésuite, auteur de la *Connaissance de Jésus-Christ*. Caractère symbolistique de cet ouvrage, II, 94, 196.

SAINT-MAIXENT, ville du Poitou (Deux-Sèvres). Crypte de son église abbatiale, III, 188.

SAINT-POMPAIN, village du Poitou (Deux-Sèvres). Son église romane à *obscœna* symboliques, III, 427. — Son Zodiaque, *ibid*.

SAINT-SAVIN-SUR-GARTEMPE. Fresques apocalyptiques de son église abbatiale, II, 242, — mal comprises par M. Mérimée, IV, 53. — Déviation de l'axe longitudinal, III, 171, 172. — Ses curieux autels du XIᵉ siècle, 270. — Hybrides de ses peintures, 465. — Son beau tétramorphe, IV, 111.

SAINTS, représentés comme prenant part à toutes les œuvres de l'action providentielle, II, 167. — Sont rois et prêtres dans le ciel, 173, 317, 332. — Vêtus de blanc (voir *Blanc*). — Leur nombre définitif prédestiné dans les desseins de Dieu, 181, — qui règne sur eux, 352, 386. — Petit nombre des Élus, 186. — Caractères de leur récompense éternelle en Dieu, 187, 188, 197, 259, 262, 306, 346, 331, 338, 355. — Représentés dans l'Église par les fidèles, 197, 307, — qu'ils assistent du haut du ciel, 353. — Brilleront dans le royaume du ciel, 226, 364, 376. — Sujet éternel de leurs cantiques, 236, 257 et suiv. — Toujours glorifiés d'une lumière ou nimbe dans l'iconographie, 297, 387. — Ils marchent à la suite du Sauveur triomphant, 317. — Ils jugeront avec Lui ceux qui les ont persécutés, 331. — Donnant la main au Sauveur qui les attire vers Lui après le jugement dernier, 338. — Couleurs symboliques de leurs vêtements, 338, 404; — IV, 13. — La vision béatifique, II, 353, 360, 363, 367, 385. — Les âmes peintes dans le *sein de Dieu*, 353 et suiv. — Larmes des Saints essuyées par Jésus-Christ, 355. — Se désaltèrent aux sources du Sauveur, 358, 360, 393, 405. — Immutabilité de leur bonheur, 373, 388. — Existence simultanée des corps et des âmes dans la béatitude, 386. — Les Saints s'y absorbent en Dieu, 387, 393. — Nimbés et munis d'un livre, contrairement aux réprouvés, 405. — Variété de leurs Offices liturgiques fondée sur la différence de leurs mérites, 477. — Les Justes ou Saints de l'ancienne Loi, figure du Sauveur, 484. — Ne peuvent être séparés de Lui, 485, — étant les membres du Corps dont il est le Chef, 531. — Les quatre Saints couronnés, 634. — Caractères attrayants des Saints de la terre,

676. — Charmantes allusions symboliques de leurs vies, 677. — Entourés de fleurs symboliques par l'art chrétien, III, 35 et suiv. — Les Saints canonisés en plus grand nombre depuis le xiie siècle, 174, — et beaucoup, à notre époque, de ceux qui ont vécu depuis le xvie : comment pourvoir à leur culte par des églises et de l'ornementation convenable, IV, 63 et suiv.—Les légendes des Saints valent mieux en peinture que leurs statues, moins éloquentes, 56. — En quoi les Saints ont servi le progrès des sciences et des arts, 296.

SALOMON. Symbolisme des lions sculptés autour de son trône, I, 236, — de la consécration de son temple à Jérusalem, 237, — des ornements de cet édifice, 360, 361; — II, 164; — III, 308, 563.—Ses ressemblances avec le ciel des Élus, 172. (Voir *Jérusalem*.) — Mesuré par un Ange en signe de sa reconstruction après la captivité, II, 212.— Figure de Jésus-Christ, I, 238; — II, 537, 633; — III, 557.—Ses Livres sapientiaux, II, 40, 41. — Figure de l'Église chrétienne, 213; — III, 3, 4. — Autre figure de l'Église dans sa tour purifiée, II, 433. — Sa sagesse renommée dans tout le monde, III, 308.—L'*Hortus Salomonis* d'Hermann de Werden, 555, 556.

SALUT ÉTERNEL. Symboles qui en expriment les conditions, II, 160.

SALVATOR ROSA, peintre italien du xviie siècle. Beauté chaste et énergique de son *Prométhée*, IV, 390.

SAMARITAIN. Signification de ce mot hébreu ; comment Jésus-Christ se l'attribue ; parabole, I, 44 ; — II, 52, 176, 314, 315 ; — IV, 12, 376. — La Samaritaine ; sens moral de cette parabole, II, 52 ; — IV, 376. — Les eaux qu'elle doit chercher, II, 359.

SAMSON, déchirant la gueule du lion, symbolise la protection divine contre le démon, III, 34, 448.

SANCTUAIRE, doit s'élever de trois marches au-dessus du sol, III, 208. — Effets de sa construction et de ses détails, 208, 224 et suiv. — Doit être, par convenance et par symbolisme, séparé de la foule par un certain mystère favorable au recueillement, 287. — Idée d'un sanctuaire traité d'après les exigences de l'esthétique chrétienne, 288 et suiv. — Les sculptures doivent y être choisies et symbolisées d'après le Mystère de l'autel, 335 et suiv., 337, 343.

SANDALES. Ce qu'elles signifient dans le costume épiscopal, IV, 167.

SANG DIVIN recueilli au pied de la croix par l'Église ou par des Anges, II, 448.

SANGLIER, un des symboles de la Gaule, I, 265 ; — III, 545.— Figure du démon, II, 429 (voir *Chasse*) ; — III, 361, 378.— Déracinant un arbre, 446 ; — IV, 456.

SANNAZAR, poète latin du xvie siècle, est trop païen dans son poème *De Partu Virginis*, IV, 381.

SANS-CULOTTES de 1790. De quel symbolisme ils étaient capables, IV, 188.

SANTEUIL. Ses belles strophes sur le bonheur des Saints, II, 387.

— Reproches injustes qu'on a faits à ses compositions sacrées, IV, 278.

SAPHIR, pierre précieuse bleue, image de la gloire céleste, I, 321; — II, 378, 616; — IV, 18. — Symbolise la tribu de Nephtali et l'apôtre S. André, II, 378. — Préservait du venin des reptiles, 366.

SAPHO, tableau de M. Delaval, suivant la théorie des couleurs symboliques, I, 348.

SAPOR 1er, roi des Perses, II, 207.

SARA ou SARAÏ. Sens différent de ces deux mots, I, 40. — Image de l'Église, II, 51, 414, — et quelquefois de la Synagogue, 409.

SARDE, pierre précieuse, symbolise la tribu de Ruben et l'apôtre S. Barthélemy, II, 380.

SARDES, ancienne capitale de Lydie, une des premières Églises d'Asie, II, 156.

SARDOINE, pierre précieuse d'un rose pâle, et parfois d'un rouge de feu, symbolisant la justice et les jugements de Dieu, I, 321, — II, 163, 165, — le feu par sa couleur, 165, — la tribu de Lévi et l'apôtre S. Philippe, 379, — le martyre, III, 289.

SATAN (voir DÉMONOLOGIE).

SATURNE. Ses relations symboliques avec le plomb, I, 60.— Symbolisé par une faux, 169. — Autres variantes, 267.

SATYRE, demi-dieu mythologique. Ses attributs donnés au démon, III, 368.

SAUTERELLES, symbole des armées envahissantes dans Joël, II, 102. — Leur description dans l'Apocalypse, 199 et suiv. — Leurs ravages, 203; — III, 336, 462. — Leur iconographie dans les manuscrits et à Chauvigny-sur-Vienne, II, 205, — à Saint-Savin et à Vézelay, 205. — Elles sont aussi les peuples convertis combattant le démon, 206. — M. Mérimée n'a pas compris leur rôle à Saint-Savin, IV, 54.

SAUTOIR. Sens symbolique de cette pièce de blason, II, 543.

SAUVAGES armés de massues. Ce qu'ils représentent comme supports d'armoiries, II, 546.

SAVONAROLA, dominicain du XVIe siècle, s'est perdu en dépassant les limites du bien, IV, 385.

SAXE (Maurice DE), maréchal de France. Fautes de son tombeau à Saint-Thomas de Strasbourg, III, 98.

SCANDINAVES. Leurs croyances et leurs symboles religieux sont-ils admis en quelques rares sculptures de nos églises romanes? I, 178. — Dogmes fondamentaux de leur religion, 179.— Leurs scaldes ou poètes, 179. — Symbolisme de leur langage et de quelques usages nationaux, 181 et suiv.

SCARABÉE. Symboles divers qu'en ont tirés les Egyptiens, I, 93.— Son histoire mystérieuse fondée sur des croyances populaires, 94.

Sceau, symbole du secret, I, 185. — Les sept sceaux de l'Apocalypse, II, 170 et suiv. — Leur ouverture par l'Agneau, 174. — Premier sceau : cavalier blanc, 175 et suiv. — Deuxième sceau : cavalier roux : la guerre, 176 et suiv. — Troisième sceau : cavalier noir : la famine, 177. — Quatrième sceau : cavalier pâle : la mort, 178. — Cinquième sceau : les martyrs, 179. — Sixième sceau : jugement de Dieu sur les persécuteurs, 182. — Septième sceau : vengeance de Dieu sur les méchants, 190.

Sceptre, attribut de la puissance suprême, I, 82, 86, 203, — donné à Jésus-Christ, II, 156. — Ce qu'est son sceptre *de fer*, 231. — Sceptre de Satan, surmonté d'une tête de taureau et de celles de deux serpents, III, 368.

Schisme d'Occident au xive siècle, né des ambitions des princes. Son influence sur la décadence de l'art chrétien, IV, 344.

Schnaase (M.), archéologue alsacien. Son erreur sur un pélican symbolique, II, 429. — Ce qu'il pense des mesures symboliques appliquées aux églises du moyen âge, III, 30 et suiv., 165.

Schœflin (Daniel), auteur du *Vindiciæ typographicæ*, II, 643.

Sciences. Comment elles ont besoin des symboles et en ont usé dès le commencement, I, 51 et suiv. — Système de S. Adhelme sur le nombre des sciences, 134. — La science humaine utile au symbolisme jusque dans ses préjugés et ses erreurs, III, 472.

Scorpion, symbole de l'hérésie, II, 200, 201, 604; — III, 445. — Signe du Zodiaque aux mauvaises influences : pour cela, symbole du démon, 460, 463.

Sculpture. Combien prodiguée sur les monuments grecs et latins, I, 232; — III, 242. — Les sculptures chrétiennes ont toutes un sens symbolique à étudier, II, 14, 204 et suiv., 428, 526, 589; — III, 126, 127, 141, 242, 258, 426 et suiv. — Leurs progrès du ve au xiie siècle, II, 21; — au xie, III, 27, 240; — IV, 421 et suiv.; — au xiie, III, 241, 345 et suiv. — Leur filiation, IV, 421 et suiv. — Toutes parées de couleurs symboliques au moyen âge, II, 348. — La sculpture très-pauvre de dessin pendant la période mérovingienne, III, 14; — IV, 427; — et au xie siècle, III, 240. — Premiers essais de la sculpture romane, II, 15, 240, 525; — IV, 431. — Ses symboles, II, 16, 240; — IV, 422 et suiv., 430 et suiv., 433. — Combien et par quoi la sculpture chrétienne l'emporte sur celle du paganisme, III, 242. — Aux xiie et xiiie siècles, 126, 140, 181 et suiv., 249, 525, 526; — IV, 438. — Raison probable de ses perfectionnements au xiiie, III, 537. — La sculpture plus parfaite dans le sanctuaire et ses abords, 183, 335. — Principe de la décoration sculpturale des églises, III, tout le chap. vi et p. 564 et suiv., — IV, 366. — En quoi la sculpture proprement dite diffère de la statuaire, III, 244. — Elle s'inspire toujours des influences nationales, 245. — Beaucoup de sculptures prises pour des caprices de l'artiste ont un sens symbolique, 258. — Combien cette thèse du caprice absolu est insoutenable, IV, 435 et suiv. — Le style des sculptures à imiter des époques auxquelles s'empruntent les sujets, III, 322. — La sculpture alimentée par la liturgie et la poésie, 853; — IV, 199, 367. — Soin de n'en admettre dans nos églises que de bien traitée et pourvue d'un sens esthétique, 565. — Traces multiples des drames liturgiques dans les sculptures des églises et de leur ameublement, 199 et suiv., 231, — et de l'affaissement de la foi chrétienne, 208, 366.— Le caprice chasse le symbolisme et efface le caractère chrétien de la sculpture religieuse, 393. — Beaux développements de celle-ci au xiie siècle, et leur théologie élevée, 438.

SECRET. Loi du secret pour les premiers chrétiens, une des causes de l'adoption des symboles, II, 19, 155; — IV, 151. — Le mystère de la Trinité, un de ceux que les images divulguèrent le plus tard, 75, 76.

SÉDULIUS, poète chrétien du ve siècle. Extrait de son *Carmen paschale* sur l'orientation du Sauveur crucifié, II, 442; — sur l'abaissement de la Synagogue, 444, — et la gloire de la Sainte Vierge, 450.

SEL, symbole de la sagesse, III, 210, 267. -- Pourquoi exorcisé pour les usages du baptême et de l'eau bénite, 390.

SÉNEVÉ, symbole du Sauveur et de l'Église, III, 520.

SENNACHÉRIB. Signification symbolique de ce nom, I, 43.

SÉPHORA, nom symbolique en hébreu, I, 40.

SEPTEMBRE. Comment symbolisé dans le Zodiaque, III, 459.

SEPTENTRION (voir NORD).

SÉPULTURES (voir FUNÉRAILLES, TOMBEAUX).

SÉRAPHINS (voir ANGES).

SÉRAPIS. Son temple dans le *forum*, I, 227. — (Voir ISIS.)

SÉROUX D'AGINCOURT, auteur de l'*Histoire de l'art par les monuments*; importance de ce livre, IV, 289.

SERPENT, un des symboles de l'éternité par sa forme circulaire, I, 54; — de la trinité de Jupiter, 81; — du monde, 164, 169; — du mal moral et universel, 178; — II, 371; — III, 362, 467; — de la résurrection, I, 368; — III, 4. — Signe de maladie, I, 188; — de mort subite, 195; — de l'astuce et de la trahison, 195, 202; — II, 272, 498, 512; — III, 127, 362; — de la prudence, I, 209; — de l'hérésie, III, 377. — Le dragon roux de l'Apocalypse, I, 306, — persécute l'Église et Jésus-Christ, II, 232. — Le serpent d'airain, symbole de Jésus-Christ, 51, 64, 81, 501; — III, 364; — symbole de Dan, fils de Jacob, II, 109. — Serpent au pied d'un crucifix du ixe siècle, 441; — IV, 328. — Traditions des naturalistes sur le serpent, et allusions morales qu'y trouve S. Augustin, II, 496; --IV, 328. — Symbole du démon, II, 604; — III, 258, 259, 359 et suiv., 362, 377, 467; — IV, 328. — Adoré par les peuples anciens, III, 362, 466.— Symbole de Jésus-Christ, 364. — Moitié homme moitié serpent, 365, 377. —Attaquant un nid de colombes, 371. — Ornant des supports de chandeliers, 380; — IV, 328. — Symbole de l'âme régénérée dans le baptême et la pénitence, III, 434 et suiv. — Diverses espèces de serpents, innocents ou nuisibles, 487. — Le serpent au pied de la Croix, symbole nécessaire de la défaite de Satan, IV, 130, 328. — Le serpent écrasé sous les pieds de Marie date du xiie siècle, 138, 139.

Sexe, jamais indiqué que par des caractères généraux dans l'iconographie du moyen âge, II, 344; — III, 424, 431.

Sibylles, prophétesses du paganisme. Leur rôle dans la tradition chrétienne, II, 580; — IV, 95 et suiv. — Mensonges écrits à leur propos par les encyclopédistes du xviiie siècle, 96. — Comment et pourquoi les Pères n'hésitèrent point à invoquer leur témoignage, 97, 100, 108. — Accord de leur théologie avec celle du Christianisme, 98, 100. — Vicissitudes de leur crédit dans l'histoire, 98. — Leur rôle dans l'art chrétien, 98, 100, 212. — Incertitudes de leur biographie, 98 et suiv., 109. — Leurs relations avec les prophéties bibliques et la philosophie grecque, 100. — Leurs noms et leurs attributs, 101, 108. — Confusion probable pour quelques-uns d'entre eux, 104, 106. — La sibylle de Samos retranchée mal à propos du *Dies iræ*, 107. — Nécessité de rendre les sibylles à l'art chrétien, 108. — Comment les vêtir, *ibid.* et suiv. — Sibylle de Cumes, et son rôle dans la *Fête de l'Ane*, 212. — Sibylle Érythrée; son rôle, 211.

Sicardi, évêque de Crémone, liturgiste du xiiie siècle. Ce qu'il dit de la forme ronde donnée à quelques églises, III, 107, — du symbolisme du pavé, et d'autres objets ecclésiastiques, 152. — Idée de son livre intitulé *Mitrale*, IV, 162.

Sicile, héraut d'armes du roi d'Aragon Alphonse V, fait un *Traité du blason*, II, 549.

Sickingen (Franz de), chevalier félon du xvie siècle, chef de routiers sous prétexte de la Réforme religieuse, peint par Albert Durer dans le *Cavalier de la Mort*, IV, 358.

Siéges, ornés par les dignités païennes de symboles démoniaques ou propres à inspirer la terreur ou le respect, III, 382. — Le fauteuil de Dagobert, IV, 293.

Sigalon, peintre français du xixe siècle. Son opinion motivée sur le *Jugement dernier* de Michel-Ange, IV, 367.

Signes. Ils suppléent aux impuissances de la parole et de l'écriture, I, 2 et suiv, 184, 210. — Employés par les anciens comme amulettes, II, 251, 252. — Signaux maritimes, sorte de symboles, I, 242 et suiv. — Signes du Zodiaque (voir *Zodiaque*). — Signes demandés à Dieu par les Patriarches comme autant de symboles de sa volonté, II, 87. — Employés symboliquement par les Prophètes, 103, 104, 185. — Signe de salut donné par Dieu aux Elus, 185, 201, — marqués sur le front des adorateurs du vrai Dieu, 252.

Signes lapidaires, marques de tâcherons, et non signes secrets de sociétés antagonistes du clergé au moyen âge, III, 60. — Leur but et leur variété, 159. — Gravés sur les édifices civils et militaires, comme sur l'appareil des églises, 160.

Siloé, fontaine dont les eaux tranquilles symbolisent le calme et la paix d'un peuple soumis à Dieu, II, 292.

Siméon, fils de Jacob, symbolisé avec son frère Lévi par les *Gémeaux* du Zodiaque, II, 109. — Figuré par la topaze, 382.

Siméon Métaphraste, hagiographe du x⁰ siècle. Valeur de son livre, II, 653.

Simon (S.), apôtre. Ses attributs iconologiques, III, 147.

Simon le Cyrénéen, type symbolique de la vocation des gentils, II, 523.

Simon le Magicien, vêtu de vert et de jaune, I, 323.

Sinaï, montagne de l'Arabie Pétrée. Inscription témoignant le passage des Hébreux sous la conduite de Moïse, I, 18. — Habité par des solitaires au v⁰ siècle, II, 502.

Singe, symbolise la méchanceté impudente, 1, 195, 202; — III, 127, 446. — Habillé en moine et jouant de la viole, 351, — ou de la flûte, IV, 222. — Se faisant adorer, III, 363. — Jouant de la cornemuse et de la flûte, IV, 29. — Fouettant un chat, *ibid.*, — et jouant un rôle dans la Tentation au désert, 32. — Imposant les mains à un ordinant indigne, 35. — Enchaîné aux pieds de la Vierge-Mère, 356.

Sinople : c'est la couleur verte du blason. Son origine et ses significations, II, 548.

Sion. La montagne de Sion symbolise les Élus, III, 102.

Sire, titre d'honneur donné à Notre-Seigneur Jésus-Christ au xii⁰ siècle, IV, 220, 221.

Sirène, animal fantastique classé parmi les animaux impurs du Lévitique, III, 444. — Ce qu'en raconte le *Physiologue* de Théobald, 500 et suiv. — Souvent reproduite dans l'iconographie chrétienne, 465. — Est tantôt Jésus-Christ, tantôt le démon; tuant un poisson à Saint-Aubin d'Angers, 466 ; — IV, 437, 448. — Symbole du baptême, et comment, III, 469 ; — IV, 431 ; — des plaisirs mondains, 31. — Caractère de la sirène favorable à la luxure et aux plaisirs mondains, 450.

Siva, dieu du mal chez les Hindous, peint en roux, I, 306, 338.

Smyrne. Symboles de cette ville sur ses médailles, I, 264. — S. Polycarpe, son premier évêque, II, 154.

Socrate, adopté du moyen âge comme représentant de l'unité de Dieu, II, 577.

Sodome. Pourquoi punie par le feu et le soufre, 1, 339. — Personnifiée dans la Rome païenne, II, 218.

Soif de la justice, expression symbolique corrélative à celle des eaux, des fontaines du Sauveur, etc., II, 361.

Solas (Jean), maître maçon à Paris, passe en 1519 le marché pour les sculptures de la clôture du chœur de Notre-Dame de Chartres, III, 432.

Soleil, élément de perfection; symbolisé par un cercle, I, 60. — C'est l'Osiris des Égyptiens, 88. — Symbole de l'éternité, 92, 93. — Comment les croyances mithriaques le symbolisent, 169; — IV, 173. — Figure la vérité, II, 199. — Type de Jésus-Christ, comme la lune de l'Église, 438; — IV, 105, 174. — Pourquoi le soleil est placé dans l'iconographie à droite de la crucifixion, et la lune à gauche, II, 441, 464. — Symbole de la résurrection de Jésus-Christ, 445; — du sacerdoce, par opposition à l'empire, 620. — Regardé par les manichéens comme étant Jésus-Christ, III, 74. — Sa personnalité dans les empereurs païens, 75.—Jésus-Christ appelé le vrai Soleil par les Pères, 185.— Soleil, attribut de la sibylle Persique, IV, 105. — Marche supposée du soleil à travers le Zodiaque, et leçons ingénieuses qu'en a tirées le Christianisme, III, 453.

Solignac, abbaye du Limousin fondée au XVe siècle. On s'y occupe d'industrie et d'études, III, 47. — Son but d'origine était surtout l'orfévrerie sous le patronage de S. Éloi, IV, 295 et suiv.

Songes. L'art de les interpréter, ou *onéirocritique*, I, 187. — Fréquemment envoyés de Dieu pour manifester l'avenir, ou sa volonté, II, 87 et suiv. — Songe de Joseph, 110. — Songe ou vision de Daniel (voir *Visions*). — Songe de S. Jean de Matha et de S. Félix de Valois, 618.

Sonnettes de la robe d'Aaron; leur symbolisme, II, 94.

Sophie (Ste), personnification de la sagesse divine. Ses trois filles : Ste Foi, Ste Espérance et Ste Charité, I, 47; — II, 654.

Sophistes (voir Philosophie humaine).

Sorciers. Origine de beaucoup de légendes de sorciers, II, 300.

Sorel (Agnès), (voir Agnès).

Souain, village de Champagne. Son église élevée sur une motte de terre rapportée, III, 102.

Soufre, expression biblique du supplice du feu, I, 304. — (Voir Enfer.)

Sphinx, symbole de la vigilance, I, 335, — de la chair soumise à l'esprit, IV, 423. — Animal fantastique interdit par le Lévitique, III, 444.— Souvent reproduit dans l'iconographie chrétienne, 465. — Symbole de défections dans la foi, 444; — très-employé au XIIe siècle, et d'origine orientale, 465.

Spicéa, arbre vert, symbole d'immortalité, I, 196.

Spire. Curiosités symboliques de sa cathédrale; le dragon, I, 180.

Spiritualisme. Il fait le charme des sciences morales, et le principe des études symbolistiques, II, 1 et suiv. — Albert Durer lui a, avec raison, sacrifié la forme, qui se recommande peu dans ses ouvrages, IV, 355.

Stalles. Leur place primitive dans l'abside, III, 205. — Observations qui se rapportent à leur place actuelle, à leur but et leur ornementation, 220 et suiv.; — IV, 115. — Déplorable système de destruction qui les menace de nos jours, 221. — Ne jamais peindre le vieux bois, mais l'entretenir, 115. — Quelques figures sculptées aux stalles des xv⁰ et xvi⁰ siècles sont des scènes ou des personnages des drames liturgiques, 199 et suiv.

Statuaire. Beau symbolisme de la statuaire hindoue, I, 162. — La statuaire est l'idéal de la grâce, comme l'architecture celui de la beauté plastique, 245. — Ses origines, 246 et suiv., 278. — Raison de ses types hideux chez les peuples idolâtres, 251 et suiv., — et des types les plus beaux, 254. — Caractères des divers peuples anciens reproduits dans leur statuaire, 254; — III, 245. — Examen sur ce point de la Chine, de l'Égypte et de la Grèce, I, 255 et suiv.— Les Grecs plus adonnés aux arts d'imitation que les Romains, 260. — Particularités sur la statuaire des anciens, et ses principes symboliques, 268 et suiv. — La statuaire moins populaire que la peinture, 270. — Symbolisme de la statuaire antique; en quoi il consista, 284. — Ses beaux développements au xii⁰ siècle, III, 34, 98, 248, — et au xiii⁰, 39, 98; — IV, 38, 369. — Fausses pensées qui ont inspiré la statuaire chrétienne des artistes de notre temps, III, 98; — d'autres, mieux inspirés, 134. — En quoi la statuaire diffère de la sculpture prise en général, 244. — Types consacrés pour quelques personnages chrétiens, 244. — La statuaire toujours dirigée par l'architecte qui l'employait, 245. — Statuaire romano-byzantine; ses caractères, 246. — A quoi attribuer ses défauts matériels, 247, — et son peu de progrès aux x⁰ et xi⁰ siècles, 248. — Le nu proscrit par le Christianisme (voir *Nu*). — La Renaissance affuble les statues d'étoffes et de brocards ridicules, 433. — Statues du moyen âge supportées par des démons ou par les bourreaux des martyrs, IV, 38. — De la polychromie appliquée à la statuaire, II, 348. — Son effet excellent et indispensable, IV, 71 et suiv. jusqu'à la fin du chapitre xvii. — Belle statuaire de la cathédrale de Chartres, 369. — Le xvii⁰ siècle en produit peu, 393.

Stéphaton, nom du soldat qui présenta l'éponge imbibée de fiel à Notre-Seigneur cruxifié. Son rôle symbolique dans la scène de la crucifixion, II, 463.

Strasbourg. Son évêché fondé par Clovis, III, 47.

Style architectural, doit inspirer celui de tout l'ameublement qu'on y ajoute, IV, 322. — Le style grec et son architecture anéantissent le symbolisme chrétien à la Renaissance, 347 et suiv., 391. — Le style *rustique*, 392.

Sud (voir Midi).

Suger, abbé de Saint-Denys au xii⁰ siècle. Description de son jeu d'échecs, I, 164. — Mérite de ce grand homme; ses travaux d'esthétique à Saint-Denys, II, 570 et suiv.; — IV, 17, 21, 294. — Belle orfévrerie dont il enrichit sa basilique, 318 et suiv. — Le livre *De sua Administratione*, II, 571; — IV, 318. — Symbolise dans un vitrail les prophéties réalisées dans l'Église sur l'Eucharistie, II, 573; — IV, 18.

— Ce symbole parodié par le protestantisme dans une église de Berne, 398.

SULLY (Eudes DE), évêque de Paris de 1197 à 1208, fait un règlement pour les drames liturgiques joués à la fête de la Circoncision, IV, 196, 200.

SULLY (Maurice DE), évêque de Paris de 1160 à 1196, compose les répons de l'office des Morts, IV, 254.

SULZER, savant allemand, a mal parlé de symboles chrétiens qu'il n'avait pas étudiés, III, 404.

SUNAMITE, dont le fils est ressuscité par Élisée; symbole de Notre-Seigneur Jésus-Christ et de l'Église, II, 516.

SUPERSTITIONS populaires. Comment nées d'idées fausses ou d'exagérations, I, 143 et suiv. — Quelques-unes des plus remarqubles chez les Romains, I, 194.

SUPPEDANEUM, nom donné au support placé sous les pieds du Sauveur crucifié. — Symbolise la porte occidentale de l'église, III, 43. — Qu'on ne doit pas l'omettre dans la représentation du crucifix, IV, 126. — Il est refusé aux deux larrons, II, 464.

SUPPLICES symboliques des parricides à Rome, I, 195.

SUZANNE, figure de l'Église persécutée, et les vieillards celle des Juifs et des Gentils, II, 479.

SYCOMORE, arbre biblique. Sa signification, III, 340 et suiv.

SYLVESTRE Ier (Le Pape). Ses constructions religieuses, et son zèle à les décorer de symboles, III, 44. — Interdit l'orientation des églises pour s'opposer à l'hérésie des manichéens, 74. — Institue les cérémonies de la consécration des églises et des autels, 265. — Ne veut pour ceux-ci que du linge de toile, IV, 157. — Donne la dalmatique au diacre, 171. — Excite le zèle de Constantin à enrichir les églises de précieux vases sacrés, 287.

SYLVESTRE II (Le Pape), (voir GERBERT).

SYMMAQUE (Le Pape). Son zèle pour l'embellissement des églises par les vases sacrés, IV, 288.

SYMBOLE des Apôtres. Comment on en attribue la rédaction aux Apôtres, dont chacun aurait formulé un des articles, III, 142 et suiv. — Servant de types à une suite de modillons sur la façade d'une église, 320 et suiv.

SYMBOLES. Ce qu'ils sont, et leurs diverses définitions, I, 4, 6; — IV, 423. — Combien répandus chez les premiers chrétiens, II, 483, 500; — III, 85, — qui en empruntent aux païens, IV, 323. — Ce mot employé dans le sens de *signe secret* par Jamblique au ve siècle, I, 5. — Premier emploi des symboles chez les peuples anciens, 21; — II, 251, 483. — Ils envahissent le domaine entier des sciences et des arts, I, 51 et suiv., 313 et suiv., 357; — III, 88, 139, 251, 357. — Les signes symboliques indispensables à toute religion, II, 495, 509, 594; — III, 251. — On ne doit pas les nier parce qu'on ne les comprend pas, II, 590. — Exemples de symboles des idées abstraites, I, 95, 185, 356; — II, 74 et suiv., 431. (Voir *Église, Marie.*) — Symboles à significations multiples, I, 185 ; — II, 74, 75, 76, 77. (Voir *Opposition.*) — Les plus simples sont les plus anciens, IV, 424. — Symboles adoptés par les artistes comme signatures de leurs œuvres, I, 290. — Les symboles ne doivent être appliqués qu'avec beaucoup de discernement, et ne jamais nuire au sens de l'objet qu'on veut en parer, II, 356. — Ceux de la consécration des églises, III, 267 et suiv. — (Voir Liturgie.)

Symbolisme de l'art chrétien. Il est l'objet de ce livre, I, 4, 9, 10, 13 ; — II, 2 ; — IV, 423. — Il constitue une science et rentre tout d'abord dans l'étude de la théologie chrétienne, I, 6 et suiv., 9, 120, 350, 352 ; — II, 2, 5, 9, 31, 32, 96, 402, 468, 479, 486, 494, 518, 558, 564, 568 et suiv.; — III, 66, 200, 251, 428, 464 ; — IV, 16 et suiv.— Combien méconnu depuis le XVIe siècle, 8, 12, 140; — II, 15, 472. (Voir *Renaissance.*)— Son usage partout et toujours, I, 10, 158, 163, 183, 203, 204, 350, 363, 483, 491, 492, 515 ; — III, 11, 88, 115, 439, 449; — IV, 465. — Nécessaire à l'enseignement religieux, I, 11, 286, 351, 356, 363 ; — II, 3, 5, 48, 325, 361, 467, 468, 470, 476, 495, 676 ; — III, 439 ; — IV, 354 ; — et au développement des arts, I, 12, 214, 362 et suiv. ; — II, 32, 465, 488, 503, 521, 680 ; — III, 243, 252, 335.— Sources du symbolisme chrétien, I, 12, 46, 163, 178, 321, 350, 352; — II, 8, 10 et suiv., 19, 348, 467, 468, 471, 472, 476, 483, 518 ; — III, 191, 252. — Employé par Dieu même, I, 296, 321, 364 ; — II, 94, 95, 103, 104, 312, 434, 467, 618, 676 ; — III, 42, 228, 442, 467 ; — IV, 149, 239. — Fausses appréciations de quelques archéologues, I, 49, 177; — III, 138; — IV, 421 et suiv. (Voir *Portal, Dupuis, Cahier, Rabbins, Cunning, Schnaase, Boissérée, Martin.*)— Qu'il ne faut pas outrer la science symbolique au delà de ses règles reconnues, I, 55, 56, 109, 206, 327; — II, 9, 26, 28, 581, 582; — III, 161, 172 et suiv., 186; — IV, 431, 448. — Ses principes puisés dans les philosophes anciens, aussi bien que dans les Pères de l'Eglise, I, 351, 363, 369 ; — II, 6, 16, 470 ; — III, 88, 251, 308, 347 et suiv. ; — IV, 423.— Comment l'Église l'admet dans sa liturgie, I, 140 ; — II, 11 ; — III, 10, 355 ; — IV, 149 et suiv., 169, 183. (Voir *Liturgie.*) — Comment elle l'a souvent emprunté même aux sectes dissidentes, I, 177, 178 ; — II, 5 ; — III, 413, 423 ; — et aux païens, 308, 425, 469 et suiv., 530 ; — IV, 186.— Symbolisme dans les usages de tous les peuples, I, 184 et suiv., 265, 267, 296, 320, 351, 358, 617, 646 ; — III, 2, 88 ; — IV, 182, 239 ; — dans ceux de notre temps, I, 207, 210, 211, 352, 354 ; — III, 191.— Sa vie à venir, I, 353, 364 ; — II, 679.— Le symbolisme est la vie morale de l'art, I, 214, 259, 261, 262, 281 et suiv., 286 ; — II, 96, 465, 506, 572 ; — III, 90, 91, 178, 241, 309, 538. — Il a sauvé le monde païen de l'athéisme, I, 365. — On pénètre dans les obscurités du symbolisme par l'étude et les comparaisons, 234, 237 ; — II, 9, 29, 74 et suiv., 101, 102, 105, 428, 444, 472, 505, 590, 598 ; — III, 138, 139, 240, 260, 319, 327, 345, 352, 357, 392, 428, 531 ; — IV, 109, 134, 162, 334, 375. — Les artistes ont parfois créé des symboles pour le besoin de leurs œuvres, I, 282 ; — IV, 109. — Les mystères, et par conséquent les symboles, aimés du cœur humain , I , 352 ; — III, 88. — Antagonistes du symbolisme réduits à le reconnaître, I, 355 ; — II, 22 et suiv., 26, 106, 444, 501 et suiv.,

514, 589 et suiv.; — III, 41, 305 et suiv.— L'histoire de ses développements successifs, II, 3 et suiv.; — du IIIe siècle au VIe, 17, 18, 19, 175, 431, 468, 470, 474 jusqu'à 514; — du VIe au XIe, 515 jusqu'à 552; — IV, 428, 441; du XIe au XIIIe, II, 20, 21, 153, 454 et suiv.; — III, 27, 240, 241, 249, 310, 346, 347; — IV, 307, 425 et suiv., 428, 432, 433; — du XIIIe au XVe, II, 13, 14, 20, 21, 24, 24, 356, 655, 678 et suiv.; — III, 36 et suiv., 310 et suiv, 312, 346; — IV, 18. — Employé dès le IVe siècle à l'embellissement des églises, III, 44 et suiv., 240, — IV, 422 et suiv., — et plus tard dans tous ses détails, 74, 426, 442. — Le symbolisme artistique conservé jusqu'à nous bien plus par les traditions que par aucun enseignement écrit, II, 16, 17 et suiv., 32, 341, 468; — III, 191; — IV, 375. — Raisons de ce silence jusqu'au IIIe siècle, II, 19, 468, — et au moyen âge, III, 352.— Ne peut être compris qu'en distinguant bien les siècles où s'inspirèrent ses divers motifs, II, 23, 101, 153; — III, 312, 346; — IV, 230. — Compris de tous à certaines époques, II, 101, 341, 372, 402, 501, 564; — III, 191, 240. — Causes morales de sa décadence, II, 24 et suiv., 472, 655; — III, 40, 119, 243, 311, 312, 345; — IV, 37, 229 et suiv., 233, 269, et tout le chap. XXII. — Explications multiples d'un même objet symbolique, II, 460; — III, 86, 135, 203; — IV, 166, 168, 356.—Expansion au XIIe siècle du symbolisme dans l'art et dans la grammaire, II, 558; — IV, 431, 433; — et du sens superhistorique, II, 559, 550; — IV, 434. (Voir *Bible*.)— Le symbolisme architectural n'est applicable qu'à l'architecture chrétienne, et devient ainsi la preuve qu'on ne doit pas chercher un autre genre de monuments chrétiens, III, 252. — Le symbolisme, souvent incompréhensible sans la théologie, IV, 78, 109, 134, 334, 375, 413. — Est bien préférable par ses principes à ceux de l'art purement naturel, 93, 284. — L'unanimité des symbolistes prouve la solidité de la science qu'ils cultivaient, 162.—Symbolisme grotesque ou dégoûtant employé en 1790 par les sans-culottes, et en 1848 par Lamartine, 188, 189.— Le symbolisme admis dans les drames liturgiques, 207. (Voir *Fêtes chrétiennes.*) —Faux symbolisme des XIVe et XVe siècles, confondu par quelques antagonistes avec celui des époques vraiment hiératiques, 230 et suiv., 233. — Symbolisme de l'orfévrerie chrétienne, 283 et tout le chap. XXI. — Il y était peu compris dans le paganisme, 284. — Soin qu'on doit prendre aujourd'hui de l'imprimer à tous les objets du culte, 339. — Histoire de la décadence du symbolisme par la *renaissance* du XVIe siècle, 342 et suiv., 348, 366 et suiv., et tout le chap. XXII. — Comment il renaît aujourd'hui, en dépit du dédain de certains artistes qui sans lui restent incomplets, 403. — Filiation des symboles se développant du Ve au XIIe siècle, 420, 425. — (Voir ESTHÉTIQUE.)

SYNAGOGUE, figurée par l'ancienne Loi, que figuraient elle-même Ismaël et Agar, II, 151. — Figure de l'Église de Jésus-Christ, 408, 409, 412. — N'avait pas les sources de grâces données à l'Église, 67, 68. — Remplacée par celle-ci sur le Calvaire, 357; — III, 190; — IV, 130. — Symbolisée par Sara, II, 409, — et d'autres femmes bibliques, *ibid.* et suiv.; — par l'institution du mariage, 409 et suiv. — Elle reste toujours la *servante* de l'Église, 412. — Figurée par la lune, 439, 444. — Sa robe verte, 451. — Ses abaissements à la venue de l'Église, 444, 451; — III,

190.—Son iconographie symbolique, II, 445, 447, 448, 460 ; — IV, 130, 225. — Sa conversion présumée à la fin du monde, II, 445. — Placée parallèlement à l'Église au pied de la Croix, 460, — IV, 130 ; — y a les yeux bandés, III, 142, — IV, 130 ; — y est découronnée, III, 190.—Marche à reculons, IV, 33.—Symbolisée par l'ânesse de Rouen, 225.

# T

Tabaraud (L'abbé), janséniste du XIX<sup>e</sup> siècle, méconnaît, et pour cause, le mérite de S. Anselme, II, 554.

Tabernacle de l'ancienne Alliance. Son sanctuaire symbolisait la nouvelle Loi et le Ciel, II, 80, 353, 355, — et le tabernacle eucharistique de la nouvelle Loi, III, 227. — Comment S. Augustin nous en fait l'application morale, II, 97, 98 ; — III, 3 ; — et S. Paul, 228. — Symbole du tabernacle eucharistique, II, 353 ; — III, 227. — Ne doit pas s'isoler du grand autel, 225 et suiv. — Le tabernacle de Dieu (ou sa demeure) établi parmi les hommes, II, 355 ; — III, 227. — Les tabernacles mobiles ne remontent qu'au XIII<sup>e</sup> siècle, II, 356 ; — III, 280, 281 ; — leur histoire, 280 et suiv. — Le tabernacle des Juifs entouré de symbolisme, image par là de nos églises chrétiennes, 42. — Tabernacles en forme de tour (*Turris Davidica*), 48, 49, 281, 282. — Les gradins du tabernacle ne datent que du XVI<sup>e</sup> siècle, 229. — Est-il convenable de recouvrir d'une étoffe les tabernacles enrichis de sculptures, d'émaux, etc.? 280. — Doit être revêtu d'une étoffe de soie à l'intérieur, 281 ; — et se conformer au style de l'église pour sa forme architecturale, *ibid.*, 289. — Tabernacle en forme de tour ou de colombe suspendue au-dessus de l'autel, 282 et suiv. ; — IV, 289, 290. — Convenance mystique du bois de cèdre pour les tabernacles, III, 558.

Tableaux sur toile, à éviter dans les églises, IV, 65 et suiv. — Les tableaux sur bois plus convenables, et pourquoi, 70, 71.— Les tableaux mal appendus aux piliers des églises, 70.

Tabor, montagne, symbole de glorification, III, 102.

Taion, évêque de Saragosse au VII<sup>e</sup> siècle, symbolise le nombre **5** dans la parabole des cinq talents, I, 131.

Talmud. Son origine, II, 195.

Tanné (voir Bistre).

Tapisserie, beau travail d'aiguille très-usité au moyen âge. Tapisserie d'Angers (XIV<sup>e</sup> siècle) représentant les scènes de l'Apocalypse, II, 174. — Sa représentation de l'enfer, 78 ; — Esthétique élevée de ses idées sur la Résurrection des morts, représentée par une colombe s'élançant vers un corps privé de vie, 220. — Faite à Saumur, IV, 43.— Époque de la confection des tapisseries en France, 42, 43.— Leur emploi ingénieusement appliqué à la parure des églises, 43, 44. — La tapisserie de Bayeux, 43. — Celles de Sainte-Radégonde de Poitiers, et de Notre-Dame de la même ville, 44. — Les croisades importent en Europe de belles tapisseries symboliques, 173. — Leur imitation remarquable par des artistes européens, 174.

Tarquin le Superbe, septième et dernier roi de Rome, achète les livres sibyllains de la sibylle de Cumes, IV, 102.

Tartares. Leur origine et leurs ravages, II, 333.

Tatien, physiologue du IIe siècle. Idée de son *Bestiaire*, II, 483 ; — III, 474 ; — IV, 295. — (Ce que nous disons dans cette dernière page est en contradiction avec ce que nous avions établi de la perte du *Physiologue* de Tatien, au tome III, page 474. C'est qu'à cette première date le P. Cahier n'avait pas prouvé, au troisième volume de ses *Mélanges*, pages 87 et suiv., que le livre de Tatien était retrouvé, et c'est lui qu'il publie, en l'accompagnant d'un avant-propos qui nous a convaincu, ce qui nous oblige à réparer ici notre erreur.)

Tau, espèce de crosse, III, 384. — Le signe *Tau* (voir Croix).

Tauler, mystique célèbre et orateur du XIVe siècle, II, 21.

Taupe, symbole de l'idolâtrie, III, 446.

Taureau, symbole de la force et du travail, I, 81 ; — III, 456, 462. — Symbolisme exagéré qu'en tire Winckelmann, I, 49. — Signe symbolique du taureau dans le Zodiaque, 58, 109 ; — III, 458, 462. — Un des symboles de la trinité de Jupiter, I, 81 ; — celui de la tempérance, 95. — Indice des colonies romaines, 233. — Symbole de la fable mithriaque, 368 ; — des sacrifices anciens, 369 ; — II, 44 ; — de la luxure, III, 369. — Symbole de l'évangéliste S. Luc, II, 44, 176. (Voir *Bœuf*.) — Type de l'orgueil et des passions brutales, III, 369, 370, 462 ; — du Sauveur sacrifié, 462.

Télescope. Ses origines, I, 241.

Tempérance, une des quatres vertus cardinales, symbolisée par un mors, IV, 358.

Temples des anciens, distingués, d'après le caractère de leurs dieux, par des styles divers d'architecture, I, 224 et suiv., 359 ; — par la position des lieux, 226 et suiv., 229, 268 ; — par leurs formes géométriques, 228. — Symbolisme de leur consécration, 237. — Sens figuré de ces mots: *entrer dans le temple*, II, 264.

Temps, symbolisé par une roue, I, 54 ; — par une faux, 84.

Ténèbres, symbole de l'aveuglement du cœur, II, 268.

Tentations de l'âme chrétienne, symbolisées par des animaux entrelaçant des hommes, I, 161 (voir *Entrelacs*), — leur baisant les pieds et soufflant aux oreilles, III, 337. — Figurées par des chasses (voir *Chasse*). — Les tentations de la vie représentées en une foule de symboles à étudier, 132, 133, 145, 337 ; — IV, 462, 464. — Résistance aux tentations sous l'emblème du prophète Daniel au milieu des lions, III, 138 ; — et en bien d'autres sujets, 373, 374 ; — IV, 31, 447, 453 ; — par un berger frappant un démon de sa houe, III, 318. — La tentation d'Ève par un serpent demi-homme, 365. — Caïn tenté et dévoré par le dragon infernal, 369. — Serpent attaquant un nid de colombes, 371. — Tentation d'adultère, 371. — Tentation de S. Antoine et d'autres Saints, 372. — Autres types de tentations repoussées, 448, 465, 469 ; — IV, 31, 447, 464. — Tentation de Jésus-Christ au désert, 31.

Terre (La), planète, symbolisée par une boule, I, 58 ; — par une vache, 162. — Prise symboliquement pour l'action générale de l'humanité, II, 238 ; — pour l'Église militante, 238, 239 ; — pour le ciel, *Terre des vivants*, 351.— Sa rotondité exposée par Vincent de Beauvais, 622

Terre promise, figure de la récompense éternelle, II, 53.

Tertullien. Comment il symbolise le nombre 7, I, 120. — Il parle des calices à figures symboliques, II, 18. — Caractères des gnostiques, 200, — de l'hérésie, 203. — Signale les dangers de la philosophie d'Aristote, 631. — Réfute contre les Romains la caricature faite par eux de Notre-Seigneur Jésus-Christ, III, 378. — Son livre *Du Voile des vierges*, IV, 132.

Testaments (Les deux), (voir Bible).

Tétramorphe. Définition du Tétramorphe, IV, 111. — Ce qu'en fait Dupuis, I, 367, 368. — Ses quatre animaux expliqués d'après la Bible et les Pères, II, 43 et suiv., 164, 165 ; — III, 145, 467 ; — IV, 113. — Ordre naturel et symbolique du rang qu'ils doivent occuper dans l'iconographie, II, 164, 174, 458 ; — IV, 112 et suiv. — Raisons de leur emploi symbolique, 113, — de leurs ailes, 113. — Robe des quatre animaux près du trône de Dieu, II, 257, 263, 310 ; — IV, 114. — Combien cette image est vulgarisée, 112. — Remplacé quelquefois par les Évangélistes eux-mêmes, II, 403 ; — III, 467. — Tétramorphe d'Ézéchiel monté par l'Église, II, 456. — Erreur qui fait un homme de l'ange de S. Matthieu, 44, 176, 457 ; — IV, 113. — Le Tétramorphe sculpté sur les devants d'autels, III, 276 ; — IV, 112 ; — aux voûtes, 111 ; — en une suite de modillons, III, 318 ; — sur les façades d'églises, 319 ; — dans les poèmes de Dante, 354 ; — sur la reliure des évangéliaires, IV, 40, 42 ; — autour d'une figure géométrique de la Trinité, 79. — Ses couleurs artistiques, 114.

Texier (L'abbé), prêtre du diocèse de Limoges. Son *Dictionnaire d'orfèvrerie chrétienne*, IV, 15, 17.

Thaddée (S.), apôtre (voir Jude).

Thalès. L'eau, fondement de sa philosophie, I, 84.

Théâtre. Son but moral à son origine, III, 384 ; — IV, 190, 193. — Rôle qui y est fait au diable, III, 385. — Caractère immoral du théâtre de nos jours, IV, 187, 191, 192, 228, 229.—Combien il diffère du théâtre du moyen âge, 194 et suiv. — Idée des *Lettres sur les spectacles* par Desprez de Boissy, 193. — Honneur qu'on se faisait au moyen âge de figurer comme acteur dans les drames liturgiques, 198. — On y trouve l'origine de beaucoup de nos noms propres de famille, *ibid*. — Histoire de ses développements successifs jusqu'à la fin du moyen âge, 202 et suiv., 228. — Influence du théâtre des XIV$^e$ et XV$^e$ siècles sur l'art plastique de cette époque, 229.

THÉAU (S.) illustre l'abbaye de Solignac, au vi⁰ siècle, par ses travaux d'orfévrerie, IV, 296.

THÉOBALD (voir THIBAULT).

THÉODORE, évêque de Mopsueste. Ses erreurs sur le Cantique de Salomon, II, 115, 117.

THÉODOSE, obligé de sévir contre l'idolâtrie des Asiatiques, II, 443.

THÉODOTE de Byzance, hérétique du Iᵉʳ siècle. Ses erreurs symbolisées par la chute d'une étoile, II, 198.

THÉODULPHE, évêque d'Orléans au IXᵉ siècle, a fait un abrégé de S. Méliton, II, 192.

THÉOLOGIE, une des sources du symbolisme, II, 11, 468, 666; — III, 347; — IV, 15 et suiv. — Elle en a conservé les traditions à travers les siècles, II, 16. — Symbolisée par l'aigue-marine, 382, — par Béatrice dans le poème de Dante, 665, 667. — Indispensable à l'étude du symbolisme, IV, 78, 109. — Ce qu'elle a inspiré de belles œuvres d'art au moyen âge, II, 402, 404, 630; — III, 33; — IV, 16.— De quelles lumières elle brille dans les Pères et les Docteurs, II, 473; — IV, 109. — Elevée par S. Thomas d'Aquin au-dessus de la philosophie, II, 630. — Secours qu'elle reçoit de la méthode scolastique, 632. — Sa belle période du XIᵉ au XIVᵉ siècle, III, 347; — IV, 15 et suiv.— Sa méthode d'enseignement s'altère dans l'art chrétien en se rapprochant du XVIᵉ, III, 27. — Combien elle est belle au XIIIᵉ, IV, 369.

THÉOPHILE, moine du XIIᵉ siècle, auteur du *Schedula diversarum artium*, I, 336; — II, 341; — III, 62, 350 et suiv., 356; — IV, 7.—Analyse de son *Schedula*; son génie et ses travaux, 310 et suiv. — Son encensoir, récemment exécuté, 311.

THÉOPHILE D'ANTIOCHE (S.). Ce qu'il dit de l'œuvre créatrice de Dieu, reproduite dans les sculptures des églises chrétiennes, III, 314 et suiv.

THÉRÈSE (Sᵗᵉ). Comment on devrait bâtir une église sous son vocable et la décorer de peintures, IV, 66.

THIBAUD IV, comte de Champagne au XIIIᵉ siècle. Caractère mélancolique de ses compositions musicales, IV, 257.

THIBAULT ou THÉOBALD, poète, physiologue du XIIᵉ siècle. Son livre *De Naturis duodecim animalium*, II, 6, — III, 479, — publié au XVᵉ siècle, réédité dans ce livre, t. III, p. 475 et suiv. — Caractères de ce physiologue et de son commentateur inconnu, 476 et suiv. — Conjectures sur l'auteur, 477. — Sources de son travail et but qu'il s'y propose, 377 et suiv.— Son caractère littéraire, 510.— Il n'est point le *Bestiaire* de l'Arsenal, IV, 450.

THOMAS (S.), Apôtre, symbolisé par l'aigue-marine, II, 382. — Autres attributs, III, 146.

THOMAS D'AQUIN dit que l'âme glorifiée ne le sera complétement qu'avec son corps, II, 181. — Sa description de la Synagogue comparée à l'âme déchue de l'innocence, 460. — Caractère de sa théologie, 630 et suiv.; — IV, 385. — Il lui donne la forme syllogistique, 631 et suiv. — Usage qu'il fait du symbolisme, 633.— Son bel *office* du Saint-Sacrement, 634 et suiv.; — III, 557; — IV, 225, 255. — Un trait de sa chasteté, III, 662.

Thomas-Hélie (Le B.), confesseur de S. Louis. Sa chasuble armoriée de France et de Castille, IV, 175.

Thomas de Kempis (Le B.), se sert du symbolisme des nombres, I, 139.

Thomas de Cantimpré, dominicain du XIIIe siècle.— Idée de son caractère littéraire, II, 626.

Thyatire, une des premières Églises de l'Asie, perdue par l'hérésie, II, 155.

Thyrse, symbole de Bacchus, I, 84.

Tiare d'Aaron. Ce qu'elle signifie, II, 95. — Ce que symbolise celle des Souverains Pontifes, IV, 81.

Tiédeur des chrétiens reprise dans l'Église d'Éphèse, II, 153, 154.

Tigre, animal, symbole de la cruauté perfide, III, 446.— Symbolisme de son nom, 516.

Tigre, fleuve de l'Euphrate. Symbolisme de son nom, III, 516.— L'un des quatre du Paradis terrestre, IV, 48.

Timanthe, peintre athénien. Son tableau du *Sacrifice d'Iphigénie*, I, 275.

Timothée (S.), disciple de S. Paul, premier évêque d'Éphèse. Dates des deux Épîtres que lui adressa l'Apôtre, II, 153.

Titans vaincus par Jupiter, fable tirée de la chute des Anges, I, 82.

Tobie. Traits de symbolisme relatifs à son histoire, I, 44; — II, 508. — But de son livre, 39; — un passage mal compris par dom Calmet, 163. — Magnificences poétiques de son Cantique, où il prophétise l'Église chrétienne, 414. — Touchant ensemble de son histoire, 416.— Représente l'ancienne Loi dans la *Vierge au poisson* de Raphaël, IV, 375 et suiv.

Tombeaux. Pierres runiques des Scandinaves, I, 180. — Dolmens des Celtes, 198, 224, 231 et suiv. (Voir *Dolmens*.) — Puits funéraires de la Vendée, 198. — Tombeaux païens avec sculptures symboliques de nymphes et de tritons, 200.— Allégories chrétiennes plus convenables, 201; — II, 12; — III, 88, 292, 540. — Symboles à y employer, 303, 522. — Tombeau du mandarin Paul Hu à Nankin, I, 201.— Emblèmes des vices et des vertus au Congo, 201. — Tombeaux à formes symboliques, 228; — III, 80; — très-diverses, et époque de chacune, II, 344 et suiv.; — III, 80.—Leur orientation, I, 231 et suiv.; — III, 79 et suiv.—Tombeau du Sauveur en marbre rouge veiné de blanc au VIIe siècle, I, 316; — coloré en vert, 320. — Cercueils cylindriques; conjecture sur leur cause et leur origine, II, 345. — Convenance des tombeaux dans les églises, méconnue de la philosophie moderne, III, 79, 97 et suiv., 153, 175, 225, 302. — Époques des cercueils de bois et de pierre, et symbolisme de leurs deux versants, 80, 81.— Statues funéraires; symbolisme de leurs détails, 81, 134, 135, 155, 302; — celui des scènes historiques, 88. — Inscriptions constatant la vente du sol consacré à des sépultures, 87.— Symboles des arts et métiers, des professions et des dignités inscrits sur les tombeaux, 87. — Tombeau de Gauthier, évêque de Bemberg, avec des paons symboliques, 292. — Caractères que doivent avoir les monuments funèbres dans les églises, 300 et suiv., 302, 303.— Graines de trèfle trouvées dans les tombeaux chrétiens, 523. — Sens à donner aux feuilles en forme de cœur sculptées sur les tombeaux ou épitaphes des chrétiens, 540.

Tonnerre. Applications symboliques de ce phénomène dans le langage biblique, II, 481.

Tonsure, symbole de la cléricature catholique; ordonnée par S. Pierre, III, 143. — Donnée à S. Jean l'Évangéliste dans l'iconographie, 145.

Topaze, pierre précieuse, avait le don de consoler, II, 366. — Ses belles qualités; symbolise la tribu de Siméon et S. Jacques le Mineur, 382, — les bonnes œuvres, 617, — les vertus surnaturelles, III, 289.

Tortue, symbole de l'assiduité domestique, I, 74. — Consacrée à Apollon, 170.

Toulouse. Armoiries des comtes de Toulouse en 1088, II, 540.

Tour, symbole de la fermeté, I, 207; — III, 283. — Tours des églises et leurs clochers, 113 et suiv. — Une tour, symbole héraldique du royaume de Castille, IV, 175.

Tournois, ont été l'occasion des armoiries, II, 542.

Tourterelle, symbole de l'humanité et de la divinité du Sauveur, II, 99, — de la chasteté, 100, 531, — III, 343, — de la fidélité conjugale, II, 123, 531, — de la foi chrétienne, 531 ; — tout cela réuni en un charmant petit poème du *Physiologue* de Théobald, III, 505 et suiv.

Tradition, enseignement oral des vérités catholiques perpétué par l'Église sans interruption, II, 32, 469. — La tradition des Pères n'est en rien plus universelle que sur le symbolisme, 471.— Titre des traditions ecclésiastiques à la vénération de tous, III, 143.

Trajan fait beaucoup de mal aux Juifs, II, 192.

Transfiguration de Notre-Seigneur. Son symbole dans le nimbe de sa tête ou l'auréole de toute sa personne, II, 153, 342. — Entoure le Sauveur de sa gloire lumineuse du ciel, 387. — Symbolisme des trois Apôtres figurant dans ce mystère, 532.

Trappe (Abbayes de la). Leurs règles austères sur la simplicité des églises monastiques, II, 598, 604.

TRAVAIL, imposé à l'homme et symbolisé par les zodiaques aux portes des églises, III, 452. — Comment Dieu le bénit dans la pensée de l'Église, 454, 455.

TRAVÉES des églises. Inégalité calculée de leur hauteur, et sa raison symbolique, III, 182.

TRÈFLE. Graines de trèfle trouvées dans des sépultures chrétiennes, III, 523; — y symbolisent la foi en la Trinité; origine de ce symbole, IV, 74.

TRÉVOUX (Journalistes de). Articles cités dans ce livre sur les règles d'interprétation de l'Écriture sainte, II, 57.

TRIANGLE. Ses diverses significations symboliques, I, 53, 114; — IV, 73.

TRIBUS d'Israël, reçoivent le nom des douze enfants de Jacob symbolisés par leurs noms mêmes, II, 108 et suiv. — Leurs rapports mystiques avec les douze Apôtres et les douze pierres précieuses qui les symbolisent, 370, 378 et suiv.

TRIDENT, attribut de Neptune, I, 286.

TRIFORIUM, embellissement donné aux églises du XIIe siècle, III, 29.

TRILOBE, rose à trois compartiments inscrite dans la tête d'une fenêtre romane ou ogivale et qui symbolise la Trinité, IV, 74.

TRINITÉ (La Sainte), symbolisée par le triange équilatéral, I, 53,114, — III, 110, — IV, 73, 77, — par un cercle, I, 54; — IV, 77, 78, 79; — expliquée dans ce sens par Képler, I, 54 et suiv., — par les trois Anges d'Abraham, 81, 101; — IV, 75. — Trinité païenne de Jupiter, I, 81. — Sa notion originelle suppose l'art de compter dès l'origine du monde, 101. — Symbolisée par le nombre **3**, 126, 130, 141, 146, 308.— N'a pas été vue de Platon aussi clairement qu'on l'a dit, 146. — La Trinité divine imprimée dans l'homme, 147. — Trinité hindoue calquée sur celle des livres bibliques, 156, 300. — La Trinité chrétienne symbolisée par le trèfle, 199, — IV, 74, — par le lis, I, 205, — par le chou acrotère des pignons, au XIVe siècle, III, 131, — par le *Kyrie eleison*, IV, 157. — Chaque Personne porte le nimbe croisé, II, 354; — III, 172. — Belle mosaïque de Saint-Paulin de Nole, au IVe siècle, IV, 47; — on n'a guère d'image de la Trinité avant cette époque, et pourquoi, 75, 110. — Elle a contribué par les trois Personnes à la création, II, 160, — IV, 77, — et à la rédemption, III, 172, — à l'Eucharistie, IV, 78.— Symbole de l'égalité du Père et du Fils, II, 390. — Traité *Des Noms divins*, de S. Denis, et ce qu'il dit de l'application de nos qualités et de nos formes à l'existence des trois Personnes, 476. — L'Église interdit les images abusives, IV, 79, 80.— La Trinité, source de la science humaine d'après les enseignements du XIIe siècle, II, 577; — III, 161. — Symbolisée dans les trois portes des églises, 140, 160, — IV, 74, — et les trois fenêtres absidales, III, 35, — IV, 74, — et les trois nefs, III, 161, 175, — IV, 74, — et tous les détails de l'église, 74.— Monastères construits sur un plan triangulaire, 73. — Combien les Pères sont précautionneux dans l'énoncé de ce mystère, 75 et suiv.— Son iconographie au xii° siècle, 77,— et plus tard, 78, 79.— Dangers de l'anthropomorphisme, 78 et suiv. — Figure géométrique entourée du Tétramorphe, 79.— Images à éviter de trois têtes d'hommes sur un seul corps, 80. — Types à suivre, 80 et suiv. — La Trinité créant le monde, 84.

Trithème. Son application aux sciences occultes, III, 349.

Trompettes des Anges de l'Apocalypse, II, 190, 191, — sonneront au jugement, 191, 345. — Y seront-elles une réalité ou un symbole ? 637. — L'Église les mentionne dans ses prières, III, 100.

Tronc des églises. Sa place, ses origines, ses ornements convenables, III, 210.

Trône de Dieu, symbole de sa toute-puissance, II, 163, 293,— de la puissance judiciaire, 166.— Donné aux Saints dans le ciel, 334.—Trône épiscopal dans les cathédrales ; ses conditions symboliques, III, 232 ; — son coussin de laine, 233.

Truie qui file, II, 23 ; — III, 448 ; — IV, 29.

Trumeau, montant de pierre partageant la porte médiane d'une église, et auquel s'applique une statue. Son symbolisme, III, 140.

Tuiles, symbolisent dans la toiture des églises la défense temporelle du monument, III, 115.

Tunique (voir Robe).

Turquoise, pierre précieuse, guérissait des chutes violentes, II, 366.

Tympans, encadrement au-dessus d'une porte d'église qu'on garnit de sujets sculptés. *Jugement dernier* à Poitiers, II, 169, 191, 343 et suiv.; — III, 141. — L'ensemble des figures apocalyptiques à la cathédrale d'Angers, II, 401, — III, 142, — à Sainte-Praxède de Rome, II, 401.— Bel effet des voussures sculptées des tympans, III, 141, — presque tous empreints de symbolisme, IV, 443 et suiv.

Typhon, mauvais génie, vaincu par Osiris, I, 87, 90. — Ses fonctions dans l'ordre du mal, 89, 90.— Sa couleur rousse, 306, 339.

Tyr, capitale de la Phénicie. Sa ruine, image prophétique de celle de Rome païenne, II, 280.—S. Paulin, son évêque, rebâtit magnifiquement son église ruinée, III, 46.

# U

Unité, une des premières conditions de l'art. Ce qu'elle est, III, 253, 254 ; — IV, 22. — Indispensable dans la restauration des monuments, III, 255 ; — IV, 114, 120 et suiv. — Unité de l'Église (voir Église).

Urbain II (Le Pape) bénit le premier la rose d'or, I, 330.—Insère des parcelles de l'Eucharistie, au lieu de reliques, dans l'autel de Marmoutiers consacré par lui, III, 263.

URBAIN IV (Le Pape) fait composer en 1264 l'office du Saint-Sacrement par S. Thomas d'Aquin, II, 634.

URBAIN VIII (Le Pape). Ses ordonnances sur l'imagerie religieuse, III, 435 ; — IV, 80.

URNE d'or de l'arche d'alliance, symbolisée par le *sépulcre* des autels chrétiens, III, 264.

USAGES symboliques des peuples, I, 184 et suiv. et tout le chapitre VIII.

# V

VACHE. Son symbolisme dans la religion de l'Inde et de l'Égypte, I, 161 et suiv., 163. — Vache rousse des sacrifices hébreux, 307.

VAIR, l'une des deux *fourrures* du blason, II, 549.

VALÉRIEN (L'empereur), vaincu par Sapor 1er, II, 207, 268, 277. — Sa persécution contre l'Église, 214, 274.

VALERY (S.). Sa prophétie à Hugues Capet sur le règne de ses descendants, I, 151.

VAN EYCK, peintre de l'école hollandaise au XVIe siècle, retrouve la peinture à l'huile, II, 24 ; — néglise l'usage du nimbe, IV, 87. — Sa part dans une indigne représentation de la Sainte Vierge, 391.

VANDALES. Époque de leur invasion dans les Gaules, IV, 426.

VARAZE, ou de VORAGINE (Le B. Jacques de), hagiographe du XIe siècle, II, 20. — Analyse de sa *Légende dorée*, 647 et suiv. — Notice sur la vie et les ouvrages de l'auteur, 649 et suiv. — Traduction de la *Légende dorée* par M. Brunet, très-imparfaite, 655.

VARRON. Ses superstitions sur le nombre 7, I, 116. — Ce qu'il dit des formes géométriques des temples païens, 228.

VASES trouvés dans les sépultures chrétiennes, I, 199, 200. — Significations multiples et symbolisme du mot *vase* dans l'Écriture, II, 76 et suiv. — Vases d'or des Vieillards de l'Apocalypse, symbole de la prière, 173. — Les vases de terre de S. Paulin de Nole, 492. — Vases sacrés : que les symboles conviennent à leur ornementation, 521.

VAUTOUR, symbole de la maternité, I, 94, — de la rapacité criminelle, III, 446, — de l'hypocrisie cruelle, IV, 334, — du démon, 434.

VÉDA, livre sacré des Hindous. Notions qu'il donne de Dieu, I, 137.

VENDANGE, symbolisant les catastrophes de l'Empire romain sous Alaric et Attila, II, 260 et suiv.

VENGEANCE, symbolisée en Égypte par des cornes, I, 162. — La vengeance de Dieu sur les méchants; comment désirée par les Saints, II, 179.

VENT, symbole des orages et des tempêtes morales ou temporelles, II, 243.

Vénus, planète au-dessous de laquelle est une croix pour indiquer ses influences antichrétiennes, I, 58. — Symbolisée par le cuivre, 60. — Symbole de son temple à Paphos, 153. — Est le Mithra des Perses, 166. — A pour attribut une colombe, 169. — Conditions symboliques de ses temples, 225, 227. — Vénus céleste, ou Aphrodite, type des amours honnêtes de la famille, 258, 300, 318. — Vénus faite d'aimant, 268. — Vénus noire des Grecs, 300. — La rose lui est consacrée, 327.

Ver de terre. Pourquoi David en fait le symbole de Jésus-Christ, II, 491.

Verges (voir Fouet).

Vergneau-Romagnési, archéologue. Ses fausses appréciations sur un chapiteau de Fleury-sur-Loire, II, 180; — IV, 449.

Verneuil-sur-Oise : concile de 755, interdisant d'établir des baptistères sans le concours de l'Ordinaire, III, 290.

Verrières (voir Vitraux).

Verseau du Zodiaque. Son signe symbolique, I, 58. — Pourquoi comparé à Ruben, l'un des fils de Jacob, II, 109. — Comment caractérisé dans l'iconographie du moyen âge, III, 457.

Vert, symbolise la régénération et toutes les idées accessoires, I, 317, 319; — II, 367, 450; — III, 82; — IV, 9, 141. — A quelles divinités cette couleur convenait dans la peinture antique, II, 318, 319, — et comment elle est employée par l'art chrétien, I, 320; — IV, 9, 141. — Symbole de l'espérance, I, 319, 320; — II, 165, 548, 619; — IV, 177, 211; — de la charité, I, 320, 450; — de la victoire, 322; — de la virginité, II, 493; — des néophytes, 641. — Donné à Jésus Enfant et à la Vierge Mère, I, 320, IV, 9, 141, — à la croix, I, 320, 323, — à Satan, 323, — II, 324, — III, 386, — à l'hypocrisie, II, 324, — à S. Jean l'Évangéliste, 450, — à la Synagogue, 451, — au mal, IV, 9. — Acceptions néfastes de cette couleur, I, 322, 323; — II, 324. — Elle est le *sinople* du blason, 548.

Vertus chrétiennes, symbolisées dans les légendes, I, 46 et suiv. — Pourvues d'un écusson allégorique à la cathédrale d'Amiens, II, 543; — III, 570. — Les vertus cardinales, I, 110, 132, 147, 616; — III, 427; — IV, 126, 331, 358. — Ont un nimbe carré, 331. — Théologales, I, 208; — II, 161; — IV, 331. — Vertus qui ont mérité le ciel aux Élus, II, 187. — Représentées par des fleurs et des fruits, III, 570. — Les vertus chrétiennes distribuées au sud des églises, 127, 128, 320. — Figurées par des chevaliers terrassant les vices, 427, 569 et suiv. — Accompagnent souvent les signes du Zodiaque aux tympans des églises, 455. — Manière de les personnifier dans l'art chrétien, 570.

Vespasien brûle le temple de Jérusalem, II, 213.

Vesta, symbolisée par un autel ardent, I, 58, — par un temple rond 360. — Son culte dans les allégories de Dupuis, 368.

Vêtements sacerdotaux. Symbolisme de ceux de l'ancienne Loi, II, 93, 263, 315, 499; — IV, 161. — Déchirés par Caïphe, II, 499. — S. Jean l'Évangéliste a célébré le premier la Sainte Messe avec des vêtements sacerdotaux, III, 145. — Les clers des premiers temps en restaient toujours revêtus, IV, 161, 162. — Leurs couleurs réglées d'après les notions symboliques, II, 315, 317 ; — IV, 90, 176, 177 et suiv. — Le bleu aux fêtes de la Sainte Vierge, I, 317. — Le violet observé au XIIIe siècle, 236, — et encore, IV, 176. — Le blanc à toutes les fêtes de Notre-Seigneur qui ne sont point de sa Passion, II, 315. — Le cordon du costume sacerdotal, 662, 603 ; — IV, 169. — Revue de tous les vêtements épiscopaux et sacerdotaux, 161 et suiv., 168 et suiv., 179. (Voir dans cette Table *les noms spéciaux*.) — Introduction des armoiries dans les étoffes sacrées et sur les instruments du culte catholique, 175 et suiv. — Application de l'orfévrerie aux vêtements sacrés, 321. — Ces vêtements privés de leurs formes antiques, au grand détriment de leur dignité, 399.

Vézelay, abbaye de Bourgogne. Sculptures remarquables de la tentation d'Ève, III, 366, — du désespoir, 370, — de son Zodiaque, 460, — d'un chapiteau représentant S. Paul moulant le blé eucharistique, IV, 18.

Via Crucis (voir Chemin de la Croix).

Vices, symbolisés à la cathédrale d'Amiens, mais privés des écussons donnés aux vertus, II, 543 ; — III, 570 ; — IV, 330, 331. — Les vices représentés au côté nord des églises, III, 127, 128, — par des animaux malfaisants, 369, 570, — par des démons que terrassent des vertus, 427. — (Voir Zodiaque.)

Vichnou, une des personnes de la trinité hindoue, I, 156. — Comment il est honoré, 160 et suiv. — Symbole de ses neuf incarnations, 163. — Couleur bleue de son corps, 313, — ou verte, 317. — Confondu avec Jessé par M. Portal, 340.

Vico (Énéa), graveur italien de la Table Isiaque, au XVIe siècle, I, 85.

Victoire aptère, ôtant ses sandales, I, 268, — parée d'ailes blanches, 293.

Victorin (S.), évêque de Poitiers et non de *Petaw*. Son Commentaire de l'Apocalypse, II, 166, 167, 212, 486.

Vida, poète latin du XVIe siècle, mêle le paganisme au christianisme dans son poème de *La Christiade*, IV, 381.

Vieillards de l'Apocalypse. Symbolisme de leur nombre **24**, I, 130, 140. — Leur rôle autour du trône de Dieu, II, 163, 164, 167, 257, 310. — Leur nombre se compose des douze Patriarches ou des douze Apôtres, 166, 310, 378. — Jettent leur couronne aux pieds l'Agneau, 269, 401. — Figurent dans *La Divine Comédie* de Dante, III, 354.

Vierge (La) du Zodiaque. Son signe symbolique, I, 58. — Comparée à Joseph dans la prophétie de Jacob, II, 110.

Vierges sages, honorées d'un écusson symbolique à la cathédrale d'Amiens, II, 543. — Symbolisées par la couleur verte, 641. — Vierges sages et Vierges folles sculptées à l'église de Fribourg en Brisgaw, III, 142. — Drame du XIe siècle, IV, 202. — Accompagnent parfois les vertus et les vices dans l'iconographie chrétienne, 331. — Les vierges martyres doivent porter une robe rose, 366. — Signe de la Vierge dans le Zodiaque; son origine discutée, III, 459, 463.

VIEUX DE LA MONTAGNE. Son message symbolique à S. Louis, I, 186.

VIGILANCE, symbolisée par le coq, I, 209.

VIGILE (Le Pape) rétablit l'orientation des églises, interdite depuis le IVe siècle, III, 75.

VIGNE ou pampre, symbole de Bacchus, I, 84, — de l'Eucharistie, 208, — II, 16, — III, 16, — de l'union de Jésus-Christ et des Apôtres, 520, 523, 564, — de l'Église, II, 217, 418, 529, — IV, 456, — de la mort, II, 260, — d'une épouse vertueuse, 419, — et féconde, III, 518, — du Sauveur, II, 521, — III, 458, 520, 564. — Vigne inféconde, figure de l'ingratitude envers Dieu, II, 529; — III, 518. — Vigne taillée au mois d'avril, dans les zodiaques du moyen âge, 458. — La vigne et ses fruits ne peuvent être confondus avec les aroïdes, 535, 539, 540; — très-capricieuse pourtant, et pourquoi, 536.

VILLES représentées par des symboles, 1, 263; — leurs armoiries, II, 550, — presque toujours par des femmes, 284.

VILLON. Ce qu'il dit des images des églises dans son *Hymne à la Vierge*, III, 429.

VIN, symbole des Justes forts dans la foi, II, 177, — de la colère céleste, 259, — des enivrements des passions, 284. — Figure le Sang de Jésus-Christ, 485, — et la joie spirituelle, III, 267.

VINCENT DE BEAUVAIS, encyclopédiste du XIVe siècle, II, 20. — Idée de son *Miroir universel*, 622, 629, — de son *Miroir naturel*, 629 et suiv., — de son *Miroir doctrinal*, III, 453. — Mal jugé par quelques critiques sans compétence, II, 623, 678. — Conjectures sur l'époque de sa mort, 624. — Résume tout le symbolisme iconographique du moyen âge, 625. — Son oiseau du Paradis, 626 et suiv. — Reproche injuste fait à son style, 628. — Ce qu'il dit des tourments de l'enfer, III, 389, — du travail de l'homme selon les diverses saisons de l'année, 453, — de la calandre, 474.

VINCI (Léonard DE). Son beau tableau de la *Cène*, I, 307. — Son *Traité de la peinture*, 314.

VIOLET, couleur mixte composée de rouge et de bleu. Incertitude de la théorie qui lui assignerait un sens symbolique, I, 334; — IV, 178. — Adopté pour le deuil, I, 334; — III, 386; — IV, 176. — Donné aux martyrs, I, 336, — IV, 9, — à la pénitence, 178. — Beaucoup employé au moyen âge, 1, 337. — Manteau violet de Notre-Seigneur pendant sa vie rédemptrice, II, 338. — Robe violette des énergumènes, III, 386. — *Peplum* violet donné à Jésus sur la croix, IV, 9.

VIOLETTE, symbole de l'humilité, II, 588; — III, 567; — des confesseurs, II, 645; — III, 567.

VIOLLET-LEDUC, architecte, auteur du *Dictionnaire d'architecture*, n'y parle pas du symbolisme de la forme cruciale des églises. III,

169. — Erreur sur la colombe servant de tabernacle, 284. — Ne distingue pas assez bien les caractères architecturaux des XII$^e$ et XIII$^e$ siècles, IV, 313. — Attribue trop, dans le symbolisme, aux conquérants des pays où fleurit l'architecture du moyen âge, 465.

VIPÈRE (voir SERPENT).

VIRGILE décrit les initiations païennes, I, 75. — Cité sur le nombre **3**, 117. — Imitateur d'Homère, 191. — Virgile hissé dans un panier, II, 22. — Dante fait de Virgile le symbole de la poésie, 665, 667, 670. — Prédiction du Christ dans la quatrième églogue, *ibid.*, — qui associe le poète à la sibylle de Cumes, IV, 102. — Son rôle identique dans la *Fête de l'Ane* parmi les Prophètes, 212.

VIRGINITÉ. Différents symboles qui l'expriment : une couronne formée par la jonction du pouce et de l'auriculaire de la main droite, I, 56 ; — le nombre **1**, 144 ; — le nombre **6**, III, 541 ; — la couleur blanche, I, 299. — Estimée chez tous les peuples, 203 ; — III, 459 ; — IV, 97. — Ses priviléges à la suite de l'Agneau divin, II, 257 ; — IV, 97. — Symbolisée par une robe blanche, I, 329, — II, 312. — A des droits particuliers à la Table du Seigneur, 491. — Sa gloire, au-dessus de celle du mariage, 493 ; — IV, 97. — Son éloge par S. Boniface de Mayence, II, 529. — Soin que se donne le moyen âge de parer Marie de tous les attributs de la virginité, III, 420 ; — IV, 131. — La licorne se réfugiant dans les bras d'une vierge, III, 459. — Éloges de la virginité par les écrivains du moyen âge, 543. — L'absence du voile, indice primitif de la virginité chrétienne, IV, 131.

VISIONS ménagées de Dieu pour annoncer des faits importants à Daniel sur les événements qui suivront la mort d'Alexandre, I, 89, — à S. Jean pour la composition de son *Apocalypse*, II, 142. — Visions de S. Patrice sur le purgatoire, III, 387. — *La Vision d'Ezéchiel*, tableau de Raphaël, IV, 377. — Visions de Daniel sur la suite de l'empire d'Alexandre, II, 88 ; — d'Ezéchiel sur les impuretés de Jérusalem, 101. — Autre du livre des *Lamentations* de Jerémie, 103.

VITET, académicien. Son faux système sur l'immixtion de la francmaçonnerie du moyen âge dans l'art chrétien, III, 196 et suiv., 201.

VITRAUX des églises. Le bleu y abonde ; le noir y est fort rare, I, 347. — N'admettent que rarement les couleurs mixtes, 334 ; — IV, 12. — Singulière analyse du vitrail de Jessé à la cathédrale de Chartres, I, 340. — Les vitraux coloriés doivent leur origine à une imitation translucide des émaux, II, 547. — Belles conceptions de Suger pour son abbatiale de Saint-Denys, 572 et suiv.; — principaux sujets de cet ensemble, 573. — Apparition de vitraux coloriés au XII$^e$ siècle, III, 34, 35 ; — IV, 7. — Leur luxe de facture au XIII$^e$, III, 40, — IV, 12, 17, — et d'invention, 16, 19. — Les vitraux symbolisent les Docteurs de l'Église, III, 184. — Conceptions esthétiques de leur *faire*, que des laïques n'auraient pu avoir, 200 ; — IV, 19. — Histoire des vitraux dans la vitrerie des églises ; leur utilité esthétique, 5 et suiv., 7, 24. — Ils sont antérieurs au XII$^e$ siècle ; pourquoi on les connait peu dans l'histoire avant cette époque, 6. — Leurs progrès et leurs développements dans ce siècle,

7, 24, — qui font oublier les mosaïques, 44. — Étude des tableaux d'ensemble propres aux rosaces du levant et de l'occident, 8. — Principes d'esthétique que les peintres-verriers ne doivent jamais négliger, 11, 12. — Haute théologie des vitraux des XII$^e$ et XIII$^e$ siècles, 15 et suiv. — Vitraux à armoiries ou à enseignes, 39. — Décadence de la peinture sur verre aux XIV$^e$ et XV$^e$ siècles, 19, 20, 231, — et au XVI$^e$; sa disparition, 398. — Plan général suivi au XIII$^e$ siècle dans les vitraux légendaires, 19, 56, 57. — Caractère inférieur de ceux des siècles suivants, 20. — Essais encore incomplets de restauration de la peinture sur verre à notre époque, 21. — Défauts et ignorance des bonnes règles qui s'opposent au progrès actuel, et théorie artistique à pratiquer, 22, 56, 95, 142 et suiv. — Rapports entre les vitraux et les manuscrits du moyen âge, 23. — Beaucoup de leurs scènes tirées des drames liturgiques, 195. — Corps de métiers *signant* des vitraux par la représentation de leur industrie, 231.

VITRUVE. Ce qu'il nous apprend des anciens géomètres, I, 150, — du symbolisme et de l'application aux divers édifices sacrés des quatre ordres d'architecture, 225 et suiv. — Veut que les temples soient orientés, 231 ; — que l'art se nourrisse du vrai, 282.

VOILE, signe de la pudeur chez tous les peuples, et toujours, I, 180, 203 ; — IV, 152. — Symbolisme du voile des religieuses, III, 431. — Son histoire, IV, 131. — De celui qu'on étend sur la tête des mariés, 152 et suiv. — Symbole de l'obéissance aveugle, I, 203, — de la pudeur conjugale, IV, 152. — Voile du temple déchiré à la mort du Sauveur, II, 71, 464 ; — figuré sur les yeux des Juifs endurcis, 410, 412, — et sur ceux de la Synagogue, qui les symbolise, 448.

VOLATERRA, peintre italien de la Renaissance, ne comprenait pas le symbolisme des couleurs, IV, 366.

VOLNAY. Erreurs que lui impose sa fausse philosophie révolutionnaire, I, 220.

VOLTAIRE. Ses faux raisonnements contre Moïse, I, 31. — Ses assertions menteuses sur l'origine de l'idolâtrie, 79, 167. — A calomnié et souillé le Cantique des Cantiques, II, 115, 117, — et cependant le justifie directement et nettement ailleurs, III, 409 et suiv. — Invente un thème sur les sibylles, IV, 96. — Dénature à plaisir la *Fête de l'Ane*, 225.

VORAGINE (Jacques de), (voir VARAZE).

VOUTES. Beauté de leur construction générale et de leurs détails, III, 179. — Diversité de leur ornementation aux diverses époques, 179 et suiv. — Défauts à éviter dans leur peinture, 181. — S'abaissent sur le sanctuaire et sur le chœur, 208, 224. — Clefs de voûtes : variété de leurs sujets sculptés ; abus de leur recherche d'ornementation, 260 ; — IV, 65.

VULCAIN. Son temple éloigné des cités, I, 227. — Personnification des passions charnelles, 339.

## W

WALAFRID STRABON, symboliste du IXᵉ siècle, continuateur de Raban-Maur. Sa *Glose ordinaire*, II, 537, 559, 560; — IV, 434. — Ce qu'il dit de l'utilité des peintures historiques dans les églises, IV, 4.

WALKENAER, de l'Institut. Sa description de l'*Ortus deliciarum* d'Herrade, abbesse de Hohenburg, II, 576 et suiv., 578.

WALTER (Frédéric), peintre-verrier protestant, parodie le mystère de la Transsubstantiation dans une église de Berne, IV, 398.

WARBURTON. Ses suppositions peu concluantes sur la Table Isiaque, I, 86.

WESTMINSTER. Son église catholique devenue un musée du protestantisme, III, 97.

WINCKELMANN. Son *Essai sur l'allégorie*; il s'y trompe sur quelques points de l'esthétique des anciens, I, 49, 228, 237. — Réduit à trois les grandes divisions de la statuaire humaine, 147

WISIGOTHS. Époque de leur invasion en Italie et en Espagne, IV, 426.

WOILLEZ (M.). Son *Archéologie des monuments religieux du Beauvaisis*; système réfuté de ses *plantes aroïdes*, III, 532 et suiv. — A pour adversaires dans cette opinion les archéologues les plus éminents, 535, — et les monuments de tout genre, 538, 539, 540.

WOLFGANG (Franzius), physiologue du XVIᵉ siècle; cité pour son livre *Animalium Historia sacra*, II, 462. — Ce qu'il dit de l'âne, IV, 217.

## Y

YDONIS, fleuve prétendu venant du Paradis terrestre, II, 366.

YMER, génie du mal chez les Scandinaves, I, 178.

## Z

ZABULON, fils de Jacob, symbolisé par le Cancer du Zodiaque, II, 109; — par l'améthyste, 383.

ZABULUS, nom donné au démon, et pourquoi, III, 490, 491, 493. — Ses ruses pour prendre les âmes, comparées à celles de la baleine, 498.

ZACHARIE, l'un des petits Prophètes; cité, I, 145. — Annonce le Messie, II, 106, 156; — IV, 106. — Sa vision des deux chandeliers, II, 215.

ZACHARIE, père de S. Jean-Baptiste. Symbolisme du nom qu'il donne à son fils, I, 40, 46; — II, 156. — Peut être le parallèle iconographique de la sibylle Persique, IV, 105. — Le bœuf du Tétramorphe dans ses rapports avec lui, 113.

ZACHÉE. Son rôle symbolique dans l'Évangile et dans les Pères, III, 341.

ZEUXIS, peintre grec, connu par ses *Raisins*, I, 276. — Sa recherche du spiritualisme dans le beau idéal, 284. — Son *Jupiter Olympien*, 285.

ZODIAQUE. Symbolisme de ses signes, I, 58. — Son histoire, III, 449 et suiv. — Influence prétendue du nombre 7 sur le Zodiaque, I, 116. — Zodiaque autour d'une médaille d'Antonin Pie, 267. — Tendresses de Dupuis pour le Zodiaque, 367; — III, 449, 450. — Curieuses relations entre les noms de ses douze signes et ceux des douze enfants de Jacob, chefs des douze tribus d'Israël, II, 109; — III, 450. — C'est peut-être pour le moyen âge l'origine des zodiaques sculptés aux portes de nos églises, II, 111; — III, 449 et suiv. — Époques où l'on commence à les y mettre, 156, 451. — Il symbolise l'obligation du travail imposé à l'homme, 298, 451 et suiv., — comme à Saint-Pompain en Poitou, 427. — Antiquité fabuleuse donnée systématiquement au Zodiaque de Dendérah, 449. — Les douze signes symbolisent parfois les douze Apôtres, 451. — Allégories qui accompagnent chaque signe; leur antiquité et leur objet, 451 et suiv. — Leur convenance pour l'enseignement chrétien, 453 et suiv., 455. — Pourquoi on y joint les symboles des vices et des vertus, 455. — Désordre réel ou apparent dans la pose des signes sculptés, et comment il s'explique, 455. — Variantes expliquées sur l'époque de l'ouverture de l'année, 456. — Vers techniques sur les douze signes, *ibid.*, 457. — Description des symboles relatifs à tous les mois de l'année, 457 et suiv. — Caractères symboliques de chaque signe en particulier, 461 et suiv.

ZOOLOGIE, science des animaux et de leurs rôles dans le symbolisme. Types divers appliqués à la représentation du démon I, 251; — III, 460, 462, 463, 465 et suiv. — Zoologie des cathédrales et des manuscrits; son origine biblique, II, 101; — III, 367 et suiv. (Voir *Lévitique*.) — Ses développements par Vincent de Beauvais, quelquefois conformes aux préjugés de son temps, II, 626, 627. — Source des sculptures historiées de nos églises, III, 259, 378, 439, 467; — IV, 424. — Raison de la zoologie dans le symbolisme chrétien, III, 439, 468, 471; — IV, 424. — La Renaissance l'a dénaturée comme le reste, III, 440. — Distinction entre les *bêtes* et les *animaux* dans les Pères de l'Église, 444; — IV, 423. — Comment ceux-ci ont accepté en faveur du symbolisme les traditions plus ou moins sûres de la zoologie antique, III, 444, 469 et suiv., 528. — Application de la physiognomonie à la zoologie, 446 et suiv. — Celle-ci allégorise toute la morale chrétienne, 4 et suiv. (Voir *Zodiaque*.) — Zoologie morale de la Bible, 466 et suiv., 513. — Premiers éléments de la zoologie mystique employés dans l'art chrétien, IV, 424. — Comment le poète Théobald en traite le symbolisme, III, de 477 à 508.

ZOROASTRE, fondateur de la secte des mages, adorateurs du feu. Sa doctrine, I, 165; — elle motive de la part des Papes l'interdiction momentanée de l'orientation des églises au IV° siècle, III, 74.

FIN DE LA TABLE GÉNÉRALE ET DU IV° ET DERNIER VOLUME.

Poitiers. — Typ. de A. Dupré, rue Nationale.

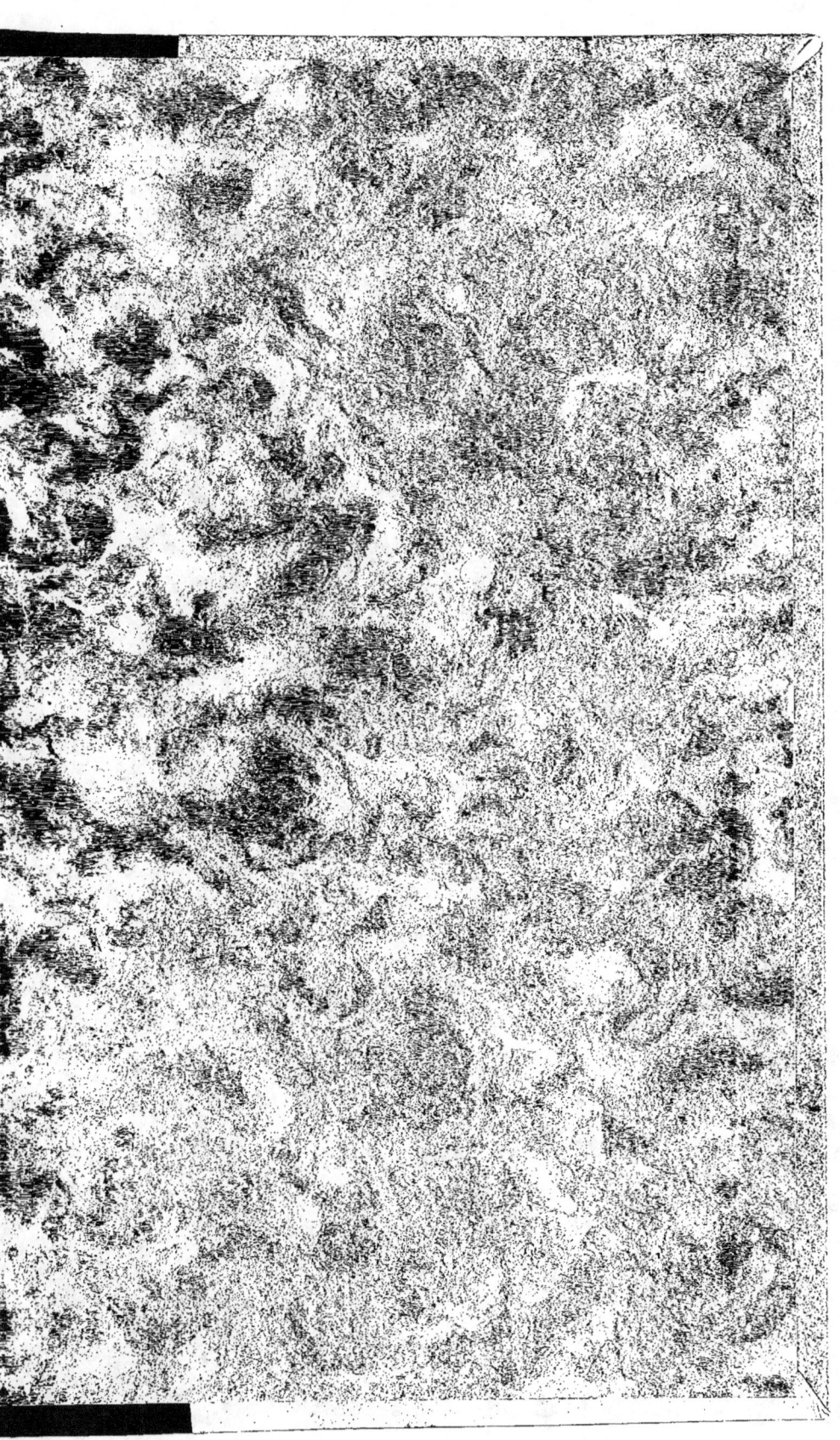

www.ingramcontent.com/pod-product-compliance
Lightning Source LLC
Chambersburg PA
CBHW050055230426

43664CB00010B/1333